ELEVEN CATAL
BY REINIER L]

CATALOGI REDIVIVI
A reprint series of Dutch auction and stock catalogues from the
XVIIth and XVIIIth centuries.
Edited by R. BREUGELMANS (Leiden University Library)

    I: J.J. SCALIGER
   II: HUGH GOODYEAR
  III: DIRK CANTER
  IV: J. ARMINIUS
   V: THE 'CATALOGUS UNIVERSALIS'
  VI: WILLIAM AMES
 VII: REINIER LEERS

ELEVEN CATALOGUES
BY REINIER LEERS
(1692-1709)

A reproduction edited with an introduction by
H.H.M. van Lieshout and O.S. Lankhorst

H&S
HES PUBLISHERS/UTRECHT

CIP-GEGEVENS KONINKLIJKE BIBLIOTHEEK, DEN HAAG

Leers, Reinier
Eleven catalogues by Reinier Leers 1692-1709 / a facsimile
edition with an introduction and indexes by H.H.M. van
Lieshout and O.S. Lankhorst. - Utrecht : HES. - (Catalogi
redivivi ; VII)
Met index.
ISBN 90-6194-008-7
NUGI 603
Trefw.: Leers, Reinier (boekencatalogi).

Reproduced with kind permission of the Bibliotheek van de Koninklijke Vereeniging ter Bevordering van de Belangen des Boekhandels, Amsterdam for the Catalogues I-III, with the exception of the pages 1-2 of Catalogue I, which come from the copy in the Bodleian Library, the Bodleian Library for the Catalogues IV, VII, IX-XI, Christ Church, Oxford for the Catalogues V-VI, and VIII with the exception of the pages 17-24, which come from the copy in Worcester College, Oxford.

In order to increase the readibility the original has been enlarged 125 per cent.

ISBN 90 6194 008 7

© 1992 HES Publishers, P.O. Box 129, 3500 AC Utrecht, Netherlands.

CONTENTS

Introduction		7
Catalogus librorum	I, 1691	37
	II, 1692	61
	III, 1693	85
	IV, 1694	109
	V, 1695	133
	VI, 1696	157
	VII, 1697-1699	181
	VIII, 1700-1702	205
	IX, 1703-1705	229
	X, 1706	253
	XI, 1707-1708	277
List of prices paid by the Bibliothèque du Roi		301
Index I: Names of authors, pseudonyms, names of editors and titles of anonymous works		309
Index II: Places of publication		353

INTRODUCTION

On 16 September 1696 the Rotterdam bookseller Reinier Leers requested Nicolas Clément, who fulfilled the function of 'sous-bibliothécaire de la Bibliothèque du Roi' in Paris for four years, to complete the orders for the library by means of the five catalogues which he had received from Leers previously: 'Obligés moi de parcourir les 5. catalogues que vous avés de moi, vous y trouverés sans doute un bon nombre qui mancquent. En un mot vous aurés toute sorte de satisfaction.'[1] Leers here referred to the numbered catalogues which he had printed periodically from 1692 to make known the books which he had for sale in single or in a few copies. Of this series a total of eleven issues appeared. These eleven catalogues are reproduced here in facsimile, provided with indexes of authors and places and a price list taken from the extant lists of Leers's deliveries to the Bibliothèque du Roi.

From the beginning Reinier Leers's activities as a bookseller addressed themselves to an audience extending beyond the borders of the town of Rotterdam and of the Republic. In this he followed the example of his parents Arnout Leers and Jannetje van Berckel, who from 1643 had plied their trade on the Spaanse kade in Rotterdam in 'all kinds of books in all the faculties and languages'.[2] After the death of Reinier's father in 1673, his widow continued the business assisted by her son Reinier. In the mean time her eldest son, Arnout jr, started his own bookshop in The Hague. In 1680 the first work appeared with the imprint of Reinier: the *Opera omnia* by Lambert van Velthuysen, the first of a number of publications which focused on the Republic of Letters and in which, through the circumstances of the time - the coming of many huguenots to the Republic and the ever stricter censorship in France - the emphasis soon fell on the work of French protestants and of catholic authors, whose views gave rise to controversies.[3]

Of the French protestants first of all Pierre Bayle must be mentioned, who soon after his arrival in Rotterdam in 1681 met Leers and agreed to have him publish his most important works, including the *Dictionaire historique et critique* (1697). For Leers, Bayle was not only an important author; above all he was his adviser and his intermediary for almost all prominent scholars from the Republic of Letters. Through Bayle's wide network of correspondence the Rotterdam 'libraire' was continually in touch with the 'nouvelles littéraires' of various countries. Through Bayle he repeatedly received manuscripts or suggestions for publications; thanks to Bayle he could judge fruitfully whether a certain work should be brought onto the market.

Besides Bayle's books Leers printed works by various other French huguenots - here follow the names of those of whom more than one work was published by Leers -: Jacques Abbadie, Henri and Jacques Basnage, Jean Claude, Pierre Dubosc, Pierre Jurieu, Isaac de Larrey, Phillipe Le Gendre and Isaac Papin. To catholic authors such as Nicolas Malebranche and Richard Simon, moreover, Leers offered a welcome opportunity to have their manuscripts, which were thought too controversial in France, see the light. Some works by Antoine Arnauld were also published by Leers.

With his comprehensive list of publications containing much requested books (Bayle's *Dictionaire* e.g. was a great success) Leers found himself in an ideal position to trade with his colleagues in the Republic and in the surrounding countries. Besides, Arnout Leers sr had already built up a network of relations with publishers inside as well as outside the Republic, which Reinier could take over and expand. It was therefore not surprising that the French authorities bestowed the favour on Leers to come to Paris with twenty bales of books in 1694, in the middle of the Nine Years War, and to negotiate mutual book deliveries with the 'libraires' there. Leers had acquired an international name, he had excellent references and was able to supply books from almost all European countries.

Thus Leers was successful in laying the foundation for an exchange with the Bibliothèque du Roi which was to last for many years. Upto December 1708 Leers delivered books for 8,823 guilders and 9 stuyvers. He was not paid in money, but received in exchange the prints from the 'Cabinet du Roi', much loved by art collectors.[4] He regularly promised Clément, his contact, to take great pains to procure the books Clément desired: 'quoi qu'il soit difficile de fournir une si grande varieté de livres imprimés en divers pays, je puis vous assurer que je n'épargnerai rien pour m'acquiter de mon devoir.'[5]

Leers gave publicity to his firm in various ways. Recently attention has been drawn to the degree to which the magazine issued by Leers, the *Histoire des ouvrages des savans*, he had at his disposal a special medium to give publicity to his publications.[6] In addition, he drew the attention of his loyal buyers to the assortment in his shop via consignments on approval and written lists of works which were deemed important to them. However, the emphasis of his commercial activities was on his printed publisher's and assortment catalogues.

Leers did not occupy himself much with the organization of auctions. Not more than four auctions are known to have taken place under Leers's supervision. Only one of the catalogues of these auctions is known to be extant, namely the catalogue of Isaac Gruter's library, auctioned on 14 April 1681.[7] Through advertisements in the *Oprechte Haarlemsche Courant* Leers announced that he had for sale the catalogues of three other auctions organized by him: they concerned the libraries of Peter Tilenius (on 13 November 1686), Johannes Ursin (on 13 April 1689), and Bernard Bijlerwerf (on 18 August 1689).[8] That the number of Leers's auctions remained so limited is not surprising when we take into account that Rotterdam had far fewer private libraries than the towns of Amsterdam, Leiden and The Hague.[9] Regulations of the guild of booksellers determined that only book collections from inside the town could be put up for auction (books from private property, an insolvent estate or from a guildsman who retired). For auctions of books from outside town permission had to be asked and the guild had to be paid ten guilders.[10]

Three of Leers's publisher's catalogues have been preserved; two in the rich catalogue collection of the Bibliothèque Nationale in Paris and one in the Biblioteca Angelica in Rome.[11] The term publisher's catalogue is being used here for a catalogue which contains those books published or financed by the bookseller as well as those by others, of which he bought or exchanged a great number of copies.[12] Leers's three publisher's catalogues, all octavos, bear the title: *Catalogus librorum quos Regnerus Leers bibliopola Roterodamensis, vel propriis typis et sumptibus edidit, vel quorum copia ipsi suppetit*. The first, consisting of 24 pages, dates from 1692; the second and the third, each of 32 pages, date from 1700 and 1706. The titles are presented in the same way in each of the catalogues. They are arranged in alphabetical order by author's name or title.[13]

Between the letters of the alphabet a small space is left blank, which could be used to draw attention to the most recent acquisitions. Both in the 1692 catalogue and in the one from 1700 these spaces were used. 17 and 3 titles respectively were added in the catalogues by hand. Thus the 1692 catalogue was kept up to date until 1694: In the written note concerning the prestigious publication of Franciscus Junius' *De pictura veterum libri tres*, completed in January 1694, this year was substituted for the earlier, also written comment 'sous la presse'.

A closer study of the 1692 catalogue makes clear how much Reinier was supported by his father's work. The 300 titles of the catalogue have been identified as far as possible.[14] In the case of 45 books place and date of publication remained unknown because the title mentioned was unclear or incomplete. The remaining titles can be classified as follows:

62 publications by Reinier Leers
42 publications by Arnout Leers sr
3 publications by Leers's widow
11 publications by Arnout Leers jr
62 publications which appeared in the Republic before 1671
18 publications which appeared in the Republic after 1670
26 publications which appeared outside the Republic before 1671
17 publications which appeared outside the Republic after 1670
2 publications from before 1671 - place of publication unkwown
12 publications from after 1670 - place of publication unkwown.

Thus, besides the 118 titles which Reinier had at his disposal from his own company and the companies of his parents and his brother, there were 90 publications from before 1671. There is a great chance that these older works had already been procured by his father. Of the identified titles only 47 books from after 1670 were acquired by Reinier by means of exchange or purchase.

52 titles from the 1692 catalogue were no longer taken up in the 1700 publisher's catalogue; 67 new titles had been added to the list. Most of these new titles had appeared recently, but there are also some older ones, such as the *Harmonia apostolica* (London 1670) and the *Divine melodie du S. Psalmiste* (Middelburg 1644). Possibly Leers published other publisher's lists before 1692, between 1692 and 1700 and after 1700, but nothing is known with certainty about these.

Besides his auction and publisher's catalogues Leers published a small number of assortment or stock catalogues, in which books of which only a few copies obtained through exchange or purchase were signalized to the customers. In the years 1682 and 1683 he published catalogues with the titles of books which he had bought during his visit to the Frankfurt bookfair: *Catalogus librorum quos Regnerus Leers (...) ex ultimis nundinis vernalibus Francofurtensibus sibi advehi curavit*.[15] The 1682 catalogue contains 882 titles and that of 1683 724 titles. The books are divided into four classes: libri theologici (1682: 188, 1683: 126 titles), libri juridici (1682: 255, 1683: 216 titles), libri medici (1682: 224; 1683: 188 titles) and libri miscellanei (1682: 215, 1683: 194 titles). Within these classes the titles are not alphabetically arranged. The place and year of publication are given with some consistency though and it is thus striking that many older books were brought from Frankfurt as well. In 1688 Leers published a catalogue containing titels from both Frankfurt and France.[16]

Other booksellers also published catalogues with bookfair acquisitions. Van Selm paid considerable attention to the catalogue of acquisitions from the 1604 Frankfurt spring bookfair published by the Amsterdam bookseller Cornelis Claesz in the same year.[17] Of Leers's contemporaries who did the same, we can mention Pieter van der Aa from Leiden, who in 1691 published a catalogue of Frankfurt books[18] and François van der Plaats, whose 'Messecatalogi' from 1700 and 1705 are extant.[19] The use of catalogues with acquisitions from Frankfurt and Leipzig continued until the middle of the eighteenth century, as appears from similar catalogues by booksellers from The Hague, such as Jean van Duren, Pierre Gosse and Jean Neaulme.[20]

Not only in 1682, 1683 and 1688 did Leers travel to Frankfurt. In any case his publications are listed in the bookfair catalogues of 1685-1688, 1690 and 1692 and this could point to his presence there. Whether he published any more catalogues of this nature after 1688 remains a question.

Leers's next stock catalogue, which is known to us because there is a copy of it in the British Library in London[21], has the title *Catalogus librorum, quos Regnerus Leers, bibliopola Roterodamensis, nuperrime ex Gallia, Anglia & Francofurto sibi advehi curavit*. This catalogue is undated, but on the basis of the titles of books included it can be proved that it saw the light at the end of 1690 or beginning 1691. The books are alphabetically arranged, without classification according to theme. They come from France, the German countries, the Swiss cantons and England;

11

publications from the Republic and the Southern Netherlands are practically absent. This catalogue can be regarded as the precursor of the series of eleven catalogues here presented in facsimile: whereas the eleven numbered catalogues as regards contents hardly overlap, the 497 titles from the 1690/1691 unnumbered catalogue are for the greater part (408 titles) incorporated into the later numbered catalogues, especially into catalogue I. The list of works 'ad usum delphini' which precedes the alphabetical listing in the unnumbered catalogue is reproduced in catalogue II, also outside the alphabetical arrangement. The survey of maps and plates at the end of the unnumbered catalogue, with insertions, also recurs in catalogue II. It is obvious that Leers thought it necessary that the contents of the unnumbered catalogue were not lost, at least in so far as the assortment presented in that catalogue was still available. In retrospect, the conception of the unnumbered catalogue evidently did not find favour in Leers's eyes. At the beginning of 1692 there came out a *Catalogus librorum quibus officinam suam auxit anno praeterito 1691 Regnerus Leers, bibliopola Roterodamensis*, in which also a large asssortment of books from the Republic and the Southern Netherlands was offered for sale. This catalogue was provided with an 'I' to indicate that from now on the intention was to have a like survey appear with a certain amount of regularity.

The stock catalogues that Leers published from 1692 cover the years 1691 (catalogue I), 1692 (II), 1693 (III), 1694 (IV), 1695 (V), 1696 (VI), 1697-1699 (VII), 1700-1702 (VIII), 1703-1705 (IX), 1706 (X), and 1707-1708 (XI). Not only did they get a continuous roman numbering, but pagination and quire signatures also continued. Each catalogue has 24 pages in octavo. The type area of each page is 8,2 by 13,7 cm. The catalogues I to VII inclusive are paginated from 1 to 168 inclusive, the catalogues VIII and IX from 1 to 48 inclusive. Number X, curiously enough, runs from 49 to 64 inclusive, and from 17 to 24; number XI from 1 to 24. The quire signatures continue for the catalogues I to VII inclusive (A-X^4), VIII and IX (A-F^4). Parts X and XI collate each A-C^4.[22] With the continuous numbering, pages and signatures Leers seemed to wish to stimulate his customers to keep the catalogues and to use them as reference works. Considering the small chance of survival of booktrade catalogues in general Leers's stock catalogues have been preserved reasonably well: of the eleven catalogues a total of 52 copies are known in seven different libraries. It is remarkable that of the catalogues I upto and including IV most copies are extant: 9, 10, 10, and 8 respectively. Of the following issues the numbers decrease: 6 copies of V, VI and VII, 4 of VIII, 5 of IX, 2 of X and only 1 of XI.

The catalogues are in the possession of the Bibliotheek van de Vereniging ter Bevordering van de Belangen des Boekhandels in Amsterdam[23], the British Library in London[24], the Bodleian Library[25], Christ Church[26], and Worcester College[27] in Oxford, the Bibliothèque Interuniversitaire de Médecine[28], the Bibliothèque Mazarine[29] and the Bibliothèque Nationale[30] in Paris and the Biblioteca Angelica in Rome.[31] Copies in the Sächsische Landesbibliothek at Dresden[32] and in the Staats- und Universitätsbibliothek at Hamburg are lost.[33] The present facsimile of the catalogues is made from the copies in the Bibliotheek van de Vereniging ter Bevordering van de Belangen des Boekhandels, Amsterdam (catalogues I-III), the Bodleian Library, Oxford (catalogues IV, VII and IX-XI) and the copies of Christ Church, Oxford (catalogues V-VI, and VIII). The copy of catalogue VIII of Christ Church is not complete: the pages 17-24 have been taken from the copy of Worcester College, Oxford. It is true, the last four pages of catalogue XI of the Bodleian Library reproduced here are damaged in the outer margin, but unfortunately no other copy of this last catalogue is known.

The catalogues were printed in small type, so that each page has a good sixty lines averaging some twenty book titles.[34] The small type in which the catalogues were printed led A. Ehrman to note in his copy of the catalogues I-IV, now in the Bodleian Library: 'He [=Leers] must have expected his readers to have good eyes.' The catalogues do not have titlepages. The list of titles begins immediately under the title of the catalogue on the first page. Two catalogues begin with distinctive categories. Catalogue II opens with 'Autores in usum serenissimi Delphini', 38 titles of publications edited under Louis XIV for the upbringing of his son, the Dauphin. Catalogue IX begins with a survey of the publications of classical authors: 35 titles 'Autores cum notis variorum' and another 10 publications 'Autores cum notis Minellii'. At the end of the catalogues in four cases (catalogues II, VI, VIII and IX) a survey is given of the prints, maps and portraits that Leers had in his shop.

The titles are alphabetically arranged by author or catchword, using only the first letter of the name or the word. They are not further subdivided by format. Place and year of publication and format are added

13

to the title. Latin titles are set in roman type, those in other languages in italics. Only in a few instances publishers are mentioned: the Sheldonian Theatre at Oxford, the royal publishing company in London (each once), the house Plantijn in Antwerp (three times) and the royal printing company in Paris (23 times). Of 37 works, of which all but one occur in catalogue IV, it is indicated that they were offered bound. In each case it concerns older publications. Other works no doubt were all unbound.

All copies of the catalogues have been noted. However many handwritten notes have not been found. Prices in the margin are only given for the 38 titles 'Autores in usum serenissimi Delphini' (catalogue II) in the British Library copy. In a few copies book titles are ticked, but this can only yield vague speculations about possible orders. In the only copy extant of catalogue XI Leers's name is crossed out and the names of Caspar Fritsch and Michael Böhm are added in manuscript. On 2 May 1709 Leers had sold his company and shop to them for the sum of 120,000 guilders, to be paid within a period of six years.[35] Fritsch and Böhm took over catalogue XI from Leers and subsequently continued the practice of publishing catalogues periodically under their own names. In the following years they published six numbered stock catalogues: no. I for the year 1709, II and III for 1710; IV for 1711; V for 1712; VI for 1713 and 1714.[36] Like Leers's, their catalogues not only had a continuous roman numbering, but pagination and quire signatures also continued. Apparently, Leers's catalogues had been a success and had satisfied the demands of the customers.

In the eleven catalogues all in all 4419 titles are given. More specific comments concerning volume titles of collected works have not been taken into account in the determination of this number, unless they were provided with separate bibliographical information; publications that were offered in more than one format, however, have been counted.

These 4419 titles are not divided equally between the different catalogues. The surveys of maps and plates in the catalogues II, VI, VIII and IX lead to a considerably lower total of books in these issues, but other catalogues give varying numbers as well. (Table 1) A further explanation lies in the length of the titles, for the type, the division and the blanks at the end of each letter in the alphabet remain the same. It does not seem plausible that the differences in length are due to any other causes than accidental ones. The result is that comparisons between the catalogues as to the number of books are out of the question; consequently, in what follows the numbers have preferably been expressed in percentages.

Table 1: Number of books per catalogue

I	II	III	IV	V	VI	VII	VIII	IX	X	XI
618	477	513	437	439	216	390	235	264	410	420

To get a good impression of the provenance of the books the places of publication have been assigned to countries and/or areas. In case of doubt the political character of the place of publication in the years 1692-1709 was decisive (Strasbourg, Luxembourg). The places of publication as mentioned in the catalogue were not called into question; only when absolutely necessary supplementary sources were consulted (especially for some dubious abbreviations like 'Lugd.' for 'Lugduni' or 'Lugduni Batavorum' and 'Herb.' for 'Herbornae' or 'Herbipoli'). Subdivisions that would demand a too detailed or a too wide field of research (Frankfurt/Main or Frankfurt/Oder) were not made.

Of 323 titles no place of publication is mentioned in the catalogues; in the case of four titles the place of publication seems too fictive to place it in any country or area (Cosmopoli, Eleuther., Irenop. and Philadelphie). The other titles can be divided as follows (table 2 and diagram 1):

Table 2: Number and percentage of entries	entries	%
Dutch Republic	1127	25,5
France	1090	24,7
German, Eastern European and Baltic States	917	20,8
Great Britain & Ireland	328	7,4
Spanish Netherlands	264	6,0
Swiss Cantons	258	5,8
Italian States & Naples	96	2,1
Northern States	9	0,2
Spain & Portugal	3	0,1
No data	327	7,4

Diagram 1: Countries - Number of entries

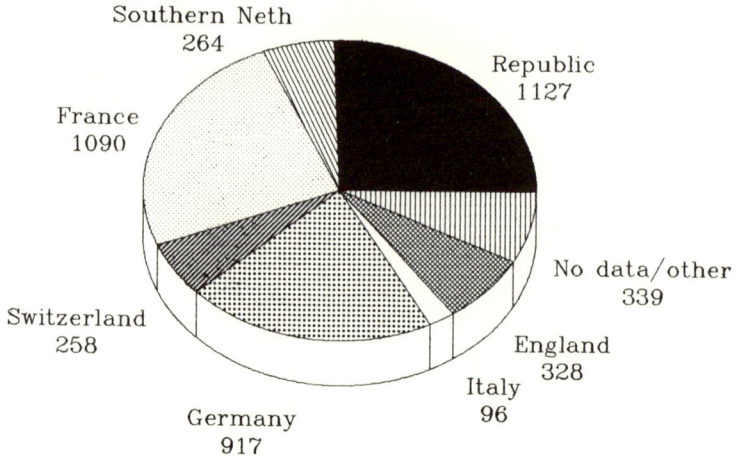

These and all other figures and percentages which have been deduced from the geographical/political classification have to be used with some care, since systematic verification has not been possible because of the range of the material and the nature of the information. Cologne for instance was very popular as false imprint for new editions of publications that were controversial because of their religious or political colour. About 85 % of the 61 publications from 1688 or later where the name of that town is given on the titlepage, might in reality have appeared elsewhere according to a re-classification via the *Histoire des ouvrages des savans*. If we make allowance for this percentage in the total for the German countries and the real countries of publication are assumed to be outside the German countries, then the share of these countries would diminish to 20 %; if it were applied to all 'Cologne' publications, including those from before 1688, the percentage would decrease further to 19 %. At the same time the percentages for the other countries or areas would rise in a way which cannot be ascertained. The German countries in their turn could profit from the pseudo-addresses which now distort the numbers and percentages for e.g. the Republic (Amsterdam) and the Swiss cantons

(Geneva). On the other hand we may presume that the use of pseudo-addresses had not assumed such proportions that the relations sketched in table 2, both in numbers and in percentages, would differ from reality in a decisive way.

The number of publications without address or with an obviously fictive address (327, 7,4%) represents an uncertain factor which cannot so easily be neutralised. Unfortunately it has not been possible for practical reasons to identify these publications through supplementary research, so that it had to be decided to simply leave all publications without address or with an obviously fictive address out of consideration. The influence of these publications, therefore, on the figures and percentages that divide the provenances has been taken to be nihil.

Mutations throughout the years in the shares of the different areas become clear when the percentages in each catalogue are considered (diagram 2).

Diagram 2: Countries - Percentage of entries per catalogue

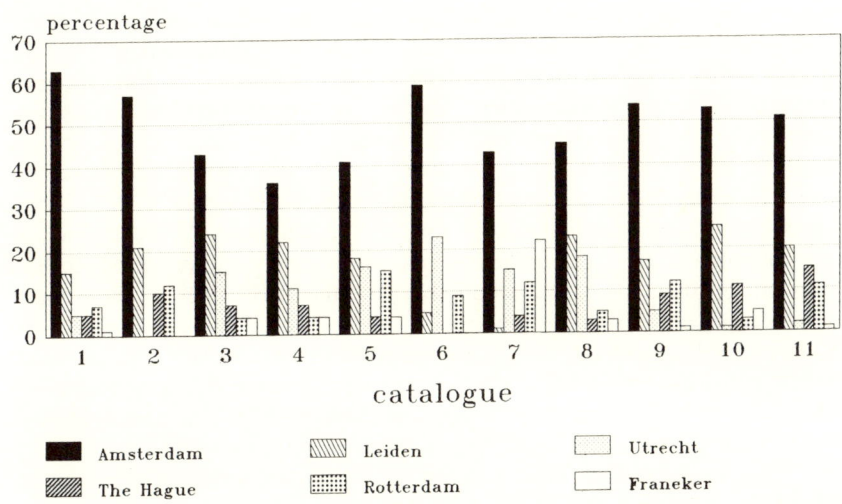

Whereas on the whole the Republic and France are a good match (25,5 versus 24,7%) France is predominant from catalogue II to catalogue VII with the exception of catalogue III. A balance is struck in catalogue VII. Afterwards the Republic leaves France far behind, even though France recovers somewhat in the catalogues X and XI. The position of the Republic tends to become stronger and the position of France weaker and weaker. It seems abundantly clear that the stringent limitations on trade as a result of the War of the Spanish Succession had a strongly negative influence on what was upto then Leers's clearly expressed French orientation (at the time of the Nine Years War there was far less reason to worry in this respect). It seems equally lucid that the Republic filled the existing gap, also in order to replace gaps come into being elsewhere because of the same or other causes. Moreover, during the last years of his activity Leers might have restricted himself purposely to commercial contacts in a more accessible area with adequate possibilities to settle financial transactions.

The percentage for the German countries of the catalogues IX, X and XI is clearly beneath and of catalogue VI clearly above the percentage of all the catalogues together. An elaborate survey of the works of Cellarius determines the picture of catalogue VI. The percentage reached here (33) is the end of an ascending series. It then hesitates at a point somewhat beneath 20% and subsequently, in the last three catalogues, falls to the lowest point of 9% in catalogue XI. It is very well possible that here actually is reflected the significance of Leers's trade contacts in the German countries in the corresponding period. This would bring out even more clearly the hypothesis put forward earlier concerning the shift of emphasis to the publications out of the Republic.

The contribution of England is small in the catalogues V, VI and XI (each 4%) and relatively large in the catalogues IV, VII and X, presumably on account of fluctuating trade contacts. However the highest percentage does not go beyond 12 (IV and VII). When the general percentages for the different areas are compared to each other, the position of England can hardly be regarded as impressive. The share per catalogue only strengthens that impression. Apparently, Leers did not specialise in books published in England. Moreover, it is doubtful whether his customers were very interested in these books.

The only positive peak for the Southern Netherlands concerns the share in catalogue XI (14%), caused by the separate bibliographical descriptions of the series *Mémoires pour servir à l'histoire de l'Eglise* by Le Nain de Tillemont, the *Opera omnia* by Gerson and the *Opera omnia* by Goltzius. Otherwise, taking into account the Republic and the Southern Netherlands in general, the Southern Netherlands seem to be represented reasonably if not quite well.

The Swiss cantons achieve a surprisingly large share in catalogue VII (18%); in the others their strength changes: above the general percentage in catalogues I and II, far beneath it in IV, VI and VIII-XI. The share in catalogue VII to a great extent is based on a survey of works by Daillé and on an elaborate entry of volumes of a work by Anhorn. In the same catalogue allowance was undoubtedly made for payments in books by virtue of agreements between Leers and the Genevan firm Cramer and Perachon on the bankruptcy of the Amsterdam bookseller Jean Mourillard. The percentages of catalogues I and II seem to refer to special trade contacts, presumably as a direct consequence of the visit which the Genevan publisher De Tournes paid Leers in 1691.

A relatively considerable share in the catalogues IV to VI inclusive appears to be responsible for the general percentage for Italy. No doubt incidental factors played a part here. In catalogue IV a relatively considerable number of antiquarian Italian books is presented, no doubt the result of an auction purchase: it is expressly mentioned of sixteen of them they are bound. The share of Italy is increased in catalogue V by separate entries of the volumes of the *Bibliotheca rabbinica* by Bartolocci and an elaborate survey -in all probability based on one purchase or exchange - of works by Ciampini. In catalogue VI Leo Allatius's works - in all probability also acquired on one occasion- form the main part of the Italian total. Otherwise the catalogues underline that there was no question of regular trade of any size between the booksellers and publishers in Italy and their colleagues in the Republic.

The very minimal trade contacts with the Northern countries (nine entries) and the Iberian peninsula (three) are also adequately expressed in the catalogues. Leers, too, appeared not willing to break down political and religious barriers.

Analysis of the percentages for the different areas according to place of publication in total and per catalogue does not yield any data that demand closer inspection, for the ratios can hardly be qualified as surprising. Amsterdam is responsible for half of the total for the Republic,

Leiden lags far behind with 19%, Utrecht, The Hague and Rotterdam, with 8% just stay below half of the Leiden percentage. Franeker reaches 4%, Delft makes 1% of the remaining places of publication. Diagram 2 illustrates the shares in percentage for Amsterdam, Leiden, Utrecht, The Hague, Rotterdam and Franeker. The tendency for Amsterdam, Leiden, Rotterdam and Franeker is to remain the same; the share of The Hague increases, that of Utrecht decreases.

Diagram 3: Republic - Percentage of entries Republic per catalogue

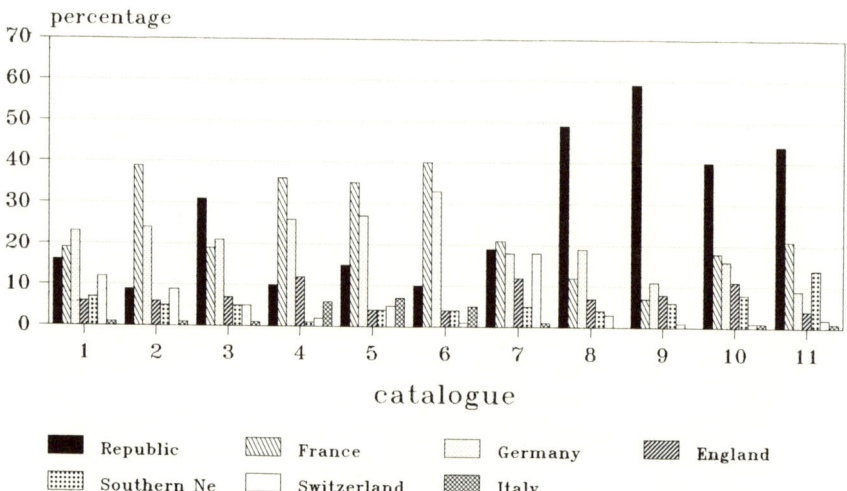

Of the French publications Paris takes the lead with 73% of the total; Lyon follows at a great distance with 17%, Strasbourg provides 5%, Rouen 2%. Frankfurt (with the restriction mentioned above as to Frankfurt/Main and Frankfurt/Oder) leads the German countries with 23% of the total; Leipzig follows with 19%, Cologne reaches 13% (including all fictive addresses), Neurenberg has 10%. Jena (6%), Hamburg and Tübingen (each 3%) and Wittenberg, Berlin and Augsburg (each 2%) head the extensive group of remaining places. In England the position of London (68%) is uncontested. The university towns Oxford and Cambridge are represented with 24% and 7% respectively. Brussels (44%) is ahead in the Southern Netherlands, followed by Antwerp (29%), Liège (14%) and Louvain (11%). In the Swiss cantons Geneva (72%) clearly wins from Basel (18%) which in its turn leaves Zürich (8%) far behind. For Italy Rome provides 57%; the other places of publication stay far or very far beneath 10%.

The years of publication are lacking for 121 of the 4419 entries (3%). More than half of the number of dated publications (52%) dates from 1690 or later and can therefore be regarded as contemporary in a narrower sense. More than three quarters of the dated publications (77%) dates from 1680 or later and is therefore contemporary in a broader sense. Almost all dated publications (96%) date from 1650 or later. Only 32 publications date from before 1600; one book in catalogue I, 13 in catalogue IV, 18 in catalogue V. Most of the 13 books in catalogue IV are bound. No doubt they all belong to the auction purchase mentioned earlier. No doubt the 18 books in catalogue V were also acquired on a special occasion: it concerns a series of Cologne juridical works, arranged under the 'T' of 'Tractatus'. The oldest book entered in the catalogues, a tract from 1520, belongs to this series.

The following publications, listed by number and percentage of the total of titles per catalogue, are strictly contemporary, i.e. published in the last possible year mentioned on the title-page of the catalogue or later (postdated publications and publications that can be related to the real date of publication of the catalogue):

Table 3: Strictly contemporary publications

catalogue	1	2	3	4	5	6	7	8	9	10	11
number	69	28	121	94	90	35	70	70	45	52	93
percentage	11	6	24	22	21	16	18	30	17	13	22

Naturally the Republic is represented well among these publications. Upto and including catalogue VIII its share increases steadily, from 20% in the first catalogue to 46% in the eighth, with a peak of 52% in catalogue III. In the catalogues IX-XI it hovers around 60%. Here also England's share, 4 to 13%, is rather modest. Apparently, new publications did not immediately reach the continent. Moreover, Leers presumably awaited specific orders before he made a choice from the most recent offer from abroad; when the extant lists of his deliveries to the Bibliothèque du Roi are compared to the contents of his catalogues we can conclude that it was particularly books in the English language which Leers did not stock as a matter of course. The percentages for Italy and the Swiss cantons are almost negligible, so that we may assume that supply from these regions was subject to considerable delay. The share of the Southern Netherlands fluctuates between 1 and 17%, presumably in connection with irregular trade contacts. Fluctuations within the share of the German countries are considerable: percentages vary from 5 to 29%. From this it could be concluded that Leers no longer visited the bookfair all that loyally during the period in which his catalogues appeared. Fluctuations for France are even more considerable: from 3 to 33%. In the catalogues VII-XI the share of 24% (VII) falls abruptly to the extremely meagre 9% (VIII), and subsequently to 4% in IX and X and to 3% in XI. The recovery mentioned earlier in the catalogues X and XI concerning the share of all French publications appears not to apply to the strictly contemporary publications: in both catalogues this kind of publications only provide 3% of the French total.

The division according to format cannot be regarded as very surprising: the quartos reach 28%, the duodecimos 25%, the folios 24% and the octavos 21%. The smaller publications and the publications on large size paper form a percentage which can be ignored.

Of the languages Latin predominates with 59%. French follows with 36%. The relations per catalogue are strongly in favour of Latin, with the exception of catalogue XI, where French for the first and the last time takes the lead (62% versus 37%). English is represented very weakly with 2%, Italian is extremely weak with 1%. Among the rest are represented various language combinations (via dictionaries and bilingual text publications). In Dutch there are only two juridical publications from Antwerp.

Since the catalogues are only arranged alphabetically, to give more than general statements on the themes of the books entered in the catalogues is a hazardous business. However, one of the authors of this introduction having gained experience with the thematical arrangement of books in the period in which the catalogues appeared in a way which does justice to principles of arrangement at the time, an attempt is made nevertheless to determine the titles in the catalogues more closely. Eventually, 93% could be classified, 2% of which was brought under the heading 'various'; the theme of the remaining books could not be deduced from the title. Divided according to the themes theology, law, history (geography and travel included), classical and modern literature and science (philosophy, medicine and applied science included) the relations are as follows (titles not determined have not been taken into account):

Table 4: Number and percentage of entries per subject

	number	%
history	1132	27
theology	1100	27
science	753	18
law	539	13
literature	497	12
various	97	2
(medicine)	(278)	(7)

Diagram 4 illustrates how the themes are spread over the different countries and areas, in percentages of the total of the theme at issue.

Diagram 4: Subjects - Percentage of total per subject

From the diagram it appears that theological works of a catholic nature (France and the Southern Netherlands reach 32%) are represented excellently. Literature and history are mainly a Dutch and French affair. In the field of law the German countries are by far the largest suppliers; France, second in line, has exactly half of the German share. Finally, the limited share of England in natural and social sciences is striking.

The share of the different countries and areas can also be expressed in a percentage of the total of titles for that country or area (diagrams 5 and 6). The percentages thus obtained for the Republic and France hardly differ with respect to theology and history: the share in the total per theme is more or less equal to the share of that theme in the total per country. In the case of the German countries the difference is somewhat greater, but not remarkable. For theology the case differs, however, in the Swiss cantons, England and the Southern Netherlands. The Swiss cantons provide 10% of the theological titles, but of all Swiss titles as much as 41% is of a theological nature. The Southern Netherlands show more or less the same ratio (9% to 38%). The ratio for England is a bit less pronounced (6 to 19%).

Diagram 5: Subjects - Percentage of total per country

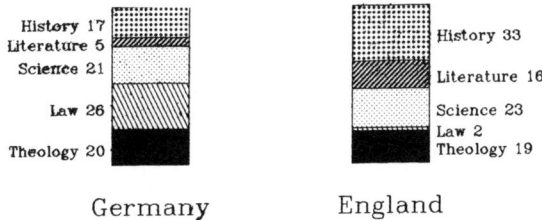

Germany   England

Diagram 6: Subjects - Percentage of total per country

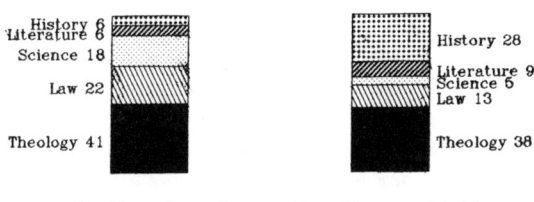

Switzerland   Southern Neth

The contribution of England and the Southern Netherlands to the history titles (10 and 7% respectively) is coupled with a much more considerable share of the total of these titles in the total per country (33 and 28% respectively). The great contribution of France and the Republic to literature (27 and 36% respectively) is in no way reflected in the share of literature in the total for these countries (12 and 16% respectively). 44% of the juridical works come from the German countries, but they only form a quarter (26%) of the total German supply. The modest position of the Swiss cantons (10% of the total of juridical works) changes to a solid second position (22% of the Swiss titles) whereas France lags behind (22% of the juridical works, 11% juridical works among the French titles) and the Southern Netherlands mirror the ratios for the Republic (13% of the juridical titles are of Republican origin, 6% of the titles of the Republic are of a juridical nature; for the Southern Netherlands this is just the reverse). Finally, Republican, French and German contributions to scientific works level off, when these works are expressed in a percentage of the total per country (22% of the total for the theme versus 15% of the total per country for the Republic, 29 versus 20% for France, 26 versus 21% for the German countries). However, the 6% from the Swiss cantons represents 18% of the Swiss total, the 10% from England represents almost a quarter (23%) of the English total.

When the percentages per theme per country are put alongside the percentages for the catalogues (all countries together) only France fits the general picture. The Southern Netherlands do so for law and history, lag behind in literature and science, but are more than adequately represented as regards theology. The Swiss cantons only fit the general percentage for works of science; with respect to theology and law they are very well represented, with respect to literature and history they are clearly inadequately represented. England's contribution to scientific works, literature and history is somewhat higher and to theology and law clearly lower. The German countries score much lower for literature and history, lower for theology, about the same for science and considerably higher (26% versus 13% in general) for law. The Republic just fails to achieve half of the general percentage for law, remains somewhat beneath the percentages for theology and science and tops those for history and literature.

No further details could be traced about the deliverability of copies of the titles mentioned in the catalogues. It can be deduced from Leers's orders from his colleagues Samuel Smith and Thomas Bennet and Henry Clements that many titles were strictly available in single copies, but that, whether on several occasions or not, in total some ten to twenty copies of other, more current titles were supplied.[37] Of course it will always have been possible for the customers to order titles from catalogues which had appeared earlier. The titles from Leers's list of publications mentioned in the catalogues form a special problem. Of the 1692 publisher's catalogue a total of 73 titles are mentioned (30 of which, amongst them 9 Leersiana, are mentioned in catalogue I); 110 titles from the 1700 publisher's catalogue received a place in the numbered catalogues. Since various titles from the 1692 publisher's catalogue mentioned in the stock catalogues afterwards figure once more in the 1700 publisher's catalogue it may be considered out of the question that these are the remainders that were disposed of via the stock catalogues. Possibly the new Leersiana, entered rather loyally, owe their presence in the catalogues simply to commercial or publicity considerations. No explanation has been found for the entries of older, but still abundantly available publications from the list.

As mentioned above, in four of the eleven catalogues, in addition to books, prints and maps are listed. Catalogue II at the end contains three pages of titles of maps and atlasses, particularly of French cartographers such as Sanson, Jaillot and Nicolas de Fer, and of series of prints including prints of ornaments and examples of drawings. The exchange with the Bibliothèque du Roi began in 1696. Therefore Leers had at his disposal the series of prints from the Cabinet du Roi and presented these elaborately on the last ten pages of catalogue VI with the title 'Catalogue de livres & d'estampes, de l'impression du Louvre'. Catalogue VIII and IX end with eight and six pages respectively, of newly acquired French and Italian prints, maps, games and portraits. Among the portraits we find sovereigns (William III, Louis XIV, Charles III of Spain), scholars (Antoine Furetière, Charles d'Hozier, Pierre-Daniel Huet) and ecclesiastical authorities (Pope Innocent XI), the jansenist minded archpriest of Delfland Johannes Roos and the apostolic vicar Johannes van Neercassel.

One may wonder whether Leers recorded all his acquisitions as the title of the series suggests (*Catalogus librorum...quibus officinam suam auxit*). A positive answer seems attractive, considering the periodicity of the catalogues (yearly from 1691 to 1696 inclusive and in 1706, once in three years during 1697-1699, 1700-1702 and 1703-1705, once in two years during 1707-1708). If so, the publication of the catalogues would be directly related to the acquisition of a quantity of books, sufficient to fill a pre-determined number of pages. The special sections (maps and prints, publications 'ad usum delphini' or those by Minellius) in this sense could also be regarded as padding. If we accept this answer it would imply that Leers in the period between the appearance of two catalogues did not acquire more, that is, not significantly more books than those presented in the next catalogue, excluding an unknown number of books of which the sale was so succesful that they could no longer be entered, an unknown number of ephemeral publications available in many copies (pamphlets, broadsides, gazettes, almanacs, catechisms, bibles) and an unknown number of books acquired through a special order which immediately found their way to the customer. However, from the comparison referred to above between the contents of the unnumbered catalogue and the contents of the catalogues in the series, it has become clear that catalogues I and II presented once more works that had in fact been in stock for some time; it is very well possible that afterwards also, in order to complete the number of 24 pages, titles were entered that had been acquired much earlier. On the other hand it is also possible that for each catalogue a selection was made of the acquisitions. This need not imply that the contents of the eleven catalogues disguised the character of Leers's booktrade, for no bookseller could allow himself to lead his clients astray with his catalogues. Besides, we may assume that the composition of the catalogue by a conscious choice from the acquisitions would have demanded direct and time consuming activities from Leers himself or from a knowledgeable assistant.

By means of a detailed analysis of the contents and the typography of the unnumbered catalogue from 1690/1691 and the catalogues I-XI it can be concluded with certainty that catalogue I was entirely re-set, presumably on the basis of an interleaved and annotated copy of the unnumbered catalogue. Apparently the titles in the mean time no longer available were scored out in this copy; they were not repeated. Catalogue II incorporates another fifty titles spread over the entire alphabet, which apparently had been omitted erroneously by the compositor of catalogue I. All other duplications in the remaining catalogues appeared to be due to republications or new acquisitions of which the title was redescribed. In some cases the titles from the unnumbered catalogue were arranged somewhat differently in catalogue I for obvious reasons (incorporation of a title at first overlooked, formatting of a page, finishing of a block to be set in italics). The section of publications 'ad usum Delphini' and that of maps and prints apparently were left out of account due to lack of space; they were repeated and amended in catalogue II.

Naturally, this knowledge cannot be used for a more specific conclusion about the exact procedure for the compilation of the catalogues II-XI, unless we assume that the contents of the new catalogue was noted in an interleaved copy of its predecessor or even in an interleaved copy of catalogue I supplemented repeatedly. Only in the latter case does it seem clearly useful (the avoiding of duplications), but such a copy would hardly have been manageable. Moreover, this assumption does not explain how the first, unnumbered catalogue was realized.

Considering the contents of the catalogues it is also not likely that one of the stockbooks or the creditorbook was taken as a starting point: in the catalogues the titles are entered in much more detail than was necessary or even desirable for a good business administration.

In the catalogues II and III there are a number of duplications which can be taken as starting points in forming a more specific judgement. The titles under the letter 'T' in catalogue II have all been incorporated in catalogue III, with the exception of four that were taken from the unnumbered catalogue; all but two of the titles under the letter 'V' in catalogue II are entered again in catalogue III; the first two titles under the letter 'W' in catalogue II appear again in catalogue III. All other duplications in the catalogues (about a hundred) are spread out much more. Since no arguments have been found for a deliberate repetition and the compositor cannot be blamed (the titles show minimal differences in spelling, punctuation and capitalization), we can with certainty assume that this series of duplications is the result of mistakes made during the composition. In this way it can be definitely excluded that use was made of an interleaved copy for catalogue II: in catalogue III various titles were inserted in places that cannot be explained from the typographical division of catalogue II whereas, in addition, a few titles from catalogue II were placed in a different order. Similarly, because of the arrangement in both catalogues it is an illusion to think that the compiler used a special book which was begun to support the catalogues and which was revised and amended again and again as the material was collected. Finally, there is room only for one hypothesis[38]: each time a number of acquisitions were described (elaboratedly) on loose pieces of paper, in all probability per letter and on the basis of origin per supplier; whenever titles were no longer in store this was noted on these pieces of paper. When the next catalogue was to be set, the pieces of paper were arranged for the employees of the printing-house. The mistake of catalogue III then would be that a few piles of titles were described twice.

The official dating of the catalogues is not always the same as the actual date of publication. When the years of publication mentioned in the catalogues are compared to the year that the catalogue covered according to its title (I-VI, X) or to the last year of the period defined by the title (1699 for catalogue VII, 1702 for VIII, 1705 for IX, 1708 for XI) dates and figures come to light which cannot always be explained by compositor's errors or by the usual postdating of the Norhern Netherlands booktrade. Above suspicion in this sense are only catalogue II, in 1692, catalogue IX, during 1703-1705 and catalogue X, in 1706: catalogue II contains only one title with 1693 as the year of publication, catalogue IX and X each contain only 4 with 1706 and 1707 as years of publication, respectively. Catalogues I, III-VI and XI contain 20, 48, 36, 43, 11 and 19 titles respectively from the new year; in all probability the copy was completed here only later, perhaps because the catalogue could not be printed immediately at the beginning of the year. Catalogue VII, (1697-1699), presumably appeared only late in 1700 (20 titles from that year, 3 from 1701). In catalogue VIII, (1700-1702) the years actually given differ quite a lot from the years in the title: 17 books date from 1703, 11 date from 1704, and in one case (clearly postdated) 1705 is given as the date of publication. We may assume that this catalogue did not appear before the end of 1703 but probably not much later (completion in 1704 would mean that the year 1703 could have been added to the title). The threat of war as well as the trade limitations after the war had broken out may have influenced both the composition and the eventual date of publication.

The most important question to be asked in relation to the catalogues is also the hardest to answer. It is clear why Leers started his catalogues: they served the interest of his booktrade in an exemplary way. However the question is why Leers did not begin sooner, or, why he only started with the unnumbered catalogue in 1690/1691; for on the basis of the overlap between the unnumbered catalogue and catalogue I it can almost certainly be excluded that Leers had published any catalogues earlier. Did

Leers from 1690 have an assistant at his disposal who could be entrusted with the composition of the catalogues? Is there a connection with the circumstance that from 1690 he no longer presented his publications regularly in the bookfair catalogues? Was he inspired by an example in or outside the Republic? Had his customers complained about the accesibility of his assortment? Unfortunately we cannot answer these questions.

From one of Leers's customers we have the details of orders placed from the stock catalogues. The archives of the Bibliothèque Nationale in Paris hold the 'Troisième registre des livres acquis pour la bibliothèque du Roy'.[39] Under the supervision of Nicolas Clément book sales from Leers and dispatches of prints from the Cabinet du Roi to Leers were recorded in this register. The Rotterdam bookseller sent a total of sixteen book deliveries for a total amount of 8823 guilders and 9 stuyvers.[40] For this sum 1971 book titles were supplied to the Paris library. Clément's orders were partly based on Leers's stock catalogues, partly on lists of books of which the acquisition was deemed useful for the library.[41] Prices in the 'Troisième registre' for each title supplied are in guilders and stuyvers, which provides us with the prices for a part of the books from the catalogues. According to a statement in the register in each case it concerns the 'prix des Marchands', the prices Leers charged to his colleagues.[42] A total of 807 titles from the catalogues occur in the register of purchases. The prices of these books have been included in a list referring to the catalogues. 36 of these 807 titles were supplied to the library twice, but today duplicates for the greater part no longer occur in the Bibliothèque Nationale. The second order probably was collected for the librarian's private collections, the assistant librarian or befriended relations. It is also possible that these second copies were sold during an auction sale of duplicates of the library in 1734.[43] It is remarkable that the prices of these repeated orders are not always identical.

Although in the seventeenth century it was in no way unusual that book-sellers drew the attention of the public to their assortments by means of catalogues, the eleven assortment catalogues published by Leers are of more than usual significance. The Leers company took up a very prominent position in the world of booktrade and publishing, with all its consequences for the books in stock in the shop. Because of the catalogues this stock can also today be studied from all kinds of

31

perspectives. In addition the catalogues give an insight into the proportion and the quality of Leers's trade in maps and prints. Moreover, since the catalogues appeared in a series and the complete series is extant, it is possible to study the stock over a great number of years, in a period in which the significance of the Leers house rose to great hights through important publications and trade contacts. By itself each of the eleven catalogues contains a treasure of information; together, however, they have a surplus value which is far greater than that of the sum of its parts.

NOTES

1. Letter R. Leers to N. Clément, 16-9-1696 (Bibliothèque Nationale Paris, Archives du Département des manuscrits Ancien Régime (BNP AR), 53, f. 55).
2. Rotterdam Municipal Archives Rotterdam, Oud. Not. Archief, no. 1119 / 173.
3. For Reinier Leers, see: Otto S. Lankhorst, *Reinier Leers, uitgever en boekverkoper te Rotterdam (1654-1714). Een Europees 'libraire' en zijn fonds*. Amsterdam/Maarssen 1983. (Studies van het Instituut voor Intellectuele Betrekkingen tussen de Westeuropese Landen in de 17de Eeuw, no. 10).
4. On this see: Otto S. Lankhorst, 'Prenten uit het Cabinet du Roi in de Republiek. De ruilhandel tussen de Rotterdamse libraire Reinier Leers en de Bibliothèque du Roi te Parijs', in: *Leids kunsthistorisch jaarboek*, 4 (1985) [1987], pp. 63-84.
5. Letter R. Leers to N. Clément, 16-9-1696 (BNP AR 53, f. 55).
6. Cf. H.H.M. van Lieshout, 'De materiaalvoorziening voor de *Histoire des Ouvrages des Savans*', in: *Documentatieblad werkgroep 18e eeuw*, 21 (1989), no. 2, pp. 97-137.
7. *Catalogus insignium, et omni genere exquisitorum, praecipue litteratorum, S. Patrum, et theologicorum librorum instructissimae bibliothecae Isaaci Gruteri, Scholae Erasmianae Rotterodamensis (dum viveret) rectoris vigilantissimi. Quorum auctio habebitur Rotterodami in aedibus defuncti, die 14. Aprilis et seqq. horâ octava matutina et secunda*

pomeridiana, 1681. Copy kept inter alia in the Royal Library (KB) The Hague.
8. Cf. *Oprechte Haarlemsche courant*, 1686, no. 45 (7 Nov.), 1689, no. 11 (17 March), and no. 32 (11 Aug.). The advertisements were repeated in the following issues of the 'courant'.
9. Cf. Pierre Bayle's remark: '(...) nous avons peu de gens qui fassent des bibliothèques [à Rotterdam]'. Letter P. Bayle to P. Desmaizeaux, 17-6-1704 (P. Bayle, *Oeuvres diverses* (La Haye 1727-31), tome IV, *Lettres de Mr. Bayle*, p. 846).
10. *Ordonnantie voor het gilde van de boek-verkopers, boek-druckers, boek-binders, papier- en pennenverkoopers binnen de stad Rotterdam.* Rotterdam 1699.
11. Catalogues dating from 1692 and 1700 are in the Bibliothèque Nationale in Paris: Delta 2431 (1692) and Q 4171(3) (1700). A catalogue from 1706 is in the Biblioteca Angelica in Rome (ZZ 22.12). The printer's address on the titlepages of the 1700 and 1706 catalogues is 'Roterodami, Ex officina Leersiana'. The 1692 imprint is identical, with the exception of the spelling 'Rotterodami' instead of 'Roterodami'.
12. Cf. B. van Selm, *Een menighte treffelijcke Boecken. Nederlandse boekhandelscatalogi in het begin van de zeventiende eeuw.* Utrecht 1987, pp. 3-4.
13. In both catalogues one book is placed according to author as well as title: Allix, *XII Sermons sur divers textes.*
14. The catalogue contains 284 printed and 17 written titles. However, the *XII Sermons* were listed according to author as well as to title.
15. The complete title is: *Catalogus librorum quos Regnerus Leers, bibliopola Rotterodamensis, ex ultimis nundinis vernalibus Francofurtensibus, 1682, sibi advehi curavit, et qui in sua officina (praeter plurimos omnis generis et facultatis libros aliunde comparatos) venales extant.* Rotterodami, apud Regnerum Leers, bibliopolam ad insigne Erasmi, 1682. Idem for 1683. The 1682 and 1683 catalogues are in the Bodleian Library, Oxford (shelf mark: Johnson d.732(3,4)). Another copy of the 1683 catalogue is in the University Library, Louvain (3 A 22469(5)).
16. *Catalogus librorum quos Regnerus Leers (...) ex ultimis nundinis vernalibus Francofurtensibus 1688 itemque ex Gallia sibi advehi curavit.*

33

Copy kept in the Saltykov-Shchedrin Library in St. Petersburg: shelf mark 16.134.8.134.
17. B. van Selm, *o.c.*, pp. 198-211.
18. At the Bibliotheek van de Vereeniging ter Bevordering van de Belangen des Boekhandels (BVBBB) in Amsterdam.
19. At the British Library, London: Sc 117(4) and Sc 150(4).
20. For the titles of these catalogues, see the appendix to Otto S. Lankhorst, '"Au siècle des catalogues". Een eerste inventarisatie van fonds- en sortimentscatalogi van Haagse boekverkopers, 1680-1780', in: *Documentatieblad Werkgroep 18e eeuw*, 21 (1989), no. 1, pp. 55-96.
21. British Library, shelf mark: Sc 117(3).
22. The collation of the eleven catalogues is: I: A-C^4, pp. 1-24; II: D-F^4, pp. 25-48; III: G-I^4, pp. 49-72; IV: K-M^4, pp. 73-96; V: N-P^4, pp. 97-120; VI: Q-S^4, pp. 121-144; VII: T-X^4, pp. 145-168; VIII: A-C^4, pp. 1-24; IX: D-F^4, pp. 25-48; X: A-C^4, pp.49-64, 17-24; XI: A-C^4, pp. 1-24.
23. BVBBB, Amsterdam: antiq. cat. Leers (I-III).
24. British Library, London: Sc 49(2) (I-IV and VI).
25. Bodleian Library, Oxford: Broxb. 99.1 (I-IV) and Johnson f. 240 (II-IV, VII, IX-XI).
26. Christ Church, Oxford: 3 E 158 (I-IX).
27. Worcester College, Oxford: L.R.B. 7b / 1-4 (V, VII-IX).
28. Bibliothèque Interuniversitaire de Médecine, Paris: 40.142 (I-VI).
29. Bibliothèque Mazarine, Paris: 36699 (I-VI).
30. Bibliothèque Nationale, Paris: Q 4171(4-13) (I-X) and Delta 2431 (I-III).
31. Biblioteca Angelica, Rome: ZZ 22.12 (I-IX).
32. According to W. Hellinga's apparatus of auction-sales catalogues supplemented and revised by B. van Selm, there were catalogues by Leers in the Sächsische Landesbibliothek at Dresden. A source for this information is not mentioned.
33. Also mentioned in the 'Hellinga apparatus' as a lost copy, where the following source is given: 'Handschriftliche Inventar, 1830'. A letter from the Staats- und Universitätsbibliothek at Hamburg to O. Lankhorst confirmed that the catalogues are no longer present there.
34. Of the 264 pages 230 have book titles printed on them.
35. Rotterdam Municipal Archives, Oud. Not. Archief, no. 1498 / 187: deed of sale.

36. Kept at the Bibliothèque Nationale, Paris (catalogues I-III: Delta 1597, 1601, 1598), Christ Church, Oxford (catalogues I-II, IV-V: E 507) and the Herzog August Bibliothek, Wolfenbüttel (catalogues I-VI: Be Sammelmappe 1(6-11)).
37. Otto S. Lankhorst, *o.c.*, pp. 227, 229, 231, 232, 234, 236, 237; C. Blagden and N. Hodgson, *The Notebook of Thomas Bennet and Henry Clements*. Oxford 1956, pp. 33-34.
38. The possibility that Leers profited from the bookfair catalogues to compose his catalogues could be excluded by means of comparative research.
39. BNP, AR 20.
40. Cf. Otto S. Lankhorst, *o.c.*, p. 110.
41. Thus BNP AR 52 contains among other entries: f. 56: 'Livres à demander à M. Leers, 1697, dec'; ff. 198-201; 'Livres à envoyer pour la Bibliothèque du Roy, extraits des memoires receu de M. Leers en 1706'; f. 241: 'Du catalogue de M. Leers impr. en 1706'.
42. BNP, AR 20, p. 3.
43. *Catalogue d'une bibliothèque de dix-huit mille volumes, qui se vendront à l'amiable dans les salles du grand couvent des R.P. Augustins le 4 janvier 1734 & jours suivans. Paris 1733.* Cf. Simone Balayé, *La Bibliothèque Nationale*. Geneva 1988, p. 200.

N°. I.
CATALOGUS LIBRORUM,
Quibus Officinam suam auxit
Anno præterito 1691.
REGNERUS LEERS,
Bibliopola Roterodamensis.

A.

Nnales Magistratuum & Provinciarum S. P. Q. R. ab urbe condita, ex Auctorum antiquitatumque variis Monumentis suppleti per St. Vinand. Pighium: in quibus Reipublicæ Mutationes, Potestatum ac Imperiorum Successiones, Acta, Leges, Bella, Clades, Victoriæ, Mambiæ, atque Triumphi, necnon illustria Stemmata, Familiarumque Propagines, ad annos & tempora sua reducuntur, fol. 3. vol. Antv.

l' *Apocalypse avec une Explication, par J. B. Bossuet, Evêque de Meaux*, 12. 1690.

Adrichomii (Christ.) Theatrum Terræ Sanctæ & Biblicarum Historiarum, cum Tabulis Geographicis ære expressis, fol.

Affolini Resolutiones forenses, seu res in diversis foris, præcipuè in civitate Bononiæ judicatæ; in quibus plures materiæ Ecclesiasticæ, Feudales, Emphyteuticæ, Fideicommissariæ, & aliæ usu frequentiores resolutiva & dilucida methodo pertractantur, fol. Genev. 1686.

Alderisii Tractatu de Symbolicis Contractibus, in quatuor titulos divisus, de nove revisus, recognitus ac emendatus, curâ & studio Ph. And. Oldenburgeri, fol. ibid. 1678.

Antonellus de Tempore Legali, in quo difficiliores Quæstiones de Tempore, de annis, mensibus, diebus, horis, & momentis enucleantur, fol. Ienæ 1670.

Academie des Sciences & des Arts, contenant les Vies & les Eloges Historiques des Hommes illustres, qui ont excellé en ces professions depuis environ quatre siecles parmi diverses Nations de l'Europe: avec leurs Portraits: par Isaac Bullart, 2. vol. fol. 1682.

Abregé de l'Histoire de la Congregation de Auxiliis, c'est-à-dire des secours de la Grace de Dieu, tenuë sous les Papes Clement VIII. & Paul V. 12. 1686.

- - - *de la Philosophie de Gassendi, en 7. Tomes, par F. Bernier*, 12. à Lyon 1684.
- - - *de la Foy & de la Morale de l'Eglise; tiré de l'Ecriture Sainte en faveur des nouveaux Convertis: par le R. P. N. Alexandre*, 2. vol. 12. Paris 1686.
- - - *Chronologique de l'Histoire Universelle du R. P. Petau, mis en François par Mr. Macroix*, 2. vol. 12. ibid. 1683.

CATALOGUS

l'Art de Naviger demontré par principes, & confirmé par plusieurs observations tirées de l'experience, par Fr. Millet Dechales, 4. Par. 1677.

l'Afrique de Marmol, de la Traduction d'Ablancourt, divisée en trois Volumes, & enrichie des Cartes Geographiques de Mr. Sanson. Avec l'Histoire des Cherifs, traduite de l'Espagnol de Diego Torres, 4. ibid. 1667.

Aminte du Tasse, Pastorale, Ital. & François. nouvelle Traduction, 12. 1681.

Aldoldi, alias Stiffith, Fides Regia Britannica, five Annales Ecclesiae Britannicae: ubi potissimum Britannorum Catholica, Romana & Orthodoxa Fides per quinque prima saecula e Regum & Augustorum factis &c. asseritur, fol. 4. vol. Leod. 1663.

Arnaldi de frequenti Communione, in quo SS. Patrum, Pontificum, & Conciliorum de Poenitentiae atque Eucharistiae Sacramentorum usu sententiae summa fide proferuntur, ut pro norma omnibus esse possint, tum qui serio ad Deum sese referre cogitant, tum maxime Pastoribus & Sacerdotibus animarum saluris studiosis, 8. Lovan. 1674.

Annalium Ecclesiasticorum Em. Card. C. C. Baronii Continuatio, ab anno MCXCVII. quo is desiit, ad finem MDCXLVI. per Henr. Spondanum, 2. vol. fol. Lugd. 1678.

Annales Ecclesiastici ex XII. Tomis Cael. Baronii in Epitomen redacti: una cum Vita ejusdem Emin. Cardinalis; at nonnullis posthumi Lucubrationibus ad Annales pertinentibus: nec non & Notis ad eosdem Annales pro rerum Historiarumque & criminationium disturbone; ac brevi Auctario ab eo tempore quo Baronius cessavit, usque ad ann. 1622. opera Henr. Spondani, fol. ibid. 1686.

Agneau Pascal, ou Explication des Ceremonies que les Juifs observoient en la manducation de l'Agneau de Pasque, appliquées dans un sens spirituel a la manducation de l'Agneau Divin dans l'Eucharistie : selon la doctrine des Conciles & des Saints Peres, 8. à Cologne 1686.

Ambassades Memorables de la Compagnie des Indes Orientales des Provinces Unies, vers les Empereurs du Japon, contenant plusieurs choses remarquables arrivées pendant le Voyage des Ambassadeurs; & de plus la Description des Villes &c. des Temples & autres Bâtimens; des Animaux &c. des Moeurs &c. des Japonois, comme aussi leurs exploits de guerre &c. Le tout enrichi de figures, fol. Amst. 1680.

Amor Poenitens, sive de Divini Amoris ad poenitentiam necessitate & recto Clavium usu, libri duo: cum appendice auct. Ioanne Episcopo Castoriensi, 8. Embr. 1685.

S. Anastasii Sinaitae Anagogicarum Contemplationum in Hexaemeron liber XII. hactenus desideratus. Cui praemissa est Expostulatio de S. Ioh. Chrysostomi Epistola ad Caesarium Monachum adversus Apollinarii haeresin; à Parisensibus aliquot Theologis non ita pridem suppressa, 4. Londini 1682.

Aeliani Variae Historiae Libri XIV. cum Notis Ioh. Schefferi & Interpretatione I. Vulteji, Editio novissima, variis Lectionibus trium Manuscriptorum Codicum e Regia Parisiensi Bibliotheca, Notis posthumis I. Schefferi, Fragmentis Aeliani, & novis Annotationibus aucta; curante Ioach. Kuhnio, 8. Argent. 1685.

Ammanni Praxis Vulnerum Lethalium, sex Decadibus Historiarum rariorum ut plurimum Traumaticarum, cum Cribrationibus singularibus adornata, 8. Francof. 1690.

Anacleti Controversiae Forenses, in quibus variae Iuris quaestiones excitatae acutissime enucleantur, fol. Genev. 1668.

Anchelmius de veris Operibus SS. PP. Leonis Magni & Prosperi Aquitani Dissertationes Criticae. Quibus capitula de Gratia &c. Epistolam ad Demetriadem V. nec non altos de Vocatione omnium Gentium libros, Leoni nuper adscriptos abjudicat, & Prosperi postliminio restituit &c. Accessere cum ipsius judicio de celebri Leonis ad Flavianum & aliis ad diversos, à Prospero dictatis, in ipsius Eutychis, caeterisque Epistolis, aliae ejusdem Dissertationes de Leonis Sermonibus, & duobus contra Pelagianos Rescriptis: de Chronicis Prosperianis, Poetice, & reliquis ejus Operibus tum genuinis, quàm dubiis, ac suppositiis, 4. Paris. 1689.

Accolti Aretini Dialogus de praestantia Virorum sui aevi, ex Biblioth. Illustr. & Erud. Viri D. Ant. Magliabequii Magni Etruriae Ducis Bibliothecarii, 8. Patav. 1691.

l'Année chrétienne, ou les Messes des Dimanches, Feries & Fêtes de toute l'Année, en Latin & en François, avec l'explication des Epîtres & des Evangiles, & un Abregé de la Vie des Saints dont on fait l'Office, 7. vol. 12. 1687.

Argeli de acquirenda Possessione ex remedio l. fin. C. de edict. D. Adrian. toll. Tractatus: in quo praemissa dictae Legis interpretatione & brevi novoque ac utilissimo Tractatu de Terminis in continenti, & Altae indaginis; quibus dictae Legis beneficium competat, tum in materia profana & indifferenti, tum beneficiali, plenissime explicatur, fol. Colon. 1690.

Anhorn Theatrum Conclusionum Sacr. Topicum, in quo Topica Sacra Ecclesiastica Theoretico-Practica ita instituitur & disponitur, ut cuivis Ministro Ecclesiae uberior suppetat materia ad doctrinas & usus ex quolibet Contextu Sacro, aut Dialogismo Catechetico elicitos probandum, confirmandum, illustrandum, diducendum, applicandum, ex Orthodoxiae monumentis extructam, 6. vol. 4. Basil. 1670. 1686.

Arnoldi Lux in Tenebris, seu brevis & succincta Vindicatio simul & Conciliatio Locorum V. & N. Testamenti, quibus omnium Sectarum Adversarii ad stabiliendos errores suos abutuntur, 4. Franeq. 1660.

Aerodii

LIBRORUM.

Ærodii Rerum ab omni antiquitate judicatarum Pandectæ, recognitæ à PH. Andr. Oldenburgero. Accesserunt Ærodii Tractatus duo ; alter de origine & auctoritate Iudiciorum, alter de Jure Patrio, fol. Genev. 1677.

de Amato variæ Resolutiones Iuris, forenses & practicabiles ; in quibus quæstiones indies fere occurrentes controversæ, dilucide continentur, quæ Iuris proprii Siculi interpretatione, & Decisionibus Tribunalium exornantur, fol. Lugd. 1668.

Agricolæ de Re Metallica Libri XII. quibus Officia, Instrumenta, Machinæ, ac omnia denique ad Metallicam spectantia, non modo lucidentissime describuntur ; sed & per effigies suis locis insertas, adjunctis Latinis Germanicisque appellationibus, ita ob oculos ponuntur, ut clarius tradi non possint. Accesserunt Tractatus sex ejusdem argumenti ab eodem Autore conscripti, fol. Bas. iii. 1657. — 35

B.

Bivarii de veteri Monachatu & Regulis Monasticis Libri VI. quibus Monachorum per Orbem universum propagatio, varii mores, Regulæ, Instituta, progressus, casus ac restauratio expenduntur, fol. Lugd. 1662.

Bucherii de Doctrina Temporum Commentarius in Victorium Aquitanum nunc primùm post 1377 annos in lucem editus, alio que antiquos Canonum Paschalium Scriptores, Chronologiæ Ecclesiasticæ illustrandæ ac stabiliendæ utilissimo, fol. Antv. 1634.

Bonfrerii Pentateuchus Moysis Commentario illustratus ; præmissis quæ ad totius Scripturæ intelligentiam manuducant, præioquiis perutilibus, fol. ibid. 1625.

Dalbolæ (Aug.) Collectanea ex Doctoribus tum Priscis tùm Neotericis, in Codicem, 2. vol. fol. Lugd. 1657.

- - (Petr.) de Matrimonio & pluribus aliis materiebus, fol. 2. vol. ibid. 1668.
- - Tractatus Posthumi ; viz. de Legatis, de Substitutionibus, & de Probatione per Iuramentum, fol. ibid. 1662.

Beckii Specimen Arabicum, hoc est bina Capitula Alcorani, XXX. de Roma, & XLIIX. de Victoria, e IV. Codicibus MSS. Arabicé descripta, Latiné versa, & Notis Animadversionibusque locupletata. His nostris temporibus, quibus imperium Romano-Germanicum victorias contra Muhammedanos prosequitur, accommodatum Argumentum, 4. Aug. Vindel. 1688.

- - Paraphrasis Chaldaica I. Libri Chronicorum cum Notis ejusdem, 4. ibid. 1680.
- - - - II. Libri Chronicorum cum Notis ejusdem, 4. ibid. 1683.

Bauhini (Casp) ΠΙΝΑΞ Theatri Botanici, sive Index in Theophrasti, Dioscoridis, Plinii, & Botanicorum qui à sæculo scripserunt opera Plantarum circiter sex millium ab ipsis exhibitarum nomina, cum earundem synonimiis & differentiis methodicé secundùm genera & species proponens, 4. Bas. 1671. — 45

Barth. de Barberiis à Castro vetro Glossa, seu Summa ex omnibus S. Bonaventuræ Expositionibus in Sacram Scripturam exactè collecta, & in facilem usum Studiosis ac Concionatoribus secundùm ordinem Biblicum concinnata, 4. vol. fol. Lugd. 1681.

Burnet Thesaurus Medicinæ Practicæ, cum Observationibus selectissimis D. Puerarii, 12. Genev. 1678.

Bibliotheca Iuris Canonici Veteris, in duos Tomos distributa : quorum unus Canonum Ecclesiasticorum Codices antiquos ; alter verò insigniores Iuris Canonici veteris Collectores exhibet : opera Guill. Voelli & Henr. Iustelli, 2. vol. fol. Par. 1682. charta majori.

- - - Anatomica, sive recens in Anatomia inventorum Thesaurus locupletissimus, in quo integra atque absolutissima totius corporis humani descriptio, ejusdemque œconomia e præstantissimorum quorumque Anatomicorum Tractatibus singularibus, tum hactenus in lucem editis, tum jam ineditis, concinnata exhibetur, op. Dan. le Clerc, & S. Iacob. Mangeti, fol. 2. vol. Genev. 1685.

- - - Antitrinitariorum, sive Catalogus Scriptorum, & succincta narratio de Vita eorum Auctorum, qui vulgò receptum dogma de tribus in unico Deo Personis impugnarunt &c. Opus Posthumum Chr. Sandii, 8. 1684. — 50

La Bilancia Politica di tutte le Opere di Trajano Boccalini, illustrato dagli Auvertimenti del Segnor Lud. du May, 3. vol. 4. Cassell. 1678.

Begeri Thesaurus ex Thesauro Palatino selectus, sive Gemmarum & Numismatum, quæ in Electorali Cimeliarchio continentur elegantiorum, ære expressa & convenienti Commentario illustrata dispositio, fol. Heidelb. 1685.

- - - Observationes & Conjecturæ in Numismata quædam antiqua. Accedunt duæ illustr. Ez. Spanhemii ad Authorem Epistolæ, iisque interjecta Authoris ad priorem Responsoria, 4. Colon. Brand. 1691.

Zaitelli de ultimis voluntatibus Decisiones, fol. Genev. 1687.

A 2   Boerii

CATALOGUS

Boerii Decisiones Supremi Senatus Burdegalensis, in quibus diversi casus tam Canonici, quam Civiles, Feudales & Criminales cæteræque materiæ, mirifice discussi atque decisi tractantur, fol. Genev. 1690.

Bernardi de Mensuris & Ponderibus antiquis Libri tres, 8. Oxon. 1688. Editio altera duplo loculpletior. Cui accessit Epistola N. F. D. de Mari æneo Salomonis.

Bechtoldi Loci Communes, sive Materiarum & Rubricarum Iuris universi Sylloge, in usum tam Theoreticum quam Practicum serie Alphabetica digesta, 4. Lips. 1689.

Boyvin Philosophia Scoti à prolixitate & subtilitas ejus ab obscuritate libera & vindicata, 4. vol. 12. Par. 1650.

- - - Theologia Scoti à prolixitate & subtilitas ejus ab obscuritate libera & vindicata, 4. vol. ibid. 1650.

Brietii Annales Mundi, sive Chronicon universale secundùm optimas Chronologorum epochas, ab orbe condito ad annum Christi 1660. perductum, 7. vol. 12. ibid. 1662.

Bodii in Epistolam Pauli ad Ephesios Prælectiones supra CC. Lectione varia, multifaria eruditione & pietate singulari refertæ: in quibus præter Textus Apostolici accuratam Analysin & Explicationem copiosam ac dilucidam, & præter doctrinarum observationem appositam & ad usum applicatam, passim interseruntur Locorum communium, Quæstionum & Controversiarum Tractationes &c. fol. Genev. 1661.

Boccone Icones & Descriptiones rariorum Plantarum Siciliæ, Melitæ, Galliæ & Italiæ: quarum unaquæque proprio ca:a:tere signata, ab aliis ejusdem classis facile distinguitur, 4. Oxon. 1674.

Bonanni Recreatio Mentis & Oculi in observatione Animalium Testaceorum, curiosis Naturæ inspectoribus Italico sermone primùm proposita, nunc Latinè oblata, centum additis Testaceorum Iconibus, circa quæ varia Probl-mata proponuntur, 4. Romæ 1684.

Bonifacii Historia Ludicra: Opus ex omni disciplinarum genere, selectâ & jucundâ eruditione refertum. Accessit Vita Authoris, 4. Bruxell. 1656.

Basnagii Flottemanvillei de Rebus Sacris & Ecclesiasticis Exercitationes Historico-Criticæ; in quibus Cardin. Baronii Annales, ab anno Christi 35. in quo Casaubonus desiit, expenduntur: tum & multa adverſ. Bellarminum, Lightfootum, Pagium, & alios discutiuntur; plurimique Historiæ & Chronologiæ errores emendantur, 4. Ultraj. 1692.

Bulli Defensio Fidei Nicænæ, ex Scriptis quæ extant, Catholicorum Doctorum, qui inter tria prima Ecclesiæ Christianæ sæcula floruerunt. In qua obiter quoque Constantinopolitana Confessio de Spiritu Sancto, Antiquiorum testimoniis adstruitur, 4. Oxon. 1688.

- - - Harmonia Apostolica, seu binæ Dissertationes, quarum in priore, Doctrina D. Iacobi de Iustificatione ex operibus explanatur ac defenditur: in posteriore, Consensus D. Pauli cum Iacobo liquidò demonstratur, 4. Lond. 1670.

Bythneri Lyra Prophetica Davidis, sive Analysis Critico-Practica Psalmorum: cui ad calcem addita est Brevis Institutio Linguæ Hebrææ & Chaldææ, 8. Tig. 1685.

Botsaccus Redivivus: hoc est, Moralia Gedanensia, juxta seriem Literarum digesta, Oraculis & exemplis S. Scripturæ, Patrumque dictis, allegoriis, similibus, Historiis Sacris pariter & profanis, nec non usibus Theologicis convestita, operâ Ioh. Botsacci, fol. Francof. 1678.

Bockenhofferi Musæum Brackenhofferianum, 4. Argent. 1677.

Bisselii Illustrium ab Orbe condito Ruinarum Decades octo, 8. vol. 8. Dil. 1679.

Bruschii Chronologia Monasteriorum Germaniæ præcipuorum ac maxime illustrium; in qua Origines, Annales, ac celebriora cujusque Monumenta bonâ fide recensentur, 4. Sulzb. 1682.

C.

Clementis Alexandrini Opera Græcè & Latinè quæ extant. Post accuratam D. V. Dan. Heinsii recensionem, & breves additas in fine emendationes, facta est non pœnitenda, imò necessaria prælectio ab eo, qui operis Editioni præfuit: adjecit doctissimas annotationes ex variorum Auctorum scriptis decerptas. Accedunt diversæ lectiones & emendationes, partim ex veterum scriptis, partim ex hujus ætatis Doctorum judicio à Frid. Sylburgio collectæ, fol. Colon. 1688.

Les Conseils de la Sagesse, ou le Recueil des maximes de Salomon les plus necessaires à l'homme pour se conduire sagement, avec de Reflexions sur ces maximes, 8. 1684.

- - - La suite des Conseils, 12. 1684.

Les Comédies de Térence traduites en François par Madame D. avec des Remarques, 3. vol. 12. Amst. 1691.

Combat spirituel, traduit nouvellement de l'Italien, 24. 1691.

Commentaire Philosophique sur ces paroles de J. Christ, Contrain-les d'entrer, 12. 1686.

- - - Supplement, 12. 1688.

- - - III. Partie, 12. 1687.

Cours entier de Philosophie, ou Systeme general selon les principes de Mr. Descartes, contenant la Logique,

LIBRORUM.

Logique, la Metaphysique, la Physique, & la Morale, par P. Silvain Regis, 3. vol. 4. Amsterd. 1691.
- - - *Le même en* 7. vol. 12. à *Lyon* 1691.
Crocius in omnes Epistolas Pauli minores, cum Tractatu contra Libertinos, fol. Francof. 1680.
Cabassutii Notitia Ecclesiastica Historiarum, Conciliorum, Canonum invicem collatorum, veterumque juxta ac recentiorum Ecclesiæ rituum, ab ipsis Ecclesiæ Christianæ incunabulis ad nostra usque tempora, secundùm cujusque sæculi seriem, accuratè digesta, fol. Lugd. 1685.
Calvini Lexicon Magnum Iuris Cæsarei simul & Canonici, Feudalis item, Civilis, Criminalis, Theoretici ac Practici; & in Schola & in Foro usitatum; ac tum ex ipso Iuris utriusque Corpore, tum ex Doctoribus & Glossis collectanum vocum penus, fol. Genev. 1683.
Corpus Historiæ Byzantinæ in Typographia Regia editum, Gr. Lat. fol. 22. vol.
Caramuelis Mathesis Biceps, vetus & nova, in qua veterum & recentiorum placita examinantur, interdum corriguntur, semper dilucidantur : & pleraque omnia Mathemata reducuntur speculativè & practicè ad facillimos & expeditissimos Canones, 2. vol. fol. Campan. 1670.
Cæsari Mechanicorum libri octo, in quibus uno eodemque principio vectis vires Physicè explicantur & Geometricè demonstrantur, atque machinarum omnis generis componendarum methodus proponitur, 4. Lugd. 1684.
Chartarii (Vinc.) Imagines Deorum, qui ab antiquis colebantur, unà cum earum declaratione & Historia: in qua simulacra, ritus, cæremoniæ, magnaque ex parte veterum Religio explicatur, 4. Mogunt. 1687.
Colerus de Processibus executivis in Cansis Civilibus tum ad Forum Iuris communis & Saxonici, tum ad August. Cameræ Imperialis accommodatis, fol. Colon. 1686.
Charas Pharmacopœa Regia, Galenica & Chymica, 3. vol. 4. Genev. 1684.
Claude Reponse aux deux Traitez intitulez La perpetuité de la foy de l'Eglise Catholique, touchans l'Eucharistie, 8. ibid. 1667.
- - - *Traité de l'Eucharistie, contenant une Reponse au Livre du* P. Nouet, 8. ibid. 1670.
- - - *Reponse au Livre de Mr. Arnauld intitulé, La perpetuité de la foy de l'Eglise Catholique touchant l'Eucharistie, defendue, avec la Reponse à la Dissertation touchant le Livre de Bertram,* 8. ibid. 1672.
Confucius Sinarum Philosophus, sive Scientia Sinensis Latinè exposita. Adjecta est Tabula Chronologica Sinicæ Monarchiæ ab hujus exordio ad hæc usque tempora, fol. Parif. 1687.
du Cange Glossarium ad Scriptores mediæ & infimæ Græcitatis, in quo Græca vocabula novatæ significationis, aut usus rarioris, Barbara, Exotica, Ecclesiastica, Liturgica, Tactica, Nomica, Iatrica, Botanica, Chymica explicantur, eorum notiones & originationes reteguntur : complures ævi medii Ritus & Mores; Dignitates Ecclesiasticæ, Monasticæ, Palatinæ, Politicæ, & quamplurima alia observatione digna, & ad Historiam Byzantinam præsertim spectantia, recensentur ac enucleantur. Accedit Appendix ad Glossarium mediæ & infimæ Latinitatis, unà cum brevi Etymologico Linguæ Gallicæ ex utroque Glossario. Tomi duo, fol. Lugd. 1688.
le Cointe Annales Ecclesiastici Francorum, Tomi VIII. fol. Parif. 1665.
Comedies de Plaute, traduites en François par Mad. le Fevre; avec des Remarques & un examen selon les regles du Theatre; derniere Edition, avec l'Original Latin & des figures, 3. vol. 12. ibid. 1691.
Crasses Considerations sur les principales actions du Chrétien, 12. ibid. 1682.
- - - *Dissertation sur les Oracles des Sibylles, augmentée d'une Reponse à la Critique de Maresius,* 12. ibid. 1684.
Coutumes generales & particulieres de France & des Gaules, corrigées & annotées de plusieurs Decisions, Arrêts, & autres choses notables par M. Ch. du Moulin, augmentées par Gabr. M. Angevin, 2. vol. fol. ibid. 1664.
la grande Conference des Ordonnances & Edits Royaux, par P. Guenois, *amplifiée par MM. L.* Charondas, N. Frerot, L. Bourchel, &c. fol. ibid. 1678.
Calovii Scripta Anti-Sociniana, quibus Hæresis illa pestilentissima non tantùm ex ipsis Socinistarum Scriptis bonâ fide detegitur, sed etiam e Scripturis Sacris, haud neglectis Antiquitatis Ecclesiast. testimoniis, solide profligatur, secundùm omnia capita controversa, præcipuè vere quoad summa Fidei Mysteria, de SS. Trinitate & de Satisfactione meritoria Christi, nec non de Iustificatione & Salvatione æterna, &c. 3. vol. fol. Ulmæ 1684.
Calepini Dictionarium Octolingue, quanto maxima fide ac diligentia accurate emendatum, & tot recens factis accessionibus ita locupletatum, ut jam Thesaurum Linguæ Latinæ quilibet polliceri sibi audeat. Editio novissima, aucta à Laur. Chifletio, & Ioh. Lud. de la Cerda, fol. Lugdun. 1681.
Corpus Iuris Civilis, 8. Amst. 1681.
- - - Eruditissimis Dion. Gothofredi Notis illustratum, 4. Lugd. 1662.
Codex Canonum Vetus Ecclesiæ Romanæ à Fr. Pithœo, ad Vet. MS. Codices restitutus & Notis Illustratus, Accedunt P. Pithœi Miscellanea Ecclesiastica, Abbonis Floriacensis Apologeticus & Epistolæ, & Formulæ Antiquæ Ecclesiasticæ, fol. Parif. 1687.

A 3 Codex

CATALOGUS

Codex Canonum Ecclesiæ Primitivæ, vindicatus ac illustratus, Aut. G. Beveregio, 4. Lond. 1678.
110 Cartwrigti Commentarii succincti & dilucidi in Proverbia Salomonis, 4. Amst. 1663.
Causa Regaliæ penitus explicata, seu Responsio ad Dissertationem R. P. Natalis Alexandri de jure Regaliæ, quæ habetur inter ejus selecta Historiæ Ecclesiasticæ Capita ad sæculum XIII. & XIV. Parte III. Auct. M. C. S. 4. Leod. 1685.
Cluveri (Ioh.) Historiarum totius mundi Epitome, à prima rerum origine usque ad annum Christi 1630. ex sexcentis amplius Authoribus Sacris profanisque deducta, & historia unaquæque ex sui sæculi Scriptoribus, ubi haberi potuerunt, fideliter asserta. Accessit Continuatio Historiæ ad annum 1667. 4. Uratisl. 1673.
Camerarii (Phil.) Operæ Horarum subcisivarum, sive Meditationes Historicæ, continentes accuratum delectum memorabilium Historiarum & rerum quam veterum quam recentium, Centuriæ tres, 4. Francof. 1658.
- - - (Io. Rud.) Sylloges memorabilium Medicinæ & mirabilium Naturæ arcanorum, Centur. XX. 8. Tub. 1683.
115 Critica Sacra, sive Lexicon Hebraicum, Chaldaicum, Syriacum & Arabicum, ex optimis Lexicographis, Buxtorfio, Castello, Golio, aliisque Autoribus conscriptum, Auct. B. M. J. F. 4. Francof. 1686.
Cardani de propria Vita Liber: ex Biblioth. Gab. Naudæi, 8. Parif 1643.
- - - Arcana Politica, sive de Prudentia Civili Liber singularis, 24. Lugd. Bat. 1635.
- - - de Utilitate ex adversis capienda, 8. Amst. 1672.
- - - de Subtilitate Libri XXI. Una cum Apologia adversus calumniatorem, quâ vis horum Librorum aperitur, 4. Basil. 1664.
120 Clarcke Naturalis Historia Nitri, sive Discursus Philosophicus de Natura, Generatione, Loco, & artificiali extractione Nitri, ejusque Virtutibus & Usibus, 8, Francof. 1675.
Coberi Observationum Medicarum Castrensium Hungaricarum Decades tres, cum Indice & Præfatione Henr. Meibomii, 4. Helmst. 1685.
Critica Sacra, cujus Pars Prior Observationes Philologicas & Theologicas in omnes Radices Vet. Testamenti, Pars posterior Philologicas & Theologicas Observationes in omnes Græcas Voces Novi Testamen i continet, Aut. Edu. Leigh, fol. Amst. 1588.
Conjugium Feudalitium, qua occasione II. Feud. L VIII. pr. qui Viri atque Uxoris est, idem Domini & Vasalli respectus stabilitur. Indeque Conjugium aliquod Figuratum per selectiora & præcipua totius Iuris Feudalis Capita celebratur, atque analogice demonstratur, 4. Ienæ 1690.
Chassanæi Catalogus Gloriæ Mundi, in quo doctissime simul & copiosissime disseritur de Dignitatibus, Honoribus, Præogativis & excellentiis Spirituum, Hominum, Animantium, rerumque cæterarum omnium, quæ Coelo, Mari, Terra, Infernoque ipso continentur, fol. Colon. 1690.
125 Cassæ Diæta Studiosi Nobilis, Ital. Lat. Gallica, juxta quam vitam ordine suo dignam componat, 4. Ienæ 1690.
à Castro de universa muliebrium morborum Medicina, 4. Colon. 1689.
Compendium Historiæ Ecclesiasticæ de conversionibus Gentium, persecutionibus Ecclesiæ, Hæresibus, & Conciliis Oecumenicis, 8, Francof. 1689.
Le vray Cuisinier François, enseignant la maniere de bien apprêter & assaisonner toutes sortes de viandes, grasses & maigres, legumes & pâtisseries en perfection. Le Maitre d'Hôtel & le grand Ecuyer tranchant, par le S. de la Varenne, 12. Amst.
Contes & Nouvelles en Vers de Mr. de la Fontaine, 12. 1685.
130 - - - les mêmes enrichies de Tailles douces, 12. 1685.

D.

DAmhouderii Opera omnia; in quibus praxis Rerum civilium & criminalium, omnesque insuper Tractatus qui reperiri potuerunt, breviter ac dilucidè pertractantur; Annotationibus perpetuis N. Thuldæni & marginalibus additionibus illustrata, fol. Antv. 1646.
Discours Politiques de Machiavel sur la I. Decade de Tite Live, Traduction nouvelle, 12. 1691.
Dialogues Satyriques & Moraux par Mr. Petit, 12. 1688.
Du Gouvernement civil, où l'on traite de l'origine, des fondemens, de la nature, du pouvoir & des fins des Societez Politiques, 12. 1691.
135 Du Bose Sermons sur divers Textes de l'Ecriture Sainte, Tome premier, 8. Rotterd. 1692.
- - - Tome second, 8. ibid. 1692.
S. Dionysii Areopagitæ Opera, cum Scholiis S. Maximi, & Paraphrasi Pachymeræ, à Balth. Corderio Latinè interpretata & Notis Theologicis illustrata, fol. Antv. 1634.
Ant. à Dei Matre Apis Libani circumvolitans flores in Horto Salomonis, condiendis virtutum dapibus mellificans, fraudum sæculi folia pungens, sive Commentaria in Parabolas Salomonis, fol. Lugd. 1685.

Dubravii

LIBRORUM.

Dubravii (Ioh.) Historia Bohemica, à Cl. V. Thoma Iordano, Genealogiarum, Episcoporum, Regum, Ducum Catalogis ornata, & necessariis annotationibus illustrata: cui in fine adjecta Æneæ Sylvii Cardinalis, de Bohemorum origine ac gestis Historia, 8. Wratisl. 1687.

Dorschei Biblia Numerata, seu Index specialis in Vetus Testamentum, fol. Francof. 1674. 140

Drelincourt Visites charitables, ou les consolations Chrêtiennes pour toutes sortes de personnes affligées, 5. vol. 8. Genev. 1666.

Le Droit de la Guerre & de la Paix, par Mr. Grotius, où il explique le Droit de Nature, le Droit des gens, & les principaux points du Droit public, ou qui concerne le Gouvernement public d'un Etat, 4 2. vol. à Paris 1687.

Dictionaire des Termes propres de Marine, par Mr. Desroches. Avec les enseignes & les pavillons que chaque nation porte à la mer, dessinez & blasonnez, 8. ibid. 1687.

Defense de l'Histoire des Variations contre la Réponse de Mr. Basnage Min. de Rotterdam. Par Mre. Jacq. Ben. Bossuet Evêque de Meaux, &c. 12. ibid. 1691.

Drexelii Opera Omnia, duobus Voluminibus comprehensa, fol. Antv. 1660. 145

Dux ad Universum Iu—, auct. Io. Mart. Hertogh de Bertout, fol. Brux. 1690.

Durelli Vindiciæ Sanctæ Ecclesiæ Anglicanæ adversus iniquas atque inverecundas Schismaticorum Criminationes, 4. Lond. 1669.

Dilherri Disputationum Academicarum præcipue Philologicarum Tomus primus, 4. Norimb. 1652.

- - - Tomus Novus, 4. ibid. 1652.

Discursu Theologicus & Politicus circa Bullam meditatam ab Innocentio XI. adversus Nepotissimum, directus ad summum Pontificem & ad eminentissimos Cardinales, 4. 1688. 150

Dreieri Controversiæ cum Pontificiis præcipuæ, eum in modum pertractatæ, ut non solum ex Scriptura & Antiquitate vera sententia solide confirmata, sed & origo Antithesos singulari industria eruta oculis subjiciatur, 4. Regiom. 1688.

Dictionaire François, contenant les mots & les choses, plusieurs nouvelles Remarques sur la langue Françoise, &c. par P. Richelet, 4. Amst. 1688.

- - - Le même, 4. à Genev. 1690.

- - - Historique ou le Melange curieux de l'Histoire sacrée & Profane, par L. Morery, fol. 2. voll. Utr. 1692.

- - - Universel, contenant generalement tous les mots François tant vieux que modernes, & les Termes de toutes les sciences & des Arts, par Ant. Furetiere, 3. voll. fol. à Rotterd. 1690. 155

- - - Mathematique, ou Idée Generale des Mathematiques, dans lequel l'on trouve outre les termes des Arts & des autres sciences; avec des raisonnemens qui conduisent peu à peu l'esprit a une connoissance universelle des Mathematiques, par Mr. Ozanam, 4. à Par. 1689.

- - - le même, 4. à Amsterd. 1691.

Dictionarium Historicum, Geographicum, Poëticum; Gentilium, Hominum, Deorum Gentilium, Regionum, &c. antiqua recentioraque, ad sacras & profanas historias, Poëtarumque fabulas intelligendas necessaria, Nomina complectens & illustrans; à Car. Stephano inchoatum, ad incndum verò revocatum, innumerisque pene locis auctum & emaculatum per Nic. Lloydium: Accessit Index Geographicus, fol. Lond. 1686.

Dechales (Claud. Franc. Millet) Cursus, seu Mundus Mathematicus. Tomus I. complectens Tract. de progressu Mathesos & de Illustribus Mathematicis, Euclidis Libros XIV. Theodosii Sphærica, Sectiones Conicas, Arithmeticam, Trigonometriam, Algebram, & refutationem Hypothefeon Cartesianarum. Tom. II. complectens Geometriam Practicam, Mechanicam, Staticam, Geographiam, Tract. de Magnete, Architectonicam civilem, Artem Tignariam, & Tract. de Lapidum sectione. Tom. III. complectens Architecturam Militarem, Hydrostaticam, Tractatus de Fontibus & Fluviis, de Machinis Hydraulicis, de & Navigatione, Opticam, Perspectivam, Catoptricam, & Dioptricam. Tom. IV. complectens Musicam, Pyrotechniam, Astrolabium, Gnomonicam, Astronomiam, Astrologiam, Tractatum de Meteoris, & Kalendarium, fol. Lugduni, 1690.

Defense des Versions de l'Ecriture Sainte, des Offices de l'Eglise & des Ouvrages des Peres, & en particulier de la nouvelle Traduction du Breviaire, contre la sentence de l'Official de Paris du 10. Avril 1688. Avec l'Avocat du public contre la Requeste du Promoteur du 3. May, 12. 1688. 160

- - - De l'Eglise contre le livre de Mr. Claude, intitulé la Defense de la Reformation, divisée en deux parties, 12. 1689.

Du Royaume de Siam, par Monf. de la Loubere, Envoyé extraord. du Roy aupres du Roy de Siam en 1687. & 1688, 12. 2. voll. 1691.

Dasburg Chronicon Prussiæ, in quo Ordinis Teutonici Origo, nec non Res ab ejusdem Ordinis Magistris ab anno 1226. ad ann. 1326. in Prussia gestæ exponuntur, cum continuatione ad ann. 1435. Accesserunt his præter Notas in Dusburgensem Privilegia quædam Prussis antiquitus concessa, item Dissertationes XIX. Antiquitates Prussicas complexæ, auct. Chr. Hartknoch, 4. Francof. 1679.

CATALOGUS

E.

165   **E***Ntretiens familiers d'Erasme*, 12. *Genev.* 1669.
- - - *de Philalethe & de Philerene sur le sujet de la Declaration du Clergé de l'Année* 1682. *& de la Thèse du Pere Buhl*, 12. *Colon.* 1684.
S. Epiphanii Opera omnia, in duos Tomos diftributa, D. Petavius ex veteribus libris recenfuit, Latinè vertit, & animadverfionibus illuftravit. Accedit vita D. Petavii, & Appendices geminæ pro vindicandis animadverfionibus, fol. ibid. 1682.
Emblemata Q. Horatii Flacci, Op. Otth. Vænii, fol. Brux. 1683.
- - - Amorum, figuris æneis incifa, St. Oth. Vænii, 4. Antv.
- - - Amoris Divini, ftudio & ære Oth. Vænii concinnata, 4. ibid. 1660.
170   Epiftolæ Variorum Patrum ad Ephefinum Concilium; Commonitorium Celeftini Papæ Epifcopis & Presbyteris euntibus ad Orientem; Tituli Decretorum Hilarii Papæ; Neapolitanum Concilium; Epiftolæ Anacleti Anti-Papæ, in lucem data per Chr. Lupum, 4. Lovan. 1682.
- -. Præftantium ac eruditorum Virorum Ecclefiafticæ & Theologicæ, quarum longe major Pars fcripta eft à Iac. Arminio, Ioh. Uytenbogardo, Conr. Vorftio, G. Ioh. Voffio, Hug. Grotio, Sim. Epifcopio, Cafp. Barlæo, fol. Amft. 1684.
Eufebii Pamphili Ecclefiafticæ Hiftoriæ Libri Decem: ejufdem de Vita Imp. Conftantini Libri IV. Quibus fubjicitur Oratio Conftantini ad Sanctos, & Panegyricus Eufebii. H. Valefius Græcum Textum emendavit, Latinè vertit, & Adnotationibus illuftravit, fol. Parif. 1678.
Emmii, (Ubb.) Opus Chronologicum Novum, pluribus partibus conftans, fol. Gron. 1619.
Euclidis Elementorum fex Libri priores; magnam partem novis demonftrationibus adornati opera & ftudio Henr. Coethi, 8. Lugd. Bat. 1691.
175   *Les Eftats, Empires, Royaumes & Principautez du Monde, representez par l'ordre & veritable defcription des pays, mœurs des peuples, forces, richeffes, Gouvernemens, Religions, Princes, Magiftrats & Souverains, &c.* fol. *à Lyon* 1659.
Efope en belle Humeur, ou derniere Traduction & augmentation de fes Fables, en profe & en Vers, 12. 1690.
L'Efprit de Mr. Arnauld tiré de fa conduite & des écrits de lui & de fes Difciples, particulierement de l'Apologie pour les Catholiques, 2. voll. 12.
Effais de Theologie fur la providence & fur la grace, où l'on tache de delivrer Monf. Jurieu de toutes les difficultés accablantes, qu'il rencontre dans fon fyfteme, 12. 1687.
Effay d'un Nouveau fyfteme du monde, 4. *à Par.* 1691.
180   - - - *à une parfaite Grammaire de la Langue Françoife*, par L. Chiflet, 12. 1680.
l'Europe vivante, ou Relation nouvelle, Hiftorique & Politique de tous fes Eftats, répresentez en divers Tableaux, qui en decouvrent l'eftenduë, la qualité, le commerce, les forces, les revolutions, la Religion, le Gouvernement, les pretensions & les interefts, 3. vol. 4. *Genev.* 1667.
l'Eloquence de la Chaire & du Barreau, felon les principes les plus folides de la Rhetorique facrée & profane: par feu Mr. l'Abbé de Breteville, 12. *à Paris* 1689.

F.

FAbricii (Hieron.) ab Aquapendente Opera omnia Anatomica & Philologica, fol. Lipf. 1686.
Fachinei Controverfiarum Iu. is libri tredecim: quibus omnes fere quæftiones præcipuæ, ut funt judiciales, contractuum, ultimarum voluntatum, feudales, criminales, & aliæ mira. brevicate difcutiuntur, 4. Colon. 1678.
185   Fides Ecclefiæ Orientalis, feu Gabrielis Metropolitæ Opufcula cum notis uberioribus, quibus nationum Orientalium perfuafio maximè de rebus, Euchariftici, illuftratur, opera Richardi Simonis. His accefferunt Epiftolæ duæ ad Ioh. Morinum, quarum una eft Leonis Allatii, altera Abrahami Echellenfis Maronitæ, 4. Par. 1686.
Le Febvre, Traité des Fiefs & de leur Origine, avec les preuves tirées de divers Auteurs anciens & modernes, fol. ibid. 1661.
Bromman Tractatus de Fafcinatione novus & fingularis, in quo fafcinatio vulgaris profligatur, naturalis confirmatur, & magica examinatur, hoc eft, nec ufu nec voce fieri poffe fafcinationem probatur; fafcinatio naturalis non per contagium, fed alio modo explicatur, Magos de fe nec ufu, nec voce, nec contactu, nec alio modo lædere poffe roboratur, 4. Norimb. 1675.
Fables choifies mifes en vers par Monf. de la Fontaine, 4. voll. 8. avec fig. 1688.
Faramond, ou l'Hiftoire de France, 12. voll. 8. 1664.

Faucheur

LIBRORUM.

Faucheur Sermons sur les onze premiers Chapitres des Actes des Apôtres, divisez en 4. parties, 8. Genev. 1663
- - - XIII. Sermons sur tout le premier Chapitre de la I. Epître de St. Paul aux Theßaloniciens, & sur une partie du deuxieme, 8. ibid. 1666.
- - - XIII. Sermons sur le IV. Chapitre de l'Epître de St. Paul aux Ephesiens, 8. ibid. 1665.
- - - XX. Sermons sur divers Pseaumes, 8. ibid. 1669.
- - - Sermons sur divers Textes de l'Ecriture Sainte, 2. vol. 8. ibid. 1660.
La France Galante, ou Histoires Amoureuses de la Cour, 12.
Fonctions d'un Capitaine de Cavalerie, & d'Infanterie, avec la pratique de la guerre, 12. 1688.

G.

Gronovii (Ioh. Fr.) de sestertiis seu subsecivorum Pecuniæ veteris Græcæ & Romanæ Libri IV. 4. 1691.
Grotii Epistolæ quotquot reperiri potuerunt; in quibus præter hactenus editas, plurimæ Theologici, Iuridici, Philologici, Historici, & Politici Argumenti occurrunt, fol. Amst. 1687.
Gassendi Animadversiones in X. Librum Diogenis Laertii, qui est de Vita, Moribus Placitisque Epicuri, fol. Lugd. 1675.
Gallia Vindicata, in quâ Testimoniis exemplisque Gallicanæ præsertim Ecclesiæ, quæ pro Regalia ac quatuor Parisiensibus propositionibus à L. Maimburgo, aliisque producta sunt, refutantur, 4. 1688.
Galani Historia Armena, Ecclesiastica & Politica, 8. Colon. 1686.
Gregorii Nazianzeni Opera, Iac. Billius cum MSS. Regiis contulit, emendavit, interpretatus est, unà cum doctissimis Græcorum Nicetæ Serronii, Pselli, Nonii & Eliæ Cretensis Commentariis. Aucta est hæc editio aliquam multis ejusdem Gregorii Epistolis nunquam ante editis, ex Interpretatione Fed. Morelli, 2. voll. fol. Colon. 1690.
Guilj. Alverni, Episcopi Parisiensis, Mathematici perfectissimi, eximii Philosophi ac Theologi præstantissimi, Opera omnia quæ hactenus reperiri potuerunt, reconditissimam rerum humanarum ac divinarum doctrinam abunde complectentia, ac proinde bonarum artium ac scientiarum studiosis, maximè vero Theologis ac Divini verbi Concionatoribus apprime necessaria, fol. 2. voll. Aurel. 1674.
Grotii de Cœnæ administratione ubi Pastores non sunt. Item an semper communicandum per symbola, Dissertatio, cum diversorum Responsionibus, 8. Lond. 1685.
- - De Iure belli ac pacis Libri tres, in quibus Ius Naturæ & Gentium, item Iuris Publici præcipua explicantur: cum Annotatis Auctoris. Accesserunt Annotata in Epistolam Pauli ad Philemonem, Dissertatio de Mari Libero, & libellus singularis de æquitate, indulgentia & facilitate; nec non Io. Frid. Gronovii Notæ in totum Opus de Iure belli ac pacis, 8. Amst. 1689.
Gulichii Theologia Prophetica de Rebus Veteris Testamenti, 4. ibid. 1690.
- - - Pars altera, continens res gestas ab ascensione Christi in cœlum, ad excidium Urbis, Templi, & Reipublicæ Iudæorum, 4. ibid. 1684.
- - - Librorum Propheticorum Vet. & Novi Testamenti Compendium & Analysis, 4. ibid. 1683
Grammatica Spagnuola ed Italiana; in questa quarta impressione corretta ed aumentata, composita da Lor. Franciosini, 8. Genev. 1686.
le Grand Dictionaire de l'Academie Francoise, prem. partie, 4. 1687.
the Great French Dictionary, in two Parts: the first French and English, the second English and French. To which are prefixed the Grounds of both languages, in two Grammatical Discourses, the one English, and the other French, by Guy Miege, fol. 2. voll. Lond. 1678.
Gerbais Dissertatio de Causis majoribus ad caput Concordatorum de causis, 4. Lugd. 1685.
Galeotæ Responsa Fiscalia selectiora, quæ pro Defensione Regii Patrimonii in Regno Neapolitano existentis, sive in Foro R. C. S. sive in conventibus Iudicum Delegatoriis, sive in Regiis Collaterali Neapolitano ac supremo Italiæ consiliis reddita sunt, fol. Genev. 1686.
Gratianus de Casibus Virorum illustrium, 4. Paris. 1680.
Grana-nieto in librum secundum & tertium Decretalium Commentarii, per singula capita digesti olim in tres tomos, nunc in unum omnes justumque volumen redacti, in quibus non solum vera cujusque Textus sententia aperitur, sed & plurimis adductis, & expositis juribus, difficilia quæque referantur, & potioribus Doctorum sententiis resolvuntur, fol. Lugd. 1678.
Guzman de Evictionibus, in quo quæstionum Practicarum utriusque fori Ecclesiastici & Secularis Resolutiones, omniemque ejusdem Curiæ praxim cernere licet, fol. ibid. 1676.
Gualtier Exposition de la seconde & troisième Epître de St. Jean, 8. ibid. 1670.
le Genie de la Langue Françoise, par le Sr. D***, 12. 2. vol. Paris 1685.

B   Gurt-

CATALOGUS

Gurtleri (Nic.) Lexicon quatuor linguarum, Latinæ, Germanicæ, Græcæ, & Gallicæ, 8. Bafil. 1683.

220 Grammatica Græca ex aliis accurato ordine ac folicito quorumvis examine collecta, inque Sectiones & Capita, & hæc in Quæstiones ac Responsiones digesta &c. à G. H. Urfino. Accesserunt in calce operis pro tyronibus in Analyfi exercendis Electa Græca ex optimis linguæ Auctoribus excerpta, 8. Norimbergæ 1691.

Galli Tractatus de fructibus, in quo omnes cafus & quæstiones quæ de Reditibus, Cenfibus, Decimis, aliifque rebus tam Ecclefiasticis quam Secularibus, fub nomine fructuum venientibus oriri poffunt, proponuntur, agitantur, & clare dilucideque folvuntur, fol. Genev. 1691.

Galelii Tractatus de Restitutionibus in integrum concedendis, vel denegandis ex Edicto minorum, ex Edicto majorum, & ex generali claufula Edicti Prætorum, fol. Colon. 1689.

H.

HArtnacci (Dan.) Hiftoria univerfalis Ecclefiaftica & Civilis, qua vita & res gestæ Imperatorum, Regum, Principum, nec non Romanorum Pontificum, juxta ordinem in P. Laurenbergii Chronico obfervatum, ab orbe condito ad Annum MDCLXXXVI. methodo facillima proponuntur, atque illustrantur, 8. Hamb. 1686.

Hamel Opera Philofophica, Tom. I. in quo continentur Tractatus hi fequentes. I. Aftronomia Phyfica. II. De Meteoris & Foffilibus libri duo. III. De confenfu veteris & novæ Philofophiæ. Tomus II. in quo continentur fequentes hi Tractatus: IV. De corporum affectionibus cum manifeftis tum occultis, libri duo. V. De mente humana libri quatuor. VI. De corpore animato libri quatuor, 4. Norimb. 1681.

225 Hiftoria Deorum fatidicorum, cum eorum Iconibus. Præpofita eft Differtatio de Divinatione & Oraculis, 4. Franc. 1680.

Horatii Opera omnia à Pet. Chabotio triplici artificio explicata, fol. Bafil.

Harmonia Quatuor Euangeliftarum, à Mart. Chemnitio primum inchoata, à P. Lyfero poft continuata, atque à Joh. Gerhardo abfoluta, 2. vol. fol. Genev. 1655.

Hofferi Hercules Medicus, five locorum communium Liber, in quo plerorumque humani corporis affectuum curationes attinguntur, & quidquid iis vel Theorico, vel Practico confideratione dignum, compendiose pertractatur, ex probatiffimis Autoribus laboriofo ftudio collectus, pro iifque obfervationibus & experientia confirmatus & illuftratus, 4. Norimb. 1675.

Hiftoire de Saint Louis, divifée en XV. Livres, 2. voll. 12. 1688.

230 - - - de l'Admirable Don Quixotte de la Manche, 4. voll. 12. 1681.
- - - du Roy Louis le Grand par les Medailles, Emblemes, Devifes, Jettons, Infcriptions, Armoiries, & autres Monumens publics, par le Pere Menestrier, fol. 1690.
- - - des Variations des Eglifes Proteftantes par J. B. Boffuet, Evêque de Meaux, 2. voll. 12. 1588.
- - - du Tems, ou Relation de ce qui s'eft paffé de memorable en Europe & principalement en Angleterre, depuis les regnes de Charles II, & de Jacques II. avec des Reflexions de Politique fur ces evenemens, Tome prem. 12. 1691,
- - - de la Vie du Pape Sixte V. traduite de l'Italien de Gr. Leti, 12. 1690.

235 - - - du Cardinal Duc de Richelieu, par le Sieur Aubery, 3. voll. fol. à Par. 1660.
Hiftoire de Conftantinople depuis le regne de l'ancien Juftin, jufqu'à la fin de l'Empire, traduite fur les Originaux Grecs par Mr. Coufin, 8. voll. 12. 1685.
- - - Romaine écrite par Xiphilin, par Zonare, & par Zofime, traduite fur les Originaux Grecs, par Mr. Coufin, 2. voll. 12. 1619.
- - - de l'Eglife écrite par Eufebe, Socrate, Sozomene, Theodoret & Evagre, traduite par Mr. Coufin, 5. voll. 12. 1692.
- - - des Princes d'Orange de la maifon de Naffau, 12. 1692.

240 - - - d'Augufte, contenant les plus particuliers evenemens de fa vie, avec l'idée generale de fon fiecle, & le plan de fa politique & de fon gouvernement, 8. Rotterd. 1690.
- - - de la Reformation de l'Eglife d'Angleterre, de Mr. Burnet, 4. voll. 12. à Amft. 1687.
- - - d'Oliver Cromwel, 12. 1691.

Hofpiniani Opera omnia in feptem Tomos diftributa: Præfixa eft ejufdem Vita per I. H. Heideggerum concinnata, fol. 7. voll. Genev. 1681.
- - - de Templis, hoc eft, de Origine, Progreffu, ufu & abufu Templorum & rerum ad Templa pertinentium Libri V. fol. ibid. 1672.

245 - - - de Feftis Iudæorum & Ethnicorum, hoc eft, de Origine, Progreffu, Ceremoniis & Ritibus Feftorum apud Iudæos, Græcos, Romanos, Turcas & Indos Libri Tres, fol. ibid. 1675.
- - - Pars Pofterior: de Origine & Progreffu Controverfiæ Sacramentariæ de Coena Domini inter Lutheranos, ubiquitiftas & Zuinglianos exortæ, fol. ibid. 1681.

Hofpiniani

LIBRORUM.

Hofpiniani Hiftoriæ Sacramentariæ Pars prior: exponens Cœnæ Dominicæ primam inftitutionem, ejus verum ufum & abufum in primitiva & veteri Ecclefia; tum originem, progreffum, ceremonias & ritus Miffæ, Tranffubftantiationis, &c. fol. ibid. 1631.
- - - Concordia Difcors, hoc eft, de origine & progreffu Formulæ Concordiæ Bergenfis, fol. ibid. 1668.
- - - de Monachis, hoc eft, de origine & progreffu Monachatus & Ordinum Monafticorum, Equitumque Militarium tum Sacrorum quam fecularium omnium, fol. ibid. 1669.
- - - Hiftoria Iefuitica, hoc eft, de origine, regulis, Conftitutionibus, Privilegiis, incrementis, progreffu & propagatione Ordinis Iefuitarum, fol. ibid. 1670.
Huygens Inftructio Theologica, valde utilis a. falutaris Paftoribus & Confeffariis fecundum doctrinam SS. Auguftini, Thomæ, Car. Borromei, Salefii, aliorumque SS. Patrum, 4. Lovan. 1678.
S. Hieronymi Opera Omnia cum notis & fcholiis, variis item lectionibus D. Erafini, Mar. Victorii, H. Gravii, Front. Ducæi, Latini Latinii, aliorumque, 10. voll. fol. Franc. 1584.
Hofmanni (Frid) Opus de Methodo Medendi, juxta Seriem Wallæianam, annexis fundamentis Aftrologicis, ex Vet. ac Recent. fcriptis concinnatum, Dogmaticis, Paracelficis, Helmontianis, Harveanis principiis & propriis Obfervationibus illuftratum, elegantiffimis Chymicis Flofculis adornatum, 4. Lipf. 1668.
Heroldts Obfervationes Confultativo-decifivæ Forenfes, ex variis refponfis & fententiis prudentum fingulis Obfervationibus adjectis collectæ, 4. ibid. 1690.
Hortus Indicus Malabaricus, continens Regni Malabarici omnis generis Plantas rariores, una cum Floribus, Fructibus & Seminibus, naturali magnitudine à peritiffimis pictoribus delineatas, & ad vivum exhibitas &c. Adornatus per Henr. van Rheede van Drakenftein, & Ioh. Cafearium. Notis adauxit & Commentariis illuftravit Arn. Syen, fol. Amft. 1673.
- - - Pars Secunda de Fruticibus Regni Malabarici: Notis adauxit & Commentariis illuftravit Jo. Commelinus, fol. ibid. 1679.
- - - Pars Tertia de Arboribus Regni Malabarici, fol. ibid. 1682.
- - - Pars Quarta de Arboribus Fructiferis Regni Malabarici, per Henr. van Rheede & Ioh. Munnicks, fol. ibid. 1683.
- - - Pars Quinta de Arboribus & Fruticibus Bacciferis Regni Malabarici, fol. ibid. 1685.
- - - Pars Sexta, de varii generis Arboribus & Fruticibus Siliquofis, adornata per Henr. van Rheede & Th. Ianfon. ab Almeloveen, fol. ibid. 1686.
- - - Pars Septima de varii generis Fruticibus Scandentibus, adornata per Henr. van Rheede: Notis adauxit & Commentariis illuftravit Io. Commelinus; In ordinem redegit Abr. à Poot, fol. ibid. 1688.
- - - Pars Octava, de varii generis Herbis Pomiferis & Leguminofis, fol. Amft. 1688.
- - - Pars Nona, de Herbis & diverfis illarum fpeciebus, fol. ibid. 1689.
- - - Pars Decima de Herbis & diverfis illarum fpeciebus, fol. ibid. 1690.
Q. Horatii Flacci Emblemata, imaginibus in æs incifis, notifque illuftrata, ftudio Otth. Vænii, fol. Brux. 1683.
Hartmanni Opera omnia Medico-Chymica, in quibus Praxis ejus Chymiatrica, Notæ in Bafilicam Crollii, & Beguini Tyrocinium, Difputationes Chymico-Medicæ, Tractatus de Opio, Mifcellanea Medico-Chymica, & Introductio in vitalem Philofophiam continentur, fol. Norimb. 1684.
l'Heritiere de Guyenne, ou Hiftoire d'Eleonor, Fille de Guillaume, dernier Duc de Guyenne, Femme de Louis VII. Roy de France, & enfuite de Henri II. Roy d'Angleterre, 8. 1691.
l'Hiftoire Generale de France avec l'Etat de l'Eglife & de l'Empire, par Dupleix, 5. vol. fol. Paris 1660.
- - - de Monfieur de Thou des chofes arrivées de fon tems, mife en François par P. du Ryer, 3. vol. fol. ibid. 1659.
- - - de l'Eglife & de l'Empire, où depuis la Naiffance de J. Chrift jufqu'à la fin de l'an mille on marque par tout les années de J. Chrift, celles des Empereurs, Confuls, des Rois, &c. & en un mot les chofes les plus remarqueables tant de l'Eglife que du Monde, par Jean le Suenr, 4. 8. vol. à Geneve. 1675.
- - - La même Hiftoire in 12. 8. vol. ibid. 1687.
- - - Huitieme volume feparément, 12. ibid.
Hakfpanii (Theod.) Mifcellanea Sacra; item Exercitatio de Cabbala Iudaica, 8. Altd. 1660.
Hofmanni Clavis Pharmaceutica Schroderiana, feu Animadverfiones in Pharmacopœam Schroderianam, cum Thefauro Pharmaceutico quorundam Medic. noftri feculi, 4. Hal. 1681.
G. Fabricii Hildani Opera obfervationum & curationum Medico-Chirurgicarum quæ extant omnia, fol. Franc. 1682.
Hiftoire du Monde, par Mr. Chevreau, 2. vol. 4. à Paris 1686.
- - - Metallique de la Republique de Hollande, par Mr. Bizot, fol. ibid. 1687.
- - - de Mr. Conftance premier Miniftre du Roy de Siam, & de la derniere revolution de cet Etat: par le P. d'Orleans, 12. Tours & Paris 1690.

12 CATALOGUS

- - - *de l'origine des Difmes. des Benefices, & des autres biens temporels de l'Eglife: où il est traité des divers moyens dont on s'est servi pour les aquerir & les augmenter, & de la maniere dont ils ont esté administrez dans tous les siecles depuis le commencement de l'Eglise jusqu'a present*, 12. Lyon 1689.

280 *l'Homme de René Descartes, & la formation du Fœtus, avec les Remarques de Louïs de la Forge. A quoy l'on a ajousté le Monde ou Traité de la lumiere du même Auteur*, 4. ibid. 1674.
- - - *de Cour de Baltazar Gratian, traduit & commenté par le Sr. Amelot de la Houssaye*, 12. Paris 1687.

Histoire de la Guerre de Chypre, écrite en Latin par Ant. Mar. Gratiani Evêque d'Amelia, & traduite en François par Mr. le Peletier Prieur de St. Gemme &c. 4. ib:d. 1685.
- - - *de l'Eglise du Japon. Par Mr. l'Abbé T.*... *Tomes II.* 4. ibid. 1689.

Hildebrandi Synopsis Historiæ Universalis ad ann. usque 1685. Edit. quinta , 12. Osteroda 1685.

285 Herculani, Tractatus de Cautione de non offendendo, nunc denuò accuratè revisus, summo studio emendatus, & Annotationibus Theoretico-Practicis fusius illustratus ab Andr. Christ. Rosenero I. U. D. 4. Lipsiæ 1691.

Holtkhii & Iac. Wallii Poëmata. Item Guilj. Becani Idyllia & Elegiæ , 12. Lugd. 1688.

Huetii Demonstratio Euangelica, fol. Editio tertia &c. Par. 1690.

Heroldts Observationes consultativo-decisivæ forenses , Lips. 1590.

Hofmanni Praxis Iuris & Processus Cameralis novissima , ad præcipuas S. R. Imperii constitutiones , aliasque primæ , nec non secundæ instantiæ causas accommodata , 4. Francofurti , 1690.

290 Historiæ Ecclesiasticæ Seculi XVI. Supplementum , plurimorum & celeberrimorum ex illo ævo Theologorum Epistolis , ad Io. Er. & Ph. Marbachios antehac scriptis , nunc verò ex Bibliotheca Marbachianâ primum depromtis , constans ; ad illustrandas plerasque ejus ætatis in Ecclesia puriore Historias ; unà cum Apparatu & Tabulis Chronologico-Historicis , editum à Io. Fechtio , 4. Francof. 1684.

Historia Reformationis Poloni æ , in qua tum Reformatorum , tum Antitrinitariorum origo & progressus in Polonia & finitimis provinciis narrantur , Aut. St. Lulienicio , 8. 1685.
- - - Orbis Terrarum Geographica & Civilis , de variis negotiis nostri potissimum & superioris Seculi , aliisve rebus selectioribus , 4. Francof. 1685.
- - - Scholastica de Speciebus Eucharisticis ; sive de formarum materialium natura singularis observatio ex P. ophanis Sacrifque Authoribus , aut. Iac. Salier . 4. Parif. 1689.

Helselii Catechismus , solidam & Orthodoxam continens explicationem Symboli Apostocici , Orationis Dominicæ , Salutationis Angelicæ , Præceptorum Decalogi , & septem Sacramentorum ; subnexa est ejusdem Censura super Legenda Sanctorum cum notis Ioann. Molani , & Responsio ad quæstionem propositam ab Abbate Aquicinctino , Ad quid teneatur Religiosus vi Voti sui , 2. voll. 4. Lovan. 1691.

295 *l'Heureax Esclave Nouvelle , 1692.*

Homelies Morales sur les Evangiles de tous les Dimanches de l'Année , & sur les principales festes de nôtre Seigneur J. C. &c. 8. 4. voll. à Lyon 1685.

I.

Justini Philosophi & Martyris Opera. Item Athenagoræ Atheniensis , Theophili Antiocheni , Tatiani Assyrii , & Hermiæ Philosophi Tractatus aliquot , Gr. & Lat. fol. Colon. 1686.

D. Iun. Invenalis Satyræ , fol. Parif. e Typographia Regia 1644.

Ingewaldi Elingii Historia Græcæ Linguæ , cum Præfatione Ad. Rechenbergii , 8. Lipf. 1691.

300 Inscriptionum Antiquarum Sylloge in duas partes distributa , quarum prior Inscriptiones Ethnicas singulares & rariores pene omnes continet , quæ vel Gruteri Corpore , Reynesii Syntagmate , Sponii Miscellaneis , aliisque ejusdem argumenti Libris reperiuntur . Altera Christiana Monumenta antiqua quæ hactenus innotuerunt omnia complectitur , notis illustrata à G. Fleetwood , 8. Lond. 1691.

l'Innocence opprimée par la calomnie , ou l'Histoire de la Congregation des Filles de l'enfance de nôtre Seigneur J. Christ &c. 12. 1688.
- - - *Relation de l'establissement de l'Institut des Filles de l'enfance de Jesus , &c.* 12. 1689.
- - - *Suite de l'Innocence opprimée dans les Filles de l'enfance &c.* 1691.

Jurisprudentia Heroica , sive de Iure Belgarum circa nobilitatem & insignia demonstrato in Commentario ad edictum Serenisss. Belgii Principum Alberti & Isabellæ : in quo interpretationes seu Declarationes Regiæ ejusdem Edicti , Leges Romanæ , Historiæ , Antiquitates , fragmenta Genealogica , tituli & Ordines Equestres à Rege Catholico concedi soliti , Belgiique & aliarum gentium mores confirmantur , confutantur & illustrantur , fol. Brux. 1688.

305 β, Ignatii Martyris Epistolæ genuinæ ex Bibliotheca Florentina : adduntur S. Ignatii Epistolæ, quales

LIBRORUM.

quales vulgò circumferuntur. Adhæc S. Barnabæ Epistola. Accessit universis transmisso Vetus. Edidit & notas addidit Is. Vossius, 4. Lond. 1680.

Iones novarum Dissertationum de morbis abstrusioribus Tractatus primus : de Febribus intermittentibus, In quo obiter Febris continuæ natura explicatur, 8. Hagæ 1684.

Iuvenalis Satyræ, Scholiis Vet··· & fere omnium Eruditorum, qui ex professo in eas scripserunt, Commentariis tam antc··· vulgatis quam novis, partim integris, partim selectis, ex recensione Henninii, 4. Ultraj. 1685.

Ianua Cœlorum reserata cunctis Religionibus à D. P. Iurieu, 4. Amst. 1692. —

Iustiniani Institutionum sive Elementorum Libri I V. Notis perpetuis illustrati curâ Arn. Vinnij, 12. Amst. 1690.

Iani Erasinii Opera Posthuma, eruditi ac jucundi argumenti, 2. voll. 12. Amst. 1679. — 310

K.

KAbbala denudata, seu Doctrina Hebræorum transcendentalis & Metaphysica atque Theologica, 2. vol. 4. Sulzb. 1677.

Kabbalæ denudatæ Tomus secundus, id est liber Sohar restitutus : cui adjecta est adumbratio Kabbalæ Christianæ ad captum Iudæorum, 4. Francof. 1684.

Knichen (Rud. God.) Opus Politi um, in tribus libris, omnes ad doctrinam Politicam tam quoad Pacis quam Belli administratii em, & tranquillum ac turbulentum Rerumpublicarum statum, nec non Ius publicum S. Rom. Imperii spectantes materias exhibens, 2. vol. fol. ibid. 1682.

Kirchmanni de funeribus Romanorum Libri quatuor cum Appendice, nitidissimis Figuris illustrati. Accessit & funus Parasiticum Nic. Rigaltii, 12. Lugd. Batav. 1672.

- - - de Annulis Liber singularis : accedunt G. Longi, H. Gorlæi & H. Kormanni de iisdem tractatus absolutissimi, 12. ibid. 1672. — 315

L.

LEonis Allatii de Ecclesiæ Occidentalis atque Orientalis perpetua Consensione libri tres. Ejusdem Dissertationes de Dominicis & Hebdomadibus Græcorum, 4. Colon. 1648.

- - - de Simeonum Scriptis diatriba, &c. 4. Paris. 1664.

Lessii de Iustitia & Iure, cæterisque virtutibus cardinalibus libri quatuor, fol. Lugd. 1653.

Labbe Thesaurus Epitaphiorum veterum ac recentium selectorum ex antiquis Inscriptionibus, 8. Paris. 1686.

Lindneri Fodina linguæ Latinæ, in qua omnes omnium vocabulorum significationes erutæ, auctorum Classicorum exemplis illustratæ, unicuique voci gemina dictio Græca, nec non primitivis originationes Philologicæ adjectæ proponuntur, 8. Lips. 1686.

P. Labbe Elogia Sacra, Theologica & Philosophica, Regia, Eminentia, Illustria, Historica, Poetica, Miscellanea. Accessere Stephani Petiot Panegyrici duo, alter de Rupella expugnata, alter de Delphino, 8. ibid. 1687.

de Luca Praxis Iudiciaria in Civilem divisa & Criminalem. Civilis medulla est Marantæ, Vestrii, Moscatelli, Ridolphini, &c. Criminalis sucus est Farinacii, Moscatelli, Guarrini, Ambrosini, &c. aliorumque novissimorum, fol. Gen. 1685. — 320

Labardæi de Rebus Gallicis Historiarum libri decem, ab anno 1643. ad annum 1552. 4. Par. 1671.

Liber Psalmorum cum notis Iac. Ben. Bossueti Episcopi Meldensis, 8. Lugd. 1690.

les Loix Civiles dans leur ordre naturel, 4. Paris 1689.

the Lives of the Popes, from the time of our Saviour Jes. Christ to the Reign of Sixtus IV. Written in Latin by Platina, and translated into English : and the same History continued from the year 1471. to this present time; wherein the most remarkable passages of Christendom, both in Church and State, are treated of and described by Sir Paul Rycaut, fol. Lond. 1688. — 325

Lettres choisies de feu Mr. Guy Patin, dans lesquelles sont contenües plusieurs particularitez historiques sur la Vie & la Mort des Savans de ce siecle, sur leurs Ecrits, & plusieurs autres choses curieuses, depuis l'an 1645. jusqu'en 1672. Augmentées de plus de 300. Lettres dans cette derniere Edition, & divisées en III. Volumes, 12. Cologne 1691,

Langii, Majoris Tractatus Epitome Iuris Naturalis, conceptum genuinum ex Veritate Determinationis educens, simulque receptarum de Iure Naturæ ὑποθέσεων defectus modeste ostendens, nec non discrimen Iuris Naturæ, Gentium, & Positivi planissimum indicans, 8. No. ib. 1691.

Lyncheri Concordantiæ Iuris Feudalis, in specimen operis totius, quod universum Corpus Iuris Civilis complectitur emittit, fol. Ienæ 1689.

Lettres du Cardinal Mazarin, où l'on voit le secret de la Negotiation de la Paix des Pirenées, & la Relation — 330

CATALOGUS

Relation des Conferences qu'il a eues pour ce sujet avec D. Louis de Haro, avec d'autres lettres tres-curieuses écrites au Roy & à la Reine, par le même Cardinal, 12. 1690.
- - - *du Prince de Conti ou l'accord du libre arbitre avec la grace de J. Chrift, enseigné par son Alteſſe serenißime au P. de Champs ; avec plusieurs autres pieces sur la même matiere,* 12. 1689.
- - - *les plus belles des meilleurs Auteurs François, avec des Notes, par P. Richelet,* 12. Amst. 1690.
- - - *& autres Oeuvres de Monf. de Vaiture,* 12. à Brux. 1687.
Lettre d'un Abbé à un Prelat de la Cour de Rome, sur le Decret de l'Inquifition du 7. xbre 1690. contre 31 *propofitions,* 12. 1691.

335 *Leti Teatro Belgico, o vero Ritratti Hiftorici, Chronologici, Politici, e Geografici delle sette Provincie Unite,* 2. voll. 4. arricchito di Figure, 4. Amst. 1690.
- - - *Teatro Gallico, o vero la Monarchia della Real Casa di Borbone in Francia, sotto i Regni di Henrico IV. Luigi XIII. e Luigi XIV. Parte prima, arricchita di molte Figure,* 4. Amst. 1691.
- - - *Parte seconda, divisa in dodeci libri, & arricchita di molte Figure,* 4. ibid. 1691.
- - - *Parte terza, divisa in tredici libri, fino al fine dell' Anno* 1690, 4. ibid, 1691.
- - - *Ritratti Hiftorici, o vero Hiftoria dell' Imperio Romano in Germania, Parte prima, divisa in* 8. *libri, & arricchita di diverse Carte Geografiche, e buon numero di Figure,* 4. Amst. 1689.

340 - - - *Parte seconda, divisa in otto libri, &c.* 4. ibid. 1689.
- - - *Ritratti Hiftorici, Politici, Chronologici, & Genealogici della Casa serenißima & Elettorale di Braunschburgo, Parte prima,* 4. Amst. 1687.
- - - *Parte seconda,* 4. ibid. 1687.
- - - *Ritratti Hiftorici, Politici, Chronologici et Genealogici della Casa serenißima & Elettorale di Saſſonia, Parte prima,* 4. Amst. 1688.
- - - *Parte seconda,* 4. ibid. 1688.

345 - - - *il Teatro Brittanico vero Hiftoria della Grande Brettagna,* 5. voll. 12. ibid. 1684.
- - - *Monarchie Univerſelle de Louis XIV.* 2. voll. 12. 1689.
Langii Florilegii Magni, seu Polyantheæ floribus novißimis sparsæ, Libri XXIII. fol. Lugd. 1681.
Ligtfooti Opera omnia, 2. voll. fol. Roterod. 1686.
- - - Idem, chartâ majori.

350 Launoii Epistolæ omnes octo Partibus comprehensæ, nunc demum simul editæ, fol. Cantabr. 1689.
Luc. Cœlii Lactantii Opera quæ extant omnia; ad fidem Codicum tam impreſſorum, quam manuſcriptorum recenfita, 8. ibid. 1685.

M.

MEſſis Medico-Spagyrica, qua abundantiſſima Seges Pharmaceutica è felectiſſimis quibusque tum Pharmacologis & Chimiatris, tum celeberrimis inter Recentiores Practicis, tum variis Operibus Miscellaneis, nec non curiofioribus rerum naturalium Scriptoribus refecta compofitiſſimo ordine cumulatur. Opus in varias diftributum partes, quibus & Principia Phyficæ Hermetico-Hippocraticæ, & compofita quæque Medicamenta nobiliora & Mineralia, Vegetabilia, atque Animalia Chymico-Medice deſcribuntur. Cum Indicibus Capitum, Rerum, Verborum, Morborum &c. figurisque pluribus æneis, fol. Colon. 1687.
Melii Quotidianæ Obfervationes Forenses : in quibus fingulares Controverfiæ difcutiuntur, cum Decifionibus Sacræ Rotæ Romanæ hactenus non impreſſis, fol. Franc. 1670.
Mendo de Ordinibus Militaribus Difquifitiones Canonicæ, Theologicæ, Morales & Hiftoricæ pro Foro interno & externo, fol. Lugd. 1668.

355 - - - de Iure Academico Selectæ Quæftiones Theologicæ, Morales, Iuridicæ, Hiftoricæ & Politicæ, de Academiis, Magiftratibus, Collegiis, Profeſſoribus, Candidatis & Scholasticis, fol. ibid. 1568.
- - - Bullæ S. Cruciatæ elucidatio; ubi Bulla communis vivorum, Lacticiniorum pro Ecclefiafticis, Compofitionis & defunctorum, nec non Facultates Commiſſarii Generalis Cruciatæ exponuntur, fol. ibid. 1568.
Murgæ Tractatus de Beneficiis Ecclefiafticis, fol. ibid. 1684.
Macchai Neo-Princeps ordinatæ Politiæ, seu Politicus Problematico-decifivus, in quo Principis perfona, aula, civitas & militia veris instruuntur, & à falfis Pfeudopoliticorum vindicantur dogmatibus, sumptis in utramque partem argumentis à Gentium Moribus, Regnorum Arcanis, à Rerumpublicarum Politiis, Statuum Rationibus, Civitatum Confuetudinibus, ab amicis, adverfifque

LIBRORUM

que Exemplis & sapienter contrave dictis, nec non à frequentibus civilis prudentiæ paradoxis, & haud vulgaribus cogitationibus nova primum methodo vulgatis, 4. Ratisponæ 1682.
La Morale de Jesus-Christ, 4. Par. 1686.
Morale Pratique des Jesuites, I. *Volume: où elle est representée en plusieurs Histoires, arrivées dans toutes les parties du monde*, 12.
- - - Item, en grand pap. 12. 1683.
- - - II. *Vol. où l'on represente leur conduite dans la Chine, dans le Japon, dans l'Amerique & dans l'Ethyopie*, 12.
- - - Item, en grand pap. 1682.
- - - III. *Vol. contenant la justification des deux premiers Vol. de cette Morale, &c.* 12. 1689.
- - - Item, en grand pap. 12.
- - - IV. *Vol. Histoire de Dom Jean de Palafox, Evêque d'Angelopolis & depuis d'Osme; & des differens qu'il a eus avec les PP. Jesuites*, 12. 1690.
- - - Item, en grand pap. 1690.
- - - V. *Vol. Histoire de la persecution de deux Saints Evêques par les Jesuites: l'un Dom Bernardin de Cardenas, & l'autre Dom Philippe Pardo*, 12. 1691.
- - - Item, en grand pap. 1690.
Masenii Orthodoxi Concionatoris Antiquo-novi, ex Veteris Novique Testamenti Scripturis, juxta mentem Sanctorum Patrum digesti Tomus primus, de Fine Hominis & quatuor novissimis ipsius multa complectens, concionibus per annum distributis, fol. Mog. 1678.
- - - Tomus secundus, in quo Homo conditus lapsusque, & pœnis subjectus in lege naturæ, per res gestas & figuras propositur, usque ad orbis diluvium, fol. ibid. 1678.
Matthæi Paris Historia Major Iuxta Exemplar Londinense 1640. verbatim recusa, & cum Rogeri Wendoveri, Will. Rishangeri, Autoritque Majori Minorique Historiis, Chronicisque MSS. in Bibliotheca Regia, & aliis fideliter collata: Huic Editioni accesserunt Duorum Offarum Merciorum Regum, & 23. Abbatum S. Albani vitæ; unà cum libro Additamentorum, per eundem Autorem: editore Will. Wats, fol. Lond. 1684.
Malpigii Opera omnia, figuris elegantissimis in æs incisis illustrata, fol. Lond. 1686.
Moti (Henr.) Opera omnia Theologica & Philosophica, fol. 3. voll. ibid. 1679.
Missale Romanum ex decreto Sacros. Concilii Tridentini restitutum, Pii V. Pont. Max. jussu editum, & Clementis VIII. primum, nunc denuo Urbani Papæ VIII. auctoritate recognitum, fol. Colon. 1686.
Marii Mercatoris S. Augustino æqualis, Opera quæcunque extant. Prodeunt nunc primum studio Ioan. Garnerii, qui Notas etiam ac Dissertationes addidit, fol. Parif. 1673.
Macarii Abraxas, seu Apistopistus, quæ est antiquaria de Gemmis Basilidianis Disquisitio. Accedit Abraxas Proteus, seu multiformis Gemmæ Basilidianæ portentosa varietas, exhibita & Commentario illustrata à Io. Chisletio. Item Io. Chisletii Socrates, sive de Gemmis ejus imagine cœlatis judicium, 4. Antv. 1657.
Marmora Felsinea, innumeris non solum inscriptionibus exteris hucusque ineditis, sed etiam quamplurimis Doctissimorum Virorum expositionibus roborata & aucta, aut. Car. Malvasia, 4. Bonon. 1690.
- - Oxoniensia, ex Arundellianis, Seldenianis aliisque conflata. Recensuit & perpetuo Commentario explicavit Humph. Prideaux. Appositis ad eorum nonnulla Seldeni & Lydiæi Annotationibus. Accessit Sertarii Ursati Patav. de Notis Romanorum Commentarius, fol. Oxon. 1676.
Matthioli Opera, quæ extant, omnia, hoc est, Commentarii in VI. libros Dioscoridis de Medica materia, cum additionibus & notis Gasp. Bauhini, fol. Basil. 1674.
Malebranche de inquirenda veritate libri sex, in quibus mentis humanæ natura disquiritur, & quomodo variis illius facultatibus, ut in scientiis error vitetur, utendum sit, demonstratur, 4. Genev. 1685.
Mentzelii Index Nominum Plantarum universalis, diversis terrarum, gentiumque linguis, quotquot ex Auctoribus ad singula Plantarum nomina excerpi, & juxta seriem A B C collocari potuerunt, ad unum redactus, fol. Berolin. 1682.
Morhofii (Dan. Georg.) Polyhistor, sive de notitia Auctorum & rerum Commentarii, quibus præterea varia ad omnes disciplinas, consilia & subsidia proponuntur, 4. Lubec. 1688.
Menagii Historia Mulierum Philosopharum. Accedit ejusdem Commentarius Italicus in VII. Sonettum Francisci Petrarchæ, à re non alienus, 12. Lyon. 1690.
Meibomii, Rerum Germanicarum Tomi tres. I. Historicos Germanicos ab Henr. Meibomio seniore primùm editos & illustratos, nunc auctiores. II. Historicos Germanicos ab Henr. Meibomio Iuniore è MSS. nunc primùm editos & illustratos. III. Dissertationes Historicas varii argumenti utriusque Meibomii continet. Cum Indicibus copiosissimis omnia recensuit & edidit Henricus Meibomius Iunior, fol. Lipsiæ 1688.
Th. de Mayerne Praxis Medica, ad exemplar Londinense impressum, recusa. Cui accessit ejusd. Authoris Libellus plane singularis de curâ Gravidarum, 8. Aug. Vindel. 1691.

Michaëlis

Michaëlis Opera Medico-Chirurgica quotquot innotuerunt omnia. Ejus nempe I. Praxis Clinica generalis ad Ionstoni ideam occupata circa affectus corporis humani universales, particulares & Chirurgicos. I I. Praxis Clinica specialis casibus 26. subitaneis monita Praxeos generalia ad ægri lectum applicare docens. I I I. Apparatus Formularum, seu Annotationes in Morellum de Præscriptione Formularum. I V. Ordo visitandi Officinas, libellus oppido ratus, cum annexis Regalis Pharmaceutico-Chymicis. Accedit in fine V. Clavis ad Authoris Polychresta, h. e. Descriptio Medicamentorum B. Dn. D. Michaelis quondam in secretis habitorum, 4. Norimb. 1688.
Meditations pour tous les jours de l'année sur les Evangiles de chaque semaine, divisées en V. Tomes, 12. à *Lyon* 1687.
de Masseville, Histoire Sommaire de Normandie, I. Partie, 12. Rouen 1688.
les Metamorphoses d'Ovide en Latin & François, divisées en 15. livres, avec de nouvelles explications Historiques, Morales & Politiques sur toutes les fables chacune selon son sujet, de la Traduction de P. Du Ryer, Edition nouvelle enrichie de tres-belles figures, fol. à Brux. 1677.
Merlini (Merc.) Tractatus, absolutissimus de Pignoribus & Hypothecis : una cum decisionibus Magistralibus S. Rotæ Romanæ, fol. Gen. 1651.
- - - de legitima Tractatus absolutissimus ; una cum decisionibus Magistralibus S. Rotæ Romanæ, fol. ibid. 1654.
- - - (Franc.) Controversiæ forenses Iuris Communis & Regni Neapolitani, cum Definitionibus Supremorum Tribunalium, fol. ibid. 1668.
Momma Meditationes in Epistolas ad Romanos & Galatas, 8. Hagæ 1678.
- - - Oeconomia Temporum Testamentaria triplex ; & Prælectiones Theologicæ, 4. Amst. 1683.
Mermanni Consultationes ac Responsiones Medicæ, fol. Ingolst. 1675.
Mayow Opera omnia Medico-Physica, Tractatibus quinque comprehensa, 8. Hagæ 1681.
Munnos de Escobar de Ratiociniis Administratorum & Computationibus variis aliis, Tractatus pragnantissimus, 8. Gondæ 1662.
Muncheri de Intercalatione variarum Gentium, & præsertim Romanorum libri quatuor, 8. Lugd. Bat. 1680.
Marshami Canon Chronicus Ægyptiacus, Ebraïcus, Græcus, & Disquisitiones. Liber non Chronologicæ tantum, sed & Historicæ antiquitatis reconditissimi complexus, 4. Lips. 1676.
Musarum Anglicanarum Analecta; sive Poëmata quædam melioris notæ, seu hactenus inedita, seu sparsim edita, in unum volumen congesta, 8. Oxon. 1692.
le Moyne Varia Sacra, ceu Sylloge variorum Opusculorum Græcorum ad Rem ecclesiasticam spectantium, cum Versionibus, Notis & Observationibus uberioribus, 2. voll. 4. Lugd. Bat. 1685.
Mœbii (Goth.) Synopses epitomes Institutionum Medicinæ, fol. Ienæ 1690.
Maji (Ioh. Henr.) Dissertationes Sacræ, in quibus selectiora V. T. oracula secundùm seriem locorum Theologicorum ita explicantur, ut non tantum usus Philologiæ in Theologia amplissimus dilucide ostendatur ; sed etiam novi præsertim Autores, Sandius, Huëtius, Rich. Simon, Theologi Batavi in scriptis Simoni oppositis, aliique, ex instituto examinentur, ac refutentur, 8. Francof. 1690.
Mureti Orationes Epistolæ & Poëmata, cum Præfatione & insignibus augmentis M. Iac. Thomasii. Adjectæ sunt Nuptiæ Parisinæ, 1572. 8. Lips. 1690.
Mathoud de vera Senonum origine Christiana, adversus Ioh. de Launoy Criticas Observationes &c. 4. Paris. 1687.

N.

Nigri Cyriaci Controversiarum Forensium libri quatuor : in quibus ultra rerum judicatarum casus frequentes, & communes opiniones ubique observatas, accesserunt Decisiones aliquæ Rotæ Romanæ nondum impressæ, fol. Lugd. 1672.
Novarii Tractatus de Vasallorum Gravaminibus, quamplurimis Iuris communis, Municipalisque Sanctionibus plenissime illustratus, fol. Genev. 1686.
Nisanii S. Ioannis Euangelium Commentario perpetuo illustratum, atque ab H. Grotii in primis & aliorum corruptelis vindicatum, 4. Franc. 1684.
Newton Philosophiæ Naturalis Principia Mathematica, 4. Lond. 1687.
de Nummo Pantheo Hadriani Imperatoris ad Ill. Spanhemium Dissertatio ; in qua præter nonnulla de Consecrationibus Veterum, illarumque origine, peculiaris quædam instituitur comparatio inter Hadrianum & Alexandrum M. multaque illis communia demonstrantur, 4. Lugd. 1690.
Nogueira Expositio Builæ Cruciatæ Lusitaniæ concessæ : in qua etiam declarantur Bulla Hispana, & ostenduntur discrimina, quæ inter utramque Bullam reperiuntur, & Decreta aliqua SS. Pontificum & S. Cardin. Congregat. ab Authoribus nondum explicata, noviter enodantur, fol. Colon. 1691.

Nicephori

LIBRORUM.

Nicephori Callisti Ecclesiasticæ Historiæ Libri XVIII. Græcè nunc primum editi. Adjecta est Latina interpretatio Io. Langi à R. P. Frontone Ducæo cum Græcis collata & recognita, 2. voll. fol. Parif. 1630.

Novum Testamentum Syriacè, cum omnibus vocalibus & versione Matthæi ita adornata ut unico hoc Evangelistâ intellecto, reliqui libri fine interprete facile intelligi possint, acc. Æg. Gutbirio. Clavis Operis, quæ Grammaticam, Lexicon & Notas N. T. Syr. dabit, seorsim prodit, 8. Hamb. 1664.

Novum Testamentum Græcum, editio denuò recensa: in qua diligentius quàm unquam anteà variantes lectiones tam ex MSS. quam impressis Codicibus collectæ, & parallela Scripturæ loca annotata sunt, studio & lab. St. Curcellæi, 12. Amst. 1685.

Nouveaux Entretiens sur les sciences secretes, ou le Comte de Gabalis renouvellé & augmenté d'une Lettre sur ce sujet, 12. Cologne 1684.

Nouvelle Methode, ou l'Art d'ecrire aussi vite qu'on parle, 12. Paris 1691.

Nouvelles Observations, ou guerre civile des François sur la Langue, 12. ibid. 1688.

O.

Opus Epistolicum, exhibens Iohannis Caselii Epistolas ad Principes, Nobiles, Viros celebres, Propinquos, Cives ac Familiares, in Fuchtiana & Vageriana editionibus non comparentes; accur. I. à Dransfeld. Præmissa est Herm. Conringii Epistola de Scriptis Caselianis, & annexa lucubratiuncula de artificio, & in primis charactere epistolico ex Autoris Phalereo deprompta, 8. Francof. 1587.

Oweni de Natura, Ortu, Progressu & Studio veræ Theologiæ libri sex, quibus etiam Origines & Processus veri & falsi Cultus Religiôi, Casus & Instaurationes Ecclesiæ illustriores ab ipsis rerum primordiis enarrantur, &c. 4. Bremæ 1684.

Origenis in Sacras Scripturas Commentaria, quæcunque Græcè reperiri potuerunt; præfixa sunt Origeniana, Opus Tripartitum, quo Origenis narratur vita, doctrina excutitur, scripta recensentur, edita à P. Dan. Huetio, fol. Colon. 1685.

Officina Sanitatis, sive Praxis Chymiatrica antehac à Ioann. Hartmanno conscripta, nunc illustrata atque locupletata à Ioann. Hiskia Cardilucio, Norib. 1677.

Ordonnance de Louis XIV. pour les Armées navales, & Arcenaux de Marine, 12. Paris 1689.

Oeuvres de Mre. François Rabelais, augmentées de la Vie de l'Auteur & de quelques Remarques sur la vie & sur l'Histoire, 2. voll. 12. 1691.

- - - de Moliere, 6. voll. 12.
- - - du P. Rapin, 2. voll. 12. 1686.
- - - de Tacite, de la traduction de N. Perrot Sieur d'Ablancourt, 8. 1691.
- - - d'Horace, traduites en François, avec des Notes, & des Remarques Critiques sur tout l'Ouvrage, par Mr. Dacier, 10. voll. 12. 1691.
- - - Posthumes de Monf. Claude, 5. voll. 8. Amst. 1688.
- - - de Sainte Therese, de la Traduction de Mr. Arnauld d'Andilly, 3. voll. 12. à Anvers 1688.
- - - de Lucrece contenant sa Philosophie sur la Physique, ou l'Origine de toutes choses, traduites en François, avec des Remarques sur tout l'Ouvrage, par Mr. le Baron de Coutures, derniere Edition, avec l'Original Latin, & la vie de Lucrece, 2. voll. 12. à Par. 1692.
- - - du Chevalier de Meré, qui contient plusieurs Discours sur diverses matieres, ses Conversations avec le Marechal de Clerambaud, & ses Lettres, 12. Amst. 1692.

Oeuvres diverses du Sieur D. avec le Traité du Sublime ou des merveilleux dans les discours, traduite du Grec de Longin, 12. 1693.

Ordonnances Synodales du Diocese de Grenoble, par le Cardinal le Camus, 8. 1691.

Officium Hebdomadæ Sanctæ secundum Missale & Breviarium Romanum, 24. Antv. 1691.

- - - B. Mariæ Virginis Pii V. P. M. jussu editum, & ab Urbano VIII. recognitum. Accedunt Psalmi Vesperarum & Completorii pro Dominicis & Festis totius anni, una cum Rosario B. Mariæ, 24. Antv. 1691.

Ortelii Trigonometria Geometrica seu Linearis, per Regulam Circinumque super abaco exercendam, figurarum planarum descriptioni per linearum inaccessibilium dementionem accommodata, 8. Francof. 1690.

Olivekrans Tabulæ in Hugonis Grotii de Jure Belli ac Pacis libros, fol. Kilon. 1690.

Ouvrages de Prose & de Poësie, du Sr. de Moucroy & de la Fontaine, 12. 1688.

le Origini della lingua Italiana compilate dal Sr. Egidio Menagio: colla giunta de Modi di dire Italiani, raccolti e dichiarati dal medesimo, fol. in Geneva 1685.

C *Projet*

P.

Projet d'une nouvelle Mechanique, avec un Examen de l'opinion de Mr. Borelli sur les proprietez des poids suspendus par des cordes, par Mr. de Vavignon, 4. Par. 1687.
les Principes de la Geographie methodiquement expliquez pour donner une idée generale de toutes les parties de l'Univers, & pour faciliter l'intelligence des Tables & des Cartes Geographiques. Avec un Abregé Chronologique pour servir d'introduction à l'estude de l'Histoire, 12. ibid. 1690.
Prudent Voyageur, 12.
Poëses Chrétiennes d'Ant. Godeau Evêque de Grasse, 3. vol. 12. Par. 1660.

445 Nic. de Passeribus Conciliatio cunctarum Legum, quæ in toto Corpore Iuris Civilis invicem quasi ex diametro sibi contrariari videbantur, acutissima & solidissima, 4. Francof. 1685.
- - - Tractatus duo: I. de Scriptura privata, alter de Verbis enunciativis, 4. ibid. 1685.
Philomathi Musæ Iuveniles, fol. e Typographia Regia, Lond. 1656.
Parthenii Giannettasii Neapolit. Soc. Iesu Halieutica, 8. Neapoli cum figuris 1689.
Φιλωνος Ιουδαιυ Συγγραμματα. Philonis Iudæi omnia quæ extant Opera. Ex accuratissima Sigism. Gelenii, & aliorum interpretatione partim ab Adr. Turnebo e Christian. Regis Bibliotheca, partim à Dav. Hoeschelio ex Augustana, edita & illustrata. Huic novissi. editioni accessere variæ Lectiones, & elegantiss. ejusd. Philonis de Septenario libellus, & de Providentia Dei fragmenta, fol. Francofurti 1691.

450 Pagi, Dissertatio Hypatica, seu de Consulibus Cæsareis, 4. Lugd. 1682.
Piens de Febribus in genere & specie, ex veterum ac recentiorum scriptis perpensus: seu febris Heautontimorumenos, cum Notis &c. S. Sac. Mangeti, 4. Genev. 1689.
Praxeos Mayernianæ in morbis internis præcipue gravioribus & Chronicis Syntagma, ex adversariis, Consiliis ac Epistolis ejus summa cura ac diligentia concinnatum, 8. Lond. 1690.
les Provinciales, ou les Lettres ecrites par L. de Montalte à un Provincial, de ses amis, & aux RR. PP. Jesuites, 12. 1689.
- - - les mêmes traduites en Latin, Espagnol & Italien, 8. 1684.

455 - - - les mêmes en François, avec la Theologie Morale desdits Peres & Nouveaux Casuistes, representeé par leur pratique, & par leurs livres, 8. 1667.
le Grand & fameux Probleme de la Quadrature du Cercle resolu Geometriquement par le Cercle & la ligne droite par Monf. Mallement de Messange, 12. à Paris 1686.
Pollenter Sexaginta quinque Propositiones nuper à S. D. N. Innocentio XI. proscriptæ, à Soc. Iesu Theologis diu ante SS. Domini Decretum consensu communissimo rejectæ, 4. Lovan. 1689.
Puffendorfii Commentariorum de rebus Suecicis Libri XXVI. ab expeditione Gustavi Adolfi Regis in Germaniam ad abdicationem usque Christinæ, fol. Ultraj. 1686.
- - - de Iure Naturæ & Gentium Libri Octo, 4. Amst. 1688.

460 - - - Introduction à l'Histoire des principaux Estats, tels qu'ils sont aujourdhui dans l'Europe, 4. voll. 12. 1677.
Parkeri Disputationes de Deo & Providentia Divina, 4. Lond. 1678.
Pierii Hieroglyphica, sive de Sacris Ægyptiorum aliarumque Gentium Literis Commentariorum Libri LVIII. Accesserunt loco Auctarii, Hieroglyphicorum Collectanea ex vet. & recent. auctoribus descripta; item Herapollinis Hieroglyphica; item Pierii Declamatiuncula pro Barbis Sacerdotum, de Infelicitate Literatorum, denique Antiquitatum Bellunensium sermones quatuor, 4. Francof. 1678.
Poëtæ minores Græci: Hesiodus, Theocritus, Moschus, Bion, &c. cum Versione Latina, 8. Cantabr. 1684
Pacioni de Locatione & Conductione Tractatus, in quo non solum agitur in genere de Contractu Locationis, & omnibus ad eum pertinentibus, sed etiam in specie de Locatione Operarum, ac singularum rerum tam Laïcalium quàm Ecclesiasticarum, Casusque individui passim inseruntur, fol. Gen. 1689.

465 Plateri Observationum Libri tres, totidem Praxeos ejus Tractatibus, indole & methodo respondentes, atque affectuum Corporis & animi plurimorum tum historias fidè ac sedulò observatas, tum curationes feliciter præstitas, graphicè enarrantes; additâ insuper novâ selectiorum Observationum Mantissâ, 8. Basil. 1680.
Ponti Heuteri Opera Historica omnia, Burgundica, Austriaca, Belgica, de rebus à Principibus Burgundis atque Austriacis, qui Belgis imperarunt, pace belloque præclare gestis. Insertus est ejusdem de Vetustate & Nobilitate Familiæ Habspurgicæ & Austriacæ liber singularis; accessereque de Veterum ac sui Sæculi Belgio Libri duo, aliaque, fol. Lovanii.
Pensées ingenieuses des Anciens & des Modernes, recueillies par le Pere B. 12. Par. 1690.
- - - Diverses, écrites à un Docteur de Sorbonne à l'occasion de la Comete qui parus au mois de Decembre 1680. 2. voll. 12. 1683.

Quinte

LIBRORUM.

Q.

Quinte Curce de la Vie & des actions d'Alexandre le Grand, de la Traduction de Mr. de Vaugelas, avec les supplemens de Freinshemius, traduits par Mr. Du Ryer, 8. Amst. 1684.
Question Curieuse si Mr. Arnauld est heretique, 8. 1690. — 470

R.

Rubenii de Re Vestiaria Veterum, præcipuè de lato Clavo Libri duo, item de Gemma Tiberiana & Augustæa, de Urbibus Neocoris, de Nummo Augusti, qui inscribitur Asia recepta, de Natali die Cæs. Augusti, & Ioh. Bapt. Donii Dissertatio de utraque Pænula, 4. Antv. 1665.
Reflexions Morales de l'Empereur Marc Antonin, avec des Remarques de Mr. & Mad. Dacier, 12. 1691.
— — — sur la misericorde de Dieu, par une Dame penitente, augmenté de l'Amante Convertie, 12.
Recueil d'aucuns notables Arrests donnez en la Cour de Parlement de Paris, pris des Memoires de G. Louet, augmenté de plusieurs Arrests & Decisions, par J. Brodeau, fol. 2. voll. à Brux. 1662.
Riverii Opera Medica universa, quibus continentur I. Institutionum Medicarum Libri 5. II. — 475
Praxeos Medicæ Libri 17. III. Observationum Medicarum Centuriæ quatuor, fol. Lugd. 1679.
Relation du Voyage d'Espagne, 12. 1692.
— — — du Voyage de sa Majesté Britannique en Hollande, & de la Reception qui luy a esté faite: enrichie de Planches tres-curieuses. Avec un Recit abregé de ce qui s'est passé de plus considerable depuis l'arrivée de sa Majesté en Hollande le 31. de Janvier, jusqu'à son retour en Angleterre, au mois d'Avril. 1691. & l'heureux succés de l'expedition en Irlande, subjugée par les armes tousjours victorieuses de sa Majesté, fol. à la Haye 1692.
Renversement de la Morale de Jesus-Christ par les erreurs des Calvinistes, touchant la justification, 4. à Paris 1672.
Reflexions ou sentences & Maximes Morales, augmentées de plus de deux cens nouvelles Maximes. Et Maximes & Pensées diverses, 12. 1692.
Reflexions sur les cinq livres de Moyse, pour establir la verité de la Religion Chrétienne, 8. 2. vol. — 480
à Lond. 1687.
Richerii Historia Conciliorum Generalium, 3. vol. 8. Colon. 1683.
Rechenbergii de Studiis Academicis Liber singularis, 12. Lipsiæ 1691.
Ramsay Tachographia, seu Ars breviter & compendiose scribendi methodo brevissima tradita, &c. 8. Francof. 1681.
Roseneri Tractatus de Reservatione Iuris Competentis, materia perutilis ac quotidiana, antehac nusquam ordinatè tradita, nunc verò ex variis D. scriptis eruta, & juxta Iuris objecta in certum systema redacta, Collegiorumque Iuridicorum Responsis illustrata, 4. Lipsiæ 1690.
Raii Methodus Plantarum nova, brevitatis & perspicuitatis causa synoptice in tabulis exhibita, 8. — 485
Lond. 1682.
Raymundi (Mart.) Pugio Fidei adversus Mauros & Iudæos, cum observationibus Ios. de Voisin, & introductione Ioh. Ben. Carpzovii, qui appendicis loco Hermanni Iudæi opusculum de sua conversione ex MS. Bibliothecæ Paulinæ Academiæ Lipsiensis recensuit, fol. Lips. 1687.
Rosini Antiquitatum Romanarum Corpus absolutissimum, cum notis Th. Dempsteri: accur. Corn. Schrevelio, 4. Amst. 1685.
de Raei Clavis Philosophiæ Naturalis Aristotelico-Cartesiana: Editio secunda, aucta Opusculis Philosophicis varii argumenti, quibus errores scholarum passim deteguntur, ac veritas Philosophiæ, quam Cartesianam vocant, demonstratur, 4. Amst. 1677.
Rebuffi in Constitutiones Regias Commentarius: ob ipsa Iuris Romani fundamenta, ad planiorem rationis & veritatis intellectum reducta, & ad usum practicum accommodata, fol. Amst. 1668.
Raii Historia Plantarum species hactenus editas aliasque insuper multas noviter inventas & descrip- — 490
tas complectens; in qua agitur de plantis in genere, earumque partibus, accidentibus & differentiis, deinde genera omnia tum summa tum subalterna ad species usque infimas methodo naturæ vestigiis insistente disponuntur; species singulæ accuratè describuntur, obscura illustrantur, omissa supplentur, superflua resecantur, synonima necessaria adjiciuntur; vires denique & usus recepti compendio traduntur, fol. 2. voll. Lond. 1686.

CATALOGUS

Miscellaneous Discourses concerning the Dissolution and Changes of the World, wherein the primitive Chaos and Creation, the general Deluge, Fountains, formed stones, sea-shells found in the earth, subterraneous Trees, Mountains, Earthquakes, Vulcanoes, the Universal Conflagration and Future State, are largely discussed and examined, 8. Lond. 1692.

The Roman History written in Latine by T. Livius, with the supplements of the learned J. Freinshemius, and J. Dujatius, from the foundation of Rome to the middle of the Reign of Augustine, fol. ibid. 1686.

Remarques sur l'Estat des Provinces Unies des Païs-bas, faites en l'an 1672. par M. Temple, 12. 1685.

- - - sur la langue Françoise de M. de Vaugelas, utiles à ceux qui veulent bien parler & bien écrire, avec des Notes de T. Corneille, 2. voll. 12. 1690.

495   Rejes Elysius jucundarum Quæstionum Campus, omnium literarum amœnissima varietate refertus, Medicis, Theologis, Iurisperitis, & omnium bonarum disciplinarum studiosis summè utilis, 4. Francof. 1670.

S.

SAminiati (Ioh. Bapt.) Controversiæ forenses recentissimæ luci expositæ, in quibus graviores Iuris quæstiones, tam circa contractus, quam ultimas voluntates, aliæque in judiciis, & forensi Palæstrâ frequentiora, juxta veras opiniones, & communem Doctorum sensum, resolvuntur. Editio novissima, cui accesserunt ejusdem Auctoris Consilia, fol. Genev. 1687.

Sectiones Conicæ in novem libros distributæ, in quibus quidquid hactenus observatione dignum, cum à veteribus tum à recentioribus Geometris traditum est, novis contractisque demonstrationibus explicatur: adjecta est Expositio Proposinionum septem Librorum Conicorum Apollonii Pergæi, aut. Ph. de la Hire, fol. Parif. 1685.

Salgado Labyrinthus Creditorum concurrentium ad litem per debitorem communem inter illos causatam, 2. vol. fol. Lugd. 1665.

Em. de Sanctacruz Conciliatio Genesis & Exodi locorum qui apparentem continent antinomiam; simulque expositio moralis, fol. ibid. 1682.

500   Struvii Syntagma Iurisprudentiæ secundùm ordinem Pandectarum concinnatum, quo solida Iuris fundamenta traduntur, Digestorum & affines Codicis, Novellarum ac Iuris Canonici Tituli methodice explicantur, Controversiæ nervosæ resolvuntur, & quid in foro usum habeat monetur, 2. vol. 4. Ienæ 1682.

- - - Dissertationes de Vindicta Privata & Retorsione Iuris iniqui: de Ædificiis privatis, & de Annona, 4. ibid. 1678.

- - - Syntagma Iuris Feudalis, quo solida hujus Iuris Fundamenta traduntur, Textus perspicuè explicantur, Controversiæ nervosæ resolvuntur, & quid usus obtineat, monetur: cui accesserunt Observationes Feudales ad singula capita, cum Decade Consiliorum & Responsorum, 4. Franc. 1685.

Sontagii (M. Christ.) Tituli Psalmorum in methodum Anniversariam redacti, Diatribus 67. Philologo-Theologo-Practicis, variisque adeò quà Christianorum, qua veterum, qua recentiorum congestis ἑρμηνείαις, collectaneis Medraschicis, & versionibus præsertim antiquioribus, Targumicâ, Græcâ, Vulgatâ, Syriacâ, &c. fideliter illustrati, & ad singula cum Dominicarum, tum Festivitatum præcipuarum Euangelia decenter accommodati, eâ quidem lege, ut subinde quodam habito delectû, in sacris ad populum sermonibus exordiorum instar esse possint, 4. Silusi. 1687.

Salviani Opera, cum libro Commentario Conr. Rittershusii, ac notis integris Ioh. Weitzii, Tobiæ Adami, Theod. Sitzmanni, Ioh. Alexandri Brassicani, Steph. Baluzii, & Vincentii Lirinensis commonitorium, ab eodem Baluzio Tutelensi ad fidem veterum Codicum MSS. emendatum & illustratum, præmissâ Dissertatione G. Galilæi in Vincent. Lir. 4. Brem. 1688.

505   V. Scoppa Theorico-Practicæ Observationes ad Rotæ Provinciæ Marchiæ Decisiones Steph. Gratiani ejusdem Rotæ Iudicis & Audi oris. In quibus præter eruditionem, ac rerum notabilium copiosam suppellectilem, methodica secundi ratione communi jus per nostrum Municipale confirmatum, limitatum, locupletatum, castigatum, aut quoquomodo innovatum concinne declaratur, & concordes discordesque aliorum opiniones, plurésque addubitationes congeruntur, & examinatæ facilibus rationibus resolvuntur, & quid in usu obtineant monetur. Variæque præterea supremorum Senatuum, præcipuè S. R. Romanæ, & S. R. Consilii Neapolitani, etiam adhuc non impressæ Decisiones reconditis Priscorum, Recentiorumque Patrum doctrinis munitæ, utiliter & quàm lepide subnectuntur, fol. Genev. 1691.

Schwelingii Exercitationes Cathedrariæ in Pet. Dan. Huetii Episc. Suess. Censuram Philosophiæ Cartesianæ, 8. Bremæ 1690.

Schmidt Opium negotiosum Ienense, 4. Ienæ 1691.

Summa

LIBRORUM.

Summa Conciliorum dudum collecta per B. Caranza, additionibus Fr. Sylvii quondam illustrata, nunc iterato recognita, & quatuor Controversiis ad Concilia præambulis, ac quibusdam Conciliis & notul s marginalibus, nec non compendiosa narratione vitæ omnium & singulorum Pontificum, & quorumdam Virorum illustrium aucta, per Fr. Ianssens, 4. Lovan. 1681.

Schneidewini in quatuor Institutionum Imperialium Libros Commentarii: primum à M. Wesenbecio, deinde à P. Brederodio, postremo à D. Gothofredo recogniti, illustrati & novis annotationibus adaucti, 4. Argent. 1677.

V. L. à Seckendorf Commentarius Historicus & Apologeticus de Lutheranismo, sive de Reformatione Religionis ductu M. Lutheri in magna Germaniæ parte, aliisque Regionibus & speciatim in Saxonia recepta & stabilita: in quo ex L. Maimburgii Historia Lutheramismi Libri tres ab anno 1517. ad ann. 1546. Latinè versi exhibentur, corriguntur, & ex MSS. aliisque rarioribus Libris plurimis supplentur; simul & aliorum quorumdam scriptorum errores aut calumniæ examinantur, fol. 2. vol. Lips. 1692. — 510

Stockmans Opera Iuridica, quotquot hactenus separatim edita fuere, omnia, 4. Brux. 1686.

Spencerus de Legibus Hebræorum Ritualibus & earum rationibus Libri tres, 4. Hagæ 1686.

Stellæ in Euangelium secundum Lucam Commentaria, discursibus moralibus ad omnem Concionum materiam utilissimis luculenter instructa, fol. Mog. 1680.

Suiceri Thesaurus Ecclesiasticus, è Patribus Græcis ordine Alphabetico exhibens quæcunque phrases, Ritus, Dogmata, hæreses & hujusmodi alia spectant, fol. Amst. 1682.

Salmasii Plinianæ Exercitationes in Caji I. Solini Polyhistora. Item C. I. Solini Polyhistor ex Vet. Libris emendatus. Accesserunt huic editioni de Homonymis Hyles Iatricæ Exercitationes antehac ineditæ, nec non de Manna & Saccharo, fol. 2. vol. Ultraj. 1689. — 515

Sprangeri homines sub aquis viventes, ductu Historiæ & Physicæ, quâ veritatem, quâ genuinam vitæ rationem, immixtis nonnullis circa alimentum, respirationem spiritus, sanguinem &c. observationibus illustrati, 12. Lipf. 1692.

Scaligeri Opus de emendatione Temporum, hac postrema editione ex Auctoris ipsius Manuscripto emendatius, magnaque accessione auctius; addita Veterum Græcorum fragmenta selecta, quibus loci aliquot obscurissimi Chronologiæ Sacræ & Bibliorum illustrantur: cum notis ejusdem Scaligeri, fol. Genev. 1629.

- - - Exotericarum Exercitationum Liber X V. de subtilitate ad H. Cardanum, 8. Francof. 1665.

Solerius de Pileo, cæterisque capitis tegminibus tam sacris quam profanis. Item H. Bossii de Toga Romana Commentarius: accedit ex Ph. Rubenio Iconismus statuæ togatæ, & de modo gestandi togam ex Ferrario Dissertatio, 12. Amst. 1671.

Stephani Byzantini Gentilia per Epitomen, antehac de urbibus inscripta, quæ ex MSS. Codicibus Palatinis ab Cl. Salmasio quondam collatis & MS. Vossiano restituit, supplevit, ac Latina versione & integro Commentario illustravit Abr. Berkelius. Accedunt collectæ ab Iac. Gronovio variæ Lectiones ex Codice MS. Perusino, & admixtæ ejusdem notæ, fol. Lugd. Bat. 1688. — 520

Stradæ Eloquentia bipartita: pars prior Prolusiones Academicas exhibet; altera Paradigmata Eloquentiæ proponit, 12. Amst. 1658.

Sentimens d'Erasme et Rotterdam, conformes à ceux de l'Eglise Catholique sur tous les points controversez, 12. 1688.

de Stair Physiologia nova experimentalis, in qua generales Notiones Aristotelis, Epicuri & Cartesii supplentur, errores deteguntur & emendantur, atque claræ, distinctæ & speciales causæ præcipuorum experimentorum, aliorumque phænomenen naturalium aperiuntur, 4. Lugd. Batav. 1686.

Struvii Notæ & Observationes Theoreticæ, Canonicæ & Practicæ ad Ant. Matthæi Tractationem de Iudiciis; accessit Chr. Ph. Richteri Commentatio ad Tit. Decretal. de Iudiciis, 4. Ienæ 1680.

- - - Notæ & Observationes Theoreticæ Canonicæ & practicæ ad Ant. Matthæi Tractationem de Successionibus, ejusque Auctarium de Divortio Legum & usus in materia successionis; Accessit Designatio sec. ordinem Alphabeticum Rerum ad Geradam, Margengabam, Cibaria domestica pertinentium & expeditoriarum, nec non Paraphrasis interlinearis L. Gallus 29. de lib. & posthum. 4. Ibid. 1688. — 525

Stryckii Examen Iuris Feudalis, 12. Francof. 1689.

Stubneri Introductio ad Historiam Ecclesiasticam Veteris Testamenti per Tabulas Synopticas, fol. Norimb. 1690.

- - - Novi Testamenti, fol. ibid. 1690.

Savioli Lucubrationes Physicæ & Medicæ, 8. Venet. 1686.

Sentimens sur le Ministere Evangelique, avec des Reflexions sur le stile de l'Ecriture Sainte, & sur l'Eloquence de la Chaire, 12. à Paris 1689. — 530

Spelmanni Glossarium Archaiologicum: continens Latino-Barbara, peregrina, obsoleta, & novatæ significationis vocabula, quæ post labefactatas à Gothis, Vandalisque res Europæas, in Ecclesiasticis profanisque Scriptoribus, variarum item Gentium Legibus antiquis Municipalibus, Chartis & formulis occurrunt, scholiis & Commentariis illustrata, fol. Lond. 1687.

Scherzeri

22　CATALOGUS

Scherzeri Bibliotheca Pontificia, 4. Lipf. 1677.
Spanhemii Historia Imaginum restituta, præcipuè adversus Gallos Scriptores nuperos, Lud. Maimburg & Nat. Alexandrum, 8. Lugd. Bat. 1686.
- - - Vindiciarum Biblicarum, sive Examinis Locorum Controverforum N. T. Liber primus & secundus, 4. Francof. 1663.
535　- - - Liber tertius, 4. Lugd. Bat. 1685.
- - - Differtationum Theologico-Historicarum Trias. Accedunt de actione Dei hominem indurantis Disputationes I V. 8. Heid. 1664.
- - - Historia Iobi, sive de obscuris Historiæ Commentatio, 8. Lugd. Bat. 1672.
- - - Introductio ad Geographiam Sacram Patriarchalem, Israëliticam & Christianam, hancqne cum per Romanum omne Imp. ante & post Constantinum M. tum per Provincias Barbaricas, 8. ibid. 1679.
- - - Differtationum Historici Argumenti Quaternio, I. de temerè credita Petri in urbem Romam profectione. I I. de Æra Conversionis Paulinæ & annexis. I I I. de Apostolatu & Apostolis. I V. de Æqualitate veterum Metropoleωn cum Romanâ, seu de Canon. 6. Concilii Nicæni primi, 8. ibid. 1679.
540　Spanhemii (Frid.) Exercitationes de Gratia Universali. Accessere L. Erotemata Auctori propofita, & ab eodem decisa, cum Mantiffa C. Anterotematum, 3. vol. 8. Lugd. Bat. 1646.
L. Ann. Senecæ Opera quæ extant omnia: à I. Lipsio emendata & scholiis illustrata: aucta Lib. Fromondi scholiis ad Quæstiones Naturales & Ludum de morte Claudii Cæsaris, fol. Antv. 1652.
Steyaert Aphorismi Theologiæ Practicæ, 8. 2. vol. Lovanii 1690.
Salehi Introductio ad vitam devotam, pro singulis hominum statibus libellus aureus, 12. ibid. 1668.
Screvelii Lexicon Manuale Græco-Latinum & Latino-Græcum, utrumque hac ultimâ Editione multo auctius, præsertim quod ad Dialectos & Etymologicas Thematum investigationes attinet; ut & Vocabulorum Latinorum copiam, 8. Amst. 1685.

T.

545　Turretini (Francisci) de necessaria secessione nostra ab Ecclesia Romana, & impossibili cum ea syncretismo, Disputationes. Accessit ejusdem Disputationum Miscellanearum decas, 4. Genev. 1687.
- - - Institutio Theologiæ Elencticæ, in qua status controversiæ perspicuè exponitur, præcipua Orthodoxorum argumenta proponuntur & vindicantur, & fontes solutionum aperiuntur, 3. vol. 4. ibid. 1675.
- - - de satisfactione Christi Disputationes: adjectæ sunt duæ Disputationes de Circulo Pontificio, de concordia Iacobi & Pauli in articulo Iustificationis, 4. ibid. 1667.
Tresor en trois Langues, Françoise, Allemande, Latine, contenant douze Entretiens familiers, un Traité de la civilité Françoise, & une instruction morale d'un Pere à son Fils, 8. Basle 1679.
Thomsoni Chymiatrorum Acus magnetica, sive recta Chymicè curandi methodus, 12. 1686.
550　Tacquet Opera Mathematica, demonstrata & propugnata à Sim. Laur. Veterani, fol. Antv. 1669.
Tertulliani Liber de Præscriptionibus contra Hæreticos, scholiis & notis illustratus per Chr. Lupum, 4. Brux. 1677.
Tacquet Arithmeticæ Theoria & Praxis, 8. Brux. 1663.
- - - Elementa Geometriæ planæ ac solidæ, quibus accedunt selecta ex Archimede Theoremata, 8. ibid. 1683.
Trois Lettres touchant l'estat present d'Italie. La I. regarde l'affaire de Molinos & des Quietistes. La I I. l'Inquisition, & l'etat de la Religion. La I I I. regarde la Politique & les Interets de quelques Etats d'Italie. Pour servir de supplément aux Lettres du Docteur Burnet, 12. 1688.
555　Tradition de l'Eglise Romaine sur la Predestination des Saints & sur la Grace efficace, par Monf. Germain, 3. voll. 12. 1687. 1690.
Traité de l'Aiman, divisé en deux parties, la premiere contient les experiences, & la seconde les raisons que l'on en peut rendre, par M. D. 12. Amst. 1687.
- - - des Barometres, Thermometres, & Notiometres ou Hygrometres, par le même, 12. ibid. 1688.
- - - de la Concorde Ecclesiastique des Protestans, dans lequel on fait voir que la difference des sentimens qu'il y peut avoir entr'eux ne duit point empêcher leur reünion, 12. 1687.
560　- - - de la Chymie, enseignant par une brieve & facile methode toutes ses plus necessaires preparations, par Chr. Glaser, 12. 1676.
- - - des plus belles Bibliotheques de l'Europe, &c. par le S. le Gallois, 12. à Par. 1685.
- - - de la puissance du Pape sur les Princes Seculiers, 12. 1687.
- - - d'un Auteur de la Communion Romaine touchant la Transsubstantiation. Où il fait voir

LIBRORUM.

voir que selon les principes de son Eglise ce Dogme ne peut être un article de Foy, 12. *à Londr.* 1686.
Tableaux Chrétiens ou sonnets sur l' Evangile, 12, *à Par.* 1685.
Thresor des prieves, oraisons & instructions Chrétiennes, pour invoquer Dieu en tout tems, par J. de Ferrieres, 12. *ibid.* 1688. — 565
C. Corn. Taciti Opera quæ extant, ex recensione & cum animadversionibus Th. Ryckii, 2. vol. 12. Lugd. Bat. 1687.
Triglandii Pœdia Iuris, sive Examen Institutionum, novâ arte & methodo concinnatum, 12. Amst. 1671.
Tertulliani Opera ad Vetustissimorum exemplarium fidem sedulò emendata, diligentia Nic. Rigaltii, cum ejusdem Annotationibus integris & Variorum Commentariis, seorsim anteà editis. Ph. Priorius Argumenta & Notas in libros omnes de novo adjecit, & Dissertationem apprimè utilem concinnavit. Accedunt Novatiani Tractatus de Trinitate & Cibis Iudaïcis, cum Notis, ut in Editione Pamelii, fol. Paris. 1676.
Traité Historique & Theologique touchant l'état des ames après la mort, où par le témoignage de quelques Anciens Docteurs, & sur tout de S. Augustin, l'on fait voir l'origine & l'abus du Purgatoire de l'Eglise Romaine, 8. *Hamb.* 1690.
le Nouveau Testament avec les Pseaumes en vers François, retouchez sur l'ancienne Version, par Mr. Conrart, 4. *Genev.* 1681. — 570
- - - *avec les Pseaumes en gros caractere*, 4. *ibid.* 1685.
Teissier, les Eloges des Hommes Savans, tirez de l'Histoire de Mr. de Thou. Avec des Additions contenant l'Abregé de leur Vie, le jugement & le Catalogue de leurs Ouvrages, 12. *ibid.* 1683.
Tarnovii (Ioh.) in Prophetas Minores Commentarius, in quo textus Analysi perspicua illustratus ex fonte Hebræo explicatur, locis S. Scripturæ parallelis confirmatur, à pravis expositionibus vindicatur, & ad usum deductis locis communibus in Scriptura fundatis applicatur, cum Præfatione Io. Bened. Carpzovii, 4. Francof. 1688.
Thesauri (Emm.) Inscriptiones quotquot reperiri potuerunt, 4. ibid. 1688.
Thesauri, Locorum Communium Iurisprudentiæ, ex axiomatibus Aug. Barbosæ, & Analectis Ioh. Ott. Taboris, fol. Lips. 1690. — 575

V.

VRedii Genealogia Comitum Flandriæ à Balduino Ferreo usque ad Philippum I V. Hisp. Regem variis Sigillorum figuris repræsentata, atque in viginti duas Tabulas divisa, quæ Diplomatibus, scriptisve antiquis aut coætaneis comprobantur, fol. Brugis 1642.
- - - Pars secunda, continens Probationes X I I. posteriorum Tabularum, quibus, præter alia stemmata, elucidantur Burgundicum & Austriacum, fol. ibid. 1639.
- - - Sigilla Comitum Flandriæ & Inscriptiones Diplomatum ab iis editorum, cum expositione Historica, fol. ibid. 1639.
- - - Historiæ Comitum Flandriæ Pars prima: Flandria Ethnica à primo Consulatu C. J. Cæsaris usque ad Clodovæum primum Francorum Regem Christianum per DLIV. annos, fol. ibid. 1650.
- - - Flandriæ Christianæ ab anno Christi 500. Clodovæi I. Francorum Regis XVI. usque ad — 580
annum 767. Pepini Regis Franc. XXVI. fol. ibid.
Vieussens Neurographia Universalis, hoc est, omnium corporis humani nervorum simul & cerebri, medullæque spinalis Descriptio Anatomica; eaque integra & accurata, variis Iconibus fideliter & ad vivum delineatis æreque incisis illustrata: cum ipsorum actione & usu, Physico discursu explicatis, fol. Lugd. 1685.
Volkmari Numismata Græciæ cum enumeratione Sanctorum Pontificum, Imperatorum, Regum, Ducum, Marchionum, Comitum, Baronum, Familiarumque illustrium, ex Calabria, Sicilia, Regnoque Neapolitano originem suam trahentium, fol. Noriub.
Voyage de Jean Struys en Moscovie, en Tartarie, en Perse, aux Indes, & en plusieurs autres pays estrangers, 2. vol. 12. *Lyon* 1682.
du Verdier, Abregé de l'Histoire de France, depuis Pharamond jusqu'à Louis XIV. III. Tomes, 12. *Paris* 1656.
*du Vignau, l'Etat present de la puissance Ottomanne, avec les causes de son accroissement, & — 585
celles de sa decadence*, 12. *ibid.* 1687.
Vossii (G. Jo.) & Clarorum Virorum ad eum Epistolæ, collectore Paulo Colomesio, &c. Londini nuper editæ, nunc accuratius recusæ &c. Quibus accessit dodecas Epistolarum Clar. Viri Georg. Hieron. Velschii, fol. Aug. Vindel. 1691.
Vasser; de la veritable Religion, 4. *Paris* 1688.
Vocabulario Italiano & Inglese: A Dictionary Italian and English, first compiled by John Florio, augmented

CATALOGUS LIBRORUM.

augmented and compared with la Crusca and other approved Dictionaries : whereunto is added a Dictionary English and Italian by Gio. Torriano, fol, Lond. 1688.
Varillas Histoire de François *I.* 3. *vol.* 12.

590 — — — Les Anecdotes de Florence, ou l'Histoire secrete de la Maison de Medicis, 12.
— — — Histoire de Charles I X. 2. *vol.* 12.
— — — La Minorité de Saint Louis, avec l'Histoire de Louis X I. & Henri I I. 12.
— — — La Politique de la Maison d'Autriche, 12.
— — — Histoire de Louis X I. 2. *vol.* 12.
595 — — — — — de Louis X I I. 3. *vol.* 12.
— — — — — de Charles V I I I. 12.
— — — — — des Revolutions arrivées dans l'Europe en matiere de Religion, Tome I. & II. 1689.
— — — — — — Tome I I I. & I V. 1687.
— — — — — — V. & V I. 1690.
600 — — — De pratique de l'Education des Princes, contenant l'Histoire de Guillaume de Croy, 12. 1691.
Viridetii Tractatus novus Medico-Physicus de prima coctione, praecipuè de ventriculi fermento, novus in Medicina hypothesibus superstructus, & innumeris Inventis, curiofisque Experientiis & Observationibus locupletatus, 8. Gen. 1691.
Velthusii Opera omnia, antè quidem separatim, nunc conjunctim edita: quibus accessere duo Tractatus novi; prior est de Articulis Fidei Fundamentalibus: alter de Cultu Naturali, oppositus Tractatui Theologico-Politico & Operi Posthumo Bened. de Spinoza, 2. vol. 4. Rotter. 1680.
Valerii Differentiae inter utrumque Forum, judiciale videlicet & Conscientiae; nondum hac nova luce donatae, & magnâ cum curâ studioque lucubratae & concinnatae, 4. Francof. 1678.
Urceoli Tractatus de Transactionibus in V. partes divisus: in I. agitur de Transactione in genere & in specie: in I I. à quibus & super quibus ea fieri possit: in I I I. de illius probatione: in I V. de effectibus: iu V. de illius rescissione & nullitate. Una cum Centuria Decisionum S. Rotae Romanae ad materiam Transactionum conferentium, fol. Genev. 1686.
605 — — — Consultationes Forenses rerum practicabilium & judicatarum: in quibus selectiores ac quotidianae Quaestiones quae apud omnia Tribunalia frequentius in disputationem veniunt, tractantur atque resolvuntur, unà cum Decisionibus variis, in quibus nodosissimi Iuris articuli discussi fuere, nec non Resolutionibus Causarum tam in corpore, quam in fine plurium Consultationum accommodatis, fol. ibid. 1686.

W.

Wagenselii Sota, hoc est, Liber Mischnicus de Uxore Adulterii suspecta, unà cum Libris en Iacob excerptis Gemarae Versione Latinâ, & Commentario perpetuo, in quo multa Sacrarum Literarum, ac Hebraeorum Scriptorum loca explicantur, horum etiam quaedam emendantur, longe plurima ex MSS. Codicibus producuntur, illustrata, 4. Altdorfi Noricorum 1674.
— — — Tela ignea Satanae, hoc est, arcani & horribiles Iudaeorum ad Christum Deum & Christianam Religionem libri anecdoti. Accedit Mantissa de 70. Hebdomadibus Danielis, adversus Ioh. Mar Hami novam earundem explicationem, 4. Altd. 1681.
Waltheri Sylva Medica opulentissima, 4. Bud. 1679.
Wastoni Biblicus Apparatus Chronologico-Topographico-Philologicus, fol. Tig. 1673.
610 Witthii de Oeconomia Foederum Dei cum hominibus Libri quatuor, 4. Leov. 1685.
Wiflii Opera omnia, edita studio & operâ Ger. Blasii, 4. Amst. 1682.
Wesenbecii Commentarii in Pandectas Iuris Civilis & Codicem Iustinianeum olim dicti Paratitla, justâ subinde ab Ain. Vinnio, cum Notis & Observationibus R. Bachovii: adjectus est M. Wesenbecii Tractatus de Feudis, ex recens. Ioh. Christenii, 4. Amst. 1665.
Wierts Centuria Colloquiorum Dei & animae: quibus Iansenianam de Gratia doctrinam e campo disputando Martio in placidum meditandi Elysium compendiario transducere conatus est. 4. 1676.
Wissenbachii Exercitationum ad L. Libros Pandectarum Partes duae, quae in praecipuis cognituque maxime necessariis difficultatibus & controversiis Commentarii vice funguntur. Quibus adjectae sunt Exercitationes ad duos postremos Digestorum Tit. de Verborum significatione & de Regulis Iuris, 4. Lips. 1673.
615 Waldsmidii Praxis Medicinae rationalis succinctâ per casus tradita, 12. 1691.
Wepferi Cicutae aquaticae Historia & Noxae, Commentario illustrata, 4. Basil. 1679.
Wendelini Christianae Theologiae Libri duo, 12. Amst. 1657.
Whitby Tractatus de vera Christi Deitate, adversus Arii & Sociui Haereses, 4. Oxon, 1691.

F I N I S.

Nº. II.

CATALOGUS LIBRORUM,

Quibus Officinam suam auxit
Anno 1692.

REGNERUS LEERS,
Bibliopola Roterodamensis.

AUTORES IN USUM SERENISSIMI DELPHINI.

Eutropii Historiæ Romanæ Breviarium ab Urbe condita usque ad Valentinianum & Valentem Augustos. Notis & emendationibus illustravit Anna Tanaquilli Fabri filia, 4. Parif. 1683. **1**
C. Corn. Taciti Opera. Interpretatione perpetua & notis illustravit Jul. Pichon, 4. vol. 4. ibid. 1682. & 1687.
- - - Tom. III. & IV. separatim.
M. T. Ciceronis ad familiares Epistolæ. Interpretatione & notis illustravit Philibertus Quartier, 4. ibid. 1685. **5**
- - - Orationes. Interpretatione & notis illustravit P. Carolus de Merouville, 3 vol. 4. ibid. 1684.
C. Iulii Cæsaris quæ extant. Interpretatione & notis illustravit Joann. Goduinus, 4. ibid. 1678.
Suetonii Opera omnia, quæ extant. Interpretatione & notis illustravit Aug. Babelonius, 4. ibid. 1684.
M. Accii Plauti Comœdiæ. Interpretatione & notis illustravit Iac. Operarius, 4. 2. vol. ibid. 1679.
M. Manilii Astronomicon. Interpretatione & notis ac figuris illustravit M. Fayus. Accefferunt P. **10**
D. Huetii Animadverfiones ad Manilium & Scaligeri notas, 4. ibid. 1679.
Titi Lucretii Cari de rerum natura libri sex. Interpretatione & notis illustravit Mich. Fayus, 4. ibid. 1680.
Cornelius Nepos de vita excellentium Imperatorum. Interpretatione & notis illustravit Nic. Courtin, 4. ibid. 1675.
Claudiani Opera quæ extant. Interpretatione & annotationibus illustravit Gul. Pyrrho, 4. ibid. 1677.
C. Val. Catulli, Alb. Tibulli & S. Aur. Propertii Opera. Interpretatione & notis illustravit Phil. Silvius, 2. vol. 4. ibid. 1685.
L. Ann. Flori Rerum Romanarum Epitome. Interpretatione & notis illustravit Anna Tanaquilli **15**
Fabri filia, 4. ibid. 1674.
Q. Curt. Rufus de rebus gestis Alexandri Magni cum supplementis Freinshemii. Interpretatione & notis illustravit Mich. le Tellier, 4. ibid. 1678.
C. Sallustii Crispi quæ extant, diligenter recensuit & notulas addidit Dan. Crispinus, 4. ibid. 1674.

D   Titi

CATALOGUS

Titi Livii Hiftoriarum Libri qui extant. Interpretatione & notis illuftravit Ioann. Dujatius. Accefsere librorum omnium deperditorum fupplementa, per Io. Freinshemium, quæ magnâ ex parte nunc primùm prodeunt in lucem, 6. vol. 4. Parif. 1679.

C. Velleji Paterculi Hiftoriæ Romanæ ad M. Vicinium Cof. libri duo. Interpretatione & notis illuftravit Rob. Riguez, 4. ibid. 1675.

Phædri Fabularum Æfopicarum libri quinque. Interpretatione & notis illuftravit Petrus Danet, 4. ibid. 1675.

Iuftinus de Hiftoricis Philippicis & totius mundi originibus. Interpretatione & notis illuftravit Petr. Cantel, 4. ibid. 1677.

I. Iuvenalis & A. Perfii Satyræ. Interpretatione & notis illuftravit Lud. Prateus, 4. ibid. 1684.

Caji Plinii Secundi Naturalis Hiftoriæ Libri XXXVII. Interpretatione & notis illuftravit Ioh. Harduinus, 5. vol. 4. ibid. 1685.

Martialis Epigrammatum Libri XV. cum interpretatione & notis Vincentii Colleffo, 4. ibid. 1680.

Sex. Aur. Victoris Hiftoriæ Romanæ Compendium. Interpretatione & notis illuftravit Anna Tanaquilli Fabri filia, 4. ibid. 1681.

Valerii Maximi Exemplorum memorabilium Libri novem. Interpretatione & notis illuftravit Petr. Iof. Cantel, 4. ibid. 1674.

Ciceronis Libri qui ad artem oratoriam pertinent omnes. Interpretatione ac notis illuftravit Iac. Prouft, 4. ibid. 1687.

Dictionaire nouveau François-Latin, plus ample & plus exact que ceux qui ont paru jufqu'à prefent. Par le P. Tachard, 4. ibid. 1689.

Dictionarium novum Latino-Gallicum, ex præcipuis linguæ Latinæ Scriptoribus, Grammaticis, Oratoribus, Hiftoricis, Medicis, Iurifconfultis, Philofophis, & aliis, concinnatum: in quo præter adjunctam unicuique voci Latinæ fignificationem Gallicam, tum propriam, tum etiam accommodatam, primitivis vocibus fua fyllabatim Profodia accurate affigitur, 4. ibid. 1687.

Pub. Ovidii Opera. Interpretatione & notis illuftravit Dan. Crifp. Helvetius, Tomi IV. 4. Lugd. 1689.

P. Virgilii Maronis Opera. Interpretatione & notis illuftravit Car. Ruæus, 4. Parif. 1682.

P. Papinii Statii Thebaidos Libri duodecim, & Sylvarum Libri quinque. Interpretatione & notis illuftravit P. Beraud, 4. ibid. 1685.

Lucii Apuleji Madaurenfis Platonici Philofophi Opera. Interpretatione & notis illuftravit Iulianus Floridus, 4. ibid. 1589.

Q. Horatii Flacci Opera. Interpretatione & Notis illuftravit Lud. Des Prez, in ufum Sereniffimi Delphini ac Sereniff. Principum Burgundiæ, Andium, Biturigum, 2. vol. 4. ibid. 1691.

An. M. Sev. Boëtii Confolationis Philofophiæ Libri quinque. Interpretatione & notis illuftravit P. Callyus, 4. ibid. 1650.

Aur. Prudentii Clementis Opera. Interpretatione & notis illuftravit St. Chamillard, 4. ibid. 1687.

Magnum Dictionarium Latinum & Gallicum, ad pleniorem planioremque Scriptorum Latinorum intelligentiam, collegit, digeffit, ac noftro vernaculo reddidit M. P. Danetus, juffu Chriftianiffimi Regis ad ufum Sereniff. Delphini, & Sereniff. Principum Burgundiæ, Andium, & Biturigum, 4. ibid. 1691.

Nouveau Dictionaire François & Latin, enrichi des meilleures façons de parler en l'une & en l'autre Langue, compofé par l'ordre du Roy pour Monfeigneur le Dauphin, par M. l'Abbé Danet, 4. ibid. 1685.

A.

Athanafii Archiepifcopi Alexandriæ Opera quæ reperiuntur omnia, Gr. & Lat. 2. vol. fol. Colon. 1686.

L'Art de vivre heureux, formé fur les idées les plus claires de la raifon & du bon fens, & fur de tres-belles max mes de Mr. Defcartes. Divifé en III. parties. La I. traite du bonheur naturel de l'homme en cette vie. La II. des moyens de l'aquerir. La III. de l'application, & du droit ufage de ces moyens, 12. Par s 1692.

Anfelmo Codex Belgicus, feu Ius Edictale Principibus Belgarum fancitum, ofte de Nederlandfche Nieuwe foo Geeftelijke als Weerelalijke Rechten, getrokken uit de vier Plakaetboeken tot Gend en te Antwerpen, fol. Antw. 1661.

- - - Confultationes feu Reioiutiones & Advifamenta Diurna, dat is, Dagelijkfche Confultatien, Refolutien ende Advijfen op diverfe queftien, vragen ende propofitien, die voor de Geeftelijke ende Weerelalijke Rechters, misgaders in de Leenhoven geufeert ende gepractifeert worden, fol. ibid. 1671.

- - - Commentaria ad perpetuum Edictum Sereniff. Belgii Principum Alberti & Ifabellæ, evulgatum 12. Iulii 1611. Variis Interpretationibus & Declarationibus Confilii Collateralis, nec non Supre-

LIBRORUM. 27

Supremarum Curiarum Arreftis illuftrata, Provincialium quoque aliorumque Tribunalium Sententiis aucta, multis denique Turbis feu inquifitionibus, turmatim decumatimque habitis locupletata, fol. ibid. 1665.

Amarthæum Caftello-Brunonianum, five Lexicon Medicum, primùm à Barth. Caftello inchoatum, ab aliis etiam continuatum, tandem ad vera novaque Artis Medicæ Principia accommodatum, à quamplurimi mendis & vitiofis allegationibus purgatum, & e veterum, recentiorum, quin & novifsimorum Authorum monumentis innumerabilium pene vocabulorum Phyficorum, Pathologicorum, Anatomicorum, Chymicorum, aliorumque Technicorum acceffione amplificatum, curâ & ftudio Ia.. Pancr. Brunonis, 4. Norimb. 1688.

Analecta Græca, five varia Opuscula Græca hactenus non edita. Ex MSS. Codicibus eruerunt, Latine verterunt, & notis illuftrarunt Monachi Benedictini, 4. Lutet. 1688. 45

Ammanni Medicina Critica, five Decifio, centuriâ Cafuum Medicinalium in Concilio Facult. Lipf. antehac refolutorum comprehensa. & in Phyficorum, Practicorum, ftudioforum, Chirurgorum aliorumque ufum notabilem primum collecta, ac variis difcurfibus aucta, 4. Stadæ 1677.

Architecture generale de Vitruve reduite en Abregé par Mr. Perrault, 12. 1691.

Amours des Grands Hommes par M. de Villedieu, 12. 1692.

l'Antiquité des tems retablie & defendue contre les Juifs & les nouveaux Chronologiftes, 12. Amft. 1687.

Annales Ecclefiaftici, auct. Cæf. Baronio, 12. voll. fol. Antv. ex Officina Plantiniana, 1670.

Arnauld de la Frequente Communion, où les Sentimens des Peres, des Papes & des Conciles, touchant l'ufage des Sacremens de Penitence & d'Eucarifie, font fidellement expofez: pour fervir d'adreffe aux perfonnes qui penfent ferieufement à fe convertir à Dieu; & aux Pafteurs & Confeffeurs zelez pour le bien des ames, 8. 1683. 50

Abregé des inftructions des calendrier Univerfel & perpetuel, que l'on donnera au public cyapres, où feront prouvées par des raifons & par des figures d'Arithmetique & de Mathematique toutes les chofes qui font cy in fes en Abregé, par M. Touraine, 12. à Paris 1690.

Apologie H ftorique des te ux cenfures de Louvain & de Douay fur la matiere de la Grace, par M. Hery, à l'occafion d'un Livre intitulé: Defenfe des nouveaux Curés ens, &c. 12. 1688.

l'Art de portraire, de deffendre & d'attaquer les Places, fuivant les methodes Françoifes, Hollandoifes, Italiennes & Efpagnoles: le tout enrichi de figures en taille douce, par Cl. Fr. Millet Dec ales, 12. à Par. 1684.

Allix Reflexions fur les Cinq Livres de Moyfe, pour etablir la Verité de la Religion Chrêtienne, 8. Lond. 1687. 55

- - - fur les Livres de l'Ecriture Sainte pour etablir la Verité de la Religion Chrêtienne, Tome Second, 8. Amfterd. 1689.

Anglia Sacra, five Collectio Hiftoriarum, partim antiquitus, partim recenter fcriptarum, de Archiepifcopis & Epifcopis Angliæ à prima fidei fufceptione ad annum MDXL. nunc primum in lucem editarum: Pars prima, de Archiepifcopis & Epifcopi Eccleffiarum Cathedralium, quas Monachi poffederunt: collecta ab Henr. Wharton, fol. Lond. 1691.

- - - Pars Secunda, plures antiquas de vitis & rebus geftis Præfulum Anglicorum Hiftorias fine certo ordine congeftas complexa, fol. ibid. 1691.

Afciani Montes Pietatis Romanenfes Hiftorice, Canonicè, Theologicè detecti. Præmittitur Juftus Tractatus de nervis rerum gerendarum Roman. Ecclef. Subjungitu. Biga Scriptorum Pontificiorum, Nic. Bariani Montes impietatis & Mich. Papafavæ Decifio contra Montes Pietatis, 4. Lipf. 1670.

Arumæi Exercitationes XXVI. ad Pandectas, 4. Ienæ 1665. 60

- - - Difcurfus ad Auream Bullam Caroli IV. Imp. Rom. 4. ibid. 1663.

Almeri Manuale Iuris, in quo Rerum, Verborum. Terminorumque Iuridicorum fignificationes, differentiæ & ambiguitates, utui cupidæ LL. juventuti ex Iure Civili, Canonico, Feudali ac Saxonico, nec non ex Neotericorum Interpretum Commentariis concinnatæ funt; in fine annexa funt Principia, five Generalia utriufque Iuris Axiomata, 8. Francof. 1680.

Ægidii Columnæ S. R. E. Cardinalis, Quodlibeta revifa, correcta & varie illuftrata, ftudio P. Dam. de Coninck, fol. Lov. 1546.

Apparatus ad Biblia Sacra, concinnatus à P. Bern. Lamy, fol. Gratianop. 1687.

Arndii Lexicon Antiquitatum Ecclefiafticarum, ex optimis quibufque Auctoribus antiquis & recentioribus ad feriem Alphabeti inftar locorum communium concinnatum, 4. Gripfw. 1669. 65

Auguftini Opus continens Enarrationes in Pfalmos, operâ Doctorum Lovanienfium ad MS. Exemplaria caftigatum, fol. Antv. 1680.

- - - Liber de Hærefibus ad quod vult Deum, emendatus & Commentariis illuftratus op. Lamb. Danæi, 4. Helmft. 1573.

- - - & aliorum quorundam ad ipfum vel ejus caufa fcriptæ Epifto'æ CCLXXIIX. cum Appendice fuppofititiarum, variis lectionibus, aliifque marginalibus, 4. Altd. 1668.

- - - Opera omnia, Poft Lovanienfium Theologorum recenfionem Caftigata denuô ad MSS. Codices Gallicanos, Vaticanos, Anglicanos, Belgicos, &c. nec non ad editiones antiquiores &

cafti-

28 CATALOGUS

castigatiores, opera & studio Monachorum Ordinis S. Benedicti è Congregatione S. Mauri, 14. vol. fol. Parif. 1689.

70 Æneæ Silvii Episcopi Senensis, postea Pii Papæ II. Historia rerum Friderici Tertii Imperatoris ex MScto optimæ notæ nunc primum edita, cum specimine annotationum Io. H. Boecleri in eandem; Accesserunt Diplomata & Documenta varia rebus Friderici III. illustrandis: ut & figuræ, imagines, nummi; subjecti funt præterea alii ad Germanicam Historiam pertinentes Scriptores nonnulli rariores, fol. Argent. 1685.

L'Academie de la Peinture, nouvellement mise au jour pour instruire la jeunesse à bien peindre en haille & en mignature, 12. à Par. 1679.

L'Art de Peinture de C. A. du Fresnoy, traduit en François, enrichi de Remarques & de figures, 12. ibid. 1684.

- - - de Naviger perfectionné par la connoissance de la variation de l'Aiman: ou Traitté de la variation de l'Aiguille aimantée, par M. G. Denys, 4. à Dieppe, 1681.

- - - de Naviger dans sa plus haute perfection, en Traité des Latitudes, par M. G. Denys, 4. ibid. 1678.

75 *Les dix Livres d'Architecture de Vitruve corrigez & traduits nouvellement en François, avec des Notes & des figures, par M. Perrault, de l'Academie Royale des sciences, fol. à Par. 1684.*

S. Ambrosii Mediolanensis Episcopi Opera, ad MSS. Codices Vaticanos, Gallicanos, Belgicos, &c. nec non ad editiones veteres emendata, studio & labore Monachorum Ordinis S. Benedicti, e Congregatione S. Mauri, 2. voll. fol. Parif. 1686.

Acta Sanctorum Ordinis S. Benedicti in sæculorum classes distributa: collegit D. L. d'Achery, ac cum eo edidit D. Ioh. Mabillon, qui & universum Opus notis, observationibus, indicibusque necessariis illustravit, 6. voll. fol. Par. 1668.

B.

B Roeckhuysen Oeconomia Corporis Animalis, five cogitationes succinctæ de mente, corpore, & utriusque conjunctione juxta methodum Philosophiæ Cartesianæ deductæ, 4. Lugd. Bat. 1683.

- - - Rationes Philosophico-Medicæ Theoretico-Practicæ, juxta Auctoris principia deductæ, 4. Hagæ 1687.

80 Biccii Collegium juridicum Argentoratense enucleatum, Præfatione, Schematifmis Tabularum, emendationibus Mejerianis, Lemmatibus marginalibus & indice auctum, 4. Argent. 1664.

Bastide, de Ordinis S. Benedicti Gallicana propagatione, Liber: in quo Benedictinæ Regulæ per Gallias omnes progressus explicantur, 4. Antissiod. 1683.

Biblia Sacra vulgatæ editionis Sixti V. Clementis VIII. Pont. Max. auctoritate recognita. Editio nova, notis Chronologicis, Historicis & Geographicis illustrata, 4. Parif. 1691.

Bockleri Theatrum Machinarum novum, exhibens Aquarias, Alatas, Iumentarias, Manuarias, pedibus ac ponderibus versatiles plures & diversas molas, variis frumentis commolendis, chartæ & nitrato pulveri apparando, diversis tundendis, ferrandis, terebrandis, panno constipando, decorando, aliisque usibus destinatas, adaptatas: fol. Colon. 1661.

Buxtorfii Dissertationes Philologico-Theologicæ: I. de Linguæ Hebrææ origine & antiquitate. II. De ejus confusione & plurium linguarum origine. III. De illius conservatione & propagatione. IV. De Literarum Hebraicarum genuina antiquitate. V. De nominibus Dei Hebraicis. VI. De Cœnæ Dominicæ primæ ritibus & forma. VII. Vindiciæ præcedentis Dissertationis. VIII. De Lotione manuum Iudaica ante & post cibum. Accesserunt R. If. Abarbenelis aliquot elegantes & eruditæ Dissertationes, 4. Basil. 1662.

85 Bidloo Anatomia humani corporis, centum & quinque Tabulis, per artificios. G. de Lairesse ad vivum delineatis, demonstrata, veterum recentiorumque inventis explicata, plurimisque, hactenus non detectis, illustrata, fol. Amst. 1685.

Bolduani Bibliotheca Philosophica, five Elenchus Scriptorum Philosophicorum atque Philologicorum illustrium, qui Philosophiam ejusque partes aut omnes aut præcipuas in annum 1614. descripserunt, illustrarunt & exornarunt, 4. Ienæ 1616.

- - - Historica, five Elenchus Scriptorum Historicorum & Geographicorum selectissimorum, qui Historias vel universales totius orbis, vel particulares certæ cujusdam Provinciæ, indeque extracta Chronica, Annales &c. quovis tempore & idiomate ad annum 1620. scripserunt, 4. Lips. 1620.

Bibliotheque universelle & Historique depuis l'année 1686. jusques à present, 12. Amst.

Borelli Opera omnia Medica & Chirurgica, notis marginalibus & annotationibus illustrata, prodeunt e musæo Ioann. van Horne, 8. Lugd. Bat. 1660.

90 de Brancaccinis de jure Doctoratus Libri IV, fol. Romæ 1689.

Bellini

LIBRORUM.

Bellini Opus de urinis & pulsibus, de missione sanguinis, de febribus, de morbis capitis, & pectoris, dicatum Fr. Redi: cum Præfatione Ioh. Bohnii, 4. Francof. 1685.
La Sainte Bible, fol. Genev. 1678.
Boyle Opera omnia, 2. vol. 4. ibid. 1680.
Boneti Medicina Septentrionalis collatitia, sive rei Medicæ nuperis annis à Medicis Anglis, Germanis & Danis emissæ, Syntagma, exhibens observationes Medicas, in quibus nova, addita, admirabilia & monstrosa exempla adducuntur circa ægritudinum causas, signa, eventus, curationes præterea admirandæ proponuntur, 2. vol. fol. ibid. 1686.
- - - Mercurius Compitalitius, sive index Medico-Practicus per Decifiones, Cautiones, Animadversiones, Castigationes & Observationes in singulis affectibus præter naturam & præsidiis Medicis Diœteticis, Chirurgicis & Pharmaceuticis, ex probatissimis practicis, priscis & neotericis depromptas, veram & tutam viam ostendens, fol. ibid. 1682.
- - - Labyrinthi Medici extricati, sive methodus vitandorum errorum, qui in praxi occurrunt, monstrantibus Guil. Ballonio & Lud. Septalio, additus est ejusdem Septalii Tractatus de Nævis, 4. Genev. 1687.
- - - Polyalthes, sive Thesaurus Medico-Practicus ex quibuslibet Rei Medicæ Scriptoribus congestus, Pathologiam veterem & novam exhibens, una cum remediis, usu & experientia compertis. In quo Viri Excell. Ioh. Ionstoni Syntagma explicatur, Tom. 3. fol. ibid. 1691.
Baudrand Geographia ordine litterarum disposita, 2. vol. fol. Parif. 1682.
Ism. Bullialdi Opus novum ad Arithmeticam infinitorum libris sex comprehensum, in quo plura à nullis hactenus edita demonstrantur, fol. Parif. 1682.
Barneri Chymia Philosophica perfecte delineata, docte enucleata, & feliciter demonstrata, 8. Norimb. 1689.
Buxtorfii Dissertatio de sponsalibus & divortiis, cui accessit Is. Abarbenelis Diatriba de Excidii pœna, cujus frequens in lege & in hac ipsa materia fit mentio, 4. Basil. 1652.
- - - Exercitationes ad Historiam I. Arcæ fœderis. II. Ignis sacri & cœlestis. III. Urim & Thummim. IV. Mannæ. V. Petiæ in Deserto. VI. Serpentis ænei, quibus sacra hæc Vet. Test. mysteria, præcipue ex Hebræorum monumentis enucleantur, variæ quæstiones Theolog. & Philologicæ discutiuntur, simul etiam complura scripturæ loca explicantur, 4. ibid. 1659.
- - - Tractatus de Punctorum Vocalium & Accentuum in Lib. V. T. Hebraicis, origine, antiquitate & authoritate: oppositus Arcano Punctationis revelato Lud. Cappelli, 4. ibid. 1648.
- - - Liber Cosri, coarinens Colloquium seu Disputationem de Religione, habitam inter Regem Cosareorum & R. Is. Sangarum, contra Philosophos præcipue è Gentilibus & Carraitas è Iudæis; Synopsin simul exhibens Theologiæ & Philosophiæ Iudaicæ: Latina versione & Notis illustratus, 4. Basil. 1660.
- - - Epitome Grammaticæ Hebrææ, breviter & methodice ad publicum scholarum usum proposita, 8. Basil. 1669.
Buxtorfii Synagoga Iudaica, Ceremoniis tam publicis & sacris, quam privatis, in domestica vivendi ratione, 8. Basil. 1680.
- - - Thesaurus Grammaticus Linguæ Sanctæ Hebrææ, duobus libris methodice propositus, quorum prior vocum singularum naturam & proprietates, alter vocum conjunctarum rationem & elegantiam universam explicat. Adjecta Prosodia Metrica, 8. ibid. 1663.
- - - Lexicon Hebraicum & Chaldaicum: complectens omnes voces, tam primas quam derivatas, quæ in Sacris Bibliis, Hebræa & ex parte Chaldæa Lingua scriptis, extant. Accessit Lexicon breve Rabbinico-Philosophicum, 8. Basil. 1676.
Bartholini (Thom.) de Unicornu Observationes novæ, 12. Amst. 1678.
- - - de Armillis veterum Schedion. Accessit Olai Wormii de aureo cornu Danico ad Licetum responsio, item Antiquitatum veteris puerperii synopsis. Item Casp. Bartholini de inauribus veterum syntagma: Accedit Mantissa ex Th. Bartholini Miscellaneis Medicis de annulis narium, 12. ibid. 1676.
- - - (Casp.) de Tibiis veterum, & earum antiquo usu Libri tres, 12. ibid. 1679.
- - - (Thom.) Anatome ex omnium veterum recentiorumque Observationibus imprimis Casp. Bartholini, ex circulatione Harvejanam & vasa Lymphatica quintum renovata, cum iconibus novis & indicibus, 8. Lugd. Bat. 1686.
Boyle (Roger.) Summa Theologiæ Christianæ, 4. Dubl. 1681.
Blome Britannia, or a Geographical Description of the Kingdoms of England, Scotland and Ireland, with the Isles and Territories thereto belonging: and for the better perfecting of the said work there is added an Alphabetical Table of the Names, Titles and Seats of the Nobility and Gentry that each County of England and Wales is, or lately was, enobled with: illustrated with a Map of each County of England, besides several General ones, fol. Lond. 1693.
Brady Introduction to the old English History, comprehended in 3. Several Tracts, together with an Appendix containing several Records, and a Series of great Councils and Parliaments before and after the Conquest, unto the end of the reign of Henry III. and a Glossary expounding many words used frequently in our antient Records, Laws and Histories, fol. Lond. 1684.

D 3

30 CATALOGUS

— — — *A complete History of England, from the first entrance of the Romans under the Conduct of Julius Cæsar unto the end of the Reign of K. Henry III. comprehending the Roman, Saxon, Danish and Norman affaires and Transactions in this Nation during that time; with an Account of our foreign wars with France, the Conquest of Ireland, and the Actions between the English, Scots and Welsh, during the same time, fol. Lond.* 1685.

C.

Alvisii Opus Chronologicum ad annum 1685. continuatum ; cui præmissa est Isagoge Chronologica, & subjecta Appendix Epistolarum & Iudiciorum de hoc opere, nec non Controversiarum Chronologicarum, fol. Francof. 1585.

Collegium Experimentale, sive curiosum, in quo primaria hujus seculi inventa & experimenta Physico-Mathematica oculis spectanda subjecit, & ad causas suas naturales reduxit Ioh. Christ. Sturmius, 2. vol. 4. Norimb. 1676.

Catalogus Auctorum qui librorum Catalogos, Indices, Bibliothecas, virorum literatorum Elogia, Vitas, aut Orationes funebres scriptis consignarunt, ab Ant. Teisserio adornatus ; cum Phil. Labbæi Bibliotheca Numaria & mantissa antiquariæ supellectilis, ex annulis, figillis, gemmis, lapidibus, statuis, obeliscis, inscriptionibus, ritibus, similibusque Romanæ præsertim antiquitatis monim ntis collecta. 4. Genev. 1585.

120 S. Cæcilii Cypriani Opera recognita & illustrata per Ioannem Oxoniensem Episcopum. Accedunt Annales Cyprianici, sive tredecim annorum quibus S. Cyprianus inter Christianos versatus est, brevis Historia Chronologice delineata. Per Ioannem Cestriensem, fol. Bremæ 1690.

Chronicon Saracenicum & Tui icum Wolfgangi Drechsleri, à Georg. Fabricio & Ioann. Rosino emendatum auctumque. Huic in Libros 4. & Capita diviso notas atque supplementa tum historica, tum chronologica ex Arabicis, Persicis, Turcicisque Scriptoribus, nec non Appendicem sejunctam ad ann. 1589. utque addidit M. Ioh. Reiskius. Accedit S. Ioh. Andreæ Bohi Dissertatio de Imperio Turcico, ob raritatem exemplarium denuò excusa, 8. Lipsiæ 1689.

Conclavi de Pontefici Romani ; qual si sono potut trovare fin a quello giorno, 3. vol. 12. 1691.
La Cour Sainte ou Inst tution Chrêtienne des Grands, avec les exemples de ceux qui dans les Cours ont fleuri en sainteté, 4. voll. 8. à Lyon 1691.

Charleton Onomasticon Zoicon. plerumque animalium differentias & nomina propria pluribus linguis exponens : cui accedunt Mantissa Anatomica ; & quædam de variis fossilium generibus, 4. Lond. 1668.

125 — — — Exercitationes de Oeconomia animali novis in Medicina hypothesibus superstructa & mechanicè explicata ; quibus accesser. G. Cole de secretione animalis cogitata, ad hanc Oeconomiam præcipuè spectantia, 12. Hagæ 1681.

Casati Dissertationes Physicæ de igne, in quibus non tantum plura ad ignis naturam spectantia Physicè explicantur, sed etiam solida totius scientiæ Physicæ fundamenta traduntur, 4. Francof. 1688.

Corpus & Syntagma Confessionum Fidei quæ in diversis Regnis & nationibus, Ecclesiarum nomine fuerunt authenticè editæ ; in celeberrimi Conventibus exhibitæ, publicaque auctoritate comprobatæ. Quibus snuectitur omnium Christianæ Religionis articuli Catholicus consensus, ex sententiis veterum, qui Patres vocantur, desumptus, 4. Genev. 1654.

Chesneau Orpheus Eucharisticus, sive Deus absconditus humanitatis illecebris illustriores mundi partes ad se pertrahens, ultioneas arcanæ Majestati adoratrices. Opus in varia historia orum Emblematum æneis tabulis insitorum centuriæ distinctum, quæ dicta solutaque oratione explanantur, adjectis Authorum fontibus ex quibus eruuntur, 8. Paris. 1657.

Cours d'Architecture qui comprend les Ordres de Vignole, avec des Commentaires, les figures & descriptions de ses plus beaux bâtimens, & de ceux de Michel Ange, plusieurs nouveaux desseins, ornemens & preceptes concernans la distribution, la decoration, la matiere & la construction des bâtimens, la maçonnerie, la charpenterie, la couverture, la serrurerie, la menuiserie, le jardinage & tout ce qui regarde l'Art de batir ; avec une ample explication par ordre alphabetique ac tous les termes par le S. A. C. Daviler, 2. voll. 4. à Par. 1691.

130 *Construction des vaisseaux du Roy, & le nom de toutes les pieces qui y entrent, marquées en la Table au numero : avec toutes les proportions des rangs, leur explication & l'exercice du Canon, 8. au Havre* 1691.

Chifletii Opera Politico-Historica, ad pacem publicam spectantia, fol. Antv. 1650.

Corpus Iuris Canonici, à P. & Fr. Pithœo ad veteres codices MSS. restitutum & notis illustratum, ex Bibliotheca D. Cl. le Peletier, fol. 2. voll. Paris. 1687.

Ciacconius de Triclinio, sive de modo convivandi apud priscos Romanos, & de conviviorum apparatu. Accedit Ursini Appendix, & H. Mercurialis de accubitus in cœna antiquorum origine Dissertatio, 12. Amst. 1689.

Chro-

LIBRORUM.

Chronicon Egmundanum seu Annales Regalium Abbatum Egmundensium, auct. Ioh. de Leydis. Accedunt præter Th. à Leydis breviculo, Leonis Monachi Egmundensis Breviculi Majores Historiam Comitum continentes, qui Egmundæ sepulti, cum Obfervationibus Anton. Matthæi, 4. Lugd. Batav. 1692.

Du Cange Glossarium ad Scriptores mediæ & infimæ Latinitatis, in quo Latina vocabula novatæ significationis, aut usus varioris, barbara & exotica explicantur, eorum notiones & originationes reteguntur, complures ævi medii ritus & mores, legum, confuetudinum municipalium, & Jurisprudentiæ recentioris formulæ & obfoletæ voces; utriusque Ordinis ecclesiastici & laici dignitates & officia, & quam plurima alia obfervatione digna recensentur, enucleantur, illustrantur. Accedit Differtatio de Imperatorum Conftantinopolitanorum, feu de inferioris ævi vel Imperii, Numifmatibus, 2. voll. fol. Francof. 1681. **135**

La Cofmographie affee, contenant la Sphere, l'ufage du Globe terreftre, & la Geographie; le tout abregé methodiquement & fuccinctement en faveur de la Noblesse, 12. à Par. 1681.

Converfations fur la connoiffance de la Peinture, & fur le jugement qu'on doit faire des Tableaux. Où par occafion il eft parlé de la vie de Rubens, & de quelques-uns de fes plus beaux Ouvrages, 12. ibid. 1577.

La Confolation interieure, ou le Livre de l'Imitation de J. Chrift, felon fon Original traduit d'un ancien exemplaire nouvellement decouvert; avec une Differtation fur plufieurs differences confiderables qui fe rencontrent entre cet exemplaire, & l'edition vulgaire de l'imitation, 12. ibid. 1690.

- - - le même, 24. ibid. 1692.

Conferences de l'Academie Royale de Peinture & de Sculpture, 4. ibid. 1669. **140**

Chriftinæi Practicarum Quæftionum rerumque in Supremis Belgarum Curiis actarum & obfervatarum Decifiones, in fex Volumina diftributæ, fol. Ant. 1671.

- - - in Leges Municipales Civitatis ac Provinciæ Mechlinienfis Commentaria ac Notæ, una cum Additionibus cuique titulo & articulo fubjunctis, fol. ibid. 1671.

Conringii in univerfam artem Medicam fingula-que ejus partes Introductio, ex publicis ejus præcipue lectionibus concinnata, nunc verò Additamentis neceffariis aucta. Accefferunt Ioh. Rhodii, aliorumque in arte principum virorum confimilis argumenti commentationes, curâ G. Chr. Schelhammeri, 4. Spiræ 1687.

Cameronis Opera Theologica, in quibus ad afferendam veritatem Chriftianam, atque refellendos Iudæorum, Socinianorum, Pontificiorum, Anabaptiftarum aliorumque errores, quidam Loci Communes tractantur, plurima Scripturæ loca fufe explicantur, & varia argumenta illuftrantur, fol. Genev. 1692.

Carpzovii Artis Concionatoriæ tyrocinium Pericoparum Evangelicarum totius anni expofitionem fecundùm utramque methodum exhibens, 8. Lipf. 1692. **145**

D.

la Dioptrique Oculaire, ou la Theorique, la Pofitive, & la Mechanique de l'Oculaire Dioptrique en toutes fes efpeces, par le Pere Cherubin d'Orleans, fol. à Par. 1671.

Defcription de l'Univers, contenant les differents fyftemes du Monde, les cartes generales & particulieres de la Geographie ancienne & moderne: les plans & les profils des principales villes & des autres lieux plus confiderables de la Terre, avec les portraits des Souverains qui y commandent, leurs Blafons, titres & livrées; & les mœurs, Religions, Gouvernemens & divers hab llemens de chaque nation, dediée au Roy par All. Mameffon Mallet, 8. 5. voll. à Paris 1683.

Les Divines operations de Jefus dans le cœur d'une ame fidelle, par G. D. M. avec des figures, 12. ibid. 1673.

Differtation fur les Ouvrages des plus fameux Peintres, 12. ibid. 1681.

Dallæi de Scriptis quæ fub D. Areopagitæ & Ignatii Antiochenis nominibus circumferuntur, Libri duo. quibus demonftratur illo tubditiotia effe, diu poft Martyrum, quibus falsò tribuuntur, obitum ficta; idemque de illis judicandum quæ de operibus Chrifti cardinalibus inter Cypriani monumenta habentur, 4. Genev. 1666. **150**

- - - de duobus Latinorum ex unctione Sacramentis Confirmatione & Extrema Unctione Difputatio, 4. Genev. 1659.

- - - De Sacramentali five auriculari Latinorum Confeffione Difputatio, 4. ibid. 1661.

- - - Apologia pro Ecclefiis Reformatis, in quà demonftratur eas falsò & iniquè fchifmatis idcirco accufari, quod à Papæ Romani communione recefferint, cum Appendice. Item de idei ex Scripturis demonftrabili ratione, adv. novam methodum; & Appendix ex Theodoreti Cyri Epifcopi Opufculis ante annos 1200. editis, 8. Genev. 1677.

- - - Adverfus Latinorum de cultus Religiofi objecto Traditionem Difputatio, quâ demonftratur

CATALOGUS

stratur vetustissimis ad A. D. CCC. Christianis ignotos & inusitatos fuisse eos cultus, quos nunc in Romana communione solent Eucharistiæ, Sanctis, Reliquiis, Imaginibus & Crucibus deferre, 4. Genev. 1665.

155 Dallæi de cultibus Religiosis Latinorum Libri IX. I. de Baptismi cærimoniis. II. de Confirmatione. Reliqui VII. de Euchariftiæ ritibus: quibus demonstratur novitas cæremoniarum, quæ ad duo Sacramenta à Christo instituta, præsertim ad Euchariftiam in communione Romana adjectæ sunt; cum Catalogo scriptorum ab Autore editorum, 4 ibid. 1671.

De Rebecque Atrium Medicinæ Helvetiorum, seu eorundem Pharmacopoeæ Promptuarium, Observationesque Medicæ rarissimæ ac selectissimæ, 12. Genev. 1691.

Dictionarium Hispanico-Latinum Ælii Antonii Nebrissensis, fol. Lugd. 1683.

La Devise du Roy justifiée par le P. Menestrier, avec un Recueil de cinq cens Devises faites pour S. M. & toute la maison Royale, 4. à Paris 1679.

Dauderstadii Labores Psalteriales Theoretico-Practici, ita adornati ut post Analysin Logicam, Textus è fontibus sufficientem explicationem, verique ac genuini sensus demonstrationem, uberrima locorum Doctrinæ, maxime Practicorum messis proponatur, studio Theologiæ non tantum Exegeticæ ac Polemicæ, sed etiam, & quidem præprimis Practicæ incumbentibus & Pastoribus utilissimi, fol. Francof. 1686.

160 Dedekenni Thesaurus Consiliorum & Decisionum Theologicorum & Iuridicorum, 4. voll. fol. Ienæ 1671.

Dodwelli Dissertationes in Irenæum. Accedit fragmentum Philippi Sidetæ, hactenus ineditum, de Catechistarum Alexandrinorum successione, cum notis, 8. Oxon. 1689.

E.

Epistolæ & vita Divi Thomæ Martyris & Archiepiscopi Cantuariensis; nec non Epistolæ Alexandri III. Pontificis, Galliæ Regis Ludovici VII. Angliæ Regis Henrici II. aliarumque plurium sublimium ex utroque foro personarum concernentes sacerdotii & imperii concordiam, in lucem productæ ex MS. Vaticano, op. & studio Chr. Lupi, 4. Brux. 1682.

Les Edifices antiques de Rome dessinez & mesurez tres exactement par Ant. Desgodets Architecte, fol. à Par. 1682.

L'Ecole du Chirurgien, ou les Principes de la Chirurgie Françoise, tirez de la connoissance du corps humain en toutes ses parties, de l'explication de ses maladies exterieures & des operations pour les guerir, ensemble de la maniere d'ouvrir les cadavres, 12. ibid. 1684.

165 Explication de S. Augustin & des autres Peres Latins sur le Nouveau Testament, 4. voll. 8. à Lyon 1690.

F.

Fabri Thesaurus Eruditionis Scolasticæ, sive supellex instructissima vocum, verborum ac locutionum: tum rerum, sententiarum, adagiorum ac exemplorum, quæ docentibus juxta atque discentibus ad intelligendos solutæ ac ligatæ orationis Auctores, solidamque eruditionem comparandam, magno adjumento esse possunt: jam olim per Aug. Buchnerum recensitus & emendatus, nunc iterum editus cura Chr. Cellarii, fol. Lips. 1692.

Fewibornii Antiostorodus, seu Refutatio institutionum Theologicarum, in quibus Chr. Ostorodus Religionem Photinianorum blasphemam professus, Christianam fidem multis modis oppugnavit, & imprimis S. Trinitatem & æternam Christi Deitatem & satisfactoriam nostri redemptionem negavit, 4, Gissæ 1658.

Foy-Vaillant Numismata Ærea Imperatorum, Augustarum & Cæsarum, in Coloniis, Municipiis & Urbibus jure Latio donatis, ex omni modulo percussa, 2. vol. fol. Paris. 1688.

Freheri Theatrum Virorum eruditione clarorum. In quo Vitæ & Scripta Theologorum, Inreconsultorum, Medicorum, & Philosophorum, tam in Germania superiore & inferiore, quàm in aliis Europæ Regionibus, Græcia nempe, Hispania, Italia, Gallia, Anglia, Polonia, Hungaria, Bohemia, Dania, & Suecia, à sæculis aliquot ad hæc usque tempora, florentium, secundùm annorum emortalium seriem, tanquàm variis in scenis repræsentantur. Opus omnibus eruditis lectu jucundissimum in IV. partes divisum, quarum I. Theologos varios. II. Magnates, Iurisconsultos & Politicos. III. Medicos, Chymicos, Botanicos, Anatomicos &c. IV. Philosophos, Philologos, Historicos, Mathematicos, Poetas &c. complectitur, cum Indice locupletissimo, fol. Noribergæ 1688.

170 Franzii Historia animalium: in quâ plerorumque animalium præcipuæ proprietates ad usum iconologicum breviter accommodantur, cum Commentario & supplemento Observationum ex recentiori

LIBRORUM.

centiori Hiftoria naturali, fimilitudinum, Emblematum, Hierogly phicorum, ad ufum Oratoriæ tum civilis tum Ecclefiafticæ, op. Ioh. Cypriani, 8. Dreſd. 1687.

Fables of Æſop, and other eminent Mythologiſts: with Morals und Reflexions, by Sir Roger l'E-ſtrange, fol. Lond. 1692.

Fabri (Ant.) de erroribus Pragmaticorum & Interpretum Iuris Tomi duo, fol. Lugd. 1658.

- - - Iurisprudentiæ Papinianeæ Scientia, ad ordinem Inſtitutionum Imperialium efformata, in qua univerſum Ius Civile, nova methodo ad propria & indubitata ſua principia refertur, & ex iis clariſſime ac certiſſime demonſtratur, fol. Lugd. 1658.

- - - Codex Definitionum Forenſium & rerum in Sabaudiæ Senatu tractatarum: ad ordinem Titulorum Codicis Iuſtinianei, quantum fieri potuit ad uſum forenſem accommodatus, fol. Gen. 1674.

Ferretii Muſæ Lapidariæ antiquorum in marmoribus Carmina ſeu Deorum Donaria, hominumque illuſtrium obliterata monumenta, & deperdita epitaphia; cum rerum perpetratarum publicis inciſis lapidibus, quibus Templorum aræ, Votiva in tabellis, Iconum Stylobatæ, mortuorum ſepulchra, &c. inſunt, fol. Veronæ, 1672.

Ferrarii Novum Lexicon Geographicum, in quo Univerſi Orbis Oppida, Urbes, Regiones, Provinciæ, Regna, Emporia, Academiæ, Metropoles, Flumina & Maria antiquis & recentibus nominibus appellata, ſuiſque diſtantiis deſcripta, recenſentur, auctum à M. Ant. Baudrand, fol. Iſenaci 1677.

G.

GRim Compendium Medico-Chymicum, ſeu accurata medendi methodus, quæ excellentiſſimis medicamentis, tam Europæ quam Indiæ Orientali proficnis, repleta, ratiores Obſervationes & curioſam optimorum Medicamentorum præparationem exhibet: acceſſit Pharmacopœa Indica, in qua continentur Medicamenta in Compendio Medico allegata, 8. Aug. 1684.

Graba Deſcriptio Cervi Phyſico-Medico-Chymica, in qua tam Cervi in genere, quam in ſpecie ipſius partium conſideratio inſtituitur, ad multifarium uſum præſertim Medicum, omnibus ferè corporis humani affectibus ceu Panacea apprimè conveniens, 8. Ienæ 1668.

Gebri, Regis Arabum Philoſophi perſpicaciſſimi, ſumma perfectionis magiſterii in ſua natura; cum vera genuinaque delineatione vaſorum & fornacum: denique libri inveſtigationis Magiſterii & Teſtamenti ejuſdem Gebri, ac aurei trium verborum Libelli, & Avicennæ mineralium additione caſtigatiſſima, 8. Gedani 1682.

Gudelini Opera omnia, in unum volumen redacta, fol. Antv. 1685.

Goltzii Opera omnia V. vol. fol. Antv. ex Officina Plantiniana, 1645. Tomus I. complectitur Faſtos Magiſtratuum & Triumphorum Romanorum ab urbe condita ad Auguſti obitum, ex antiquis tam Numiſmatum quam Marmorum monumentis reſtitutos; Faſtos item Siculos & Theſaurum rei antiquariæ uberrimum. III. C. Iulii Cæſaris, Auguſti & Tiberii Numiſmata, L. Nonnii Commentariis illuſtrata. III. Græciæ ejuſque inſularum & Aſiæ Minoris Numiſmata, cum ejuſdem Nonnii Commentariis. IV. Siciliæ & ejus Italiæ partis, quæ Magna Græcia olim dicta fuit, Hiſtoriam ex antiquis Numiſmatibus illuſtratam, V. Icones, vitas & elogia Imperatorum Romanorum ab Hub. Goltzio pridem deſcripta, ac ſtylo & opera Caſp. Gevartii ab Alberto II. Aug. ad uſque Ferdinandum III. Aug. continuata & producta.

Groenewegen Tractatus de Legibus abrogatis & inuſitatis in Hollandia viciniſque regionibus, 4. Amſt. 1659.

il Goffredo, overo la Gieruſalemme Liberata di Torquato Taſſo, fol. Par. 1644.

Gatakeri Cinnus, ſive Adverſaria Miſcellanea; animadverſionum variarum libris duobus comprehenſa, 4. Lond. 1651.

Grotii Annales & Hiſtoria de Rebus Belgicis, fol. Amſt. 1657.

Gudelini de jure Feudorum & Pacis Commentarii, ad mores Belgii ac Franciæ conſcripti: quibus in hac iterata editione acceſſere H. Zoeſii Prælectiones Feudales, 4. Lovan. 1663.

Gutherii de Iure Manium, ſeu de ritu, more, & legibus priſci funeris Libri tres: cum annexo Tractatu ejuſdem de Orbitate toleranda, 8. Lipſ. 1671.

- - - de Officiis Domus Auguſtæ publicæ & privatæ Libri tres. Acceſſerunt ejuſdem Auctoris Rupella rupta & Tireſias, ſeu de cæcitatis & ſapientiæ cognatione, 8. ibid. 1672.

Geographie Ancienne, Moderne & Hiſtorique Tome ſecond, qui contient la France, les Pays-Bas, les Provinces Unies, la Suiſſe, & la Savoye, 4. à Par. 1691.

Geographie du tems, qui fait voir l'état preſent des I V. parties du Monde, c'eſt à dire, les Religions, les coutumes & les richeſſes des peuples; les forces & les gouvernemens des Etats: ce qui eſt de plus beau & de plus rare dans chaque Region, & autres particularitez pour ſavoir l'Hiſtoire & l'interêt des Princes, par P. Du-val, 2. voll. 12. ibid. 1682. avec Cartes & Blaſons peints.

- - - Fran.

- - - *Françoise, contenant les Descriptions, les Cartes, & le Blason des Provinces de France depuis son agrandissement par les conquêtes du Roy*, par P. Du-Val, 2. vol. 12. ibid. 1682. avec Cartes & Blasons peints.

Guesnaii Provinciæ Massiliensis ac reliquæ Phoceuûs Annales, five Massilia Gentilis & Christiana; quibus res à Phocensibus gestæ usque ad nos ab urbis Massiliæ conditu, servato temporum ordine digeruntur, fol. Lugd. 1657.

Gaitre, Tractatus de usura & fœnore; item de usuraria trium Contractuum pravitate: in quo Catholica veritas S. S. Oraculis, Conciliorum Canonibus, Decretis Summorum Pontificum, unanimi ac perpetuo S. Patrum consensu, ac demum naturali lege, Regnisque constitutionibus confirmatur, & adversus Car. Molinæum, Cl. Salmasium, &c. cæteroique omnes usurarum patronos defenditur, 4. Paris. 1688.

Grumsel Annus sexagesimus hujus sæculi, five res memorabiles inter Regna & Monarchias eo anno gestæ. 4. Antv.

Gulielmini aquarum fluentium mensura nova methodo inquisita. 4. Ponon. 1690.

Gorrani Enarratio in quatuor Euangelia & Epistolas Pauli, selectis S. Scripturæ, Conciliorum, & SS. Patrum intertextu ubique authoritatibus, 4. voll. fol. Lugd. 1592.

Gallæi Dissertationes de Sibyllis, earumque Oraculis, cum figuris æneis, 4. Amst. 1688.

Geuderi Diatriba de fermentis variarum corporis animalis partium specificis & particularibus; in in qua de eorum existentia & modo operandi varii ex modernorum placitis proponuntur dubia, in rationes probandi inquiritur &c. cui subjicitur Dissertatio de Ortu animalium, 8. Amst. 1689.

Gonsalez Tellez Commentaria perpetua in singulos Textus quinque Librorum Decretalium Gregorii I X. Additis Notis uberioribus ab Historia & Chorographia, 5. voll. fol. Francof. 1690.

Goldasti Collectio Constitutionum Imperialium, hoc est, DD. NN. Imperatorum, Cæsarum, ac Regum Augustorum S. Imperii Romano-Germani, Recessus, Ordinationes, Decreta, Rescripta, Mandata, & Edicta, in publicis Comitiis promulgata aut alias edita; inde ab instauratione primæ Monarchiæ Germanæ usque ad Imp. Rudolphum collecta, & partim ex publicis monumentis, partim ex Ordinum Imperii Archivis in lucem reducta, 3. voll. fol. Francof. 1673.

- - - Collectio Consuetudinum & legum Imperialium, hoc est, generales & receptæ in Imperio Consuetudines, ac leges Capitulares, à D. Regibus & Imperatoribus partim confirmatæ, partim promulgatæ, ab eorundemque Consiliariis in Codices distinctim collectæ, & certo quodam titulorum ordine digestæ, fol. ibid. 1674.

H.

Histoire Critique du Vieux Testament, par R. Simon, nouvelle Edition, & qui est la premiere imprimée sur la Copie de Paris, augmenté d'une Apologie generale, de plusieurs Remarques Critiques, & d'une Reponse par un Theologien Protestant. On a de plus ajouté à cette Edition une Table des matieres, & tout ce qui a esté imprimé jusqu'à present à l'occasion de cette Histoire Critique, 2. voll. 4. à Rotterd. 1685.

- - - du Texte du Nouveau Testament, où l'on etablit la verité des Actes sur lesquels la Religion Chrétienne est fondée, par le même, 4. Rotterd. 1689.
- - - des Versions du Nouveau Testament, où l'on fait connoitre quel a esté l'usage de la lecture des Livres sacrez dans les principales Eglises du monde, par le même, 4. ibid. 1690.
- - - des principaux Commentateurs du Nouveau Testament, depuis le commencement du Christianisme jusques à nôtre tems. On y traitte de leur methode & de leurs sentimens sur les points les plus importans de la Religion, 4. ibid. 1692.
- - - de la Conquête du Mexique, ou de la Nouvelle Espagne, traduite de l'Espagnol de Des Antoine de Solis, 4. à Par. 1691.
- - - Critique de l'origine & du progrés des revenus Ecclesiastiques: où il est traité selon l'ancien & le nouveau droit, de tout ce qui regarde les Matieres Beneficiales, de la Regale, des investitures, des nominations, & des autres Droits attribuez aux Princes, par Jerome à Costa, 12. 1684.
- - - Critique de la Creance & des Coutumes des nations du Levant, publiée par le S. de Movi, 12. 1684.
- - - des Conclaves depuis Clement V. jusqu'à present, 3. voll. 12. à Lyon 1691.
- - - d'Emanuel Philibert Duc de Savoye Gouverneur General de la Belgique, 8. Amst. 1692.
- - - Genealogique des Comtes de Pontieu & Majeurs d'Abbeville, où sont rapportez les Privileges que les Rois leur ont donnez, leurs actions Heroiques & leurs Armoiries, & ce qui s'est passé de plus remarquable dans le pays de Pontieu & de Vimeu, au diocese d'Amiens &c. depuis l'an 1183. jusques à 1657. fol. Paris 1657.

Histoire

LIBRORUM.

Histoire Genealogique des Maisons de Guines, d'Ardres, de Gand & de Coucy, & de quelques autres familles illustres, qui y ont été alliées, par A. du Chesne, fol. à Parif. 1631.
- - - *de la maison de Bethune, par le même, fol. ibid. 1639.*
- - - *de la maison de Chasteigners, Seigneurs de la Chasteigneraye, de la Rochepozay, de Saint Georges de Rexe, de Lindoys, de la Rochefaton & autres lieux, par le même, fol. ibid. 1634.*
- - - *de la maison de Chastillon sur Marne, avec les Genealogies & armes des illustres familles de France & des Pays-bas lesquelles y ont été alliées, par le même, fol. ibid. 1621.* — 215
- Historiæ Britannicæ, Saxonicæ, Anglo-Danicæ, Scriptores XV. ex vetustis Codd. MSS. editi opera Th. Gale, fol. Oxon. 1691.
- - - vol. II. continens Historiæ Anglicanæ Scriptores quinque ex vetustis Codd. MSS. nunc primum in lucem editos, fol. ibid. 1687.
- *History of Scotland, written in Latin, by G. Buchanan, fol. Lond. 1690.* —
- *Histoire du Vieux & du Nouveau Testament, avec des explications édifiantes tirées des 88. Peres, par le S. de Royaumont, 12. 1680.*
- - - *la même enrichie de Figures, 12. 1686.* — 220
- - - *des Juifs écrite par Flav. Joseph sous le titre d'Antiquitez Judaïques, traduite sur l'Original Grec revû sur divers MSS. par Monf. Arnaud d'Andilly, 5. voll. 12. 1684.*
- - - *Ecclesiastique, par Mr. Fleury, Tome premier, contenant les deux premiers siecles, 12. 1692.*
- - - *Naturelle & Politique du Royaume de Siam, 4. à Parif. 1689.*
- - - *du Divorce de Henry VIII. Roy d'Angleterre & de Catherine d'Arragon: avec la Defense de Sanderus, la Refutation des deux premiers Livres de l'Histoire de la Reformation de Mr. Burnet, & les preuves. Par T. * Grond, 3. vol. 12. ibid. 1688.*
- - - *de France depuis Faramond jusqu'au Regne de Louis le Juste; enrichie de plusieurs belles & rares antiquitez, & de la suite des Reines, des portraites au naturel des Rois, des Reines & des Dauphins, & d'un recueil des Medailles qui ont été fabriquées sous chaque Regne, & de leur explication servant d'éclaircissement à l'Histoire, par le Sieur de Mezeray, 3. vol. fol. ibid. 1685.* — 225
- - - *de Louis onze par Mr. Varillas, 4. ibid. 1689.*
- Harduini Nummi antiqui Populorum & Urbium illustrati, 4. ibid. 1684.
- Huetii de Interpretatione Libri duo: quorum prior est de optimo genere interpretandi; alter de claris Interpretibus. His accessit de Fabularum Romanensium origine Diatriba, 8. Hagæ 1683.
- Haberti Liber Pontificalis Ecclesiæ Græcæ, nunc primùm ex Regiis MSS. Euchologiis, aliisque probatissimis monumentis collectus, Latina interpretatione, notis ac observationibus antiquitatis Ecclesiasticæ plenissimis illustratus, fol. Par. 1675.
- Heideggeri Exercitationes selectæ de Historia Sacra Patriarcharum, 4. 2. voll. Amst. 1688. — 230
- - - In Iohannis Apocalypseos Prophetiam de Babylone magna Diatribæ, 4. 2. voll. Lugd. Bat. 1687.
- - - Dissertationum selectarum Sacram Theologiam Dogmaticam, Historicam & Moralem illustrantium Triakas, 4. Tig. 1673.
- - - Ogdodekas, Tom. II. Accedit Carolus Magnus Testis veritatis, 4. ibid. 1680.
- - - Eikas, Tom. III. 4. ibid. 1690.
- Hugeni Horologium Oscillatorium, sive de motu Pendulorum ad Horologia aptato demonstrationes Geometricæ, fol. Parif. 1673. — 235
- Horstii Opera Medica, 3. voll. continentia Institutiones Medicas, Observationes & Epistolas Medicinales, Centuriam Problematum Therapeuticum & alios Tractatus, 4. Amst. 1661.
- *Histoire des Empereurs & des autres Princes qui ont regné durant les six premiers siecles de l'Eglise, des persecutions qu'ils ont faites aux Chrétiens, de leurs guerres contre les Juifs, des Ecrivains profanes, & des personnes les plus illustres de leur tems, justifiée par les citations des auteurs originaux: avec des notes pour éclaircir les principales difficultez de l'Histoire, Tome premier qui comprend depuis Auguste jusqu'à Vitellius & à la ruïne des Julfs, par le Sieur D. T. 4. à Par. 1690.*
- - - *Tome second, qui comprend depuis Vespasien jusqu'à la mort de Pertinax, 4. ibid. 1691.*
- - - *Tome Troisieme, qui comprend depuis Severe jusqu'à l'election de Diocletien, 4. ibid. 1691.*
- Historia vera Concilii Tridentini, contra falsam Petri Suavis Polani narrationem, scripta & asserta à P. Sf. Pallavicino, 3. voll. 4. Antv. ex Officina Plantiniana, 1670. — 240
- Heideggeri Concilii Tridentini Anatome Historico-Theologica: in qua præmisso Concilii textu, post narratam ejusdem Historiam, & subjunctam Historiæ notas, iisque insertas Vindicias P. Suavis Polani adversus Censuram Historico-Theologicam Scip. Henrici, demum succedunt ejusdem Controversiæ Theologicæ, in quibus totius Papatus Tridentini nervosè refutati & convicti Compendium exhibetur, 8. Tig. 1672.
- - - Tumulus Tridentini Concilii juxta ejusdem Anatomen seu Sceletôn antehac exhibitum, noviter erectus, Tomus Prior, exhibens Sessiones XVI. Concilii priores, Pontificibus Paulo III. & Iulio III. celebratas, 4. Tig. 1690.

36 CATALOGUS

Heideggeri Tomus posterior, exhibens Sessiones I X. Concilii posteriores, Pontifice Pio I V. celebratas, 4. ibid. 1690.

Hamburii supplementum Analyticum ad Æquationes Cartesianas, 4. Cantabr. 1691.

245 Holstenii Notæ & Castigationes Posthumæ in Stephanum Byzantium de urbibus, post longam doctorum exspectationem editæ à Th. Ryckio: qui Scymni Chii fragmenta hactenus non edita; item Dissertationem de primis Italiæ colonis & Æneæ adventu. & alia nonnulla addidit, fol. Lugd. Bat. 1684.

Harangues de Demosthene avec des Remarques, 8. à Par. 1691.

I.

IOma Codex Talmudicus, in quo agitur de sacrificiis cæterisque ministeriis diei Expiationis, quæ Levit. 16. & Num. 29: 7, 8, 9, 10. præcipiuntur; itemque de multis aliis quæ obiter tractantur. ex Hebræo sermone in Latinum versus, & Commentariis illustratus à Rob. Sheringhamio, 4. Lond. 1648.

Journal des principales Audiences du Parlement depuis l'année 1623. jusques en 1657. avec les Arrêts intervenus en icelles, par Jean au Fresne, 3. voll. fol. à Par. 1678.

Ionstoni Historiæ Naturalis de Quadrupedibus, de Piscibus & Cetis, de exanguibus aquaticis, de avibus, de insectis, de serpentibus & draconibus, cum figuris æneis, fol. Amst. 1657.

250 Iamblichi Chalcidensis ex Coele-Syria, de Mysteriis Liber; præmittitur Epistola Porphyrii ad Anebonem Ægyptium, eodem argumento. Th. Gale Græcè nunc primum edidit, Latine vertit & Notas adjecit, fol. Oxon. 1678.

Iuncken Chymia experimentalis curiosa, sive Medicus præsenti seculo accommodandus per veram Philosophiam Spagiricam, 8. Francof. 1684.

Ittigii de Hæresiarchis ævi Apostolici, & Apostolico proximi, seu I. & II. à Christo nato seculi Dissertatio, 4. ibid. 1690.

Les Idilles de Bion & de Moschus, traduites de Grec en vers François, avec des Remarques, 8. Amst. 1688.

Jeu d'Armoiries des Souverains & Etats d'Europe, pour apprendre le Blason, la Geographie & l'Histoire curieuse, par C. Ov. Fine dis de Branville, 12.

255 *l'Imitation de Jesus-Christ, traduite & paraphrasée en vers François par P. Corneille*, 12. 1684.

Im-Hoff Regum Pariumque Magnæ Britanniæ Historia Genealogica: qua veterum juxta ac recentium in illa familiarum origines, stemmata & res memorabiliores, ordine ad novissimum Angliæ statum aptato, recensentur atque explicantur, additis æneis insignium Tabulis, fol. Norimb. 1690.

- - - Excellentium familiarum in Gallia Genealogiæ à prima earundem origine usque ad præsens ævum deductæ, & notis Historicis, quibus memorabilia Regni Galliæ, Regumque & clarorum Toga & Sago virorum facta moresque ac dignitates recensentur, illustratæ, cum iconibus insignium, fol. Norimb. 1687.

- - - Notitia S. Rom. Germanici Imperii Procerum tam ecclesiasticorum quam secularium Historico-Genealogica, ad hodiernum Imperii statum accommodata, & in supplementum Operis Genealogici Rittershusiani adornata, 4. Tubingæ 1687.

Iunckeri Schediasma Historicum de Ephemeridibus sive Diariis Eruditorum in nobilioribus Europæ partibus hactenus publicatis. In Appendice exhibetur Centuria foeminarum eruditione & scriptis illustrium, ab eodem collecta, 12. Lipsiæ 1692.

260 *Instruction pour les jardins fruitiers & potagers, avec un Traité des Orangers, suivi de quelques Reflexions sur l'Agriculture, par Mr. de la Quintinye*, 2. voll. 4. Amst. 1692.

- - - *des Pilotes, contenant les Tables de la declinaison du soleil & des etoiles, & de leurs ascensions droites, supputées de nouveau, par le S. Cordier*, 8. au Havre 1683.

K.

KLock Liber singularis Relationum pro Adsessoratu habitarum, nec non insigniorum votorum, Decisionum & rerum in Camera Imperiali ab anno M. DC. & quod excurrit, ad hanc usque ætatem judicatarum, fol. Norimb. 1680.

- - - Tractatus Nomico-Politicus de Contributionibus in Romano-Germanico Imperio & aliis Regnis ut plurimum usitatis; in quo Imperatoris Romani, Regum, Electorum, Episcoporum, Principum, Comitum, Baronum, Civitatum, aliorumque statuum Imperii, nec non Nobilium, Majestatis, superioritatis, Regalium, aliaque jura accuratè & nervosè enucleantur, fol. Francof. 1676.

Klock-

Klockii Tractatus Iuridico-Politico-Polemico-Historicus de Ærario, five cenſu, per honeſta media abſque divexatione populi licitè conficiendo, fol. Norimb. 1671.

L.

J. L Ipſii Opera omnia, 4. voll. fol. Antv. 1637.
Lequilis de rebus Auſtriacis, ſeu Collectaneum earum rerum Auſtriacarum quæ circa ejus clariſſima initia verſantur; ſuntque de Origine, Antiquitate, ac Nobilitate Auſtriacæ Familiæ, nec non & de ejus unitate cum Borbonica Regum Francorum ſobole, eodem tempore atque ex eadem ſtirpe prodeunte, cum figuris æneis, fol. Oenip. 1660.
The Life of Jam. Usher, late Lord Arch-Biſhop of Armach, Primate and Metropolitan of all Ireland: with a Collection of 300. Letters, between the ſaid Lord Primate and moſt of the eminenteſt perſons for piety and learning in his time, both in England and beyond the ſeas, collected by Rich. Parr, fol. Lond. 1686.
Lupi Opuſcula poſthuma hactenus inedita & edita, 4. Brux. 1690.
- - - Divinum ac immobile S. Petri circa omnium ſub coelo fidelium ad Romanam ejus cathedram Appellationes, adverſum profanas hodie vocum novitates aſſertum Privilegium, 4. Mog. 1681.
De Lanis Magiſterium Naturæ & Artis, Opus Phyſico-Mathematicum: in quo occultiora Naturalis Philoſophiæ principia manifeſtantur, & multiplici tum experimentorum tum demonſtrationum ſerie comprobantur, ac demum tam antiqua penè omnia artis inventa, quam multa nova ab ipſo Authore excogitata in lucem proferuntur, 2. voll. fol. Brixiæ 1684. 1686.
Lami, Elemens des Mathematiques, ou Traité de la Grandeur en general, qui comprend l'Arithmerique, l'Algebre, l'Analyſe, & les Principes de toutes les Sciences qui ont la Grandeur pour objet, 12. Paris 1689.
Ludolphi, alias Leutholf dicti, ad ſuam Hiſtoriam Æthiopicam antehac editam Commentarius. In quo multa breviter dicta fuſius narrantur, contraria refelluntur, atque hac occaſione præter res Æthiopicas multa Autorum, quædam etiam S. Scripturæ loca declarantur, aliaque plurima Geographica, Hiſtorica & Critica, in primis verò antiquitatem Eccleſiaſticam illuſtrantia, alibi haud facile obvia, exponuntur; ut variarum Obſervationum loco haberi poſſit, cum Tabula Capitum, Figuris & variis Indicibus locupletiſſimis, fol. Francof. 1691.
Loeberi Promtuarium Sacrum, ſive Explicator Euangelicus, in quo Euangelia Dominicalia & Feſtivalia methodicè diſponuntur; ſingula fere Textûs verba accuratè declarantur & illuſtrantur; ex illis variæ doctrinæ derivantur, & Exordia congrua ſuppeditantur; ut & fideli cuivis ad privatam devotionem promovendam; Studioſo Theologiæ ad exercitia Concionatoria inſtituenda; Miniſtro Eccleſiæ ad ſex annorum labores eccleſiaſticos ſublevandos inſervire poſſit, 4. Francof. 1691.

M.

MEvii Conſilia, varia & perfecta eruditione referta; in quibus Quæſtiones intricatiſſimæ atque utiliſſimæ ex Iure publico ac privato, Feudali ac Canonico per rationes dubitandi & decidendi exactè diſcutiuntur, & remotis obicibus, nodis ac funiculis contrariis deciduntur, fol. Francof. 1680.
Memoires de la Cour d'Eſpagne, 2 voll. 12. 1691.
- - - de la Minorité de Louis XIV. corrigez ſur trois copies differentes, & augmentez de pluſieurs choſes fort conſiderables qui manquent dans les autres editions, 12. 1690.
- - - du Marquis de Beauvais, pour ſervir à l'Hiſtoire de Charles IV. Duc de Lorraine & de Bar, 12. 1688.
- - - de Henri de Lorraine Duc de Guiſe, 12. à Par. 1681.
- - - du Marechal de Baſſompierre, contenans l'Hiſtoire de ſa vie, & de ce qui s'eſt fait de plus remarquable à la Cour de France pendant quelques années, 2. voll. 12. Amſt. 1692.
Matthæi (Ant.) de Auctionibus Libri duo: quorum prior Venditiones, poſterior Locationes, quæ ſub haſta fiunt, exequitur: adjeco paſſim voluntariarum Auctionum Iure, 4. Antv. 1680.
Morini Commentarius Hiſtoricus de Diſciplina in adminiſtratione Sacramenti Poenitentiæ tredecim primis ſeculis in Eccleſia Occidentali obſervata, in decem Libros diſtinctus: quibus quidquid à ſanctis Patribus in legibus & praxi iſtius diſciplinæ conſtitutum, derogatum, ampliatum, abrogatum, & quovis modo relaxatum, aut novatum eſt: quando, quave occaſione aut cauſa id factum, luculenter enarratur. His inſerta ſunt quæ Iudæi antiqui & recentiores tradunt de Poenitentia, Confeſſione Peccatorum, Excommunicatione, Abſolutione, criminum poenis, aliisque ad Poenitentiam apud eos ſpectantibus, fol. Brux. 1685.
Martene de antiquis Monachorum Ritibus Libri quinque, collecti ex variis Ordinariis, Conſuetu-

38 CATALOGUS

tudinariis, Ritualibusque MSS. ex antiquis Monachorum Regulis, ex diverfis Sanctorum Actis, Monafteriorum Chronicis & Hiftoriis, aliisque probatis Auctoribus permultis, 2. voll. 4. Lugd. 1690.

- - - Commentarius in Regulam S. P. Benedicti litteralis, Moralis, Hiftoricus, ex variis antiquorum Scriptorum Commemationibus, Actis Sanctorum, Monafteriorum ritibus, aliisque monumentis cum editis tum manufcriptis concinnatus, 4. Parif. 1690.

285 *La Morale de l'Evangile: où l'on traite de la nature de la verteu Chrétienne, des motifs qui nous y doivent porter, & des remedes contre les tentations, par M. Lucas, 12. 1691.*
- - - *de Tacite, de la Hlaterie, par le S. Amelot de la Houßaye, 12.*

Mercure Geographique, ou le Guide du curieux des Cartes Geographiques, par le R. P. A. Lubin, 12. à Par. 1678.

Memoires de Mathematique & de Phyfique, tirez des Regiftres de l'Academie Royale des Sciences, du 31. Janv. 1692. 4. à Par. 1692. de l'Imprimerie Royale.
- - - *du 29. Fevr. du 15. Mars, du 31. Mars, du 30. Avril 1692. 4. ibid. 1692.*

290 Millet Notitia Scripturæ Sacræ in tres partes diftributa, 12. Tolof. 1690.

Macedo Divi Tutelares Orbis Chriftiani: opus fingulare, in quo de Sanctis Regnorum, Provinciarum, U:bium maximarum patronis agitur, fol. Ulyffip. 1687.

Marca Hifpanica, five Limes Hifpanicus, ho. eft, Geographica & Hiftorica defcriptio Cataloniæ, Rufcinonis & circumjacentium populorum, anct. P. de Marca, fol. Parif. 1638.

Mendezii Lux fidei in Epithalamium Æthiopiffæ, five in nuptiis Verbi & Ecclefiæ, opus Pofthumum in XII. Libros Catecheticos diftributum, fol. Colon. 1692.

Menochii Confiliorum, five Refponforum Tomi XIII. Opus rerum amœnâ tractatione jucundum, & decifionum judiciofa gravitate fructuofum: Scholis denique & Foro, difcentibus atque docentibus imprimis utile & neceffarium, fol. Francof. 1676.

295 - - - de Arbitrariis Iudicum Quæftionibus & Caufis Centuriæ fex, quibus tota Iuris pars, quæ à Iudicum aibitrio & poteftate pendet, pertractatur, magno Iusdicentium, docentium & difcentium commodo, fol. Genev. 1690.
- - - de adipifcenda, retinenda & recuperanda poffeffione doctiffima Commentaria. Item Refponfa Caufæ Finarienfis à multis Italiæ celeberrimis IC. Collegiis reddita, fol. ibid. 1629.
- - - Commentaria de Præfumptionibus, Conjecturis, Signis, & Indiciis, fol. ibid. 1685.

Memoires ou Oeconomies Royales d'Etat, Domeftiques, Politiques & Militaires de Henry le Grand, par Max. de Bethune, Duc de Sully, 3. vol. fol. à Paris 1664.

Micræii Syntagma Hiftoriarum Ecclefiæ omnium, quo ab Adamo Iudaicæ, & à Salvatore noftro Chriftianæ Ecclefiæ Politiæ, Ritus, Perfecutiones, Tranfplantationes, Halcyonia, Doctores, Synodi, Hærefes & Schifmata eo ordine proponuntur, ut inftar Lexici Hiftoriæ Ecclefiafticæ effe poffit. Editio quarta, cum continuatione D. Hartnaccii, qua novas fectas & fchifmata nuperrime exorta recenfuit, 4. Lipf. 1675.

300 Mifcellanea Curiofa, five Ephemeridum Medico-Phyficarum Academiæ Naturæ Curioforum Decuriæ I. Annus I. Anni 1670. continens celeberrimorum Medicorum in & extra Germaniam Obfervationes Medicas & Phyficas, vel Anatomicas, vel Botanicas, vel Pathologicas, vel Chirurgicas, vel Therapeuticas, vel Chymicas, nec non Mathematicas. Præfixa Epiftola invitatoria ad celeberrimos Medicos Europæ, 4. Franf. of. 1684.
- - - Decuriæ I. Annus Secundus, Anni fc. 1671. Præmiffa fuccincta narratio ortus & progreffus Academiæ Naturæ Curioforum cum Legibus Societatis & nominibus Collegarum, 4. Ienæ 1688.
- - - Annus Tertius, Anni fc. 1672. Acceffit Appendix, in quâ nonnulla lectu haud indigna aut ingrata occurrent, 4. Lipf. 1673.
- - - Annus Quartus & Quintus, Anni 1673. & 1674. Acceffit Appendix &c. 4. ibid. 1688.

305 - - - Annus Sextus & Septimus, Anni 1675. & 1676. cum Appendice, 4. ibid. 1688.
- - - Annus Octavus, Anni 1677. cum Appendice, 4. Uratisl. 1678.
- - - Annus Nonus, Anni 1678. 4. Nor. 1679.
- - - Annus Decimus, Anni 1679. 4. ibid. 1680.
- - - Decuriæ Annorum II. Annus Primus, Anni 1682. cum Appendice, 4. Norimb. 1683.
- - - Annus Secundus, Anni 1683. cum Appendice, 4. ibid. 1684.

310 - - - Annus Tertius, Anni 1684. cum Appendice, 4. ibid. 1685.
- - - Annus Quartus, Anni 1685. cum Appendice, 4. ibid. 1686.
- - - Annus Quintus, Anni 1686. cum Appendice, 4. ibid. 1687.
- - - Annus Sextus, Anni 1687. cum Appendice: cui annexa eft G. S. Polifii Myrrhologia, 4. ibid. 1688.
- - - Annus Septimus, Anni 1688. cum Appendice, 4. ibid. 1689.

315 - - - Annus Octavus, Anni 1689. cum Appendice, 4. ibid. 1690.
- - - Annus Nonus, Anni 1690. cum Appendice, 4. ibid. 1691.

Manticæ Lucubrationes Vaticanæ de tacitis & ambiguis Conventionibus, 2. voll. fol. Genev. 1681.

Ma-

LIBRORUM.

Mabillon de Re Diplomatica Libri V I. In quibus quidquid ad Veterum Inftrumentorum antiquitatem, materiam, fcripturam, & ftilum; quidquid ad figilla, monogrammata, fubfcriptiones ac notas chronologicas; quidquid inde ad antiquariam, hiftoricam, forenfemque difciplinam pertinet, explicatur & illuftratur. Accedunt Commentarius de antiquis Regum Francorum Palatiis: veterum fcripturarum varia fpecimina, tabulis L X. comprehenfa: nova ducentorum & amplius monumentorum collectio, fol. Parif. 1681.

- - - Mufæum Italicum, feu Collectio veterum Scriptorum ex Bibliothecis Italicis, eruta à D. Ioh. Mabillon & D. M. Germain, Tomus I. in duas partes diftinctus: prima pars complectitur eorumdem iter Italicum litterarium: altera verò varia Patrum Opufcula & vetera monumenta, cum Sacramentario & Pœnitentiali Gallico, 4. Parif. 1687.

- - - Tomus I I. complectens antiquos Libros rituales fanctæ Romanæ Ecclefiæ, cum Commentario prævio in Ordinem Romanum, 4. ibid. 1689.

Monafticon Anglicanum, five Pandectæ Cœnobiorum Benedictinorum, Cluniacenfium, Ciftercienfium, Carthufianorum à primordiis ad eorum ufque diffolutionem, ex MSS. Codd. ad Monafteria olim pertinentibus, Archivis Turrium Londinenfis, Eboracenfis, Curiarum Scaccarii, Augmentationum; Bibliothecis Bodleianâ, Coll. Reg. Coll. Bened. Arundellianâ aliisque digefti per Rog. Dodfworth & Guilj. Dugdale, fol. Lond. 1682.

- - - Volumen alterum, de Canonicis Regularibus Auguftinianis, fc. Hofpitalariis, Templariis, Gilbertinis, Præmonftratenfibus, & Maturinis five Trinitarianis: cum Appendice ad Volumen I. de Cœnobiis aliquot Gallicanis, Hibernicis & Scoticis, nec non quibusdam Anglicanis anteà omiffis, à primordiis ad eorum ufque diffolutionem, fol. ibid. 1661.

- - - Tertium & ultimum, Additamenta quædam in Vol. I. & I I. jam pridem edita, nec non fundationes five Donationes diverfarum Ecclefiarum Cathedralium ac Collegiatarum continens, ex Archivis Regiis, iptis Autographis, ac diverfis Codd. MSS. decerpta, & congefta per W. Dugdale, fol. ibid. 1673.

Mappa Mondo Iftorico, cioè Ordinata Narrazione dei quattro fommi Imperii del mondo da Nino primo Imperator degli Aßrii fino al regnante Leopoldo Aufriaco, & della Monarchia di Chrifto, da S. Pietro primo Papa fino à noftri dì, opera del P. Antonio Forefti, 3. vol. 4. in Parma, 1690.

P. Martyris Opus Epiftolarum, tanta cura excufum, ut præter ftyli venuftatem quoque fungi poffit vice luminis Hiftoriæ fuperiorum temporum. Cui acceferunt Epiftolæ Ferd. de Pulgar coætanei Latinæ pariter atque Hifpanicæ, cum Tractatu Hifpanico de Viris Caftellæ illuftribus, fol. Parif. 1670.

N.

NUck Sialographia & ductuum aquoforum Anatome nova, priori auctior & emendatior. Accedit defenfio ductuum aquoforum, nec non fons falivalis novus, hactenus non defcriptus, 8. Lugd. Bat. 1690.

- - - Adenographia curiofa & Uteri Fœminei Anatome nova: cum Epiftola ad Amicum de inventis novis, 8. Lugd. Bat. 1691.

Nouveaux Interefts des Princes de l'Europe, revue, corrigez & augmentez par l'Auteur, felon l'Etat que les affaires font aujourd'huy, 12. 1688.

- - - *Elemens de Geometrie, 12. 1690.*
- - - *Effai de Morale, I. Partie, 1692.*

Nouvelle Maniere de fortifier les places, tirée des Methodes du Chevalier de Ville, du Comte de Pagan, & de Mr. de Vauban: avec des Remarques fur l'ordre Renforce, fur les Deffeins du Capitaine Marchi, & fur ceux de Mr. Blondel, fuivies de deux nouveaux Deffeins, 12. 1689.

- - - *Methode pour apprendre facilement la langue Grecque; contenant les Regles des Declinaifons, des Conjugaifons, de l'inveftigation du Theme, de la Syntaxe &c. mifes en François dans un ordre très-clair & très-abregé, 8. à Par. 1682.*

- - - *Pour apprendre facilement la langue Latine, contenant les Regles des Genres, des Declinaifons, des Preterits, de la Syntaxe, de la quantité & des Accens Latins, mifes en François avec un ordre très-clair & très-abregé, 8. ibid. 1681.*

Nouvelles Lettres de l'Auteur de la Critique Generale de l'Hiftoire du Calvinifme de Mr. Maimbourg, 2. voll. 12. 1685.

- - - *Conjectures fur la pefanteur, par Mr. Varignon; 12. à Par. 1690.*

Noldii Concordantiæ Particularum Hebræo-Chaldaicarum: in quibus eorum indeclinabilium, quæ occurrunt in fontibus, & hactenus non expofitæ funt in Lexicis aut Concordantiis, natura & fenfuum varietas oftenditur. Digerantur eâ methodo ut Lexici & Concordantiarum loco fimul effe poffint, 4. Hafn. 1679.

CATALOGUS

O.

Oughtred Trigonometria: hoc est modus computandi Triangulorum latera & angulos, ex Canone Mathematico traditus & demonstratus: unà cum Tabulis sinuum, tangentium & secantium, 4. Lond. 1657.
- - - Opuscula Mathematica hactenus inedita, 8. Oxon. 1677.
- - - Clavis Mathematicæ denuo limata, sive potius fabricata, cum aliis quibusdam ejusdem Commentationibus, 8. ibid. 1667.

340 Outrami de sacrificiis Libri duo, quorum altero explicantur omnia Iudæorum, nonnulla Gentium profanarum sacrificia; altero sacrificium Christi: utroque Ecclesiæ Catholicæ his de rebus sententia contra F. Socinum ejusque Sectatores defenditur, 8. Amst. 1688.

Oldenburgeri Tractatus Iuridico-Politicus de quatuor Elementis Iuridicè consideratis; Opus omnibus peregrinantibus lectu utilissimum pariter ac jucundissimum, 8. Genev. 1672.

Oracula Sibyllina ex veteribus Codicibus emendata ac restituta, & Commentariis diversorum illustrata, opera & studio Servatii Gallæi. Accedunt etiam Oracula Magica Zoroastris, Iovis, Apollinis &c. Astrampsychi Oneiro-Criticum &c. Gr. & Lat. cum notis Variorum, 4. Amst. 1689.

Les Operations de Chirurgie, par une methode courte & facile, avec deux Traitez, l'un des maladies de l'Estomach & l'autre des maux veneriens, 12 Par. 1691.

l'Optique divisée en trois Livres, où l'on demontre d'une maniere aisée tout ce qui regarde I. la propagation & les proprietez de la lumiere. II. la vision. III. la figure & la disposition des verres qui servens à la perfectionner, par le P. Ango, 12. à Par. 1682.

345 Opere di Nicolo Machiavelli, divise in I V. volumi, 12. 1680.

Obras de Don Francisco de Quevedo, divididas en tres Cuerpos, 4. en Bruss. 1670.

Oraisons Funebres composées par Mess. E. Flechier, Evêque de Nimes, 12. 2. vol. à Par. 1691.

Les V. Ordres d'Architecture de Vincent Scamozzi, Architecte de la Republique de Venise, tirez du 6. Livre de son idée generale d'Architecture, avec les Planches originales, par Ang. Ch. Daviler, fol. 1685.

Ordonnance des Cinq especes de Colonnes selon la methode des Anciens, par Mr. Perrault, de l'Academie Royale des sciences, fol. ibid. 1683.

350 Origenis Dialogus contra Marcionitas, sive de rectâ in Deum fide; Exhortatio ad Martyrium; Responsum ad Africani Epistolam de historia Susannæ: Græcè nunc primum è MSS. Codicibus prodeunt, versiones partim corriguntur, partim novæ adjiciuntur, additis notis, indicibus, lectionibus variantibus, & conjecturis, op. & stud. I. R. Wetstenii, 4. Basil. 1674.

P.

Pfeifferi Antiquitates Ebraicæ selectæ, unde quamplurimis Scripturæ locis facula accenditur, 12. Lips. 1692.
- - - Theologiæ Iudaicæ atque Mohammedicæ seu Turcico-Persicæ principia sublesta & fructus pestilentes, 8. ibid. 1687.
- - - Antiquitatum Græcarum Gentilium sacrarum, Politicarum, Militarium, & Oeconomicarum Libri I V. eâ methodo, quæ par est congestatum: in quo Opere omnia fere,quæ ad communem vitam faciunt, continentur, & multa præterea obscura loca S. Scripturarum, Aristotelis & aliorum Autorum explicantur, 4. Lips. 1689.

Pagi Critica Historico-Chronologica in Annales Ecclesiasticos Card. Baronii, H. Spondani, ejus Epitomatoris ordine servato: in qua rerum narratio defenditur, illustratur, suppletur, ordo temporum corrigitur, innovatur, & periodo Græco-Romana nunc primum concinnata munitur, fol. Paris. 1689.

355 Pfennigk de Rei Nummariæ mutatione & augmento uberior Tractatio: opusculum fide historicâ, Recessuum Imperii jure, juxta ac legum Romanarum munimine ita roboratum, ut res modernas, multum juvare possit, 8. Lips. 1692.

Pfessinger Geographia curiosa, tradens octo Libris totius orbis terrarum primaria oppida, fluvios, montes, &c. Catalogum omnium Paparum, imperatorum tam Orientis quam Occidentis, &c. Historiam brevem rerum hactenus gestarum &c. denique formam regiminis præcipuorum Regnorum, 8. Lips. 1690.

Pisonis de Indiæ utriusque re naturali & Medica Libri X I V. fol. Amst. 1658.

Przipcovii, Equitis Poloni, Cogitatioues Sacræ ad initium Euangelii Matthæi & omnes Epistolas Apostolicas; nec non Tractatus varii argumenti, præcipuè de jure Christiani Magistratus, fol. Eleuther, 1692.

LIBRORUM.

Projet & fragmens d'un Dictionaire Critique, 8. Rotterd. 1692.
Pharmacopœa Medico-Chymica, five Thesaurus Pharmacologicus, quo Composita quæque celebriora; hinc Mineralia, vegetabilia & animalia Chymico-Medicè describuntur, &c. aut. Io. Schrodero, 4. Ulmæ 1685.
Poiret Cogitationum Rationalium de Deo, anima & malo, Libri IV. in quibus quid de hisce Cartesius, ejulque sequaces, boni aut secus senserint, omnitque Philosophiæ certiora fundamenta, atque imprimis tota Metaphysica verior, continentur; nec non Ben. de Spinoza Atheismus & exitiales errores funditus exstirpantur, 4. Amst. 1685.
Patini Dissertatio Therapeutica de peste, habita in Archi-Lyceo Patavino, 4. Aug. 1683.
Peckii Opera omnia in unum volumen redacta, fol. Antv. 1679.
Pechlini de aëris & alimenti defectu, & vita sub aquis Meditatio, 8. Kiloni 1676.
Paullini sacra herba, seu nobilis Salvia, juxta methodum & leges illustris Academiæ Naturæ curiosorum descripta, selectisque remediis & propriis observationibus consperla, 8. Aug. 1688.
Postii Tractatus Mandati de Manutenendo sive summariissimi Possessorii interim, in duo volumina divisus: primum Observationes, secundum Decisiones continet, fol. Genev. 1675.
- - - Resolutiones Causarum Civilium Tenentiæ Marchiæ, atque nonnullæ Auditoratus Legationis Bononiæ, fol. ibid. 1687.
- - - de Subhastatione Tractatus necessarius, & ad praxin aptatus & ordinatus, fol. ibid. 1666.
Paulli Digressio de vera, unica ac proxima causa febrium cum malignarum & petechialium, tum morbillorum, scorbuti, &c. macularum, partim ex Physicis, Chymicis ac Anatomicis principiis demonstrata, partim exemplis & observationibus Medicis confirmata; nec non de accurata febres has curandi methodo, 4. Argent. 1678.
Pope Blount Censura celebriorum Authorum: sive Tractatus in quo varia Virorum doctorum de clarissimis cujusque seculi scriptoribus judicia traduntur, unde facillimo negotio Lector dignoscere queat, quid in singulis quibusque istorum Autorum maxime memorabile fit; & quonam in pretio apud eruditos semper habiti fuerint, fol. Lond. 1690.
Nouveau Praticien, contenant l'Art de proceder dans les matieres Civiles, Criminelles, & Beneficiales, suivant les nouvelles Ordonnances: avec un Traité tres-ample des Saisies Reelles, Baux Judiciaires, Opositions, Adjudications par decret, & des ordres des creanciers, & distribution des deniers entr'eux conformément aux Ordonnances & Reglemens de la Cour, par M. de Ferriere, 4. Paris 1681.
Du Pin (Ell.) De Antiqua Ecclesiæ Disciplina Dissertationes Historicæ, ibid. 1686.
Philosophia vetus & nova ad usum Scholæ accommodata, in Regia Burgundia olim pertractata. 12. Lond. 1687.
Principes de l'Architecture, de la Sculpture, de la Peinture, & des autres Arts qui en dependent. Avec un Dictionaire des Termes propres à chacun de ces Arts, 4. Par. 1690.
Pechlini Observationum Physico-Medicarum Libri III. Quibus accessit Ephemeris vulneris thoracici, & in eam Commentarius, 4. Hamburgi, 1691.
Prestet, Nouveaux Elemens des Mathematiques, ou Principes generaux de toutes les Sciences qui ont les grandeurs pour objet. I. Vol. qui comprend la science des Nombres & l'Algebre, ou l'art de comparer toute sorte de grandeurs par le moyen des chiffres & des lettres, & où tout est démontré dans un ordre naturel & facile, & les choses expliquées tant à fond, & pensées plus que l'on n'a fait jusqu'icy. II. Vol. qui comprend un corps d'Analyses, ou l'Art de resoudre les questions qu'on propose sur toutes les divisies grandeurs, 4. Par. 1689.
Pearsonii, Episc. Cestriensis, Expositio Symboli Apostolici, juxta Editionem Anglicanam quintam in linguam Latinam translata, 4. Hamb. 1691.

R.

REchenbergii Liber Memorialis Prælectionum Historicarum in Academia Lipsiensi, 8. Lips. 1691.
Rangonis Originæ Pomeranicæ clariss. virorum, nec non XXIV. Diplomata vetusta patriæ antiquitates illustrantia, cum Notis & Animadversionibus Historico-Politicis, maximam partem jus publicum atque feudale Pomeranicum, Tabulas Progonologicas ultimorum Pomeraniæ Principum, vitas & præcipuas res gestas omnium Episcoporum Camminensium, itémque familiarum nobilium, quæ in Pomerania esse desierunt, laterculum complectentibus, 4. Colberg. 1684.
Ringierii Conciones præparatoriæ CLX. In tres partes divisæ: quibus Doctrina orthodoxa de Cœna Dominica, ejusdemque legitima tum administratione, tum participatione perspicue explicatur, solidè confirmatur, & practicè ad captum ac usum populi Christi applicatur, 4. Bernæ 1680.
Roma subterranea Novissima, in qua post Ant. Bosium, Io. Severanum, & celebres alios scriptores antiquæ Christianorum & præcipuè Martyrum Cœmeteria, tituli, monumenta, epitaphia, inscriptiones ac nobiliora Sanctorum sepulchra illustrantur, & quam plurima res ecclesiastica

Iconibus graphicè defcribuntur, ac multiplici tum facra, tum profana eruditione declarantur, op. & ftud. P. Aringhi, fol. Parif. 1659.

Rudrauffii Archontologia vel Doctrina de Sacra Scriptura, ut principio fidei reali unico & infallibili, in XIX. Differtationibus Academicis propofita & exhibita, 4. Giffæ 1683.

Reyheri Lexicon Latino-Germanicum, five Theatrum Romano-Teutonicum, in quo methodo nativa vocabulorum, tam Latinorum quam barbarorum, eorum tamen præcipuè Etymologiæ, genera, flexiones, & appellationes Germanicæ pariter & quandoque Græcæ, fimiliter loquntiones, Phrafes, formulæ, fententiæ, facultatum fcientiarumque termini ac adagia continentur, fol. Lipf. 1686.

Reifei i S. Auguftinus, veritatis Euangelico-Catholicæ in potioribus Fidei Controverfiis Teftis & Confeffor, contra Bellarminum & alios fcriptores Papæos, antiquos pariter & recentiores, infertis etiam fuo loco Quæftionibus Janfenio-Nosfilanis, vindicatus, fol. Francof. 1678.

385 Relation nouvelle d'un Voyage de Constantinople, enrichie de Plans levez par l'Auteur fur les lieux, & des Figures de tout ce qu'il y a de plus remarquable dans cette ville, 12. Paris 1680.

Recueil de divers Voyages faits en Afrique & en l'Amerique, qui n'ont point efté encore publiez, contenant l'origine, les mœurs, les coutûmes & le commerce des habitans de ces deux parties du Monde, avec des figures & des Cartes Geographiques, 4. ibid. 1674.

- - - de Defcriptions, de Peintures, & d'autres Ouvrages faits pour le Roy, 12. ibid. 1689.

Regis, Systeme de Philofophie contenant la Logique, la Metaphyfique, la Phyfique, & la Morale, Tomes III. 4. ibid. 1690.

Ray the wifdom of God manifefted in the Works of the Creation; in two Parts, 8. Lond. 1692.

390 Regles des cinq Ordres d'Architecture de Vignolle, revuës, augmentées & reduifes de grand en petit par le Muet, 8. à Par.

Rapin Comparaifons des grands hommes de l'Antiquité, qui ont le plus excellé dans les belles Lettres, 4. Paris 1684.

- - - Reflexions fur l'Eloquence, la Poëtique, l'Hiftoire, & la Philofophie: avec le jugement qu'on doit faire des Auteurs qui fe font fignalez dans ces quatre parties des belles lettres, 4. ibid. 1684.

Recueil des Oraifons funebres prononcées par Meff. J. Boffuet, Evêque de Meaux, 12. à Paris 1691.

S.

SElecta Hiftoriæ Ecclefiafticæ Novi Teftamenti Capita, & in loca ejufdem infignia Differtationes Hiftoricæ, Chronologicæ, Criticæ, Dogmaticæ, aut. Nat. Alexandro 8. 28. voll. Parif. 1679.

395 C. Suetonius Tranquillus, ex recenfione Io. Georg. Grævii, cum ejufdem Obfervationibus, ut & Commentario integro Læv. Torrentii, If. Cafauboni, & Theod. Marcilii; nec non felectis aliorum, 4. Hagæ 1691.

Sturmii Mathefis enucleata, 8. Nor. 1689.

C. Suetonius Tranquillus cum If. Cafauboni Animadverfionibus, & Differtationibus Politicis Ioh. Henr. Boecleri, itemque uberrimo Indice, 4. Argent. 1688.

Scotia illuftrata, five Prodromus Hiftoriæ Naturalis, in quo Regionis natura, Incolarum ingenia & mores, morbi iifque medendi methodus & medicina indigena accuratè explicantur; & multiplices naturæ partus in triplici ejus regno undiquaque diffufi in lucem eruuntur, & varii eorum ufus, Medici præfertim & Mechanici, cunctis perfpicuè exponuntur, cum figuris æneis, auth. R. Sibbaldo, fol. Edinb. 1684.

De Sorbaith univerfa Medicina, tam theorica quam practica, nempe Ifagoge Inftitutionum Medicarum & Anatomicarum, methodus medendi, cum controverfiis, annexa fylva medica: deinde fequuntur curationes omnium morborum, miniferdm & puerorum à capite ad calcem, &c. cum refolutis per objectiones difficultatibus. Item Chirurgia cum examine Chirurgico; methodus confultandi cum annexis obfervationibus aliquot peculiaribus, cuivis Philiatro utiliffimis, fol. Norib. 1672.

400 Sermons and Difcourfes on feveral occafions, by W. Wake, 8. Lond. 1691.

Sennerti Medicinæ Practicæ Volumina fex, 4. Witteb. 1654.

- - - Inftitutionum Medicinæ Libri V. 4. ibid. 1667.

- - - de Febribus Libri IV. cui acceffit fafciculus Medicamentorum contra peftem, 4. ibid. 1653.

- - - Paralipomena, cum præmiffa methodo difcendi Medicinam: accefferunt in fine vita Autoris & Iudicia cl. Virorum fuper eodem ejufque fcriptis, 4. ibid. 1642.

405 - - - de Chymicorum cum Ariftotelicis & Galenicis confenfu ac diffenfu Liber: cui acceffit Appendix de Conftitutione Chymiæ, 4. ibid. 1655.

Sennerti

LIBRORUM.

Sennerti de Scorbuto Tractatus: cui accesserunt ejusdem argumenti Tractatus & Epistolæ D. Ronssei, Echtii, Wieri, Langii, Alberti & M. Martini, 4. ibid. 1654.

Schotti Organum Mathematicum Libris IX. explicatum, quo per paucas ac facillimè parabiles Tabellas, intra cistulam ad modum Organi pneumatici constructam reconditas, plerææque Mathematicæ Disciplinæ, modo novo ac facili traduntur, 4. Herbip. 1668.

- - - Ath. Kircheri Iter extaticum coeleste, quo mundi opificium, id est, coelestis expansi, siderumque tam errantium qnam fixorum natura, vires, proprietates, singulorumque compositio & structura, ab infimo telluris globo, usque ad ultima mundi confinia, per ficti raptus integumentum explorata, nova hypothesi exponitur ad veritatem: hac secunda editione præelusionibus & scholiis illustratum, ac schematifmis necessariis exornatum, 4. ibid. 1660.

- - - Technica Curiosa, sive Mirabilia Artis, Libris XII. comprehensa, quibus varia experimenta, variaque Technasmata, Pneumatica, Hydraulica, Hydrotechnica, Mechanica, Graphica, Cyclometrica, Chronometrica, Automatica, Cabalistica, aliaque Artis arcana ac miracula, rara, curiosa, ingeniosa, magnamque partem nova & antehac inaudita, eruditi Orbis utilitati, delectationi, disceptationique proponuntur, cum figuris æri incisis, 4. ibid. 1687.

- - - Mathesis Cæsarea, sive Amussis Ferdinandea, in lucem publicam & usum eruditæ posteritatis, gratulantibus Litteratorum geniis eve&ta, atque ad problemata universæ Mathefeos, præsertim verò Architecturæ Militaris explicata jussu & auctoritate Aug. Imp. Ferdinandi III. hac secunda editione Schoiis, problematibus & novis Lonismis exornata, 4. ibid. 1662. 410

Sanderi Chorographia Sacra Brabantiæ, sive celebrium aliquot in ea Provincia Ecclesiarum & Coenobiorum Descriptio, imaginibus æneis illustrata, fol. Brux. 1659.

Speneri Insignium Theoria, seu Operis Heraldici Pars Generalis, quæ circa insignia, horum originem, scuta eorum que partitiones, metalla, colores, figuras, galeas, apices, aliasque scutorum appendices, & consectuia studioso Historiarum & vitæ civilis nosse proficuum visum est, ex disciplina Fecialium & moribus receptis exhibens, fol. Francof. 1690.

- - - Illustriores Galliæ Stirpes Tabulis Genealogicis comprehensæ, & nunc primum in lucem editæ, fol. ibid. 1689.

Schmidt (Seb.) Fasciculus Disputationum Analitico-Paraphrasticarum super I. Epistolam D. Iacobi II. Epistolam Pauli ad Ephesios. III. Concionem Christi Matth. V. VI. VII. & IV. Canticum Zachariæ, Luc. 1. 4. Argent. 1685.

- - - Beati Patris Matt. Lutheri Liber de Servo Arbitrio contra D. Erasmum cum brevibus Annotationibus, 8. 1564. 415

- - - de Principiis seu fundamentis præsentiæ Corporis & Sanguinis Christi in S. Coena Tractatus, 4. ibid. 1662.

- - - Tractatus de imagine Dei in homine ante lapsum considerato, 4. ibid. 1659.

- - - de Circumcisione Primo Veteris Testamenti Sacramento, 4. ibid. 1661.

- - - Commentarius in Primam Iohannis Epistolam, 4. Francof. 1688.

- - - in Epistolam Pauli ad Ebræos Commentarius, 4. Argent. 1680. 420

- - - Collegium Biblicum prius & posterius, in quo dicta Scripturæ Vet. & Novi Testamenti 112. juxta seriem Locorum Communium Theologicorum disposita, dilucidè explicantur, 4. 2. voll. Argent. 1679.

- - - Commentarius in Librum Iobi, in quo cum optimis quibusque Commentatoribus, tum Hebræis tum Christianis, cohærentia & vocabula diligenter expenduntur, & sensus studiose eruitur, 4. ibid. 1670.

- - - in Libros Samuelis, exhibens Versionem Textus Hebræi Latinam, Analysin, Annotationes, Quæstiones & Locos communes, 4. 2. voll. ibid. 1689.

- - - in Librum Iudicum, in quo præter diligentem Textus explicationem, præcipuæ Quæstiones & Loci Communes, quos vocant, ad singula Capita, ac sub finem Appendix Chronologica, adduntur, 4. ibid. 1684.

- - - in Epistolam ad Hebræos, in quo non modo Textus, quoad cohærentiam & sensum, cum præcipuis interpretibus expenditur, sed singulis etiam capitibus loci, quos vocant, Communes ex textu petitis subjunguntur, 4. ibid. 1680. 425

- - - XIII. Dissertationes Theologicæ, in Universitate Argentinensi habitæ, 4. Argent. 1682.

Schmidii (Henr.) de Cathedra Petri, sive de Infallibilitate Pontif. Romani Exercitatio Theologica inauguralis, 4. Tub. 1652.

- - - (Ioh.) in Prophetas Minores Commentarius, cum Fr. Balduini in tres posteriores Prophetas Commentario, 4. Lips. 1687.

Stockmanni Elucidarius Hæresium, Schismatum, aliarumque opinionum & dogmatum cum fide orthodoxa pugnantium, quæ post natum Christum potissimum, ad hæc nostra usque tempora vel exorta sunt & viguerunt, vel adhuc hodie vigent, ordine alphabetico concinnatus, 8. Lips. 1692.

11. Sermons de Monf. Morus fur le 8. Chap. de l'Epitre de S. Paul aux Romains, 8. à Amst. 1691. 430

Sermons du Pere Cheminais, 12, à Par. 1691.

- - - pour les grandes Fêtes de l'année par le P. Bourdaloue, 2. voll. 12. à Par. 1693.

F 2   Spa-

44 CATALOGUS

Spanhemii (Frid. F.) Summa Historiæ Ecclesiasticæ, à Christo nato ad seculum XVI. inchoatum, Præmittitur doctrina temporum, cum Oratione de Christianismo degenere, 2. voll, 12. Lugd. Bat. 1689.

Suiceri (Ioh. Casp.) Lexicon Græco-Latinum & Latino-Græcum, summâ curâ elaboratum. Accedit index vocum Anomalarum vel alias investigatu difficiliorum, copiosissimus, 4. Tig. 1683.

435   Schmidii in D. Pauli ad Colossenses Epistolam Commentatio. Accedunt ejusd. Paraphrases Cap. 7, 8. 9. 10. & 11. ad Rom. Epistolæ prioris ad Corinthios, Prioris & Poster. ad Thessalon. Prioris ad Timotheum, Epistolæ ad Philemonem, ut & Cantici Mariæ, 4. Hamb. 1691.
- - - in D. Pauli ad Galatas Epistolam Commentatio, 4. Kiloni 1690.

Smid Miscellanea, in quibus continentur I. Responsio ad nuperas D. Simonii in libro super fide Græcorum de dogmate Transsubstantiationis cavillationes. II. Dissertatio, in qua integritas & authentia loci I. Ioh. 5: 7. vindicatur. III. Defensio superioris Dissertationis contra exceptiones D. Simonii in Critica Historia N. T. IV. Commentarius in secundam S. Petri Epistolam, 8. Lond. 1690.

T.

Traité de la situation du Paradis terrestre à Messieurs de l'Academie Françoise, par P. D. Huet, Evêque d'Avranches, 12. à Paris 1691.
- - - des Convulsions & des mouvemens convulsifs, qu'on appelle à present vapeurs, par Mr. Chastelain, 12. à Lyon 1691.

440 - - - touchant l'origine des Dîmes & l'obligation de les payer, 12. à Par. 1687.
- - - du Mouvement local & du ressort, dans lequel leur nature, & leurs causes, sont curieusement recherchées, & où les loix qu'ils observent dans l'acceleration & les pendules, & encore dans la percussion & la reflexion des corps, sont solidement établies, par le P. Dechales, 12. à Lyon, 1682.
- - - de l'Eglise contre les Heretiques, principalement contre les Calvinistes, 12. à Paris 1686.
- - - des Pratiques journalieres des Pilotes, divisé en deux parties, dans lequel est plainement enseigné & clairement demonstré l'art & la science des Navigateurs, par le S. Cordier, 8. au Havre 1683.
- - - des Manieres de graver en taille douce sur l'arain, par le moyen des eaux fortes, & des vernix durs & mols: ensemble de la façon d'en imprimer les planches, & d'en construire la presse, & autres choses concernans lesdits Arts, par A. Bosse, 8. à Par. 1645.

445 - - - du Nivellement, contenant la theorie & la pratique de cet Art, avec la description d'un Niveau nouvellement inventé, par le S. Bullet, le tout enrichy de figures, 12. à Paris 1689.
- - - Historique des Monnoyes de France, avec leurs figures, depuis le commencement de la Monarchie jusqu'à present, par Mr. le Blanc, 4. ibid. 1690.
- - - de la Noblesse, de ses differentes especes, de son Origine, &c. de la Noblesse d'Angleterre, d'Espagne, du Portugal, d'Allemagne, de Hongrie, d'Italie, de Pologne, de Suede, de Dannemark, des Pais-bas, &c. par G. Andr. de la Roque, 4. ibid. 1678.
- - - du Nivellement, par Mr. Picard de l'Academie Royale des Sciences: avec une Relation de quelques nivellemens faits par ordre du Roy; & un abregé de la mesure de la terre, mis en lumiere par Mr. de la Hire, 12. ibid. 1684.
- - - de l'Origine des noms & des surnoms, de leur diversité, proprietez, changemens tant chez les anciens peuples, que chez les François, les Espagnols, les Anglois, les Allemans, les Polonois, les Suedois, les Danois, les Italiens & autres nations, par Andr. de la Roque, 12. ibid. 1681.

450 - - - de l'Organe de l'Ouïe, contenant la structure, les usages & les maladies de toutes les parties de l'Oreille, par Mr. du Verney, 12. ibid. 1683.

Thomassini Vetus & nova Ecclesiæ Disciplina circa Beneficia & Beneficiarios, Pars prima, ubi agitur de primo & secundo Cleri Ordine, & de Clericorum & Monachorum Congregationibus, fol. Parif. 1691.
- - Pars II. ubi agitur de Vocatione & Ordinatione Clericorum, de Patronatu, de irregularitatibus & scholiis, de Episcoporum electione, confirmatione, ordinatione, cessione, resignatione, translatione, de pluralitate Beneficiorum, de Commendis, de dispensationibus, de præcipuis Officiis episcoporum, de Residentia, de Conciliis, de Comitiis Cleri & Regni, de Synodis, de Visitationibus, de Prædicatione, de pauperum tuitione, de exercitio jurisdictionis, fol. ibid. 1691.
- - Pars III. ubi agitur de bonis Ecclesiæ temporalibus. de eorum distributione, de Canonico & pio eorundem usu, fol. ibid. 1691.

Thomassin

LIBRORUM. 45

Thomasin Ancienne & Nouvelle Discipline de l'Eglise touchant les Benefices, & les Beneficiers, Tome second & troisième, separément, fol. à Par. 1681. 1682.
Thesaurus P. Virgilii Maronis in communes locos olim digestus à M. Coyssardo, 12. Parif. 1683.
Torre de Successione in Majoratibus & Primogenituris Italiæ, Tractatus Tripartitus, fol. Lugd. 1683.
Tacite avec des Notes Politiques & Historiques par Amelot de la Houssaye, 4. à Par. 1690.
Le Triomphe de la Religion sous Loüis le Grand représenté par des inscriptions & des Devises, avec une explication en vers Latins & François, 12. à Par. 1687.
Trigonométrie Géométrique, Astronomique & maritime, contenant les Tables des Sinus Tangens & Secans, augmenté d'une Table des Latitudes reduites & leur usage: avec les Tables des Sinus logarithmetiques, Tangens logarithmetiques, & augmenté aussi des Secans logarithmetiques, & la Table des logarithmes des nombres absolus, depuis l'unité jusques à 100000. y compris leur usage, par le S. Blondel, 12. an Havre 1680.

V.

la Vie de Monsieur Descartes, 2. voll. 4. à Paris 1691.
Le veritable Art de Naviger par le quartier de Reduction, avec lequel on peut reduire les Courses des vaisseaux en mer, & enrichy de plusieurs raretez qui n'ont point encore été decouvertes, par le S. Blondel, augmenté par le même Auteur de l'Art de naviger par le Compas de proportion, 8. au Havre 1633.
Voyages de Jean Bapt. Tavernier en Turquie, en Perse & aux Indes, pendant l'espace de 40. ans & par toutes les routes que l'on peut tenir, 3. vol. 12, 1679.
les Vies des Hommes Illustres de Plutarque, nouvellement traduites de Grec en François par Mr l'Abbé Tallemens, avec des Tailles douces, 9. vol. 12. à Lyon 1684.
Valerii Andreæ Dessellii Bibliotheca Belgica: de Belgis vitâ scriptifque claris. Præmissa Topographica Belgii totius seu Germaniæ inferioris descriptione, 4. Lovan. 1643.
Vallensis Paratitla, five Summaria & Methodica explicatio Decretalium D. Gregorii Papæ IX. Opus novum, scholæ ac foro, & Decretis Concilii Tridentini accommodatum, 4. Lovan. 1682.
Ursini Arboretum Biblicum, in quo arbores & frutices passim in S. Literis occurrentes, Notis Philologicis, Philosophicis, Theologicis exponuntur & illustrantur, 8. Norimb. 1685.
- - - Pars secunda, five Continuatio Historiæ Plantarum Biblicæ, five I. de Sacra Phytologia. II. Herbarius sacer. III. Hortus Aromaticus; cum Sylva Theologiæ Symbolicæ, & S. Ieremiæ virga vigilante, 8. Nor. 1685.
- - - Nova & Vetera, five Parallela Euangelica, quibus Euangelicæ Periochæ per annum ex omnibus Biblicis, V. & N. Testamenti scriptoribus, novâ methodo enucleantur, 4. Francof. 1661.

W.

Wolff Scrutinium Amuletorum Medicum, in quo de natura & attributis illorum, uti & plurimis illis, quæ passim in usum tam in theoria quam praxi vocari fueverunt, ac in specie de zenechtis, vel quæ pelti opponuntur, agitur; superstitiosa atque illicita notantur & rejiciuntur, & varia non in Medecinæ solum, sed etiam aliarum facultatum usum afferuntur & illustrantur, Lipf. 1690.
Wolfii Lectiones Memorabiles & reconditæ, Liber rarus, carus, ex S. Scripturæ & venerandæ antiquitatis arcanis exaratus, variiíque allegoriis, tropologiis, & allusionibus anagogicis, hierographicis, symbolicis, iconographicis & mythologicis, orphicis teasibus & inscriptionibus, emblematibus & apophthegmatibus, pareomiis, parabolis &c, aliifque ingeniosis inventionibus, & compendiosis Chronologiæ, Chiliiaæ doctrinæ, hæreseum, schimatum, persecutionum, Imperatorum, Pontificum Rom. aliorumque doctorum, illustrium virorum & rerum gestarum descriptionibus, nec non Conciliorum & Synodorum decretis, eventis & epochis observatu dignioribus exornatus, fol. 2. voll. Francof. 1671.
Witte Diarium Biographicum, in quo scriptores seculi post natum Christum præcipui, quot inter Reges, Principes, Pontifices, Cardinales, Episcopi, Theologi, JCti. Medici, &c. abique nationis, Religionis, & professionis discrimine, juxta anuum diemque cujusvis emortualem, concisè descripti magno adducuntur numero: Libri itidem eorum in quavis lingua consignati Latio recensentur idiomate, 4. Gedani, 1688.
- - - Tomus secundus, in quo nonnulla etiam ex priori tomo emendantur ac illustrantur, Accessit

eeffit Index quintuplex, & recenfio Profefforum hodie vel nuper in inclytis aliquot Lyceis docentium, 4. Rigæ 1691.

Z.

ZOefii Commentarius ad Digeftorum feu Pandectarum Iuris Civilis Libros L. Opus novum, Iuris Univerfi, veteris, novi, noviffimi paffim enucleati, locuples thefaurus, ex editione Val. Andr. Delfelii, fol. Lovan. 1688.

Zypæi Opera omnia, in duos Tomos redacta, ac in multis ab Authore locis aucta & emendata, fol. Antv. 1675.

Zahn Oculus Artificialis Telediopticus, five Telefcopium ex abditis rerum naturalium & artificialium principiis protractum nova methodo, eaque folidâ explicatum, ac cumprimis e triplici fundamento, Phyfico feu naturali, Mathematico, Dioptrico, & Mechanico feu practico ftabilitum, fol. 3. voll. Herbip. 1685, 1686.

CARTES
ET
TABLES GEOGRAPHIQUES
De Sanson, de Jaillot, & de N. de Fer,
Avec
DIVERS PLANS ET DESSEINS
De Fortifications, Architecture, Sculpture, Peinture, Broderie, Parterres, &c. des meilleurs Auteurs.

ATlas Nouveau, contenant toutes les parties du Monde, où font exactement remarquez les Empires, Monarchies, Royaumes, Etats, Republiques & Peuples qui s'y trouvent à prefent, fol. à Paris 1689.

Les Côtes de France fur l'Ocean & fur la Mediterranée, corrigées, augmentées, & divifées en Capitaineries Garde-côtes, dediées à Monfeigneur le Dauphin.

Le Royaume de France divifé en toutes fes Provinces, comprifes fous douze Gouvernemens Generaux; avec les acquifitions dans l'Efpagne, dans l'Italie, dans l'Allemagne, & dans les Païs-Bas: avec les Tables des Divifions des Gouvernemens de France, par le Sr. Sanfon, en huit fenilles, 1692.

Carte particuliere des Païs qui font fituez entre le Rhin, la Saare, la Mofelle & la baffe Alface, contenant partie du Palatinat, des Electorats de Mayence & de Trèves, des Evêchez de Spire & de Wormes, avec les Duchez de Deuxponts, & de Simmeren &c. en fix feuilles, à Paris 1690.

Le Duché de Luxembourg, divifé en quartier Walon & Alleman, dans chacun defquels font divifez les Seigneuries, Prevôtez & Comtez, le Duché de Bouillon, le Comté de Namur, & le païs entre Sambre & Meufe, en quatre feuilles, ibid. 1690.

Le Comté de Flandres divifé en fes Chaftellenies, & Bailliages &c. le Franc de Bruges, & le Païs de Waes, en deux feuilles, ibid. 1691.

Le Comté de Haynaut, divifé en Châtellenies, Bailliages, Prevôtez &c. Le Cambrefis, ibid. 1691.

Le Duché de Brabant, qui comprend les Quartiers de Louvain, Bruffelles, Anvers & Boisleduc, divifez en leurs principales Iurifdictions: la Seigneurie de Malines & le Marquifat du Saint Empire, dedié au Roy par H. Jaillot, 2. feuilles, à Paris 1692.

Carte Nouvelle de la partie Septentrionale & Orientale de l'Afie & de l'Europe de Nova Zemla jufques à la Chine, dreffée après une recherche exacte de plus de vingt années, par le Sieur Nicolas Wirfen, en 6. feuilles.

Les

LIBRORUM.

Les Etats de Savoye & de Piémont, contenants le Duché d'Aoft, la Seigneurie de Verceil, le Marquifat d'Yvrée, la Principauté de Piémont, les Marquifats de Saluce & de Suze, les Comtez de Nice & d'Aft, le Montferrat, les Duchés de Savoye, de Genevois, de Chablais, les Comtez de Morienne, de Tarentaife, & la Baronie de Fauffigny, le Bailliage de Gex, & la Seigneurie de Geneve, Partie du Briançonnois, du Graifivaudan, du Gapençois, & l'Ambrunois dans le Dauphiné, dediez au Roy, par H. Iaillot, 4. feuilles, à Paris 1692.

Introduction à la Fortification, dediée à Monfeign. le Duc de Bourgogne, par N. de Fer, 26. feuilles, à Par. 1691.

- - - II. Vol. ou Partie des forces de l'Europe, mis au jour par N. de Fer, 25. feuilles, ibid. 1691.

Le veritable Plan de Mons, du côté de l'attaque.

Carte particuliere du Canal de la Riviere d'Eure, depuis Pontgouin jufques à Verfailles, où font exactement remarquez les Aqueducs, les Etangs, les Ponts, & autres travaux qui font deffus & aux environs, deux feuilles.

Carte particuliere des Poftes de France, 1690.

Le Cours du Danube & des Rivieres qui s'y déchargent, où fe trouvent les Frontieres des Empires d'Allemagne & de Turquie, dreffé fur les Memoires de Birken, Wifcher, Wilkins, Brown, &c. & fur les Relations les plus nouvelles, par N. de Fer, en trois feuilles, à Paris 1688.

Mappe-Monde Geo-Hydrographique, ou Defcription generale du Globe terreftre & aquatique en deux plans Hemifpheres, où font exactement remarquées en general toutes les parties de la terre & toutes les parties de l'eau, felon les Relations les plus nouvelles, par le Sr. Sanfon, en fix feuilles.

Le Theatre de la Guerre, dreffé & dedié à Monfeigneur le Dauphin par N. de Fer, fix feuilles, 1690.

Les Frontieres de France & d'Allemagne, deffus & aux environs du Rhin, de la Meufe, de la Mofelle & de la Saare, tirées fur les derniers Memoires & Deffeins des meilleurs Auteurs modernes, par N. de Fer, fix feuilles.

Le Fleuron Royal de l'Augufte Maifon de Bourbon, deux feuilles.

Livre de Fleurs, fait par Vauquer; item diverfes Fleurs compofées par bouquets, avec plufieurs efpeces de Papillons & autres Scarabées, defignées d'après le naturel par R. Robert, propres à toute forte d'ouvrages, comme Broderie, Tapifferie, Miniature & autres pareils, à Paris.

Livre de Fontaines, contenant les Fontaines & Iets d'eau, deffinez d'après les plus beaux lieux d'Italie par Fr. Fanelli. Fontaines, Grottes & Iets d'Eau, Berceaux, &c. par le Pautre, à Par.

Ornemens de Peinture, contenant les Trophées d'armes, Vafes d'ornemens, Feuillages & autres ornemens, Rinceaux de Frifes; Livre de Panneaux d'ornemens; Nouveaux deffeins d'ornemens de Panneaux, Lambris, Caroffe, &c. Frifes & ornemens de Panneaux; Ornemens des Appartemens de la Reine peint: an Vieil Louvre; Ornamenti di Fregi & Fogliani di S. D. Bella; Livre de divers Panneaux enrichis de plufieurs ornemens & Grotefques, Vafes & Bordures de Miroirs; Termes, fupports & ornemens pour embellir les maifons & jardins, à Paris.

Livre de Broderie, Marqueterie, contenant des Feuillages & Fleurs propres aux Peintres, Brodeurs & ouvriers en Soye; Nouveau Livre d'Ornemens pour les Brodeurs; Morceaux de Broderie pour manteaux & habits d'hommes; Deffein de Campanes pour les Brodeurs; Les quatre faifons de l'année; Frifes propres pour les Orfevres, Sculpteurs, Marqueteurs, &c. Ornement à la mode, à Par.

Livre de Parterres, contenant les Plans & Deffeins nouveaux de jardinage du S. le Bouteux; les Plans du jardin du Palais Royal, des Thuilleries, &c. à Paris.

Livre de Cheminées, Alcoves, &c. contenant les nouvelles Cheminées gravées fur des deffeins de M. Francard; Livre nouveau de Cheminées tiré de divers Ouvrages de M. Bullet; Nouvelles Cheminées à Paneaux de Glace executées dans quelques hotels de Paris, avec les Profils en grand des membres d'Architecture; Nouveaux Deffeins de Cheminées à l'Italienne; Nouveaux Deffeins de Cheminées à peu de frais; Deffeins de Lambris à l'Italienne pour orner & embellir les Chambres, Sales, Galeries & autres lieux magnifiques; Alcoves à la Françoife; à la Romaine; Nouveaux Deffeins d'Alcoves; Nouveaux Deffeins de Plafons; Palais & Decorations de Theatres; Nouveaux Deffeins de Iardins, Parterres & Façades de maifons, Portes Cocheres; Portes Cocheres de Menuiferie, à Par.

Livre de Portraiture du Pouffin, par I. Pefne; Livre de Portraiture recueilly des Oeuvres de Iofeph de Rivera dit l'Efpagnolet; Item Recueil de diverfes Pieces d'après Raphael, Annibal Carrache, Dominiquin & autres bons maitres d'Italie, neceffaire pour tous ceux qui defirent parvenir au Deffein, à Par.

Livre de Payfage, Portraiture &c. contenant le Livre de Payfage de Callot, propre à la Nobleffe & aux Ingenieurs, pour apprendre à deffiner à la plume avec liberté, & en peu de tems; Figures d'Academie pour apprendre à deffiner, gravées par S. L. C. Diverfi Capricci fatti per S. della Bella, à Paris.

Autre

CATALOGUS &c.

Autre Livre de Payſage &c. contenant des Leçons données aux Pages du Roy, par le S. Silveſtre, pour apprendre à deſſiner la Fortification, le Payſage, &c. à Par.

Livre d'Orfeverie, Serrurerie, &c. contenant un nouveau Livre d'Ornemens d'Orfevrerie faits par du Cerceau; Ornemens d'Orfevrerie propres pour flanquer & émailler; Nouveaux Deſſeins de Gueridons, dont les pieds ſont propres pour des Croix, Chandeliers, Chenets & autres Ouvrages d'Orfevrerie & de Sculpture; Vaſes ou Burettes à la Romaine; Ornemens peints dans les appartemens des Thuilleries; diverſes pieces de Serruriers; Pluſieurs Modeles des plus nouvelles manieres qui ſont en uſage en l'Art d'Arquebuſerie, avec ſes ornemens les plus convenables, ibid.

Recueil des Vuës des plus beaux lieux de France & d'Italie, de 246. feuilles, ibid.

Le Plan de Veniſe, ville capitale de la plus celebre & illuſtre Republique de l'Europe, dedié à Monſeigneur le Dauphin, par N. de Fer, ibid.

Les environs de Paris, dreſſez & dediez à Monſeign. le Dauph n, par N. de Fer, ibid. 1690.

Plan de la Ville, Cité, Univerſité & Fauxbourgs de Paris, comme il eſt aujourdhuy, avec ſes nouvelles rues, places, enceintes & Cazernes, dreſſé ſur les lieux & ſur les memoires de M. Iouvin de Rochefort, avec des Tables Alphabetiques pour trouver en un moment les rues, les egliſes, les convents, colleges; hoſtels, palais, places, ponts, portes, &c. qui ſe trouvent dans ce Plan, dedié à Monſeign. le Dauphin, par N. de Fer, ibid. 1692.

Partie du haut Rhin, où ſe trouvent la haute & baſſe Alſace, Suntgouw, Briſgouw, Ortenauw, & partie des Marquiſats de Baden, dreſſez ſur les memoires de D. Speckel, avec une Table pour trouver en un moment tous les lieux qui ſont dans cette Carte, dediée à Monſeign. le Danphin, par N. de Fer, 4. Feuilles, ibid. 1691.

Les Frontieres de France & d'Italie, où ſe trouvent les Etats du Duc de Savoye, partie de ceux de Milan & de la Republique de Genes, avec les diverſes routes ou paſſages de France & d'Allemagne en Italie par les Alpes; les Vallées de Perouſe, de Pragelas, de S. Martin, d'Angrogne & de Lucerne, preſentées à Monſeign. le Dauphin par N. de Fer, 1691.

Les Frontieres de France & des Pays-bas, où ſe trouvent les Comtez de Flandre, Artois, Hainaut, Namur & Zeelande; le Duché de Braband, le Marquiſat du S. Empire & la Seigneurie de Malines, qui ſont partie des 17. Provinces; avec le Cambreſis, le Gouvernement de Picardie, & partie de ceux de l'Iſle de France & de Champagne. Item le Bas Rhin, où ſe trouvent les Duchez de Luxembourg, Limbourg & Gueldres Eſpagnole, l'Eveché de Liege, les Etats des Archevêques & Electeurs de Cologne, Treves & Mayence, avec les Duchez de Berg & Iuliers; le Palatinat & Electorat du Rhin, Baſſe Alſace, Province de la Saare, partie de la Lorraine &c. dediée à Monſeign. le Dauphin, par N. de Fer, 2. feuill. ibid. 1691.

Le Comté de Nice, le Marquiſat de Saluſſe & Principauté de Monaco & d'Oneglia, Marquiſat de Final & partie du Piemont, du Monferrat & de la Republique de Genes, dreſſées ſur les memoires du S. Bourgoin, & dediées à Monſeign. le Dauphin, par N. de Fer, ibid. 1692.

Le Ieu Royal & Hiſtorique de la France nouvellement inventé, pour apprendre promtement & en peu de tems la ſuite merveilleuſe de nos Rois, leurs actions les plus memorables, la durée de leur regne, le tems de leur mort & le lieu de leur ſepulture, depuis Pharamond juſques à Louïs XIV. ibid.

Le Ieu de France, par P. Du Val. La figure repreſente les Provinces de France, avec leurs Villes Capitales, Archevêchez, Evêchez, &c. ibid.

Le Ieu des François & des Eſpagnols pour la paix; par P. Du Val, 1670. ibid.

Le Ieu des Nations principales de la terre, où leurs mœurs, leurs modes & leurs coutumes ſont particulierement depeintes, pour inſtruire & recreer tout enſemble les curieux de l'Hiſtoire & de la Geographie, ibid.

- - - des Metamorphoſes d'Ovide, ibid.
- - - de la Sphere ou de l'Univers ſelon Tycho Brahé, ibid.
- - - des Illuſtres Capitaines, Philoſophes, Orateurs & Poetes, ibid.
- - - d'Amour, où l'on voit le cours d'une paſſion amoureuſe, ibid.

Principauté de Tranſilvanie diviſée en cinq Nations, ſubdiviſée en quartiers & Comtez tirée de divers memoires & particulierement de G. C. de Vignola, 1691.

FIN.

N°. III.
CATALOGUS
LIBRORUM,
Quibus Officinam suam auxit
Anno præterito 1693.
REGNERUS LEERS,
Bibliopola Roterodamensis.

A.

Rnauld *des vrayes & des fausses idées contre ce qu'enseigne l'Auteur de la Recherche de la verité*, 12. 1683. 1
- - - *Defense contre la Reponse au livre des vrayes & des fausses idées*, 12. 1684.
- - - *Dissertation sur la maniere dont Dieu a fait les frequens miracles de l'ancienne Loy par le ministere des Anges*, 12. 1685.
- - - *Reflexions Philosophiques & Theologiques sur le Nouveau Systeme de la Grace, livre premier, touchant l'ordre de la nature*, 12. 1685.
- - - *Livre second, touchant l'ordre de la Grace*, 12. 1686. 5
- - - *Livre troisieme, touchant Jesus-Christ comme cause de la Grace*, 12. 1686.
- - - *Lettres au Pere Malebranche*, 12. 1685.
- - *Dissertation sur le pretendu bonheur des sens*, 8. 1687.
Alting Historiæ sacræ & profanæ Compendium, cum Orbis & incolarum descriptione, acceff. J. H. Suiceri Hist. Eccl. N. T. Chronologica delineatio ad nostra usque tempora producta, 8. Tig. 1691.
Art de vivre heureux, formé sur les plus belles maximes & veritez Chrestiennes, pour toutes sortes de personnes, & particulierement pour ceux qui aspirent à estre solidement à Dieu: avec l'exercice de la Messe, & une methode pour passer la journée Chrestiennement, avec la pratique de quelques Peres par J. B. P. O. L. 12. 1693. 10
Addition aux Pensées diverses sur les Cometes, ou Reponse à un libelle, intitulé, Courte revüe des maximes de Morale & des principes de Religion de l'auteur des Pensées diverses sur les Cometes, & pour servir d'instruction aux Juges Ecclesiastiques qui en voudront connoistre, 12. 1694.
Arliquiniana, ou les bons mots, les Histoires plaisantes & agreables, recueillis des conversations d'Arlequin, 12. 1694.

G Anglia

CATALOGUS

Angliæ notitia, or the present state of England compleat: together with divers Reflections upon the ancient State thereof, by Edw. Chamberlayne, 12. Lond. 1692.

l'Année Chrêtienne, ou les Messes des Dimanches, Feries & Fêtes de toute l'année, en Latin & en François: avec l'explication des Epîtres & des Evangiles, & un Abregé de la vie des Saints dont on fait l'office, Tom. 8, 9, 10 & 11. 12. 1693.

An Answer to the Touchstone of the Reformed Ghospel, wherein the True Doctrine of the Church of England, and many Texts of the H. Scripture are faithfully explained, by the right Reve Father in God, Symon, Lord Bishop of Ely, 8. Lond. 1692.

An exact Abridgment of all the Trials, not omitting any material passage therein, which have been published since the year 1678, relating to the Popish and pretended Protestant Plots, in the Reigns of King Charles II, and King James II, 8. ibid. 1690.

Athenæ Oxonienses: an exact History of all the Writers and Bishops who have had their education in the University of Oxford, from the 15th. year of King Henry VII. ann. 1500. to the end of the year 1690. representing the Birth, fortune, preferment, and death of all those Authors and Prelates, the great accidents of their lives, and the fate and character of their writings: to which are added the fast or Annals of the said University for the same time, the I. volume extending to the 16th year of K. Charles I. Dara. 1640. fol. ibid. 1691.

- - - Second Volume, compleating the whole Work, fol. ibid. 1692.

Athenagoræ Philos. Atheniensis Opera, cum Notis variis, curante L. A. Rechenbergio, 8. Lips. 1685.

Apollonii Pergæi Conicorum libri IV. cum Commentariis Cl. Richardi, fol. Antv. 1655.

- - - Liber V. VI. & VII. Paraphraste Abalph. Alphahanensi nunc primum editi. Additus in calce Archimedis Assumptorum liber ex Codic. Arabicis MSS. Abr. Ecchellensis Maronita Latinos reddidit, Jo. Alph. Borellus curam in Geometricis verfioni contulit, & notas uberiores in universum opus adjecit, fol. Florent. 1661.

Advice to an Only Child; or excellent Council to all young persons, containing the summ and substance of experimental and practical Divinity, 12. Lond. 1693.

Almeloveen Amœnitates Theologico-Philologicæ, in quibus varia S. S. loca, ritus prisci & inedita quædam Erasmi, Bocharti, Baudii, Scriverii, J. de Laet, &c. eruuntur: subjiciuntur Epigrammata & Poëmata vetera, ut & Plagiariorum syllabus, altero tanto auctior, 8. Amst. 1694.

- - - Bibliotheca promissa & latens. Huic subjunguntur G. A. Velschii de Scriptis suis ineditis Epistolæ, 8. Gaud. 1692.

l'Art de se conserver la santé, ou le Medecin de soi-même, avec un Traité de quelques Remedes les plus simples & les plus usitez pour la guerison de differentes maladies, par M. Flamant, 12. à Paris. 1692.

- - - Des Devises par le P. le Moyne, avec divers Recueils de Devises du même Autheur, 4. ibid. 1688.

Aymo de universo Alluvionum jure, notis & animadversionibus adauctus, op. Ahasv. Fritschii, 4. Jenæ. 1675.

Architecture de Vignole, avec les Commentaires du S. Daviler, 4. 2 vol. à Paris. 1691.

Antiquitez de la Ville & du Duché d'Estampes, avec l'Histoire de l'Abbaye de Morigny, & plusieurs Remarques considerables qui regardent l'Histoire generale de France, par B. Fleureau, 4. ibid. 1683.

Allatii de Simeonum scriptis Diatriba, Simeonis Metaphrastæ laudatio, Auct. Mich. Psello: Sanctæ Mariæ Planctus ipso Metaphraste Auctore; ejusdem aliquot Epistolæ, L. Allatio ipso interprete. Originum Rerumque Constantinopolitanarum Manipulus, variis Auctoribus. Fr. Combefis ex vetustis MSS. codicibus, partim eruit, omnia reddidit, ac Notis illustravit, 4. ibid. 1664.

- - - De Ecclesiæ Occidentalis atque Orientalis perpetua Consensione libri tres. Ejusdem Dissertationes de Dominicis & Hebdomadibus Græcorum, & de Missa Præsanctificatorum, cum Bart. Nihusii ad hanc Annotationibus, de Communione Orientalium sub specie unica, 4. Colon. 1648.

Apparatus ad Bibliothecam maximam veterum Patrum & antiquorum Scriptorum Ecclesiasticorum Lugduni editam: in quo quidquid ad eorum scripta & doctrinam, variosque scribendi & docendi modos pertinet, Dissertationibus Criticis examinatur & illustratur: de Scriptoribus primi Ecclesiæ sæculi, opera & studio Nic. le Nourry, 8. Parif. 1694.

Ammiani Marcellini Rerum Gestarum qui de XXXI. supersunt, libri XVIII. Ope MSS. Codicum emendati ab Fr. Lindenbrogio & Henrico Hadrianoque Valesiis cum eorundem integris observationibus & annotationibus; Item Excerpta vetera de Gestis Constantini & regum Italiæ. Omnia nunc recognita ab Iac. Gronovio, qui suas quoque notas passim inseruit & necessariis ad Ammiani illustrationem antiquis nummis ac figuris exornari curavit, 4. Lugd. Batav. 1693.

Andr. Alciati, Ioh. Brechæi, Rad. Fornerii, celeberrimorum Iuris interpretum ad Titulum Dige-

LIBRORUM.

Digeſtorum de Verborum ſignificatione Commentariorum Corpus abſolutiſſimum: quæcunque ad hanc materiam ſpectantia uberrime tractata ſimul & explicata complectens,
fol. Genev. 1659.

Antiquitatum & Annalium Trevirenſium libri XXV. duobus tomis comprehenſi, auctoribus 35
R R. PP. Chr. Browero, & Iac. Maſenio: quorum ille Proparaſceven, cum libris XXII.
Annalium ſcripſit: Hic, præter Additamenta, Proparaſceves & Hiſtoriæ, III. reliquos Annalium libros, cum luculentis Indicibus adjecit. Opus variis antiquitatum monumentis
æri & ligno inciſis adornatum, fol. Leod. 1670.

ab Andler Iurisprudentia, qua publica, qua privata, Deciſionibus paſſim & Receſſuum Imperii Conſtitutionibus illuſtrata: quoad materias vero ſecundum Pandectarum quoſdam titulos conſtructa, 4. Soliſb. 1672.

Aurea Bulla Caroli IV. Romanorum Imperatoris, 4.

Anonymi cujuſdam Scriptum accuratiſſimum circa jus Naturæ & Gentium, in quo recentiſſimorum quorundam Scriptorum opiniones adducuntur, rejiciuntur & vera ſententia ſta-
tuminatur, 4. Irenop. 1684.

Antiquitates Eccleſiæ Orientalis, clariſſim. virorum Barberini, Allatii, L. Holſtenii, Mo-
rini, Abr. Echellenſis, Peyreſcii, P. à Valle, Comberi, Buxtorſii, Hottingeri, &c.
Diſſertationibus Epiſtolicis enucleatæ, nunc ex ipſis Autographis editæ. Quibus præfixa eſt
Ioh. Morini vita, 8. Lond. 1682.

Alting (Henr.) Theologia Hiſtorica, five Syſtematis Hiſtorici loca quatuor, 4. Amſterod. 40
1664.

- - - Exegeſis Logica & Theologica Auguſtanæ Confeſſionis: cum Appendice problematica, num Eccleſiæ Reformatæ in Germania pro ſociis Auguſtanæ Confeſſionis agnoſcen-
dæ & habendæ ſint. Acceſſit Syllabus Controverſiarum quæ Reformatis hodie intercæ-
dunt cum Lutheranis, 4. ibid. 1652.

- - - Theologia Problematica Nova; ſive Syſtema Problematum Theologicorum, 4.
ibid. 1662.

- - - (Iac.) Spes Iſraëlis, ſive Commentarius Eccleſiaſticus in Cap. XI. ad Romanos:
in quo Myſterium Converſionis Iudæorum explicatur, & quam plurimis teſtimoniis Pro-
pheticis confirmatur, 4. Leov. 1676.

Anonymi Ravennatis, qui circa ſæculum VII vixit, de Geographia libri quinque, ex
MS. Codice Bibliothecæ Regiæ eruit & Notis illuſtravit Pl. Porcheron, 8. Pariſ. 1688.

Aphoriſmi Novi ex Hippocratis Operibus nunc primum collecti, & in ſuas quique claſſes di- 45
geſti, Notisque illuſtrati ſtudio Iac. Sponii, 12. Lugd. 1684.

Anglicani Novi Schiſmatis Redargutio, ſeu Tractatus ex Hiſtoriis Eccleſiaſticis, quo oſtenditur Epiſcopos, injuſte licet depoſitos, Orthodoxi ſucceſſoris Communionem nunquam re-
fugiſſe: Gr. & Lat. ex cod. MS. editore H. Hodio, 4. Oxon. 1691.

Arcana Politica ſeu Breviarium Politicorum, cum artificio de Conciliatione animorum, 12.
Colon. 1692.

B.

BErlichii Concluſiones practicabiles ſecundum Ordinem Conſtitutionum auguſti Saxoniæ
Electoris diſcuſſæ, omnibus in Academiis, Camera Imperiali, faliſque Iudiciis, inprimis vero in Foro Saxonico verſantibus, utiliſſimæ & ſumme neceſſariæ, Iudicialia continentes, vereque & ſolide Iuris communis & Saxonici, & utriuſque Proceſſus, differentias
demonſtrantes, fol. Lipſ. 1693.

Bonacinæ Opera omnia, in tres tomos diſtributa. Quorum priores duo nonnullis Tractatibus,
queis hactenus caruerant, & innumeris ſubinde acceſſionibus, quas adhibitæ notæ conſe-
pientes indicant, locupletiores recuduntur, ex accurata per ipſummet Authorem recognitione. Tertius denuo in lucem prodit: ut nihil ultra fit, quod ab Auctore ad plenam &
undecunque abſolutam Moralis Theologiæ univerſæ, ſive caſtuum conſcientiæ tractationem
expectare lector debeat. Editio noviſſima, cui initio operis acceſſere Propoſitiones aliquot
à ſummis Pontificibus Alexandro VII. & Innocentio XI. noviſſime damnatæ, fol. Lugd.
1684.

Buxtorfii Lexicon Chaldaïcum, Talmudicum, & Rabbinicum, in quo omnes voces Chal- 50
daïcæ, Talmudicæ & Rabbinicæ quotquot in univerſis Vet. Teſt. Paraphraſibus Chaldaï-
cis; in utroque Talmud, Babylonico & Hieroſolymitano, in vulgaribus & ſecretioribus
Hebræorum Scriptoribus, Commentatoribus, Philoſophis, Theologis, Cabaliſtis & Iure-
conſultis extant, fideliter explicantur, fol. Baſil. 1639.

- - - Tiberias, ſive Commentarius Maſſoreticus triplex hiſtoricus, didacticus, criticus, ad
illuſtrationem Operis Biblici Baſileenſis conſcriptus, 4. Francof. 1665.

CATALOGUS

Burnetii Telluris Theoria Sacra, originem & mutationes generales Orbis nostri, quas ant jam subiit, aut olim subiturus est, complectens; accedunt Archæologiæ Philosophicæ, sive Doctrina antiqua de rerum Originibus, 4. Amst. 1694.

Bockelmanni Commentariorum in Digesta Iustiniani Imp. libri XXVII. 4. Ultraj. 1694.

- - - Compendium Institutionum Cæs. Iustiniani, sive Elementa Iuris civilis in brevem & facilem ordinem redacta, 12. ibid. 1694.

- - - Tractatus Posthumus de Differentiis Iuris Civilis, Canonici & Hodierni, 8. ibid. 1694.

- - De Actionibus Exercitationes, in quibus speciatim de dominio, servitute, hæreditate, possessione, pignore, obligatione naturali & civili, nec non de contractibus nominatis qui re perficiuntur, puta de mutuo, commodato, depofito & pignore agitur, 4. ibid 1694.

Blancardi Anatomia Reformata, sive concinna Corporis Humani Dissectio, ad Neotericorum mentem adornata, plurimisque tabulis chalcographicis illustrata. Accedit ejusdem Authoris de Balsamatione nova Methodus, à nemine antehac hoc modo descripta, 8. Lugd. Bat. 1687.

- - - Lexicon Novum Medicum Græco-Latinum, cæteris editionibus longe perfectissimum: in hoc enim totius artis Medicæ termini, in Anatomia, Chirurgia, Pharmacia, Chymia secundum Neotericorum placita, dilucide & vere exponuntur & definiuntur, 8. ibid. 1690.

Boyl General History of the Air, 4. Lond. 1692.

Bohnii Circulus Anatomico-Physiologicus, seu Oeconomia Corporis Animalis, hoc est, Cogitata, functionum Animalium potissimarum formalitatem & causas concernentia, 4. Lips. 1686.

- - - De renunciatione Vulnerum, seu Vulnerum Lethalium examen, exponens horum formalitatem & causas tam in genere, quam in specie ac per singulas corporis partes, 8. Francof. 1689.

Blaeu Institutio Astronomica de usu Globorum & Sphærarum Coelestium ac Terrestrium, duabus partibus adornata. Una, secundum hypothesin Ptolemæi, per terram quiescentem; Altera, juxta mentem N. Copernici, per terram mobilem, 8. Amst. 1690.

Britsonii de Verborum quæ ad jus pertinent significatione libri XIX. jam ita aucti, ut absolutissimum in Corp. Jur. Civil. Indicem præstare queant. Ex Analectis Io. Ott. Taboris, fol. Francof. 1683.

Blondel Histoire du Calendrier Romain, qui contient son origine & les divers changemens qui lui sont arrivez, 12. 1684.

- - De l'Art de jetter les Bombes, 12. 1690.

- - - Nouvelle maniere de fortifier les Places, 12. 1686.

Barbette Chirurgia Notis & Observationibus Ioh. Muis: accedit de Peste Tractatus, Observationibus illustratus, 12. Amst. 1693.

Boneti Prodromus Anatomiæ Practicæ, sive de abditis morborum causis, ex cadaverum dissectione revelatis, lib. I. pars prima, de doloribus capitis ex illius apertione manifestis, 8. Genev. 1575.

- - - Pharos Medicorum, hoc est, Cautiones, Animadversiones & Observationes Practicæ ex operibus G. Ballonii erutæ, ordini practico traditæ & libris decem comprehensæ, 8. Genev. 1668.

Biningeri Observationum & Curationum Medicinalium Centuriæ quinque, ubi præter diversorum affectuum historias & curationum eventus, rara, nova & inaudita quædam memorantur, 8. 1673.

Borellus de motu Animalium, 2 voll. 4. Lugd. Bat. 1685.

- - - De Vi percussionis, & motionibus naturalibus à gravitate pendentibus, sive Introductiones & illustrationes Physico-Mathematicæ, apprime necessariæ ad opus ejus intelligendum de motu Animalium; una cum ejusdem Auctoris Responsionibus in Animadversiones St. de Angelis ad librum de Vi Percussionis, 4. ibid. 1686.

Balbini Miscellanea Historica Regni Bohemiæ, quibus natura Bohemicæ Telluris, prima Gentis initia, districtuum singulorum Descriptio, fundamenta Regni, Ducum & Regum Imperia, Leges fundamentales, Constitutiones, Comitia, Iudicia, Bella, Paces, Foedera, Feuda, Privilegia, Monetæ ratio, Magistratuum regni Successiones, publica & quædam hæreditaria Munia, Origines omnium Collegiarum Ecclesiarum; & Coenobiorum, Virorum piorum & sanctorum Exempla, Doctorum Lucubrationes & Nomina, Hæreseos Ortus, Progressus, & Interitus; Origines iterum utriusque Nobilitatis, tum edita à Nobilitate illustria Toga, Sagoque facinora, Civitatum Fundationes, Fortuna & Status; Item Historia brevis Temporum cum Chronologico Examine, aliaque ad notitiam veteris Bohemiæ spectantia, indicantur, & summa fide ac diligentia explicantur, 3. voll. fol. Prag. 1679. 1688.

Bible

LIBRORUM.

Bible de Messieurs du Port Royal.

- La Genese traduite en François, avec l'explication du sens literal & du sens spirituel: tirée des SS. Peres & des Auteurs Ecclesiastiques, 12. 2 voll. 1682.   75
- l'Exode & le Levitique, 2 voll. 12. 1683.
- Les Nombres, 12. 1685.
- Le Deuteronome, 12. 1686.
- Josue, les Juges, & Ruth, 12. 1687.
- Les deux premiers livres des Rois, 12. 1679.   80
- Les deux derniers livres des Rois, 12. 1687.
- Job, 12. 1688.
- Pseaumes de David, Traduction nouvelle, selon l'Hebreu & la Vulgate, 12. 1678.
- Les Pseaumes de David, traduits en François, avec une explication tirée des Saints Peres & des Auteurs Ecclesiastiques, 3 voll. 12. 1690.
- l'Ecclesiaste de Salomon, 12. 1679.   85
- l'Ecclesiastique, 12. 1685.
- Isaie, 12. 1679.
- Jeremie, 12. 1691.
- Les douze petits Prophetes, 12. 1681.
- Tobie, Judith & Esther, 12. 1689.   90
- Proverbes de Salomon, 12. 1689.
- Daniel & les Machabées, 12. 1691.
- Ezechiel, 12. 1692.
- Les Paralipomenes, Esdras & Nehemie, 12. 1693.

Brunnemanni Decisionum Centuriae V. in quibus casus rariores breviter & nervose subjectis rationibus praecipuis deciduntur, 4. Francof. 1688.   95

- - - Consilia sive Responsa Academica, in quibus materiae gravissimae inter Principes pariter ac privatos in foris illustribus ventilatae, ex jure publico ac privato, feudali ac Canonico, per rationes dubitandi ac decidendi proponuntur ac nervose resolvuntur, fol. ibid. 1677.
- - - Commentarius in L. libros Pandectarum, quo singulae leges, quae usum habere videbantur, resolvuntur, ac succincte explicantur, controversiae itidem in Academiis & foro frequentatae nervose deciduntur, & quae ex quovis textu notabilia erui possint, ex antiquioribus ac recentioribus collecta subjiciuntur, & omnia ad usum forensem accommodantur, fol. ibid. 1692.
- - - Commentarius in XII. libros Codicis Justinianei, quo singulae leges & Authenticae breviter & succincte explicantur, Quaestiones in Academiis & foro frequentatae, resolvuntur, axiomata ab Interpretibus subinde proposita examinantur & alia ex ipsis textibus notabilia eruuntur, quaeque alias ad Analysin pertinent, per compendium quasi traduntur, fol. Lipf. 1688.
- - - Repetitio Paratitlorum M. Wesenbecii, per quaestiones succincte decisas tractata, ex celebrioribus nostri seculi ICtorum Scriptis methodicis adaucta, 8. Francof. 1681.
- - - De Inquisitionis Processu in gratiam illorum, qui causas criminales tractant, conscriptus. Item de Processu fori legitime instituendo & abbreviando, litigiorumque anfractibus praescindendis, 4. Witteb. 1679.   100
- - - Exercitationes Justinianeae 32. jus Institutionum controversium, ad usum modernum applicatum, juxta ordinem §§ perspicue exhibentes, 4. Francof. 1678.

Bynaei de Morte Christi liber I. Commentarius amplissimus in Matth. 16. Marc. 14. Luc. 22. Joh. 12. & 13. 4. Amst. 1691.

Beveregii Codex Canonum Ecclesiae primitivae vindicatus ac illustratus, 4. Lond. 1678.

Bocharti Opera omnia, hoc est, Phaleg, Canaan & Hierozoicon: quibus accessere variae Dissertationes, hactenus fere omnes ineditae, in quibus multa Philologica, Geographica, Chronologica, Historica, &c. multaque S. Scripturae & meliorum omnis generis Auctorum loca, eruditissime exponuntur. Praemittitur Vita Auctoris à St. Morino litteris mandata, cum variorum ejus Operum recensione; imo & Paradisi Terrestris ad ejus mentem delineatione, 2 voll. fol. Lugd. Batav. 1692.

Barbette Opera omnia Medica & Chirurgica Notis & Observationibus, nec non pluribus morborum Historiis & Curationibus illustrata. Editio novissima appendice eorum quae in praxi tum Medica, tum Chirurgica, vel omissa, vel concisius pertractata fuerunt, jam auctior, op. Ioh. Iac. Mangeti, 4. Genev. 1688.   105

Braunii Vestitus Sacerdotum Hebraeorum, sive Commentarius amplissimus in Exodi Cap. XXVIII. ac XXXIX. & Levit. cap. XVI. aliaque loca S. Scripturae quam plurima, 4. Lugd. Batav. 1680.

Becheri Tripus Hermeticus Fatidicus, pandens Oracula Chymica, 8. Francof. 1689.

Bucelini Constantia Rhenana lacus Moesii olim, hodie Acronii & Potamici Metropolis.

G 3   Sacra

54   CATALOGUS

Sacra & Profana. Ethrufca, Moefia, Harudica, Alemannica, Romana, Gallica, Teutonica, Imperialis Auftriaca urbis longe antiquiffimæ & nobiliffimæ, cum provincia adjacente, & Epifcopatu ejufdem nominis Germaniæ & Europæ omnium longe ampliffimo, Defcriptio Topo- Chrono- Stemmatographica, 4. ibid. 1667.
Berger *fidelle, traduit de l'Italien de Guarini en vers François*, 12 1689.
- - - *Le même, Italien & François*, 12. 1686.
Bible Françoife, avec le N. Teftament & les Pfeaumes tout en Mufique, 12. à *Leid*. 1675.
Bachovii Commentarii in IV. Inftitutionum libros Theorici & Practici : quibus tum textus folide explicatur, tum plurimæ connexæ Quæftiones ex veris principiis juris accurate enodantur, 4. Francof. 1661.
- - - Notæ & Animadverfiones ad Difputationes H. Treutleri, 3. voll. Colon. 1688.
- - - Tractatus de Actionibus, 4. Francof. 1657.
- - - Exercitationes ad partem pofteriorem Chiliados Ant. Fabri, quam de Erroribus interpretum falfe infcripfit, fol. ibid. 1624.
- - - Commentarii in primam partem Pandectarum, 4. ibid. 1630.
Beughem Apparatus ad Hiftoriam literariam noviffimam, variis confpectibus exhibendus, quorum nunc primus prodit, qui eft Bibliographia Eruditorum, critico-curiofa, 12. Amft. 1689.
- - - Confpectus fecundus, id eft, Difpofitio harmonica Scriptorum operumque quorum fummaria & contenta in Actis & Ephemeridibus totius ferme Europæ, 12. ibid. 1694.
- - - Bibliographia Iuridica & Politica noviffima, five Confpectus primus Catalogi librorum Iuridicorum, Canonicorum, Legalium, Politico-Legalium, ut & Politicorum, quotquot currente hoc femifæculo, per univerfam Europam in quavis lingua typis prodierunt, 12. ibid. 1680.
- - - Medica & Phyfica, &c. ibid. 1681.
- - - Mathematica & Artificiofa noviffima, &c. 12. ibid. 1688.
- - - Incunabula Typographiæ, five Catalogus Librorum Scriptorumque proximis ab inventione Typographiæ annis, ufque ad annum MD. inclufive editorum, 12. ibid. 1688.
Becheri Actorum Laboratorii Chymici Monacenfis, feu Phyficæ Subterraneæ libri duo, 8. Francof. 1681.
- - - Experimentum novum ac curiofum de Minera Arenaria perpetua, 8. ibid. 1680.
Begeri Spicilegium Antiquitatis, five variarum ex Antiquitate Elegantiarum vel novis luminibus illuftratarum vel recens etiam editarum fafciculi, fol. Col. Brand. 1692.
Bronckhorftii Commentarius in Tit. Digeftorum de diverfis Regulis Iuris antiqui, cui accefferunt Auctoris Vita, ejusque duæ Orationes elegantiffimæ, de Studio Iuris recte inftituendo; & de dignitate ac præftantia Iurisprudentiæ, 12. Lipf. 1692.
Barbay Commentarius in Ariftotelis Phyficam, Logicam, & Moralem, 12. 4. voll. Lugd. 1692.
Baillet des Enfans devenus celebres par leurs eftudes ou par leurs ecrits, Traitté Hiftorique, 12. à *Paris*. 1688.
- - - *Des Satyres perfonnelles Traitté Hiftorique, & Critique de celles qui portent le titre d'Anti*, 2 voll. ibid. 1689.
- - - *Auteurs deguifez fous des noms etrangers, empruntez, fuppofez, feints à plaifir, chiffrez, renverfez, retournez, ou changez d'une langue en une autre*, 12. ibid. 1690.

C.

Codex Iuris Gentium Diplomaticus, in quo Tabulæ Authenticæ Actorum publicorum, Tractatuum, aliarumque rerum majoris momenti per Europam geftarum, pleræque inditæ vel felectæ, ipfo verborum tenore expreffæ ac temporum ferie digeftæ, continentur; à fine fæculi undecimi ad noftra ufque tempora aliquot tomis comprehenfus; quem ex Manufcriptis præfertim Bibliothecæ Auguftæ Guelfebytanæ Codicibus, & monumentis Regiorum aliorumque Archivorum, ac propriis denique Collectaneis edidit G. G. Leibniz, fol. Hannov. 1693.
Carpzovii Artis Concionatoriæ Tyrocinium pericoparum Euangelicarum totius anni expofitionem fecundum utramque methodum exhibens, 8. Lipf. 1692.
Calixti Tractatus Theologicus de Hærefi, Schifmate & Hæreticorum pœnis Ser. Brunfw. & Luneburg. Ducum Academiæ Iuliæ vifitationi anno 1690. folenniter celebrandæ confecratus, 4. Helmft.
Cameronis Myrothecium Euangelicum, hoc eft, N. Teft. loca quamplurima ab eo, poft aliorum labores, apte & commode vel illuftrata vel explicata vel vindicata: quibus adjectæ
funt

LIBRORUM.

sunt Al. Mori Notæ in Novum Fœdus, & Differtatio in Matth. 24: 28. nec non ejufdem Axiomata Theologica, 4. Salm. 1677.
Cocquii Ethica Sacra, five Obfervationes Critico-Sacræ in Sacrum N. T. Codicem, qui agit de Philofophia & Doctrina morum, 4. Lugd. Bat. 1691.
Caranza fumma Conciliorum, additionibus Fr. Sylvii quondam illuftrata, nunc iterato recognita, & quatuor Controverfiis ad Concilia præambulis, ac quibufdam Conciliis, & notulis marginalibus, &c. aucta per Fr. Ianff. Elinga, 4. Lov. 1681.
Ciampini Differtatio Hiftorica an Romanus Pontifex baculo paftorali utatur, 4. Rom. 1690.
à Collibus Princeps, Confiliarius, Palatinus five Aulicus & Nobilis, cum additionibus & notis politicis M. Nauraths, 8. Francof. 1670.
C. V. Catulli Opera, ex recenfione I. Voffii cum ejufdem notis ac obfervationibus, 4. Lugd. Bat. 1691.
Cafalii de Profanis & Sacris Veteribus Ritibus, opus tripartitum, 4. Francof. 1681.
S. Cæc. Cypriani & aliorum quorundam ad ipfum vel in fimili caufa fcriptæ Epiftolæ XXCIII. ordine Pameliano locatæ, ex editione Goulartiana in fectiones divifæ, & cum S. Auguftini ad Cypriani Argumenta de Baptifmo Hæreticorum refponfionibus fuo loco fubjunctis. Variis etiam Pamelii, Rigaltii aliorumque lectionibus & conjecturis, ut & Gratiani in Decreto, Lombardi in Libris Sententiarum, ac Thomæ Aquinatis in fumma Theologiæ Allegationibus in margine notatis, feorfim editæ ftudio L. Fr. Reinharti, 4. Altd. 1681.
Cave Apoftolici: or the Hiftory of the Lives, Acts, Death, and Martyrdoms of thofe who were contemporary with, or immediately fucceeded the Apoftles: as alfo the moft eminent Fathers for the firft 300 years. To which is added a Chronology of the three firft Ages of the Church, fol. Lond. 1687.
- - - *Ecclefiaftici: or the Hiftory of the Lives, Acts, Death and Writings of the moft eminent Fathers of the Church, that flourisht in the fourth Century. Wherein among other things an account is given of the Rife, Growth, and Progreß of Arianifme, and all other Sects of that age defcending from it. Together with an Introduction, containing an Hiftorical Account of the ftate of Paganifm under the firft Chriftian Emperours*, fol. ibid. 1683.
Compleat Ambaffador: or two Treaties of the intended Marriage of Qu. Elizabeth, comprifed in Letters of Negociation of Sir Fr. Walfingham, her Refident in France; together with the Anfwers of the Lord Burleigh, the Earl of Leicefter, Th. Smith and others, fol. ibid. 1655.
Clark Survey of the Bible, or an Analytical Account of the Holy Scriptures, containing the divifion of every Book and Chapter: thereby shewing the frame and contexture of the whole, 4. ibid. 1693.
Conant Sermons preached on feveral occafions, 8. ibid. 1693.
M. T. Ciceronis Opera quæ extant omnia, ex MSS. Codicibus, emendata ftudio atque induftria Iani Gulielmi & Iani Gruteri, additis eorum notis integris: nunc denuo recognita ab Iac. Gronovio, cujus ubique adjectæ funt emendationes, petitæ partim ex libris MSS. partim ex animadverfionibus Virorum Doctorum; etiam Orationibus illuftratis acceffione Afconii Pediani & doctiffimi veteris Scholiaftæ, nunquam antea editi: appofitis in margine ad utentis commodum numeris, non tantum Gruterianis, fed etiam apparatui Latinæ locutionis Nizoliano refpondentibus, 4. & 12. Lugd. Batav. 1692.
Carlevalii Difputationes juris variæ, ad interpretationem Regiarum Legum Regni Caftellæ & illis fimilium, tam ex Iure Neapolitano, quam ex utroque Communi Civili & Canonico, de Iudiciis, de Foro competenti, & legitima Iudicum poteftate, ac de judiciis in genere, Indicio executivo & Concurfu Creditorum, fol. 2. voll. Lugd. 1668.
Caramuel Theologia Moralis Fundamentalis, 4 voll. fol. 1676.
Celfi de Medicina Libri VIII, brevioribus Rob. Conftantini, If. Cafauboni aliorumque fcholiis ac locis parallelis illuftrati, cura & ftudio Th. I. ab Almeloveen, 12. Amft. 1687.
Craffes, Methode d'Oraifon, pour aider ceux qui ont de la peine à s'entretenir avec Dieu, & qui ont des diftractions dans leurs prières, 12. à Paris, 1683.
Capitularia Regum Francorum. Additæ funt Matculphi Monachi & aliorum Formulæ Veteres, & Notæ doctiffimorum virorum: St. Balufius edidit & Notis illuftravit, fol. 2 voll. Par. 1677.
Cappelli (Lud.) Commentarii & Notæ Criticæ in Vetus Teftamentum: acceffere Iac. Cappelli Obfervationes in eofdem Libros. Item Lud. Capelli Arcanum Punctuationis auctius & emendatius, ejusque Vindiciæ hactenus ineditæ, fol. Amft. 1689.
Clerici Logica, Ontologia & Pneumatologia, 8. ibid. 1592.
Critique Generale de l'Hiftoire du Calvinifme de M. Maimbourg, 2 voll. 12. 1684.
- - - *Nouvelles Lettres de l'Auteur de la Critique Generale de l'Hiftoire du Calvinifme de M. Maimbourg*, 2 voll. 12. 1684.

Camden

56 CATALOGUS

Camdeni & Illuftrium Virorum ad eum Epiftolæ cum appendice varii argumenti: accefferunt Annalium Regni Regis Iacobi I. apparatus, & Commentarius de antiquitate, dignitate, & Officio Comitis Marefchalli Angliæ. Præmittitur Camdeni vita fcript. Th. Smitho, 4. Lond. 1691.

Carpzovii Iurifprudentia Ecclefiaftica, feu Confiftorialis rerum & quæftionum in Ser. ac Pot. Electoris Saxonici Senatu Ecclefiaftico & Confiftorio fupremo, ventilatarum, deliberatarum, & decifarum Definitiones fuccinctas, Iure Divino, Canonico, Civili, Conftitutionibus & Ordinationibus Ecclefiafticis probatas, Refcriptis, Decretis & Refponfis Electoralibus corroboratas exhibens, fol. Lipf. 1685.

— — — Iurifprudentia forenfis Romano-Saxonica, Rerum & Quæftionum ut plurimum occurrentium, ex Iure Civili, Romano, Imperiali, Canonico, Saxonico & Provinciali tractatarum ac decifarum Definitiones Iudiciales fuccinctas & nervofas, placitisque & fententiis Dom. Scabinorum corroboratas exhibens, fol. ibid. 1684.

— — — Proceffus Iuris in foro Saxonico ufu ac obfervantia comprobatus, & ad fundamenta rationesque Iuris Romano-Imperialis, Canonici, Saxonici & Provincialis revocatus, annexa cuique Proceffus articulo formula petendi ac fententionandi, fol. Ienæ 1667.

— — — Commentarius in Legem Regiam Germanorum, five Capitulationem Imperatoriam, Iuridico-Hiftorico-Politicus, vivam faciem Status Imperii Romano-Germanici Moderni, veramque delineationem coadunatæ & indivifæ poteftatis Cæfaris Auguft. Procerumque Regni Illuftr. circa fumma Majeftatis Iura, Imperiique adminiftrationem exhibens, fol. Hanov. 1669.

— — — Opus Decifionum illuftrium Saxonicarum, Caufas & Quæftiones forenfes utramque in partem ventilatas, difcuffas & determinatas, Refponfisque & Iudicatis corroboratas exhibens, fol. Lipf. 1690.

Chamierus Contractus, five Panftratiæ Catholicæ D. Chamieri Epitome, in qua Corpus controverfiarum fuper Religione adverfus Pontificios, in quatuor tomos antehac diftributum, fervata Authoris methodo, ordine, nervis, peae etiam verbis, uno volumine lectori compendio exhibetur, op. Fr. Spanhemii, fol. Genev. 1643.

Chronicon Balduini Avennenfis, Toparchæ Bellimontis, five Hiftoria Genealogica Comitum Hannoniæ aliorumque Principum, fol. Antverp. 1693.

Caractere de la Reine Elizabeth, & de fes principaux Miniftres d'Etat, dans lequel on voit ce qui est arrivé de plus confiderable pendant fon Regne, fes Vertus, fes Defauts, & fa Politique, avec la maniere de fon Gouvernement tant dans l'Eglife que dans l'Etat, par le Sicur Bohun de la Societé Royale, traduit de l'Anglois, 12. à la Haye, 1694.

Caracter of Queen Elizabeth, or a full and clear account of Her Policies, and the Methods of Her Government both in Church and State, by Edw. Bohun, 8. Lond. 1693.

Crefcentii Artes reconditæ regendi Refpublicas & dominandi, quibus fere utuntur & imperia firmant Reges five Principes; Optimates five Patritii, & Populus, qui fummo potiuntur imperio. Accedunt Artes ambiendi dignitates & honores in Republ. & Principum aulis, & felectæ Sententiæ Politicæ, 12. Gedani, 1685.

Conciones & Orationes ex Hiftoricis Latinis excerptæ, 12. 1673.

Cantelius de Romana Republica, five de Re militari & civili Romanorum, ad explicandos Scriptores antiquos, 12. Ultraj. 1691.

Confiliorum Tubingenfium five illuftrium juris Refponforum & Confultationum de infignioribus aliquot juris tam publici, quam privati, Civilis, Canonici, ac Municipalis Wurtembergici Quæftionibus volumina fex, ex edit. Chr. Befoldi, fol. Tub. 1661.

Calæ de articulandi & probandi modo, de privilegiis item variandi & eligendi forum Tractatus, 4. Francof. 1693.

Coch Praxis fori Germanici, IV. libris expofita, qui jurisdictionis fundandæ aufpicium, Actionum prælidium, Exceptionum tutamen Proceffusque feriem exhibent, 4. Lipf. 1685.

Calendrier Hiftorique dans lequel font clairement expliquées les Heures, les Jours, les Semaines, les Mois, les Années, les Cycles, les Eres & les Epoques avec un Traitté Hiftorique de la Sphere dans lequel font auffi rapportez les divers Syftemes des Philofophes tant anciens que modernes, par J. de Brisbard, 8. Leid. 1694.

M. T. Ciceronis Orationum Selectarum Liber, editus in ufum fcholarum Hollandiæ & Weftfrifiæ, ex decreto Illuftriff. D.D. Ordinum ejus Provinciæ: Notas addidit Eduardus à Zurk, 8. Rotterod. 1694.

D.

Dictionaire Geographique contenant les Royaumes, les Provinces, les Villes, & les autres lieux les plus confiderables du Monde, Ouvrage nouveau, où l'on encherit au deffus de four-

LIBRORUM.

Fournier, de Duval, de Baudrand, de Morery, & des autres Auteurs qui ont paru jusques ici, 12. à Bruxell. 1694.
Drechsleri Chronicon Saracenicum & Turcicum à G. Fabricio & Io. Rofino emendatum auctumque: accedit Ioh. Andr. Bofii Differtatio de Imperio Turcico, 8. Lipf. 1689.
De la Critique, 12. à Lyon, 1691.
Dieterici Analyfis Euangeliorum Dominicalium, una cum Obfervationibus & Doctrinis ex S. S. Scripturæ fundamentis, Sanctorum Patrum Teftimoniis & Virorum Doctorum Sententiis, 2. voll. 4. Francof. 1688.
Dictionnaire Chrétien, ou fur differens tableaux de la nature, l'on apprend par l'Ecriture & les S. Peres à voir Dieu peint dans tous fes Ouvrages; & à pafser des chofes vifibles aux invifibles, Ouvrage tres utile aux Religieux & Religieufes, aux perfonnes de pieté, aux Predicateurs & à tous ceux qui eftudient ou qui ont à parler en public, 8. à Paris, 1692. — 180
Durantis de Arte Teftandi & cautelis ultimarum Voluntatum, 8. Lugd. 1572.
Diogenis Laërtii de Vitis, Dogmatibus & Apophthegmatibus Clarorum Philofophorum Libri X. Græce & Latine, cum fubjunctis integris Annotationibus If. Cafauboni, Th. Aldobrandini & Mer. Cafauboni: Latinam Ambrofii verfionem complevit & emendavit M. Meibomius. Seorfim excufas Æg. Menagii in Diogenem Obfervationes auctiores habet Volumen II. ut & ejufdem Syntagma de Mulieribus Philofophis, & Ioach. Kuhnii ad Diogenem notas; additæ denique funt priorum editionum Præfationes, & Indices locupletiffimi, 4. Amft. 1692.
Derodonis Opera Philofophica, 4. Genev. 1669.
- - - Philofophia Contracta, editio fecunda, cui acceffit Ethica, cum Difputatione de Libertate, 4. ibid. 1581.
Duck de Ufu & Authoritate Iuris Civilis Romanorum in Dominiis Principum Chriftianorum, Libri duo, 12. Lipf. 1676. — 185
Defcription des Plantes de l'Amerique avec leurs figures au naturel, par le R. P. Charles Plumier, fol. à Paris, 1693. de l'Imprimerie Royale du Louvre.
Divers Ouvrages de Mathematique & de Phyfique, par Meffieurs de l'Academie Royale des Sciences, fol. ibid. 1693. de l'Imprimerie Royale du Louvre.
Du Pin Nova Bibliotheca Auctorum Ecclefiafticorum, eorum vitæ Hiftoriam, Operum Catalogum, Criticen, & Chronologiam complectens: ac eorum quæ continent compendium, fuper eorum cum ftylo tum doctrina judicium, nec non variarum operum editionum enumerationem, Tomus primus, 4. 1692.
Diemerbroek Opera omnia Anatomica & Medica, partim jam antea excufa, fed plurimis locis ab ipfo Auctore emendata & aucta, partim nondum edita, nunc fimul collecta & diligenter recognita, fol. Ultraj. 1685.
Dauth de Teftamentis Tractatus Methodicus, enarratione perfpicua & brevi, Digeftorum & Codicis titulos de Teftamentis & qui Teftamenta facere poffunt, nec non l. 1. ff. de vulgari & pupillari fubftitutione, continens, fol. Francof. 1670. — 190
Beckherri Relationum, Votorum, & Decifionum Aug. Imp. Cameræ Iudicii Liber fingularis, 4. Spiræ, 1681.
Differtation Canonique fur le vice de la proprieté des Religieux & des Religieufes, compofee en Latin par M. Bernard van Efpen, 12. à Lyon, 1693.
Dougtæi Analecta facra, five Excurfus Philologici breves fuper diverfis Vet. & Nov. Teftamenti locis. Subjiciuntur Nortoni Knatchbul Animadverfiones in Libros Nov. Teftamenti, 8. Amft. 1693.
De Dieu Critica Sacra, five Animadverfiones in loca quædam difficiliora Vet. & Nov. Teftamenti. Editio nova, recognita, ac variis in locis ex Autoris manufcriptis aucta. Suffixa eft Apocalypfis D. Iohannis Syriaca, quam ante aliquot annos ex manufcripto Iof. Scaligeri Autor primus edidit, verfione Latina notifque illuftravit, fol. ibid. 1693.

E.

Epiftolarum Innocentii III. Romani Pontificis libri XI. Accedunt Gefta ejufdem Innocentii, & prima collectio Decretalium compofita à Rainerio Diacono & Monacho Pomporiano. St. Baluzius collegit, edidit & emendavit, fol. Par. 1682. — 195
Elingii Hiftoria Græcæ Linguæ, cum Præfatione Ad. Rechenbergii, 8. Lipf. 1691.
Erafmi Adagia, id eft, Proverbiorum, Parœmiarum & Parabolarum omnium quæ apud Græcos, Latinos, Hebræos, Arabes, &c. in ufu fuerunt, Collectio abfolutiffima, in locos communes digefta, fol. Francof. 1670.

H . . . Col.

CATALOGUS

- - Colloquia Familiaria: P. Rabus recensuit & Notas perpetuas addidit. Accedit Conflictus Thaliæ & Barbariei, Auct. Erasmo, 8. Roterod. 1692.

Eipon Tractatus Historico-Canonicus exhibens scholia in omnes Canones Conciliorum, tam Græcos, quam Latinos, unanimi utriusque Ecclesiæ Græcæ & Latinæ consensu probatos, 4. Leod. 1693.

Essenii Compendium Theologiæ Dogmaticum; ubi præter explicationes theticas, & assertiones scripturariaes, in Controversiis vera sententia passim confirmatur argumentis, ad certas & paucas Classes revocatis, &c. fini adjecta est Ioh. Hoornbeekii Methodus conclonandi, 8. Ultraj. 1685.

Ens Thaumaturgus Mathematicus, id est, admirabilium è Mathematicarum disciplinarum fontibus profluentium Sylloge, 8. Colon. 1651

Eleuinia Sacra patefacta, seu Tractatus Anatomicus novus de organorum Generationi dicatorum structura admirabili in utroque sexu, veterum atque neotericorum Hypothesibus & inventis accommodatus, 4. Francof. 1684.

Eutychii Ægyptii, Patriarchæ Orthodoxorum Alexandrini, Scriptoris, ut in Oriente admodum vetusti ac illustris, ita in Occidente tum paucissimis visi, tum perraro auditi, Ecclesiæ suæ Origines: ex ejusdem Arabico nunc primum typis edidit & Commentario auxit Ioh. Seldenus, 4. Lond. 1642.

Entretiens de Morale dediez au Roy, 12. 2. voll. à Paris, 1692.

Erasmi Colloquia Familiaria Repurgata, cum Notis accuratioribus Nicolai Mercier, 12. Parif. 1651.

Elemens de Mathematique, ou Traité de la Grandeur en general qui comprend l'Arithmetique, l'Algebre, l'Analyse, &c. par le Pere Lamy, 12. Amst. 1692.

Estat Nouveau d'Angleterre sous le Regne du Roi Guillaume & de la Reine Marie, par Monsieur Chamberlain, 2. voll. 12. à Amsterd. 1692.

F.

Fleming Discourse of Earthquakes, as they are supernatural and premonitory signs to a Nation; with a respect to that hath occurred in this year 1692. and some special Reflections thereon, 8. Lond. 1693.

- - *The Confirming Work of Religion: or, its great things made plain by their primary Evidences and Demonstrations, 8. ibid. 1693.*

Fortis Consultationum & Responsionum Medicinalium Centuriæ quatuor. Accesserunt ejusdem Consilia de Febribus, & de Morbis Mulierum, fol. Genev. 1677.

- - - Consultationum & Responsionum Medicinalium ad sanguinis circulationem concinnatarum Centuriæ quatuor, Tomus alter, fol. ibid. 1680.

Ferrarii de Ritu Sacrarum Ecclesiæ veteris Concionum, cum Præfatione Ioh. Ge. Graevii, 8. Ultraj. 1692.

Fernelii Universa Medicina, primum studio & diligentia G. Plantii elimata, postea Notis, Observationibus & Remediis secretis Ioh. & Otth. Heurnii & aliorum præstantissimorum Medicorum scholiis illustrata, cum Casibus & Observationibus rarioribus, ex Diario practico Oth. Heurnii annotatis; nunc demum opera Th. Boneti auctior adjectione Encheiridii Medico-Practici incerti Autoris & Chirurgici Chalmetei, fol. Genev. 1680.

Fontanellæ Tractatus de Pactis Nuptialibus, sive de Capitulis Matrimonialibus, multis exquisitis Decisionibus ornatus, 2 voll. ibid. 1684.

Fabri Opera Chymica omnia, 2 voll. 4. Francof. 1656.

Fasciculus rerum expetendarum & fugiendarum, prout ab Orth. Gratio editus est Coloniæ anno 1535. in Concilii tunc indicendi usum & admonitionem: cum Appendice sive Tomo II. Scriptorum veterum (quorum pars magna nunc primum è MSS. Cod. in lucem prodit) qui Ecclesiæ Romanæ errores & abusus detegunt & damnant, necessitatemque Reformationis urgent, op. Edw. Brown, 2. voll. fol. Lond. 1690.

G.

Geographie Universelle, ou Nouvelle Methode pour apprendre facilement cette Science contenant le Traité de la Sphere, la Description du Globe Terrestre & Celeste, les Parties du Monde, divisées en leurs Estats, Empires, Royaumes, Republiques, Provinces, &c. par Monsieur De la Croix, 12, 4. voll. à Paris, 1693.

Ge

LIBRORUM.

Galanteries des Rois de France, depuis le commencement de la Monarchie jusques à présent, augmenté de plusieurs pieces curieuses, 8. 2. voll. à Bruxelles, 1694
Geulinx Compendium Physicæ illustratum à Casp. Langenhert. Accedit hujusce Brutum Cartesianum, 8. Francof. 1588.
Geneseos, sive Mosis Prophetæ Liber primus, ex translatione Io. Clerici, cum ejusdem Paraphrasi perpetua, Commentario Philologico, Dissertationibus Criticis quinque, & Tabulis Chronologicis, fol. Amst. 1693.
Gockelii (Eberh.) Enchiridion Medico-practicum de Peste, atque ejus origine, causis & signis prognosticis, quin etiam præservationis ac curationis modo & antidotis; cui annexus est libellus de Venenis, 8. Aug. 1669.
- - - Consiliorum & Observationum Medicinalium Decades sex, collectæ & per experientiam comprobatæ, 8. ibid. 1683.
- - - (Rod.) Physignomica & Chiromantica specialia: accesserunt in fine memorabilia Experimenta & Observationes Chiromanticæ, cum speciali judicio, notatu dignissimæ, 8. Hamb. 1661.
Gallerati de Renuntiationibus Tractatus tribus Tomis distinctus; adjectis etiam decisionibus S. R. R. ad materiam Renuntiationum spectantibus, fol. Genev. 1688.
Gemmæ & sculpturæ antiquæ depictæ ab Leon. Augustino, addita earum enarratione, in Latinum versa ab Iac. Gronovio, cujus accedit Præfatio, 2. voll. 4. Franeq. 1694.
Golii Lexicon Arabico-Latinum, contextum ex probatioribus Orientis Lexicographis: accedit Index Latinus copiosissimus, qui Lexici Latino-Arabici vicem explere possit, fol. Lugd. Bat. 1653.
Gothofredi Archontologia Cosmica, sive Imperiorum, Regnorum, Principatuum, Rerumque publicarum omnium per totum Orbem Commentarii luculentissimi, quibus cum ipsæ regiones, earumque ingenia ac termini, tum incolarum mores, opes provinciarum, mercimonia ac negotiatio, robur militare, forma dominii, Religionis cultusque ratio, successionis denique Principum ad nostra usque tempora deducuntur; adjectis multis artificiosis & accuratis ad vivum delineatis Provinciarum Urbiumque Orbis præcipuarum Tabulis Chalcographicis, fol. Francof. 1649.
Glassii Philologiæ Sacræ, qua totius S. S. Veteris & Novi Testamenti, Scripturæ, tum stylus & literatura, tum sensus & genuinæ interpretationis ratio, expenditur; Libri quinque, quorum I. & II. Generalia de S. S. stylo & sensu, III. & IV. Grammatica Sacra, V. Rhetorica Sacra comprehensa, 4. Amst. 1694.
Grotii Isagoge ad praxin fori Batavici, illustrata paraphrasi ac supplemento, auct. Abr. de Pape, 4. Lugd. Bat. 1694.
Gaillardi Melchisedecus Christus unus Rex Justitiæ, Rex Pacis, 4. ibid. 1686.
- - - Specimen Quæstionum in Novum Instrumentum, 4. ibid. 1684.

H.

Huguenini Christianus ratiocinans, quo Cl. V. R. Dissertationem Theologicam de Generatione Filii & morte fidelium temporali, Metaphysico-Theologice discussam refellit; Ecclesiæque Orthodoxiam vindicans, meliorem & verum hum. rationis in omnibus Dei mysteriis usum substituit, 8. Lugd. Bat. 1690.
Hacki Regia Via omnes dissidentes in religione Neo-Evangelicos, ad orthodoxam & salvificam Christianæ fidei veritatem perscrutandam, inveniendam & amplectendam manuducens, pro majori elucidatione Scrutinii veritatis fidei divinæ, 4. Amst. 1689.
Histoire des Empereurs & autres Princes qui ont regné durant les six premiers siecles de l'Eglise, des persecutions qu'ils ont faites aux Chrétiens, de leurs guerres contre les Juifs, des Ecrivains prophanes, & des personnes les plus illustres de leurs tems, justifiées par les citations des Auteurs originaux, avec des notes pour éclaircir les principales difficultez de l'Histoire: Tome I. qui comprend depuis Auguste jusqu'a Vitellius & de la ruine des Juifs, par le Sieur D. T. 12. à Bruxelles, 1692.
- - - *Tome II. qui comprend depuis Vespasien jusques à la mort de Trajan*, 12. ibid. 1693.
- - - *Tome III. qui comprend depuis Severe jusqu'à Maximin*, 12. ibid. 1693.
- - - *Memoires pour servir à l'Histoire Ecclesiastique des six premiers siecles, justifiez par les citations des Auteurs originaux; avec une Chronologie, où l'on fait un abregé de l'Histoire Ecclesiastique & Prophane: & des notes pour eclaircir les difficultez des faits de la Chronologie, par le Sieur D. T. Tome I. qui contient l'Histoire de nôtre Seigneur Jesus-Christ; la Sainte Vierge; Saint Joseph, epoux de la Sainte Vierge; Saint Joseph d'Arimathée, & Saint Jean Baptiste*, 12. ibid. 1694.

- - - De l'Edit de Nantes, contenant les choses les plus remarquables qui se sont passées en France avant & après sa publication, à l'occasion de la diversité des Religions : & principalement les contraventions, inexecutions, chicanes, artifices, violences, & autres injustices, que les Reformez se plaignent d'y avoir soufferses jusqu'à l'Edit de Revocation en Octobre 1685. avec ce qui a suivi ce nouvel Edit jusques à present, 2 voll. à Delft, 1693.
- - - De la Guerre de Hollande, où l'on voit ce qui est arrivé de plus remarquable depuis l'année 1672. jusques en 1677. 12. 1689.
- - - Des Conciles Generaux, commençant par le premier Concile de Nicée : avec des Notes d'Eclaircissement & de Critique sur les endroits difficiles qui se rencontrent dans l'Histoire, dans les Actes, & dans les Canons de ce premier Synode Oecumenique, 4. à Paris, 1692.
- - - De Thucydide, de la Guerre du Peloponese, continuée par Xenophon, de la traduction de N. Perrot d'Ablancourt, fol. ibid. 1662.

Histoires d'Herodote, mises en François par P. Du Ryer, fol. ibid. 1658.

Hoeke Commentarius Analyticus in Epistolam ad Hebræos : præmissa est Analysis totius Epistolæ, 4. Lugd. Bat. 1693.

Huygens breves Observationes de Actibus humanis & Passionibus animæ ; item de virtutibus & Vitiis in genere, 8. Leod. 1694.

Helmont Observationes circa hominem ejusque morbos certissimis sanæ rationis & experientiæ judiciis superstructæ, 12. Amst. 1662.

Haræi Annales Ducum seu Principum Brabantiæ totiusque Belgii, Tomi tres, quorum primo solius Brabantiæ; secundo Belgici Uniti Principum Res Gestæ; tertio Belgici tumultus usque ad Inducias anno MDCIX. pactas enarrantur : cum Ducum seu Principum imaginibus, & brevi rerum per omnem Europam illustrium narratione, fol. Antv. 1623.

Humelii Explanatio Epistolæ Pauli ad Philemonem : accedunt Anacephalæosis Explanationis superioris ; & Conciones explicantes vocem Christi in cruce pendentis, triumphum ejusdem resurgentis, & votum Christiani sub cruce gementis, fol. Tig. 1670.

Heeser loci communes Juris practici de Bonorum & inprimis ad quæstuum Conjugalium communione eorumque divisione, collecti & in duas partes distincti, nec non variis præjudiciis, sive rebus judicatis illustrati, 4. Francof. 1678.

Heraldi Quæstionum quotidianarum Tractatus ; ejusdem Observationes ad jus Atticum & Romanum ; in quibus Cl. Salmasii miscellæ Defensiones, ejusque specimen expenduntur, fol. Par. 1650.

Histoire de Guillaume III. Roy d'Angleterre, d'Ecosse, de France & d'Irlande, Prince d'Orange, &c. contenant ses Actions les plus memorables, depuis sa naissance jusques à son elevation sur le trône, & ce qui s'est passé depuis jusques à l'entiere reduction du Royaume d'Irlande, par Medailles, Inscriptions, Arcs de Triomphe & autres Monumens publics, recueillis par N. Chevalier, fol. Amst. 1692.

Hydrographie, contenant la Theorie & la Pratique de toutes les parties de la Navigation, par le P. G. Fournier, seconde edition, augmentée de la Navigation du Roy d'Ecosse Jaques V. du nom, autour de son Royaume & les Isles Hebrides & Orchades, sous la conduite d'Alexandre Lyndsay, excellent Pilote Ecossois, fol. à Paris, 1679.

Histoire des Revolutions d'Angleterre depuis le commencement de la Monarchie, par le P. d'Orleans, 2. voll. 4. ibid. 1693.
- - - De S. Louis, divisée en XV. Livres, 4. 2. voll. ibid. 1688.
- - - De France, par M. de Cordemoy, 2. voll. ibid. 1685.
- - - Generale des Drogues, traitant des Plantes, des Animaux & des Mineraux, ouvrage enrichy de plus de quatre cens Figures en taille douce tirées d'après nature ; avec un discours qui explique leurs differens Noms, les Pays d'où elles viennent, la maniere de connoître les veritables d'avec les falsifiées, & leurs proprietez : où l'on decouvre l'erreur des Anciens & des Modernes, le tout tres utile au Public, par le Sieur Pierre Pomet, fol. ibid. 1694.

Historiæ Poëticæ Scriptores antiqui, Apollodorus Atheniensis, Conon Grammaticus, Ptolemæus Hephæst. F. Parthenius Nicaensis, Antoninus Liberalis, Græce & Lat. Accessere breves notæ & indices necessarii, 2 voll. 8. Parif. 1675.

Histoire du Cardinal Ximenes, par Monsieur Flechier, 12. 2. voll. à Amst. 1693.
- - - d'Emeric, Comte de Teckeli, ou Memoires pour servir à sa vie, où l'on voit tout ce qui s'est passé de plus considerable en Hongrie, depuis sa naissance jusques à present, 12. ibid. 1693.
- - - De Louis Bourbon II. du nom, Prince de Condé, premier Prince du Sang, 12. Cologne, 1693.
- - - d'Alexandre Farneze, duc de Parme & de Plaisance, Gouverneur de la Belgique, 12. à Amst, 1692.

- - - De

LIBRORUM.

- - - De l'*Archiduc Albert*, *Gouverneur General*, & puis *Prince Souverain de la Belgique*, 12. ibid. 1693.
- - - De *Thucydide de la Guerre du Peloponese*, 12. 3. voll. ibid. 1694.
- - - De *Louis XIV. Roy de France & de Navarre*, *contenant ce qui s'est passé sous son Regne de plus remarquable jusques à present*, par Monsieur de *Riencour*, 2. voll. 12. à *Paris*, 1693.
- - - De l'*Inquisition & de son Origine*, 12. à *Cologne*, 1693.
- - - De l'*Empire, contenant son Origine, son Progrez, ses Revolutions, la forme de son Gouvernement; sa Politique, ses Alliances, ses Negociations & les nouveaux Reglemens qui ont esté faits par les Traitez de Westphalie, troisieme edition, augmentée de plusieurs remarques*, par le Sieur Heiß, 12. 3. voll. à la Haye, 1694.
- - - *Universelle de Trogue Pompée, reduite en abregé par Justin, traduction nouvelle, avec des remarques par Monsieur D. L. M.* 12. 2. voll. 1694.

I.

*J*Ardin *des Racines Greques, mises en vers François: avec un Traité des Prepositions, & autres particules indeclinables; & un Recueil Alphabetique des mots François tiré de la Langue Greque, soit par allusion, soit par Etymologie*, 12. à *Paris*, 1682.

Junius de Pictura Veterum Libri tres, tot in locis emendati & tam multis accessionibus aucti ut plane novi possint videri. Accedit Catalogus adhuc ineditus Architectorum, Mechanicorum, sed præcipue Pictorum, Statnariorum, Cælatorum, Tornatorum, aliorumque Artificum & Operum quæ fecerunt, secundum seriem litterarum digestus, fol. Rotterod. 1694.

Jonstoni Syntagma universæ Medicinæ practicæ, Libri XIV. 8. Ienæ, 1674.

K.

KUricke Ius Maritimum Hanseaticum: accessit Diatriba de Assecurationibus: item variæ illustres Quæstiones ad Ius Maritimum pertinentes, 4. Hamb. 1667.

Konig Regnum vegetabile tam physice quam medice ex veris recentiorum fundamentis seclusum, omnibus floræ cultoribus lectu non minus jucundum, quam utile & necessarium, 4. Basil. 1680.

- - - Regnum Animale, Sectionibus III. Physice, Medice, Anatomice, Harmonice, Mechanice, Theoretice, Practice eviscetatum, enumeratum & emedullatum, Hominis sc. & Brutorum machinam hydraulico-pneumaticam comparate; item V. Classes universales, ac usum cibarium & medicinalem curiosis quibusve proponens, 4. ibid. 1682.

- - - Regnum Minerale, Physice, Medice, Anatomice, Chymice, Alchymice, Analogice, Theoretice & practice investigatum, perscrutatum & erutum: Metallorum nim. Lapidum, Salium, Sulphurum, Terrarum, quin & Acidularum Thermarum naturam, ortum, differentias, præparationes selectissimas usuque multiplices candide sistens, 4. ibid. 1686.

Kormarte Tractatus Iuridicus de Iure Consiliorum Conclusionibus Iuris publici & privati, præprimis ad Capitulationem novissimam Romanorum Regis, Iosephi I. Observationibus Historico-Politicis ac imperantium Dominio super-eminenti, auctus & illustratus, 4. Dresdæ, 1693.

Keuchenii Annotatorum in N. T. pars prior, quæ est in Euangelia & Acta Apostolorum, 4. Amst. 1689.

Knibbe Manuductio ad Oratoriam Sacram, Doctorum præceptis, Exemplis perpetuis & Concionibus quibusdam Paradigmaticis concinnata & illustrata, 8. Lugd. Bat. 1691.

Konig Vindiciæ Sacræ, quibus difficiliora Scripturæ loca, eaque varia tam Vet. quam N. Testamenti evolvuntur, illustrantur & à falsis interpretamentis eximuntur, 4. Norib. 1651.

- - - Theologia positiva Acroamatica, 8. Gryphisw. 1688.
- - - Dispositiones in universam Theologiam, seu omnes coelestis doctrinæ articulos, summo studio elaboratæ, 4. Francof. 1681.

Letters

III

CATALOGUS

L.

280 **L**Etters *of the renowned Father Paul written to Monf. Delifle Groflot, to Mr. Gillot and others, in a correspondence of divers years*, 8. Lond. 1693.

Luyts Introductio ad Geographiam novam & veterem; in qua necessaria hujus scientiæ Prolegomena, intermixto usu Globi terrestris, nec non Oceani & Regionum constitutio perspicuo ordine pertractantur. Adjiciuntur suis locis Oceani, Terræ & cujusque Regionis Tabulæ: item Chartæ LXV. Sansonis, inter quas quædam hac forma ante ineditæ, 4. Ultraj. 1692.

- - - Astronomica Institutio, in qua Doctrina Sphærica atque Theorica, intermixto usu Sphæræ Coelestis, & variis Chronologicis pertractantur. Adjunctæ sunt in illustrationem argumenti pluribus in locis Figuræ æneæ diversæ, 4. ibid. 1692.

Lucien en belle humeur, ou nouvelles Conversations des Morts, 12. 2. voll. à *Amsterd*. 1694.

- - - Tome second, 12. ibid. 1694.

285 *Lettres des meilleurs Auteurs François avec des Notes de Pierre Richelet*, 12. ibid. 1694.

Corn. à Lapide Commentaria in Biblia, fol. 10. voll. Antv. 1691.

La Liturgie, c'est à dire, le Formulaire des Prieres publiques, de l'Administration des Sacremens, & des autres Ceremonies & Coutumes de l'Eglise, selon l'usage de l'Eglise Anglicane: avec le Pseautier ou les Pseaumes de David, ponctuez selon qu'ils doivent estre ou chantez ou lus dans les Eglises, 8. à Genev. 1666.

Lupi Epistolæ & Vita D. Thomæ Martyris & Archi-Episcopi Cantuariensis, nec non Epistolæ Alexandri III. Pontificis, Galliæ Regis Ludovici VII. Angliæ Regis Henrici II. aliarumque plurium sublimium ex utroque foro personarum concernentes Sacerdotii & Imperii Concordiam, 4. Brux. 1682.

- - - Ad Ephesinum concilium variorum Patrum Epistolæ, ex MS. Caffinensis Bibliothecæ Codice desumptæ; item ex Vaticanæ Bibliothecæ MS. Commonitorium Celestini Papæ Episcopis & Presbyteris euntibus ad Orientem: Tituli Decretorum Hilarii Papæ: Neapolitanum Concilium: Epistolæ Anacleti Antipapæ, 4. Lovanii, 1682.

290 - - - Notæ & Scholia in Tertullianum de Præscriptionibus contra Hæreticos, 4. Brux. 1675.

Limborch de Veritate Religionis Christianæ amica Collatio cum erudito Iudæo, 4. Goudæ, 1687.

- - - Historia Inquisitionis: cui subjungitur Liber Sententiarum Inquisitionis Tholosanæ ab anno Christi cIↃcccvII. ad annum cIↃcccxxIII. fol. Amst. 1692.

Lipenii Bibliotheca universalis omnium materiarum, rerum & titulorum in Theologia, Iurisprudentia, Medicina & Philosophia occurrentium, respectu IV. Facultatum in IV. partes seu speciales Bibliothecas divisa, ordine alphabetico ita disposita, ut primo statim aspectu tituli, & sub titulis Autores ordinata velut acie locati in oculos & animos legentium incurrant, fol. 6. vol. Francof. 1685.

Ludovici de Pharmacia moderno seculo applicanda, Dissertationes III. 12. Amst. 1688.

295 Larroquani Adversariorum Sacrorum Libri tres, Opus Posthumum. Accessit Diatriba de Legione fulminatrice, in qua expenduntur veterum testimonia quibus hactenus hæc historia vera habita est, 8. Lugd. Bat. 1688.

M.

MEursii Themis Attica, sive de Legibus Atticis, Libri II. 4. Ultraj. 1685.

- - - De Regno Laconico Libri II. de Piræeo liber singularis; & in Helladii Chrestomathiam Animadversiones, 4. ibid. 1687.

- - - Theseus, sive de ejus Vita Rebusque Gestis Liber postumus. Accedunt ejusdem Paralipomena de Pagis Atticis, & excerpta ex V. Cl. Iac. Sponii Itinerario de iisdem Pagis, 4. ibid. 1684.

- - - Rerum Belgicarum Libri IV. in quibus Ferd. Albani sexennium, Belli Belgici principium. Additur V. seorsim ante excusus, in quo Induciarum Historia, & ejusdem Belli finis, 4. Lugd. Bat. 1614.

300 *Menagiana, ou bons mots, rencontres agreables, ingenieuses, & observations curieuses de Monsieur Menage*, 12. à Amst. 1693.

Metamorphoses d'Ovide avec des Explications à la fin de chaque Fable, augmentées du jugement

LIBRORUM.

ment de Paris, & de la Metamorphose des Abeilles, nouvelle traduction, enrichie de figures, 12. 3. voll. ibid. 1693.
Miscellanea Italica erudita, collegit Gaudentius Robertus, 4. voll. 4. Parmæ, 1691.
- - - Italica Phylico-Mathematica, collegit Gaudentius Robertus, 4. Bonon. 1691.
Martæ Digesta novissima totius Iuris universi scientiæ, ex omnibus Decisionibus universi orbis quæ tempore Autoris impressæ fuere ad instar Digestorum Imperialium nova methodo compilata VI. Tomis distincta: quorum I. Iudiciorum Civilium, II. Criminalium, III. Contractuum, IV. Feudorum, V. Ultimarum Voluntatum, VI. Beneficialium & spiritualium materias, atque totam legalem scientiam continent, fol. Francof. 1680.
Memoires of Sir James Melvil, containing an impartial Account of the most remarquable Affairs of State during the last age, not mention'd by other Historians: more particularly relating to the Kingdoms of England and Scotland, under the Reigns of Queen Elizabeth, Mary Queen of Scots and King James: in all which transactions the Author was personally and publickly concern'd, fol. Lond. 1683. — 305
Michalorii Tractatus de Fratribus, in tres partes divisus, in quarum prima tractatur de Fratribus vivente Patre; in secunda de Fratribus post mortem Patris simul habitantibus; in tertia ponuntur varia de Fratribus Miscellanea, fol. Genev. 1664.
- - - De Positionibus, una cum 118. Decisionibus de materia positionum loquentibus item Tractatus de Cœco, Surdo & Muto, una cum Decisionibus ad materias facientibus: in quo ipsorum misteria, quid scire, atque addiscere possint, quos Contractus celebrare numº Magistratus gerere, an in Ultimis Voluntatibus disponere, fol. ibid.
Mescolanze d'Egidio Menagio, seconda Editione, corretta ed ampliata, 8, in Rotterd. 1692.
Mausoleum potentissimorum ac gloriosissimorum Regni Apostolici Regum & primorum Militantis Ungariæ Ducum, vindicatis è mortuali pulvere Reliquiis ad gratam apud posteros memoriam, à pio & justo patriæ dolore erectum, fol. Norimb. 1664.
Malpighii Opera omnia, seu Thesaurus locupletissimus Botanico-Medico-Anatomicus viginti — 310 quatuor Tractatus complectens, 4. Lugd. Bat. 1687.
Le Mort Idea actionis Corporum, motum intestinum, præsertim fermentationem delineans, 12. ibid. 1693.
Miltoni Paradisi amissi Liber primus, ex Anglicana lingua in Latinam conversus, 4. Cantabr. 1691.
Meyeri Diatribe de origine & caufis Festorum solemniumque dierum quos olim Iudæi in terra Canaan, hodieque in exilio agitare consueverunt: cum animadversionibus in Majemonidis Librum, qui inscribitur More Nebuchim, & Spenceri Tractatum de Legibus ritualibus Hebræorum, 8. Amst. 1693.
Magni Philosophorum Arcani Revelator, quo Hermetis Discipuli, magnique Scrutatores Operis omnia ad suum laborem necessaria, clarissime explicata invenient, 12. Genevæ, 1688.
Memoires de ce qui s'est passé dans la Chrestienté, depuis le commencement de la Guerre en — 315 1672. jusqu'à la Paix, conclue en 1679. par M. le Chevalier Temple, 12. à la Haye, 1693.
- - - De Ph. de Comines, contenans l'Histoire des Roys Louis XI. & Charles VIII. depuis l'an 1464. jusques en 1498. augmentez de plusieurs Traitez, Contracts, Testaments, autres Actes & de diverses Observations, par D. Godefroy, 2. voll. 12. ibid. 1682.
Morini (Steph.) Exercitationes de Lingua primæva ejusque Appendicibus: in quibus multa S. Scripturæ loca, diversæ in linguis mutationes, multiplices nummorum Israëlitarum & Samaritanorum species, atque variæ veterum consuetudines exponuntur, 4. Ultraj. 1694.
Majoragii in tres Aristotelis Libros de Arte Rhetorica, quos ipse Latinos fecit, explanationes, 4. Patav. 1689.
Mackenzei de humanæ ratiocinationis imbecillitate, ea unde proveniat, & illi quomodo possimus mederi, Liber singularis, 8. Ultraj. 1690.
Medecine & Chirurgie des Pauvres, qui enseigne le moyen de guerir les Maladies par des — 320 Remedes faciles à trouver dans le pais, & preparer à peu de frais par toutes sortes de personnes, huitieme Edition, revuë & corrigée, & augmentée de quelques Traitez, & particulierement du Quinquina, 12. Paris, 1693.
Memoires du Sieur de Pontis, contenant plusieurs circonstances des Guerres & du Gouvernement sous les Regnes des Roys Henry IV. Louis XIII. & Louis XIV. 12. Amst. 1694.
Le Maistre Italien, contenant tout ce qui est necessaire pour apprendre facilement & en peu de tems, à parler, lire & ecrire en Italien, & entendre les Auteurs, tant en prose, qu'en vers, avec un recueil des inscriptions, & de la maniere d'ecrire les lettres Italiennes, & un abregé à la fin de la prononciation Françoise pour les Estrangers, par le Sieur de Veneroni, 12. ibid. 1694.

III

64 CATALOGUS

Le Monde Enchanté, ou Examen des communs sentimens touchant les Esprits, leur nature, leur pouvoir, leur administration & leurs operations; & touchant les effects que les hommes sont capables de produire par leur communication & leur vertu, divisé en quatre parties, par Balthazar Bekker, 12. *ibid.* 1694.
Methode pour apprendre facilement l'Histoire Romaine, avec une Chronologie du Regne des Empereurs, & un abregé des coûtumes des Romains, par Monsieur . . . 12. *a Bruxelles,* 1694.

N.

325 NOodt Probabilium Iuris Civilis Libri IV. quibus accedunt de Iurisdictione & Imperio Libri II. & ad Legem Aquiliam Liber singularis, 4. Lugd. Bat. 1693.
Le Neptune François, ou recueil des Cartes Marines, levées & gravées sur ordre du Roy, premier Volume, contenant les Côtes de l'Europe sur l'Ocean, depuis Dronthem en Norvege jusques au Detroit de Gibraltar, avec la Mer Baltique, fol. *à Paris* 1693.
Nouvelle double Grammaire Françoise & Angloise par Claude Mauger & Pierre Festeau, 8. *Bruxelles,* 1693.
- - - *Pratique d'Arithmetique d'une methode tres facile par ses abregez & par la suppression des parties aliquottes, par le Sieur Monier de Clairecombe,* 12. *Amst.* 1693.
Nouveaux Essais de Morale par Monsieur de la Placette, seconde partie, 12. *ibid.* 1693.
330 *Negoce d'Amsterdam, ou Traité de sa Banque, de ses Charges, des Compagnies Orientales & Occidentales, des Marchandises que l'on en tire, & que l'on y porte des plus considerables Villes de l'Europe, & des autres Parties du Monde, & de leurs poids & mesures, par le Sieur le Moine de L'Espine,* 8. *ibid.* 1684.
Noris Historia Pelagiana, & Dissertatio de Synodo V. Oecumenica, in qua Origenis ac Theodori Mopsvesteni Pelagiani erroris Auctorum justa damnatio exponitur, & Aquilejense Schisma describitur: additis Vindiciis Augustinianis pro Libris à S. Doctore contra Pelagianos ac Semipelagianos scriptis, fol. 1677.

O.

*O*Euvres diverses de *M. Patru, de l'Academie Françoise, contenant ses Plaidoyers, Harangues, Lettres, Vies de quelques uns de ses amis, & des Remarques sur la Langue Françoise, qui n'ont paru que dans cette nouvelle Edition, ainsi que plusieurs pieces qui ont esté trouvées parmi les papiers de l'Auteur après sa mort,* 2. *voll.* à *Paris,* 1691.
- - - *De Monsieur de Balzac,* fol. 2. *voll. ibid.* 1665.
- - - *Diverses de Monsieur Arnauld D'Andilly, Tom. I. contenant le Poëme sur la Vie de Jesus Christ, & les Stances sur diverses Veritez Chrestiennes: Discours de la Reformation de l'homme interieur: Saint Eucher, du mepris du monde: L'Echelle Sainte, ou les degrez pour monter au Ciel, composez par S. Jean Climaque: Instructions Chrestiennes, tirées des deux Volumes de Lettres de Monsieur de Saint-Cyran: la Vie du bienheureux Gregoire Lopez,* fol. *ibid.* 1675.
335 - - - *Tome II. contenant les Vies des Saints Peres des Deserts & de quelques Saintes, écrites par des Peres de l'Eglise, & autres anciens Auteurs Ecclesiastiques,* fol. *ibid.* 1675.
- - - *Tome III. contenant l'Histoire de l'Ancien Testament, tirée de l'Ecriture Sainte, & les Confessions de St. Augustin,* fol. *ibid.* 1676.
Orphei Argonautica, Hymni, & de Lapidibus curante Andr. Chr. Eschenbachio, cum ejusdem ad Argonautica notis & emendationibus: accedunt H. Stephani in omnia & Iof. Scaligeri in Hymnos Notæ, 12. Ultraj. 1689.
De Olea Tractatus de Cessione Iurium & Actionum, Theoricis apprime utilis, Practicis perquam necessarius, fol. Genev. 1665.
Otrokocsi Origines Hungaricæ; seu Liber, quo vera Nationis Hungaricæ Origo & Antiquitas e veterum monumentis & linguis præcipuis panduntur: indicato hunc in finem fonte, tum vulgarium aliquot vocum Hungaricarum, tum aliorum multorum nominum, 8. Franeq. 1693.
340 *Oeuvres de Monsieur Sarasin, contenant les Traitez suivans: la Conspiration de Valstin contre l'Empereur: s'il faut qu'un jeune homme soit amoureux, Dialogue: la vie de Pomponius Atticus: la Pompe funebre de Voiture & diverses Poëfies: Discours de la Tragedie, & Remarques sur l'Amour Tyrannique de M. Scudery: Histoire du Siege de Dunkerque: Opinions du nom & du jeu des Echecs,* 12. *Paris,* 1694.

Pa-

LIBRORUM.

P.

PApirii Maffoni Defcriptio Fluminum Galliæ. Editio nova D. Mich. Ant. Baudrand Notis adaucta, 12. Parif. 1685.
La Philofophie du Prince, ou la veritable Idée de la nouvelle & de l'ancienne Philofophie, dediée au Duc de Bourgogne, 12. à Paris, 1689.
Le Petit Apparat Royal, ou Nouveau Dictionaire François & Latin, enrichi des meilleures façons de parler en l'une & en l'autre langue, recueilli des meilleurs Auteurs, & mis dans un ordre tres-facile & tres-methodique, pour la compofition du François en Latin, 8. ibid. 1692.
Puffendorfii Introductio ad Hiftoriam Europæam, 8. Ultraj. 1692.
Petiti de Amazonibus Differtatio, qua an vere extiterint, nec ne, variis ultro citroque conjecturis & argumentis difputatur: multa etiam ad eam gentem pertinentia ex antiquis monumentis eruuntur atque illuftrantur, 12. Amft. 1687.
Plinii Epiftolæ & Panegyricus: recenfuit ac novis Commentariis illuftravit, etiam Indicibus plenioribus tam rerum, quam Latinitatis & Tabulis Geographicis auxit Chr. Cellarius, 12. Lipf. 1693.
Paraphrafis Poëtica in tria Ioh. Miltoni Poëmata, vid. Paradifum amiffum, Paradifum recuperatum & Samfonem Agoniftea, aut. G. Hogæo, 8. Lond. 1690.
La Poëtique d'Arifote, contenant les Regles les plus exactes pour juger du Poëme Heroïque, & des pieces de Theatre, la Tragedie & la Comedie, traduite en François, avec des Remarques Critiques fur tout l'Ouvrage, par M. Dacier, 12. à Paris, 1692.
Perfpective curieufe du R. P. Niceron, divisée en IV. Livres: avec l'Optique & la Catoptrique du R. P. Merfenne. Oeuvre tres-utile aux Peintres, Architectes, Sculpteurs, Graveurs & à tous autres qui fe melent du Deffein, fol. ibid. 1663.
Polyæni Stratagematum Libri octo, Iufto Vultejo interprete: Pancr. Maafvicius recenfuit, If. Cafauboni, nec non fuas, notas adjecit, 8. Lugd. Bat. 1690.   345
Pacii Analyfis Inftitutionum Imperialium, B. Schotani fcholiis illuftrata, & nunc demum perpetuis notis & brevibus additamentis, tam theoricis quam practicis, ex optimis quibusque Auctoribus, ipfisque legibus paffim aucta, correcta & diftincte edita, ftud. & op. Ger. à Waffenaer. Accedunt ejufdem Pacii Selecta, 8. Traj. 1686.
- - Ifagogicorum in Inftitutiones Imperiales Libri IV. Digefta feu Pandectas Libri L.
Codicem Libri XII. Decretales Libri V. editio noviffima, brevibus notis, juris fere hodierni, quam plurimis lo. is auctior, accur. G. à Waffenaer. Acceffere etiam Excerpta quædam Abr. de Wijckerfloot, 8. ibid. 1680.   350
Phædri Fabularum Æfopicarum Libri V. cum annotationibus Ioh. Schefferi, & Fr Guyeti notis, cum his primum publicatis. Editio V. in qua jungitur interpretatio Gallica cum notis, 8. Fran. 1694.
Petavii Rationarium Temporum, in Partes duas, libros tredecim diftributum, in quo ætatum omnium facra profanaque Hiftoria Chronologicis probationibus munita fummatim traditur, 8. Francof. 1694.
Pacifici Maximi, Poëtæ Afculani, Carmina, 4. Parm.   355
Placcins de Iurifconfulto perfecto, five interpretatione legum in genere, Liber fingularis; itemque Mufæ juridicæ, five Opufcula juridica novem, 4. Hamb. 1692.
Pharmacopée Royale Galenique & Chymique, par M. Charas, 4. à Lyon 1693.
Pratique de Medecine de Th. Turquet de Mayerne, avec le Regime des femmes groffes, & un Traité de la Goutte du même Auteur, 8. ibid. 1693,
Pechlini Obfervationum Phyfico-Medicarum Libri tres, quibus acceffit Ephemeris Vulneris Thoracici & in eam Commentarius, 4. Hamb. 1691.
Paforis Lexicon Græco-Latinum in Novum Teftamentum, ubi omnium vocabulorum tam   360
appellativorum themata, quàm nominum propriorum etyma notantur, & grammatice refolvuntur, fimulque Græca omnia Latine redduntur, 8. Lipf. 1686.
Pfeifferi Dubia vexata Scripturæ facræ, five loca difficiliora Vet. Teftam. circa quæ Autores diffident vel hærent, adductis & modefte expenfis aliorum fententiis, fuccincte decifa, tamque dilucide expedita, ut cuivis de vero fenfu & diverfis interpretamentis conftare facile queat; nec non Ebraica atque exotica Nov. Teftam. è fuis fontibus derivata: cui accedit Decas felecta Exercitationum Biblicarum, 4. Lipf. 1692.
Profnes de Monfieur Jolli, Evêque d'Agen, pour tous les Dimanches de l'Année, 2. volf. 12. à Bruxelles, 1693.
Phyfique Occulte, ou Traité de la Baguette Divinatoire par Monfeur de Vallemont, 12. à Amft. 1693.

I   Pro-

III

86 CATALOGUS

Pensées ingenieuses des Anciens & des Modernes, recueillies par le Pere Bonhours, 12. à Amst. 1693.

365 *Prieres & Pratiques de Pieté pour les Fêtes de N. S. Jesus Christ, & de la Sainte Vierge, & de plusieurs Saints: & pour les Dimanches de l'Avent & du Carême, par le P. le Quens*, 12. a Bruxel. 1693.

Perroniana & Thuana, ou Pensées judicieuses, bons mots, rencontres agreables & observations curieuses du Cardinal du Perron & de Monsieur le President de Thou, Conseiller d'Estat, 12. 1694.

Parallelismus veteris ac novæ Philosophiæ, in quo ex perpetuo Aristotelæ, Epicureæ, ac Cartesianæ doctrinæ parallelo & conciliatione, quid in unaquaque re statuendum sit, deducitur, 4. Amst. 1679.

Plukenetii Phytographia, sive Stirpium illustriorum & minus cognitarum Icones, Tabulis æneis summa diligentia elaboratæ; quarum unaquæque Titulis descriptoriis ex Notis suis propriis & characteristicis desumptis, insignita; ab aliis ejusdem sortis facile discriminatur, fol. Lond. 1691.

De Puteo Tractatus duo; I. de Redintegratione feudorum; II. de Finibus feudorum, & modo decidendi Quæstiones Confinium Territoriorum; quibus annexum est ejusdem Autoris breve Compendium, e Tractatu feudali Andr. de Isernia excerptum, una cum Redintegrationis materiæ praxi & elencho de verborum significatione accuratissimo, 4. Norib. 1677.

370 *Paralele des Anciens & des Modernes en ce qui regarde les Arts & les Sciences. Dialogues, avec le Poëme du siecle de tous les Grands, & une Epitre en vers sur le Genie*, 12. 3. voll. à Paris, 1692.

Pensées & Reflexions sur les egaremens des hommes dans la voye du Salut, 12 2. voll. ibid. 1693.

R.

Relation de l'Inquisition de Goa, avec des taille-douces, 12. à Paris, 1688.

Rutilii Itinerarium, integris Simleri, Castalionis, Pithœi, Sitzmanni, Barthii, Graevii, aliorumque animadversionibus illustratum, ex musæo Th. I. ab Almeloveen, 12. Amst. 1687.

Rerum Amorfortiarum Scriptores duo inediti: alter Auctor incertus; alter cui nomen Th. Verhoeven. Utrumque primus edidit, Observationes, & quæ hactenus nondum visa, vetera aliquot monumenta, diplomata, & instrumenta, & ex ineditis duobus Chronicis Amorfortii olim scriptis adjunxit supplementa Ant. Matthæus, 4. Lugd. Bat. 1693.

375 Rubenii Dissertatio de Vita Fl. Mallii Theodori V. C. Quæstoris Sacri Palatii, &c. in qua non tantum Theodori, sed & Ausonii dignitates, ac illorum temporum Historia illustratur, 12. Ultraj. 1694.

Rondellus de Vita & Moribus Epicuri, 12. Amst. 1693.

Recueil d'Observations faites en plusieurs Voyages par ordre de Sa Majesté, pour perfectionner l'Astronomie & la Geographie; avec divers Traitez Astronomiques, par Messieurs de l'Academie Royale des Sciences, fol. à Paris, 1693. de l'Imprimerie Royale du Louvre.

- - - *Des Traitez de Paix, de Treve, de Neutralité, d'Alliance & de Commerce faits par les Rois de France avec tous les Princes & Potentats de l'Europe & autres depuis près de trois siecles*, 6. voll. 4. a Rotterd. 1693.

Rulant Tractatus de Commissariis & Commissionibus Cameræ Imperialis, quadripartitus, omnibus, præsertim probationes cujuscunque generis recipientibus, & aliena negotia, tam publica quam privata, expedientibus, utilis ac necessarius, fol. Francof. 1664.

380 Ruyschii Observationum Anatomico-Chirurgicarum Centuria: accedit Catalogus rariorum, quæ in Museo Ruyschiano observantur; adjectis ubique Iconibus æneis naturalem magnitudinem repræsentantibus, 4. Amst. 1691.

Il Regno di Luigi XIII. il Giusto Re' di Francia & di Navarra, Historia del Co. Aless. Roncoveri, 4. in Lione, 1691.

Rohaulti Tractatus Physicus cum Annotationibus Ant. le Grand, 8. Amst. 1691.

Radingi Pandectæ Iuris Cameralis, ex ordinatione Cameræ, Comitiorum recessibus, Visitatorum Memorialibus, Collegii Cameralis conclusis & decretis, judicii consuetudine, styloque & gravissimorum Auctorum Observationibus compositæ, 4. Francof. 1688.

Roseneri Supplementum Bechtoldianum, in quo Loci Communes seu Materiæ & Rubricæ Iuris universi Ioh. Bertoldi, ex Iure Civili, Canonico & Feudali illustrantur, & novis Additionibus Theoretico-Practicis ex Autoribus celebrioribus supplentur, & ad usum accommodantur, 4. Lips. 1689.

LIBRORUM.

Recueil des Traitez de Mathematique qui peuvent estre necessaires à un Gentilhomme pour servir par mer & par terre, par le Pere Hoste, 3. voll. 12. à Paris, 1692.
Relation du Voyage de l'Isle de Ceylan dans les Indes Orientales, contenant une Description exacte de cette Isle, & la forme de son Gouvernement, 12. Amst. 1693.
Recueil de diverses pieces, servans à l'Histoire de Henri III. Roy de France & de Pologne, augmentée en cette nouvelle édition, 12. 1693.
Remarques nouvelles sur la Langue Françoise par le P. Bouhours, 12. Amst. 1693.
Recueil de vers choisis du P. Bouhours, 12. à Paris, 1693.
Reflexions sur la Mort, ou la necessité de bien vivre pour bien mourir, par le Docteur Sherlock, traduit de l'Anglois, 8. Amst. 1693.
Ruaei Carmina, 12. Parif.
La Religion d'un honnête homme qui n'est pas Theologien de profession, avec les fondemens & les raisons qui l'établissent; Discours où l'on prouve la verité de la Religion Chrétienne en general, où l'on demontre sa simplicité, & où l'on propose quelques regles preliminaires pour decouvrir les poincts particuliers de sa Doctrine, & ses divers Preceptes, traduit de l'Anglois, Amst. 1694.
Reflections sur les Jugemens des Sçavans, envoyées à l'Auteur par un Academicien, 12. à la Haye, 1691.
- - - *D'un Academicien sur la Vie de Monsieur Descartes, envoyées à un de ses amis en Hollande*, 12. ibid. 1692.

S.

Specimen Artis ratiocinandi naturalis & artificialis ad Pantosophiæ principia manuducens, 8. Hamb. 1684.
Sculteti Armamentarium Chirurgicum, olim anctum 39. Tabulis, tam veteres quam recenter excogitatas Machinas & Operationes exhibentibus; nec non Observationum Medico-Chirurgicarum Centuria ex præcipuis hujus seculi Practicis collecta à I. B. à Lamzweerde; nunc vero Observationibus quibusdam curiosissimis denuo locupletatum, & ab innumeris mendis expurgatum studio Ioh. Tilingii, 8. Lugd. Bat. 1693.
C. Suetonii Tranquilli Opera, & in illa Commentarius Sam. Pitisci, quo Antiquitates Romanæ, tum ab Interpretibus doctissimis, Beroaldo, Sabellico, Egnatio, Ursino, Grutero, Torrentio, Casaubono, Marcilio, Boxhornio, Grævio, Babelonio etiam explicatæ, tum ab illis neglectæ, ex Auctoribus idoneis permultis, Græcis & Latinis, veteribus & recentioribus, perpetuo tenore explicantur. Huic accedunt Index Auctorum obiter explicatorum, & Rerum absolutissimus, Imperatorum, Imperatoresque arctissimo gradu contingentium Icones: & Figuræ ex veterum monumentis ad Historiam illustrandam depromptæ, in æs eleganter incisæ, 2. voll. 8. Ultraj. 1690.
Spanhemii brevis Introductio ad Historiam Sacram utriusque Testamenti, ac præcipue Christianam, ad A. MDXVIII. inchoata jam Reformat. Accedunt Orationes duæ novissimæ, 4. Amst. 1694.
Sanctii in Ezechielem & Danielem Prophetas Commentarii cum Paraphrasi, fol. Lugd. 1619.
- - - In duodecim Prophetas minores & Baruch Commentarii cum Paraphrasi, fol. Lugd. 1621.
- - - In quatuor Libros Regum & duos Paralipomenon Commentarii, fol. ibid. 1623.
Science des Medailles pour l'instruction de ceux qui s'appliquent à la connoissance des Medailles anciennes & modernes, 12. Amst. 1693.
Sorberiana, ou bons mots, Rencontres agreables, Pensées ingenieuses & Observations curieuses de Monsieur de Sorbiere, 12. ibid. 1694.
La Science Heroique, traitant de la Noblesse & de l'origine des Armes; de leurs Blasons & Symboles; des Timbres, Bourlets, Couronnes, Cimiers, Lambrequins, Supports, Tenans & autres ornemens de l'Ecu; de la Devise & du Cri de Guerre; de l'Ecu pendant, des Pas & Emprises des Anciens Chevaliers & des formes differentes de leurs Tombeaux: & enfin des Marques exterieures de l'Ecu de nos Rois, des Reines, des Enfans de France & des Officiers de la Couronne & de la Maison du Roy, par M. de Vlon, Sieur de la Colombiere, fol. à Paris, 1669.
Synodicon in Gallia Reformata: or the Acts, Decisions, Decrees and Canons of those famous National Councils of the Reformed Churches in France, collected and composed out of Original Manuscripts Acts of those renowned Synods, by John Quick, 2. voll. fol. Lond. 1692.
- - - The same in great paper, 2. voll. fol.
C. Suetonii Tranquilli Opera omnia notis illustrata, 8. Oxon. 1690.

68 CATALOGUS

Sinclari Ars nova & magna gravitatis & levitatis, five Dialogorum Philofophicorum Libri I V. de Aëris vera ac reali gravitate, &c. quibus accellere de Inftrumentis hydragogicis Libri I I. de Hygrofcopio & Chronofcopio feu Pendulo, nec non Palladis Gymnafium, 4. Roterod. 1669.

T.

Traité de la Situation du Paradis terreſtre, à Meſſ. de l'Academie Françoiſe, par P. D. Huet, Evêque d'Avranches, 12. à Paris, 1691.

410 - - - *Des Convulſions & des Mouvemens convulſifs, qu'on appelle à prefent Vapeurs, par M. Chaſtelain, 12. à Lyon, 1691.*

- - - *Touchant l'origine des Dîmes, & l'obligation de les payer, 12. à Paris, 1687.*

- - - *Du Mouvement local & du Reſſort, dans lequel leur nature & leurs cauſes font curieuſement recherchées, & où les loix qu'ils obſervent dans l'acceleration & les pendules, & encore dans la percuſſion & la reflexion des corps, ſont ſolidement établies, par le P. Dechales, 12. à Lyon, 1682.*

- - - *De l'Egliſe contre les Heretiques, principalement contre les Calviniſtes, 12. à Paris, 1686.*

- - - *Des Pratiques journalieres des Pilotes, divifé en deux parties, dans lequel eſt pleinement enſeigné & clairement demontré l'Art & la Science des Navigateurs, par le S. Cordier, 8. au Havre, 1683.*

415 - - - *Des Manieres de graver en taille douce ſur l'airin, par le moyen des eaux fortes, & des Vernix durs & mols: enſemble de la façon d'en imprimer les planches, & d'en conſtruire la Preſſe, & autres choſes concernans les dits Arts, par A. Boſſe, 8. à Paris, 1645.*

- - - *De la Lumiere, où ſont expliquées les cauſes de ce qui lui arrive dans la reflection, & dans la refraction, & particulierement dans l'etrange refraction du Criſtal d'Iſlande, par Chr. Huygens: avec un Diſcours de la cauſe de la Peſanteur, 4. à Leid. 1690.*

- - - *Du Nivellement, contenant la Theorie & la pratique de cet Art, avec la deſcription d'un Niveau nouvellement inventé, par le S. Bullet, le tout enrichi de figures, 12. à Paris, 1689.*

- - - *Hiſtorique des Monnoyes de France, avec leurs Figures, depuis le commencement de la Monarchie juſqu'à prefent, par M. le Blanc, 4. ibid. 1690.*

Thomaſſini vetus & nova Eccleſiæ Diſciplina circa Beneficia & Beneficiarios. Pars I. ubi agitur de primo & fecundo Cleri ordine, & de Clericorum & & Monachorum Congregationibus, fol. Pariſ. 1691.

420 - - Pars I I. ubi agitur de Vocatione & Ordinatione Clericorum, de Patronatu, de Irregularitatibus & Scholis; de Epiſcoporum Electione, Confirmatione, Ordinatione, Ceſſione, Reſignatione, Tranſlatione; de Pluralitate Beneficiorum, de Commendis, de Diſpenſationibus, de præcipuis Officiis epiſcoporum, de Reſidentia, de Conciliis, de Comitiis Cleri & Regni, de Synodis, de Viſitationibus, de Prædicatione, de Pauperum Tuitione, de Exercitio Juriſdictionis, fol. ibid. 1691.

- - - Pars I I I. ubi agitur de bonis Eccleſiæ Temporalibus, de eorum Diſtributione, de Canonico & Pio eorundem uſu, fol. ibid. 1691.

- - - *Ancienne & Nouvelle Diſcipline de l'Egliſe, touchant les Benefices & le Beneficiers, Tome I I. & I I I. ſeparément, fol. à Paris, 1681. 1682.*

Traber Neervus Opticus, ſive Tractatus Theoricus, in I I I. Libros Opticam, Catoptricam, Dioptricam diſtributus: in quibus radiorum à lumine, vel objecto per medium diaphanum proceſſus, natura, proprietates & effectus, ſelectis & rarioribus experientiis, figuris, demonſtrationibusque exhibeatur, fol. Viennæ, 1690.

425 S. Thomæ Summa Theologica, in qua Eccleſiæ Catholicæ Doctrina univerſa, & quidquid in Vet. Patrum monumentis eſt dignum obſervatu, quidquid etiam vel olim vocatum eſt, yel hodie vocatur ab Hæreticis in controverſiam, id omne, ut erudite, ſolide & dilucide, ita pie atque fideliter explicatur. Acceſſit hac noviſſima editione, totius Summæ ac Supplementi tertiæ Partis Synopſis Analytica, fol. Lugd. 1686.

Tolerance des Proteſtans, & l'Authorité de l'Egliſe, ou Reponſe au Libelle de Monſieur Jurieu, qui porte pour titre, Lettre Paſtorale aux Fideles de Paris, d'Orleans & de Blois, &c. par Monſieur Papin, 12. à Paris, 1692.

Tableau de la Vie & du Gouvernement de Meſſieurs les Cardinaux Richelieu & Mazarin, & de Monſieur Colbert, repreſenté en diverſes Satyres & Poëſies ingenieuſes, avec un recueil d'Epigrammes ſur la Vie & ſur la Mort de Monſieur Fouquet, & ſur diverſes choſes qui ſe ſont paſſées en ce tems-là, 12. à Cologne, 1694.

Trai-

LIBRORUM.

Traité de Fortification, contenant les Methodes anciennes & modernes pour la construction & la defense des Places, & la manière de les attaquer, expliquée plus au long qu'elle n'a esté jusques à present, par Monsieur Ozanam, 8. à la Haye, 1694.

Tiran Missionarius seu Vir Apostolicus in suis excursionibus spiritualibus, in urbibus & oppidis, ad Dei gloriam & salutem animarum susceptis, 8. 2. voll. Lugd. 1692.

Theatrum Pacis, hoc est, Tractatuum atque Instrumentorum præcipuorum, ab anno inde 1647. ad 1660. usque in Europa initorum & conclusorum Collectio. Accessit Index utilissimus, 4. Norimb. 1684. — 430

- - - Pars altera; hoc est, Tractatuum atque Instrumentorum Pacis præcipuorum ab anno inde 1660. ad annum 1685. inter Europæos, atque aliis cum Nationibus initorum & conclusorum Collectio secunda, cum Indicibus, 4. ibid. 1685.

Tertulliani Omniloquium Alphabeticum Rationale tripartitum, sive Tertulliani Opera omnia in novum ordinem, hactenus intentatum & facilem, omnibus utriusque foti Oratoribus, rerum humanarum divinarumque Professoribus ac Scriptoribus utilem, disposita, exposita, illustrata, opera Car. Moreau, fol. 3. voll. Parif. 1658.

Tertullianus Redivivus, Scholiis & Observationibus illustratus; in quo utriusque Iuris forma ad originem suam recensetur, & avitæ pietatis amatoribus inquirendi norma præscribitur, auct. P. Georgio, fol. 3. vol. Parif. 1646.

Thesaurus P. Virgilii Maronis in communes locos olim digestus à M. Coyssardo, 12. Parif. 1683.

Tursellini Historiarum ab origine mundi usque ad annum à Christo nato 1598. Epitome, Libri X. cum brevibus notis & duplici accessione ac duplici Indice, 12. Franeq. 1688. — 435

Torre de Successione in Majoratibus & Primogenituris Italiæ, Tractatus tripartitus, fol. Lugd. 1688.

Taboris Tractatuum Volumen I. in quo varia & difficillima Iuris Themata, ex Iure publico & privato, feudali ac canonico, succincta methodo dilucide & nervose explicantur, & ad usum fori subinde accommodantur, fol. Lipf. 1688.

- - - Volumen II. in quo Criminalium Definitionum Racemationes cum variis delictis, aliisque Iuris Thematibus ex Iure publico ac privato succincta methodo explicantur, & ad usum fori accommodantur, fol. ibid. 1688.

Tacite avec des Notes Politiques & Historiques par Amelot de la Houssaye, 4. à Paris, 1690.

Le Triomphe de la Religion sous Louis le Grand, representé par des Inscriptions & des Devises, avec une explication en Vers Latins & François, 12. à Paris, 1687. — 440

Theatre Moral de la Vie humaine, representée en plus de cent Tableaux divers, tirez d'Horace, par Otho Venius, & expliquez en autant de Discours Moraux par le S. de Gomberville; avec la Table du Philosophe Cebes, fol. à Bruxel. 1678.

Trigonometrie Geometrique, Astronomique & Maritime, contenant les Tables des Sinus, Tangens & Secans, augmentée d'une Table des Latitudes reduites, & leur usage: avec les Tables des Sinus Logarithmetiques, Tangens Logarithmetiques, & augmentée aussi des Secans Logarithmetiques, & la Table des Logarithmes des nombres absolus, depuis l'unité jusques à 100000. y compris leur usage, par le S. Blondel, 12. au Havre, 1680.

Thulem de variis Siclis & Talentis Hebræorum, ut & de eorundem, rerum tam aridarum quam liquidarum Mensuris, Libri II. Quibus præmittitur Epitome de Ponderibus & Mensuris, maximam partem ex G. Budæi de Asse libris excerpta, 12. Erf. 1676.

Torri Medicina practica, quæ hactenus adversus morbos adinventa sunt, luculenter & brevissime explicans, 8. Aven. 1688.

V.

Vltriarii Institutiones Iuris Naturæ & Gentium in usum Ser. Principis Chr. Ludovici Marchionis Brandenburgici, 4to. ad methodum H. Grotii conscriptæ, 8. Lugd. Bat. 1692. — 445

La Vie de Monsieur Descartes, 2. voll. 4. à Paris, 1691.

Veterum aliquot Galliæ & Belgii Scriptorum Opuscula Sacra nunquam edita, jam vero è MSS. Codicibus Bibliothecarum Galliæ in lucem prodeuntia, cum effigiebus, vitæque eorum compendio, 8. Lugd. Bat. 1692.

Vitringa Archisynagogus Observationibus novis illustratus: quibus veteris Synagogæ constitutio tota traditur, inde deducta Episcoporum Presbyterorumque primæ Ecclesiæ origine, 4. Fran. 1685.

- - - De Decemviris Otiosis ad Sacra necessaria veteris Synagogæ curanda deputatis Liber singularis, in quo Sententiæ Ligtfooti de hoc Argumento, non ita pridem à se acceptæ, ratio redditur, quæque illi nuper objectæ sunt difficultates, è medio removentur; illustratis

III

70 CATALOGUS

tis ubi oceaño eft, cum locis S. S. tum antiquis Civitatis Hebræorum Confuetudinibus, 4. ibid. 1687.

450 - - Sacrarum Obfervationum Libri II. in quorum altero de Confufione Linguarum, de Sephiroth Cabbalifticis, atque felectis quibufdam S. S. locis, altero, de Cultu Molechi in deferto, de Sacerdotio Primogenitorum, de Seffione ad Dextram, de Baptifmo infantium de morte fidelium, de Cruce Chrifti, &c. varie differitur ad illuftrationem Verbi Divini, 4. Leov. 1689.

Virgile de la Traduction de Monfieur de Martignac, avec des Remarques, 2. voll. 12. à Lyon, 1690.

Le Veritable Art de Naviger par le quartier de Reduction, avec lequel on peut reduire les Courfes des Vaiffeaux en mer, & enrichi de plufieurs raretez, qui n'ont point encore efté decouvertes; par le S. Blondel, augmenté par le même Auteur de l'Art de Naviger par le compas de Proportion, 8. au Havre, 1683.

Veterum Mathematicorum Athenæi, Apollodori, Philonis, Bitonis, Heronis & aliorum Opera, Græce & Latine pleraque nunc primum edita, ex Manufcriptis Codicibus Bibliothecæ Regiæ, fol Parif. 1693. e Bibliotheca Regia.

Voet (Joh. P. F. G. N.) de Jure Militari Liber fingularis: in quo plurimæ ad Militiæ Militumque Iura pertinentes controverfiæ juxta leges, gentium mores & rerum judicatarum exempla funt definitæ, 8. Ultraj. 1670.

455 - - Compendium Iuris juxta feriem Pandectarum, adjectis differentiis Iuris Civilis & Canonici; ut & definitionibus ac divifionibus præcipuis fecundum Inftitutionum Titulos, 8. Lugd. Bat. 1693.

Urfini Arboretum Biblicum, in quo Arbores & Fructus paffim in S. Literis occurrentes, Notis Philologicis, Philofophicis, Theologicis expouuntur & illuftrantur, 8. Norimb. 1685.

- - - Pars II. five Continuatio Hiftoriæ Plantarum Biblicæ, five I. de Sacra Phytologia. II. Herbarius Sacer. III. Hortus Aromaticus; cum Sylva Theologiæ Symbolicæ, & S. Ieremiæ Virga vigilante, 8. ibid. 1685.

- - - Nova & Vetera, five Parallela Euangelica, quibus Euangelicæ Periochæ per annum ex omnibus Biblicis, V. & N. Teftamenti Scriptoribus, nova methodo enucleantur, 4. Francof. 1661.

Vigerus de præcipuis Græcæ dictionis Idiotifmis, 12. Lugd. Bat. 1680.

460 Urfini Grammatica Græca ex aliis accurato ordine ac folicito quorumvis examine collecta, inque Sectiones & Capita, & hæc in Quæftiones ac Refponfiones digefta; acceferunt in calce operis Electa Græca ex optimis linguæ Auctoribus excerpta, 8. Norimb. 1691.

Voyage de Dalmatie, de Grece & du Levant, par G. Wheler, enrichi de Medailles & de Figures des principales Antiquitez qui fe trouvent dans ces lieux, avec la Defcription des Coutumes, des Villes, Rivieres, Ports de Mer, & de ce qui s'y trouve de plus remarquable, 2. voll. 12. 1689.

- - - Du Monde de Defcartes, 12. 1691.

- - - De S:am des Peres Jefuites, envoyez par le Royaux Indes, à la Chine, avec leurs Obfervations Aftronomiques, & leurs Remarques de Phyfique, de Geographie, d'Hydrographie & d'Hiftoire, 12. 1688.

- - - Second Voyage du Pere Tachard & des Jefuites envoyez par le Roy au Royaume de Siam, contenant diverfes Remarques d'Hiftoire, de Phyfique, de Geographie & d'Aftronomie, 12. 1689.

465 - - - De M. de Thevenot, tant en Europe qu'en Afie & en Afrique, divifez en trois Parties, qui comprenent cinq Volumes, 12. 1689.

Valerii Andreæ Deffelii Bibliotheca Belgica: de Belgis vita fcriptifque claris. Præmiffa Topographica Belgii totius feu Germaniæ Inferioris Defcriptione, 4. Lovan. 1643.

Vallenfis Paratitla, five Summaria & Methodica Explicatio Decretalium D. Gregorii Papæ IX. Opus novum, Scholæ ac Foro, & Decretis Concilii Tridentini accommodatum, 4. Lovan. 1682.

Voffii (G. Ioh.) de Theologia Gentili & Phyfiologia Chriftiana: five de Origine ac Progreffu Idololatriæ, ad veterum gefta, ac rerum naturam reductæ; deque Naturæ mirandis, quibus homo adducitur ad Deum, 3. voll. 4. Francof. 1675.

- - - De quatuor Artibus Popularibus, de Philologia, & Scientiis Mathematicis: cui Operi fubjungitur Chronologia Mathematicorum, 4. Amft. 1660.

470 - - - Commentariorum Rhetoricorum, five Oratoriarum Inftitutionum Libri VI. 4. Marb. 1681.

- - - Thefes Theologicæ & Hiftoricæ de variis Doctrinæ Chriftianæ capitibus, quas olim difputandas propofuit in Academia Leidenfi, 4. Hagæ, 1658.

▼ - - - Harmoniæ Euangelicæ de Paffione, Morte, Refurrectione ac Adfcenfione Iefu Chriftri, Libri III, 4. Amft. 1656.

Voffii

LIBRORUM.

Vossii (Is.) Variarum Observationum Liber, 4. Lond. 1685.
- - - Observationum ad Pomp. Melam Appendix. Accedit ejusdem ad Tertias P. Simonii Objectiones Responsio. Subjungitur Pauli Colomesii ad Henr. Iustellum Epistola, 4. ibid. 1686.
Veritable Politique des personnes de qualité, 12. à Bruxell. 1693.
Voyage de divers Etats a' Europe & d'Asie, entrepris pour découvrir un nouveau chemin à la Chine, contenant plusieurs Remarques curieuses de Physique, de Geographie, d'Hydrographie & d'Histoire, avec une Description de la Grande Tartarie, par le Pere Avril, 12. ibid. 1693.
Vita di Sisto V. Pontifice Romano nuovamente scritta da Gregorio Leti, 12. 3. voll. Amsterd. 1693.
Vie de Corneille Tromp, Lieutenant Amiral General de Hollande & de Westfrise, où l'on verra tout ce qui s'est passé de plus memorable sur mer, dans les guerres que la Hollande a eu a soutenir contre la France, l'Angleterre & les autres Puissances de l'Europe, 12. à la Haye, 1694.
l'Utilité des Voyages qui concerne la connoissance des Medailles, Inscriptions, Statues, Dieux Lares, Peintures anciennes & les bas reliefs, Pierres precieuses & gravées, Cachets, Talismans, Anneaux, Manuscrits, Langues & autres choses remarquables, & l'avantage que la recherche de toutes les Antiquitez procure aux Sçavans, avec un Memoire de quelques Observations generales qu'on fait pour ne pas voyager inutilement, par Monsieur Baudelot de Dairval, enrichie de plusieurs Figures en taille douce, 12. 2. voll. à Paris, 1693.
Voyage nouveau d'Italie, avec un Memoire, contenant des Avis à ceux qui voudront faire le même Voyage; seconde edition, beaucoup augmentée & enrichie de nouvelles Figures, par Maximilien Misson, 2. voll. 12. à la Haye, 1694.
- - - Nouveau du Levant, par le Sieur D. M. contenant ce qu'il a vu de plus remarquable en Allemagne, France, Italie, Malthe & Turquie, où l'on voit aussi les Briques secretes de Monsieur de Chasteau-Neuf, Ambassadeur de France à la Cour Ottomanne, & plusieurs Histoires galantes, 12. ibid. 1694.
Valesiana, ou les Pensées Critiques, Historiques & Morales, les Poësies Latines de Monsieur de Vallois, recueillies par Monsieur de Valois son fils, 12. à Paris, 1694.
Vossii Philologia Sacra, qua, quicquid Hebraismorum in toto Novo Testamento reperitur, id pene omne recensetur, in certas classes digeritur, atque ipsarum Linguarum Orientalium collatione illustratur; non pauca item alia, cum Theologica, tum Philologica attingnntur & pertractantur, 2. voll. 4. Amst. 1665.
Vitæ Clarissimorum ICtorum N. Boerii, A. Augustini, F. Hottomanni, B. Brissonii, P. Pithœi, G. Budæi, A. Goveani, I. Cujacji, I. Bertrandi, G. Pancirolli, ex recensione & cum notis Fr. Iac. Leickheri, 8. Lips. 1686.
Vejelii Historia & necessitas Reformationis Euangelicæ per B. Lutherum feliciter institutæ, ex Scriptis D. Georgii, Principis Anhalt. exposita & asserta; nec non gravissimi insignium in Gallia Virorum testimoniis & sussragiis munita. Accedit commemorabilis Narratio de Conversione ad salutarem Aug. Confess. Doctrinam Ant. Albizii, Nobilis Florent. 4. Ulmæ, 1692.
Usserii Chronologia Sacra, seu annorum & paidopœïas Patriarcharum, paroibias Israëlitarum in Ægypto, annorum etiam Iudicum, Regum Iudæ & Israëlis Apodeiktis Chronologica, 4. Oxon. 1660.
La Vie du Cardinal Jean François Commendon, divisée en IV. Livres, ecrite en Latin par Antoine Maria Gratiani, Eveque d'Amelia, & traduite en François par Monsieur Flechier, 12. à Paris, 1690.

W.

Willugbeii Ornithologiæ Libri III. in quibus aves omnes hactenus cognitæ in methodum naturis suis convenientem redactæ accurate describuntur, Descriptiones Iconibus elegantissimis & vivarum avium similimis, æri incisis illustrantur, fol. Lond. 1676.
The Works of Josephus, with great diligence revised and amended, according to the excellent French Translation of Monsr. Arnauld d'Andilly, fol. Lond. 1693.
Wedelii Opiologia; ad mentem Naturæ curiosorum, 4. Ienæ, 1682.
- - - Pharmacia Acroamatica, 4. ibid. 1686.
- - - Phyhologia Medica, 4. ibid. 1680.
- - - Reformata, 4. ibid. 1688.

CATALOGUS

- - - Progressus Academiæ Naturæ Curioforum, Catalogo Patronorum & Collegarum expressus, 4. ibid. 1680.
495 - - - Specimen Experimenti Chymici novi, de sale volatili plantarum, quo demonstratur posse ex plantis modo peculiari parari sal volatile verum & genuinum, 12. ibid. 1682.
- - - Experimentum Chymicum novum de sale volatili plantarum, quo latius exponuntur specimine ipso exhibita, 12. ibid. 1675.
Waldschmiedt Inftitutiones Medicinæ rationalis, recentiorum Theoriæ & Praxi accommodatæ, 8. Lugd. Bat. 1691.
Wepferi Observationes Anatomicæ, ex Cadaveribus eorum, quos sustulit Apoplexia, cum Exercitatione de ejus loco affecto. Accessit Auctarium historiarum & Observationum similium, cum Scholiis, 8. Schaffh. 1675.
Watson Body of Practical Divinity, consisting of above 176. Sermons on the lesser Catechism composed by the Reverend Assembly of Divines at Westminster: with a supplement of some Sermons on several Texts of Scripture, fol. Lond. 1692.
500 Walsii Senarius, sive de Legibus & Licentia veterum Poëtarum, 4. Oxonii, 1687.
Wittichii Anti-Spinoza, sive Examen Ethices Ben. de Spinoza, & Commentarius de Deo & ejus attributis. 4. Amst. 1690.
- - - Investigatio Epistolæ ad Hebræos, & Positiones sive Aphorismi universam Theologiam adumbrantes, 4. ibid. 1691.
- - - - - Ad Romanos, una cum Paraphrasi, 4. Lugd. Bat. 1685.
- - - Exercitationes Theologicæ. I. Deus mundi Rector. II. Christus Humilis & Altus. III. Fides Sanctorum perseverans & certa. IV. Fucata Gentium Virtus. V. Veritates & errores Fundamentales cum Annexis, 4. ibid. 1682.
505 - - - Causa Spiritus Sancti, Personæ divinæ, ejusdem cum Patre & Filio essentiæ, contra C. C. S. Problema Paradoxum, an non per Spir. S. Sanctorum Angelorum genus intelligi possit, afferta & defensa, 8. ibid. 1678.
- - - Theologia Pacifica, in quo varia Problemata Theologica inter Reformatos Theologos agitari solita ventilantur, simul usus Philosophiæ Cartesianæ in diversis Theologiæ partibus demonstratur, & ad dissertationem S. Maresii de abusu Philosophiæ Cartesianæ in rebus Theologicis & Fidei respondetur. Accedit Appendix ad Theologiam Pacificam, 4. ibid. 1683.
- - - Theologia Pacifica defensa, in qua Theol. Pacificæ Capita quæ S. Maresius in annotationibus ad Systematis sui Theologici editionem novam impugnavit, singula vindicantur, & veritates non paucæ aliæ istis affines eruuntur atque illustrantur, 4. Amsterod. 1689.
Wolff Scrutinium Amuletorum Medicum, in quo de natura & attributis illorum, uti & plurimis illis, quæ passim in usum tam in Theoria quam Praxi vocari fuerunt, ac in specie de Zenechtis, vel quæ pesti opponuntur, agitur; superstitiosa atque illicita notantur & rejiciuntur, & varia non in Medicinæ solum, sed etiam aliarum Facultatum usum afferuntur & illustrantur, 4. Lipf. 1690.
Witsii Miscellaneorum Sacrorum Libri IV. quibus de Prophetis & Prophetia, de Tabernaculi Levitici Mysteriis, de Collatione Sacerdotii Aaronis & Christi, de Synedriis Hebræorum, de 4. Bestiis Danielis, de Cultu Molochi, de Seculo hoc & futuro, de Sensu Epistolarum Apocalypticarum, de Schismate Donatistarum diligenter & prolixe disseritur. Additæ sunt Tabulæ aliquot, quibus Tabernaculum cum suo apparatu, & Pontifex & Synedrium, affabre delineata sunt, 4. Ultraj. 1692.
510 - - - De Oeconomia Foederum Dei cum hominibus Libri IV. 4. ibid. 1694.
Wolfii Lectiones memorabiles & reconditæ, Liber rarus, carus, ex S. Scripturæ & venerandæ Antiquitatis arcanis exaratus, variisque Allegoriis, Tropologiis, & Allusionibus anagogicis, Hierographicis, Symbolicis, Iconographicis & Mythologicis, Orphicis sensibus & Inscriptionibus, Emblematibus & Apophthegmatibus, Paroemiis, Parabolis, &c. aliisque ingeniosis inventionibus & Compendiosis Chronologiæ, Christianæ Doctrinæ, Hæreseon, Scismatum, Persecutionum, Imperatorum, Pontificum Rom. aliorumque Doctorum, illustrium Virorum & Rerum gestarum Descriptionibus, nec non Conciliorum & Synodorum Decretis, eventis & epochis observatu dignioribus exornatus, fol. 2. voll. Francof. 1671.
Wurfbainii Salamandrologia, hoc est, Descriptio Historico-Philologico-Philosophico-Medica Salamandræ quæ vulgo in igne vivere creditur, S. R. I. Academiæ Naturæ Curiosis, exhibita, 4. Norimb. 1683.
Whartoni Adenographia, sive Glandularum totius corporis Descriptio, 12. Vesal. 1671.

F I N I S.

N°. IV.
CATALOGUS
LIBRORUM,
Quibus Officinam suam auxit
Anno præterito 1694.
REGNERUS LEERS,
Bibliopola Roterodamensis.

A.

Tlas *François*, *contenant les Cartes Geographiques dans lesquelles sont très exactement remarquez les Empires, Monarchies, Royaumes & Etats de l'Europe, de l'Asie, de l'Afrique, & de l'Amerique, avec les Tables & Cartes particulieres de France, de Flandres, d'Allemagne, d'Espagne, & d'Italie, dedié au Roi par Hubert Jaillot, fol. à Paris* 1695.

l'Ancienne Medecine à la mode, où les sentimens uniformes d'Hippocrate & de Galien sur les Acides & les Alkalis par M. Aignan, 12. à Paris 1693.

Avocat des Pauvres, qui fait voir l'obligation qu'ont les Beneficiers de faire un bon usage des biens de l'Eglise, & d'en assister les pauvres, par M. Thiers, 12. ibid. 1679.

Art de saigner accommodé aux Principes de la Circulation du sang. Où l'on explique toutes les circonstances qu'il faut observer pour bien faire la saignée, & où l'on donne les moyens de remedier aux accidens dont elle est quelquefois suivie, par un M. Chirurgien de Paris, seconde Edition reveuë & augmentée par l'Auteur, 12. ibid. 1689.

Alcoranus (seu) Lex Islamitica Muhammedis, filii Abdallę Pseudoprophetæ, ad optimorum Codicum fidem edita ex Musæo Abrah. Hinckelmanni, 4. Hamburgi 1694.

*Art de prêcher à un Abbé, par Monsr. l'Abbé de V * * * 17. Edition, reveuë & corrigée sur une copie de l'Auteur*, 1692.

S. Anselmi Theologia, Commentariis & Disputationibus, tum Dogmaticis, tum Scholasticis Illustrata: in quibus subtilitas Theologiæ Scholasticæ conjungitur cum eruditiode sacra, eruta ex Scriptura, Conciliis, & Patribus, contra Atheos, Ethnicos, Judæos, Hæreticos & Schismaticos, Autore Cardinale de Aguirre, fol. 3 voll. Romæ 1688.

Acta Ecclesiæ Mediolanensis à Sancto Carolo Cardinale S. Praxedis condita, Cardinalis Borromæi jussu undique diligentius collecta, & edita, 2 voll. fol. Lugduni 1683.

Ager Puteolanus, sive Prospectus ejusdem insigniores, aut. Fr. Villamena, 8. Romæ 1620, comp.

K

74 CATALOGUS

Antiquarum ſtatuarum Urbis Romæ, quæ in publicis privatiſque locis viſuntur icones, fol. Romæ 1621. comp.

Antiquę Tabulę Marmoreę ſolis effigie, ſymboliſque exculptæ accurata explicatio, quæ p.iſcæ quędam mythologię, ac nonnulla præterea vetera monumenta marmorum, gemmarum, numiſmatum illuſtrantur, auct. H. Aleandro. Acceſſit non abſimilis argumenti expoſitio figillorum zonæ veterem ſtatuam marmoream cingentis, 8. Pariſ. 1617. comp.

Antiquæ ſtatuæ Urbis Romæ, Ph. Thomaſſini, 4. Romę, comp.

Antiquæ Urbis Splendor, hoc eſt, præcipua ejusdem templa, amphitheatra, theatra, circi, naumachię, arcus triumphales, mauſolea, aliaque ſumptuoſioraædificia, pompæ item triumphalis & coloſſæaium imaginum deſcriptio, op. Iac. Lauri. Addita eſt brevis quædam & ſuccincta imaginum explicatio, in qua Regum, Conſulum, Imperatorumque res geſtæ & rei Romanæ origo, progreſſus, incrementum ac finis ex hiſtoriarum monumentis oſtenditur, fol. Romę 1612. comp.

B.

Bonfrerii Onomaſticon Urbium & Locorum ſacræ ſcripturæ: ſeu liber de locis Hebraicis ab Euſebio Græce primum, deinde ab Hieronymo Latine ſcriptis: in commodiorem nunc ordinem redactus, & variis additamentis auctus, fol. Par. 1631.

Bronchorſt ;Enantio Φ an Ω n Centuriæ ſex, & conciliationes eorundem. Accedit ejusdem Tractatus de Privilegiis ſtudioſorum, tum Profeſſorum & Doctorum. Editio nova, prioribus emendatior, cui accedit Viri Cl. Petri Cunæi Oratio funebris de vita & morte Auctoris, 8. Trajecti 1695.

Bonanni Obſervationes circa viventia, quæ in rebus non viventibus reperiuntur: cum micrographia curioſa, ſive rerum minutiſſimarum Obſervationibus, quæ ope Microſcopii recogniſtæ ad vivum exprimuntur. His acceſſerunt aliquot Animalium Teſtaceorum icones non antea in lucem editæ. Omnia curioſorum Naturæ exploratorum utilitati & jucunditati expreſſa & oblata, 4. Romæ 1691.

Bulengeri Libri novem quorum octo de dignitatibus & officiis utriuſque imperii Orientis & Occidentis Servato Imperatorum, à quibus officia quæque inſtituta ſunt, oidine, dilucide tractant. Poſtremo vero libro vectigalia utriuſque imperii omnia docte ſubducuntur. Acceſſere de Officiis regni Galliæ, tum magnæ Eccleſiæ Conſtantinopoleos appendices duæ, non illaudabiles, fol. Lugduni 1618.

- - - Hiſtoriarum ſui Temporis Libri tredecim, quibus res toto orbe geſtæ ab anno milleſimo quingenteſimo ſexageſimo, ad annum uſque ſexcenteſimum duodecimum continentur, fol. ibid. 1619.

Blondel, *Maniere de fortifier les Places*, 4. à Paris 1683.

- - - *Cours de Mathematique contenant divers Traitez, compoſez & enſeignez à Monſeigneur le Dauphin, ſavoir de la Mathematique en General, de la Geometrie ſpeculative, & la Geometrie Practique*, 4. ibid. 1683.

- - - *Suite du Cours de Mathematique contenant divers Traitez, compoſez & enſeignez à Monſeigneur le Dauphin, ſavoir l' Arithmetique ſpeculative & l' Arithmetique Practique*, 4. ibid. 1683.

- - - *L' Art de jetter les Bombes*, 4. ibid. 1683.

- - - *Hiſtoire du Calendrier Romain, qui contient ſon origine, & les divers changemens qui lui ſont arrivez*, 4. ibid. 1682.

- - - *Comparaiſons de Pindare & d' Horace*, 12. ibid. 1673.

Baumanni Analectorum Allegoricorum Sacrorum Tomus ſingularis, variarum Allegoriarum ex ſacrâ ſcriptura & naturâ deſumtarum, nec non juxta ſeriem Articulorum ſeu Locorum Theologicorum diſpoſitorum Collectanea continens, 4. Ulmæ 1690.

- - Sacrorum Analectorum Tomus ſingularis, Variorum Typorum ex ſacrâ ſcripturâ & Naturæ deſumptorum, nec non juxta ſeriem Articulorum ſeu Locorum Theologicorum, diſpoſitorum, collectanea continens, 4. ibid. 1665.

Biblia Hebraica, Samaritana, Chaldaica, Græca, Syriaca, Latina, Arabica, quibus Textus originales totius Scripturæ Sacræ, quorum pars in editione Complutenſi, deinde in Antverpienſi Regiis ſumptibus extat, nunc integri, ex manuſcriptis toto fere orbe quæſitis exemplaribus, exhibentur, fol. 10. voll. Pariſ. 1645.

Barboſę Commentarii ad interpretationem Tituli ff. de judiciis, fol. Francof. 1650.

Barrow Lectiones habitę in Scholis publicis Academię Cantabrigienſis, 8. Lond. 1684.

- - Archimedis Opera, Apollonii Pergæi Conicorum Libri IV. Theodoſii Sphærica, methodo nova illuſtrata & ſuccincte demonſtrata, 4. Lond. 1675.

Lectio-

110

LIBRORUM.

- - - Lectiones Opticæ & Geometricæ: in quibus Phænomenon Optimorum genuinæ rationes investigantur ac exponuntur; & generalia curvarum linearum symptomata declarantur, 4. ibid. 1674.

Bronckhorstii Commentarius in Tit. Digestorum de diversis regulis juris antiqui, 12. Lips. 1692.

Abregé de la Morale de l'Evangile, ou Pensées Chrêtiennes sur le texte des Quatre Evangelistes, pour en rendre la lecture & la meditation plus facile à ceux qui commencent à s'y appliquer, 3. voll. 12. 1685.

Burnet four Discourses delivered to the Clergy of the dioceſſ of Sarum, concerning I. The truth of the Christian Religion. II. The Divinity and de death of Christ. III. The infallibility and authority of the Church. IV. The obligations to continue in the communion of the Church, 8. Lond. 1694.

Browne Myographia nova, five Musculorum omnium, in corpore humano hactenus repertorum accuratissima Descriptio, in sex Prælectiones distributa: nomina singulorum in suo quaque loco, fituque naturali, in eneis Musculorum iconibus exarantur: eorum item origines, insertiones & usus graphice describuntur, additis insuper ipsius Authoris & aliorum nuperrimis observationibus & inventis, fol. Lond. 1684.

Boyle Exercitationes de utilitate Philosophiæ naturalis experimentalis per modum colloquii familiaris, quo amicus amicum ad ejus studium invitat, una cum ejusdem Additionibus, 4. Lindav. 1692.

Boot Historia Gemmarum & Lapidum, cum Commentariis Adr. Tollii, 8. Lugd. Bat. 1647. comp.

Breve Racconto della Trasportatione del Corpo di Papa Paolo V. dalla Basilica di S. Pietro à quella di S. Maria maggiore; con l'oratione recitata nelle sue esequie, & altuni versi posti nell' Apparato, fol. in Roma, 1623. comp.

Bruck Emblemata moralia & bellica, 4. Argentor. 1615. comp.

C.

CHrysostomi Epistola ad Cæsarium Monachum. Joan. Harduinus notis illustravit, ac dissertatione de sacramento altaris, 4. Par. 1689.

Coutume Reformée du Pais & Duché de Normandie, commentée par Me. Henry Basnage, seconde & nouvelle Edition, revue, corrigée & augmentée par l'Auteur, fol. 2. voll. à Rouën 1694.

Cosmopolite ou Nouvelle Lumiere Chymique, pour servir d'eclaircissement aux trois Principes de la Nature, exactement decrits dans les trois Traitez suivans, le I. traite du Mercure: le II. du soufre, & le III. du vray sel des Philosophes. Derniere Edition, revue & augmentée des Lettres Philosophiques du même Auteur, 12. ibid. 1691.

Celandre ou Traité Nouveau des descentes, de leurs differentes especes, & de leur parfaite guerison, avec un autre Traité des maux de ventre ou maladies intestinales, & des moyens de les guerir, par N. Berenger, 12. ibid. 1695.

La Chirurgie complette par demandes & par repontes, qui contient ses principes. L'Osteologie, la Myologie, les tumeurs, les ulceres, les playes simples & composées, celles d'arquebusades, les maladies veneriennes, le scorbut & l'application de tous les Bandages & Appareils, les fractures, les luxations, & toutes les Operations chirurgicales, avec une Pharmacie qui apprend la maniere de composer les remedes les plus utiles de la chirurgie, & la Panacée mercurielle, par M. le Clerc, 12. 1695.

Callard Lexicon Medicum Etymologicum, in quo ad tria Etymologiarum millia Medicinæ, Chirurgiæ, Pharmaciæ, Chymiæ & Botanices, accessit explicatio obscuriorum in iisdem artibus vocum fere quatuor millium, 12. 2. voll. Par. 1693.

- - - Pars posterior complectens in primis obscuriores Chymiæ, Pharmaciæ, Botanices, & Chirurgiæ voces.

Catalogus Bibliothecæ Thuanæ A Clariss. VV. Petro & Jac. Puteanis, ordine Alphabetico primum distributus. Tum secundum scientias & artes à clariss. viro Ism. Bullialdo digestus, nunc vero editus à Iosepho Quesnel, Parisino & Bibliothecario, cum indice Alphabetico Autorum, 8. ibid. 1689.

Conringii opus de finibus imperii Germanici. Quo jura finium, quibus illud continetur, à primo ejus exordio usque ad hæc nostra tempora illustrantur. Novissimæ huic Editioni accesserunt I. Liber quartus continens varias easque novissimas finium mutationes, modernumque eorum statum, juxta diversas recentesque Europæ Conventiones Pacificas, II. D. N.

76 **CATALOGUS**

Conringii Exercitationes Academicæ de Republica Imperii Germanici infinitis locis emen. datæ & auctæ, 4. 2. voll. Francof. 1693.

Concordantiæ Sacrorum Bibliorum Vulgatæ Editionis, ad recognitionem juſſu Sixti V. Pont. Max. Bibliis adhibitam recenſitæ atque emendatæ à Franc. Luca, nunc vero ſecundum Hub. Phaleſii, Plautini ac Pariſienſium obſervata, accuratiſſime, multis mendis aliarum editionum expunctis, editæ, 8. Colon. 1684.

50 Charletoni Exercitationes de differentiis & nominibus Animalium. Quibus accedunt Mantiſſa Anatomica, & quædam de variis foſſilium generibus, deque differentiis & nominibus colorum, ed. ſecunda, duplo auctior, noviſque iconibus ornata. fol. Oxon. 1677.

Catalogus impreſſorum Librorum Bibliothecæ Bodlejanæ in Academia Oxonienſi, cura & opera Th. Hyde, fol. Oxon. 1674.

Cyrilli, Philoxeni, aliorumque Veterum Gloſſaria Latino-Græca, & Græco-Latina, à Car. Labbæo collecta, & in duplicem Alphabeticum ordinem redacta: cum variis emendationibus ex Mſſ. Codd. petitis, Virorumque doctorum caſtigationibus ac conjectaneis. His accedunt Gloſſæ aliquot aliæ Latino-Græcæ ex iisdem Codd. Mſſ. quæ nunc primum prodeunt: præterea veteres Gloſſæ verborum juris, quæ paſſim in Baſilicis reperiuntur; ex variis perinde Codd. Mſſ. Bibliothecæ Regiæ erutæ, digeſtæ & notis illuſtratæ ab eodem Car. Labbæo, fol. Par. 1679.

Cenſalii Obſervationes ſingulares cum Additionibus ad Tractatum de Fidei-commiſſis M. A. Peregrini, in quibus ſingularia juris Reſponſa, ac ſubſequatæ in cauſis Deciſiones è ſupremis Senatibus Regni Neapol. adnectuntur, & innumeræ quæſtiones præter vel contra Peregrini ſenſum, obſervantur, fol. Francof. 1669.

Concilia illuſtrata, per Eccleſiaſticæ Hiſtoriæ, ex veterum faſtis, approbatis Codicibus, antiquis monumentis, & raris Manuſcriptis, deductæ, diegeticam dilucidationem Conciliorum & Colloquiorum illuſtrium omnium, quotquot ab Apoſtolorum tempore ad noſtram uſque ætatem extant, per 16. ſecula celebratorum, univerſalium, particularium, nationalium, provincialium & diœceſanorum, indictiones ſeu Encyclicas convocatorias. legationes & legatorum inſtructiones, commonitoria cum creditivis, &c. conteſſus, ſolennitates, acta & decreta, ſymbola, ſanctiones & conſtitutiones, canones & capitula, anathematiſmos, literas ſynodicas, &c. antiſynodorum pariter & Conciliabulorum ſimultates, varias confeſſionum heterodoxarum formulas, &c. ſiſtens, Joh. Lud. Ruelius cœpit, Joh. Lud. Hartmannus continuavit & abſolvit, 4. voll. 4. Norib. 1675.

55 Chronicon Saxonicum, ex Mſſ. Codicibus nunc primum integrum edidit, ac Latinum fecit Edm. Gibſon, 4. Oxon. 1692.

Cluveri Introductio in Univerſam Geographiam tam Veterem quam Novam, olim ſtudio & operâ Ioh. Bunonis multis locis emendata, memorabilibuſque illuſtrata, nec non 45. Tabulis Geographicis melioribus aucta; jam verò non ſolum Notis interſperſis, ſed & ſub calcem in ſpeciem adjectis auctior atque emendatior edita à Io. Fr. Hekelio, 4. Guelferb. 1686.

Cours d'Architecture enregiſtré dans l'Academie Royale d'Architecture: premiere partie, où ſont expliquez les Termes, l'Origine, & les Principes d'Architecture, & les Pratiques des cinq Ordres ſuivants la Doctrine de Vitruve & de ſes principaux ſectateurs, & ſuivant celles des trois plus habiles Architectes qui ont écrit entre les modernes qui ſont Vignoles, Palladio, & Scamozzi, par Monſieur François Blondel de l'Academie Royale des ſciences & Maître de Mathematique de Monſeigneur le Dauphin, fol. à Paris 1683.

- - - II. & III. partie par le même. fol. ibid. 1683.

- - - IV. & V. & derniere partie par le même, fol. ibid. 1683.

60 Codex Fabrianus definitionum Forenſium, & rerum in ſacro Sabaudiæ ſenatu tractatarum, ad ordinem Titulorum Codicis Iuſtinianei, quantum fieri potuit, ad uſum forenſem accommodatus & in novem Libros diſtributus, Auctore Ant. Fabro. Opus omnibus juris ſtudioſis utiliſſimum, ſed pragmaticis præcipuè neceſſarium. Acceſſerunt, ultra centum ſententularum, nonnulli novi Tituli, allegationeſque, & notæ quamplurimæ, ac Definitiones, quæ omnia oſtendent numeri ipſi Titulorum, Definitionum, & Notarum, fol. Lugduni 1681.

D.

Dieterici Antiquitates Biblicæ, in quibus Decreta, Prophetiæ, Sermones, Conſuetudines, rituſque ac Dicta Vet. Teſtam. de rebus Iudæorum & Gentilium, qua ſacris qua profanis expenduntur, fol. Giſſ. 1671.

- N-

LIBRORUM.

- - - Novi Testamenti illustramentum : sive Lexicon Philologico-Theologicum Græco-Latinum, fol. ibid. 1680.
Dialoghi di Don Antonio Agostini intorno alle Medaglie, inscrittioni & altre antichità, fol. in Roma, comp.
De' Disegni delle più illustri città & fortezze del mondo: con una breve Historia delle origini, & accidenti loro, secondo l'ordine de tempi, raccolta da G. Ballino, 4. Venet. 1569. comp.
De la Tolerance des Religions, Lettres de M. de Leibnitz, & Reponses de M. Pelisson, 12. à Par. 1692.
Defensio Relationis de Antonia Burignonia, Actis Eruditorum Lipsiensibus Mensis Ianuarii Anni 1686. inserta, adversus Anonimi famosas chartas sub titulo Moniti necessarii publicatas, 4. Lips. 1687.
Dictionaire de l'Academie Françoise, 4. voll. fol à Paris 1694.
Differentes Veuës des Palais & Jardins de plaisance des Rois d'Espagne, 4. à Paris relié.
Della felicità di Padoua, di Ang. Portenari, Libri nove, nelli quali mentre con nuovo ordine historico si prova ritrovarsi nella Città de Padoua le conditioni alla felicità civile pertinenti: si raccontano gli antichi è moderni suoi pregi & honori, & in particolare si commemorano li Cittadini suoi illustri per santità, prelature, lettere, arme & magistrati, fol. Padoua 1623.
Dictionaire Etymologique, ou Origines de la Langue Françoise, par Mr. Menage. Nouvelle Edition revue & augmentée par l'Auteur, avec les Origines Françoises de Mr. de Caseneuve: un Discours sur la science des Etymologies, par le P. Besnier, & une Liste des Noms des Saints qui paroissent éloignez de leur origine, & qui s'expriment diversement selon la diversité des lieux, par Mr. L'Abbé Chastelain, fol. à Paris 1694.
De la Sainteté, & des devoirs de la vie Monastiques, par Mr. L'Abbé de la Trappe, 2. voll. 4. ibid. 1683.
- - - Le même, 12. ibid. 1684.
- - - Eclaircissemens de quelques Difficultez que l'on a formées sur le Livre de la Sainteté & des devoirs de la vie Monastique, par le même, 4. ibid. 1685.
- - - Le même, 12. ibid. 1686.
Du Royaume de Siam par Monsieur de la Loubere, Envoyé extraordinaire du Roy auprès du Roy de Siam en 1687. & 1688. 2. voll. 12. à Paris 1691.
Discours Anatomiques de Mr. Lamy, revus & augmentez, de toutes les plus curieuses decouvertes des Anatomistes modernes, avec plusieurs Lettres du même Auteur & ses flexions sur ses Discours, 12. ibid. 1685.
- - - Anatomiques sur la structure des Visceres, savoir du Foye, du Cerveau, des Reins, de la Ratte, du Polype du Cœur, & des Poulmons, par M. Malpighi 12. ibid. 1687.
Dissertations Ecclesiastiques, sur les Principaux Arrests des Eglises, les Jubés des Eglises, la Closture du Chœur des Eglises, par J. B. Thiers, 12. ibid. 1688.
- - - Sur l'Antimoine, dans laquelle la nature de ce Mineral, & la cause de son principal effet sont clairement demontrées, par Mr. Lamy, 12. ibid. 1682.
Discours Anatomiques de M. Lamy avec des Reflexions sur les objections qu'on lui a faites contre sa maniere de raisonner de la nature de l'Homme, & de l'usage des parties qui le composent, & cinq lettres au même Auteur sur le sujet de son Livre, 12. à Rouen 1675.
De la Preseance des Rois de France sur les Rois d'Espagne, 4. à Paris 1674.
Dionysii Halicarnassei scripta, quæ extant, omnia, & Historica, & Rhetorica. E veterum Librorum auctoritate, Doctorumque hominum animadversionibus, quamplurimis in locis emendata & interpolata; cum Latina versione ad Græci exemplaris fidem denuo sic collata & conformata, ut plerisque in locis sit plane nova. Addita fragmenta quædam, cum Glareani Chronologia, & duplici appendice. Adduntur etiam Notæ, quibus de utriusque textus vel emendatione vel explanatione agitur. Opera & studio Frid. Sylburgii, fol. Lipsiæ 1691.

E.

Elemens de Botanique, ou Methode pour connoistre les Plantes, par Mr. Pitton Tournefort, 8. 3. voll. à Paris 1694.
Explication des Tableaux de la Galerie de Versailles & de ses deux Sallons, 4. à Versailles 1687.
Explication Mechanique & Physique des fonctions de l'Ame sensitive, où l'on explique des

CATALOGUS

Organes des Sens, des Passions & du mouvement volontaire: avec un Discours sur la generation du Laict, une Dissertation contre la nouvelle opinion des Animaux engendrez d'un Oeuf, une reponse aux raisons du J. Galastheau, & une Description exacte de l'Oreille. Nouvelle Edition augmentée par M. Lamy, 12. à Paris 1687.
Education, Maximes & Reflexions de Monsr. de Moncade: Avec un Discours du sel dans les Ouvrages d'Esprit, 12. à Rouen 1691.
Etat du Royaume de Danemarck tel qu'il étoit en 1692. Traduit de l'Anglois, 12. à Amsterdam 1695.
- - - *Present de la Suede avec un Abregé de l'Histoire de ce Royaume, Traduit de l'Anglois, 12. 1695.*
- - - *Present des Nations & Eglises Greque, Armenienne, & Maronite en Turquie, par le Sieur de la Croix, 12. à Paris 1695.*
Explication d'un ancien Monument trouvé en Guyenne, dans le Diocese d'Aufch, 4. ibid. 1689.
Essay de Dioptrique par Nic. Hartsoecker, 4. ibid. 1694.
Epigrammatum Græcorum Annotationibus Ioan. Brodæi, nec non Vinc. Obsopœi & Græcis in pleraque Epigrammata scholiis illustratorum Libri VII. Accesserunt H. Stephan in quosdam Anthologiæ Epigrammatum locos Annotationes, fol. Francof. 1600.
Expositio doctrinæ Augustinianorum Theologorum circa V. Propositionum materiam, articulis 5. ad Alexandrum P. P. VII. olim transmissis comprehensa, nunc Alexandri P. P. VIII. judicio denuo subjecta, & ad publicam omnium quorum interest notitiam delata, cum brevi narratione de ejusdem Expositionis, seu Articulorum quinque condendorum consilio & occasione, 8. 1689.
Epistolæ G. Ioh. Vossii, & ad eum Virorum eruditione celeberrimorum: quas inter centum ferme numerantur Ill. G. Laud, Archiep. Cantv. Ia. Usserii, Edu. Pocockii, Farnabii, Merilsii, Puteani, Gronovii, Cunæi, Scioppii; multa præclara, Theologica, Critica, Historica, Philosophica, complexæ. Ex Autographis Mss. collegit & ordine secundum singula tempora digessit P. Colomesius, fol. Lond. 1693.
Effigies, nomina & cognomina S. D. N. Alexandri, Papæ VII. & R R. D D. S. R. E. Cardinalium nunc viventium, fol. Romæ 1658.
Etat de la France, où l'on voit tous les Princes, Ducs & Pairs, Marêchaux de France & autres Officiers de la Couronne: les Evêques, les Cours qui jugent en dernier ressort, les Gouverneurs des Provinces, les Chevaliers des trois ordres du Roy &c. ensemble les Noms des Officiers de la Maison du Roy, & le quartier de leur Service: avec leurs gages & privileges, & l'explication des fonctions de leurs Charges. Comme aussi des Officiers des Maisons Royales, de Monseigneur le Dauphin, de Messeigneurs les Princes ses enfans, de Monsr. le Duc d'Orleans & de Madame, de Monsr. le Duc de Chartres & de Madame la Duchesse de Chartres. Suivant les Etats portez à la Cour des Aides: le tout enrichi d'un grand nombre de figures, dedié au Roy, 2. voll. 12. à Paris 1694.

F.

Fabri (Honor.) Tractatus duo, quorum I. est de Plantis & de Generatione Animalium, posterior de Homine, 4. Norimb. 1677.
- - - Physica, id est, Scientia rerum corporearum, in decem Tractatus distributa, 4. voll. 4. Lugd. 1669.
- - - Dialogi Physici, in quibus de motu terræ disputatur, marini æstus nova causa proponitur, nec non aquarum & mercurii supra libellam elevatio examinantur, 4. ibid. 1665.
Pr. Farinacii Praxis & Theoricæ criminalis Libri duo, in quinque titulos distributi, quorum prior Inquisitionis, Accusationis, Delictorum, Pœnarum, Carcerum & Carceratorum materiam omnem; Posterior Judiciorum ac Torturæ tractat, fol. Francof. 1622.
- - - Consiliorum, sive Responsorum Criminalium continuatio, sive Liber Secundus; cui accesserunt Resolutiones criminales sive capitales LXII. H. de federicis, fol. ibid. 1616.
- - - Liber Tertius: quibus accesserunt Additiones ad omnia hactenus sua impressa Opera, fol. ibid. 1622.
- - - Praxis & Theoricæ Criminalis amplissimæ, Pars Tertia, fol. ibid.
- - - Operum Criminalium Pars Quarta, continens ejusdem tum Consilia, tum Decisiones in prioribus Tomis allegatas, fol. Norib. 1682.
- - - Pars Quinta, de Crimine Majestatis, Homicidio, Auxiliatoribus, Consultoribus, & Mandatoribus & Delictis Carnis, fol. ibid. 1676.

LIBRORUM.

- - - Pars Sexta, de Falfitate & Simulatione, fol. ibid. 1683.
- - - Pars Septima, continens Furti materiam & fragmentorum Criminalium partem primam.
- - - Pars Octava, quæ est de Hæresi : in qua per Quæstiones, Regulas, Ampliationes, Limitationes, quidquid de jure civili & canonico, quidquid Sacris Conciliis, Summorumque Pontificum Constitutionibus sancitum, & communiter in ea materia receptum ; quidquid denique in Praxi servandum, brevi methodo illustratur, fol. ibid. 1686.
- - - Decisionum Rotæ Romanæ noviter novissimarum Centuriæ novem, varias juris tum civilis, tum canonici, Decisiones, Quæstiones, Cautiones ac Observationes continentes ab Anno 1572. usque ad annum 1610. fol. ibid.
- - - Tractatus integer de Testibus in tres titulos distributus; quorum I. agit de Oppositionibus contra personas: II. contra Dicta: & III. contra Examen Testium, cum Lecturis in L. 2. Decretalium extra de Testibus & Attestationibus, junctis additionibus & Auctario de forma Probationis, Commissariis & Commissionibus, ut & de Confectione rotuli, fol. ibid. — 110
- - - De immunitate Ecclesiarum & confugientibus ad eas, ad interpretationem Bullæ Gregorii XIV. Appendix ad Quæstionem XXVIII. in Titulo de Carceribus & Carceratis, fol. ibid. 1693.

Fechtii Historiæ Ecclesiasticæ Seculi A. N. C. XVI. Supplementum, plurimorum & celeberrimorum ex illo ævo Theologorum Epistolis, ad Ioh. Erasm. & Phil. Marbachios, antehac scriptis, nunc vero ex Bibliotheca Marbachiana primum depromptis, constans: divisum in 8. libros, ad illustrandas pleræsque ejus ætatis in ecclesia puriore historias; una cum apparatu ad totum opus necessario & tabulis Chronologico-Historicis, 4. Franc. 1684.

Fontane diverse che si vedano nel alma Citta di Roma & altre parte d'Italia, delineate da Giov. Maggi; item fiori diversi, intagliati da Nic. Rubert; Porte diverse, fabricate modernamente in diversi Palazzi di Roma; item Scherzi d'Amore espressi da Od. Fialetti, 4. comp.

Fasti Ludovici Magni, Par. 1694. — 115
- - - Le même, 8. en François ibid. 1694.

Florini Hyperaspistes, sive defensor veritatis adversus errores, quorum nuper D. Ioh. Heserus Religionem Reformatam, ad incrustandam suam ab eâ apostasiam, insimulare non dubitavit. Opus Lectu utilissimum quô præcipuæ Euangelicos inter & Pontificios controversæ excutiuntur, & adversarii suo ipsorum gladio jugulantur, Duobus indicibus instructum, 4, Herbornæ 1694.

Fasciculus Rerum expetendarum & fugiendarum, prout ab Orthuino Gratio editus est Coloniæ, A. D. MDXXXV. in Concilii tunc indicendi usum &. admonitionem ; ab innumeris mendis repurgatus juxta Editiones singulares & potiores plerorumque Tractatuum qui in eo continentur: una cum Appendice sive Tomo II. Scriptorum Veterum, (quorum pars magna nunc primum e Mss. Codicibus in lucem prodit) qui Ecclesiæ Romanæ Errores & Abusus detegunt & damnant, necessitatemque Reformationis urgent. Quorum omnium ratio in Præfatione ad Lectorem redditur. Opera & studio Edwardi Brown, fol. 2. voll. Londini 1694.

G.

Graffi Receptarum Sententiarum Volumina duo, quorum primum, præter doctrinam de Successione tam ex Testamento quam ab intestato, omnia cæterarum ultimarum Voluntatum, Substitutionum, Fidei commissorum, Iuris accrescendi, Falcidiæ, Trebellianicæ, Legitimæ, &c. jura argute & dilucidè explanat; Volumen Secundum, in quo continetur ff. finalis de officio Hæredum & juribus utriusque hæreditatis communibus, &c. fol. Genev. 1639.

Gonzales Fundamentum Theologiæ moralis, id est Tractatus Theologicus de recto usu opinionum probabilium, in quo ostenditur, ut quis licitè possit sequi opinionem probabilem faventem libertati adversus legem, omnino necessarium esse & sufficere, quod post diligentem veritatis inquisitionem, ex sincero desiderio non offendendi Deum susceptam, opinio illa ipsi appareat, attenta ratione & autoritate, vel unicè verisimilis, vel manifestè verisimilior quam opposita, stans pro lege adversus libertatem, ac idcirco ab ipso judicetur vera judicio absoluto, firmo & non fluctuante, 4. Antv. 1694.

Goltzii Sicilia & Magna Græcia, sive Historiæ Urbium & populorum Græciæ ex antiquis Nomismatibus, cum Scholiis Andr. Schotti, fol. Antv. 1644. comp. — 120

Genealogies des Maisons des Ducs & Pairs de France, fol. comp.

Gethardi Commentarius super priorem, & posteriorem Petri Epistolam, in quo Textus declaratur,

80 CATALOGUS

tur, quæstiones dubiæ solvuntur, Observationes eruuntur & loca in speciem pugnantia conciliantur 4. Hamburg. 1692.

Gothofredi Immo, hoc est Conciliatio Legum in speciem pugnantium, quas in Notis ad Pandectas juris Civilis, Dionysius Gothofredus, verbum immo usurpando, indicare atque arguere, omissa plerumque solutione assueverat; nuper autem, summo judicii acumine, subtilique industria, discussis contrariorum tenebris, evolvit & in concordiam adduxit Georg. Adam. Struvius, 4. Francofurti 1695.

Gorlæi Dactyliothecæ, seu Annulorum sigillarium quorum apud Priscos tam Græcos quam Romanos usus; ex Ferro, Ære, Argento & Auro promptuarii pars I. collectis aliunde & ineditis & editis Annulorum Figuris auctior; cum explicationibus Iacob. Gronovii, 4. Lugd. Bat. 1695.

125 - - - Pars secunda, seu rariorum Gemmarum, quibus antiquitas in signando uti solita, scalpturæ, triplo quam fuerunt, partim antehac ineditarum, partim ex scriptis eruditorum virorum collectarum numero locupletiores, cum succincta singularum explicatione Iacobi Gronovii. Accedit Marbodæi Carmen de Gemmis & Lapidibus, 4. ibid. 1695.

H.

HOmeri Ilias & Veterum in eam scholia, quæ vulgo appellantur Didymi; totum Opus cum plurimis, Vetustiss. & optimis Edit. collatum, & inculcate ex earum fide restitutum, Continentur insuper in hoc Volumine, I. Præfatio de hac Editione. II. Libelli Herodoti & Plutarchi de Homero, cum Stephani notis. III. Iliadis nova interpretatio Latina. IV. Iliadis Epigraphæ. V. Variæ Lectiones e marginibus Edit. Stephani. VI. Ejusdem Annotationes. VII. Var. Lect. & Emendationes Scholiorum una cum Additamentis & Excerptis Mss. & Scholiorum suppositiorum elenchi, 4. Cantabr. 1689.

Huetii Demonstratio Evangelica, ad Seren. Delphinum, quarta editio, ab Auctore recognita, castigata & amplificata. Accessit Auctoris Tractatus de Paradiso terrestri, nunc primum Latine, 4. Lips. 1693.

- - - Tractatus de situ Paradisi terrestris, ad Academiæ Francicæ socios, nunc primum Latine factus, 12. ibid. 1694.

Histoire naturelle des étranges poissons marins, avec la vraye peinture & description du Dauphin, & de plusieurs autres de son espece, observée par P. Belon, 4. à Paris 1551. relié.

130 Historiæ Rei nummariæ Veteris Scriptores aliquot insigniores, (sc. M. Hostii Historica antiquitas rei nummariæ, mensurarum, ponderum &c. Io. Seldeni Liber de Nummis; Ph. Labbe Bibliotheca Nummaria & G. Budæi de Asse & partibus ejus Libri V.) ad Lectionem sacrorum & profanorum scriptorum utiles, cum Bibliotheca nummaria & Præfatione Ad. Rechenbergii, 4. Amst. 1692.

Heringii Tractatus de Fidejussoribus, in quo ex jure communi, civili ac canonico, nec non variorum juris Interpretum Commentariis ac Consiliis, ut & diversis imperii Romano-Germanici, aliorumque Regnorum, Ducatuum, & Civitatum Constitutionibus, Ordinationibus, Rebus Judicatis, Statutis Municipalibus, ac Moribus, integra materia Fidejussionum, tam practice quam theoretice, justa methodo ac summatim est collecta & exposita, 4. Francof. 1547.

Heroldes Singulares Consultationes forenses, sive Consilia Decisiva variarum juris privati, tum Civilis ac Canonici & Saxonici, materiarum, per rationes dubitandi & decidendi discutiæ, atque Responsis prudentum ICtorum & Sententiis definitivis Collegiorum Iuridicorum corroboratæ, 4. Lips. 1686.

- - - Tractatus novus de jure Ratificationis sive Ratihabitionis, 4. ibid. 1687.

Hippocrates contractus, in quo Magni Hippocratis Opera omnia, in brevem Epitomen summa diligentia redacta habentur, Op. Th. Burnet, 8. Edinb. 1685.

135 Hermanni Floræ Lugduno-Batavæ Flores, sive enumeratio Stirpium Horti Lugduno-Batavi methodo, naturæ vestigiis insistente, dispositarum, & anno 1689. in lectionibus tam publicis quam privatis expositarum, 8. Lugd. Bat. 1690.

- - - Horti Academici Lugduno-Batavi Catalogus, exhibens Plantarum omnium nomina, quibus ab anno 1681. ad annu 1685. Hortus suit instructus, ut & plurimarum in eodem cultarum & à nemine huculque editarum descriptiones & icones, 8. ibid. 1687.

Heidani Corpus Theologiæ Chrittianæ in XV. locos digestum, 4. Lugd. Bat. 1687.

- - - De Origine Erroris libro octo: additi sunt ob argumenti similitudinem, ejusdem Tractatus duo; I. Diatriba de Socinianismo. II. Iudicium de universa hodiernorum Pelagianorum doctrina, 4. Amst. 1678.

Histo-

LIBRORUM.

Historia Byzantina duplici Commentario illustrata. Prior familias ac stemmata Imperatorum Constantinopolitanorum, cum eorundem Augustorum Nomismatibus, & aliquot Iconibus; praeterea Familias Dalmaticas & Turcicas complectitur. Alter descriptionem Urbis Constantinopolitanae, qualis extitit sub Imperatoribus Christianis, auct. Car. du Fresne Dom. du Cange, fol. Parif. 1680.

Histoire du Cardinal Ximenes par Monsr. Flechier, 4. Par. 1693. — 140
- - - *Le même*, 2. voll. 12. ibid. 1694.

†**Historia** Persecutionis Vandalicae in duas partes distincta, prior complectitur libros quinque Victoris Vitenfis Epifcopi, & alia antiqua monumenta, ad Codd. MSS. collata & emendata, cum Notis & observationibus. Posterior commentarium historicum de Persecutionis Vandalicae ortu, progressu & fine. Opera & studio Domni Theoderici Ruinard, 8. ibid. 1694.

S. **Hilarii** Pictavorum Episcopi Opera ad Manuscriptos Codices Gallicanos, Romanos, Belgicos, nec non ad veteres editiones castigata; aliquot aucta Opusculis, praeviis in locos difficiles difputationibus, Praefationibus, Admonitionibus, Notis, nova S. Confessoris vita, & copiosissimis Scripturarum, Rerum, Glossarum Indicibus locupletata & illustrata. Studio & labore Monachorum ordinis S. Benedicti, è Congregatione S. Mauri, fol. ibid. 1693.

Histoire de Sablé par Monsieur Menage, fol. ibid. 1683.

Harduini Antirrheticus de Nummis Antiquis Coloniarum & Municipiorum, ad Ioan. Foy Vaillant, 4. ibid. 1689. — 145
- - - De Supremo Christi Domini Pafchate, 4. ibid. 1693.
- - - De Baptismo Quaestio Triplex: de Baptismo pro mortuis, de Baptismo in vino, de Baptismo in nomine Christi, 4. ibid. 1687.

Histoire du Cardinal Mazarin, par M. Aubery, 2. voll. 12. à Rotterdam 1695.
- - - *D'Olivier Cromwel, 4. à Par. 1691.*

Histoire sommaire de Normandie par le Sieur de Masseville, 3. voll. 12. à Rouen 1688. — 150
- - - *Tome 3. & 4. 12. ib d. 1691. à part.*
- - - *Et Geographie Ancienne & Moderne Tome premier qui contient les Principes de la Geographie, l'Angleterre, l'Ecosse, l'Irlande, le Danemarck, la Suede, la Norvegue, la Pologne, & la Moscovie par M. d'Audiffret, 12. ibid. 1694.*
- - - *Tome second qui contient la France, les Païsbas, les Provinces Unies, la Suisse & la Savoye, 12.*

Hippocratis Coi, & Claudii Galeni Opera. Renatus Charterius plurima interpretatus, universa emendavit, instauravit, notavit, auxit, secundum distinctas Medicinae partes in tredecim Tomos digessit, & conjunctim Graecè & Latinè primus edidit, fol. 13. voll. Par. 1679.

Histoire secrete de Bourgogne, 12. à la Haye 1694. — 155
- - - *Des Conclaves depuis Clement V. jusques à present augmentée depuis la premiere Edition, de plusieurs memoires concernans le Pape & les Cardinaux d'aujourdhui, & les principales familles de Rome: où l'on apprend quantité de particularitez de cette Cour, avec un Discours qui explique suivant la taille douce toutes les Ceremonies qui s'observent depuis la mort du Pape jusques à l'élection de son successeur, 2. voll. 12. à Cologne 1694.*
- - - *Des Medailles ou Introduction à la connoissance de cette science par Charles Patin, 12. à Paris 1695.*

Huetii Cenfura Philofophiae Cartefianae, Editio quarta, aucta & emendata, 12. ibid. 1694.
- - - Alnetanae Quaestiones de Concordia Rationis & fidei, quarum primo Libro continetur lex Concordiae, Rationis & Fidei, secundo Dogmatum Christianorum & Ethnicorum comparatio. Tertia Praeceptorum Christianorum & Ethnicorum ad vitam piè recteque inftituendam pertinentium comparatio, 4. à Par. 1690.

Histoire de l'Edit de Nantes, contenant les choses les plus remarquables qui se sont passées — 160
en France avant & après sa publication, à l'occasion de la diversité des Religions: & principalement les Contraventions, Inexecutions, Chicanes, Artifices, Violences, & autres injustices, que les Reformez y ont souffertes, jusques à l'Edit de Revocation en Octobre 1685. avec ce qui a suivi ce nouvel Edit jusques à present. Tome troisième: premiere partie; qui comprend ce qui s'est passé depuis l'an 1643. jusqu'en 1665. 4. à Delft 1695.
- - - *Tome troisième seconde partie; qui comprend ce qui s'est passé depuis l'an 1665. jusqu'en 1683. 4. ibid. 1695.*
- - - *Troisième partie; qui comprend ce qui s'est passé depuis l'an 1683. 4. ibid. 1695.*

Hoppii Commentatio succincta ad Institutiones Iustinianeas, perspicuam Textus explanationem, Axiomatum inde descendentium demonstrationem & enucleationem, potiorum Controverfiarum lucis evolutionem, brevemque ad usum fori hodiernum applicationem continens.

82 CATALOGUS

acta, und cum præcognitis Jurisprudentiæ utilissimis in gratiam cupidæ L L. Juventutis publici facta. Accessit hac Editione secunda Textus ipse debitis locis insertus, 4. Francofurti 1694.

Historiæ Rei Nummariæ veteris scriptores aliquot insigniores Tom. I. continens Matth. Hostii Histor. Antiquitatem Rei Nummariæ, Mensurarum, Ponderum, &c. in duos tomos distinctam. Ejusdem de Arcæ Noah Fabrica. De Asse & partibus ejus. De Chœnice Græca, & de Rom. demenso. De Monomachia Davidis cum Goliatho, & alia opuscula Philologica, 4. Lugd. Bat. 1695.

- - - Tom II. in quo Joh. Seldeni Angli liber de Nummis, in quo antiqua pecunia Romana & Græca mensuratur pretio ejus, quæ nunc est in usu. Ph. Labbe Bibliotheca Nummaria, sive Elenchus Autorum, qui de Antiquis Numismatibus, Hebræis, Græcis, Romanis; nec non de Monetis, Ponderibus, & Mensuris scripserunt. Guil. Budæi de Asse & Partibus ejus Libri V. 4. ibid. 1695.

Homeri Poëmata duo Ilias & Odyssea sive Ulyssea. Alia item Carmina ejusdem cum interpretatione Latina ad verbum, post alias omnes editiones repurgata plurimus erroribus & quidem crassis alicubi. Homerici cantones qui græcè Omhpokentra: item Proverbialium Homeri versuum libellus, 2. voll. 12. Par. 1622.

Histoire Naturelle & Politique du Royaume de Siam divisée en quatre parties. La premiere contenant la situation, & la nature du Païs, la seconde, les mœurs des Habitans, leurs Loix, & leurs Coutumes, la troisiéme, leur Religion, la quatriéme, ce qui regarde le Roi qui regne à present, & ce qu'il y a de plus particulier dans la Cour de ce Royaume, 4. à Paris 1688.

- - De Philippe de Valois & du Roi Jean, 4. à Paris 1688.
- - - De l'Empire contenant son Origine, son Progres, ses Revolutions; la forme de son Gouvernement; sa Politique, ses Alliances, ses Negociations; & les nouveaux Reglemens qui ont été faits par les Traitez de Westphalie par le Sieur Heiss. 4. 3. voll. à Paris 1684.

Historia della Citta è Regno di Napoli di Ant. summonte, ove si trattano le Cose piu notabili accadute dalla sua Edificatione sin'a tempi nostri, con l'Origine, sito, forma, Religione, antica e moderna Politia, Tribunali, Nobilitate, Leggi, Acque, circuito, amenità, Provincie, santi e chiese; Olive gli imperatori Gregi, Duci, & Principi di Benevento, di Capua, e di Salerno; con li gesti, e vite de suoi Re, con loro effigie dal naturale, alberi delle Discendenze, e Spoletri; e de gli Vicerè del Regno, con altre cose notabili, 4. voll. 4. in Napoli 1675.

Hermes Fasciculus Iuris Publici, ex Labyrintho Canonico, Legali, Feudali & S. R. I. viridariis collectus, 4. Salisb. 1674.

Historia & Antiquitates Universitatis Oxoniensis, 2. voll. fol. Oxon. 1674.

Homeri quæ extant Omnia, Ilias, Odyssea, Batrachomyomachia, Hymni, Poematia aliquot, cum Latina versione omnium quæ circumferuntur emendatissima aliquot jam locis castigatione, perpetuis item justisque in Iliada simul & Odysseam Io. Spondani Commentariis, fol. Basil. 1596.

Histoire du Triumvirat d'Auguste, Marc Antoine & Lepidus; contenant aussi les actions particulieres d'Auguste, avant & aprés le Triumvirat, jusqu'à sa mort, avec les particularitez de la vie de Jules Cesar, 2. voll. 12. à Paris 1694.

- - - *Du Triumvirat de Cesar, Pompée & Crassus, contenant ce qui s'est passé depuis la mort de Catilina jusques à celle de Cesar.* 12. ibid. 1694.

Horroccii Opera Posthuma, vid. Astronomia Kepleriana defensa & promota; Excerpta ex Epistolis ad Crabræum suum; Observationum cœlestium Catalogus; Lunæ Theoria nova. Accedunt G. Crabtræi Observationes cœlestes: quibus accesserunt Ioh. Flamstedii de temporis æquatione diatriba; Numeri ad lunæ theoriam Horrocianam: in calce adjiciuntur nondum editæ Ioh. Wallisii Exercitationes Tres; vid. de Cometarum distantiis investigandis; de Rationum & Fractionum reductione; de Periodo Iuliana, 4. Lond. 1678.

History of the Life, Reign and Death of Edward II. with the Rise and fall of his great Favourites, Gaveston and the Spencers, by E. F. fol. Lond. 1680.

Historia de las Guerras Civiles de Francia, de Enr. Cat. Davila: en que se escriven los hechos de quatro Reyes Francisco II. Carlo IX. Enrique III. y Enrique IV. Con las Adiciones à la Historia escritas por Baf. Varen de Soto, desde el ano de 1598. hasta el ano de 1630. Nueva impresion, enriquescida con lindas Figuras y Retratos, fol. en Ambr. 1636.

History of S. Pauls Cathredal in London, from its foundation untille these Times, extracted out of Originall Charters, Records, Leiger Books and other Manuscripts, beautified with Sundry Prospects of the Church, Figures of Tombes, and Monuments, by W. Dugdale, fol. Lond. 1658.

Histoire des plus illustres & savans hommes de leurs siecles, tant de l'Europe, que de l'Asie.

LIBRORUM.

*Afie, Afrique & Amerique, avec leurs Portraits en Taille-douce, tirez sur les veritables Originaux, par A. Thevet, 8. voll. 12. à Par. 1671.
Bachspanii Notæ Philologico-Theologicę in varia & difficilia Scripturæ loca, 3. voll. 8. Altd. 1664.
- - - Disputationum Theologicarum & Philologicarum Sylloge : cui præmissa est ejusdem Oratio de necessitate Philologiæ in Theologia: sub finem addita A. Kesleri Disputatio de allegatione dictorum V. Test. in Novo, 4. ibid. 1663.
Haknii Observata Theoretico-practica ad M. Wesenbecii in L. Libros Digestorum Commentarios, & in hos editas R. Bachovii Notas & Animadversiones, variis Iuris Responsis & Decisionibus firmata, fol. Colon. 1675.
Horchii Investigationum Theologicarum I. circa Origines rerum ex Deo contra Bened. de Spinoza, 4. Herb. 1692.
S. Eus. Hieronymi, Stridonensis Presbyteri, Divina Bibliotheca antehac inedita, complectens Translationes Latinas V. ac N. Testamenti, cum ex Hebræis, tum è Græcis fontibus derivatas; innumera quoque scholia marginalia antiquissimi Hebræi cujusdam Scriptoris Anonymi, Hebræas voces pressius exprimentis. Prodit è vetustissimis Mss. Codicibus Gallicanis, Varicanis, &c. Studio ac labore D. Ioh. Martianay & D. Ant. Pouget, fol. Parisiis 1693.

I.

I Ungken modernę Praxeos Medicæ vademecum, pro memoria sublevanda conscriptum, 8. Norimbergæ 1694.
- - - Lexicon Pharmaceuticum pro majori commoditate in duas partes divisum, ubi prior continet magis ubique usualia notissimorum Pharmacopœorum, utpote Augustanæ Renovatæ, Norimbergensis, Schroderi, Minsichti &c. ut & alia hinc inde multum celebrata celeberrimorum Authorum, Sylvii, Michaëlis, Timæi, Wedelii aliorumque composita; pars altera, Similia generosiora juxta Zwelfferi, Hoffmanni, &c. animadversiones aut censuras adornata tradit Composita, iis priori in parte positis, pro majori dilucidatione brevissimis surrogata, 8. Francofurti 1694.
- - - Praxis Medica, sive corporis Medicina, morborum internorum corporeæ Machinæ fere omnium, & fiendi & curandi Methodum, juxta Modernorum Practicorum saniora Principia, nudis exhibens terminis, 8. Francofurti 1689.
- - - Fundamenta Medicinæ Modernæ Eclectica, ubi Physices Compendio praemisso, ad Cartesii potissimum mentem conscripto, ex celeberrimis neotericis Scriptoribus Medicis Talis per omnes Medicinæ Partes traditur selectus; cui Ars Medica, per varia opinionum & sententiarum discrimina hactenus volutata, firmius innititur, 8. ibid. 1693.
S. Ferr. Imperati Historiæ Naturalis Libri XXIIX. Accesserunt nonnullæ Ioh. M. Ferro Adnotationes ad Librum XXVIII. Nunc primum ex Italica in linguam conversa Latinum, cum indice locupletissimo, 4. Coloniæ 1695.
Imagines mortis : his accesserunt Epigrammata, è gallico à G. Amylio in Latinum translata, ad hæc Medicina animæ, tam iis, qui firma, quam qui adversa corporis valetudine præditi sunt, maximè necessaria, 8. Colon. 1573. comp.
The Jesuits Memorial, for the intended Reformation of England, under their first Popish Prince, published from the Copy that was presented to the late K. James II. with an introduction and some Animadversions by Edw. Gee, 8. Lond. 1690.
Intrigues Galantes de la Cour de France, depuis le commencement de la Monarchie, 12. à Cologne 1694.
Imago primi Sæculi Societatis Iesu à Provincio Flandro-Belgica ejusdem Societatis repræsentata, fol. Antv. 1640. comp.
Illustrium, celebriorumque ICC. ac celeberrimarum per Germaniam, Italiam, Galliam & Hispaniam Academiarum Clariss. Iurium Antecessorum, hinc inde in dictis regnis, aliisque nationibus diversis florentium, Responsa, seu Consilia, variis gravissimarum, difficiliumque controversiarum jurium decisionibus referta, fol. 3. voll. Francof. 1618.
Icones antiquarum Statuarum Urbis Romæ, quæ in publicis privatisque locis visuntur, fol. Romæ 1621. comp.
- - - Imperatorum, & breves vitæ atque rerum cujusque gestarum indicationes : Ausonio, Iac. Micyllo, Ursino Velio antoribus, 8. 1544. comp.
Imprese illestri di diversi, coi Discorsi di Cam. Camilli & con le figure intagliate in rame di G. Porro, tre Parti, 4. in Venetia, 1586. comp.

CATALOGUS

Illustrium Philosophorum & Sapientum effigies ab eorum numismatibus extractæ, 4. ibid. 1530.

K.

200 **K**Ippingii Antiquitatum Romanarum Libri IV. Continentur Res sacræ, civiles, militares, domesticæ, prolatis ad fidem abunde faciendam testimoniis Historicorum, Pastorum, Poetarum, Iureconsultorum, Inscriptionum, Numismatum, Iconum, Sca'pturarum, loca plurima Sacrarum Literarum & celebrium Authorum exponuntur, defenduntur, corriguntur secundum fidem eorum, qui principes critici habentur, 8. Franeq. 1684.

Kœnig Gazophylacium Latinitatis, sive Lexicon novum Latino-Germanicum, in quo voces à Latinis Scriptoribus, iisque tam veteribus quam recentioribus usurpatæ, addita syllabarum quantitate, item, significationes, constructiones, elegantiæ, formulæ, proverbia, &c. appositis fere ubique authorum testimoniis fidelissime exhibentur, 4. Norimb. 1658.

- - Bibliotheca Vetus & Nova, in quâ Hebræorum, Chaldæorum, Syrorum, Arabum, Persarum, Ægyptiorum, Græcorum & Latinorum per universum terrarum orbem Scriptorum, Theologorum, ICtorum, Medicorum, Philosophorum, Historicorum, Geographorum, Philologorum, Oratorum, Poetarum, &c. patria, ætas, nomina, libri, sæpius etiam eruditorum de iis elogia, testimonia & judicia, à prima mundi origine ad annum usque M. DC. LXXIIX. ordine alphabetico, digesta recensentur & exhibentur, fol. Altd. 1678.

L.

LAmy Harmonia sive Concordia quatuor Euangelistarum, in qua veræ series actuum & Sermonum Domini nostri Iesu Christi, hoc est, vera vitæ ejus Historia restituitur, adjecta suis locis novi ordinis ratione, 12. Parif. 1689.

Lindenius Renovatus, sive, Ioh. Ant. vander Linden de Scriptis Medicis Libri duo: quorum prior, omnium, tam veterum, quam recentiorum, Latino idiomate, typis unquam expressorum Scriptorum Medicorum, consummatissimum Catalogum continet; quo indicatur, quid singuli Authores scripserint: nec non ubi, quâ formâ, & quo tempore, omnes eorum scriptorum Editiones excusæ prostent: Posterior verò Cynosuram Medicam, sive Rerum & Materiarum Indicem, omnium Titulorum vel Thematum Medicorum potiorum Locæa communia Alphabetico, hacque novâ demum Editione primum adornato ordine suis loculis ita comprehendentem exhibet, ut inquirenti, quicquid desideraverit, velut digito, in multiplicem usum, clarissime monstretur: Noviter præter hæc addita plurimorum Authorum, quotquot nempe habere licuit, vitæ curriculorum succincta descriptione: Editus curâ Georg. Abrah. Mercklini, 4. Norimbergæ 1686.

205 **C.** Landi Selectiorum Numismatum, præcipue Romanorum, Expositiones, elegantibus nummorum ectypis, & indicibus necessariis instructæ, 4. Lugduni Bat. 1695.

Liber Psalmorum additis Canticis cum notis Iacobi Benigni Bossuet Episcopi Meldensis, 8. Par. 1691.

- - - Solomonis &c.

Lettres de Cicéron à Atticus, 2. voll. 12. à Paris 1691.

Lombardi Regale Sacerdotium Romano Pontifici assertum, & quatuor Propositionibus explicatum, 4. 1684.

210 **L**eydeckeri Veritas Euangelica triumphans de erroribus quotumvis sæculorum, Opus Historico-theologicum, quo principia fidei Reformatæ demonstrantur, origines errorum ostenduntur, & doctrina de Oeconomia S S. Trinitatis in salutis negotio fuse explicatur & defenditur, 2. voll. 4. Ultraj. 1688.

Lexicon Heptaglotton, Hebraicum, Chaldaicum, Syriacum, Samaritanum, Æthiopicum, Arabicum conjunctim, & Persicum separatim; Opus non tantum ad Biblia Polyglotta Londinensia, Biblia Regia Parisiensia, Antwerpiana, Bibliaque Card. Ximenii Complutensia; sed ad omnes omnino tam MSS. quam impressos Libros, in universis hisce linguis extantes, apprime utile & pernecessarium. Cui accessit brevis & harmonica Grammaticæ omnium præcedentium Linguarum delineatio, fol. 2. voll. Lond. 1686.

Ludovici Commentarii in Institutiónum Libros Quatuor, cum triplici indice & Tabulis summam horum Librorum repræsentantibus, 4. Altd. 1671.

Lan-

LIBRORUM.

Langii, Chymiatri & Practici longè celeberrimi, Opera Omnia, 4. Francof. 1688.

Lanii ignea Veritatis Euangelicæ columna peregrinantes veros Ifraëlitas ex fpirituali errorum Pontificiorum Ægypto in beatiffimam promiffam terram præcedens ac perducens, 4. Lipf. 1659.

Lafitii de ecclefiaftica difciplina, moribufque & inftitutis, Fratrum Bohemorum memorabilia continens, cum admonitionibus ad reliquias iftius Ecclefiæ & alios I. A. Comenii, 8. Amft. 1660. — 215

Lifter Hiftoria Conchyliorum, Liber I. qui eft de Cochleis terreftribus; Libri I. Pars fecunda, de Limacibus. Liber II. qui eft de Turbinibus & Bivalvibus aquæ dulcis. Liber III. qui eft de Bivalvibus marinis, in quibus Conchæ Anatiferæ dictæ, Balanique numerantur: huic accedit Appendix de Conchitis, i. e. de foffilibus five lapideis Bivalvibus paribus teftis; de Multivalvibus. Liber IV. qui eft de Buccinis Marinis; etiam Vermiculi, Dentalia & Patellæ numerantur ibidem: Libri IV. pars fecunda, de Rhombis cylindro pyramidalibus, fol. Lond. 1685. 1688.

- - - Hiftoriæ Animalium Angliæ Tractatus tres: unus de Araneis; alter de Cochleis tum terreftribus tum fluviatilibus; tertius de Cochleis marinis. Quibus adjectus eft quartus de lapidibus ejusdem infulæ ad Cochlearum quandam imaginem figuratis, 4. ibid. 1678.

- - - Exercitatio Anatomica, in qua de Cochleis, maxime terreftribus & limacibus agitur: Omnium diffectiones tabulis æneis, ad ipfas res affabre incifis illuftrantur, 8. Lond. 1694.

Leti Hiftoria e Memorie recondite fopra alla Vita di Oliv. Cromvele, detto il Tiranno fenza Vizi, il Prencipe fenza Virtu, 2. parte, 8. Amfterd. 1692. — 220

- - - La même en François, 12. ibid. 1694.

- - - Vie de la Reine Elizabeth, traduite de l'Italien, 2. voll. 12. ibid. 1694.

Licetus de Monftrorum cauffis, natura & differentiis Libri duo: in quibus ex rei natura Monftrorum hiftoriæ, cauffæ, generationes & differentiæ plurimæ à fapientibus intactæ, cum generatim, & in plantarum & belluarum genere, tum feorfum in humana fpecie tractantur 4. Patav. 1634. comp.

M.

La **Maniere de guerir les Fractures & les Luxations qui arrivent au corps humain, par le moyen des Bandages par** M. Verduc, feconde Edition reveue, corrigée & augmentée d'un nouveau Traité des Playes d'Arqueebufades, 12. à Paris 1689.

Maximes pour l'Education d'un jeune Seigneur, avec les inftructions de l'Empereur Bafile pour Leon fon Fils, & l'Abregé de leur vie, 12. ibid. 1690. — 225

Morale Chrétienne abregée & reduite à trois principaux devoirs, la repentance des Pecheurs, la perfeverance des Juftes, & les progrès que ces Juftes perfeverans doivent faire dans la pieté, par M. de la Placette, 12. Amfterd. 1695.

Meneftrerii Philofophia Imaginum, id eft Sylloge Symbolorum ampliffima, qua plurima Regum, Principum, Nobilium, Fœminarum illuftrium, Eruditorum, aliorumque Virorum in Europa præftantium, quæ proftant, fumma diligentia funt congefta methodoque fuccincta exhibita. E Lingua Gallica in Latinam tranflata, figurifque elegantioribus ac antea ornata, 8. Amft. & Gedani 1695.

Manget Bibliotheca Medico, Practica five Rerum Medicarum Thefaurus cumulatiffimus quo omnes prorfus humani corporis morbofæ affectiones tum Artem Medicam in genere, tum Chirurgicam in fpecie, fpectantes ordine Alphabetico explicantur: & per Curationes, Confilia, Obfervationes, ac Cadaverum Anatomicas infpectiones, tam hinc inde proprias, quam à variis, iifque præftantiffimis Authoribus, Veteribus & Recentioribus petitas, abundè imò & curiofè tractatur, fol. 2. voll. Genevæ 1695.

Martini Commentarius forenfis in Ioh. Georgii I. Sacratiffimi Ducis Saxoniæ ordinationem Proceffus Iudiciarii, quo finguli textus Latino idiomate donati ex Iure Civili, Imperiali Romano Germanico, Canonico, Provinciali Saxonico, Lufatienfi, Bohemico, Anhaltino; Magdeburgico, Halberftadienfi & Marchico, item Brunfwicenfi & Luneburgico, Megapolitano ac Lubecenfi, nec non Pomeranio, ut & Ordinationes judiciariæ Summi Tribunalis. Regii Vifmarienfis, aliifque Legibus ftatutatis, potiffimum Francofurtenfi ad Mœnum explicantur, & variis ICtorum Refponfis atque ad proceffum perneceffariis inftructionibus ac formulis illuftrantur, fol. Goflariæ 1694.

Menagii (Ægid.) Vitæ P. Æliodii, Quæfitoris Andegavenfis, & G. Menagii, Advocati Regii Andegavenfis, 4. Par. 1675. — 230

Memoires de Mathematique & de Phyfique, tirez des Regiftres de l'Academie Royale des

Scien-

86 CATALOGUS

Sciences, du 15. Mai, 30. Juin, 31. Juillet, 31. Aout, 30. Novemb. 15. Decemb. & 31. Decemb. 1693. 4. à Paris 1694.

Le Manuel d'Epictete; avec des Reflexions tirées de la Morale de l'Evangile par Monsr. Cocquelin, 12. à Paris 1683.

Memoires de Monseigneur le Prince de Conti touchant la conduite de sa Maison, 8. ibid. 1667.

Mortes illustres, & gesta eorum de Societate Iesu qui in odium fidei, pietatis, aut cujuscumque virtutis, occasione Missionum, sacramentorum administratorum, fidei, aut virtutis propugnatæ, ab Ethnicis, Hæreticis, vel aliis veneno, igne, ferro aut morte alia necati, ærumnisve confecti sunt, Autore Ph. Alegambe. Extremos aliquot annos, mortesque illustres usque ad annum MDCLV. adjecit Ioannes Nadas, fol. Romæ 1657.

235 Majeri Commentarius Theoretico-practicus in IV. Libros Institutionum. adornatus secundum quatuor causarum genera, seriemque singulorum Paragraphorum, 4. Tub. 1685.

Methodus nova, utilis ac curiosa Apoplexiam seu morbum attonitum curandi, una cum observationibus lectu dignis, quibus Medici vulgares é veterno excitabuntur, aut. I. C. 4. Hild. 1685.

Marliani Annales Consulum, Dictatorum, Censorumque Romanorum à condita Urbe usque ad Ti. Cæsarem: ejusdem in eosdem, ac Triumphos Commentarius, fol. Romæ 1560.

Mindanus de Processibus, Mandatis & Monitoriis, In Imperiali Camera extrahendis, & de Supplicationibus, quæ pro iis fiunt, recte formandis, 4. Fran of. 1660.

M. Maimonides de Iure pauperis & peregrini apud Iudæos, Latine vertit & notis illustravit H. Prideaux, 4. Oxon. 1679.

240 Monumenta Salutis humanæ constructa & decantata studio B. Ar. Montani, 8. Antv. comp.

Menestrier Science de la Noblesse, ou la Nouvelle Methode au Blason, augmentée des principales Familles du Pais Bas, de Hollande, d'Allemagne, d'Italie & d'Espagne, 12. 1691.

- - - Histoire du Roi Louis le Grand par les Medailles, Emblemes, Devises, Jettons, Inscriptions, Armoiries, & autres monumens publics, fol. 1691.

Miege Grand Dictionaire Anglois & François, & François & Anglois, 2. voll. fol. Lond. 1678.

Memorials of Th. Cranmer, sometime Lord Archb. of Canterbury, wherein the History of the Church and the Reformation of it, during the primacy of the said Archb. are greatly illustrated, and many singular matters relating thereunto now first published, fol. Lond. 1694.

245 Museum Regalis Societatis, or a Catalogue and Description of the natural and artificial Rarities belonging to the Royal Society and preserved at Gresham Colledge, made by Neh. Grew: whereunto is subjoyned the comparative Anatomy of Stomachs and Guts, by the same Autor, fol. Lond. 1681.

Melchioris Opera omnia Theologica, exegetica, didactica, polemica, quibus V. ac N. Testamenti Libri conferuntur, explicantur, illustrantur, Veritas religionis Christianæ argumentis validissimis asseritur & defenditur, 2. voll. 4. Herb. 1693.

Meibomii ad Saxoniæ inferioris imprimis Historiam introductio: in qua ab ultima notitia ad nostra usque tempora breviter ejus historia delineatur, & de plerisque Rerum Saxonicarum Scriptoribus editis & ineditis judicatur, 4. Helmst. 1687.

Magiri Eponymologium Criticum, complectens cognomina, descriptiones, elogia & censuras Personarum ac Rerum cum veterum tum recentium bello aut pace insignium, ex variis scriptoribus collecta, nunc duplo quam olim auctius editum, cura Chr. Wilh. Eybenii, 4. Francof. 1687.

- - - Polymnemon, seu Florilegium Locorum communium, ordine novo, exactiori, & ad usum accommodatiori animatum, selectioribus etiam sententiis & exemplis ex scriptorum probatissimorum & elegantissimorum, Græcorum, Latinorum, Oratorum, Poetarum, Historicorum, Legumlatorum &c. monumentis confertum cum 548. Titulis: una cum introductione & Onomatologo critico præstructum in subsidium iis qui docte scribere, fructuose legere, prompte dicere, aut memoriam quoquo pacto suam adjuvare præoptant, fol. Francof. 1651.

250 Musæum Septalianum M. Septalæ labore constructum, P. M. Terragi geniali Laconismo descriptum, &c. cum Centonibus ejusdem de natura Crystalli, Coralli, Testaceorum Montanorum, & Lapidificatorum, Achatis, Succini, Ambari & Magnetis, 4. Dert. 1664. comp.

Morini Commentarius de Sacris Ecclesiæ Ordinationibus, secundum antiquos & recentiores Latinos, Græcos, Syros & Babylonios, in tres partes distinctus: in quo demonstratur Orientalium Ordinationes Conciliis Generalibus & summis Pontificibus, ab initio Schismatis

LIBRORUM.

Datis in hunc usque diem fuisse probatas & ab Adversariis vindicatas: plurimi Ordinationum libelli rituales ex antiquissimis illorum populorum Sacramentariis eruti nunc primum eduntur; Græci & Syri Latinitate donantur; Variæ Exercitationes Ecclesiasticæ elaborantur, quibus quæstiones omnes de Ordinis Sacramento in Scholis disputari solitæ, secundum istos libellos & antiquos Patres probabiliter definiuntur: perpetua Ecclesiæ Orientalis cum Occidentali in hoc Sacramento convenientia; & quando, quave occasione & causa utraqne Ecclesia, aut alterutra novum ritum addidit antiquo, luculenter docetur. Quinque insuper antiquissimarum sub Episcopali dignitatum, origines, varia incrementa & decrementa enarrantur. His accedunt Simeonis Thessalonicensis Archiepiscopi Liber de Sacramento Ordinis, & ejus mysteriis; Auxilii de Ordinationibus Formosi Papæ non iterandis libri duo; Cophticarum Ordinationum exemplar: Omnia ex antiquis membranis exscripta, & hactenus desiderata. Denique Adnotationes in verba, ritus, ornamenta Ecclesiastica, aliaque ejusmodi obscura, Latinis inusitata, in Ritualibus Græcis & Syris occurrentia, fol. Amst. 1695.

Memoires de Mathematique & de Physique contenant un Traité des Epicycloïdes, & de leurs usages dans les Mechaniques. L'explication des principaux effets de la glace & du froid. Une Dissertation des differences des sons de la corde de la Trompette Marine, un Traité des differens accidens de la vue, divisé en deux parties par Monsr. de la Hire, 4. à Paris 1694.

Marchantii Hortus Pastorum sacræ Doctrinæ floribus polymitus una cum candelabro, Tuba sacerdotali, virga Aaronis, aliisque Opusculis ejusdem Authoris, fol. Lugduni 1689.

N.

Natalis Alexandri Theologia Dogmatica & Moralis: secundum ordinem Catechismi Concilii Tridentini, in quinque Libros tributa. Opus non solum Clericis & Theologis quibusque, sed & Parochis, Confessariis, & Concionatoribus perutile, 8. 10. voll. Par. 1694.

Nova Collectio Conciliorum. Stephanus Baluzius Tutelensis in unum collegit, multa notatu dignissima nunc primum edidit, Notis illustravit, reliqua emendavit ad vetustissima exemplaria manuscripta, Tomus primus, fol. ibid. 1683. 255

Nouveau Traité des Fievres, où après avoir examiné les differens Systêmes qui ont paru sur ce sujet, on explique la nature & les causes de ces Maladies, avec des Remedes propres à leur guerison, par M. de Bezanson, 12. ibid. 1691.

- - - Elemens des Sections Coniques, les lieux Geometriques, la construction, ou ef_ fection des Equations, par M. de la Hire, 12. ibid. 1679.

Nouvelle Osteologie, où l'on explique mecaniquement la formation & la nourriture des Os, avec le Squelette du Fœtus, & une Dissertation sur le marcher de l'homme & des Animaux, sur le vol des Oiseaux, & sur le nager des Poissons, par M. Verduc, 12. ibid. 1693.

- - - Experiences sur la Vipere où l'on verra une Description exacte de toutes ses parties, la source de son venin, ses divers effets, & les Remedes exquis que les Artistes peuvent tirer du corps de cet Animal, par M. Charas seconde Edition revue & augmentée par l'Auteur, 8. à Paris 1694.

- - - Relation contenant les Voyages de Thomas Gage dans la Nouvelle Espagne, ses diverses Avantures; & son retour par la Province de Nicaragua, jusques a la Havane, avec la Description de la Ville de Mexique telle qu'elle etoit autrefois, & comme elle est à present. Ensemble une Description exacte des Terres & Provinces que possedent les Espagnols en toute l'Amerique, de la forme de leur Gouvernement Ecclesiastique & Politique, de leur commerce, de leurs Mœurs, & de celles des Crioles, des Metifs, des Mulatres, des Indiens, & des Negres, 2. voll. à Amsterdam 1695. 260

Nouvelle Maniere de fortifier de M. de Vauban, où l'on voit de quelle methode on se sert aujourdhui en France, pour la Fortification des Places tant regulieres qu'irregulieres; en quoi cette Methode differe des autres, &c. Avec un Traité de Geometrie qu'on a mis à la tête, pour avoir une parfaite intelligence des Fortifications, le tout mis en ordre, par M. le Chevalier de Cambray, 8. à Par. 1692.

Nicii Erythræi exempla Virtutum & Vitiorum, 8. 1676.

- - - Pinacotheca imaginum illustrium, doctrinæ vel ingenii laude virorum, qui Auctore superstite, diem suum obierunt. 8. Lips. 1692.

Nozze degli Dei, Favola di C. Coppola, rappresentata in musica in Firenze nelle regli noz-

CATALOGUS

ne de Ser. Gran Duchi di Toschana Ferdinando II. e Vittoria Principessa d'Urbino à Firenze 1637. comp.

265 Nouveaux Elemens de Geometrie, ou de la Mesure du Corps, qui comprennent tout ce qu' Euclide en a enseigné; les plus belles Propositions d' Archimede & l'Analyse; par le R. P. Lamy, 8. à Par. 1692.

Nalson à true Copy of the Journal of the High Court of Justice for the Tryal of K. Charles I. as it was read in the House of Commons, and attested under the hand of Phelps, Clerck to that Court. With a large introduction, fol. Lond. 1684.

— — Impartial Collection of the great affairs of state, from the beginning of the Scotch Rebellion in the year 1639. to the murder of King Charles I. wherein the first occasions, and the whole Series of the late troubles in England, Scotland, and Ireland are faithfully represented, taken from Authentick Records, 2. voll. fol. Lond. 1682.

O.

Les Operations de Chirurgie, avec une Pathologie, dans laquelle on explique toutes les Maladies externes du corps humain, & leurs remedes, selon les principes de la Physique moderne, par M. Verduc, divisé en deux parties, 8. à Paris 1694.

Observations sur la Grossesse & l'Accouchement des femmes, & sur leurs Maladies & celles des enfans nouveaux nez, en chacune desquelles les causes & les raisons des principaux evenemens sont decrites & expliquées par M. Mauriceau, 4. à Amsterdam 1695.

270 Oeuvres de Monsieur Baron, 12. 1694.

Oudin supplementum de scriptoribus vel Scriptis Ecclesiasticis à Bellarmino omissis ad annum 1460. vel ad artem Typographicam inventam, 8. Par. 1686.

Oedipe & l' Electre de Sophocle Tragedies Grecques traduites en François avec des Remarques, 12. ibid. 1692.

Oeuvres Posthumes de M. S. R. 12. ibid. 1693.

Observations de Monsieur Menage sur la Langue Françoise seconde Edition, 12. Ibid. 1675.

275 Olearii Exercitationes Philologicæ, Græcum Epistolarum Dominicalium textum concernentes; in quibus collatis Syri imprimis, Vulgati, Lutheri, Erasmi & Bezæ versionibus, nec non Græcorum Interpretum, Chrysostomi, Theophylacti & Oecumenii eruditis Commentariis, singula cujusvis Pericopæ commata, illustrantur, variæ lectiones inter se conferuntur, & ex Concordantiis Græcis tum V. tum N. T. locis parallelis adductis, idiotismi linguæ sacræ enucleantur, adeoque genuinus simul sensus Grammaticus, rejectis incongruis sententiis evolvitur atque vindicatur, 4. Lips. 1672.

Onuphrii Panvinii, Barth. Marliani, P. Victoris, Iani Jac. Boissardi Topographia Romæ, cum tabulis geographicis, imaginibus antiquæ & novæ Urbis, inscriptionibus, marmoribus, ædificiis, sepulchris, & quicquid est à veneranda antiquitate, magna diligentia æri incisis, 2. voll. fol. Francof. 1627. comp.

Origenis Dialogus contra Marcionitas, sive de rectâ in Deum fide; Exhortatio ad Martyrium; Responsum ad Africani Epistolam de Historia Susannæ : Græcè nunc primum e Mss. Codicibus prodeunt, Versiones partim corriguntur, partim novæ adjiciuntur, additis notis, indicibus, Lectionibus variantibus & conjecturis, op. & st. I. R. Wetstenii, 4. Basil. 1674.

Origo Legum, or a Treatise of the Origin of Laws and their obliging power; as also of their great variety, and why some laws are immutable and some not, but may suffer change, or cease to be, or be suspended or abrogated, by G. Dawson, fol. Lond. 1694.

Oeuvres du bienheureux Jean D' Avila Docteur & Predicateur Espagnol, surnommé l'Apôtre de l' Andalousie; de la traduction de Monsieur Arnauld d' Andilly, fol. ibid. 1673.

280 — — — Mêlées du Chev. Temple, 2. voll. 12. à Utr. 1694.

— — — De M. l' Abbé de S. Real, nouvelle edition augmentée de sa Critique, 12. ibid. 1693.

— — — De Mr. de Saint-Evremont, 5. voll. 8. à Par. 1693.

P.

Panegyriques de Monsieur Verjus, 4. à Paris 1664.

La Pratique de Medecine de Paul Barbette celebre Medecin d' Amsterdam; Enrichie de quan-

LIBRORUM.

quantité de Notes, observations & Histoires Medicales par Frederic Deckers, & augmentée en dernier lieu de plusieurs Maladies qui y avoient été omises ou traittes trop brievement, avec des annotations tres utiles pour la Pratique, par J. Jacob Mangea D. en Med. le tout nouvellement & fidelement traduit en François, 12. 2. voll, à Lyon 1692.

Pieces de Theatre de Monsieur Bourfault, 12. à la Haye 1694. ... 285

Prônes de Messire Claude Joli Evêque & Comte d'Agen pour tous les Dimanches de l'année, Tome III. & IV. 12, à Paris 1695.

Pofewitz Metaphysica, quæ 307. Regularum Metaphysicarum usum & abufum in 556. Quæstionibus & Controversiis Theologicis, à Theologis gravissimis, Scholasticis, cum primis Thoma, Scoto, Vatzquetz, Greg. de Valentia, Suaretz, Ioh. de Rhada, Becano, aliisque ventilatis, exhibet, 8. Lipsiæ 1695.

Placcii de Arte Excerpendi Liber singularis, quo genera & præcepta excerpendi, ab aliis huc ufque tradita omnia, Novis accessionibus aucta, ordinata methodo exhibentur, & fuis quæque materiis applicantur: speciatim scrinii litterati inventum peculiare, ex Manuscripto Anonymi emendatum etiam exhibetur, una cum Historia excerptorum propriorum: accedit invitatio Amica, fuper Symbolis promissis aut destinatis ad Anonymos & pfeudonymos fuos, 8. Holmiæ 1689.

Pingitzeri Consilia & Refponfa Iuris, mulitivario eruditionis genere referta, in communem omnium illorum ufum, qui vel confulendo, vel advocando, vel judicando Reipubl. inferviunt, olim publicata, nunc verò denuò revifa, ac typis nitidioribus recufa. Præfixis unicuique Confilio fummariis utiliffimis, quibus etiam adjunctæ funt Orationes duæ, 4. Francofurti 1694.

Pafferini Tractatus de Electione Canonica, fol. Coloniæ 1694, ... 290
- - - Regulare Tribunal: five Praxis formandi Procelfus Inquifitionis, Denuntiationis & Accufationis, facilis, fecura & folida, nedum in foro Regularium; fed etiam fecularium, fol. ibid. 1694.

Le Pasteur Apostolique enseignant aux fideles, par des Instructions familieres dressées en forme de Catechisme, les plus hautes Maximes & les plus folides veritez du Christianifme fur tous les devoirs du Chrêtien, felon les Regles de l'Ecriture & des Conciles, la Doctrine des Peres, les fentimens de S. Thomas, & les exemples de Jefus-Chrift & des Saints, pour l'ufage des Predicateurs Apoftoliques, des Missionnaires, & particulierement des Pafteurs & de leurs brebis, par le P. Duces, 8. 2. voll. à Toulouse 1694.

Portugal Tractatus de Donationibus Iurium & Bonorum Regiæ Coronæ, fol. 2. voll. Lugduni 1688.

Paffarelli Bellum Lufitanum ejufque Regni feparatio à regno Caftellenfi, cum abrogatione fuperadiecta Alfonfi Regis Lufitani, fol. ibid. 1684.

Parthenii Halieutica, 8. Neapoli 1689. ... 295
- - - Pifcatoria & Nautica, 8. ibid. 1685.

Ptolemæi Harmonicorum Libri III. ex Codd. Mff. undecim, nunc primum Græcè editi, Ioh. Wallis recenfuit, edidit, verfione & notis illuftravit & Auctarium adjecit, 4. Oxon. 1682.

Pharmacologia, feu Manuductio ad materiam Medicam, in qua Medicamenta officinalia fimplicia, in methodum naturalem digefta fuccincte & accurate defcribuntur, cum notis generum characteristicis, fpecierum fynonimis, differentiis & viribus, aut. Sam. Dale, 12. Lond. 1693.

Pharmacopœa Bateana, qua nongenta circiter Pharmaca, pleraque omnia è Praxi G. Batei excerpta, ordine alphabetico concife exhibentur. Accefferunt Arcana Goddardiana; item ad calcem Orthotonia Medicorum obfervata; infuper & Tabula Pofologica dofibus Pharmacorum accommodata, cura I. S. 12. Lond. 1691.

Peregrini Tractatus frequentissimus de fideicommiffis, præfertim Univerfalibus, fol. Norimb. 1668. ... 300

Parei Lexicon Criticum, five Thefaurus Linguæ Latinæ, ex omnibus Linguæ Latinæ claficis Authoribus, Iurifconfultis, Hiftoricis, Antiquariis, Criticis, Oratoribus & Poëtis, ærumnabili plurimum annorum labore congeftus, 8. Norimb. 1645.

Pearfonii de ferie & fuccessione primorum Romæ Epifcoporum Differtationes duæ: I. de origine, veritate & utilitate hujus fucceffionis, & de incertitudine temporum quæ prioribus Romæ Epifcopis, vel à Græcis, vel à Latinis affignata funt. II. de annis eorundem Epifcoporum figillatim, ex vetuftis hiftoriæ ecclefiasticæ monumentis, & recepta Arabum Chronologia rectius difponendis, 4. Lond. 1687.

Paftorii Hiftoriæ Polonæ plenioris partes duæ; ejusdemque Differtatio Philologica de Originibus Sarmaticis, 8. Dantisci 1685.

Paulini Lagographia curiofa, feu Leporis defcriptio, juxta methodum & leges Academiæ Leopoldinæ Nat. Curiofor. adornata, felectifque obfervationibus & curiofitatibus confperfa, 8. Aug. 1691.

50   CATALOGUS

305 **Porticus religiosa effigies exhibens Patriarcharum uniuscujusque Religiosi Ordinis**, aut. H. We-gen, fol. Parif. comp.

Papirii Maſſonis Elogiorum pars prima quæ Imperatorum, Regum, Ducum, aliorumque Insignium Heroum, superioribus & nostro sæculo virtute bellica maximè illustrium, vitam complectitur, accessit ipsius P. Maſſonis vita, Autore Iacobo Augusto Thuano: omnia hæc vetera & nova è Muſæo Ioan. Balesdens, 8. Par. 1638.

– – – Pars secunda, quæ vitam eorum complectitur qui amplissimarum Dignitatum Titulis, vel Eruditionis laude & publicatis Literarum monumentis claruerunt, 8. ibid. 1628.

Le Plutus & les Nuées d'Aristophane Comedies Grecques, Traduites en François, avec des Remarques & un Examen de chaque piece selon les regles du Theatre par Mademoiselle le Fevre, 12. ibid. 1584.

Les Poeſies de Malherbe avec les Observations de Menage, 12. à Paris 1689.

Q.

310 **QUodlibeta regularia, sive rerum regularium, & ad Patres excalceatos ordinis Eremitarum S. Augustini præcipue spectantium Dubia varia; in quibus plura de eodem ordine & aliis multa Regularibus omnibus communia, nec inutilia, tractantur, à P. Eustachio à S. Ubaldo discussa & edita, fol. Mediol. 1691.**

Quintiliani de Institutione Oratoria Libri XII. ex tribus Codicibus Mſſ. & octo impressis emendavit atque Lectiones variantes adjecit Ed. Gibſon. Accedunt Emendationum Specimen, & Tribunus Marianus, Declamatio, nunc primum ex Codice Mſſ. edita, 4. Oxon. 1693.

R.

Réglemens & Ordonnances du Roi pour les gens de Guerre, 2. voll. 12. à Paris 1691.

Reflexions sur les defauts ordinaires des hommes & sur leurs bonnes qualitez, 12. à Paris 1695.

Relation de l'Empire de Maroc, où l'on voit la situation du Pais, les mœurs, coutumes, gouvernement, Religion & Politique des habitans par M. de S. Olon, le tout enrichi de figures, 12. ibid. 1695.

315 *Recueil des plus beaux secrets de Medecine, pour la guerison de toutes les maladies, blessures, & autres accidens qui surviennent au corps humain: & la maniere de preparer facilement dans les familles les remedes & medicamens qui y sont necessaires. Comme aussi plusieurs secrets curieux sur d'admirables effets de la Nature & de l'Art, avec un Traité des plus excellens Preservatifs contre la Peste, Fievres pestilentielles, Pourpre, petite Verole, & toutes sortes de maladies contagieuses, le tout experimenté; recueilli, & donné au public par une personne tres-habile & charitable, divisé en deux parties,* 12. à Paris 1695.

– – – *De Sermons sur divers Textes de l'Ecriture Sainte, prononcez par Jean Claude,* 2. à Geneve 1693.

Reflexions Morales de l'Empereur Marc Antonin avec des Remarques, 2. voll. 12. à Paris 1691.

Recueil des plus belles pieces des Poëtes François, tant anciens que modernes, depuis Villon jusques à Monsr. de Benserade, 5. voll. 12. ibid. 1692.

Rhetii Volumen I. Disputationum selectarum ex utroque Jure de fato declinando, Misericordia intempestiva; prærogativa inter Familias illustres; Talione, prudentia Iuris Romani ejusque principiis; Pace; Nundinis solennibus; Iudicio Feudali; de Iuris Civici præcognitis, ejus scientia & praxi; Civitatentibus; Medicis; Concurrentium actionum natura; interruptione præscriptionum; Occultis; Hospitatura; Absolutione; Versura; Emphyteusi, non gratificandis; Calumnia; Exceptione parat. execut. impedientibus; usucapionibus; administratione Iustitiæ; Iure Congrui, sententia in caussis civilibus; Iure retractus Gentilitii; Iure fidejuſſorum, 4. Francofurti 1686.

320 – – – **Volumen Alterum Disputationum selectarum ex utroque Iure de Deliberatione Institutionum Imperialium: Iure Postumi: Iudiciis: Possessoriis: Iure necessariæ Defensionis:**

Ces

LIBRORUM.

Ceffione Legatorum: Damnis Voluntariis: Iure ac judicio fortunæ: Jure Hypothecæ Conventionalis & Clanculariæ fedinenfium Infcriptionis: Metu, eiufque operationibus in Iure: Officio Executoris ultimarum Voluntatum: Aftutiis Opilionum, earumqus pœna: Jure Tertii: Feudis Clivenfium vel Zutphanienfium: More conceffis: Virginibus: Iure ad Rem: Cenfu fundo cohærente: Refcindendis contractibus nominatis: Iure indemnitatis: Nomine proprio: De Iure circa Frumentum: Autoritate Iuris Canonici inter Auguftanæ Confeffionis confortes: Exceptionibus paratam executionem impedientibus: Literis Informatoriis: Antiquiffimæ Germanicarum Civitatum Penfione: Rebus fic ftantibus diverfi Iuris, 4. ibid. 1687.

Rhetii Inftitutiones Iuris Publici Germanici Romani ex ipfis Receffibus & Legibus ejus Reipublicæ fundamentalibus adornatæ, 8. Francofurti 1687.

Recueil des Titres, qualitez, blafons & armes des Seigneurs Barons des Etats generaux de la Province de Languedoc, fol. 1655. *comp.*

Ragionamenti di L. Contile fopra la proprieta delle imprefe, con le particolari de gli Academici affidati & con le interpretationi & Croniche, fol. in Pavia, 1574.

Robertfon Thefaurus Linguæ Sanctæ compendiofe fcil. contractus, plane tamen referatus pleneque explicatus: five Concordantiale Lexicon Hebræo-Latino-Biblicum: in quo Lexica omnia Hebraica hucufque edita; methodice, fuccincte & quafi Synoptice exhibentur, unâ cum concordantiis Hæbraicis, 4. Lond. 1680.

- - - Manipulus Linguæ Sanctæ & eruditorum, 8. Cantabr. 1683.

Repetitionum in univerfas Fere Iuris Canonici partes, materiafque fanè frequentiores Volumina fex. fol. Colon. 1618.

Remarques fur les Souverains Pontifes Romains, qui ont tenu le Saint Siege, depuis Celeftin II. jufqu'à maintenant, avec leurs armes blafonnées en taille douce; au fujet de la Prophetie, qui fe voit fous le nom de S. Malachie, Archevêque d'Armach, par M. Gorgeu, 4. *Abbev.* 1659. *comp.*

Raii Synopfis methodica de Animalium Quadrupedum & Serpentini generis; vulgarium notas characteriftici, rariorum defcriptiones integras exhibens, cum hiftoriis & obfervationibus anatomicis perquam curiofis: præmittuntur nonnulla de animalium in genere, fenfu, generatione, divifione, 8. Lond. 1693.

- - - Stirpium Europæarum extra Britannias nafcentium Sylloge, quas partim obfervavit ipfe, partim è C. Clufii Hiftoria, Baukini Prod. & Cat. Baf. F. Columnæ Ecphrafi, Catalogis Hollandicarum A. Commelini, Altorfinarum M. Hofmanni, Sicularum P. Bocconi, Montpelienfium P. Magnoli collegit: adjiciuntur Catalogi rariorum Alpinarum & Pyrenaicarum, Baldenfium, Hifpanicarum Grifleji, Græcarum & Orientalium, Creticarum, Ægyptiacarum aliique, ab eodem, 8. ibid. 1694.

Rollenhagii Nucleus Emblematum felectiffimorum, privata induftria ftudio fingulari undique conquifitus, non paucis venuftis inventionibus auctus, additis carminibus illuftratus, 4. Colon. comp.

Raynaudi Differtatio de fobria alterius fexus frequentatione per facros & religiofos homines, 8. Lugd. 1653. comp.

Revelatio Ordinis S S. Trinitatis redemptionis captivorum fub Innocentio III. anno 1198. 4. Par. 1633. comp.

Roy d'Armes, où l'art de bien former, charger, brifer, timbrer, parer, expliquer & blafonner les Armoiries: le tout enrichi de difcours, d'antiquitez, d'hifloires, d'éloges, & d'une grande quantité de blafons des armes de la plûpart des illuftres maifons de l'Europe, & fpecialement de beaucoup de perfonnes de condition qui font en France, par M. G. de Varennes, fol. à Par. 1640.

Rushworth Hiftoricall Collections of private paffages of ftate, weighty matters in Law, remarquable Proceedings in five Parliaments, beginning the 16. *year of King James,* 1618. *and ending the firfth year of King Charles* 1629. *fol. Lond.* 1682.

- - *Second Part, containing principal matters which happened from the Diffolution of the Parliament on the* 10. *of March* 1629. *untill the Summoning of another Parliament, which met at Weftmunfter, April,* 1640. 2. *voll. fol. Lond.* 1680.

- - *The third Part, in Two Volumes, containing the principal matters which happened from the Meeting of the Parliament, November* 3. 1640. *to the end of the year* 1644. *wherein is a particular Account of the rife and progrefs of the Civil war to that Period, impartially related. Setting forth only Matter of fact in order of time, without obfervation or reflection, fol. ibid.* 1692.

- - *Tryal of Thomas Earl of Strafford, Lord Lieutenant of Ireland, upon an impeachment of High Treafon, by the Commons affembled in Parliament, begun* 22. *March* 1649. *and continued until* 10. *of May* 1641. *fhewing the Form of Parliamentary Proceedings in an impeachment of Treafon, fol. Lond.* 1680.

CATALOGUS

S.

Satyre de Petrone Traduite en François avec le texte Latin, suivant le nouveau Manuscrit trouvé à Bellegrade en 1688. Ouvrage complet, contenant les Galanteries & les Debauches de l'Empereur Neron, & de ses Favoris : avec des Remarques curieuses & une Table des principales Matieres. Enrichie de figures en tailles douces, 2. voll. 12. à Cologne 1694.

Secretaire des Amans, ou la maniere d'écrire avec justesse sur differens sujets, 12. à Paris 1694.

340 Secret des Cours, ou les Memoires de Walsingham Secretaire d'Etat sous la Reine Elizabeth, contenant les Maximes de Politique necessaires aux Courtisans & aux Ministres d'Etat. Avec les Remarques de Robert Nanton sur le Regne & sur les favoris de cette Princesse, 12. à Cologne 1695.

Spanhemii Controversiarum de Religione cum diffidentibus hodie Christianis, prolixè & cum Iudæis, Elenchus Historico-Theologicus. Rationem hujus Elenchi præmissa series Materiarum indicabit. Editio quæ novum Opus videri possit, 8. Amst. 1694.

Sermons choisis de Monsieur Morus sur divers Textes de l'Ecriture Sainte, 8. à Geneve 1694.

Sylvii Opera Medica, tam hactenus inedita, quam variis locis & formis edita; nunc verò certo ordine disposita, & in unum volumen redacta. Editio nova, cui accedunt Casus Medicinales annor. 1659. 60. & 61. quos ex ore Cl. Sylvii calamo excepit Ioachimus Meriam, 4. Trajecti ad Rhenum & Amstelodami 1695.

Struvii Syntagma Iuris Feudalis, quo solida hujus juris fundamenta traduntur; textus perspicue explicantur; controversiæ nervosè resolvuntur; & quid usus obtineat, monetur, cui accesserunt observationes feudales ad singula capita: cum Decade Consiliorum & Responsorum feudalium. Præmissus est syllabus Capitum atque in iis contentarum Quæstionum, nec non textuum explanatorum : & annexus locupletissimus index rerum & verborum, 4. Francofurti 1690.

345 Schacheri Collegium Practicum Iuxta Titt. Pandect. Iur. Civ. continua serie connexos, conceptum, usitatissimis Actionum & Exceptionum Formulis instructum, & ad usum Practicorum modernum accommodatum. Cui variæ implorationes, & conditiones ex Legibus Codicis, Novell. Iure Canon. & Constitutionibus Elect. Sax. desumtæ, locis convenientibus insertæ sunt: non neglectis Cautelis in Praxi adhiberi solitis, 4. Lipsiæ 1694.

Sinoldi ad jus Publicum & Feudalia Placita, prælectiones Academicæ, multorum hactenus votis impense desideratæ, nunc primum publico bono, collatis inter se diligentissime variis manuscriptis exemplaribus, typis editæ, atque quibusdam etiam accessionibus auctæ, 4. Francofurti 1694.

Seldeni de Iure Naturali & Gentium, juxta Disciplinam Ebræorum Libri septem : accessit Novæ huic Editioni index accuratus, 4. Lipsiæ 1695.

Sermons prêchez pendant l'Octave des morts par le P. Terret. 8. à Lyon 1693.

- - - Prêchez pendant l'Octave du Saint Sacrement de l'Autel par le même, 8. ibid. 1694.

350 Sylveira Opera omnia sive Commentarii in textum Euangelicum, Additiones in textum Euangelicum, in Acta Apostolorum, in Apocalipsim, & Opuscula varia. fol. 10. voll. Lugduni 1681.

Sanchez de sancto Matrimonii Sacramento Disputationum Tomi tres, in quibus agitur de sponsalibus, de essentia & consensu Matrimonii in genere, de consensu clandestino, de consensu coacto, de consensu conditionato, de Donationibus inter conjuges, de sponsalitia largitate, & Arrhis, de impedimentis Matrimonii, de Dispensationibus, de debito conjugali & de divortio, fol. 3. voll. Lugd. 1659.

Solorzano Pereira de Indiarum Iure, sive de justa Indiarum Occidentalium Inquisitione, acquisitione, & retentione Tom. I. cui accessit alia ejusdem authoris disputatio de Parricidii crimine, fol. ibid. 1672.

- - - Tom. II. in quo omnia quæ ad Servitia personalia, Tributa, Decimas & commanda Indorum spectant, exactissime pertractantur, fol. ibid. 1672.

Systema Decretorum Dogmaticorum ab initio nascentis Ecclesiæ per Summos Pontifices, Concilia generalia & particularia hucusque editorum, juxta 17. sæculorum ordinem distributum : in quo insuper recensentur præcipui cujuslibet sæculi errores, adversi impugnatores orthodoxi; item recursus & appellationes hactenus ad Apostolicam Sedem habitæ, cum Notis historicis & copiosis indicibus, auto.& Fr. Pottei, fol. Aven. 1693.

à San-

LIBRORUM.

à Sande Commentarii duo singulares, I. de Actionum Cessione, II. de prohibita Rerum Alienatione, 4. Gron. 1681.

Statue antiche, che sono poste in diversi luoghi nella citta di Roma, 4. in Venet. 1576. comp.

Sententiose Imprese & Dialogo del Symeone, con la verificatione del sito di Gergobia, la Geographia d'Overnia, la figura & tempio d'Apolline in Velay, & il suo hieroglyfico monumento, nativita, vita & Epitaffio, 4. in Lyone 1560. comp.

Les Stratagemes & les ruses de la Guerre tirez des Historiens Grecs, Latins & François, tant Anciens que Modernes: Ouvrage autant utile aux Generaux d'Armées, qu'aux Officiers particuliers, ainsi qu'à toutes sortes de gens d'Armes, pour surprendre les Ennemis & pour éviter d'en être surpris, dediez à la Noblesse de France, 8. 12. 1694.

Synodicon sive Pandectæ Canonum S S, Apostolorum & Conciliorum ab Ecclesia Græca receptorum; nec non Canonicarum S S. Patrum Epistolarum: una cum Scholiis Antiquorum singulis eorum annexis, & scriptis aliis huc spectantibus; quorum plurima è Bibliothecæ Bodlejanæ aliorumque Mss. Codicibus nunc primum edita, reliqua cum iisdem Mss. summa fide & diligentia collata, G. Beveregius totum opus recensuit, prolegomenis munivit, & Annotationibus auxit, 2. voll. fol. Oxon. 1672.

Suares de Legibus ac Deo Legislatore Tractatus, in X. Libros distributus, utriusque Fori hominibus non minus utilis quam necessarius, fol. Lond. 1679.

Schraderi Tractatus Feudales, 2. voll. fol. Francof. 1620.

Strykii Tractatus de Iure sensuum, in quo quæ in utroque Iure de sensibus disposita, dilucide explicantur, in III. Academia Brandenburgica decem publicis Disputationibus, quarum I. de Visu, II. de Iure Cæcorum, III. de Auditu, IV. de Iure Surdorum & Mutorum, V. de Olfactu, VI. de Gustu, VII. de Tactu, VIII. de Memoria, IX. de Iure oblivionis, X. de Iure Cogitationum agit, propositus, 4. Francof. 1685.

Seraphini de Seraphinis de Privilegiis Iuramentorum Tractatus amplissimus, omnibus legum studiosis, tam in studio Iuris, quam in Foro versantibus utilis & necessarius, cum Commentariis, Additionibus & Notis Mart. Benekendorfii; & Præfatione H. Vulteji, fol. Francof. 1679.

Sartorii Agonistica Fidelium verba, quibus SS. Martyres, aliique homines pii ac fideles, vita emigraturi, per preces ac suspiria animam Deo commendabant, 8. Thorunii 1693.

Seldenus de Successionibus in bona defuncti, seu Iure hæreditario, ad Leges Ebræorum, quæ florente olim eorum Republica, in usu, Liber singularis, ex Sacris Literis, utroque Talmude, & selectioribus Rabbinis, id est, ex Iuris Ebraici fontibus, Pandectis, atque consultissimis magistris, desumtus, 4. Lond. 1631.

- - - Vindiciæ Maris clausi, 4. ibid. 1683.

Sanz de Divisione Bonorum, tum Societatis conventionalis & conjugalis, tum meliorationum & hereditatum, aliarumque rerum co spectantium, 4. Francof. 1607.

Suedi Tractatus de Alimentis, novem partibus seu titulis distinctus, in quo universa Alimentorum materia perspicue ac plane proponitur, proposita diligenter enucleatur, enucleata firmissimis argumentis fulcitur, quæstionibusque tum eruditis, tum profundis, quasi certa quadam regula passim observata, elucidatur, fol. Francof. 1625.

T.

Traitez de Mechanique, de l'Equilibre, des Solides, & des Liqueurs. Nouvelle Edition, où l'on ajoûte une nouvelle maniere de demontrer les principaux Theoremes de cette science, par le P. Lamy, 12. à Paris 1687.

- - - De la Clôture des Religieuses, où l'on fait voir par la tradition & les sentimens de l'Eglise, que les Religieuses ne peuvent sortir de leur Clôture, ni les personnes étrangeres y entrer, sans necessité, par M. Jean Baptiste Thiers, 12. ibid. 1681.

- - - Des superstitions selon l'Ecriture sainte, les Decrets des Conciles, & les sentimens des Saints Peres, & des Theologiens, par le même, 12. ibid. 1679.

Theriaque d'Andromacus, avec une Description particuliere des Plantes, des Animaux & des Mineraux employez à cette grande Composition, des Reformations & Observations necessaires, tant sur leur Election & Preparation, que sur leur dernier mélange, par Moise Charas. 12. ibid. 1685.

Traduction nouvelle des Satyres de Perse & de Juvenal, 12. ibid. 1689.

Traité Historique de l'Ancienne Pâque des Juifs, où l'on examine à fond la question celebre

CATALOGUS

F. S. C. N. S. fit cette Pâque la veille de sa mort; & ce que l'on en a cru. Avec de nouvelles preuves des deux Prisons de St. Jean Batiste, par le R. P. Bernard Lamy, 12. ibid. 1693.
- - - Moral de la Divine Providence envers ses creatures dans tous les Etats de la vie, où l'on fait voir l'aveuglement & les faux raisonnemens des esprits forts du siecle sur ce sujet, les grands avantages qu'il y a de s'abandonner avec confiance à la conduite de Dieu; & les funestes malheurs qui arrivent à ceux qui ne se confient qu'à leur propre conduite, 12. à Paris 1694.

Thomassin Methode d'Etudier & d'Enseigner chretiennement & solidement les Lettres Humaines, par rapport aux Lettres divines & aux Ecritures, Tome premier de l'Etude des Poëtes, 8. Par. 1681.
- - - Tome second de l'Etude des Poëtes, où les Divinitez de la fable sont rapportées à l'Histoire de l'Ecriture, ou à l'Histoire Profane, ou à l'Histoire Naturelle, 8. ibid. 1682.
- - - Tome troisième de l'Etude des Poëtes, où l'on explique leur Religion & leur Morale, 8. ibid. 1682.

380 - - - Methode d'Etudier & d'Enseigner chretiennement & utilement la Grammaire ou les Langues, par rapport à l'Ecriture Sainte, en les reduisant toutes à l'Hebreu. Tome premier, 8. ibid. 1690.
- - - Tome second qui contient deux Glossaires, l'un Grec, & l'autre Latin, l'un & l'autre reduis à l'Hebreu, 8. ibid. 1690.
- - - Memoires sur la Grace où l'on represente les sentimens de Saint Augustin, & des autres Peres Grecs & Latins, de Saint Thomas, & de presque tous les Theologiens jusques au Concile de Trente, & depuis ce Concile, des plus celebres Docteurs des Universitez d'Italie, de France, d'Espagne, d'Allemagne, des Païs-Bas, & d'Angleterre, 4. ibid. 1682.
- - - Traitez Historiques & Dogmatiques sur divers points de la Discipline de l'Eglise, & de la Morale Chrétienne, Tome premier, contenant un Traité des Festes de l'Eglise, 8. ibid. 1685.
- - - Tome second contenant un Traité des Festes de l'Eglise divisé en trois parties, des Fêtes en general, des Fêtes en particulier, & de la maniere de les celebrer saintement, 8. ibid. 1683.

385 Thomassini Dogmata Theologica de Deo, & Dei proprietatibus, de Incarnatione verbi & alii Tractatus Theologici, 3. voll. ibid. 1684.
- - - Dissertationes in Concilia Generalia & particularia, 4. ibid. 1667.

Traduction nouvelle des Satyres, des Epitres, & de l'Art Poëtique d'Horace, 12. 1694.

Traité de la Conscience divisé en trois Livres, où il est parlé de sa nature, des regles qu'elle doit suivre, des devoirs dont elle doit s'acquitter, des soins qu'on en doit prendre, & des etats où elle peut se trouver, avec une Dissertation où l'on prouve la necessité de la discussion à l'égard de ce qu'il faut croire, par M. de la Placette, 12. à Amsterdam 1695.

Le Theatre de Monsieur de Pradon, 12. à Paris 1695.

390 Taylor Rule and exercises of holy Living: in which are described the means and instruments of obtaining every vertue, and the remedies against every vice, and considerations serving to the resisting all temptations. Together with Prayers containing the whole duty of a Christian, and the parts of devotion fitted to all occasions and furnished for all necessities, 8. Lond. 1680.

Teatro Genologico delle Famiglie nobili titolate feudatarie ed antiche Nobili del Regno di Sicilia viventi ed estinte, del S. Don Filad. Magnos, 2. voll. fol. in Palermo 1647. comp.

Il Targa, dove si contengono il cento & cinquanta Favole, tratte de diversi autori antichi, & ridotte in versi & rime Italiane, di ces. Pavesi, 12. in Venet. 1575. comp.

Trattato dell' Arte de la Pittura, di G. P. Lomazzo, diviso in sette libri, ne quali si contiene tutta la Teorica & la Prattica d'essa Pittura, 4. in Milano 1584. comp.

Theatrum omnium Scientiarum, sive Apparatus quo exceptus fuit excell. Princeps D. Innicus de Guevara & Tassis, Comes de Onate, 4. Neap. 1650. comp.

395 Tombeaux des Personnes illustres, avec leurs Eloges, Genealogies, armes & devises, par J. le Laboureur, fol. à Par. 1642. comp.

Truth brought to Light: or the History of the first 14. years of King James I. 8. Lond. 1692.

Traité de Mignature, pour apprendre aisement à peindre sans Maitre, avec le secret de faire les plus belles couleurs, l'Or bruni, & l'Or en coquille, 12. 1692.
- - - Du Libre & du Volontaire par Monsr. Bernier, 12. Amst. 1685.

Tablettes Chronologiques, contenant la suite des Papes, Empereurs & Rois qui ont regné

LIBRORUM.

Depuis la naissance de Jesus Christ jusqu'à present, pour servir de plan à ceux qui lisent l'Histoire profane, par G. Marcel 1690.

Trentacinquii Practicarum Resolutionum Iuris Libri tres, omnes fere Iuris utriusque in foro, ac praxi quotidie occurrentes controverſias ac quæſtiones, earumque Reſolutiones ſeu Deciſiones tam accurate perrractatas continentes, ut in foro verſantibus nihil utilius exhiberi poſſit, fol. Francof. 1663. — 400

Thomaſii Diſſertationes LXIII. varii argumenti, magnam partem ad hiſtoriam philoſophicam & eccleſiaſticam pertinentes, 8. Halæ 1693.

Tilingii Rhabarbarologia, ſeu curioſa Rhabarbari Diſquiſitio, illius Etymologiam, Differentiam, locum natalem, formam, temperamentum, vires, ſubſtantiam, &c. additis diverſis obſervationibus & quæſtionibus Rhabarbarum concernentibus detegens, 4. Franc. 1679.

- - - Lilium curioſum, ſeu accurata Lilii albi deſcriptio, 8. ibid. 1683.

- - - De Placenta Uteri Diſquiſitio Anatomica, novis in Medicina hypotheſibus illuſtrata, 12. Rinth. 1672.

- - - De Recidivis Tractatus aureus, Veterum & Neotericorum Medicorum fundamentis — 405
ſuperſtructus, & ad uſum Practicorum inſignem accommodatus, 12. Mindæ 1679.

- - - Anatomia Lienis, ad circulationem ſanguinis, aliaque recentiorum inventa, accommodata, 12. Rinth. 1573.

- - - Digreſſio Phyſico-Anatomica curioſa de Vaſe brevi Lienis, ejuſque uſu nobili ac egregio in corporis humani œconomia, 12. Mindæ 1676.

- - - Prodromus Praxeos Chimiatricæ, 8. Kintel. 1674.

- - - De Febribus Petechialibus Tractatus curioſus, univerſam periculoſiſſimi & truculentiſſimi hujus morbi hiſtoriam ratione & experientia confirmatam exhibens, 8. Francof. 1676.

Trophées tant ſacrez que profanes de la Duché de Brabant, Tome I. contenant l'origine, — 410
ſucceſſions & deſcendans des Ducs & Princes de cette maiſon, avec leurs actions plus ſignalées, enſemble les Genealogies de pluſieurs Ducs, Princes, Comtes, Barons, Seigneurs & Nobles, leurs vaſſals & ſujects, avec les preuves ſervantes à entiere verification, par Chr. Butkens, fol. à Anvers 1641.

Traité de la Verité de la Religion Chrêtienne par H. Grotius; avec les citations & les Remarques de l'Auteur même, 8. Utr. 1692.

Tailorii Chriſtus revelatus, id eſt Vetus Teſtamentum expoſitum, ſive Tractatus de Typis ac figuris, ceu umbris Servatoris noſtri I. Chriſti, quotquot in V. T. codice compareant inſigniores, perſpicuè explicatis, 8. Franeq. 1692.

Traité du Poëme Epique, par le P. le Boſſu, 12. à Amſterd. 1693.

Teſtament Politique de Meſſire Iean Baptiſte Colbert où l'on voit tout ce qui s'eſt paſſé ſous le Regne de Louis le Grand juſques en l'année 1684. avec des remarques ſur le Gouvernement du Royaume, 12. à la Haye 1693.

Tentzelii Exercitationes ſelectæ in duas partes diſtributæ, quarum priori præter Symbolum — 415
Apoſtolicum, Clementis Romani, Ignatii, Polycarpi, Iuſtini Martyris, Athenagoræ, Theophili Antiocheni, Tatiani, Hermiæ, Iacobi Niſibenſis, & Ephremi Syri ſcripta expenduntur, plerorumque vita præmiſſa, tum Conſtantini Magni baptiſmus, natalitia Epiſcoporum, hymnuſque Te Deum laudamus, illuſtrantur: poſteriori Diſciplina Arcani in aprieum producitur, aliaque Antiquitatis eccleſiaſticæ capita explicantur, 4. Lipſ. 1692.

V.

Vitæ Paparum Avenionenſium, hoc eſt, Hiſtoria Pontificum Romanorum qui in Gallia ſederunt ab anno Chriſti MCCCV. uſque ad annum MCCCXCIV. Stephanus Baluzius Tutelenſis magnam partem nunc primum edidit, reliquam emendavit ad vetera exemplaria, Notas adjecit & Collectionem actorum veterum, 2. voll. 4. Pariſiis 1693.

Vitæ Petri Ærodii Quæſitoris Andegavenſis, & Guillelmi Menagii Advocati Regii Andegavenſis, ſcriptore Ægidio Menagio, 4. ibid. 1675.

Vavaſſoris multiplex & varia Poeſis, antea ſparſim edita: nunc in unum collecta. Acceſſerunt ejuſdem nondum editæ obſervationes de vi & uſu verborum quorundam Latinorum, 8. Par. 1683.

Vulpii ſuccus ex Opere Criminali P. Farinacii extractus, omnibus in Foro verſantibus utilis & neceſſarius, fol. Lugduni 1688.

Vinnii Partitionum Iuris Civilis Libri IV. cum ipſius Autoris Tractatibus de Iurisdictione, — 420
Pactis, Tranſactionibus & Collationibus, 8. Roter. 1664.

Vaſ-

IV

CATALOGUS

Vasquii de Successionibus & ultimis Voluntatibus Libri IX. in tres Tomos divisi, fol. Francof. 1610.
- - - Illustrium Controversiarum, aliarumque usu frequentium Libri VI. fol. ibid. 1668.
Vossii Etymologicon Linguæ Latinæ: præfigitur ejusdem de Literarum permutatione Tractatus, Editio nova quamplurimis Isaaci Vossii observationibus aucta, fol. Amst. 1695.
Vaillant Numismata Imperatorum Romanorum præstantiora, à Iulio Cæsare ad Postumum & Tyrannos, Tom. I. de Romanis æreis, seu Senatusconsulto percussis: cui accessit series numismatum maximi moduli nondum observata, 4. 1694.

425 - - - Tomus II. de aureis & argenteis, editio tertia plurimis rarissimis Regum & urbium nummis, ut & maximis & quinariis auctior: cui accessere eorum omnium interpretationes, 4. 1694.
Vigeri de præcipuis Græcæ dictionis Idiotismis, 12. Lugd. Bat. 1680.
La Vie de Charles V. Duc de Lorraine & de Bar, & Generalissime des Troupes Imperiales, 12. 1691.
Vallesii Commentaria in 7. Libros Hippocratis de morbis popularibus, in Prognosticum Hippocratis & in quatuor Hippocratis Libros de ratione victus in morbis acutis, fol. Paris. 1663.
Ursini Sacrorum & Philologicorum Miscellaneorum Libri sex. I. Theologia Naturalis. II. Sol Mystagogus. III. Mundus & IV. Animalia Biblica. V. Sacrificia. VI. Pægnium, Pediculus Philosopus; accedit G. A. Ursini de Scribis, sive Sinensibus Diatriba, 8. Norimb. 1666.

430 - - - Paralipomena Miscellaneorum Theologicorum & Philologicorum, 8. ibid. 1667.
Vita illustr. Heroïs Ponti de la Gardie, exercituum Sueciæ supremi Campi Ducis, regnante Iohanne III. cujus occasione totius fere Livoniæ Historia exhibetur, aut. Claud. Arrhenio, 4. Lips. 1690.
Usserii Historia Dogmatica Controversiæ inter Orthodoxos & Pontificios de Scripturis & Sacris vernaculis: Accesserunt ejusdem Dissertationes II. de Pseudo-Dionysii Scriptis, & de Epistola ad Laodicenos; cum notis H. Wharton, 4. Lond. 1590.
Verwey nova via docendi Græca, in qua tribus Declinationibus & duobus Conjugationibus breviter omnis flexio: falli item, & accurata ratione omnis litterarum, syllabarum, quantitatum, accentuum, licentiæ poeticæ, nec non construendi, & investigandi ratio sic traditur & explicatur, ut intra tempus brevissimum solida Græci studii fundamenta jaci queant, 8. Gaudæ 1684.

W.

Whear Relectiones Hyemales de ratione & methodo legendi utrasque historias, civiles & ecclesiasticas: quibus appenditur Mantissa de Historicis gentium particularium. Accessit G. Naudæi Bibliographia politica: præmittitur I. Lipsii Epistola ad Nic. Hacquevillium de Historia, historicos legendi ordine, fructusque ex iis excerpendi modo, Cantab. 1684.

435 Willis de Anima Brutorum quæ hominis vitalis ac sensitiva est, Exercitationes duæ; prior Physiologica, ejusdem naturam, partes, potentias & affectiones tradit: altera Pathologica, morbos qui ipsam, & sedem ejus primariam, nempe cerebrum & nervosum genus afficiunt, explicat, eorumque therapeias instituit, 4. Lond. 1672.
Wormii de corruptis Antiquitatum Hebræarum apud Tacitum & Martialem vestigiis liber primus, 4. Hafn. 1693.
Waldenfels selectæ Antiquitatis Lib. i XII. de gestis primævis, item de Origine gentium nationumque migrationibus, atque præcipuis Nostratium dilocationibus, ex S. Scripturæ aliorumque gravissimorum autorum monumentis collecti, 4. Norimb. 1677.

Pag. 97

No. V.
CATALOGUS
LIBRORUM,
Quibus Officinam suam auxit
Anno præterito 1695.
REGNERUS LEERS,
Bibliopola Roterodamensis.

A

Lciati contra vitam Monasticam ad Collegam olim suum, qui 1
tranfierat ad Franciscanos, Bernardum Mattium Epistolæ. Accedit Sylloge Epistolarum Giphanii, Vulcanii, Tychonis
Brahe, Scriverii, Pontani, Vossii, Sibrandi Siccamæ, Gronovii, Boxhornii, aliorumque virorum Clarissimorum, quæ
variam doctrinam continent. Accedunt alia adhuc quædam, ut
& Vetera aliquot Testamenta, seculo XIII. & initio sequentis scripta. Primus omnia in lucem protulit, adjectis
passim Notis Ant. Matthæus, 8. Lugd. Batav. 1695.
l'*Antiquité des Tems detruite*, ou *Reponse à la Defense de
l'Antiquité des Tems*. Par le R. P. M. Lequien, 12.
Paris. 1693.

Alexerræ Recitationes Quotidianæ in varias Partes Digestorum & Codicis. Tomus secundus. 4. Tolosæ 1684.

- - Innocentius Pontifex Maximus, seu Commentarius perpetuus in singulas Decretales
hujusce Pontificis, quæ per libros V. Decretalium sparsæ sunt, fol. Paris. 1666.

Astronomia Britannica: in qua per novam concinnioremque Methodum, hi quinque Tracta- 5
tus traduntur. I. Logistico-Astronomica, quæ continet Doctrinam fractionum Astronomicarum integram, tùm in Numeris Naturalibus, tùm Artificialibus. II. Trigonometria,
Doctrina Triangulorum, (Analytica & Practica) quæ comprehendit Dimensionem omnium Trigonorum, tam Planorum, quàm Sphæricorum, cujus ope Dimensiones Cœli,
Terræ, universique Mundi Orbis (modo mirabili) dignoscantur. III. Doctrina Sphærica,
quæ exhibet Longitudines, Latitudines, Declinationes, Ascensiones, Ortus, Occasus,
Intercapedines. Parallaxesque singulorum Planetarum ad cujuslibet sphæræ positum, & quo
pacto figuræ Cœlestes erigi possint. IV. Theoria Planetarum, quæ novâ, accurataque
Methodo super Hypothesi Copernicanâ, veros Motus & Configurationes omnium Planetarum computare docet. V. Tabulæ Novæ Astronomicæ, ex quibus singulorum Planetarum
Motus, & luminarium Eclipses, mira promptitudine colligentur, Congruentes cum
Obser-

CATALOGUS

Obfervationibus accuratiſſimis Nobilis Tychonis Brahæi. Cui acceſſit Obſervationum Aſtronomicarum Synopſis Compendiaria, ex qua Aſtronomiæ Britannicæ certitudo atfatim eluceſcit. Authore Vinc. Wing. Fol. Londini. 1669.

- - - De l'Hiſtoire de ce ſiecle des Jer, contenant les miſeres & calamitez des derniers Tems avec leurs cauſes & pretextes, & tout ce qui eſt arrivé de memorable depuis le commencement de ce ſiecle juſques au couronnement du Roi des Romains Ferdinand IV, par de Parival, 8. 3. voll. à Bruxelles 1666.

Abregé de l'Hiſtoire de France, contenant ce qui s'eſt paſſé de plus remarquable ſous le Regne de chaque Roi depuis Pharamond juſques à Louïs XIV. par du Verdier, 3. voll. 12. à Lyon 1686.

- - - De l'Hiſtoire de la Maiſon Royale de Savoye, contenant ce qui s'eſt paſſé de plus conſiderable depuis Amé VIII. premier Duc de Savoye juſques à Charles Emanuel, par le Blanc, 3. voll. 12. ibid. 1668.

- - - De l'Hiſtoire d'Eſpagne, contenant l'Origine des Eſpagnols par du Verdier, 3. voll. 12. ibid. 1686.

10 L'Art de bien parler Francois, qui comprend tout ce qui regarde la Grammaire, & les façons de parler douteuſes, diviſé en deux volumes par de la Touche, 12. Amſt. 1696.

L'Anatomie du Corps humain compoſée en Latin par Ijbrand de Diemerbroek. Etablie ſur les nouvelles decouvertes des Anatomiſtes modernes, & enrichie de pluſieurs obſervations Anatomiques, de quantité de figures, & diverſes Diſſertations Phyſiques & Medecinales, qui ſervent à faire connoiſtre parfaitement les principes & les cauſes des actions & des uſages des parties; & toute l'Oeconomie animale. Traduction Nouvelle, par M. J. Proſt, 2. voll. 4. à Lyon 1695.

Acta ſacri Oecumenici Concilii Florentinii ab Horatio Iuſtiniano Bibliothecæ Vaticanæ Cuſtode Primario collecta, diſpoſita, illuſtrata. Fol. Romæ.

B.

du Bel Eſprit, où ſont examinez les ſentimens qu'on en a d'ordinaire (dans le monde, 12. à Paris 1695.

Bibliothecæ Norimbergenſis inclytæ Memorabilia, hoc eſt, Naturæ admiranda, ingenii humani artificia, & antiquitatis monumenta, quæ Ioh. Iac. Leibnitzius ſolenniter recenſuit, additis Annotationibus neceſſariis. Accedit Chr. Arnoldi de Hydriotaphia, hoc eſt, Urnis Sepulchralibus, in agro Anglorum Nortfolcienſi repertis, Epiſtola gratulatoria, 4. Norimb. 1674.

15 Belley, les Leçons Exemplaires, 8. à Rouen. 1642.

- - - Les Evenemens Singuliers, 8. ibid. 1659.

Bonnefille l'Homme Genereux, ou la Liberalité oppoſée à l'Avarice, 4. à Leyde 1662.

- - - La Grammaire Chrétienne, enſeignant l'art de parler à Dieu par la priere, diviſée en autant de Chapitres, que les Grammairiens admettent de parties en l'Oraiſon, 8. ibid. 1662.

Bouclier de l'Europe, ou la Guerre Sainte, contenant des avis politiques & Chrétiens qui peuvent ſervir de lumiere aux Rois & aux Souverains de la Chrétienté pour garantir leurs Etats des incurſions des Turcs, reprendre ceux qu'ils ont uſurpez ſur eux, par Coppin, 4. à Paris 1686.

20 Blaeu Inſtitutio Aſtronomica de uſu Globorum & Sphærarum Cœleſtium ac Terreſtrium: Duabus Partibus adornata, una, ſecundum Hypotheſin Ptolemæi, per Terram Quieſcentem; Altera, juxta mentem N. Copernici, per Terram Mobilem: Latine reddita à M. Hortenſio, 8. Amſt. 1690.

Beughem Syllabus Recens Exploratorum in re Medica, Phyſica & Chymica, prout in Miſcellaneis Medico-Phyſicis Naturæ Curioſorum Germaniæ, Galliæ, Daniæ & Belgii ſparſim extant in ordinem redactus, & juxta indicem Germanice adornatus, 12. ibid. 1696.

Baconi, Bar. de Verulamio, Opera omnia, cùm novo eoque inſigni Augmento Tractatuum hactenus ineditorum, ex idiomate Anglicano in Latinum ſermonem tranſlatorum, fol. Lipſ. 1694.

Becani Compendium Manuale controverſiarum hujus Temporis de fide & Religione. Cum excerpto Animadverſionum Moguntinenſium Antibecano oppoſitarum; 8. Coloniæ 1651.

- - - Summa Theologiæ Scholaſticæ duobus Tractatibus perneceſſariis hac poſtremâ Editione aucta; uno de Natura Theologiæ, altero de Gratia Auxiliis, Authore Gervaſio Byopio, fol. Pariſiis 1658.

S. Ber-

LIBRORUM.

S. Bernardi Abbatis Claræ-Vallensis Opera omnia, Volumen I. genuina Sancti Doctoris Opera quatuor prioribus tomis complectens. Post Horstium denuo recognita, aucta, & in meliorem digesta ordinem, necnon novis Præfationibus, Admonitionibus, Notis & Observationibus, Indicibusque copiosissimis locupletata & illustrata, fecundis curis Domini Ioannis Mabillon, fol. ibid. 1690.

– – – Volumen II. continens duos posteriores Tomos V. & VI. seu Opera Suppositicia & aliena, cum ejus Vita & miraculis. Post Horstium denuo recognita, repurgata, & in meliorem ordinem digesta, fecundis curis D. Iohannis Mabillon, fol. ibid. 1690.

Bibliothecæ Græco-Lat. Patrum Novum Auctarium, Tomus Duplex, alter Exegeticus, alter Historicus & Dogmaticus, Opera ac studio R. P. Combesis, 2. vol. fol. ibid. 1648.

Bartoloccii Bibliotheca Magna Rabbinica de scriptoribus & scriptis Hebraicis, ordine Alphabetico Hebraice, & Latine digestis pars I. tres primas Alphabeti literas complectens, in qua complures identidem interferuntur dissertationes, & digressiones, cum indice rerum, nominum, & locorum Sacræ Scripturæ locupletissimo, fol. Romæ 1675.

– – – Pars II. Sex literas sequentes complectens, fol. ibid. 1678.
– – – Pars III. Unicam literam Jod complectens, fol. ibid. 1683.
– – – Pars IV. Complectens reliquas post Jod duodecim Alphabeti literas, fol. ibid. 1693.
– – – Pars V. Sive Bibliotheca Latino-Hebraica de scriptoribus Latinis, qui ex diversis nationibus contra Iudæos, vel de re Hebraica utcumque scripsere: additis Observationibus Criticis, & Philologico-Historicis, quibus quæ circa patriam, ætatem, vitæ institutum mortemq; Auctorum consideranda veniunt, exponuntur. Cum quadruplici indice, Nominum, Cognominum, Heterodoxorum, & Materierum. Loco Coronidis adventus Messiæ à Iudæorum Blasphemis, ac Hæreticorum Calumniis vindicatus, sacrarum Scripturarum, SS. Patrum, Conciliorum, Rabbinorumque suffragiis obsignatus, geminas Dissertationes Theologico-Historico-Dogmaticas complectens. Una, Messiam in lege promissum advenisse, Veteris Testamenti, & Rabbinorum calculis demonstratur. Altera, omnes ferme hæreses contra Divinitatem ac humanitatem Christi Domini referuntur, & refelluntur. Ex Hebraico, Græco, Latinoque Codice. Auctoritatibus depromptis. Auctore D. C. I. Imbonato. Præmittitur Chronotaxis totius Sac. Scripturæ, qua statuitur Natale Christi anno ab orbe Condito 4000. fol. ibid. 1694.

Biblia Sacra Arabica Sacræ Congregationis de propaganda fide jussu edita, ad usum Ecclesiarum Orientalium; additis e regione Bibliis Latinis Vulgatis, 3. vol. fol. ibid. 1671.

C.

Coustume du Bailliage de Troyes, avec les Commentaires de M. Louis le Grand: dans lesquels est conferé le Droit Romain avec le Droit François & Coustumier, qui s'observe dans toutes les Provinces du Royaume; où l'on marque ce qui est en usage, & où les dispositions particulieres des Coustumes, qui paroissent contraires, se trouvent conciliées. Nouvelle Edition reveuë, corrigée & augmentée par l'Auteur, fol. à Paris 1681.

Collectanea Pharmaceutica, seu Apparatus ad novam Pharmacopœam. Autore L. Penicher, 4. Paris. 1695.

Callimachi Cyrenæi Hymni, Epigrammata & fragmenta: ejusdem Poematium de coma Berenices à Catullo versum. Accessere alia ejusdem Epigrammata quædam nondum in lucem edita; & fragmenta aliquot in aliis editionibus prætermissa. Adjecta sunt ad Hymnos vetera scholia Græca. Adjectus & ad calcem index vocabulorum omnium, cum Notis Ann. Tanaq. Fabri filiæ, 4. ibid. 1695.

Confessio Orthodoxa Catholicæ atque Apostolicæ Ecclesiæ Orientalis, quam cum Interpretatione Latina primum edit L. Normannus, 8. Lipsiæ 1695.

Conquard Traité contre l'Eclaircissement donné par Mr. Blondel en la question si une femme à été Épouse au siege Papal de Rome, entre Leon IV. & Benoit III. 8. à Saumur 1655.

Codex Canonum Vetus Ecclesiæ Romanæ à Fr. Pithœo ad veteres Manuscriptos Codices restitutus & notis illustratus. Accedunt P. Pithoei Miscellanea Ecclesiastica; Abbonis Floriacensis Apologeticus & Epistolæ, & formulæ antiquæ Alsaticæ, ex Bibliotheca Ill. D. le Peletier, fol. Paris. 1687. è Typographia Regia.

– – – Idem, Charta Magna.

Conor Dissertationes Medico-Physicæ, de Antris lethiferis; de Montis Vesuvii incendio: de stupendo ossium coalitu: de immani Hypogastrii Sarcomate, 8. Oxonii 1695.

Iul. Cæsaris Portus Iccius illustratus: sive I. Gulielmi Someri ad Chistletii librum de Portu Iccio, responsio; nunc primum ex MS. edita 2. Caroli Dufresne Dissertatio de Portu Iccio.

CATALOGUS

Iccio. Tractatum utrumque Latine vertit, & nova Dissertatione auxit Edmundus Gibson, 8. ibid. 1694.

M. T. Ciceronis Opera quæ extant omnia : ex sola fere Codd. M. SS. fide emendata: studio atque industriâ Iani Gulielmii & Iani Gruteri : quorum Annotata omnia, prius in calce Operis congesta, suæ nunc cuique paginæ subjiciuntur. Adjungitur item Frobenii Penu Tullianum decem Indicibus summa cum cura huic Editioni adaptatis comprehensum. Iuxta Exemplar Hamburgense, fol. 2. voll. Londini 1681.

Cytherée à Madame la Duchesse de Lorraine, 2 voll. 8. à Paris 1641.

45 Le Cavalerice François composé par Salomon de la Broue, contenant les Preceptes principaux qu'il faut observer exactement pour bien dresser les Chevaux aux exercices de la carriere & de la campagne; le tout divisé en trois livres. Le I. traite de l'ordre general & plus facile des sudits exercices, & de la proprieté du Cavalier : le II. des modernes & plus justes proportions de tous les beaux airs & maneges: le III. des qualitez de toutes les parties de la bouche du Cheval & des divers effets de plusieurs brides differentes pourtraites & representées par leurs justes mesures aux lieux necessaires. 4. Edition revuë & augmentée de beaucoup de leçons & figures par l'Auteur, fol. ibid. 1646.

Carpzovii Iurisprudentia Ecclesiastica, seu Consistorialis rerum & quæstionum in Ser. ac Pot. Electoris Saxonici Senatu Ecclesiastico supremæ ventilatarum, deliberatarum, & decisarum Definitiones succinctas, jure Divino, Canonico, Civili, Constitutionibus & Ordinationibus Ecclesiasticis probatas, Rescriptis, Decretis & Responsis Electoralibus corroboratas exhibens, Libri III. quorum I. materiæ de Iuribus Episcopalibus : Ministris Ecclesiæ; eorumque vocatione ac confirmatione : salariis, proventibus, accidentiis, successione & divisione legitima. II. Causis matrimonialibus : Ritibus, Ceremoniis : bonis, aliisque rebus ecclesiasticis: jure Sepulturæ & Academiarum. III. Iudicio & foro ecclesiastico, pœnis ac coërcitione Clericorum &c. pertractatæ visuntur. His ob materiæ convenientiam accessit usus Arboris Consanguinitatis & Affinitatis in foro Saxon. practicus circa Nuptias, successionem, Tutelas, processum judiciorum & irrogationem pœnarum, fol. Lipsiæ 1695.

- - - Iurisprudentia forensis Romano-Saxonica, Rerum & Quæstionum ut plurimum occurrentium, ex Iure Civili, Romano, Imperiali, Canonico, Saxonico & Provinciali tractatarum ac decisarum Definitiones judiciales succinctas & nervosas, placitisque & sententiis Dom. Scabinorum corroboratas exhibens. Revisa ab Andrea Mylio, fol. ibid. 1694.

Cabassutii Iuris Canonici Theoria & Praxis, ad forum tam sacramentale quàm contentiosum, tum Ecclesiasticum, tum seculare. Opus exactum non solum ad normam Iuris Communis & Romani, sed etiam juris Francici: 4. Lugduni 1691.

Cardan la Metoposcopie comprise en 13. Livres, & 800. figures de la face humaine: à laquelle a été ajoûté, le Traité des Marques naturelles du corps, par Melampus, ancien Auteur Grec: le tout Traduit en François, par le S. C. M. de Laurendiere, fol. à Paris 1658.

50 Clovis ou la France Chrêtienne, Poëme Heroïque par Mr. Desmarets, 4. ibid. 1657.

Clasen de Religione Politica liber unus secundum editus, accessis certis paragraphis, 8. Servestæ 1691.

Cortreii Meditatio singularis de judicio Dei permissivo, probatorio ac traditivo, ex limpidissimis divini Codicis, Patrum Græcorum ac Latinorum fontibus devocata, Orthodoxorum Theologorum calculo comprobata, 4. Ienæ 1683.

Camdeni Britannia, Newly Translated into English : With Large Additions and Improvements. Published by Edmund Gibson, fol. London 1695.

Ciampini Synopsis Historica de sacris ædificiis à Constantino M. gno constructis, fol. Romæ 1693. cum Figuris.

55 - - - Vetera Monimenta in quibus præcipue Musiva Opera, sacrarum profanarumque Ædium structura, ac nonnulli antiqui Ritus, Dissertationibus, Iconibusque illustrantur. Fol. ibid. 1690. cum Figuris.

- - - De Cruce Stationali Investigatio historica, 4. ibid. 1694. cum Figuris.

- - - De Vocis correctione in Sermone VII. Sancti Leonis Magni de Nativitate Domini, 4. ibid. 1693.

- - - Sacro-Historica disquisitio de duobus Emblematibus, quæ in Cimelio Cardinalis Carpinei asservantur, in quorum altero præcipue disceptatur, an duo Philippi Imperatores fuerint Christiani, 4. ibid. 1691.

- - - Dissertatio Historica de Abbreviatorum de Parcomajori sive Assistentium S. R. E. Vicecancellario in literarum Apostolicarum expeditionibus antiquo statu, illorumve in Collegium erectione, munere, dignitate, prærogativis, ac privilegiis, fol. ibid. 1691.

60 - - - Examen Libri Pontificalis, sive Vitarum Romanorum Pontificum, quæ sub nomine Anastasii Bibliothecarii circumferuntur. Cujus occasione idem Anastasius à calumniis heterodoxo-

LIBRORUM.

rodoxorum vindicatur, ac in fine Bibliothecariorum Apoftolicæ fedis fœcundus Catalogus apponitur, ex quo nonnulla pro illuftranda Hiftoria eliciuntur, 4. ibid. 1688. Item Parergon ad Examen Libri Pontificalis, five Epiftola Pii II. ad Carolum VII. Regem Franciæ ab Hæreticis depravata, & à Launojana calumnia vindicata, 4. ibid. 1688.

D.

Defenfe du Texte Hebreu & de la Chronologie de la Vulgate contre le livre de l'Antiquité des tems par le R. P. Dom. J. Martianai, 12. à Paris 1689.
Diophanti Alexandrini Arithmeticorum Libri fex, & de Numeris Multangulis liber unus; cum commentariis C. G. Bacheti & obfervationibus D. P. de Fermat. Acceffit Doctrinæ Analyticæ inventum novum, collectum ex variis ejufdem D. de Fermat Epiftolis, fol. Tolofæ 1670.
Del Re Tractatus novus, perfpicuus & abfolutus de juramento Calumniæ, 4. Ofnabr. 1677.
Dionis Anatomia Corporis Humani, juxta circulationem fanguinis & recentiores Obfervationes: in Horto Regio Parifino ab ipfo Autore demonftrata: cum duplici Indice & figuris omnium Corporis humani Partium ex Cadaveribus depictis, 8. Genevæ 1695.
Doujat Prænotionum Canonicarum Libri quinque: Quibus Sacri juris, atque univerfi ftudii Ecclefiaftici principia, & adminicula enucleantur, 4. Parif. 1687.
Del Regno d'Italia fotto i Barbari, Epitome del Conte & Cavalier Gran Croce D. Emanuel Thefauro, con le Annotationi Dell' Abbate D. Valeriano Caftiglione, fol. in Torino 1669.
Donelli Commentarii abfolutiffimi ad II. III. IV. VI. & VIII. Libros Codicis Iuftinianei, Tit. V. Lib. XIX. Dig. de Præfcript. Verbis, & Tit. I. Lib. XLV. Dig. de Verb. Obligat. Maxima fere ex parte Pofthumi, minima vivo patre nati, fol. Francofurti 1622.

E.

Effai d'un Commentaire Literal & Hiftorique fur les Prophetes, par le P. Dom. P. Pezron, 12. à Paris 1693.
Etat de l'Empire d'Allemagne de Monzambane Traduit par Dalquie, 12. Amfterdam 1669.
- - - De l'Empire divifé en deux parties & en douze Difcours. I. partie contenant en huit Difcours ou Dialogues tous les notables changemens avenus à la dignité Imperiale, à l'Etat Ecclefiaftique, aux Maifons qui ont porté la Couronne, & à toutes les autres d'Allemagne; leur Origine, leur pouvoir, leurs privileges, leurs Alliances & le rang qu'elles ont tenu aux Affemblées depuis le tems de Charlemagne jufques à la fin de l'an 1664. par Du May, 2. voll. 12. à Montbelliard 1665.
- - - De l'Empire, ou Abregé du droit Public d'Allemagne, mis en Dialogues pour plus grande commodité d'un jeune Prince à qui il a été enfeigné par Du May, avec une table très-ample, par d'Alexis, 12. à Paris 1660.
Examen de l'Hiftoire Critique du Nouveau Teftament divifé en deux parties; dans la I. on traite la queftion de l'autorité de l'Ecriture & de la Tradition; dans la II. on traite diverfes queftions de Critique, par Ant. Coulan; 8. Amfterdam 1696.
Etat des Controverfes & de la Religion Proteftante, avec une preuve des Ouvrages precedens, & une Table Generale des fix Avertiffemens, troifième & derniere partie du fixième Avertiffement contre Mr. Jurien, par Mr. l'Eveque de Meaux, 4. à Paris 1691.
Eutropii Hiftoriæ Romanæ Breviarium; Notis & Emendationibus illuftravit Anna Tanaq. Fabri Filia, in ufum Delphini, 8. Oxonii 1696.
Eftii Annotationes in præcipua ac difficiliora Sacræ Scripturæ loca, fol. Antv. 1683.
- - - Abfolutiffima in omnes Pauli & feptem Catholicas Apoftolorum Epiftolas Commentaria, 3. Tomis diftincta; in quibus genuinus litteræ fenfus folide & perfpicue traditur; Hærefes tum novæ tum veteres doctiffime refutantur, mores denique varia & exquifita eruditione formantur, fol. Parif. 1679.
Euripidis quæ extant omnia: Tragoediæ nempe XX. præter ultimam, omnes completæ; item fragmenta aliarum plufquam LX. Tragoediarum, & Epiftolæ V. nunc primum & ipfæ huc adjectæ: fcholia demum Doctorum Virorum in VII. priores Tragoedias, ex diverfis

N 3 *nativis*

CATALOGUS

antiquis exemplaribus undiquaque collecta & concinnata ab Arsenio Monemb. Archiep. Vn. mittitur Euripidis vita ex variis Authoribus accuratius descripta : etiam Tractatus de Tragoedia veterum Græcorum. Adduntur suis locis scholia aliquot MS. Item selectiora Doctorum Virorum notæ & conjecturæ cum perpetuis ad posteriores fabulas commentariis; Genuinæ lectiones asseruntur, Carminum ratione diligenter observata; scholia vetera & Latina versio, omniaque adeò multò quam ante hæc emendatiora. Accedit index triplex, opera & st. Iof. Barnes, fol. Cantabr. 1694.

Eccheilensis Eutychius Patriarcha Alexandrinus Vindicatus & suis restitutus Orientalibus sive Responsio ad Ioh. Seldeni Origines in duas tributa partes ; quarum prima est de Alexandrinæ Ecclesiæ Originibus, altera de Origine nominis Papæ; nec non de illius proprietate in Romano Pontifice, adeoque de ejusdem primatu. Quibus accedit censura in Historiam Orientalem Ioh. Henr. Hottingeri à pag. 283. ad 495. Omnia ex Orientalium excerpta monumentis, 4. Romæ 1661.

80 Les Exercices de la Vertu & de la perfection Chretienne par le R. P. Alph. Rodriguez, divisez en III. Parties. Nouvelle Traduction, 1. voll. 4. à Paris 1680.

Essais de Jurisprudence, 12. ibid. 1694.

F.

FLenderi Phosphorus Philosophicus, seu Logica contracta Claubergiana Illustrata commentario Logico-Metaphysico, continente (præter Dialectica) vera primæ Philosophiæ, vulgo Metaphysicæ, adeoque Pneumaticæ, Theologiæ Naturalis, & Physicæ Generalis fundamenta, 8. Amst. 1696.

Femmes Heroiques comparées avec les Heros : ensemble les moralitez à la fin de chaque Histoire, enrichies de tres-belles Figures par le Mosc, 2. voll. 12. à Paris 1669.

Fondemens de la Nouvelle Methode de prescrire renversée par le desaveu du consentement que le P. Maimbourg attribue aux Protestans, & les droits de l'Ecriture Sainte defendus contre les pretentions du même Auteur, qui veut établir l'Autorité de l'Eglise sur leur ruine, par l'Enfant, 12. Quevilly 1672.

85 Furetieriana ou les bons mots & les Remarques d'Histoire, de Morale, de Critique, de Plaisanterie, & d'Erudition, par Monsieur de Furetiere, 12. à Bruxelles 1696.

Fritschii quadraginta septem Opuscula varia de selectioribus quibusdam materiis, jus publicum atque privatum Romano-Germanicum concernentibus, fol. Norimb. 1690.

- - - Ius fluviaticum Romano-Germanicum tripartitum, complectens Variorum Autorum Tractatus, Consilia, Decisiones & Observationes, de jure Fluminum, Fontium, Piscationum, Navigationis, Alluvionis, jure Gruiæ seu Ratium, Insulis, Molendinis, Aquæductibus, Stapulis, Aggeribus, Pontibus &c. 4. Jenæ 1672.

- - - Manuale Iuris publici Romano-Germanici : accessere Aurea Bulla, Instrumentum Pacis Westphalicæ, Capitulatio Leopoldina, Constitutio Pacis religiosæ, Instrumentum Pacis Noviomagensis, & Tabula Induciarum Tricennalium, 1. Fenæ. 1690.

Les Fleurs de la Vie des Saints, & des Fêtes de toute l'Année suivant l'usage du Calendrier & Martyrologe Romain. Composées en Espagnol par le R. P. Ribadeneira, traduites en François par M. René Gautier, ausquelles ont été ajoûtées celles de plusieurs Saints de France par Me. André du Val. Revuës, corrigées & mises dans la pureté de nôtre langue par le R. P. Antoine Girard : & enrichies de nouvelles Figures en Taille-douce Augmentées en cette nouvelle Edition d'un grand nombre de Vies de divers Suints & Saintes non encore imprimées; avec un abregé de plusieurs autres, distribuées en chaque jour de l'Année, en forme de Martyrologe; de plusieurs Vies exemplaires de quelques grands personnages qui sont morts en opinion de sainteté, & des Saints de l'Ordre de S. Jean de Jerusalem; & une Chronologie generale des Papes, des Empereurs, & des Rois, sont qui chaque Saint a vécu, 2. voll. fol. grand papier, à Paris 1687.

90 Foresti Observationum & Curationum Medicinalium ac Chirurgicarum Opera omnia ; in quibus omnium & singularum affectionum Corporis humani causa, signa, prognoses & Curationes graphice depinguntur, fol. Francof. 1660.

G.

Guerini Commentarii in jus Civile Parisiorum, fol. Paris. 1634.
Groenewegen Tractatus de Legibus abrogatis & inusitatis in Hollandia, vicinisque regionibus, 4. Amst. 1669.

Geulincx

LIBRORUM. 103

Geulincx ΓΝΩΘΙ ΣΕΑΥΤΟΝ, five Ethica, poft triftia authoris fata omnibus fuis partibus in lucem edita, & tam feculi hujus, quam Atheorum quorundam Philofophorum impietati, fceleftifque moribus, quamquam fpeciofo ut plurimum virtutis prætextu la.vatis, oppofita per P.rlarethum. Editio noviffima ab innumeris mendis, quibus priores / atebant, accuratiffime emendata. Cui acceffit adhuc non editus Cor. Bontekoe er utiliffimus & utiliffimus libellus de l'affionibus Animæ, cum ferie rerum, quæ in Ethica tractantur, 12. ibid. 1696.

- - - Collegium Oratorium i. e. Nova Methodus omnis generis Orationes per chreias facile ac folide componendi: libellus ex M. S. e.utus ac diu defideratus, 12. Amft 1696.

La grande Chirurgie des Tumeurs, en laquelle, felon les anciens Grecs, Latins, & Arabes & Modernes approuvez eft contenuë la Theorie & Pratique tres parfaite de toutes les maladies externes, qui furviennent au corps humain. Le tout tres curieufement reveu & corrigé de nouveau en cette derniere Edition par J. Vigier, 8. 3. Voll. a Lyon 1657.

Le Grand Scipion par M. de Vaumorier, 4. Voll. 8. à Paris 1661.

Guerre des Auteurs Anciens & Modernes, avec la Requefte & Arreft en faveur d'Ariftote, 12. 1671.

- - - Des Turcs avec la Pologne, la Mofcovie & la Hongrie par De la Croix, 12. 1689.

Gaiti de Credito Tractatus ex Libris, Epiftolis, Cambiis, Apochis, Inftrumentis publicis, Obligationibus penes acta, omnique alia publica inter vivos fcriptura, Pignore & Hypothecis: in quatuor principalioia Capita diftinctus, Quibus omnia, quæ ad contrahendum, probandum, diffolvendumque Creditum, in foris dubitari frequentius folent aut poffunt, non minus clare quam accurate difputantur, & enucleantur, fol. Genev. 1696.

Giurba Repetitiones de Succeffione feudorum inter afcendentes & defcendentes Mafculos, ad Capit. 118. Regis & Imperat. Caroli V. fol. Lugd. 1679.

- - - Confilia feu Decifiones Criminales, Opus quod Ecclefiæ immunitatis, Patriæ, privilegiorum, ac totius rei criminalis tractationem complectitur, fol. Genev. 1645.

- - - Lucubrationes in omne jus Municipale Senatus Meffanenfis fuique diftrictus & totius fere Siciliæ, in quibus focietatis, nuptiarum, dotium, etiam de paragio, feudorum, fucceffionum, executorum, legitimæ, vitæ, militiæ, meliorationum, folutionum materiæ explicantur, Fol. Lugd. 1673.

Gratianus de Cafibus virorum Illuftrium; Opera ac ftudio D. Flecherii, 4. Par. 1680.

Le Grand Inftitutio Philofophiæ, fecundum Principia Renati Defcartes, nova Methodo Adornata, & explicata, 4. Norimbergæ, 1695.

Greven Conclufiones Iuris practicæ, fingulis A. Gailii Obfervationibus practicis materia & ferie continua refpondentes: item Confiderationes omnibus Conclufionibus figillatim fubjunctæ, quibus dictæ Obfervationes vel illuftrantur vel ampliantur, limitantur, nonnunquam eliduntur: cum Collegiorum Iuridicorum in diverfis Academiis decifivis Confiliis, & Iurifconfultorum, etiam moderniffimorum fententiis tum præcipue antiquis, novis & noviffimis Decifionibus ubique firmatæ, Fol. Norimb. 1675.

Galani Conciliationis Ecclefiæ Armenæ cum Romana ex ipfis Armenorum Patrum, & Doctorum Teftimoniis, in duas partes, Hiftorialem & Controverfialem divifæ, Fol. 3. Voll. Romæ 1690.

H.

Hiftoire de Charles VI. Roi de France, écrite par les ordres & fur les Memoires & les avis de Guy de Monceaux, & de Philippes de Vilette, Abbez de faint Denis, par un Autheur contemporain Religieux de leur Abbaye. Contenant tous les Secrets de l'Etat, & du fchifme de l'Eglife, avec les interefts & le Caractere des Princes de la Chrétienté, des Papes, des Cardinaux, & des principaux Seigneurs de France. Traduite fur le Manufcrit Latin tiré de la Bibliotheque de M. le Prefident de Thou par M. l. le Laboureur, & par lui même illuftrée de plufieurs commentaires, tirez de tous les Originaux de ce Regne; avec un difcours fuccint des vies & mœurs, & de la Genealogie, & des Armes de toutes les perfonnes illuftres du tems, mentionnées en cette Hiftoire, & en celle de Jean Le Feure, Seigneur de S. Remy, pareillement contemporain, qui y eft ajoûtée, & qui n'avoit point encore été veue, 2. Voll. Fol. à Paris 1689.

- - - Des Conclaves depuis Clement V. jufques à prefent, 4. à Paris 1689.

De la Hire Sectiones Conicæ in novem Libros diftributæ, in quibus quidquid hactenus obfervatione dignum cum à veteribus, tum à recentioribus Geometris traditum eft, novis contractifque demonstrationibus explicatur; multis etiam & exquisitis Propositionibus, cens inventis illustratur. Accesserunt sectiones Pyramidum super basibus Parabolicis, Ellipticis, & Hyperbolicis, una cum sectionibus Cyliadrorum, quibus substernuntur Cu̱ culi, aut Conicæ sectiones. Cum Appendice de sectionibus Conicis omnium generum, eadem & universali methodo, ac magna facilitate demonstratis, & aliis curvis ex iisdem fontibus deductis. Adjecta demum est brevis Expositio Propositionum septem Libtorum Conicorum Apollonii Pergæi, quæ cum superius demonstratis conferuntur, Fol. Parif. 1685.

- - - Tabularum Astronomicarum pars prior de motibus solis & lunæ, nec non de positione fixarum ex ipsis observationibus deductis: cum usu Tabularum, cui adjecta est Geometrica Methodus computandarum Eclipsium per solam triangulorum analysim ad Meridianum Parisiensem, 4. ibid. 1687.

Historiæ Byzantinæ scriptores post Theophanem, partim nunc primum editi, partim recensiti, & nova versione adornati, cura & studio R. P. Fr. Combeficii, Fol. Par. 1685. è Typographia Regia.

Hottomanni Franco-Gallia: Acessit & Matharelli Responsio, in qua agitur de initio Regni Franciæ, successione Regum, publicis negotiis, & politia, ex fide Annalium nostrorum, Germaniæque, & aliorum gentium, Græcisque & Latinis scriptoribus, in 8. Francof. 1665.

Harpocrationis de vocibus Liber cum notis & observationibus Iacobi Gronovii. Accedunt Diatribe Henr. Stephani ad locos Isocrateos, item Notæ & Animadversiones Henr. Valesii 4. Lugduni Batavorum 1696.

Histoire de Baviere contenant tout ce qui s'est passé de plus considerable depuis Otton IV. Duc de Baviere jusques au Regne de Maximilien, par le Blanc, 4. Voll. 12. à Paris 1680.

I.

Jl. JOsephi Hierosolymitani Sacerdotis Opera quæ extant omnia, Antiquitatum Iudaicarum Libri X X. Sigismundo Gelenio interprete. De Bello Iudaico Libri V I I. interprete Rufino. Liber de Vita sua cum interpretatione Gelenii. Adversus Apionem Libri I I. cum versione antiqua à Gelenio emendata, & de Maccabæis, seu de imperio rationis Liber cum paraphrasi Erasmi: accedit Index locupletissimus. Iuxta editionem Græco-Latinam Genevensem ad manuscriptos Palatinæ Bibliothecæ Codices castigatam, quæ nunc à pluribus mendis expurgata, & præterea Prolegomenis & Appendice auctior redditur, Fol. Coloniæ 1691.

La Jurisprudence du Code de Justinien conferée avec les Ordonnances Royaux, les Coutumes de France, & les Decisions des Cours Souveraines, par M. C. de Ferriere, 2. Voll. 4. à Paris. 1684.

- *Du Digeste, conferée avec les Ordonnances Royaux, les Coutumes de France, & les Decisions des Cours Souveraines, où toutes sortes de matieres du Droit Romain, & du Droit Coutumier, sont traitées suivant l'usage des Provinces de Droit écrit, & de la France Coutumiere, 2. Voll. contenant les quatre premieres Parties du Digeste, par M. C. Ferriere, seconde Edition, reveue, augmentée & corrigée avec des sommaires, 4. à Paris 1688.*

Iungkens Medicus præsenti seculo accommodandus, per Philosophiam veram Spagiricam, Rerum Naturalium veris fundamentis exornandus, & faciliori omnis generis morbos curandi methodo illustrandus: ubi Pars I. Medicaminum fabricandi fundamenta continet. Pars I I. eadem elaborata Medicamina corporis humani infirmitatibus rite adaptare docet, quibus jam accessit Pars I I I. Generalis Commentarii instar, curiosa hactenus in secretis habita experimenta, præter alia curiosa & scitu necessaria communicans. Clarissimorum in arte Medica Heroum principiis illustrata, & stimuli loco conscripta, quo ipsam medicaminum fabricam sibi Medici habeant commendatam, ut veri Hippocratis fiant filii, & proximo illibata magis conscientia inservire discant, 8. Franc. 1689.

Index Librorum Prohibitorum & Expurgandorum Novissimus pro Catholicis Hispaniarum Regnis Philippi I V. Regis Cath. Fol. Madriti 1667.

- - - Librorum Prohibitorum Alexandri V I I. Pontificis Maximi jussu Editus, Fol. Romæ 1667.

Iuenin Commentarius Historicus & Dogmaticus de Sacramentis in Genere & specie, in duas partes distributus: quo defenduntur veritates Catholicæ contra antiquos, & recentiores

Hære-

LIBRORUM.

Hæreticos : explicantur requisitæ à Patribus difpofitiones ad eadem facramenta tum conferenda, tum recipienda : proponuntur mutationes, quæ ab Ecclefiæ exordiis ad hæc ufque tempora in eorum adminiftratione contigere : propugnantur fcholafticæ Conclufiones, quæ ad fcripturam, & Traditionem propius accedunt. His adduntur Differtationes de Cenfuris, de Irregularitatibus, & de Indulgentiis, exactæ ad veterem & hodiernam Ecclefiæ Difciplinam. Pars prima de facramentis in genere, de Baptifmo, de Confirmatione, & de Euchariftia, cum indice duplici, altero Differtationum, Quæftionum. Capitum &c. altero rerum & verborum ; utroque primæ parti præfixo, fol. Lugduni 1696.
- - Pars II. de Pœnitentia, de Extrema Unctione, de Ordine, de Matrimonio, de Cenfuris, de Irregularitatibus, & de Indulgentiis, Fol. ibid. 1696.

Introduction à la vie Devote de S. François de Sales Evêque & Prince de Geneve, Infituteur de l'Ordre de la Vifitation de Sainte Marie. Nouvelle édition fuivant la copie que l'Auteur a reveuë avant fon deces, & augmentée à la fin de quelques pieces tres-édifiantes du même Auteur, qui n'avoient encore jamais paru, 12. à Paris 1696.

Jo. Ab Indagine Introductiones Apotelefmaticæ in Phyfiognomiam, Complexiones hominum, Aftrologiam naturalem, Naturas Planetarum, cum Periaxiomatibus de faciebus fignorum & Canonibus de ægritudinibus hominum : omnia nufquam fere ejufmodi tractata compendio: quibus ob fimilem materiam acceffit G. Grataroli, de Memoria reparanda, augenda, confervanda: de Prædictione morum naturarumque hominum : de Mutatione temporum, ejufque fignis perpetuis, & Pomponii Gaurici, de Symmetriis, Lineamentis & Phyhognomia, ejufque fpeciebus &c. 8. Argentorati 1630.

Joepheri Ifagoge, feu Manuductio ad Vitam longiorem : variis, de tuenda, reparandaque valetudine, differtationibus illuftrata : & felectis, tum Veterum, tum Recentiorum Medicorum fcitis placitifque ftabilira: 4. Noibergæ 1680.

Iafonis Mayni Commentaria in Codicem & Digefta cum Adnotationibus infignium Doctorum Purpurati, Bellacombæ, Panciroli, Trotti, Mafuerii, & Menochii. Quibus accefferunt doctiffimæ Additiones D. Ioan. Francifci Patritii, noviffimæ vero Additiones, & lucubrationes felectiffimæ D. Ioannis Aloyfii Riccii Patritii cum indice marginalibus numeris illuftrato, quibus unius cujufque voluminis notatu digna faciliori modo, quam antea reperiri poffunt, ad ftudioforum commodum non fane exiguum adaucta, 8. Voll. Fol. Venetiis 1622.

Ius civile Gandenfium, hoc eft ufus morefque eorum in Populo nati, à Principe confirmati, & obfervationibus illuftrati, à D. Io:n Ant. Knobbaert, fol. Antverpiæ 1677.

Ioannis Nepotis Sylvani, Hierofolym. Epifcopi XLIV. SS. Hieronymi, Chryfoftomi & Auguftini coætanei, Opera omnia, quæ hactenus incognita, inveniri potuerunt, in unum collecta, fuoque Auctori, & auctoritati tribus Vindiciarum Libris afferta, per A. R. P. Petrum Waftelium, 2. Voll. Fol. Bruxellæ 1643.

Iohnfon Sententia Sociniana de Sabbato & quarto præcepto inimica pietati, cum vindiciis expreffi mandati de inftitutione diei Dominici, 4. 1659.

Iüngii Exercitationes hiftoricæ, chronologicæ, geographicæ & philologicæ in Pentateuchum Mofis & Lib. Iofuæ, 4. Francof. 1683.

Ionftoni Polymathiæ Philologicæ, feu totius rerum Univerfitatis ad fuos ordines revocatæ Adumbratio horis fubfcivis, 8. ibid. 1667.
- - - Poly-Hiftor continuatus, feu Rerum toto orbe à Carolo M. ad Albertum II. Auftriacum, in Europa, Afia, Africa, America geftarum, tam facrarum quam prophanarum fuccincta & methodica feries, 8. Ienæ 1667.

Iter in Mofcoviam Auguftini Liberi Baronis de Mayerberg & Horatii Gulielmi Calvucii, ab Auguftiffimo Romanorum Imperatore Leopoldo, ad Czarem & Magnum Ducem Alexium Michalowicz, Anno 1661. Ablegatorum: cum ftatutis Mofcoviticis ex Ruffico in Latinum idioma tranflatis, Fol.

K.

Kempii Charifmatum facrorum trias five Bibliotheca Anglorum Theologica, in qua præftantiffimorum hujus Nationis Theologorum, qui integro currente feculo ad præfens ufque tempus floruerunt, partim etiam adhuc florent, fcripta cuivis parti Theologiæ adaptata recenfentur, & pro valore merito commendantur: nonnulla item de ftatu Ecclefiæ Anglicanæ proponuntur, cum appendice de Regia focietate Londinenfi, indicibufque neceffariis, 4. 1677.

D. Kim-

CATALOGUS

135 D. Kimhii Commentarii in Psalmos Davidis ex Hebræo Latinè Redditi à D. Amb. ła vier 4. Paril. 1666.

Kinschotii Poemata in Libros IV. digesta, quorum primus sacra & pia; secundus Elegiaı Eclogas; tertius Res gestae; quartus Miscellanea continet, 8. Hagæ 1685.

Kronland Philosophia Vetus restituta, Partibus V. comprehensa, quarum I. de Mutationibe quæ in universo hunt. II. de Partium Universi constitutione. III. de statu hominis secu dum naturam. IV. de statu hominis præter naturam. V. de Curatione Morborum 4. Francof. 1676.

— — — Liturgia Mentis, seu Disceptatio Medica, Philosophica & Optica de natura Epilepsiæ illius ortu & causis; deque Symptomatis quæ circa imaginationem & motum eveniunt, in qua multa scitu digna, difficilia & recondita deteguntur. Opus posthumum cui accessit Tractatus Medicus de natura urinæ & consilia tria Medica, 4. Ratisbonæ 1678.

Kircheri Scrutinium Physico-Medicum contagiosæ Luis quæ dicitur Pestis, quo Origo, Causæ, Signa, prognostica Pestis, nec non insolentes malignantis Naturæ effectus, qui statis temporibus, Cœlestium influxuum virtute & efficacia tum in elementis, tum in epidemicis hominum animantiumque morbis elucescunt, una cum appropriatis remediorum Antidotis nova Doctrina in lucem eruuntur: cum Præfatione D. Chr. Langii, annexoque tractatu ejusdem de Thermis Carolinis, 4. Lipfiæ 1671.

140 Kyperi Anthropologia Corporis Humani contentorum & Animæ naturam & virtutes secundum circularem sanguinis motum explicans, 4. Lugd. Batav. 1650.

Krembergh in Titulum Institutionum de Actionibus cum aliquot seqq. Commentarius, 4. Wittebergæ 1651.

Kormarte Tractatus Iuridicus de Iure Consiliorum conclusionibus Iuris Publici & Privati, præprimis ad Capitulationem novissimam Romanorum Regis, Augusti, Iosephi I. observationibus Historico-Politicis ac Imperantium Dominio supereminenti auctus & illustratus, 4. Derdæ 1693.

Knipschildt Tractatus de Fideicommissis familiarum nobilium, sive de Bonis, quæ pro familiarum Nobilium conservatione constituuntur, 4. Ulmæ 1654.

L.

Lettres de Jaques de Bongars, Resident & Ambassadeur du Roi Henri IV. vers les Electeurs, Princes, & Etats Protestants d'Allemagne, en Iatin & en Fyançois. Dediées à Mr. le Dauphin. Nouvelle Edition, où l'on a retouché la version en divers endroits, & ajouté un grand nombre de passages retranchez dans l'Edition de Paris, plusieurs Lettres Francoises qui n'avoient jamais été imprimées avec les Latines, & une Table des Matieres, 12. à la Haye 1695.

145 — — — qui decouvrent l'Illusion des Philosophes sur la Baguette, & qui destruisent leurs Systemes, 12. à Paris 1693.

Leydeckeri de Historia Iansenismi, Libri VI. Quibus de Cornelii Iansenii Vita & Morte, nec non de ipsius & Iaquacium Dogmatibus disseritur, 8. Trajecti 1695.

Lister Exercitatio Anatomica altera, in qua maxime agitur de Buccinis Fluviatilibus & Marinis. Ubi Aristotelis aliquot loca ab interpretum injuria ac errore vindicantur; nova quædam è rebus naturæ in lucem proferuntur : qualia sunt, non superfoetatio tantum, sed & perpetua quædam foetatio, velut de quibusdam fructiferis arboribus narratum est: singularis a divisus sexus in aliis atque aliis Cochleis : Purpuræ vera sedes, ac usus: Buccina infectoria, quæ fuerint veterum, nostra littoralia ipsissima esse. Præterea conjectura nova de ani cerebri exhibetur. Itemque vitalitatis ratio in sanguineis, frigidis ac ex.nguibus animalibus, ex veterum doctrina de aëre atmospærico explicatur. His accedit Exercitatio Medicinalis de Variolis, 8. Londini 1695.

Lipsii Roma illustrata, sive Antiquitatum Romanarum Breviarium, & Georgii Fabricii Chemnicensis Veteri Romæ cum Nova collatio, & nova Recensione Ant. Thysii, cui accesserunt in hac Editione Iusti Lipsii Tractatus peculiares, Viz. de Veterum Latinorum scripta de Re Pecuniaria. de Nominibus Romanorum, de Ritu conviviorum, de Censura & Censu, de Anno deque ejus diversitate : item ratione intercalandi cum Figuris æneis, 8. Londini 1692.

Lucretii Cari de Rerum Natura Libri sex : quibus Interpretationem & Notas addidit Th. Creech. 8. Oxonii 1695.

150 Leigh Critica Sacra, cujus pars prior observationes Philologicas & Theologicas in omnes Radices Veteris Testamenti, & Posterior in omnes Græcas Voces Novi Testamenti, continet,

LIBRORUM.

tinet. Editio tertia plene nova, cui accedit Prodromus Criticus feu obfervationes Philol. Theolog. in omnes Voces Chaldaicas tam primitivas quam derivativas V. T. à Ioh. Heefer, fol. Amftel. 1696.

Liturgie, c'eſt-à-dire Formulaire des prieres publiques, de l'Adminiſtration des Sacremens, & des autres Ceremonies de l'Eglife Anglicane, 8. à Geneve 1666.

Lettres Familieres fur toutes fortes de fujets avec leur inſtruction, par R. Millerand, 12. à Brux. 1690.

Lettres de M. J. de Wicquefort, avec les Reponſes de M. G. Barlée, en François & en Latin, 12. Amſt. 1696.

- - - Les mêmes toutes Françoiſes, 12. ibid. 1696.
- - - Les mêmes toutes Latines , 12. ibid. 1696.

Leonis Magni, Romani Pontificis, Maximi Taurinenfis, Petri Chryfologi Ravennatis, Fulgentii Rufpenfis, Valeriani Cemelienfis, Amedei Laufanenfis, & Afterii Amafeni. Heptas Præfulum Chriftiana, fapientia & facundia clariffimorum. Theophilus Rainaudus priorem editionem variis ad SS. Leonem & Fulgentium acceffionibus inſtructam, octagintaFulgentii fermonibus ex MSC. cumulavit : cenſuram inofficioſæ cenſuræ libri de Prædeftinatione & Gratia S. Fulgentio vendicati appoſuit : Valerianum Cemelienſem accurata defenfione texit, adverfus Parcum charitatis criminatorem: Amedei Homilias florentiffimas de Deipara addidit. D. Fulgentii liber tertius de veritate Prædeftinationis & Gratia antea mutilus, nunc primum prodit, fuis omnibus capitibus abfolutus. Perinde atque D. Afterii Homiliæ. Quibus adjuncti funt ejufdem Authoris Sermones omnino viginti longe elegantiffimi. Accefferunt huic poftremæ Editioni D. Profperi Aquitanici Epifcopi Rhegienfis Opera, fol. Parif. 1671.

Les Loix Civiles dans leur ordre naturel, 3. Voll. 4. à Paris 1695.
- - - Tome II. & III. à part. 4. ibid. 1696.

Leufden Philologus Hebræus, continens Queftiones Hebraicas, quæ circa Vetus Teftamentum fere moveri folent, editio tertia, cui integer Tractatus de fexcentis & tredecim præceptis Mofaicis additur, 4. Ultraj. 1686.

- - - Philologus Hebræo-Græcus generalis, continens Quæftiones Hebræo-Græcas, quæ circa Novum Teftamentum Græcum fere moveri folent. Editio fecunda, cui in fine additur Tranflatio Hebraica omnium Textuum Chaldaicorum Veteris Teftamenti, 4. Lugd. Batav. 1685.

- - - Philologus Hebræo-mixtus, una cum fpicilegio Philologico, continente decem quæftionum & pofitionum præcipue Philologico-Hebraicarum & Iudaicarum centurias, 4. Ultraj. 1682.

Lhitprandi Opera quæ extant, cum notis Laur. Ramirez de Prado, fol. Antv. 1640.

Lanzoni Tractatus de Balfamatione cadaverum, in quo non tantum de Pollinctura apud Veteres ; fed etiam de variis balfamandi cadavera modis apud Recentes , multa curiofa breviter exponuntur, 12. Genevæ 1696.

De Lanis Magifterium Naturæ & Artis, opus Phyfico-Mathematicum, fol. 2. Voll. Brixiæ 1684.

M.

Memoria Coffoniana, hoc eft, Danielis Coffonii vita breviter defcripta , cui annexa eft nova editio Monumenti Ancyrani, priore Aug. Busbequii & And. Schotti emendatior & auctior, cum Notis Iac. Gronovii, 4. Lugd. Batav. 1695.

Van Muyden compendiofa Pandectarum Tractatio, cui divortia Iuris Canonici à Civili fuis locis fubjecta funt, 8. Trajecti 1695.

Methode de lever les Plans & les Cartes de terre & de mer, avec toutes fortes d'inſtrumens, & ſans inſtrumens. La defcription & l'uſage de ces inſtrumens, qui ſont le Demicercle, la Planchette de diverſes façons, la Bouſſole, l'Inſtrument univerſel, & le Recipiangle. Et la maniere de faire les remarques des marées , courants ; écueils, &c. & de lever les Plans des Villes ennemies, 12. à Paris 1695.

Medicina Mentis, five Artis inveniendi Præcepta Generalia, Editio nova, auctior & correctior, cum præfatione Auctoris : Medicina Corporis, feu cogitationes admodum probabiles de confervanda fanitate, 4. Lipſiæ 1695.

Menagiana ou bons mots , rencontres agreables, penſées judicieuſes, & Obſervations curieuſes, de M. Menage de l'Academie Françoiſe, Tome ſecond, 12. Amſt. 1695.

Muys Praxis Medico-Chirurgica Rationalis, feu Obſervationes Medico-Chirurgicæ fecundum folida veræ Philoſophiæ fundamenta refoluta, Decades duodecim, 12. Amſt. 1695.

CATALOGUS

Manticæ Tractatus de Conjecturis ultimarum voluntatum, in Libros XII. distinctus, fol. Genev. 1696.

Marolles la Thebaide de Stace, avec les Remarques en Latin & en Francois, 2. Voll. à Paris 1658.

- - - Tragedies de Seneque en Latin & en Francois avec des Remarques necessaires sur les lieux difficiles, 2. Voll. 8. ibid. 1654.
- - - Comedies de Plaute, avec des Remarques en Latin & en Francois, 8. 4. Voll. ibid. 1658.

175 - - - Les Tristes d'Ovide, avec des Remarques, 8. ibid. 1661.
- - - Les quatre livres des Epitres d'Ovide, écrites à plusieurs de ses Amis, du lieu de son exil dans la Province de Pont, avec des Remarques assez amples, un petit Traité des Triomphes Romains, & la Genealogie d'Auguste, 8. ibid. 1661.
- - - Les Epitres Heroides d'Ovide avec des Remarques, 8. ibid. 1661.
- - - Le Livre d'Ovide contre Ibis avec la vie du Poëte, & des Remarques fort amples, où sont ajoûtez plusieurs beaux vers Latins de Monsf. de Condé, 8. ibid. 1661.
- - - Les Amours d'Ovide, d'une nouvelle Traduction, avec des Remarques, 8. ibid. 1661.

180 - - - Les Livres d'Ovide de l'Art d'aimer & des remedes d'Amour, à quoi sont ajoûtez les Poëmes de l'Art d'embellir le visage, du Noyer, des Poissons, de la Puce, & du langage des Bêtes & des Oyseaux, en Latin & en Francois, le tout rendu fort honnête, avec des Notes & des Observations necessaires, 8. ibid. 1660.

Manget Bibliotheca Medico-Practica, sive rerum Medicarum Thesaurus cumulatissimus quo omnes prorsus humani corporis Morbosæ affectiones tum Artem Medicam in genere, tum Chirurgicam in specie, spectantes ordine Alphabetico explicantur, & per curationes Consilia, Observationes, ac Cadaverum Anatomicas inspectiones, tam hinc inde proprias, quam à variis, iisque præstantissimis Authoribus, Veteribus & Recentioribus, petitas, abunde, imo & curiose tractantur. Tomus Tertius, fol. Genevæ 1696.

Macrobii Opera, accedunt integræ Isaci Pontani, Ioh. Meursii, Iacobi Gronovii, Notæ & Animadversiones. Editio Novissima, cum Indice rerum & vocum locupletissimo, 8. Londini 1694.

Le Marchand sincere ou Traité general des Drogues simples & composées, renfermant dans les trois classes des Vegetaux, des Animaux, & des Mineraux, tout ce qui est l'objet de la Physique, de la Chimie, de la Pharmacie, & des Arts les plus utiles à la societé des hommes: Ouvrage Enrichi de plus de 400. Figures en Taille douce, tirées d'après nature; avec un Discours qui explique leurs differens Noms, les païs d'où elles viennent, la maniere de connoitre les veritables d'avec les falsifiées, & leurs proprietez, où l'on decouvre l'erreur des Anciens & des Modernes, le tout tres utile au public, par M. Pomet, fol. à Paris 1695.

Memoires de la Vie de Francois Dusson où l'on voit tout ce qui est passé de plus considerable pendant les derniers Troubles de France au sujet de la Religion, 12. Amsterdam 1677.

185 - - De la vie de Mademoiselle De Fosses, ou le Chevalier Baltazard, 12. à Paris 1695.

Methode pour assister les malades & les aider à faire une bonne mort, tirée des Ecrits des Peres, de plusieurs Docteurs, & de plusieurs personnes pieuses, & fondée sur une longue experience, composée en Latin par le R. P. Polancus, 12. à Paris 1693.

Memoires de Jaques Melvil contenant une exacte Relation de quelques évenemens du dernier siecle tres importans, qui ne se trouvent point dans les autres Historiens. Principalement par raport à l'Angleterre & à l'Ecosse, sous le Regne de la Reine Elizabeth, de Marie Stuard, & de Jaques I. Publiez sur le Manuscrits de l'Auteur, par George Scot, & traduits de l'Anglois par G. D. S, 2. Voll. 12. à la Haye 1694.

Marckii in Hoseam Commentarius seu Analysis Exegetica, qua Hebræus Textus cum versionibus confertur, vocum & phrasium vis indagatur, rerum nexus monstratur, & in sensum genuinum cum examine variarum interpretationum inquiritur. Diatribe annexa est singularis de accipienda Uxore & Liberis fornicariorum, 4. Amstelædami 1696.

Matthiæ Theatrum Historicum Theoretico-practicum in quo quatuor Monarchiæ magnæ, omnesque Reges & Imperatores, qui in illis regnarunt, nova & artificiosa Methodo describuntur, omniaque ad usum Oeconomicum, Politicum & Ecclesiasticum accommodantur. Cui novum accessit supplementum insigne rerum tam civilium quam Ecclesiasticarum, quæ desiderari poterant usque ad Annum Christi 1689. 4. Francofurti 1689.

190 Mangilii Tractatus de Imputationibus & Detractationibus in legitima, Trebellianica & aliis quartis contingentibus bonorum hæreditariorum, in quo difficiliores & usu frequentiores quæstiones explicantur, fol. Genevæ 1668.

LIBRORUM. 109

Manzii Commentarius Ratio-regularis in IV. Libros Inftitutionum Imperialium, quo omnium, non modo in fingulis paragraphis, fed etiam verficuli, traditorum, rationes redduntur, & in breves plurimum regulas refolvuntur, fol. Norimb. 1671.
- - - Tractatus Rationalis de Teftamento valido vel invalido, materia frequentiffima, fol. Aug. 1680.

Mifcellanea Curiofa five Ephemeridum Medico-Phyficarum Germanicarum Academiæ Imperialis Leopoldinæ Naturæ Curioforum, Decuriæ II. annus decimus, anni 1691. comitiens celeberrimorum Vitorum, tum Medicorum, im aliorum Eruditorum in Ge mania & extra eam Obfervationes Medico Chymico-Mathematicas, cum Appendice, 4. Norimbergæ 1692.

Memoires pour fervir à l'Hiftoire Eccléfiaftique des fix premiers fiecles juftifiez par les citations des Auteurs orig'naux, avec une Chronologie, où l'on fait un abregé de l'Hiftoire Eccléfiaftique & profane; & des Notes pour éclaircir les difficultez des faits & de la chronologie. Tome I. qui contient le tems de Nôtre Seigneur & des Apôtres, par le Sieur D. T. ç. à Paris 1693.
- - - Le même, 12. 3. voll. à Bruxelles 1695.
- - - Tome II. qui comprend les Difciples de Nôtre Seigneur & des Apôtres, la fuite de l'Hiftoire de l'Eglife jufques à l'an 177. avec une Lettre au R. P. Lami, fur la derniere Pâque de N. S. 4. ibid. 1694.
- - - Le même, 12. 3. voll. à Bruxelles 1695.

Martæ Tractatus de Iurifdictione per, & inter judicem Ecclefiafticum & fecularem exercenda, in quo fingulorum Principum jurifdictiones, & Dominia tractantur; & quomodo in cafibus mixtæ jurifdictionis procedendum fit, atque mandata Principum exequenda; & de Præventionibus atque Inhibitionibus, ac Excommunicationibus ferendis, ob ipfam Iurifdictionem. Difcutiuntur etiam omnes Articuli Legum, Statutorum, atque Edictorum Principum fecularium; an comprehendant Ecclefiafticos, & eorum Bona. Denique tractatur de omnibus cafibus judiciorum Civilium, & Criminalium, in quibus dubitatur, an feculares judices procedunt contra Ecclefiafticos, fol. Coloniæ 1659.

Maimbourg Hiftoire de l'Arianifme depuis fa naiffance jufqu'à fa fin: avec l'origine & le progrès de l'Herefie des Sociniens, 2 vol. 4. à Paris 1686.
- - - Hiftoire de l'Herefie des Iconoclaftes, & de la Tranflation de l'Empire aux François, 4. ibid. 1686.
- - - Hiftoire du Schifme des Grecs, 4. ibid. 1686.
- - - Hiftoire des Croifades pour la delivrance de la Terre Sainte, 2 vol. 4. ibid. 1686.
- - - Hiftoire de la Decadence de l'Empire après Charlemagne, & des differens des Empereurs avec les Papes au fujet des Inveftitures & de l'independance, 4. ibid. 1686.
- - - Hiftoire du grand Schifme d'Occident, 4. ibid. 1686.
- - - Hiftoire du Lutheranifme, 4. ibid. 1686.
- - - Hiftoire du Calvinifme, 4. ibid. 1686.
- - - Hiftoire de la Ligue, 4. ibid. 1686.
- - - Traité Hiftorique de l'etabliffement & des prerogatives de l'Eglife de Rome & de fes Evêques, 4. ibid. 1686.

Malebranche Converfations Chretiennes, dans lefquelles on juftifie la verité de la Religion & de la Morale de Jefus Chrift, 12. à Rotterdam 1685.
- - - Entretiens fur la Metaphyfique & fur la Religion, 12. ibid. 1688.
- - - Reponfe au livre de Mr. Arnauld, des vrayes & des fauffes idées, 12. ibid. 1685.
- - - Lettres a un de fes amis, dans lefquelles il repond aux Reflexions Philofophiques & Theologiques de Mr. Arnauld fur le Traité de la Nature & de la Grace, 12. ibid. 1686.
- - - Reponfe à une Differtation de Mr. Arnauld contre un éclairciffement du Traité de la Nature & de la Grace, dans laquelle on établit les principes neceffaires à l'intelligence de ce même Traité, 12. ibid. 1685.
- - - Lettres touchant celles de Mr. Arnauld, 12. ibid. 1687.
- - - Trois Lettres touchant la Defenfe de Mr. Arnauld contre la Reponfe au livre des vrayes & fauffes idées, 12. ibid. 1685.
- - - Deux Lettres touchant le II. & le III. Volume des Reflexions Philofophiques & Theologiques de Mr. Arnauld, 12. ibid. 1687.
- - - Traité de la Nature & de la Grace, 12. ibid. 1684.
- - - Traité de Morale, 12. ibid. 1684.
- - - De la Recherche de la Verité, où l'on Traite de la nature de l'efprit de l'homme, & de l'ufage qu'il en doit faire pour éviter d'errer dans les fciences, 2 vol. 12. 1688.

Memoires de Mathematique & de Phyfique, contenant un Traité des Epicycloides, & de leurs ufages dans les mechaniques. L'explication des principaux Effets de la glace & du

O 3

CATALOGUS

du froid, une Dissertation des differences des sons de la corde de la Trompette Marine, Un Traité des differens accidens de la Vue, divisé en deux parties par Mr. de la Hire, 4. à Paris 1694.

Morton Opera Medica, cum indice duplici, altero Librorum, Exercitationum & Capitum; altero rerum copiofiori, & in unum redacto. Accedunt infigniores Tr ctatus Martini Lister de Morbis Chronicis, & Gualteri Harris de Morbis acutis infantum, 4. Lugduni 1696.

N.

Nieuwentijt Analyfis Infinitorum, feu curvilineorum proprietates ex Polygonorum natura deductæ, 8. Amft. 1695.

Nemethi Epiftola S. Pauli ad Hebræos Explicata, 4. Franequeræ 1695.

Nouvelle Relation de la Chine, contenant la Defcription des particularitez les plus confiderables de ce grand Empire, compofée en l'année 1688. par le P. de Magaillans, 4. à Paris 1690.

225 Natalis Alexandri felecta Hiftoriæ Ecclefiafticę Veteris Teftamenti capita, & in loca ejufdem infignia, diffetationes Hiftoricæ, Chronologicæ, Criticæ, 8. 7. Voll. Parif. 1682.

- - - Selecta Hiftoriæ Ecclefiafti. ę Novi Teftamenti capita, & in loca ejufdem infignia, Differtatione> Hiftoricæ, Chronologicæ, Criticæ, Dogmaticæ, 8. 26. Voll. ibid. 1680.

Les Nobles dans les Tribunaux, Traité de Droit enrichi de plufieurs curiofitez utiles a l'Hiftoire & au Blafon, où les Queftions qui conviennent aux Nobles font fuccinctement agitées & definies fur toutes les matieres les plus importantes & les plus choifies, dans lefquelles l'Efcole & le Barreau prennent des égars à la qualité de Gentilhomme, par Her. Fr. De Malte, Fol. a Liege 1680.

Nouvelles Obfervations fur le Texte & les Verfions du Nouveau Teftament par R. S. P. 4. à Paris 1695.

Novum Jefu-Chrifti Teftamentum, Vulgaris Editionis Sixti V. Pont. Max. juffu recognitum atque editum. 12. Bruxellis 1696.

230 Naironi Euoplia fidei Catholicæ Romanæ Hiftorico Dogmatica ex vetuftiffimis Syrorum, feu. Chaldæorum monumentis eruta. Ubi de Chriftianis Orientalibus deque eorum Ritibus, Doctrina, & fide quoad articulos à Novatoribus noftri temporis impugnatos, agitur 8. Romæ 1694.

Nicolai Tractatus de Repudiis & Divortiis, ex Iure Divino, Canonico, Civili & Provinciali, nec non præ ipuorum Ictorum, Commentationibus & Refponfis concinnatus, quamplurimis itidem formulis pronunciadi, ac Præjudiciis fupremi Confiftorii Dresdenf. illuftratus, & ad hodiernam judiciorum Ecclefiafticorum praxin accommodatus, 4. Drefdæ 1685.

Mathen Iuftitia vulnerata, Chriftiane, Iuridice & Politice curata, 4. Coloniæ 1646.

Nepufantii Tractatus de Pignoribus & Hypothecis, 8. ibid. 1683.

Hugo Commentaria Scholaftita in tertiam partem S. Thomæ de Sacramentis Ecclefiæ in commun & in fpeciali; in quibus ea quæ inter Catholicos & Hæreticos, nec non Doctores Scholafticis, in dubiam vocata fuerunt, accurate, folide, perfpicue & breviter difcutiuntur & determinantur: accefferunt quatuor alii infignes ejufdem Tractatus. I. de Authoritate fummi Pontificis, & Conciliorum. II. de Indulgentiis. III. de Auxiliis divinæ gratiæ. IV. de Bullis Pontificiis quas cruciatas vocant, fol. ibid. 1630.

235 Naclanti Enarrationes in D. Pauli Epiftolas ad Ephefios, & Romanos, atque una digreffiones quædam, quibus Chriftianæ Religionis & pietas, & præcipua Sacramenta ac dogmata declarantur confirmanturque, Sacræ Scripturæ Medulla, qua Chrifti ejufque Eccleiæ. Myfteria in veteri olim lege variis typis concionibufque abdita explicantur, fol. Lugduni 1667.

Nifelii S. Iudæ Apoftoli Epiftolæ Catholicæ verfio Arabice & Æthiopice, in Latinitatem tranflata, & punctis vocalibus animata, additis quibufdam variæ lectionis notis, 4. Lugd, Batavor. 1654.

- - - S. Iacobi Apoftoli Epiftolæ Catholicæ verfio Arabica & Æthiopica, Latinitate utraque donata, nec non à multis mendis repurgata, punctis vocalibus accurate infignita, & Notis Philologicis e probatiffimorum Arabum fcriptis illuftrata, 4. ibid. 1654.

- - - five Teftamentum, inter Muhamedem Legatum Dei, & Chriftianæ Religionis populos olim initum, cujus Textus authenticus hic noviter recufus à mendis quam plurimis probe caftigatus, nunc primum figuris vocalium nobilitatus, nec non verfione Latina Gabrielis Sionitæ adæquatus. Quo pariter Editionis Parifienfis multivaria hinc inde eaque grandia

LIBRORUM.

grandia errata deteguntur, loca corrupta debitæ integritati restituuntur; totiusque hujus memorabilis facti cognitio dilucida, atque plana redditur. Ut & Suratarum Alcorani Decimæ quartæ, & Decimæ quintæ Textus Originalis, 4. ibid. 1655.

- - S. Iohannis Apostoli & Euangelistæ Epistolæ Catholicæ tres, Arabicæ & Æthiopicæ, omnes ad verbum in Latinum versæ, cum vocalium figuris exacte appositis, 4. ibid. 1654.

O.

Origenis Dialogus contra Marcionitas, five de recta in Deum fide: Exhortatio ad Martyrium: Responsio ad Africani Epistolam de Historia Susannæ: de Oratione Libellus. Quibus accedit B. Marci Diadochi Sermo contra Arianos hactenus ineditus, textui Græco adjectæ versiones, partim correctæ, partim novæ, additis notis, indicibus, variantibus lectionibus, & conjecturis junctim fic edidit Ioh. Rod. Wetstenius, 4. Basiliæ 1694.

P. Ovidii Nasonis Metamorphoseon Libri XV. Interpretatione & Notis illustravit Dan. Crisp. Helvetius, ad usum Serenissimi Delphini, 8. Oxonii 1696

Les Offices de Ciceron, traduits en François, sur la nouvelle Edition Latine de Gravius, avec des Notes, & des sommaires des Chapitres, par le Traducteur des Lettres de S Augustin, seconde Edition, reveuë & retouchée par l'Auteur, 8. à Paris 1692.

Les Oeuvres de Maître Guy Coquille contenant plusieurs Traitez touchant les libertez de l'Eglise Gallicane, l'Histoire de France & le Droit François. Entre lesquels plusieurs n'ont point encore été imprimez, & les autres ont été exactement corrigez, 2 vol. fol. ibid. 1666.

- - De Mr. Jean Bacquet, augmentées de plusieurs Questions, Decisions, & Arrêts des Cours Souveraines de France, par Mr. Claude De Ferriere, fol. ibid. 1688.

Oldenburgeri Thesauri Rerum publicarum Pars I. continens Regna Hispaniæ; Lusitaniæ; Regna Asiæ; Regnum Iaponicum; Tartaricum; Chinense; Magni Mogolis; Persiæ; Turciæ; Tartariæ; Regnum Fessanum & Maroccanum, denique Regnum Abyssinorum, 8. Genevæ 1675.

- - - Pars II. continens Imperium Moscoviticum, Regna Poloniæ, Sueciæ, Galliæ, Angliæ, Scotiæ, Hyberniæ, Rempublicam Romanam Pontificis, Principatus Italiæ, & Respublicas Liberas, 8. ibid. 1675.

- - - Pars III. continens Rempublicam Venetam, Respublicas Foederati Belgii, Foederatas Helvetiorum Provincias, Rhætiam, & Rempublicam Genevensem, 8. ibid. 1675.

- - - Pars IV. Continens Imperium Romano-Germanicum, tam in genere, quam in specie in Itinerario Germaniæ Politico, item Regnum Hungariæ & Bohemiæ, 8. ibid. 1675.

Ordonnance & Instruction Pastorales de Monseigneur l'Evêque de Meaux, sur les Estats d'Oraison, 4. à Paris 1695.

De Oliva Tractatus de foro Ecclesiæ principaliter materiam utriusque potestatis, spiritualis scilicet & temporalis respicient. In quo utriusque fori, Ecclesiastici, & secularis, plures Quæstiones, quæ quotidie incidunt in praxim, disputantur ac resolutionem accipiunt, fol. Coloniæ 1678.

Osiandri Commentarius in Pentateuchum, exhibens Sacrum cum Exegesi Textum, lectionum & versionum varietatem, conciliatas Antilogias, Chronologiam, utilium Quæstionum solutiones, objectiones cum vindiciis, observationes Philologicas, & locos Communes doctrinales, subjunctis indicibus Rerum & Verborum, Topograph. & Prosopograph. vocum Hebraicarum, locorum Scripturæ, Quæstionum & Authorum, copiosissimis, fol. 5. Voll. Tubingæ 1676.

- - - Theologia Casualis, in qua Quæstiones, Dubia & casus Conscientiæ circa credenda & agenda enucleantur, 4 vol. 4. Tubingæ 1680.

- - - Primitiæ Euangelicæ, sive Dispositiones in Euangelia Dominicalia festivalia exhibitæ, 4. ibid. 1665.

- - - Ultima Iacobi Oracula de duodecim filiis Israëliticarum Tribuum capitibus ex Gen. 49. exposita, 4 ibid. 1669.

- - - Theologia Moralis luci exposita, 4. ibid. 1678.

- - - Exercitationes Thummianæ, 4. ibid. 1664.

- - - Deus in lumine Naturæ repræsentatus, 4. ibid. 1665.

- - - Augustissimum Trinitatis Mysterium ex utriusque Vet. scil. & Novi Testamenti libris aliquot Dissertationibus adumbratum, 4. ibid. 1664.

... Dis

CATALOGUS

- - - Dispositionum Euangelicarum fasciculus duodecimus, 4. ibid. 1685.
- - - Collegium Theologicum in Augustanam Confessionem, antehac privatum, nunc publice expositum, 8. 1683.
- - - Collegium Theologicum in praecipuas controversias Theologicas, 8. Tubingae 1683.
- - - Tractatus Theologicus de Magia, exhibens ejusdem Etymologiam, Synonymiam, Homonymiam, Existentiam & Naturam; Causas & effectus mirabiles, interspersis hinc inde rarioribus subjectis, & exemplis, ac dilucidatis notabilioribus controversiis, 4. ibid. 1687.

P.

Picteti Theologia Christiana, ex puris SS. Literarum fontibus hausta in usum non eorum modo, qui SS. Theologiae operam navant, sed & omnium qui deum & res divinas cognoscendi flagrant desiderio, 8. Genevae 1696.

Philareti Ethica duobus Libris comprehensa: quorum prior, Aretologia, virtutis tum cognoscendae principia, materiam, indolem & officia; tum comparandae adminicula docet: Posterior Eudaemonologia, virtutis praemia ediderit, 8. Amstel. 1696.

S. Paulini Nolani Episcopi Opera digesta in II. Tomos secundum ordinem temporum nunc primum disposita, & ad Manuscriptos Codices Gallicanos, Italicos, Anglicanos, Belgicos, aeque ad Editiones antiquiores emendata & aucta, nec non Variorum Notis illustrata. His adduntur de S. Paulino SS. Patrum ac recentiorum Scriptorum Elogia, Vita ex ipsius Sancti & veterum Scriptorum Operibus recens concinnata, Dissertationes de ejusdem captivitate, de SS. Sulpicio Severo, Alethio, Victricio, Apro, & de Opusculis S. Paulini amissis, dubiis, ac supposititiis. Exhibentur praeterea Operum ordo Chronologicus argumentis demonstratus, variantes ex manuscriptis & editis Codicibus lectiones, & varii Indices, 4. Parif. 1685.

Pocockii Commentarius in Prophetiam Ioelis, è sermone Anglico nunc primum Latine factus, 4. Lipsiae 1695.

Prousteau Recitationes ad Legem XXIII. Contractus ff. de Reg. Iur. 4. Aurel. 1614.

Les Plaidoyers & Harangues de M. le Maître, donnez au public par M. Jean Issali, 4. à Paris 1688.

Paschalia, seu Chronicon Paschale à mundo condito ad Heraclii Imperatoris annum XX. Opus hactenus fastorum Siculorum nomine laudatum, deinde Chronici temporum epitomes, ac denique Chronici Alexandrini lemmate vulgatum: nunc tandem auctius & emendatius prodit cum nova Latina versione & notis Chronicis ac historicis, cura & studio Car. du Fresne, D. du Cauge, fol. Parif. 1688. è Typographia regia.

P. & Fr. Pithoei, Iurisconsultorum, Observationes ad Codicem & Novellas Iustiniani Imperatoris per Iulianum translatas. Accedit legum Romanarum & Mosaïcarum collatio notis illustrata, ex Bibliotheca Ill. D. le Peletier, cura Fr. Desmarets, fol. Parif.1689. è Typographia Regia.

- - - Idem, Chartâ Magnâ.

Pufendorf de rebus gestis Frederici Wilhelmi Magni, Electoris Brandenburgici, Commentariorum libri novendecim, fol. Berol. 1695.

Praxeos Mayernianae ex adversariis, consiliis ac epistolis ejus summa curâ ac diligentiâ continuatum Syntagma alterum, quatuor Tractatus continens: viz. I. de Febribus. II. de Morbis externis. III. de Arthritide. IV. de Lue Venerea, 8. Londini 1695.

Paschalis Tractatus de viribus patriae potestatis, in quo omnia, quae parentes erga liberos possint vel debeant, & è contra, quosve sanguinis conjunctio operatur effectus, facili fertilique methodo pertractantur; cui accessere aureae Annotationes, & memorabilia ad singula capita Fr. M. Prati, fol. Uratisl. 1672.

Palladius de Gentibus Indiae & Bragmanibus; S. Ambrosius de moribus Bragmanorum; Anonymus de Bragmanibus, quorum priorem & postremum in lucem protulit Ed. Bissaeus, 4. Lond. 1665.

Pruckmanni Opera Iuridico - Practica, seu Responsa juris Electoralis Volumina duo. In quibus complurimae materiae, partim ad judicia & contractus, utpote de Processu in judicio possessorio summariissimo, transactionibus, evictionibus, contractu emtionis venditionisque &c. partim ad ultimas voluntates & delicta pertinentes: nimirum de solennitatibus, & requisitis testamentorum, fracta pace, injuriis, spoliis, &c. assiduitate studioque singuleri, idque non solum secundum Iuris Communis, verum etiam Saxonici, nec non ejus Iuris, quod per Constitutiones Novellas Imperii, nove sancitum est Praescriptum; Examinantur, enucleantur, deciduntur, fol. Francof. 1671.

Practi-

LIBRORUM.

Practica judiciaria super cap. Quoniam, de probationibus, Laufranci de Oriano I. C. clarissimi : insertis Benedicti Vadii & Celsi Hugonis annotationibus. Accesserunt in hac editione reliqua omnia Auctoris Opuscula, quæ de jure fecit, omnibus judicibus, Advocatis, Notariis, aliisque Practicis oppido quam necessaria. Præter diligentem recognitionem, Accesserunt summaria, & index copiosus, 8. Coloniæ 1691.

Pereira de Castro Tractatus de Manu Regia, fol. Lugduni 1673.

Pinellii variæ Resolutiones, selectæque juris interpretationes & conciliationes ad utramque jurisprudentiam, Academicam & forensem, duobus libris expositæ, 4. ibid. 1680.

Parladorii Opera Juridica, 4. Amst. 1688.

- - - Quotidianarum Differentiarum sesqui-centuria, & quæstiones practicæ forenses quotideviginti; cum tribus Epistolis ad filios scriptis, 4. ibid. 1688.

Perkii Tractatus de jure sistendi, & manuum injectione, quam vulgo arrestationem vocant, ex Manuscriptis ipsius Authoris diligenter recognitus, auctus ac à multis mendis repurgatus, adjecto Indice Rerum & Verborum memorabilium locupletissimo, in hac ultima editione, cui nunc accessit ejusdem Auctoris Tractatus valde utilis ac necessarius de amortizatione Bonorum à principe impetranda &c. 8. Coloniæ 1665.

- - - Tractatus de Testamentis conjugum in V. Libros distinctus, hac postrema Editione rejectis mendis, allegationibusque à textu characterum varietate distinctis, auctius & correctius editus. Adjecta sunt summaria, duplexque elenchus, unus Argumentorum, alter verborum, rerum sententiarumque insignium. Cui nunc etiam accessit ejusdem Auctoris Paraphrasis utilissima in universam Legatorum materiam, in qua cujusque velut legatum ex fultissimis Pandectarum libris ad propriam suam & singularem classem redactum est, 8. ibid. 1665.

Pacioni de Locatione & Conductione Tractatus, in quo non solum agitur in genere de contractu locationis, & omnibus ad eum pertinentibus, sed etiam in specie de locatione Operarum, ac singularum rerum, tam laicalium, quam Ecclesiasticarum, Casusque individui passim inseruntur, fol. Genevæ 1689.

Petræi Agonithmata Medica Marpurgensia, Dogmatica juxta & Hermetica, I. de Aphæresi, seu Evacuatione universali, Disputationes V. II. Disputationes Miscellanæ XV. 4. Marpurgi 1618.

Pignorii Mensa Isiaca, qua sacrorum apud Ægyptios ratio & simulacra subjectis tabulis æneis simul exhibentur & explicantur. Accessit ejusdem Authoris de magna deum Matre discursus, & sigillorum, gemmarum, amuletorum aliquot figuræ, & earundem ex Kirchero Chifletioque interpretatio. Nec non I. P. Thomasini Manus ænea, & de vita rebusque Pignorii dissertatio, 4. Amst. 1669.

Petavii de Igne & lucis natura Exercitationes, ad. I. C. Vossium, 4. Paris. 1663.

- - - De Sibylla Libri tres, 8. Lipsiæ 1686.

- - - De extensione animæ & rerum incorporearum natura, libri duo, ad novum animæ Systema, 8. Paris. 1665.

- - - Selectorum Poematum libri duo, accessit Dissertatio de furore Poetico, 8. ibid. 1683.

- - - Homeri Nepenthes, sive de Helenæ Medicamento, luctum, animique omnem ægritudinem abolente, & aliis quibusdam eadem facultate præditis Dissertatio, 8. Trajecti 1689.

- - - De natura & moribus Anthropophagorum Dissertatio, 8. ibid. 1688.

Panegyriques & autres Sermons prechez par Mr. Flechier, 3. vol. 12. à Paris 1696.

Poëme contenant la Tradition de l'Eglise sur le tres Saint Sacrement de l'Eucharistie. Par Mr. le Maître de Sacy, 4. à Paris 1695.

Principes de la Physique par Mr. Hartsoeker, 4. ibid. 1696.

Pandulphi Disputationes de fine Mundi, in quibus quæcunque à variis Philosophorum Sectis in hoc argumento naturali lumine sunt constituta, refelluntur : Euangelica, Propheticaque doctrina unice recipitur & propugnatur, fol. Bonon. 1658.

Pexenfelder Apparatus eruditionis tam rerum quam Verborum per omnes artes & scientias, 8. Norimb. 1670.

- - - Ethica Symbolica è Fabularum umbris in veritatis lucem varia eruditione noviter evoluta, 4. Monachii 1675.

Pauli Digressio de vera, unica, & proxima causa febrium cum malignarum & Petechialium, tum morbillorum, scorbuti, luis venereæ & similium morborum, macularum, partim ex physicis ac anatomicis principiis demonstrata, partim exemplis & Observationibus Medicis confirmata, 4. Francof. 1660.

- - - Anatomiæ Bilsianæ Anatome, occupata imprimis circa Vasa meseraica & labyrinthum in ductu rorifero : accessit Iac. Wepferi de dubiis Anatomicis Epistola cum responsione, 8. Argent. 1665.

Pici Mirandulæ Epistolarum liber, recensitus & illustratus à Chr. Cellario, 8. Cizæ 1682.

Quæstiones

CATALOGUS

Q.

Questions notables de Droit, decidées par plusieurs Arrêts de la Cour de Parlement, & divisées en quatre Centuries, par Mr. Claude le Prêtre. Avec un Traité du Mariages Clandestins, les Arrêts de la cinquième Chambre des Enquêtes, & des autres Chambres du Parlement de Paris, augmentées en cette derniere Edition de la quatrième Centurie, & de nouvelles Remarques, par M. G. Gueret, fol. à Paris 1679.

Quenstedii Antiquitates Biblicæ & Ecclesiasticæ: accedit ejusdem Autoris Tractatus de antiquis ritibus sepulchralibus Græcorum, Romanorum, Judæorum & Christianorum, jam tertia vice emendatus & editus, 2. Voll. 4. Witteb.

- - - Theologia Didattico-Polemica, sive Systema Theologicum, in duas Sectiones, Didacticam & Polemicam divisum: in quarum prima omnes & singuli fidei Christianæ articuli, juxta Causarum seriem, perspicue traduntur, necessariis notis explicantur, & dictis Scripturæ fundamentalibus justo Commentario illustratis & explanatis, firmantur: In secunda Sectione; in quavis Controversia I. verus Quæstionis status, remotis falsis statibus, rite formatur: II. Orthodoxa sententia verbis simplicibus proponitur: III. Singula Theseos membra per breves & perspicuas Observationes & Distinctiones uberius exponuntur: IV. Antithesis omnium hæreticorum & heterodoxorum, cùm veterum, tum recentiorum, verbis ipsorum adducitur: V. Dicta scripturæ Thesin probantia ex priori sectione breviter repetuntur: VI. Ab Adversariorum exceptionibus & corruptelis vindicantur: VII. Argumenta contraria, si non omnia, tamen præcipua, solvuntur & refutantur; ac denique VIII. Auctores Thesin orthodoxam oppugnantes & propugnantes subjiciuntur, fol. Witteberga 1685.

R.

305 Remarques sur la version Italique de l'Evangile de S. Matthieu, qu'on a decouvert dans de fort anciens Manuscrits, par Dom Jean Martianay, 12. à Par. 1695.
Relations de la Mort de quelques Religieux de l'Abbaye de la Trappe, 12. ibid. 1691.
Reglemens de l'Abbaye de Nôtre Dame de la Trappe en forme de constitutions, 11. ibid. 1690.
Retraitte des dix mille de Xenophon ou l'Expedition de Cyrus contre Artaxerxes, de la Traduction de N. Perrot Sieur d'Ablancourt, nouvelle Edition, 12. 1695.
Recherches de la France d'Estienne Pasquier, revenes, corrigées, mises en meilleur ordre & augmentées en cette derniere Edition de trois Livres entiers, outre plusieurs Chapitres entrelaissez en chacun des autres Livres, sirez de la Bibliotheque de l'Auteur, fol. à Paris 1665.
310 Reflexions sur la Reponse de M. l'Abbé de la Trappe au Traité des Etudes Monastiques, par Dom Jean Mabillon, 4. à Paris 1692.
Rodorici Episcopi Zamorensis, hispani, Castri S. Ang. Rom. Castell. &c. speculum vitæ humanæ, quo duobus Libris varia & diversa Hominum studia, artes, officia, vivendique genera quotcumque veniant nomine; quin & Ecclesiastici & Monastici, Pontificalis & Sacerdotalis Ordinis Status, adjuncta insimul jucunda varietate, cujusque prospera adversaque forte, solerte evolvuntur, erudite distinguuntur, prudenter moderantur: permixto de brevitate Vitæ Pont. Rom. haud parum vexato, in utramque partem ingeniose ventilato, quæsito: ante bina hæc, & quod excurrit, secula Paulo II. Pont. R. inscriptum; nunc ad Autographum quidem, cæterum emendatius, nitidiusque, suo ordini, repetito prælo, restitutum, 8. Francofurti 1683.
Reglemens pour la Jurisdiction des proces & differends concernans les Manufactures, 4. à Paris 1669.
Roman Bourgeois, Ouvrage Comique, 8. à Paris 1666.
Relation universelle de l'Afrique Ancienne & Moderne, où l'on voit ce qu'il y a de remarquable tant dans la Terre ferme, que dans les Isles, par le sieur de la Croix, 4. Voll. 12. à Lyon 1688.
315 Reponse à ce que l'on a écrit contre le Livre intitulé Instruction pour les nouveaux Catholiques, 12. à Caen 1687.

... Au

LIBRORUM.

- - - *Aux deux Traitez intitulez la perpetuité de la Foy de l'Eglise Catholique* touchant *l'Eucharistie*, 12. à *Charenton* 1666.
- Réponse sommaire au Livre intitulé Renversement de la Morale de Jesus - Christ, par les erreurs des Calvinistes, par Brugier, 12. à Quevilly 1673.
- Rhetorique de Ciceron ou les trois Livres du Dialogue de l'Orateur, 12. à Paris 1673.
- - - Françoise où l'on trouve de nouveaux Exemples sur les passions & sur les figures, par Bary, 12. *Amsterdam* 1669.
- Tome Galante, ou Histoire secrete sous les Regnes de Jules Cesar & d'Auguste, 2. Voll. 12. à Paris 1696. — 320
- Raynaudi Christus Deus - Homo, sive de Deo - Homine Theologia Patrum scholastice examinata, & Sacris emblematis, allegoriis, & moralibus illustrata, ad Templorum simul & scholarum usum, fol. Antverpiæ. 1652.
- - - Trinitas Patriarchatum, S. Bruno Stylita Mysticus ; S. Franciscus Paulanus Oromos, des Religiosus, ex luce & veritate compactus ; S. Ignatius Loyola, Anima mundi, 8. Lugduni 1647.
- - - Mala è bonis Ecclesiæ, male, sive captatis, sive dispensatis, qua cum qualibet Ecclesiasticorum bonorum rapina, subductiones, & imminutiones illegitimæ exagitantur, tum nominatim quæcunque ex beneficiis male vel partis, vel dispensatis suggeruntur, personis ac familiis ominosæ, & exitiales demonstrantur; 4. Lugd. 1654.
- - - Hoplotheca contra ictum Calumniæ, robur & æs triplex circa pectus, à periculis & fide Sanctorum Lucrubatio, qua Sancti Dei homines tetris quibusque calumniis, citra noxam, nec nisi cum labe temporaria, patuisse demonstrantur, 4. ibid. 1650.
- - - Erotemata de Malis ac Bonis Libris; deque justa aut injusta eorundem cohibitione, 4. ibid. 1653. — 325
- Recueil de plusieurs Pieces d'Eloquence & de Poesie, presentées à l'Academie Françoise pour le prix de l'année 1671. jusques en l'année 1695, 13. Voll. 12. à Paris. 1696.
- Refutation des principales Erreurs des Quietistes contenues dans les Livres censurez par l'Ordonnance de Monseigneur l'Archevêque de Paris, du 16. Octobre 1694. 12. à Paris 1695.
- Raynaldi Continuatio Annalium Baronii, Tomus XXI. 2. Voll. fol. Romæ 1676.
- Rhetorfortis Exercitationes Apologeticæ pro Divina Gratia, in quibus vindicatur doctrina orthodoxa de divinis decretis, & Dei tum æterni decreti, tum gratiæ efficacis operationis, cum hominis libertate consociatione & subordinatione amica. Adversus Iacob. Arminium ejusque asseclas, & Iesuitas, imprimis vero Fran. Suarezium, Vasquezium, Molinam, Lessium, Fonsecam & Bellarminum, 8. Franek. 1660.
- - - Disputatio scholastica de Divina Providentia, in qua adversus Iesuitas, Arminianos, Socinianos, de Dominio Dei, actione ipsius operosa circa peccatum, concursu primæ causæ, prædeterminatione, & contenditur & decertatur. Adjectæ sunt Disquisitiones Metaphysicæ de Ente possibili, Dominio Dei in entia & non entia, & variæ Quæstiones quæ ad uberiorem & exquisitiorem cognitionem Doctrinæ de Providentia Divina imprimis conducunt, 4. Edinburgi 1650. — 330
- - - Examen Arminianismi, 8. Ultrajecti, 1668.
- Reickii Exercitationes Historicæ de Imaginibus Iesu Christi, quotquot vulgo circumferuntur revisæ, interpolatæ, figuris æneis & multis accessionibus auctæ, quibus Exercitatio Philologica de lingua vernacula Iesu Christi emendatior & locupletata sub finem adjungitur, 4. Ienæ 1685.
- Rudranshi Archontologia vel doctrina de Sacra Scriptura, ut principio fidei reali, unico & infallibili, 4. Gissæ 1683.
- Richter Tractatus de Pactis, in quo Tituli cod. seqq. I. de Pactis, II. de Pactis inter emtorem & venditorem compositis, III. de Pactis Pignorum, & de lege commissoria in Pignoribus rescindenda, I V. de Pactis conventis tam super Dote, quam super Donatione ante nuptias, & paraphernis, methodice exponuntur, 4. Ienæ 1660.
- - - Tractatus de Iure & ordine successionis ab intestato, ad hodiernum usum accommod ti, 4. ibid. 1668. — 335
- - - Expositio tit. 22. libr. 6. Cod. qui Testamenta facere possunt vel non, & famosi. l. Ult. Cod. de Edicto. Had. tollendo, per rationes dubitandi & decidendi, nec non collectionum notabilium, succincte deducta, multis sententiis & præjudiciis illustrata, & septem Disputationibus, Eruditorum censuræ publicæ proposita, 4. ibid. 1649
- - - Volumen Velitationum Academicarum, de diversis ac præcipuis juris tam publici & feudalis, quam Civilis & Saxonici materiis conscriptarum, & publice, potissimum pro obtinendis in utroque jure summis honoribus, juribus, atque privilegiis, habitarum, fol. ibid. 1667.
- Regia Parnassi, seu palatium musarum, in quo Synonyma, Epitheta, periphrases, & phrases Poëticæ,

V

116 CATALOGUS

Poëticæ, ex Officina Textoris, Delectu Epithetorum, Scala Parnaffi, Arte Poëticæ, Th
fauto Poëtico, & Elegantiis Poëticis : Hiftoriæ explicationes, & fabulæ ex Dictionar.
Hiftorico-Geographico-Poëtico excerptæ, ordine Alphabetico continentur. Plurimis ini
antiquis tum recentioribus Deorum, Heroum, Regum, Imperatorum, Principum, Virorum illuftrium, Sanctorum, Gentium, Populorum, Regionum, Urbium, Infularum,
Fluviorum & Montium necelfariis nominibus, quæ in cæteris libris defiderantur, illufte,
tum, nec non Virgilii, Ovidii, Horatii, Lucani, Claudiani, Statii, Aufonii, Martialis,
graviorumquè aliorum Poëtarum Sententiis, Comparationibus & Defcriptionibus locupletatum, 8. Parif. 1683.

Roes Curfus Philofophicus in quatuor Tomos diftributus, 8. ibid. 1660.

340 Reichelti Exercitatio de Amuleti, æneis figuris illuftrata, 4. Argent. 1676.

Riolani Enchiridium Anatomicum & Pathologicum, in quo ex naturali conftitutione partium, receffus à naturali ftatu demonftratur, ad ufum Theatri Anatomici adornatum, 8.
Francof. 1687.

- - - Refponfiones Duæ : Prima, ad experimenta nova Ioh. Pecqueti ; altera, ad Pecquetianos duos Doctores Parifienfes, adverfus fanguificationem in corde ; five Refutatio
Panegyricos Apologeticæ pro Pecqueto, adverfus Riolanum, ab illis infamatum : accefferunt
ejufdem Riolani judicium novum de venis lacteis ; & Car. le Noble Obfervationes varia & nova de vafis Lacteis Thoracicis, ubi fanguificandi officium Hepati reftituitur, adverfus eundem Pecquetum, & alios ejus faurores, 8. Parif. 1655.

- - - Opufcula nova Anatomica, Judicium novum de Venis Lacteis tam Mefentericis
quam Thoracicis, adverfus Th. Bartholinum: Lymphatica Vafa Bartholini refutata : Animadverfiones fecundæ ad Anatomiam Reformatam Bartholini : ejufdem Dubia Anatomica
de Lacteis Thoracicis refoluta : hepatis funerati & reffufcitati Vindiciæ, 8. ibid. 1653.

- - - Artis Medicinalis, Theoreticæ & Practicæ fejunctim hactenus multoties excufæ, Syftema, 8. Bafileæ 1629.

345 - - - Opufcula Anatomica nova : Inftauratio magna Phyficæ & Medicinæ, per novam
Doctrinam de motu circulatorio fanguinis in corde : accefiere Notæ in Ioh. Wallæi duæ
Epiftolas de Circulatione fanguinis. Ejufdem Animadverfiones in Hiftoriam Anatomicam
And. Laurentii, in Theatrum Anatomicum Bauhini : in librum Anatomicum de fabrica
humana Andr. Spigelii, ad Inftitutiones Anatomicas Bartholini : ad Anatomica Cafp.
Hofmanni, in Syntagma Anatomicum Ioh. Veflingii: in Tractatum de Diaphragmate Æ.
Parifini: de monftro nato Lutetiæ, liber jampridem editus, 4. Londini 1649.

S.

SYdenham Praxis Medica Experimentalis, five Opufcula univerfa, quotquot hactenus ab
Autore ipfo ultimum revifa & aucta in lucem prodierunt, nunc primum in unum collectæ volumen, 8. Lipfiæ 1695.

Schwannoni Opera rerum Cameralium in unum digefta, multis noviter Quæftionibus, Definitionibus, plurimifque Differentiis Iuris Civilis & Cameralis: item fupplicationibus aliifq;
formulis adaucta & illuftrata. Specialiora fingulorum Tractatuum contenta Elenchi fingulis præfixi indicant. Cum Argumentis fummariis, & rerum verborumque indicibus locupletiffimis. Editio poftrema ab ipfo autore recognita, 4. Tubingæ 1649.

Silii Italici, de Bello Punico fecundo Libri XVII. Chriftophorus Cellarius, & Notis, &
Tabulis Geographicis, ac gemino Indice Rerum & Latinitis, illuftravit, 12. Lipfiæ 1695.

Scripturæ univerfæ Rei Nummariæ Antiquæ, quod litteratorum Reipublicæ proponit Andr.
Morellius, 8. Lipfiæ 1695. Cui accedunt Fr. Spanhemii ad Andr. Morellium Epiftolæ
quinque auctiores, quarum duæ priores, primæ fpeciminis editioni infertæ, hic longe prodeunt;
tres vero reliquæ nunc primum vulgantur.

350 Sciences Heroïques traitans de la Nobleffe & de l'origine des Armes par Wlfon, fol. à Paris
1644.

Siege & prife de la Ville de Breda par le valeur du Marquis de Spinola, traduit de
Latin par Chifflet, f. à Anvers 1631.

Sermo d'apprendre la Langue Françoife en vieil, contenant près de 200. contes divertiffans
François & Allemands, par Menudier, 12. 1684.

Sentimens illuftres de quelques Grands Hommes d'Etat & trés prudens Miniftres, conftruant les Maximes qui ont fervi au retabliffement de la fortune & des affaires de Fran-ce, 12. à Paris 1636.

Suite du Voyage du Monde de Défcartes, ou nouvelles Difficultez propofées à l'Auteur du Voyage

152

LIBRORUM.

Voyage du Monde de Descartes. Avec la Refutation de deux defenses du systeme general du Monde de Descartes, 12. à *Amsterdam* 1696.

Struvii Syntagma Iurisprudentiæ secundum ordinem Pandectarum concinnatum, quo solida juris fundamenta traduntur, Digestorum, & affines Codicis, Novellarum ac Juris Canonici Tituli methodice explicantur, Controversiæ nervose resolvuntur, & quid in foro usum habeat, monetur, cum Additionibus Petri Mulleri, 4. Francofurti 1692. — 355

Spanhemii de Papa foemina inter Leonem IV. & Benedictum III. Disquisitio Historica, qua ut Onuphrii, sic præcipue Allatii, Labbei, Blondelli, Launoii, Mabillonii, adversus Papissam præsidia excutiuntur, 8. Lugd. Bat. 1691.

Seldeni de Synedriis & Præfecturis juridicis veterum Hebræorum Libri tres, Editio novissima indicibus copiosissimis locupletata, 4. Francofurti 1696.

Schelstrate Antiquitates Ecclesiæ Dissertationibus, Monimentis ac notis illustratæ Tomus I. Continens opus chronologicum à Cæsaris Imperio usque ad Iustiniani obitum. Quo Christi Salvatoris Nostri, Petri & successorum ejus Romanorum Pontificum tempora ex S. Scriptura, Patribus, antiquis nummis, inscriptionibus, fastis Consularibus, Imperatorum & Pontificum Catalogis, Græcorum & Latinorum Chronicorum fragmentis investigantur, Hebræorum, Gentilium, & Christianorum scripta conciliantur, multaque Antiquitatis monimenta ad hæc spectantia nunc primum ex MSS. Codicibus exhibentur, notis & variis lectionibus illustrantur, fol. Romæ 1692.

- - Dissertatio Apologetica de Disciplina Arcani contra Disputationem Era. Tentzelii, in qua agitur de disciplina primitivæ Ecclesiæ in occultandis præcipuis Catholicæ Religionis mysteriis, ostenditurque, quo tempore cœperit, circa quæ & pro quibus observata fuerit, & quænam demum ex illa deducantur, pro solvendis quampluribus quæstionibus circa fidei dogmata ab Hæreticis præterito sæculo motis, & circa disciplinam ac Historiam Ecclesiasticam hoc tempore controversis, 4. ibid. 1685.

- - Tractatus de sensu & autoritate Decretorum Constantiensis Concilii Sessione quarta & quinta circa Potestatem Ecclesiasticam editorum, cum actis & gestis ad illa spectantibus, & ex MSS. Italicis, Germanicis, ac Gallicis nunc primum in lucem erutis, 4. ibid. 1686. — 360

Sancta Generalis Florentina Synodus Grece & Latine, 4. 3 vol. Romæ.

Stresonis fundamenta sanctitatis : ex priori parte capitis octavi Epistolæ Paulinæ ad Romanos, concionibus aliquot proposita, 8. Tiguri 1659.

- - Fundamenta patientiæ: ex posteriori parte capitis octavi Epistolæ Paulinæ ad Romanos, Concionibus aliquot proposita, 8. ibid. 1650.

Simonis Præsidium Academicum duobus Tomis absolutum, in quibus juris Naturæ, Gentium, publici ac privati diversæ eædemque utilissimæ materiæ comprehenduntur, 4. Francof. 1686.

T.

Traité de la Percussion ou choc des Corps, dans lequel les principales Regles du mouvement sont expliquées & demonstrées par leurs veritables causes, troisième Edition, reveuë & augmentée de plusieurs propositions touchant l'acceleration du mouvement des Corps qui tombent, par Mr. Mariotte, 12. à Paris 1684. — 365

Traduction du Systéme d'un Docteur Espagnol, sur la derniere Pasque de N. S. Jesus Christ, avec des Reflexions sur ce Systéme, & sur la Discipline des anciens Quartodecimans, par rapport à ce sujet, par le P. Gabr. Daniel, 12. à Paris 1695.

Traité de la Satire, où l'on examine comment on doit reprendre son prochain, & comment la Satire peut servir à cet usage, 12. à Paris 1695.

Testament Politique du Marquis de Louvois, premier Ministre d'Etat sous le Regne de Louïs XIV. Roi de France, où l'on voit ce qui s'est passé de plus remarquable en France jusques à sa mort, 12. à Cologne 1695.

Tables des Sinus Tangentes & Secantes ; & des Logarithmes des Sinus & des Tangentes ; & des nombres depuis l'unité jusques à 10000. avec un Traité de Trigonometrie, par de nouvelles Demonstrations & des Pratiques très faciles, tant pour la construction des Tables, que pour la supputation des Triangles, par Mr. Ozanam, 8. à Paris 1685.

- - Pour trouver la supputation de toutes sortes de Nombres entiers & rompus, par livres, sols & deniers; tant pour la valeur des marchandises, que pour celle des especes d'or & d'argent, à quelque prix qu'elles ayent cours, avec la difference des poids & mesures de toutes les principales Villes de France, & des pais étrangers, & de la valeur des Monnoyes étrangeres, par le sieur D. B, 12. 1693. — 370

P 3   Teelmanni

118 **CATALOGUS**

Toelmanni Commentarius Criticus & Theologicus in Caput XVI. Euangelii Lucæ, atque infigniores utriufque facri Inftrumenti partes, continens explicationem de fermento, Oeconomo, Divite & Lazaro &c. Item Differtationem ad locum Matthæi, Cap. XXII. 28. præfationem adjecit Camp. Vitringa, 4. Amft. 1695.

Theatre Moral de la vie humaine reprefenté en plus de 100. Tableaux divers, fol. Brux. 1678.

Teforo de la Lengua Caftellana o Efpagnola, compuefto por Seb. de Covarrubias, añadido por Ben. Rem. Noydens, fol. Del Origen y principio de la Lengua Caftellana, o Romance, que oy fe ufa en Efpagna, compuefto par Bern. Alderete, fol. en Madrid 1674.

Tollii Infignia Itinerarii Italici, quibus continentur Antiquitates Sacræ, 4. Trajecti 1696.

375 Theatrum Scotiæ, containing The Profpects of their Majefties Caftles and Palaces: together with thofe of the moft confiderable Towns and Colleges; the Ruins of many Ancient Abbeys, Churches, Monafteries and Convents, within the faid Kingdom, all Curioufly Engraven on Copper Plates, With a Short Defcription of each Place, fol. London 1693.

Traité de Mecanique où l'on explique tout ce qui eft neceffaire dans la pratique des Arts, & les proprietez des corps pefants lefquelles ont un plus grand ufage dans la Phyfique, par M. De la Hire, 12. Paris 1695.

Teftament Politique de Charles Duc de Lorraine & de Bar, depofé entre les mains de l'Empereur Leopold à Presbourg le 29. Novembre 1687. en faveur du Roi d'Hongrie & de fes fucceffeurs arrivans à l'Empire, 8. à Lipfic 1696.

Traité des Penfions Royales, où il eft prouvé que le Roi a droit de donner des Penfions fur les Benefices de fa nomination & de fa collation, même a des Laiques, par Mr. Richard, 12. à Paris 1695.

Thophanis Homiliæ in Euangelia Dominicalia, & fefta totius anni, Græce & Latine nunc primum editæ, & Notis illuftratæ, ex multorum MSS. fide, cum Vaticano exemplari collatæ, à Fr. Scorfo, fol. Parif. 1644.

380 Tileni Syntagma Difputationum Theologicarum, in Academia Sedanenfi habitarum, Editio quarta, 8. Harderuici 1656.

Tractatus de Privilegiis Contractuum, ultimarum voluntatum, & judiciorum caufa peftis, Fr. Ripæ, 8. Coloniæ 1590.

- - - De Lucro dotis, fingularis & elegans, Rol. à Valle, 8. ibid. 1589.
- - - De Imperio & Iurifdictione, de Claperiis, & Ioh. Longovallii, 8. ibid. 1591.
- - - De Tempore utili, & continuo ad appellandum, & profequendum : ac de continuatione Dominii, & poffeffionis de una in alteram perfonam, nec non aliis continuationibus judiciariis, Ant. Bardi, 8. ibid. 1581.

385 - - - De Inventarii confectione & beneficio, Rol. à Valle, 8. ibid. 1532.
- - - De Acquirenda poffeffione, Seb. Medicis, 8. ibid. 1587.
- - - De Confervanda poffeffione, Seb. Medicis, 8. ibid. 1587.
- - - De Miffione in poffeffionem, Hub. Zuchardi, Seb. Sapiæ, P. de Bellapertica. Item de acquirenda, confervanda poffeffione, Sebaft. Medicis, ibid. 1587.
- - - Iuridico-Politicus de Iure Superioritatis ac fumma poteftate Rom. Pontificis: huic accedit Genealogia Imperatorum è Domibus Auftriaca, & Ottomannica : nec non Potentiffimi Principis Presbyteri Ioannis, omniumque Cæfarum & Electorum S. R. I. aut. Herm. Weffelingio, 8. ibid. 1662.

390 Tractatus de duobus Fratribus & aliis Sociis, Petr. de Ubaldis, 8. Coloniæ 1586.
- - - De Refervatione Beneficiorum, Iac. Simonettæ, 8. ibid. 1583.
- - - De Præfumptionibus, D. And. Alciati, cum Annotationibus Io. Nic. Arelatani, 8. ibid. 1580.
- - - Thefaurus receptarum fententiarum, quas vulgus interpretum communes Opiniones vocat, Em. Soarez, 8. ibid. 1593.
- - - De ultimo fine Iuris Civilis & Canonici ; de primo principio & fubfequentibus præceptis, de derivatione, & differentiis utriufque Iuris, & quid fit tenendum ipfa juftitia, Fort. Garciæ, 8. ibid. 1585.

395 - - - De Officiis, Electionibus, Dignitatibus, & Beneficiis Ecclefiafticis. Io. Corafi, 8. ibid. 1596.
- - - De Servis vel Famulis, & hominibus tam liberis quam propriis, duorum Clariffimorum Iurifconfultorum, Hipp. Bonacoffæ & Frid. Hufani, 8. ibid. 1520.
- - - De Feudis Nic. Intriglioli, 8. ibid. 1596.
- - - De Venatione, Pifcatione, & Aucupio, Seb. Medicis, 8. ibid. 1591.
- - - De Novationibus & Delegationibus. Item de Acceptilationibus, Seb. Medicis, 8. ibid. 1588.

LIBRORUM

V.

Vie du Pere Pierre Coton, de la Compagnie de Jesus, Confesseur des Rois Henri IV, & Louis XIII. par le P. d'Orleans, 4. à Paris 1688.
Volder Exercitationes Academicæ, quibus Ren. Cartesii Philosophia defenditur, adversus Petri Danielis Huetii censuram Philosophiæ Cartesianæ, 8. Amst. 1695.
Vie de S. Paulin Senateur & Consul Romain, depuis humble serviteur de Jesus-Christ & enfin Evêque de Nole, recueillie des Ouvrages de ce Saint, des Peres de l'Eglise, & des Auteurs Ecclesiastiques; ensemble quantité de belles sentences, & les vies de saint Victrice & de S. Apre, tirées des Ecrits de Saint Paulin : avec des Dissertations, des éclaircissemens & des Remarques sur plusieurs endroits de ces vies, qui regardent ou l'Histoire, ou la Discipline Ecclesiastique, 8. à Paris 1686.
Vita Matthæi Menagii primi Theologalis Andegavensis : Scriptore Ægidio Menagio, ad Petrum Guillelmum Menagium, fratris filium. Editio altera, auctior & correctior, 8. ibid. 1692.
Les Vies des Saints Peres des Deserts, & de quelques Saintes écrites par des Peres de l'Eglise, & autres Anciens Auteurs Ecclesiastiques, traduites en François par Monsieur Arnauld d'Andilly, nouvelle Edition, 4. à Bruxelles 1694.
Vita Ioh. Renchlini primi in Germania Hebraicarum Græcarumque, & aliarum bonarum literarum instauratoris, in qua multa ac varia ad Historiam superioris seculi, cum sacram, tum profanam, reique literariam spectantia memorantur, succincte descripta editaque à Ioh. Henr. Majo, 8. Francof. 1687.
De Vries Exercitationes rationales de Deo, Divinisque perfectionibus, nec non Philosophemata Miscellanea, Editio nova, ad quam, præter alia, accedit Diatribe singularis gemina, altera, de Cogitatione ipsa Mente; altera, de Ideis rerum innatis, 4. Trajecti 1695.
Voyages de François Picard de Laval contenant sa navigation aux Indes Orientales, par Duval, 4. à Paris 1679.
- - - de la Terre Sainte par M. I. D. P. 4. ibid. 1677.
- - - de Jean Struys en Moscovie, en Tartarie, aux Indes & en d'autres païs étrangers, 4. Amst. 1681.
Veslingii Syntagma Anatomicum, commentariis atque appendice de Veterum & Recentiorum, progressuque observationibus, illustratum & auctum, à G. Blasio, 4. Trajecti 1696.
Vitringa de Synagoga vetere Libri tres, quibus tam de aedificiis, structura, ac origine, Praefectis, Ministris, & Sacris Synagogarum, agitur; cum præcipue, formam Regiminis & Ministerii earum in Ecclesiam Christianam translatam esse demonstratur, cum Prolegomenis, 4. Franequeræ 1696.
Virgilii Maronis Opera: Interpretatione & Notis illustravit Carolus Ruæus Jesu Christianissimi Regis, ad usum serenissimi Delphini, 8. Londini 1696.
Vocabulario Italiano Turchesco, compilato dal M. R. P. F. Bernardo da Parigi, per facilitare non solamente di quelli che brâmano d'imparar la Lingua Turchesca, ma ancora di quelli, che sapendola, voranno tradurre le scritture Turchesche, 4. Roma 1665.
Varillas, Henrii III. 6. Voll. 12. à Paris 1695.

W.

Wedelius de Medicamentorum compositione extemporanea, ad praxin Clinicam & usum hodiernum accommodata, 4. Ienæ 1693.
- - - Pharmacia in Artis formam redacta, experimentis, observationibus & discursu perpetuo illustrata, 4. ibid. 1693.
- - - Aphorismi Aphorismorum, id est Aphorismi Hippocratis in Porismata resoluti, ut & mens Textus, & usus facile patere queat, 12. ibid. 1695.
- - - Pharmacia Acroamatica, 4. ibid. 1686.
- - - Exercitationum Medico - Philologicarum Decades octo, 4. ibid. 1686. 1696.
- - - de Medicamentorum facultatibus cognoscendis & applicandis Libri duo, 4. ibid. 1696.
- - - Amoenitates Materiæ Medicæ, 4. ibid. 1684.

Wesel

CATAL. LIBRORUM.

Wefel Opera omnia diverfis temporibus edita, nunc in unum Corpus redacta : opus aureum, tantum abfit Theoricis, ut etiam ipfis Practicis apprime necessarium, à quibus scatebat purgatum, 4. Bruxellis. 1692.

Witsii Animadverfiones Irenicæ ad Controverfias quæ, fub infauftis Antinomorum & nomorum nominibus, in Britannia nunc agitantur, 12. Ultrajecti 1695.

425 - - Ægyptiaca & Decaphylon, five de Ægyptiacorum Sacrorum cum Hebraicis collatione Libri tres ; & de decem Tribubus Ifraelis liber fingularis. Acceffit Diatribe Legione fulminatrice Christianorum, fub Imperatore Marco Aurelio Antonino, editio fecunda, 4. Amft. 1696.

Z.

Zonaræ, Monachi, magni antea Vigilum Præfecti & primi à fecretis, Annales. Car. du Fresne, Dom. du Cange, Wolfianam editionem cum fcriptis Codicibus contulit, Latinam verfionem recenfuit, Annales Notis illuftravit, 2. Voll. fol. Parif. 1686. è Typographia Regia.

Zypæi fundamenta Medicinæ Phyfico-Anatomica, 8. Lugd. 1692.

Zofimi, Comitis & Exadvocati fifci, Hiftoriæ novæ Libri VI. notis illuftrati, 8. Oxon. 1679.

Zoefii Tractatus Theorico-Practicus de Mulcta & Mulctandi jure, 8. Francof. 1679.

430 Zaunfchliffer Miles Togatus, id eft Difcurfus de Militum & Advocatorum tum bonorum tum malorum, fumma fimilitudine in omnibus ; ad filum Legis XIV. C. cui acceffit biga Diatribarum Iuridicarum: I. Prudens ac juftus Arbiter privatus. II. Differtatio juridica de jure Clavium & Clauftrorum, 8. Marp. 1584.

Ziegleri de Iuribus Majeftatis Tractatus Academicus, in quo pleraque omnia, quæ de poteftate & Iuribus Principis difputari folent, ftrictim exponuntur, 4. Wittenb. 1681.

- - - de Dote Ecclefiæ ejufque juribus & privilegiis, Diatribe Canonica, 4. ibid. 1676.
- - - de Diaconis & Diaconiffis veteris Ecclefiæ Liber Commentarius, 4. ibid. 1678.
- - - de Epifcopis eorumque juribus, privilegiis & vivendi ratione, liber Commentarius, ex variis veteris Ecclefiæ monumentis atque fcriptis collectus, 4. Norimb. 1686.

435 - - - In H. Grotii de jure Belli ac Pacis Libros; quibus Naturæ & Gentium jus explicavit, Notæ & animadverfiones fubitaciæ, 8. Francof. 1686.

Zeidlern Inftitutiones Medicæ Libri V. comprehenfæ, 4. Viennæ 1692.

Zangeri Tractatus duo : unus de Exceptionibus, alter, de quæftionibus feu torturis reorum, 4. Witteberge 1694.

Zaingeri Tractatus Hiftorico-Theologicus de fefto corporis Chrifti, tribus partibus abfolutus, quarum prima Originem & Progreffum hujus fefti è Scriptoribus Pontificiis proponit: Secunda, variis argumentis illud impugnat: Tertia denique præcipuas Adverfariorum Objectiones, pro confirmatione fefti hujus diluit, 4. Bafil 1685.

- - - Theatrum Sapientiæ Coeleftis ex Joh. Calvini Inftitutione Chriftianæ Religionis, Analyfi continua, opera nova repræfentatum, 4. ibid. 1652.

FINIS.

Nº. VI.
CATALOGUS LIBRORUM,
Quibus Officinam suam auxit
Anno præterito 1696.

REGNERUS LEERS,
Bibliopola Roterodamensis.

A.

Nnales Ecclesiastici Regni Hungariæ Authore Mel. Inchofer, fol. Romæ 1644. 1
Allatii Græciæ Orthodoxæ Tomus I. in quo continentur scriptores, Nicephorus Blemmida, Ioannes Veccus Patriar. C. P. Petrus Episc. Mediolanensis, Georgius Pachymeres, Esaias Cyprius, Ioannes Argyropulus, Georgius Protosyncellus Patriarcha Constantinop. Georgius Trapezuntius, Ioannes Plusiadenus, Hilarius Monachus, Niceta Byzantius, de processione Spiritus Sancti, & aliis: accedunt de Gregorio Palama Archiepiscopo Thessalonicensi Græcorum sententiæ, 4. Romæ 1652.
- - - Tomus II. In quo continentur Scriptores Ioannes Veccus Patriar. Constantinop. Constantinus Meliteniota Chartophylax, Georgius Metochita Diaconus, Maximus Chrysoberga, de Processione Spiritus Sancti, & aliis, 4. ibid. 1659.
- - - Vindiciæ Synodi Ephesinæ & S. Cyrilli de Processione ex Patre & Filio Spiritus Sancti, 8, ibid. 1651.
- - - de Ætate, & Interstitiis in Collatione Ordinum etiam apud Græcos servandis, 8, ibid. 1638. 5
- - - de Octava Synodo Photiana: Annexa est, Ioannis Henrici Hottingeri Disputationis Apologeticæ, de Ecclesiæ Orientalis atque Occidentalis tam in Dogmate, quam in Ritibus dissensu, & Iuvenis Ulmensis Exercitationis Historico-Theologicæ de Ecclesia Græcanica Hodierna, Refutatio, 8. ibid. 1662.
- - - de Utriusque Ecclesiæ Occidentalis atque Orientalis perpetua in dogmate de Purgatorio consensione, 8. ibid. 1655.
Aurifodina Universalis Scientiarum Divinarum, ex fontibus aureis utriusque Testamenti erutarum. Per Sententias plusquàm decem & octo millia, sub Titulis nongentis & Viginti, Ordine Alphabetico digestis, Religiosis & Sæcularibus, maximeque Concionatoribus, Theologis, aliisque omnibus utilissima; & in viginti Libros distributa: à V. P. Roberto, fol. Insulis 1696.

Q   S. An-

VI

122 **CATALOGUS**

S. Anselmi Cantuariensis Archiepiscopi Opera: nec non Eadmeri Monachi Cantuariensis Historia Novorum & alia Opuscula: labore ac studio D. G. Gerberon, fol. Parif. 1675.

B.

10 **B**Uchanani Historia Rerum Scoticarum ad Iacobum VI. Scotorum Regem. Accessit de Iure Regni apud Scotos Dialogus, eodem Georgio Buchanano auctore, 8. Trajecti 1697.

Bohn Dissertationes Chymico-Physicæ, quibus accedunt ejusdem Tractatus de aeris in sublunaria influxu, & de Alcali & acidi insufficientia, 8. Lipsiæ 1696.

Bibliotheque Canonique, contenant par ordre Alphabetique toutes les matieres Ecclesiastiques & Beneficiales, qui ont été traitées par M. L. Bouchel, dans sa Somme Beneficiale. A laquelle ont été ajoûtées, dans le même ordre, plusieurs Traitez, Arrests, Reglemens, Declarations, Ordonnances & Notes sur les mêmes matieres selon l'usage present, par Mr. Cl. Blondeau, fol. 2 vol. à Paris 1689.

la Balance de la Religion & de la Politique, ou Reflexions par lesquelles on fait voir que les Reformez de France ont droit de pretendre d'être compris favorablement, par la Mediation des Puissances Protestantes, dans le Traité de Paix qui terminera la presente Guerre, 12. Philadelphie 1697.

Benoist (Eliæ) in Gallicanâ Delfensi Ecclesiâ Verbi Divini Ministri, in priores octodecim primi capituli Euangelii secundum Ioannem versiculos dissertationes epistolicæ tres, 8. Roterod. 1697.

C.

15 **C**Hronicon Saxonicum seu Annales Rerum in Anglia præcipue gestarum, à Christo nato ad Annum usque M. C. L I V. deducti, ac jam demum Latinitate donati. Cum Indice Rerum Chronologico. Accedunt Regulæ ad investigandas nominum Locorum Origines, & Nominum Locorum ac Virorum in Chronico memoratorum Explicatio. Opera & studio Ed. Gibson, 4. Oxonii 1692.

C. I. Cæsaris quæ exstant, interpretatione & Notis illustravit Ioh. Goduinus in usum Delphini, 8. Londini 1693.

Castella & Prætoria Nobilium Brabantiæ & Cænobia Celebriora ad vivum Delineata in Æs incisa, quo temporum injuriis Memoria eorum substrahatur, quibus accesserunt primariæ Civitates, & Turris Antverpiensis omnium nunc toto orbe pulcherrima, & ipsam superatura Mechliniensis si perficiatur, per Wenceslaum Hollard Bohemum, Ad: Perelle Gallum, Franciscum Ertinger Germanum, Lucam Vosterman Brabantum, Iacobum Harrewyn Batavum, Sculptores præcipuos, ex Museo Iacobi Baronis le Roi & S. R. I. Toparchæ S. Lamberti, fol. Amst. 1696.

Cabinet de la Bibliotheque de S. Genevieve divisé en deux parties, contenant les Antiquitez de la Religion des Chretiens, des Egyptiens, & des Romains; des Tombeaux, des Poids & des Medailles, des Monnoyes, des Pierres antiques gravées, & des Mineraux; des Talismans, des Lampes Antiques, des Animaux les plus rares & les plus singuliers, des Coquilles les plus considerables, des Fruits étrangers, & quelques Plantes exquises, par le P. du Molinet, fol. à Paris 1692.

Cellarii Sciagraphia Philologiæ Sacræ, difficiliores Quæstiones plerasque, & Linguarum Orientalium usum genuinum delineans. Editio secunda, emendata, & usu Arabismi Etymologico aucta, 4. Ienæ 1678.

20 - - - Isagoge in Linguam Arabicam ad ductum præstantissimorum Grammaticorum recognita & aucta, 4. Cizæ 1686.

- - - Grammatica Ebræa in Tabulis Synopticis, cum consilio X X I V. horis perdiscendi Linguam Sanctam. Editio Secunda, cui præter varias Observationes & Exempla accessit Nova & perspicua Institutio Rabbinismi, 4. ibid. 1684.

- - - Rabbinismus, sive Institutio Grammatica Rabbinorum Scriptis legendis & intelligendis accommodata, 4. ibid. 1684.

- - - Chaldaismus, sive Grammatica nova Linguæ Chaldaicæ, copiosissimis exemplis, & usu multiplici, quem Chaldæa Lingua Theologiæ & Sacræ Scripturæ interpretationi præstat illustrata, 4. ibid. 1685.

- - - Ex-

LIBRORUM. 113

Cellarii Excerpta Novi Testamenti Syriaci cum Latina Interpretatione, quæ verbum de verbo expressum est, 4. ibid. 1681.
- - - Excerpta Veteris Testamenti Syriaci cum Latina Interpretatione nova & Annotationibus, 4. ibid. 1682
- - - Porta Syriæ Patentior, sive Grammaticæ novæ, perspicuis præceptis ita adornatæ, ut primigenia Christianorum Lingua à quolibet, qui non plane rudis est Hebræa, potuit dicrius feliciter arripi possit; Editio secunda innumeris accessionibus atque exemplis aucta & illustrata, 4. ibid. 1682.
- - - Glossarium Syro-Latinum, Nuper Vulgatis utriusque Testamenti Excerptis accommodatum, 4. ibid. 1683.
- - - Canones de Linguæ Sanctæ proprietatibus, iique probatissimis exemplis & in S. Theologia usitatissimis, etiam suffragiis veterum Paraphrastarum ac Interpretum, nec non Rabbinicorum commentationibus confirmati & illustrati, 4. Ienæ 1679.
- - - Horæ Samaritanæ, hoc est, Excerpta Pentateuchi Samaritanæ versionis cum Latina Interpretatione nova & Annotationibus perpetuis: etiam Grammatica Samaritana copiosis exemplis illustrata, & Glossarium seu Index vocabulorum, 4. Cizæ 1682.

Considerations sur la Nature de l'Eglise & sur quelques-unes de ses proprietez, 12. à Rouen 1673.
- - - sur les principales Actions du Chrétien par le P. Crasset, 12. à Paris 1682.

D.

Discours Moraux en forme de Prônes pour tous les Dimanches de l'année. Avec un Avent sur les commandemens de Dieu, & d'autres Sermons pour le Carême, 12. 5. voll. à Paris 1688.
- - - Moraux sur les Evangiles de tous les Dimanches de l'année. Composez sur les idées, principes, raisonnemens, exemples, comparaisons, figures, paroles de l'Ecriture Sainte, & des Peres, Tome premier contenant quatorze Sermons pour autant d'Evangiles, depuis le premier Dimanche de l'Avent, jusqu'au premier Dimanche de Carême, 12. à Paris. 1691.
- - - Tome II. contenant treize Sermons pour autant d'Evangiles, depuis le premier Dimanche de Carême jusqu'à la Pentecôte, 12. ibid. 1688.
- - - Tome III. contenant treize Sermons pour autant d'Evangiles, depuis le Dimanche de la Pentecôte jusqu'au treiziéme, 12. ibid. 1693.
- - - Tome IV. contenant douze Sermons pour autant d'Evangiles, depuis le treiziéme Dimanche d'après la Pentecôte jusqu'au premier Dimanche de l'Avent, 12. ibid. 1685.
- - - Tome V. contenant des Exordes & Introductions, pour faire servir les Sermons qui sont dans les quatre Tomes à un dessein d'Avent, & aux Evangiles du Carême, auquel on a ajouté une Passion, 12. ibid. 1686.
- - - Tome VI. premiere partie sur les Mysteres de Nôtre Seigneur, 12. ibid. 1692.
- - - Tome VI. seconde partie sur les Mysteres de la Sainte Vierge, 12. ibid. 1692.

Du Pin Nouvelle Bibliotheque des Auteurs Ecclesiastiques contenant l'histoire de leur vie, le Catalogue, la Critique, & la Chronologie de leurs Ouvrages, le sommaire de ce qu'ils contiennent, un jugement sur leur stile, & sur leur Doctrine, & le denombrement des differentes Editions de leurs Ouvrages. Tome I. des Auteurs des trois premiers siecles de l'Eglise. Avec une Dissertation Preliminaire sur les Auteurs des Livres de la Bible, 8. à Paris 1688.
- - - Tome II. des Auteurs du quatriéme Siecle de l'Eglise, 8. ibid. 1689.
- - - Tome III. des Auteurs du cinquiéme Siecle de l'Eglise, 8. ibid. 1690.
- - - Tome IV. des Auteurs du cinquiéme siecle de l'Eglise, 8. ibid. 1690.
- - - Tome V. des Auteurs du sixiéme siecle de l'Eglise, 8. ibid. 1690.
- - - Tome VI. des Auteurs du 7. & 8. siecle de l'Eglise. Avec une Reponse aux Remarques des Peres de la Congregation de Saint Vannes, sur le premier Tome de cette Bibliotheque, 8. ibid. 1691.
- - - Histoire des Controverses & des Matieres Ecclesiastiques traitées dans le neuviéme siecle, 8. ibid. 1694.
- - - Histoire des Controverses & des Matieres Ecclesiastiques traitées dans le 10. & 11. siecle, 2 vol. 8. ibid. 1696.
- - - Histoire des Controverses & des Matieres Ecclesiastiques Traitées dans le 12. siecle, 2 vol. 8. ibid. 1696.

Dictionary en Three Parts. I. The English before the Latin, containing above Ten Thousand Words

CATALOGUS

words more than any Dictionary yet extant. II. The Latin before the English, with correct and plentiful Etymological Derivations, Philological Observations, and Phraseological Explications: To which there is added, above fix Thousand words more than in any former Book of this Nature; As also the Phrases, differences of words of the same significations, the Greek and Roman Antiquities, viz. Their Magistrates, Habits, Customs, and Ceremonies used at Sacrifices, Meals, &c. As also their formulæ, and likewise the most sensual usual proper Hebrew Roots and Derivatives added to the simple Themes, and compounds of the Latin are inserted. III. The proper Names of Persons, Places, and other things necessary to the understanding of Historians and Poetes. In the whole comprehending whatsoever is Material in any Author upon this subject. Together with very considerable and ample Additions, carried on by a diligent search into and perusal of very many Authors, both Ancient and Modern. Whereby this Worck is rendred the most compleat and Useful of any that was ever yet extant in this Kind. Performed by Thomas Holyoke, fol. London 1677.

50 Description Generale de l'Hôtel Royal des Invalides établi par Louis le Grand dans la Plaine de Grenelle près Paris. Avec les Plans, Profils & Elevations de ses faces, Coupes & Appartenens, fol. à Paris 1683.

De l'Amitié, 8. à Paris 1692.

la Duplication du Cube par le Cercle & la Ligne droite, ou Resolution Geometrique en cinq manieres, du Probleme proposé par Mr Comiers, dans la Liste des Avis du Journal General de France du 16. Octobre 1681. Le tout demonstré par une Methode aussi particuliere que facile à concevoir, & par des raisons si fortes qu'elles ne laissent aucun lieu de douter de la certitude de la Resolution, qui est fondée sur les mêmes Principes qu'Euclides nous a donnez dans ses Elemens, par Mr. Brunet, 4. ib:d. 1681.

Dictionaire Historique & Critique par Mr. Bayle, 4 vol. fol. Roterd. 1697.

E.

55 Essai de la Nature des Couleurs par Mr. Mariotte, 12. à Paris 1681.

Elemens de Geometrie, dans lesquels la Theorie & la Pratique de cette Science sont demontrées d'une maniere courte & très-intelligible. Par le Sieur du Torçr, 12. ibid. 1692.

Etat present de la Puissance Ottomane, avec les causes de son accroissement & celles de sa Decadence: Par le S. Duvignau, 12. à Paris 1687.

l'Espion dans les Cours des Princes Chretiens, ou Lettres & Memoires d'un Envoyé Secret de la Porte dans les Cours de l'Europe, où l'on vois les decouvertes qu'il a faites dans toutes les Cours où il s'est trouvé, avec une Dissertation Curieuse de leurs forces Politiques & Religion, 3 voll. 12. à Cologne 1696.

Les Elemens de l'Histoire, ou ce qu'il faut savoir de Chronologie, de Geographie, de Blazon, de l'Histoire Universelle, des Monarchies Anciennes, & des Monarchies Nouvelles; avant que de lire l'Histoire particuliere. Par Mr. de Vallemont, 2 voll. 12. Paris 1695.

les Essais de Michel Seigneur de Montaigne: Nouvelle Edition exactement purgée des defauts des precedentes, selon le vrai original. Et enrichie & augmentée aux marges au nom des Autheurs qui y sont citez, & de la Version de tous Passages Grecs & Latins; Avec des Observations très-importantes & necessaires pour le soulagement du Lecteur. Ensemble de la vie de l'Autheur, & deux Tables. Avec augmentation de la version Françoise des Passages Italiens, fol. ibid. 1659.

60 Etmulleri Opera Medica Theoretico Practica; hoc est, Exercitationes & Collegia omnia ab eodem tam publice quam privatim & privatissime quondam habita: in quibns universa Doctrina & Praxis Medica, five dilucida omnium totius humani corporis morborum descriptio, eorumque causarum per varios casus & observationes accuratior explicatio & prudens per selectissima medicamenta curatio exhibetur: secundum ultimas Autoris hypotheses harmonice connexa, ac prioribus editionibus duplo plus auctiora correctiorave, fol. Francoff. 1696.

F.

Fabri Thesaurus Eruditionis Scholasticæ, five Supellex instructissima Vocum, Verborum, ac locutionum: tum rerum, Sententiarum, adagiorum & exemplorum: quæ docentibus juxta atque discentibus ad intelligendos solutæ ac ligatæ orationis Latinos Auctores, solidamque

LIBRORUM.

que eruditionem comparandam, magno adjumento esse possunt: cum adjunctis in locis plerisque interpretatione Germanica, additis item dictionibus Græcis, syllabarum præterea quantitate; jam olim post aliorum Operas per Aug. Buchnerum recognitus, emendatus, & doctorum observationibus auctus. Novam hanc Editionem post binas suas priores Christ. Cellarius infinitis locis correxit, & innumeris accessionibus locupletavit. Accedit Index Germanicus vocum locutionumque copiosissimus, fol. Lipsiæ 1696.

H.

Histoire du Connestable de Bourbon, 12. Amsterd. 1696.
- - - de l'Admirable Don Guzman d'Alfarache, 3. voll. 12. Amsterd. 1695.
- - - des Revolutions de Suede où l'on voit les changemens qui sont arrivez dans ce Royaume au sujet de la Religion & du Gouvernement, 2 voll. 12. à Paris 1695.
Heures chretiennes tirées de l'Ecriture Sainte & des Saints Peres, contenant les Exercices pour tous les jours de la semaine. Le Dimanche pour la Sainte Trinité, le Lundi pour le Culte des Saints, le Mardy pour la penitence, le Mercredy pour divers Exercices de Pieté, le Jeudy pour l'Adoration du S. Sacrement, Le Vendredy pour la Passion de N. S. J. C. Le Samedy pour la devotion de la Sainte Vierge. Avec l'Office de la Vierge & les sept Pseaumes de la Penitence, par M. Horstius. Traduction Nouvelle de son Livre Intitulé, Paradisus Animæ Christiana, 12. à Louvain 1696.
Histoire de la Guerre de Flandres écrite en Latin par Famianus Strada, mise en François par Du Ryer, 12. à Paris 1675.
- - - de la Reunion du Royaume de Portugal à la Couronne de Castille, 12. ibid. 1680.
- - - des Grands Visirs Mahomet, Coprogli Pacha & Ahmet Coprogli, celle des trois derniers Empereurs, de leurs Sultanes, & principales Favorites, avec les plus secretes Intrigues du Serail, & plusieurs autres particularitez des Guerres de Dalmatie, Transilvanie, Hongrie, Candie, & Pologne, 12. à Paris 1676.
- - - des Sevarambes qui habitent une partie du troisième continent, communément appellée la Terre Australe, contenant un compte exact du Gouvernement, des mœurs, de la Religion, & du Langage de cette Nation aujourd'hui inconnue aux peuples de l'Europe. Traduit de l'Anglois, 12. à Bruxelles 1682.
Histoire de l'Empire de Constantinople sous les Empereurs François, divisée en deux parties, dont la premiere contient l'Histoire de la Conquête de la ville de Constantinople, par les François & les Venitiens, écrite par Geoffroy de Ville Hardouin Marechal de Champagne & de Romanie : Reveuë & corrigée en cette Edition sur le Manuscrit de la Bibliotheque du Roi, & illustrée d'Observations Historiques, & d'un Glossaire, pour les termes de l'Auteur, à present hors d'usage. Avec la suite de cette Histoire, jusques en l'an M. CCXL. tirée de l'Histoire de France MS. de Ph. Mouskes: la seconde contient une Histoire Generale de ce que les François & les Latins ont fait de plus memorable dans l'Empire de Constantinople, depuis qu'ils s'en rendirent maistres, jusques à ce que les Turcs s'en sont emparez : justifiée par les Ecrivains du tems, & par plusieurs Chroniques, Chartres, & autres Pieces non encore publiées, fol. Paris, de l'Imprimerie Royale 1657.
- - - de Charles VI. Roi de France, & des choses memorables advenuës durant 42. années de son Regne, depuis 1380. jusques à 1422. par Iean Iuvenal des Ursins. Augmentée en cette seconde Edition de plusieurs Memoires, Iournaux, Observations Historiques, & Annotations contenans divers Traitez, Contracts, Testaments, & autres Actes & Pieces du même tems non encore imprimées, fol. Paris de l'Imprimerie Royale 1653.
- - - du Roi Charles VII. par Iean Chartier, Berry, Matthieu de Coucy, & autres Historiens, fol. ibid.
- - - de Charles VIII. Roi de France, par Guillaume de Ialigny, André de la Vigne, & autres Historiens de ce tems-là. Où sont decrites les choses les plus memorables arrivées pendant ce Regne, depuis 1483. jusques en 1498. enrichie de plusieurs Memoires, Observations, Contracts de Mariage, Traitez de Paix & autres Titres & pieces Historiques non encore imprimées. Le tout recueilli par feu Mr. de Godefroy, fol. ibid. 1684. de l'Imprimerie Royale.
Histoire de France depuis l'établissement de la Monarchie Françoise dans les Gaules ; avec des Notes & des Dissertations sur divers points de cette Histoire par le P. Gab. Daniel, Tome I. 4. à Paris 1696.
- - - de S. Louïs IX. du Nom Roi de France, écrite par Iean Sire de Ioinville Senechal

CATALOGUS

de Champagne: enrichie de nouvelles Obfervations & Differtations Hiftoriques. Avec les Etabliffemens de S. Louis, le Conteil de Pierre de Fontaines, & plufieurs autres Pieces concernant ce regne, tirées des Manufcrits par Charles du Frefne, S. du Cange, fol. ibid. 1668.

- - - de Conftantinople depuis le Regne de l'Ancien Iuftin jufqu'à la fin de l'Empire, Traduite fur les Originaux Grecs par Mr. Coufin, 4. 8. voll. ibid. 1672.
- - - de l'Eglife, Tòm. I. écrite par Eufebe Evêque de Cefarée, Traduite par Mr. Coufin, 4. ibid. 1675.
- - - Tome II. écrite par Socrate, ibid. 1675.
- - - Tome III. écrite par Sozomene, 4. ibid. 1676.
- - - Tome IV. écrite par Theodoret, & par Evagre, 4. ibid. 1676.
- - - Romaine écrite par Xiphilin, par Zonare, & par Zofime. Traduite fur les Originaux Grecs par Mr. Coufin, 4. ibid. 1678.

I.

l'Ingenieur François. Contenant la Geometrie Pratique fur le papier & fur le Terrain, avec le Toifé des Travaux & des Bois; la Fortification reguliere & irreguliere; fa conftruction effective; l'attaque & la defenfe des Places. Avec la Methode de Mr. de Vauban, & l'explication de fon nouveau Syfteme Par Mr. N..... 8. à Paris 1695.
des Iugemens Canoniques des Evêques, pour fervir de Reponfe à la nouvelle Doctrine de plufieurs Auteurs. Avec une Differtation qui nous decouvre le fujet pour lequel les Anteurs qui ont recherché jufqu'ici quel étoit le Concile Plenier dont Saint Auguftin a parlé, en difputant contre les Donatiftes, fe font égarez dans cette recherche. Par le Sieur David, 4. ibid. 1671.
Iuliani Imp. Opera quæ fuperfunt omnia, & S Cyrilli Alexandrini Archiepifcopi, contra impium Iulianum Libri decem. Accedunt Dionyfii Petavii in Iulianum Notæ, & aliorum in aliquot ejufdem Imperatoris libros Præfationes ac Notæ. Ez. Spanhemius Græcum Iulianicontextum tecenfuit, cum Manufcriptis codicibus contulit, plures inde lacunas fupplevit, & Obfervationes tam ad Iulianum, quam ad Cyrillum, addidit. Cum indicibus neceffariis. fol. Lipfiæ 1696.
Inftructions Chretienes fur la Devotion à la S. Vierge, par le P. d'Orleans, 12. à Paris 1696.
Imagines Veteris ac Novi Teftamenti à Raphaele Sanctio in Vaticani Palatii Xyftis mira picturæ elegantia expreffæ, fol. Romæ.

L.

L Allemandet Curfus Theologici, in quo difcuffis hinc inde Thomiftarum, & Scotiftarum præcipuis fundamentis decifivè Sententia pronuntiatur, 2 vol. fol. Lugduni 1656.
Lani Hermathena five Orationes Panegyricæ diverfi Argumenti, utpote I. de Cometa nuper vifo: 2. de Myfterio SS. Trinitatis Ethnicis olim noto. 3. De Duello Herculis Germanici & Monftri Romani, h. e. B. Lutheri & Papæ. 4. De Peregrinationis utilitate. 5. De Scholarum publicarum præftantia. 6. De Martyrio. 7. De Exilio. 8. De Morte, & 9. De Origine ac caufis Peftilentiæ. Cum Notis Rhetoricis & Philologicis ex variarum Difciplinarum penu depromptis, 8. Lipfiæ 1682.
Lanfi Confultatio de principatu inter provincias Europæ. Editio noviffima, 8. 2 vol. Tubingæ 1688.
- - - Mantiffa Confultationum & Orationum, 8. ibid. 1656.
Linckers Theatrum Hiftorico-Politicum Tabulas Chronologicas, viciffitudines juxta regnorum, variorum eventuum, & in terrarum Orbe Summorum Principatuum, Sacrarum & Politicarum Rerum Seriem, Temporum motus, Perfonarum Characteres, Actionum quafi Aquarum ductus, Prudentiæ Civilis fundamenta à condito Mundo in feculum quod currit facili memoriæ fuccincte exhibens, fol. Marburgi 1664.
Loffii Conciliorum, five de Morborum Curationibus, liber Pofthumus, 8. Lipfiæ 1685.
- - - Obfervationum Medicinalium Libri quatuor, 8. Lond. 1672.
Lower Tractatus de Corde, item de motu & colore Sanguinis, & chyli in eum tranfitu. Cui acceffit differtatio de origine Catharri, in qua oftenditur ilium non provenire à cerebro, 8. Londini 1680.

- - - Dia-

LIBRORUM.

- - Diatribæ Th. Willifii de Febribus Vindicatio adverſus Ed. de Meara, 8. ibid. 1665.
Limnæi Notitia Regni Franciæ, 4. 2. vol. Argent. 1655.
- - - Obſervationes in Auream Bullam Caroli quarti Imperatoris Romani, 4. Argent. 1662.
- - - Capitulationes Imperatornm & Regum Romano Germanorum, Caroli V. Ferdinandi I. Maximiliani II. Rudolphi II. Matthiæ. Ferdinandi II. Ferdinandi III. cum Annotationibus, 4. ibid. 1658.

M.

la MAiſon Reglée, ou l'Art de diriger la maiſon d'un grand Seigneur & autres, tant à la Ville qu'à la Campagne, & le devoir de tous les Officiers, & autres Domeſtiques en general. Avec la veritable Methode de faire toutes ſortes d'Eſſences, d'Eaux & de Liqueurs, fortes & rafraîchiſſantes, à la mode d'Italie. Ouvrage utile & neceſſaire à toutes ſortes de perſonnes de qualité, Gentilshommes de Provinces, Etrangers, Bourgeois, Officiers de grandes Maiſons, Limonadiers & autres Marchands de Liqueurs, 12. Amſterd. 1697.
Memoires de Madame la Ducheſſe de Mazarin, 8. à Cologne.
Martyrologium Romanum Gregorii XIII. Pont. Max. juſſu editum, & Urbani VIII. Authoritate Recognitum, illuſtratum: five Tabulæ Eccleſiaſticæ Geographicis Tabulis & Notis Hiſtoricis explicatæ. Quibus Sanctorum ſive mortis ſive depoſitionis tempus & locus exactiſſime exprimuntur. Opus omnibus Hiſtoriæ Eccleſiaſticæ amatoribus utiliſſimum & neceſſarium. Authore R. P. Aug. Lubin, 4. Pariſiis 1661.
Matherus de Signo Filii Hominis & de ſecundo Meſſiæ Adventu, ubi de modo futuræ Iudæorum Converſionis, nec non de Signis noviſſimi diei diſſeritur, 8. Amſtelodami 1687.
Mambruni Conſtantinus ſive Idololatria Debellata, 4. Pariſ. 1658.
Morhoſii Polyhiſtor ſive de Notitia Auctorum & rerum Commentarii, quibus præterea varia ad omnes Diſciplinas Conſilia & ſubſidia proponuntur. Editio ſecunda auctior, 4. Lubecæ 1695.
Maſſariæ Opera Medica: quibus Methodus ac ratio cognoſcendi, & curandi totius humani corporis morbos, ad nativam genuinamque Hipp. & Gal. mentem verè optimèque inſtituitur. Subjiciuntur Tractatus quatuor utiliſſimi, de Peſte, de Affectibus Renum & Veſicæ, de Pulſibus, & de Urinis: Conſilium pro febre Catarrhali cum totius corporis macie, ventriculi imbecillitate, meſenterii obſtructione, mœſtitia & vigiliis: Liber Reſponſorum & Conſultationum Medicinalium. Accedunt poſtremo Diſputationes duæ, una de Scopis mittendi Sanguinem, altera de Purgatione in principio morborum, quàm excipit Additamentum Apologeticum ad priorem, fol. Lugduni 1659.
Mercklini Tractatio Med. Curioſa, de Ortu & Occaſu Transfuſionis Sanguinis. Quâ bæc, quæ fit è bruto in brutum, à foro Medico penitus eliminatur; illa, quæ è bruto in hominem peragitur, refutatur; & iſta, quæ ex homine in hominem exercetur, ad experientiæ examen relegatur, 8. Norimbergæ 1679.
Majoris Chirurgia infuſoria, placidis Cl. Virorum dubiis impugnata, cum modeſtâ, ad eadem, Reſponſione, 4. Kiloni 1657.
Marii I. F. Caſtorologia, explicans Caſtoris animalis naturam & uſum Medico-chymicum, antehac labori inſolito ſubjecta; jam vero ejuſdem Auctoris & aliorum Medicorum obſervationibus luculentis ineditis, adfectibus omiſſis, & propria experientia parili labore aucta, 8. Auguſtæ Vindel. 1685.

N.

la NOuvelle Pratique Civile, Criminelle & Beneficiale, ou le Nouveau Praticien François, Reformé ſuivant les nouvelles Ordonnances. Par feu Monſ. Lange, Ancien Avocat au Parlement. Avec un Traité du Droit d'Indult, & un Traité de la Iurisdiction Eccleſiaſtique, trouvés dans les Manuſcrits de l'Auteur. Et un nouveau ſtyle des Lettres de la Chancellerie, ſuivant l'uſage qui ſe pratique à preſent. Par Mr. Pimont. Cinquième Edition, augmentée de Notes en differens endroits, 4. à Paris 1691.

Nous

CATALOGUS

110 Noris Annus & Epochæ Syromacedonum in Vetuſtis urbium Syriæ Nummis præſertim diceis expofitæ. Additis faſtis Confularibus anonymi omnium optimis. Acceſſerunt nuper Diſſertationes de Paſchali Latinorum Cyclo annorum 84, ac Ravennate annorum 95, 4. Lipſ. 1696.

Nouveaux Memoires ſur l'état preſent de la Chine, par le P. L. le Comte, 2 voll. 12. à Paris 1696.

Nau Ecclefiæ Romanæ Græcæqne vera Effiges, ex variis tum recentibus, tum antiquis Monumentis fingulari fide expreſſa, Romanis Græcifque exhibita : quo intelligant admirabilem utriufque confenfionem, & in tanta matrum concordia nefas eſſe pugnare & odiſſe inter ſeſe ingenti damno liberos. Acceſſit Religio Chriſtiana contra Alcoranum per Alcoranum paciſice defenfa ac probata, 4. Parf. 1680.

Naudæi Quæſtionum Iatro-philologicarum I. An magnum homini a venenis periculum. II. An vita hominum hodie quam olim brevior. III. An matutina ſtudia veſpertinis falubriora. IV. An liceat Medico fallere ægrotum? V. De fato & fatali vitæ termino, 8. 1647.

Niphi Opufcula Moralia & Politica, 4. Pariſ. 1645.

115 Neucranrzius de Purpura Liber fingularis, in quo Febrium Malignarum Natura & curatio proponitur, 4. Francofurti 1660.

O.

Ozanam Methode Generale pour tracer des Cadrans, ſur toute ſorte de Plans, 12. à Paris 1685.

- - - ufage de l'Inſtrument univerfel, pour refoudre promtement & très-exactement tous les Problemes de la Geometrie pratique fans calcul, 12. ibid. 1688.

- - - Traité des Lignes du premier Genre, expliquée par une Methode nouvelle & facile, 4. ibid. 1687.

- - - Cours de Mathematique, qui comprend toutes les parties de cette Science les plus utiles & les plus neceſſaires à un homme de Guerre, & à tous ceux qui ſe veulent perfectionner dans les Mathematiques, 5 voll. 8. ibid. 1693.

120 - - - l'Uſage du Compas de Proportion expliqué & demontré d'une maniere courte & facile, & augmenté d'un Traité de la Divifion des Champs, 8. à Paris 1688.

Oeuvres de Ciceron de la Traduction de Mr. du Ryer. 12. voll. 12. à Paris 1670s.

Opufcules cu Traitez divers & curieux en la Medecine, par Fr. Ranchain, 8. à Lyon 1640.

Origine, Progrés & geſtes memorables des Illuſtres Seigneurs de Brederode, par P. Voet, 4. Amſt. 1663.

Oviedo Curfus Philofophicus, ad unum corpus redactus, complectens ſummulas, Logicam, Phyficam, Libros de Coelo, & de Generatione; de Anima & Metaphyficam, fol. 2. voll. Lugd. 1663.

125 Opufcules Poſthumes de Monfieur Menjot Confeiller & Medecin ordinaire du Roi à Paris, contenant des Difcours & des Lettres ſur divers ſujets, tant de Phyfique & de Medecine, que de Religion, divifées en deux parties, 4. à Amſterd. 1697.

Ottii Annales Anabaptiſtici, hoc eſt, Hiſtoria Univerfalis de Anabaptiſtarum origine, progreſſu, factionibus & Schifmatis, paradoxis, tumultibus, colloquiis, pacificationibus, locis & fedibus, fcriptis hinc illinc emiſſis, edictis & judiciis, ac quicquid præterea ad rem facere videtur. His præmiſſa prolegomena. I. Ad Lectorem. II. De variis Anabaptiſtarum ſectis tractatio duplex. III. Collatio cum veteribus hæreticis. IV. De Donatiſtis. V. Quomodo tractandi ejufmodi homines. 4. Bafileæ 1672.

- - - Examinis perpetui in Annales Cæſ. Baronii Card. Centuria I. qua quidem continentur Vita & triumphus Chriſti, curfus & certamen Apoſtolorum, Virorumque Apoſtolicorum, Evangelii plantatio & propagatio, Eccleſiarum præcipuarum fundatio & ſucceſſio, perfecutiones, hæreſes, concilia, ac fi quæ alia primi hujus feculi monumenta, 4. Tiguri 1676.

LIBRORUM

P.

le **P**Rince de Machiavel, Traduction Nouvelle, augmentée de plusieurs autres Traitez du même Auteur, qui jusques ici n'ont pas été traduits, 12. Amst. 1696.
la Poëtique d'Aristote traduite en François avec des Remarques, 4. à Paris 1692.
Panegyriques des Saints prêchez par le P. Castillon, 4. à Paris 1676.
Pretendus Reformez convaincus de schisme sans pour servir de Reponse à un écrit intitulé considerations sur les Lettres Circulaires, qu'a un Livre intitulé Defense de la Reformation, 12. à Brux. 1684.
Panegyriques & autres Sermons prêchez par Mr. Esprit Flechier Evêque de Nîmes, 4. à Paris 1696.
Patin Imperatorum Romanorum Numismata ex Ære mediæ & minimæ formæ, fol. Parisiis. 1697.
Proportions du Corps humain mesurées sur les plus belles figures de l'Anquité, par G. Audran, fol. à Paris 1683.
D. Pymander Hermetis Mercurii Trismegisti, cum Commentariis Han. Rosseli, fol. Coloniæ 1630.
Pexenfelder florus Biblicus sive Narrationes ex Historia Sacra Testamenti Veteris selectæ, Doctrina Morali illustratæ, fol. Monachii 1680.
Paradisus Animæ Christianæ, lectissimis omnigenæ Pietatis delitiis amoenus : Studio & Opera I. M. Horstii, 8. Colon. 1670.
S. Patricii qui Hibernos ad fidem Christi convertit, adscripta Opuscula : quorum aliqua nunc primum, ex antiquis MSS. codicibus, in lucem emissa sunt, reliqua, recognita, omnia, notis ad rem Historicam & Antiquariam spectantibus, illustrata : Opera & studio I. Waræi, 8. Lond. 1656.
Plantavitii Florilegium Biblicum, complectens omnes utriusque Testamenti sententias Hebraicè & Græcè, cum versione Latina & brevi juxta literalem sensum Commentario illustratas, fol. Lodovæ 1641.
- - - Thesaurus Synonymicus Hebraico-Chaldaico-Rabbinicus, in quo omnes totius Hebraicæ Linguæ voces una cum plerisque Rabbinicis, Talmudicis, Chaldaicis, earumque significationes, etymon, Synonymia, usus, elegantiæ, periphrases, idiotismi, ex Hebraicorum Bibliorum contextu, horum Chaldaicis Paraphrasibus, ex immensa Codicum Babylonii, & Hierosolymitani Talmudica farragine, ex Rabbinorum Commentatoribus, Medakdekim, Meturgemanim, Mekabbelim, Soverim, & Chachamim, hoc est, Grammaticis, Expositoribus, Cabbalistis, Philosophis, & Theologis, aliisque reconditis Hebræorum monumentis, nova & exacta methodo, per hexapla parallelè demonstrantur, ac una cum auctoritatibus è Sacrarum Literarum corpore depromptis energiam & emphasim. vocum pernibentibus amplè ac dilucidè explicantur : nonnullorum quoque vocabulorum Græcorum, Latinorum, Gallicorum, Italicorum, Hispanicorum, Germanicorum, Anglicorum, Belgicorum, Polonicorum, &c. etymologia ab Hebræo seu Chaldaico idiomate petita passim ubique indicatur. Quibus accessit duplex Index locupletissimus, qui justi Lexici Hebraico-Latini loco, Sacræ Linguæ Studiosis inservire possit, fol. ibid. 1644.
Peraldi summa Virtutum ac Vitiorum, hac postrema editione, in gratiam Concionatorum, Confessariorum, & Religiosæ Vitæ Cultorum, juxta novas Concordantias Romanæ Correctionis, à mendis, & erroribus purgatæ, & SS. Scripturæ locis correspondentibus (alias omissis) notisque marginalibus illustratæ. Studio & Opera R. P. F. Clutii, 2. voll. Parisiis. 1668.
Puteani Bruxella, incomparabili exemplo septenaria, Glipho Palladio descripta : Luminibus Historicis, Politicis, Miscellaneis distincta & explicata. Plenum item Urbis Elogium, velut loquens Imago, fol. Brux. 1646.
- - - Epistolarum Apparatus posthumus, in centurias quatuor distributus. Opera & Industria Xyst. Ant. Milseri, 8. 3 voll. Lovanii 1662.
- - - Epistolarum Atticarum promulsis, in Centurias tres distributa, 8. 3. voll. Francofurti 1663.
Parisii Advocatus Romanus in Resignatione Beneficiorum tam intra, quam extra curiam versatissimus, Libris XIV. Praxim Beneficiariam complectens fermè universam : Constitutionibus Apostolicis, Rotæ Romanæ Decisionibus, SS. Congregationum Declarationibus, Decretis & Responsis, summorumque Pontificum Gratiis ; Datariæ & Cancellariæ Apostolicæ supplicationum atque Bullarum formulis copiosè instructus : Receptis Classicorum

R   Aucto-

CATALOGUS

Auctorum Doctrinis peritissimorum etiam Virorum Obfervationibus & Refponfis validis munitus: formulis denique Beneficialibus tam in Refignationibus Beneficiorum, quàm nuarum penfionum & fructuum refervatione exactiffime non minus, quam utiliffime comprobatus, fol. Colon. 1683.

Peckii Opera Omnia in unum Volumen redacta, ac de novo in lucem producta: fol. Antverpiæ 1679.

Q.

Quarefmii Hiftorica Theologica & Moralis Terræ Sanctæ elucidatio: in qua pleraque ad veterem & præfentem ejufdem Terræ Statum fpectantia accuratè explicantur, varii errores refelluntur, veritas fideliter exacteque difcutitur ac comprobatur. Opus non tam tum ad Terram Sanctam proficifcentibus, fed etiam Sacræ Scripturæ ftudiolis, & Divini Verbi præconibus utiliffimum, 2. voll. Antverpiæ 1639.

R.

Ravet Reponfe à trois Lettres de la Milletiere fur les moyens de reunion en la Religion, 8. 1642.
- - - Du Droite Maiftreffe, 8. à Utrecht 1652.
- - - Inftruction du Prince Chrefien avec une Meditation fur le væu de David au Pfeaume 101, 8. à Leyde 1642.
- - - derniers væux du Sacrificateur Eternel compris en fa priere contenue au 17. chapitre de S. Jean, 8. à Arnheim 1639.
- - - Inftructions Morales pour les perfonnes engagées dans les affaires, qui veulent vivre chreftiennement, 12. à Bruxelles 1690.
- - - fur l'Ufage prefent de la Langue Françoife ou Remarques Nouvelles & Critiques fur la Politeffe du Langage, 12. 1692.
Recefftii Syntagma Infcriptionum Antiquarum cùm priùs Romæ Veteris, quarum omiffa eft recenfio in verbo Thol Gruteri opere cujus Hoc eft poffit fupplementum; Opus Pofthumum, Fol. Lipfiæ 1682.
Reinshiii Genealogiæ Imperatorum, Regum, Ducum, Comitum, præcipuorumque aliorum procerum Orbis Chriftiani; deducta ab anno Chrifti 1600. continuatæ ad annum 1654, fol. Thoulugæ 1664.
- - - Brevis exegefis Hiftorica Genealogiarum Præcipuorum orbis Chriftiani procerum, Imperatorum, Regum, Ducum, & quorundam Comitum, antehac eodem Authore editis, fol. Ibid. 1674.
Rittangelii Liber Iezirah qui Abrahamo Patriarchæ adfcribitur, unà cum Commentario Rabi Abraham F. D. fuper ip. fenfus Sapientiæ, à quibus liber Iezirah incipit. Tranflatus & Notis illuftratus, 4. Amft. 1642.
de Rubeis Commentaria in Pfalterium Romanum, difpofitum per Hebdomadam ad formam Breviarii Romani Pii V. Pontificis Maximi juffu editi, & Clementis VIII. recogniti. Una cum Hymnis, Canticis, Antiphonis, & verficulis per totum annum, cum fuo rationali. Opus à nemine hactenus excogitatum, Prælatis, Theologis, Concionatoribus, ac Sacerdotibus omnibus perutile, & neceffarium, 4. Venet. 1628.
Recupiti de Signis Prædeftinationis & Reprobationis, & de Numero Prædeftinatorum, & Reproborum, Tractatus duo. Materiam uberrimam Verbi Dei præconibus ad plurimas conciones de præcipuis vitiis & virtutibus fuppeditantes, 4. Parif. 1664.
Reifenpachert Annales Monafterii Cremifanenfis in Auftria Superiore, fol. Salhburgi 1677.
Ruperti Obfervationes Politicæ, Morales, Hiftoricæ, Philologicæ, Criticæ, ad L. Annæi Flori rerum Romanarum Libros IV. juxta editionem Freinshemianam fedulò diftinctæ. Accedunt viri cl. Obfervationes tantum politicæ, 8. Norimbergæ 1659.
- - - Obfervationes ad Hiftoriæ Univerfalis Sydophn Befoldianam minorem quas Chrifl. Arnoldus, & ad hæc ufque tempora fcripfit fupplementum. His accefferunt Tabulæ Chronologicæ, 8. ibid. 1659.
- - - Differtationes Mixtæ ad Valerii Maximi Exemplorum memorabilium Libros IX. cum Indice rerum ac verborum largiffimo, 8. ibid. 1663.

Rhodii

LIBRORUM.

Rhodii de Acia Dissertatio ad Corn. Celsi mentem qua simul universæ fibulæ, malo explicatur, secundis Curis ex autographo Auctoris & emendatior, cum judiciis Doctorum edita a Th. Bartholino: accedit de Ponderibus & Mensuris ejusdem Amoris Dissertatio, & Vita Celsi, 4. Hafniæ 1672.

Rolfincii Chymia in Artis formam redacta, sex Libris comprehensa, 4. Francof. 1684.

- - - Dissertationes Chimicæ sex de Tartaro, Sulphure, Margaritis, Perfectis Metallis duobus Auro & Argento, Antimonio; & Imperfectis Metallis duris duobus ferro & cupro, 4. Ienæ 1679.

- - - Ordo & Methodus Medicinæ Specialis Consultatoriæ continens Consilia Medica, ad normam veterum & novorum dogmatum adornata, 4. ibid. 1678.

- - - Ordo & Methodus generationi dicatarum partium, per anatomen, cognoscendi fabricam, Liber unus, ad normam veterum & recentiorum Scriptorum exaratus, 4. ibid. 1664.

- - - Ordo & Methodus medicinæ Specialis commentatoriæ ad normam veterum & novorum dogmatum proposita, 4. ibid. 1665.

- - - Ordo & Methodus Medicinæ specialis commentatoriæ cognoscendi & curandi dolorem capitis, ad normam veterum & novorum dogmatum proposita, 4. ibid. 1671.

- - - Dissertationes Anatomicæ methodo Synthetica exaratæ sex libris comprehensæ Theoricis & Practicis veterum, & recentiorum, propriisque observationibus illustratæ, & ad circulationem accomodatæ, 4. Noribergæ 1656.

Rebhan Hodegeta juris, viam Scientiæ legitime simplicem ac rectam chartis paucis ac brevibus edocens, & deducens, 4. Argent. 1675.

Rachelii Institutionum Iurisprudentiæ libri quatuor, jus Universale & Romanum certa methodo, & utriusque capita ex genuinis principiis accessita exhibentes, 4. Kiloni 1681.

Resolutio Syntagmatis Struviani Analytica, cujus beneficio singuli Pandectarum libri, & librorum tituli singuli, cum ipsa Scientia legali, methodo admodum perspicua & facillima, in exercitationibus quinquaginta laudati operis cognoscuntur, memoriæque felicissime imprimuntur, 4. Ienæ 1684.

S.

Sermons & Instructions Chretiennes sur diverses matieres, par le P. d'Orleans, 2. voll. 12. à Paris 1696.

Sauvin Defense de la veritable Doctrine de l'Eglise Reformée sur le principe de la Foi, contre le Livre de Mr. Jurieu, intitulé Defense de la Doctrine universelle de l'Eglise, &c. 8. à Utrecht 1697.

- - - Reflexions sur les droits de la conscience ou l'on fait voir la difference entre les droits de la conscience eclairée & ceux de la conscience errante, ou refuse le Commentaire Philosophique, & le livre intitulé, Droits des Souverains, & on remarque les justes bornes de la Tolerance Civile en matiere de Religion, 8. ibid. 1697.

- - - Justification de la Doctrine du Sieur Elie Sauvin contre deux libelles de Mr. Jurieu, l'un intitulé Idée des sentimens de Mr. Sauvin sur les Mysteres de la Trinité & de l'Incarnation, & l'autre de la Religion du Latitudinaire, 8. ibid. 1697.

Sigismundi Augusti Mantuam adeuntis profectio ac Triumphus: Opus ex Archetypo Julii Romani à Fr. Primaticio Mantuæ in Ducali Palaeto, plastica atque anaglyphica sculptura mire elaboratum. In quo summus artifex Trajani atque M. Antonini militares profectiones in ipsorum columnis sculptas æmulatus, veteres illos Romanæ militiæ mores, arma, habitus ac disciplinam expressit, novasque simul sequioris Imperii Germanici similitudines retulit: Pictoribus, Sculptoribus atque eruditæ antiquitatis studiosis, cunctisque præclaras atque expolitas artes professis, perutile ac jucundum, cum notis Io. P. Bellorii à Petro Sancti Bartoli ex veteri exemplari traductum ærique incisum, fol. Romæ, en 26. feuilles.

Scacciæ Tractatus de Iudiciis Causarum Civilium, Criminalium & Hæreticalium, Liber primus. In quo quid circa prædictarum causarum judicia de Iure Communi; quid secundum Doctorum sententias; & quid de generali consuetudine, & praxi præsertim Curiæ Romanæ, totiusque status Ecclesiastici, Regni Neapol. & Ducatus Mediolani dispositum, & receptum sit enarratur, fol. Francof. 1669.

Schenkii Observationum Medicarum Rariorum, Libri VII. in quibus nova, Abdita, Admirabilia, Monstrosaque exempla, circa Anatomen, ægreditudinum causas, signa, eventus, curationes, à Veteribus Recentioribusque sive Medicis, sive aliis quibusque fide dignis scriptoribus monumentis consignata, partim hactenus publicatis, partim etiam avexditis non paucis, per communes locos artificiosè digesta proponuntur, fol. Francof. 1665.

Skinner Etymologicon Linguæ Anglicanæ, seu Explicatio vocum Anglicarum Etymologica ex propriis fontibus, scil. ex Linguis duodecim; Anglo-Saxonica seu Anglica priscâ, notata AS. Runica, Gothica, Cimbrica, seu Danica antiqua, notata Run. Dan. Franco. Theotisca, seu Teutonica veteri, notata Fr. Th. Danica recentiori, notata Dan. rec. Belgica, notata Belg. Teutonica recentiori, notata Teut. Cambro-Britanica, notata C. Br. Franco-Gallica, notata Fr. Italica, notata It. Hispanica, notata Hisp. Latinâ, notata Lat. Græca, notata Gr. Omissis interim iis omnibus quæ, Utilica literâ additâ vel mutata, Romanam profitentur originem, utpote quæ pueris nota sunt, & librum in incommodam molem attollerent; omissis etiam ob eandem causam Derivativis ferè omnibus, ut quæ expositis radicibus, neminem propitio Mercurio natum latere possunt. Accedit Etymologicon Botanicum, seu Explicatio nominum omnium Vegetabilium, præsertim solo nostro assuetorum, aut quæ, licet peregrina sint, vulgo nota sunt; omissis interim quæ manifestè vel à Latino vel à Græco fonte promanant. Accedit & tertio vocum forensium tum antiquarum & jam obsoletarum, tum recentium, & quæ adhuc in usu sunt, Etymologica expositio, rejectis etiam hic quæ apertè Latinos natales agnoscunt. Quarto adjectæ sunt Originationes omnium vocum antiquarum Anglicarum, quæ usq; à Wilhelmo Victore invaluerunt, & jam ante parentum ætatem in usu esse desierunt, Vitatis ubique quæ non obscurè Romanam redolent prosapiam. Tandem ultimo Etymologicon Onomasticon, seu Explicatio Etymologica nominum Fluviorum, Regionum, Urbium, Oppidorum, Pagorum, Collium, Montium, Sinuum, Promontoriorum, & præcipue Virorum & Foeminarum, quæ vel apud Anglo-Saxones olim fuerunt, etiamnum apud nos in usu sunt; adfectis etiam nominibus celebrium Locorum, Virorum, & Mulierum, quæ in Historiis Anglicè conscriptis occurrunt, præsertim si Germanicæ originis sint, omissis interim quæ à Latino, Græco, aut Hebraico fonte, saltem manifestè, fluunt, utpote passim à multis Authoribus jamdiu satis accuratè expositis, fol. Londini 1671.

Simson Chronicon Historiam Catholicam complectens, ab Exordio Mundi ad Nativitatem D. N. Jesu Christi, & exinde ad annum à Christo nato 71. cum parasceve ad Chronicon Catholicum. Accessere Tabulæ Chronologicæ Stemmata quædam insigniora, Successiones Regum, & Catalogus Olympionicarum, fol. Oxoniæ 1652.

Schardii Lexicon Iuridicum, sive Verborum & rerum ad juris Rom. Civilis simul & Pontificii Theoriam & Praxim pertinentium Thesaurus Locupletissimus. Opus nunc demum Studio & Opera Doctorum Virorum sexcentis in locis adauctum, expurgatum, & ita absolutum, ut omnibus tam in foro, quam in Schola versantibus maximo sit usui futurum, nec quicquam ferè in hoc genere amplius desiderari possit. Adjecta quoque recens passim est vocabulorum præcipue forensium phrasis ac explicatio Germanica, nonnunquam etiam Gallica, à Pragmaticis hodie ubique recepta. Accessit novissimè sub finem Liber adrens, de vocibus & Ortographia, Syntaxi, & formulis in jure Civili Romano planè singularibus, aut omnino inusitatis, fol. Antverpiæ 1664.

de Sese, Tractatus aureus de Inhibitionibus & Executione privilegiata, & guarentigia facienda, ac eadem in vim exceptionum, seu juris firmi retardanda, in quo variæ juris Resolutiones Practicæ cum totidem Decisionibus ad juris terminos redactæ traduntur & explanantur, fol. Francof. 1661.

Schardius Redivivus, sive Rerum Germanicarum Scriptores Varii, Tomus Primus, continens Germanorum potissimum originem, varias migrationes, divisiones, appellationes, bella atque alia ante Romanorum tempora & cum his fortiter gesta; item, Translationem Imperii Romani ad Germanos, & quorundam Germanicorum Imperatorum Acta, usque ad tempora Caroli V. Opus omnibus Historiarum Politicarum, Antiquitatis, & juris publici Amatoribus cum primis utile & necessarium; Nunc primum variatæ Typorum, Axiomata politica & maximè necessaria repræsentante, distinctum, à vitiis repurgatum, & ad sæculum nostrum accommodatum. Adjectus est cuilibet Tomo Index Authorum, & in fine Index ad IV. Tomos universalis locupletissimus, Historica, Politica, Geographica, publici juris Principia, & Forum Locorum communium referens. Opera Hier. Th. Augustani, fol. Giessæ 1673.

- - - Tomus II. Continens Historias sub Gubernatione Caroli Quinti Imperatoris, usque ad ejusdem Imperatoris abdicationem, fol. ibid.
- - - Tomus III. Continens Historias sub gubernatione Ferdinandi I. Imperatoris, & Epitomen rerum ab An. Dom. 1558. usque ad finem Anni 1664. in variis orbis partibus gestarum, fol. ibid.
- - - Tomus IV. Continens Historias, sub gubernatione Maximiliani II. Imperatoris, & Epitomen rerum ab Anno Dom. 1665. usque ad Annum 1672. in variis Orbis partibus gestarum, fol. ibid.

Speidelii

Speidelii Speculum Iuridico-Politico-Philologico-Historicum Observationum & Notabilium ; Verborum, Rerum & Antiquitatum, Germanicarum, Clausularum item & Terminorum Practicorum, nec non plurimarum tam publici, quam privati Iuris Quæstionum & Decisionum. In quo insuper non solum ipsius Additiones, quæ ad Thesaurum Practicum D. Christ. Besoldi congestæ, ac ante aliquot annos Augustæ Vindelicorum impressæ sunt, debitis locis, ob rerum & Materiarum cohærentiam, & similitudinem, majorenque notitiam adjunctæ, simulque ad marginem, in gratiam & faciliorem usum Lectoris Remissiones, ex prædicti D. Besoldi, ut & P. M. Webberi, nec non Ioh. Rudingeri Observationibus Practicis & singularibus, &c. exhibentur, & repræsentantur, sed & multa ex Conventibus publicis, usu item & Praxi singulariter collecta, una cum insertis quibusdam Responsis juris ac Discurfibus variis, conspiciuntur. Opus non tantum cujusvis facultatis Studiosis haud injucundum, sed & Practicis & in Aulis ac Collegiis versantibus utile & commodum, magno labore & temporis cursu succincte collectum & dispositum, fol. Norimbergæ 1683. — 190

- - - Otium Actuosum Quinquennale, constituens Supplementum Speidelianum, sive Richari-Thecium, ex recentissimorum ICtorum Consiliis, Decisionibus, Observationibus, Tractatibus & rarioribus Disputationibus, ad Speculum Notabilium Speidelianum appensum, & hinc inde sparsim indefesso studio, velut lilietum novis florum Historico-Politico-Iuridicorum accessionibus consitum, & ad illustrationem veteris Operis Speideliani destinatum; per Christ. Lud. Dietherrum, cum Appendice Ah. Fritschii, fol. Ibid. 1686.

T.

le Toisé & le Tarif General des Bois contenant ce qu'il faut observer en coupant les Bois pour bâtir, avec une Methode très-facile & très-simple pour toiser toutes sortes de pieces de Bois, 12. ibid. 1696.
Traité des Statues, 12. à Paris 1688.
Thesaurus Brandeburgicus Selectus, sive Gemmarum, & Numismatum Græcorum, in Cimeliarchio Electorali Brandenburgico elegantiorum series, Commentario Illustrata a L. Begero, fol. Coloniæ Marchicæ, 1696.
Traité des Monnoyes, de leurs circonstances & dependances par I. Boizard, 12. à Paris 1692. — 195
- - - de la Maniere d'examiner les differens de Religion, dedié au Roi de la Grande Bretagne par Mr. Michel le Vassor, 12. Amsterdam 1697.
Traité de la Conscience, dans lequel on examine sa nature, ses illusions, ses craintes, ses doutes, ses scrupules, sa paix, & divers cas de conscience, avec des Reflexions sur le Commentaire Philosophique, par Mr. Basnage, 2. voll. 12. à Amsterdam 1696.
de Turri Tractatus de Cambiis, fol. Francof. 1645.
Theoprasti Eresii de Historia Plantarum libri Decem Græcè & Latinè. In quibus Textum Græcum variis Lectionibus, emendationibus hiulcorum supplementis: Latinam Gazæ versionem nova interpretatione ad margines: totum Opus absolutissimis cum notis tum Commentariis: item rariorum Plantarum iconibus illustravit Ioan. Bod. à Stapel. accesserunt I. C. Scaligeri in eosdem libros Animadversiones: & Rob. Constantini Annotationes, fol. Amst. 1644.

V.

la Vision parfaite: ou le concours des deux Axes de la vision en un seul point de l'objet, — 200 par le P. Cherubin d'Orleans, fol. à Paris 1677.
la Vie d'Olivier Cromwel par Mr. Leti, 2. voll. 12. à Amsterdam 1694.
- - - des Hommes Illustres de Plutarque Traduites en François avec des Remarques par Monsieur & Madame Dacier, 12. à Paris 1695.
- - - du Cardinal Iean François de Commendon, où l'on voit ses Voyages, Ambassades, Legations, & Negociations, dans les plus considerables Cours des Empereurs, Rois, Princes & Republiques de l'Europe, par Monsr. Flechier, 12. ibid. 1695.
- - - de Cassiodore, Chancellier & premier Ministre de Theodose le Grand & de plusieurs autres Princes d'Italie; ensuite Abbé de Viviers. Avec un Abregé de l'Histoire des Princes qu'il a servis; & des Remarques sur ses Ouvrages, 12. 1695.

- - - du

CATALOGUS

- - - du Cardinal Duc de Richelieu principal Miniftre d'Etat de Louïs XIII. Roi à France & de Navarre, 2. voll. 12. à Cologne 1694.

La Vie de la Venerable Mere Louïfe-Eugenie de Fontaine Religieufe & quatriéme Superieure du premier Monaftere de la Vifitation Sainte Marie de Paris, ruë Saint Antoine, decedée le 29. Septembre 1694. compofée par une Dame de qualité, 12. a Paris 1696.

Valefii Notitia Galliarum ordine Litterarum digefta, in qua Situs, Gentes, Opida, Portus, Caftella, Vici, Montes, Silvæ, Maria, Flumina, fontes, Lacus, Paludes, Infulæ Maritimæ & Amnicæ, Peninfulæ, Pagi Provinciæque Galliæ illuftrantur; locorum antiquitates, varia eorum nomina, Vetera ac nova, Epifcopatuum ac Monafteriorum origines, aliaque ad Hiftoriam Francicam pertinentia notantur; Geographi & Hiftorici Græci, Romani ac Noftri explicantur, & emendantur, fol. Paris 1675.

Velfchii Hecatoftæ. II. Obfervationum Phyfico-Medicarum ad illuftrem Societatem Naturæ Curioforum in Germania, 4. Auguftæ 1675.

- - - Exercitatio de Vena Medinenfi, ad Mentem Ebufinæ, five de Dracunculis veterum. Specimen exhibens novæ verfionis ex Arabico, cum Commentario uberiori, cui accedit altera, de Vermiculis Capillaribus infantium, 4. ibid. 1674.

- - - Exotericarum Curationum & Obfervationum Medicinalium Chiliades duæ, cum Adnotationibus ejufdem, 4. Ulmæ 1676.

- - - Differtatio Medico-Philofophica de Aegagropilis, 4. Auguftæ 1660.

- - - Differtatio fecunda de Aegagropilis. Quæ nunc primum priori auctarii vice accedit, 4. ibid. 1668.

- - - Confiliorum Medicinalium centuriæ quatuor, cum notis ejufdem, 4. Ulmæ 1676.

W.

de **W**alenburgh Tractatus Generales, de Controverfiis Fidei, 2. voll. fol. Coloniæ 1670. Werdenhagen de Rebuspublicis Hanfeaticis. Tractatus cum Urbium earum Iconifmis, Defcriptionibus, tabulis Geographicis, & nauticis, nec non inductione generali. Rom. Imp. Germ. noviter auctus & revifus, fol. Francofurti.

Z.

ZEhneri de Adolefcentia Reipublicæ Ifraëlitarum, feu de Iudicum temporibus, hifque proximis, in 1 Reg. 6: 1, & Actor. 13: 20. Exercitatio, 8. Norimb. 1696.

F I N I S.

CATALOGUE

DE

LIVRES & d'ESTAMPES,

De l'impression du Louvre.

Elation de la Feste de Versailles du 18. Iuillet, 1688. fol.
Labyrinthe de Versailles, 8. 1679.
Tapisseries du Roi, où sont representez les quatre Elemens & les quatre Saisons avec les Devises qui les accompagnent & leur explication, fol. ibid. 1679.
Memoires pour servir à l'Histoire des Plantes, dressez par Mons. Dodard, de l'Academie Royale des Sciences, fol. à Paris 1676.
Memoires pour servir à l'Histoire Naturelle des Animaux, fol. à Paris 1671.
- - - Suite des Memoirees pour servir à l'Histoire Naturelle des Animaux, fol. ibid. 1676.
Recueil de plusieurs Traitez de Mathematique de l'Academie Royale des Sciences, fol. ibid. 1676.
Courses de Testes & de Bagues, faites par le Roi & par les Princes & Seigneurs de sa Cour, en l'année 1662. fol. à Paris.
Festiva ad Capita Annulumque Decursio, à Rege Ludovico XIV. Principibus, summisque Aulæ Proceribus edita, anno 1662. Scripsit Gallice Car. Perrault, Latinè reddidit & Versibus Heroïcis expressit Spir. Flechier, fol. Paris. 1670.
Le Tableau de la Transfiguration, 2. f. gravé à Rome par Thomassin sur le Tableau de Raphaël, 1680.
Voute de la Chapelle du Chateau de Seaux, peinte à fresque par Mr. le Brun, premier Peintre du Roi, & gravé par Audrand, en 5. feuilles, à Paris 1681.
La Coupe du Val de Grace, peinte par Mignard, & gravée par Audran, en 6. feuilles, à Paris 1694.
Le Medaillons du Roi, en 35. feuilles.
Le Portement de Croix, peint par Mignard & gravé par Audran.

Les Plans & Elevations de l'Eglise des Invalides, contenant

1 Coupe sur la longueur de l'Eglise de l'Hotel Royal des Invalides.
2 Coupe de la Croisée & de deux des quatre Chapelles angulaires de l'Eglise.
3 Coupe du Sanctuaire & veuë de derriere l'entrée de l'Eglise.
4 Coupe en ligne Diagonalle de l'Eglise.
5 Coupe au droit de la Croisée de l'Eglise.
6 Elevation du Portail & du Dôme de l'Eglise.
7 Elevation d'une face d'un des costez de l'Eglise.
8 Plan au rez de Chaussée de l'Eglise.
9 Plan au dessus de l'Ordre Dorique du dehors, & du Corinthein du dedans, au niveau du pied destail où les grandes Voutes prennent naissance.
10 Premier Plan de la Tour du Dôme, des Escaliers & des Combles de l'Eglise.
11 Second Plan de la Tour du Dôme, au niveau de la balustrade pour l'Eglise.
12 Troisiéme Plan de la Tour du Dôme au niveau du grand Attique, pour l'Eglise.
13 Quatriéme Plan de la Tour du Dôme au niveau du petit Attique, pour l'Eglise.
14 Cinquiéme Plan du Comble du Dôme & de la Lanterne de l'Eglise.

VI

CATALOGUE

Les Tapisseries Nouvelles de l'Histoire du Roi, contenant

1. LE Renouvellement d'Alliance entre la France & les Suisses, fait dans l'Eglise de Nôtre Dame de Paris par le Roi Louïs XIV. & les Ambassadeurs des XIII. Cantons & de leurs Alliez, le 13. Novemb. 1663.
2. Defaite de l'armée Espagnole près le Canal de Bruges, sous la conduite de Marsin, par les troupes du Roi Louïs XIV. en 1667.
3. Siege de Tournay en l'année 1667. où le Roi Louïs XIV. étant dans la Tranchée se leve au dessus, & s'expose au feu des ennemis pour reconnoître l'état de la place.
4. Siege de Douay en l'année 1667. où le Roi Louïs XIV. étant dans la Tranchée un coup de canon tiré de la ville tue le cheval d'un Garde du corps proche de la personne de sa Majesté.

Le Grand Escalier de Versailles en sept Planches.

1. TOus les murs sont revêtus de marbre, le bas est par arcades, l'Imposte, les Chambranles & les autres membres saillans de l'Architecture, sont de marbre de differentes couleurs. Au dessus regne un ordre de pilastres Ioniques dont les bases & les chapiteaux sont de bronze doré. Dans les quatre coins il y a des Colonnes du même ordre. On monte d'abord onze grandes marches, chacune est d'une seule piece de marbre, & à la premiere qui est a cinq pans sur le premier palier qui a 10. pieds 10. pouces de large, se presente en face dans une espece de niche une fontaine en cascade de plusieurs bassins de marbre & de bronze doré, ornés de Tritons, de Masques & de Dauphins du même metal. Au dessus de cette fontaine est le buste du Roi, ouvrage du Sieur Coiivaux. L'Escalier se separe en deux rampes chacune de 21. marches de marbre de 10. pieds 2. pouces de long sur 13. pouces de giron qui vont au grand apartement de sa Majesté par deux differens côtez. Les apuis sont de marbre & les piedestaux qui les soutiennent sont enrichis de soleils & de chifres de bronze doré. Les balustres sont aussi de bronze doré. Toute le jour de l'Escalier vient d'enhaut par une ouverture qui est fermée de doublés glaces posées dans un chassis de bronze doré en égout par dehors en forme de toit. Le Peintre a feint dans quatre espaces entre les pilastres comme quatre grandes fenêtres, au dehors desquelles il semble qu'il y ait des balcons soutenus de Colonnes. On voit à ces especes de fenêtres des peuples de toutes les differentes nations du monde. Dans quatre autres espaces on a peint la bataille de Cassel, & la prise de Valanciennes, de Cambray & de S. Omer. Le Dessein de tout l'ouvrage est de Monsieur. Le Brun Escuyer premier Peintre du Roi, & toute la peinture est à fresque & de sa main, excepté la bataille de Cassel & la prise de ces trois villes qui sont peintes par le Sr. vander Meulen. L'Explication des principales parties du plafond est au bas de chaque planche.

2. Au milieu de cette partie du plafond est representé le Trepied d'Apollon, sur lequel est posée la Couronne royale de France. Le serpent Pithon percé de flêches est au dessous. Apollon s'apuye sur le Trepied. La Muse Thalie est de l'autre côté tenant deux masques, plus bas sont assises Clio & Melpomene. Les mois de Decembre & Ianvier figurez par deux termes portent la corniche. Les trois bas-reliefs au dessus sont de couleur de Lapis. Dans celui du milieu est peinte la conquête de la Franche-Comté; on y voit le Roi recevant l'hommage des Villes de cette Province. Les deux autres bas-reliefs sont de couleur d'or: dans l'un la Peinture travaille pour la gloire de ce Prince, & dans l'autre l'Histoire écrit les glorieux evenemens du regne de sa Majesté.

3. Au milieu de cette partie du plafond de l'escalier est un globe chargé de trois fleurs de Lis avec la Couronne Royale de France, il est porté sur un char plein de boucliers sous lequel l'Hydre est écrasée. Hercule & Minerve s'apuyent sur le globe. Les Muses Clio & Polymnie sont assises aux deux côtez du char. Les quatre termes qui portent la corniche representent les mois de Mai, Iuin, Iuillet & Août, Au dessus sont trois bas-reliefs, accompagnez de leurs ornemens. Dans celui du milieu, le fameux passage du Rhin est peint de couleur de Lapis sur un fond d'or à la Mosaïque: on y voit le Roi donnant les ordres à ses troupes pour les faire passer ce fleuve à la nage, la Valeur vole devant lui, & le Rhin paroît épouvanté d'une si grande entreprise. Dans les deux autres bas-reliefs qui sont de couleur d'or, la sculpture travaille au buste du Roi, & la Poësie decrit les actions heroïques de sa Majesté.

4. Cette partie contient un des quatre angles du plafond: on y representé l'Afrique avec l'Elephant qui est son symbole. Les mois d'Octobre & de Novembre figurez par deux termes portent la corniche. Dans le bas-relief au dessus on voit l'Ambassadeur d'Espagne qui fait satisfaction au Roi, & declare en presence des autres Ambassadeurs que l'Espagne cede la preseance à la France. Le milieu de l'angle est rempli par une poupe de vaisseau, ornée d'un trophée soutenu par deux Victoires. Une figure assise dans le bas-relief an dessus signifie l'Authorité souveraine: aux deux côtez de cette poupe sont deux esclaves enchaînez.

5. Cette partie renferme un des quatre angles du plafond: l'Asie y est representée avec ses symboles, les

De LIVRES & d'ESTAMPES. 137

les mois de Fevrier & de Mars figurez par deux termes portent la corniche, au deſſus de laquelle eſt un bas-relief de couleur de Lapis, où l'on voit le Roi recevant les Ambaſſadeurs de toute ſorte de Nations. Au milieu de cet angle eſt une prouë de vaiſſeau qui porte un trophée d'armes ſoutenu par deux Victoires. Au deſſus du trophée la Vigilance eſt peinte dans un bas-relief de couleur de bronze, & aux deux côtez de la poupe ſont deux eſclaves enchaînez.

6 Cette partie du plafond contient un des quatre angles de l'eſcalier; l'Amerique y eſt repreſentée avec ſes ſymboles ordinaires. Le mois d'Avril ſous la figure d'un Terme porte la corniche, le bas-relief au deſſus eſt de couleur de Lapis. Le Roi paroît donnant ſes ordres à trois Generaux. Au milieu de l'angle eſt une poupe de vaiſſeau ornée d'un trophée d'armes ſoutenu par deux Victoires. Aux deux côtez de la poupe ſont des eſclaves enchaînez, au deſſus du trophée dans un bas-relief de couleur de bronze la Valeur heroïque eſt peinte, ſous la figure d'Hercule qui ſe repoſe après ſes travaux. Plus loin ſont les deux Muſes Euterpe & Uranie. Au deſſus de la corniche qui couvre ces deux figures on voit dans un bas-relief de couleur de Lapis le Roi qui donne des recompenſes aux chefs de ſes armées, & au deſſus encore eſt Mercure avec Pegaze dans une Medaille à fond d'or à la Moſaïque.

7 Cette partie du plafond eſt un des quatre angles de l'eſcalier: on y voit l'Europe aſſiſe ſur un trophée d'armes, tenant une corne d'abondance & ayant près d'elle le cheval qui eſt ſon ſymbole. Le Terme qui porte la corniche repreſente le mois de Septembre, le bas-relief au deſſus de la figure de l'Europe, eſt de couleur de Lapis, le Roi y paroît reformant les abus qui s'étoient gliſſez dans l'adminiſtration de la Iuſtice. Au milieu de cet angle eſt une prouë de Vaiſſeau ornée d'un trophée d'armes que deux Victoires ſoutiennent; des deux côtez de cette prouë ſont deux eſclaves. Au deſſus du trophée d'armes la Magnificence eſt peinte dans un bas-relief couleur de bronze. Plus loin ſont la Peinture & l'Architecture, ſous la figure de deux femmes aſſiſes, avec leurs attributs. Le bas-relief au deſſus de ces deux figures eſt de couleur de Lapis à fond d'or; on y a repreſenté le retabliſſement du commerce, & au deſſus encore eſt la Renommée dans une Medaille de couleur de lapis ſur un fond d'or à la Moſaïque.

Tableaux de la voute de la Galerie du petit Apartement du Roi à Verſailles, peints par Mignard, & gravez par Audran, 3. feuilles.

1 Apollon diſtribuë des recompenſes aux Sciences & aux Arts, & Minerva couronne le genie de la France.
2 La Prevoyance & le ſecret avec leurs ſymboles.
3 La Vigilance avec ſes ſymboles, & Mercure comme le plus vigilant des Dieux.

La Franche Comté conquiſe pour la ſeconde fois, l'année 1674. Un des Tableaux de la voute de la grande Gallerie de Verſailles, de 16. p. de haut ſur 24. p. 2. pou. de long, peint par le Brun & gravé par Ch. Simonneau, 1688.

Les Plaiſirs de l'Iſle enchantée, ou les feſtes & divertiſſemens du Roi à Verſailles diviſez en journées, & commencez le 7. Mai 1664. gravez par Silveſtre, 15. feuilles.

I. Journée.

1 Marche du Roi & de ſes Chevaliers avec toutes leurs ſuites autour du Camp de la courſe de bague, repreſentant Roger, & les autres Chevaliers enchantez dans l'Iſle d'Alcine.
3 Comparſe du Roi & de ſes Chevaliers avec toutes leurs ſuites dans le Camp de la courſe de bague, pendant l'ouverture de la feſte, faite par les recits d'Apollon & des quatre ſiécles, aſſis ſur un grand char de triomphe.
4 Courſe de bague diſputée par le Roi & ſes Chevaliers, repreſentans Roger & les autres Chevaliers enchantez dans l'Iſle d'Alcine.
5 Comparſe des quatre ſaiſons avec leur ſuite de concertans & porteurs de preſens, & la Machine de Pan, & de Diane avec leur ſuite de concertans & de bergers portans les plats pendant le recit des uns & des autres devant le Roi & les Reines.
6 Feſtin du Roi & des Reines avec pluſieurs Princeſſes & Dames, ſervi de tous les mets & preſens faits par les Dieux & les quatre ſaiſons.

II. Journée.

7 Theatre fait dans la même allée ſur lequel la Comedie & le Ballet de la Princeſſe Elide furent repreſentez.

S *III. Jour-*

VI

CATALOGUE
II. Journée.
1 Theatre dressé au milieu du grand estang representant l'Isle d'Alcine, où paroissoit son palais enchanté sortant d'un petit rocher dans lequel fut dansé un Ballet de plusieurs entrées, à quoi ce Palais fut consumé par un feu d'artifice representant la rupture de l'enchantement & la fuite de Roger.
2 Rupture du palais & des enchantemens de l'Isle d'Alcine representée par un feu d'artifice.

Festes de l'année 1674.
I. Journée.
10 Alceste, Tragedie en Musique, ornée d'entrées de Ballet, representée à Versailles dans la Cour de marbre du Chateau éclairé depuis le haut jusqu'en bas d'une infinité de lumieres.
II. Journée.
11 Concerts de Musique sous une feuillée faite en forme de salon, ornée de fleurs, dans le jardin de Trianon.
III. Journée.
12 Le Malade Imaginaire, Comedie representée dans le jardin de Versailles devant la Grotte.
IV. Journée.
13 Festin, dont la table étoit dressée autour de la fontaine de la cour de marbre du Château de Versailles, au dessus de laquelle s'élevoit une colonne toute de lumieres.
V. Journée.
14 Feu d'artifice sur le canal de Versailles.
VI. Journée.
15 Illuminations autour du grand canal de Versailles representant des Palais, des Pyramides, des Fontaines, des Statues, des Termes, des Poissons, &c.

Description de la Grotte de Versailles, fol. à Paris 1676. contenant
1 Plan de la Grotte de Versailles.
2 Vuë de la face exterieure de la Grotte de Versailles, par le Potre.
3 Le Soleil qui se couche dans la mer, Bas-relief au dedans des portes de la Grotte : le Globe de la terre, divisé en 6. parties, par le même.
4 Troupe de Tritons & de Nereïdes, qui se rejouïssent au coucher du Soleil : bas-relief au dessus des portes de la Grotte, par le même.
5 Petits Amours qui se joüent avec des Dauphins : bas-reliefs au dessus des portes de la Grotte, par le même.
6 Autre feuille de petits Amours, par le même.
7 Vuë du fonds de la Grotte de Versailles orné de trois Grouppes de marbre blanc qui representent le Soleil au milieu des Nymphes de Thetis, & ses chevaux pensez par des Tritons, par le même.
8 Le Soleil après avoir achevé son cours descend chez Thetis, où six de ses Nymphes sont occupées à le servir, & à lui offrir toutes sortes de rafraichissemens, par Edelinck.
9 Grouppe de marbre blanc representant deux chevaux du Soleil, & deux Tritons qui les pensent, dans la Grotte de Versailles, par Picart.
10 Autre Grouppe de marbre blanc, representant deux chevaux du Soleil, & deux Tritons qui les pensent, par Baudet.
11 Statue d'Atis de marbre blanc, par Edelinck.
12 Statue de Galatée, de marbre blanc, haute de cinq pieds & demi, par le mesme.
13 Pilier orné de coquillages & de rocailles, avec un bassin de marbre en forme de coquille, par le Potre.
14 Autre Pilier orné de mesme, par le mesme.
15 Demi Pilier avec les mesmes ornemens, par le mesme.
16 Autre Pilier orné de mesme, par le mesme.
17 Autre Pilier orné de mesme, par le mesme.
18 Autre demi Pilier avec les mesmes ornemens, par le mesme.
19 Chandeliers de coquillage & de rocailles, par Chauveau.
20 Masques de coquillages & de rocailles, par le mesme.

Recueil de Plans, Elevations, Statues, Fontaines & Aversions de Versailles par le Pautre, Sylvestre, Audran & autres, contenant 78. pieces.
1 Plan de la maison Royale de Versailles, en 1674. par Sylvestre.
2 Chateau Royal de Versailles, veu du milieu de la grande avenue, par le mesme.

3 Cha-

De LIVRES & d'ESTAMPES.

3 Chateau Royal de Versailles veu de l'avant-cour, par le mesme.
4 Vuë du Chateau de Versailles, du côté du jardin, par le mesme.
5 Vuë du Chateau, des jardins, & de la Ville de Versailles, du côté de l'étang, par le mesme.
6 Vue du Chateau de Versailles, du côté de l'allée d'eau, & de la fontaine du Dragon.
7 Plan general du Chateau, & du petit parc de Versailles, par Sylvestre.
8 Chateau de Versailles veu de la grande place, par le mesme.
9 Chateau de Versailles, veu de l'avant-cour, par le mesme.
10 Vuë du Chateau de Versailles & des deux aîles du côté des jardins, par le mesme.
11 Elevation de la face de l'Orangerie de Versailles; Elevation d'un des côtez en aîle de l'Orangerie de Versailles; Elevation de la Balustrade des deux entrées de l'Orangerie de Versailles, par Nolin, 2. f.
12 Elevation d'une des faces des côtés des Ecuries du Roi, sur les avenues à Versailles, par le Pautre, 2. f.
13 La fontaine de Latone, par le Pautre.
14 Fontaine de Flore, accompagnée d'un bassin doré semé de fleurs, par le mesme.
15 Encelade de bronze doré, accablé sous des rochers, & poussant en l'air un gros jet d'eau, par le mesme.
16 Marais artificiel, entouré de joncs, d'airain & de jets d'eau, par Silvestre.
17 Veue des trois Fontaines dans le jardin de Versailles, par le mesme.
18 Fontaine de la Renommée dans le jardin de Versailles, par le mesme.
19 Fontaine d'Apollon à la tête du grand canal de Versailles, par L. de Chastillon.
20 Fontaine des bains d'Apollon dans le jardin de Versailles, par L. Simonneau.
21 Veue principale du Theatre d'eau, dans le jardin de Versailles, par L. Simonneau.
22 Le Theatre d'eau, par Silvestre.
23 Enfant de bronze, representant le genie de la puissance royale, assis sur un aigle qui pousse en l'air un gros jet d'eau, par le Pautre.
24 Enfant de bronze, representant le genie de la valeur, assis sur un Lion devorant un Loup, qui pousse en l'air un gros jet d'eau, par le mesme.
25 Enfant de bronze, representant le genie des richesses, assis sur un cerbere, qui pousse en l'air un gros jet d'eau, par le mesme.
26 Deux Amours de bronze qui se jouent avec un Cygne, qui fait un jet d'eau, par le mesme.
27 Deux Amours de bronze qui se jouent avec un Gryphon, qui fait un jet d'eau, par le mesme.
28 Deux Amours de bronze, qui se jouent avec une Ecrevisse de mer, laquelle fait un jet d'eau, par le mesme.
29 Deux Amours de bronze qui tiennent une Lyre, d'où sort un jet d'eau, par le mesme.
30 Un Amour de bronze avec son carquois, d'où sortent des fleches d'eau, par le mesme.
31 Un Amour de bronze, qui tire une fleche d'eau, par le mesme.
32 Statue de bronze d'une Venus elevée sur un bassin de marbre blanc, faisant un des ornemens de la fontaine appellée la Gallerie d'eau, par le mesme.
33 Figures de bronze doré d'un Triton & d'une Sirene, tenant une conque, d'où il sort un grand jet d'eau, dans la fontaine appellée la Sirene, par le mesme.
34 Bassin de dix pieds en quarré, d'une seule pierre, & au milieu trois petits enfans de metal doré, qui soutiennent un bassin de bronze, par le mesme.
35 Bassin de dix pieds de diametre, d'une seule pierre, & au milieu deux jeunes filles avec un petit Amour de métail doré, qui soutiennent une corbeille de bronze, par le mesme.
36 Bassin de dix pieds en quarré, d'une seule pierre, & au milieu trois petits Danseurs de metail doré, qui soutiennent un bassin de bronze, par le mesme.
37 Bassin de dix pieds de diametre, d'une seule pierre, & au milieu trois petits joueurs d'instrumens, de metail doré, qui soutiennent un bassin de bronze, par le mesme.
38 Bassin de dix pieds en quarré, d'une seule pierre, & au milieu trois petits Satyres de metail doré, qui soutiennent une corbeille de bronze, par le mesme.
39 Bassin de dix pieds de diametre d'une seule pierre, & au milieu trois petits Tritons de metail doré qui soutiennent une coquille de bronze, par le mesme.
40 Bassin de dix pieds de diametre, d'une seule pierre & au milieu trois petits Termes de metail doré, qui soutiennent une corbeille de bronze, par le mesme.
41 Latone entre ses deux enfans Apollon & Diane, demandant vangeance à Jupiter de l'insolence des paysans de Lycie &c. par Edelinck.
42 Statue de marbre de Diane, haute de sept pieds, par le mesme.
43 - - - de Venus, haulte de sept pieds, par le mesme.
44 Ravissement de Proserpine, grouppe de trois figures de marbre blanc, par Audran.
45 L'Air, statue de marbre, haute de sept pieds, par Edelinck.
46 La Terre, statue de marbre, haute de sept pieds, par le mesme.
47 Le Printemps, de mesme, par le mesme.
48 L'Esté, de mesme, par le mesme.

49 L'Automne, de mesme, par le mesme.
50 L Hyver, de mesme, par le mesme.
51 Le Point du jour, de mesme, par Audran.
52 L'Afrique, de mesme, par le mesme.
53 Une fille en habit de bergere, de mesme, par Edelinck.
54 Statue d'un Satyre, haute de sept pieds, par le Pautre.
55 - - - d'une Nymphe, tenant une couronne de chesne, haute de sept pieds, par le mesme.
56 Statue d'un Satyre, accompagne d'un petit Satyre, haute de sept pieds, par le mesme.
57 Statue d'une joueuse de tambour, avec un petit Amour auprès d'elle, haute de sept pieds,
58 - - - d'un Satyre tenant une grappe de raisin, haute de sept pieds, par le mesme.
59 - - - d'une joueuse de tambour accompagnee d'un petyt Satyre, haute de sept pieds, par Chauveau.
60 - - - d'un Faune, haute de sept pieds, par le Pautre.
61 - - - d une Danseuse, de sept pieds, par Chauveau.
62 & 63 Deux figures d'une Sphinx de marbre blanc, qui porte un Amour de bronze dore, par le Pautre.
64 Termes de Iupiter & de Iunon, par le mesme.
65 - - - d'Apollon & de Daphne, par le mesme.
66 - - - de Mercure & de Minerve, par le mesme.
67 - - - d'Adonis & de Venus, par le mesme.
68 - - - de Bacchus & d'Ariane, par le mesme.
69 - - - d'Endimion & de Diane, par le mesme.
70 - - - de Comus & de Pan, par le mesme.
71 - - - d'Hercule & d'Omphale, par le mesme.
72 - - - de Persee & d'Andromede, par le mesme.
73 Vaze de bronze de deux pieds six pouces de haut, par le mesme.
74 - - - Idem, par le mesme.
75 - - - Idem, par le mesme.
76 - - - Idem, par le mesme.
77 - - - Idem, par le mesme.
78 - - - Idem, par le mesme.

Recueil de vues de Maisons Royales & Villes par Sylvestre & autres, en 46. pieces.

1 Face principale du Louvre, par Marotte.
2 Elevation du côté du Louvre vers la riviere, veu de la Court à gauche en entrant: Plan du côté du Louvre, qui regarde la riviere, par le mesme.
3 Elevation de la façade du Louvre, du côté qui regarde la riviere : Plan du côté du Louvre qui regarde la riviere, par le mesme.
4 Representation des Machines qui ont servi à elever les deux grandes pierres qui couvrent le fronton de la principale entree du Louvre, par le Clerc.
5 Plan general du Palais des Thuilleries, 2. feuilles, par Silvestre.
6 Vue du Palais des Tuilleries du côté de l'entree, 2. feuilles, par le mesme.
7 Vue du Palais des Tuilleries du côté du jardin, 2. feuilles, par le mesme.
8 Plan du jardin du Palais des Tuilleries, par le mesme.
9 Vue des jardins du Palais des Tuilleries, du côte du Cours de la Reine, par le mesme.
10 Vue & Perspective du Palais & des jardins des Tuilleries, par le mesme.
11 Plan general du Palais Royal, par la Boissiere.
12 Vue du Palais Royal, par le mesme.
13 Venue du College des quatre Nations, par le mesme.
14 Arc de Triomphe de Louis XIV. à la porte S. Antoine, par le Clerc.
15 Dessein du portail de Vincenne en face de la cour pour entrer dans le parc, par Marot.
16 Plan general du Chateau & petit Parc de Vincennes, par Silvestre.
17 Vene & perspective du Chateau du Vincennes du côte de l'entree du Parc, par Brissart.
18 Plan du Chateau de Madrid avec la court & fosse qui l'environne : Plan du premier Etage, & Plan du rez de chaussee, par Marotte.
19 Elevation du Chateau de Madrid, par le mesme.
20 Plan general des Chateaux de St. Germain en Laye.
21 Plan du Chateau neuf de St. Germain en Laye, par Silvestre.
22 Vene du Chateau neuf de St. Germain en Laye du côté de la riviere, par le mesme.
23 Plan du Chateau de Fontainebleau au rez de chaussee, fait en 1682. par Dorbay.
24 Plan general du Chateau de Fontainebleau & des environs, fait en 1682. par le mesme.

25 Veue

De LIVRES & d'ESTAMPES.   VI

25 Veue du Chateau de Fontainebleau, du côté du Jardin, 2. feuilles, par le mesme.
26 Autre vue en une feuille, par le mesme.
27 Veue de l'Etang de Fontainebleau, par le mesme.
28 Veue de la Cour du Cheval blanc de Fontainebleau, par le mesme.
29 Veue du Chateau de Fontainebleau, du côté de l'Orangerie, par le mesme.
30 Veue du Chateau de Fontainebleau, du côté du grand Canal, par le mesme.
31 Plan relevé du Chateau, jardin & parc de Monceaux, par le mesme.
32 Vue du Chateau de Monceaux du côté de l'entrée, par le mesme.
33 - - - du Chateau de Monceaux du côté du parc, par le mesme.
34 Veue du Chateau de Chambor, du côté de l'entrée, par le mesme.
35 Veue du Chateau de Chambor du côté du parc, 2. feuilles, par le mesme.
36 Plan du Chateau de Blois, par Dorbay.
37 Vue du Chateau de Blois, 2. feuilles, par Silveftre.
38 Plan du Chateau de Compiegne, par Dorbay.
39 Vue du Chateau de Marimont, du côté du jardin, par Silveftre.
40 Profil de la Ville & Citadelle de Stenay, 2. feuilles, par le mesme.
41 Vue de la Ville & Chateau de Sedan, 3. feuilles, par le mesme.
42 Veue & perspective de Mommedy, 2. feuilles, par le mesme.
43 Vue du Chateau de Iametz, par le mesme.
44 Vue & Perspective de la Ville & Citadelle de Verdun, 2. feuilles, par le mesme.
45 Profil de la Ville de Metz en Lorraine vue du côté de la porte Mazel, 2. feuilles, par le mesme.
46 Profil de la Ville & Forterefse de Marfal, 2. feuilles, par le mesme.

Statues & Buftes antiques.

1 STatue antique de marbre de Diane qu'on croît être celle qui a rendu des oracles à Ephefe, haute de fix pieds, par Mellan.
2 - - - de Mercure, haute de quatre pieds & demi, par le mesme.
3 - - - de Bacchus, haute de fix pieds & demi, par le mesme.
4 - - - d'une Venus, haute de quatre pieds fix pouces, par le mesme.
5 - - - d'une Ceres, haute de fix pieds, par le mesme.
6 - - - de la Mufe Thalie, haute de quatre pieds, par le mesme.
7 - - - de Flore, haute de quatre pieds quatre pouces, par le mesme.
8 - - - d'une jeune Chafferefe, haute de trois pieds sept pouces, par le mesme.
9 - - - d'un jeune homme, haut de quatre pieds dix pouces, par le mesme.
10 - - - d'un Gladiateur, de trois pieds & quatre pouces, par le mesme.
11 - - - d'une femme au bras nud, haute de fix pieds, par le mesme.
12 - - - de Porcie, femme de Brutus, d'un pied, neuf pouces, par le mesme.
13 - - - d'Agrippine fortant du bain, haute de quatre pieds, par le mesme.
14 Statue antique de marbre d'un Faune, haute de quatre pieds deux pouces, par le mesme.
15 - - - d'un autre Faune, de quatre pieds deux pouces, par le mesme.
16 - - - d'un Senateur Romain, en bufte, par le mesme.
17 Bufte d'une Dame Romaine de marbre antique, par le mesme.
18 - - - d'une autre Dame Romaine, par le mesme.
19 Statue antique de porphyre, representant une Minerva affife, haute de cinq pieds.
20 - - - de marbre de Pallas avec un bouclier, haute de quatre pieds fix pouces.
21 - - - de Bacchus portant des raifins, haute de quatre pieds deux pouces.
22 - - - autre de Bacchus tenant une cruche, haute de trois pieds deux pouces.
23 - - - de deux Nymphes Hefperides, dont l'une tient de la main droite une branche de Citronnier, & de la gauche un Citron, haute d'un pied cinq pouces.
24 - - - de Silene, haute de deux pieds deux pouces.
25 - - - d'un Senateur Remain, haute de fix pieds deux pouces.
26 - - - autre d'un Senateur Romain fortant du bain.
27 Statue antique de marbre d'un jeune homme qui fe tire une epine du pied, ayant les cheveux dorez.
28 - - - d'une femme hauffant le bras droit, haute de fix pieds quatre pouces.
29 - - - d'un jeune homme hauffant le bras gauche.
30 - - - d'une femme hauffant le bras droit nud, haute de cinq pieds.
31 Bufte antique de Marbre du Dieu Mars.
32 - - - de Ceres.
33 - - - de porphyre, representant une Minerva.
34 - - - de marbre, d'un Faune.
35 - - - d'Alexandre le Grand.

S 3   36 - - - d'A-

CATALOGUE

36 - - - d'Aristote, de pierre de touche.
37 - - - de Socrate.
38 - - - d'Isocrate.
39 - - - d'un Conful Romain.
40 - - - de Lucius Cefar, fils d'Agrippa & de Iulie.
41 - - - de l'Empereur Trajan.
42 - - - de l'Empereur Hadrian.
43 - - - d'Annius Verus, fils de l'Empereur Marc Aurele.
44 - - - de l'Empereur Severe.
45 - - - de l'Empereur Septimius Severus.
46 - - - de Geta, frere de Caracalle.
47 Bufte antique de marbre du jeune Geta.
48 - - - de Claudius Albinus.
49 - - - d'un homme barbu fans nom.
50 - - - d'un Philofophe barbu fans nom
51 - - - d'un homme nud fans nom.
52 - - - d'un autre homme nud fans nom.
53 - - - de la jeune Cleopatre.
54 - - - de bronze de la jeune Cleopatre, femme de Iaba, Roi de Mauritanie.
55 - - - de marbre, de Marcella femme d'Agrippa.
56 - - - de Drufilla femme de Drufus fils de Tibere.
57 - - - d'une Dame Romaine du tems d'Hadrian.
58 - - - de Iulia Domna femme de l'Empereur Sept. Severus.
59 - - - de Iulia Soæmias mere d'Heliogabale.
60 - - - d'une Dame Romaine du tems d'Alexandre.
61 - - - d'une Dame Grecque.

Les 36. Tableaux du Cabinet du Roi.

1 LE Deluge, gravé par Edelinck, fur le Tableau d'Alexander Veronefe.
2 La Sainte Famille de Iefus Chrift, gravé par Edelinck, fur un Tableau de Raphaël.
3 S. Michel Victorieux du Demon, gravé par Rouffelet fur un Tableau de Raphaël.
4 La Vertu Heroïque victorieufe des vices accompagnée des autres Vertus, & couronnée par les anges de la gloire, gravé par Picart fur un Tableau du Corrège.
5 Image de l'homme fenfuel enchanté par la volupté, lié par la mauvaife habitude, & tourmenté par la fyndereſe, gravé par Picart d'après le Tableau du Corrège.
6 Iefus Chrift defcendu de la Croix eft porté au fepulchre, par fes Difciples, fur le Tableau de Titien, par Rouffelet.
7 Iefus Chrift à table avec deux de fes Difciples dans le Chateau d'Emaus gravé fur le Tableau de Titien, par Maffon.
8 Iefus Chrift donnant entre les bras de la Vierge, vulgairement appellé le filence du Carrache, gravé par Picart.
9 L'Affomption de la S. Vierge, gravé par Chateau fur un Tableau d'Ann. Caracho.
10 Martyre de Saint Etienne, fur le Tableau d'Ann. Carrache, par Chateau.
11 Le mefme gravé par Baudet.
12 Sainte Famille de Iefus Chrift, gravé par Picart fur le Tableau du vieux Palme.
13 Saint François en Meditation, gravé par Rouffelet fur un Tableau du Guide.
14 Hercule tuant l'Hydre, gravé par Rouffelet fur un Tableau du Guide.
15 Combat d'Hercule & d'Achelous, gravé par Rouffelet fur un Tableau du Guide.
16 Enlevement de Dejanire par le Centaure Neffe, gravé par Rouffelet fur un Tableau du Guide.
17 Hercule fe jettant dans un bucher allumé fur le mont Œta, gravé par Rouffelet fur un Tableau du Guide.
18 Ste. Cecile chantant les louanges de Dieu, gravée par Picart fur un Tableau du Dominiquain.
19 David chantant les louanges du Dieu, gravé par Rouffelet fur un Tableau du Dominiquain.
20 Ænée fauvant fon pere de l'embrafement gravé, par Audran fur un Tableau du Dominiquain.
21 Concert de Mufique, gravé par Picart fur un Tableau du Dominiquain.
22 Separation de S. Pierre & de S. Paul, gravé par Picart fur le Tableau de Iean Lanfranc.
23 Rendez à Cefar ce qui appartient à Cefar, & à Dieu ce qui appartient à Dieu, gravé par Baudet fur le Tableau de Valentin.
24 St. Matthieu gravé fur un Tableau du Valentin.
25 S. Marc Evangelifte gravé fur un Tableau du Valentin.
26 S. Luc Evangelifte gravé fur un Tableau du Valentin.
27 S. Iean gravé fur un Tableau du Valentin.

29 S. An-

De LIVRES & d'ESTAMPES,

29 S. Antoine de Padua adorant l'Enfant Iesus entre les bras de la Vierge, gravé par Rousselet sur le Tableau de van Dijck.
30 Rebecca vient puiser de l'eau à la Fontaine, elle y rencontre le Serviteur d'Abraham, &c. gravé par Rousselet sur le Tableau du Poussin.
31 Moïse tiré des eaux du Nil par la fille de Pharaon, gravé par Rousselet sur le Tableau du Poussin.
32 La Manne, gravée par Chateau sur le Tableau du Poussin.
33 La Peste des Philistins, gravé par Picart sur le Tableau du Poussin.
34 Iesus sortant de Iericho toucha les yeux des deux aveugles, & aussi-tôt ils virent, gravé par Chateau sur le Tableau du Poussin.
35 Pyrrhus encore à la mammelle est derobé à la poursuite des ennemis de son pere, gravé par Chateau sur le Tableau du Poussin.
36 S. Paul enlevé jusqu'au troisieme Ciel, gravé par Chateau sur un Tableau du Poussin.

Recueil de Sieges & de Vues de vander Meulen.

1 Marche du Roi accompagné de ses Gardes, passant sur le Pont Neuf & allant au Palais.
2 Le Roi dans sa Calleche accompagné des Dames dans le Bois de Vincennes.
3 Veue du Chateau de Vincennes du côté du Parc.
4 Veue du Chateau de Versailles, comme il estoit ci-devant.
5 Veue du Chateau de Versailles du côté de l'Orangerie.
6 Veue du Chateau de Fontainebleau du côté du Iardin, 2. feuilles.
7 La Reine allant à Fontainebleau accompagnee de ses Gardes.
8 Veue de la Ville de Bethune en Artois, 2. feuilles.
9 Entree de la Reine dans Arras, en l'année 1667.
10 Veue de la Ville d'Ardres du côté de Calais.
11 Veue de la Ville & du port de Calais, du côté de la terre, 2. feuilles.
12 Entree du Roi dans Dunkerque, 2. feuilles.
13 Veue de Tournay du côté du vieux Chateau, 2. feuilles.
14 Arrivee du Roi devant Douay, qu'il fait investir par sa Cavallerie, en 1667.
15 Veue de l'Armee du Roi, campee devant Douay, du côté de la Nôtre Dame, en l'année 1667. 2. feuilles.
16 Veue de la Ville de Lille du côté du Prieuré de Fives, & l'Armee du Roi devant la place, en l'annee 1667. 2. feuilles.
17 Veue de Courtray, du côté du vieux Chateau, avec la marche de l'armee, en l'année 1667. 2. feuilles.
18 Veue de la ville & du Siege d'Oudenaerde, où le Roi commande en personne, en l'année 1667. 2. feuilles.
19 Le Rhin passe à la nage par les François, à la veue de l'armee de Hollande, 11. Iuin 1672.
20 Arrivee du Roi au Camp, devant Maestricht, en l'annee 1673. 2. feuilles.
21 Valencienes prise d'assaut, & sauvee du pillage par la clemence du Roi, le 16. Mars 1677.
22 Le Roi s'estant rendu maitre de la ville de Cambray, attaque ensuite & prend la Citadelle, jusqu'alors estimee imprenable, en l'annee 1677.
23 Vue de la mesme en hauteur.
24 Saint-Omer veu du côté du Fort de Bourmonville, assiegé & pris par l'armee du Roi, sous le commandement de Mons. Duc d'Orleans, en Avril 1677.
25 L'armee du Prince d'Orange defaite devant Mont-Cassel par l'armee du Roi, commandee par Mons. le Duc d'Orleans, en 1677.
26 Veue de Leeuwe, place très-forte dans le Brabant, située au milieu d'un marais, attaquee & forcee de nuit par les François en l'annee 1678.
27 Veue de la ville de Bezançon du côté de Dole, & situation du lieu dans la Franche Comte, 2. feuilles.
28 Dole prise dans la premiere Conqueste que le Roi a faite de la Franche Comte, en 1668. 2. feuilles.
29 Veue de la ville & Fauxbourg de Salins, Chasteaux, Montagnes & situation du lieu dans la France Comte.
30 Veue de la ville de Gray, en Franche Comte, 2. feuilles.
31 Veue de S. Laurent de la Roche & du Bourg dans la Franche Comte.
32 Veue de S. Laurent de la Roche du côté du Bourg dans la Franche Comte.
33 Veue du Chasteau S. Anne en la Franche Comte comme il se voit en y entrant.
34 Veue du Chasteau S. Anne, comme il se voit par derriere la Montagne.
35 Veue du Chasteau de Ioux sur la Frontiere de la Franche Comte.

Les

VI

CATALOGUE.

Les cinq pieces d'Alexandre le Grand, peintes par le Brun.

1. *La vertu plaît quoi que vaincue :* Alexandre n'est pas seulement touché de compassion en voyant le grandeur d'ame du Roi Porus qu'il a vaincu, & fait son prisonnier, mais il lui donne des marques honorables de son estime, en le recevant au nombre de ses amis & en lui donnant en suite un plus grand Royaume que celui qu'il avoit perdu : gravée par Audran en 4. feuilles.

2. *La vertu surmonte tout obstacle :* Alexandre ayant passé le Granique attaque les Perses à forces inegales, & met en fuite leur innombrable multitude : gravée par Audran, en 3. feuilles.

3. *La vertu est digne de l'Empire du monde :* Alexandre après plusieurs victoires défit Darius dans la bataille qu'il donna près d'Arbelle, & ce combat ayant achevé de renverser le Thrône de Perses, tout l'Orient fut soumis à la puissance des Macedoniens ; gravée par Audran, en 4. feuilles.

4. *Il est d'un Roi de se vaincre soi-même :* Alexandre, ayant vaincu Darius près la ville d'Isse, entre dans une tente, où estoient la mere, la femme, & les filles de Darius, où il donne un exemple singulier de retenue & de clemence, gravée par Edelinck, en 2. feuilles.

5. *Ainsi par la vertu s'élevent les heros :* Entrée triomphante d'Alexandre dans Babilone, au milieu des concerts de musique & des acclamations du peuple : gravée par Audran en 2. feuilles.

FINIS.

N°. VII.

CATALOGUS LIBRORUM,

Quibus Officinam suam auxit
Annis præteritis 1697. 1698. & 1699.

REGNERUS LEERS,
Bibliopola Roterodamensis.

A.

Uctores antiquæ Musicæ septem, Græcè & Latinè. Marc. Meibomius restituit ac notis explicavit, 2 voll. 4. Amst. 1652.

Arist.æ Historia Septuaginta Interpretum: accessere Veterum Testimonia de eorum Versione, 8. Oxon. 1692.

Annotations upon the Holy Bible, wherein the sacred Text is inserted, and various Readings annexed, together with the parallel Scriptures; the more difficult Terms in each Verse explained: seeming Contradictions reconciled, questions and doubts resolved, and the whole Text opened, by M. Poole, 2 voll. fol. 1700.

Arnoldi Lux in tenebris, seu brevis & succincta Vindicatio simul & conciliato locorum Vet. & Novi Testamenti, quibus omnium sectarum Adversarii ad stabiliendos errores suos abutuntur, 4. Francof. 1698.

Analyse des infinimens petits, pour l'intelligence des lignes courbes, par Monsr, le Marquis de l'Hôpital, 4. à Paris de l'Imprimerie Royale, 1696.

Aristotelis de Poetica Liber, ex versione Th. Goulstoni perpetuis notis Analyticis illustrata: Accedunt integræ notæ Fr. Sylburgii, & D. Heinsii: nec non selectæ aliorum, 8. Cantabr. 8. 1696.

Arcana Moralia, olim ab ill. Comite Fr. Bernio, detecta potius, quam orbi communicata, nunc verò cum conjecturis & indicibus omnium usibus exposuit P. Pater, 8. Francof. 1687.

Aristotelis Opera omnia, Græcè & Latinè: doctissimorum Virorum interpretatione & notis emendatissima, & nunc tandem in quatuor Tomos distributa. Guill. Duvallius tertiò recognovit, synopsin analyticam adjecit, novis disquisitionibus, notis & appendicibus illustravit, 4. voll. fol. Parisiis. 1654.

Almers Variorum illustrium Collegiorum & excellentissimorum Jureconsultorum Resolutiones aureæ pulcherrimorum quorundam Casuum dubiorum, maximè circa Contractuum interpretationem, exortorum, 4. Francof. 1697.

Aristotelis de Rhetorica seu arte dicendi Libri tres, Gr. Lat. Contextu Græco ad exempl. selectiora

1

5

10

CATALOGUS

146

Nova emendato; Latino, Paraphrasi ubi opus, intertexto ; utroque, etiam in particulas distincto. Margini interiori, adscriptis locis Autoris, ex ipso citatis, vel parallelis; exteriori, adposita analytica methodo : cujus Tabulæ Synopticæ, in sua loca distributæ , 4. Lond.1696. Æsopicarum Fabularum Delectus, ξ. Gr. Lat. Oxon. 1698.

Agapeti Diaconi Scheda regia præceptorum de officio boni Principis ad Imperatorem Justinianum, cum notis Brunonis, 8. Lipf. 1669.

Ansaldi de Ansaldis Discursus Legales de Commercio & Mercatura ; in quibus universa fere Commercii & Mercaturæ materia resolutivè continetur, fol. Genev. 1698.

Albinæi Bibliotheca Chemica contracta, 8. Genev. 1673.

Anhorn ab Hartwifs Theatri Concionum Sacrarum Topici Theoretico - Practici super universam Theologiam de Deo cognoscendo & colendo Pars I. complectens Prolegomena, sive Conciones X. de S S. Theologia in genere, & Conciones X X I V. de S. Scriptura in specie, 4. Basil. 1670.

- - - Pars II. de Cognitione, Nominibus, Essentia & Attributis Dei : de mysterio S S. Trinitatis, & tribus in una essentia Divina Personis, Patre, Filio, & Spiritu S. Spiritusque S. officio, 4. ibid. 1671.

- - - Pars I I I. de Decretis Dei, Prædestinatione in genere, Electione & Reprobatione in specie; de impiorum excæcatione, reproborum induratione & libio vitæ ; de operibus Dei externis, de creatione in genere, in specie de ortu mundi & origine temporis: de creatione Cœli Beatorum, Angelorum, Elementorum & primæ mundi materiæ; lucis item primigeniæ & expansi cœlorum : de meteoris ignitis, aëreis, aqueis & apparentibus : de terra, metallis, lapidibus & mineralibus; de mare, aquis & fontibus; de productione herbarum, fruticum, arborum & plantarum aromaticarum : tandemque de creatione Luminarium, siderum cœlestium & Astrologia Judiciaria, &c. 4. ibid. 1675.

- - - Pars I V. de Creatione Animalium in genere : in specie verò aquatilium, volatilium, terrestrium ; hominis item, ejusque corporis, animæ, conjugis & sexus: de imagine Dei in homine, benedictione & alimento hominibus atque bestiis ordinato : de operum creationis perfectione & hominis dignitate : de providentia Dei actuali & illius usu ; de angelorum gubernatione : bonorum confirmatione & officio; malorumque lapsu & pœna : tandemque de gubernatione & felicitate hominis in statu integritatis, 4. ibid. 1677.

- - - Pars V. de Lapsu Primorum parentum , peccato originali & libero arbitrio : de peccato actuali, levissimi periculo , scandalis & peccato in Sp. S. de miseriis peccatum consequentibus, nuditate protoplastorum , occultatione Adami, conscientia accusante & trepidante, pœna sexui muliebri & virili imposita & maledictione terræ , de ejectione hominis paradiso & præclusione horti ; de variis mortis generibus, morbis corporis, pestilentia, variolis, & lue armentorum ; de tentationibus & spiritualibus desertionibus ; de paupertate, incendiis, prodigiosis tempestatibus , calamitate belli & morte temporali, 4. ibid. 1683.

- - - Pars V I. de Lege Naturæ & Divina : in specie, de Mosaïca morali , ceremoniali, & hujus typis ad Christum personalibus & realibus: de Urim , Thummim & Sacrificiis V. atque N. Testamenti : de Tabernaculo Mosaïco, Templo Salomonico, templis item & scholis in N. Testamento: de festis Judæorum & Christianorum; de mundis & immundis animalibus, lege cibaria, & ceremoniis atque ritibus Ecclesiasticis N. T. de lege Mosaïca Forensi & Christianorum legibus civilibus ;· de Evangelic & ejus cum lege conveniencia atque differentia ; de persona Christi ejusque conceptione, unione personali, communicatione idiomatum, excellentia humanæ naturæ & nativitate, 4. ibid. 1686.

- - - Pars V I I. de Christi officio Mediatorio, Statu exinanitionis , exaltationis; & in utroque Officii Prophetici , Sacerdotalis & Regii , functione : De vocatione electis & reprobis communi: De rejectione Judæorum & vocatione gentium : De Foedere Gratiæ & Foederis Sacramentis in genere ; in specie verò de circumcisione , agno Paschali, Baptismo & S. Domini Cœna, 4. ibid. 1689.

- - - Pars V I I I. de Ecclesia Christiana una, Sancta & Catholica; de Communione Sanctorum & Ecclesiæ notis atque satis ; de externa Ecclesiæ administratione , ministerii functione & disciplina Ecclesiastica ; de Statu Politico, hujus cum Ecclesiastico convenientia , differentia , & potestate circa sacra ; de Bonis Ecclesiasticis ; de Conciliis & Reformatione erroium in Ecclesia ; de Ecclesia falsa, veræ hostibus apertis & dissimulatis. De Apostasia magna, anti-Christo, & Ecclesia anti-Christiana. De Vocatione speciali electorum, fide salvifica, justificatione, sanctificatione, perseverantia finali, libertate Christiana, resurrectione mortuorum, judicinio ultimo, consummatione seculi & damnatione, atque vita æterna, 4. ibid. 1691.

- - - Pars I X. & ultima, de Deo per bonorum operum & virtutum Christianarum studium juxta præceptorum Decalogi, ex lege Mosaïcæ à Christo servatore in Evangelicum transsumptorum regulam , sanctè colendo, 4. ibid. 1691.

· *Abregé de l'Histoire Generale de Suiße*, *avec une Description particuliere du Païs des Suißes, de leurs Sujets , & de leurs Alliez*, par *J. Bapt. Plantin*, 8. Genev. 1696.

S. Aure-

LIBRORUM. 147

S. Aurelii Victoris Historiæ Romanæ Breviarium, illustratum trium Virorum celeberrimorum A. Schotti, Dom. Machanæi, J. Gruteri, & feminæ præstantissimæ Annæ Tanaquili Fabri filiæ commentariis integris: ut & Cæsarum & Augustorum, Virorumque illustrium Iconibus, tum editione in priori exhibitis, tum iteratæ huic de novo additis, ex nummis veteribus expressis, & in æs eleganter incisis. Contextum recensuit, commentarios suis locis disposuit, & editionum, auctorum laudatorum, explicatorum, emendatorum, notatorum, antiquita-tumque & rerum indices copiosissimos & certissimos adjecit Sam. Pitiscus, 8. Traj. 1696.

L'Art des Armées Navales, ou Traité des Evolutions Navales, qui contient des Regles utiles aux Officiers generaux & particuliers d'une Armée navale; avec des exemples tirez de ce qui s'est passé de plus considerable sur la mer depuis cinquante ans. Item, Theorie de la Construction des Vaisseaux, qui contient plusieurs Traitez de Mathematique sur des matieres nouvelles & curieuses, par le P. Hoste, 2 voll. fol. à Lyon 1697. avec figures.

Anatomie du Corps Humain avec ses Maladies, par le Sieur de Saint Hilaire, 2 voll. 8. à Paris. 1698.

- - - *Nouvelle de l'Homme, suivant la circulation du Sang, & les dernieres decouvertes, demontrée au Jardin Royal, par M. Dionis, 8. à Paris. 1696.*

Acosta de Privilegiis creditorum Tractatus absolutissimus, in quo celebriores & in usu forensi frequentiores quæstiones de præferentiis Creditorum discutiuntur & resolvuntur, fol. Genev. 1670.

Apologie des Lettres Provinciales de Louis de Montalte, contre la derniere Reponse des P P. Jesuites, intitulée Entretiens de Cleanare & d'Eudoxe, 12. Delft 1697.

B.

BEcmani Syntagma Dignitatum Illustrium, Civilium, Sacrarum, Equestrium, antehac Notitiæ nomine emissum, nunc plenius exhibitum; insertis variis Actis publicis Electionum, inaugurationum, ingressuum, abdicationum, exequiarum regiarum, electoralium, ducalium, &c. 4. Francof. 1696.

Burmanni Synopsis Theologiæ, & speciatim Oeconomiæ fœderum Dei, ab initio sæculorum usque ad consummationem eorum, Tomus Prior præcipue complectitur Oeconomiam Veteris Testamenti, 4. Franek. 1699.

- - - Tomus Posterior complectens Oeconomiam Novi fœderis. Cui accessit Consilium de studio Theologico feliciter instituendo, 4. ibid. 1699.

- - - Exercitationum Academicarum Pars Prior, 4. Roterod. 1688.

Burnet History of the Reformation of the Church of England, the first Part: of the progress made in it during the reign of King Henry the VIII. fol. Lond. 1681.

- - - - - *Second Part : of the progress made in it till the settlement in the beginning of Q. Elizabeths reign, fol. ibid. 1683.*

- - - *Abridgment of the History of the Reformation of the Church of England, 8. ibid. 1683.*

- - - *History of the rights of Princes in the disposing of Ecclesiastical Benefices and Churchlands : relating chiefly to the pretensions of the Crown of France to the Regale, and the late contests with the Court of Rome. To which is added a collection of Letters written on that occasion: and of some other remarquable papers put in appendix, 8. Lond. 1682.*

Bibliotheca Sanctorum Patrum primitivæ Ecclesiæ, sive Opera Authorum Veterum in Scripturam Sacram, omnibus Sacrarum Litterarum Interpretibus perutilis, fol. Lugd. 1680.

Bebelii Antiquitates Ecclesiæ in tribus prioribus post natum Christum Seculis, Evangelicæ & hodiernæ ὁμοψύφε, quibusvis heterodoxis, modernis præsertim, 4. Argent. 1669.

- - - Antiquitatum Ecclesiæ in quarto post natum Christum Seculo Evangelicæ & hodiernæ ὁμοψύφε, Tomus prior, in quo agitur de Seculi scriptoribus & scriptis, Ecclesia, ministerio, fidei principio, articulis & symbolis in genere, & in specie de Deo, ejusque operibus, angelis præcipue & hominibus, 4. ibid. 1679.

- - - Tomus Posterior, in quo agitur de Christo, homine, Ecclesia vera & falsa, ritibus & cæremoniis Ecclesiasticis, moribus communibus & singularibus, accidentibus bonis & malis, seu scandalis doctrinæ, cultus, morum, persecutionibus & calamitatibus; de Conciliis & hæretibus, 4. ibid. 1680.

Bebelii Antiquitates Germaniæ primæ & in hac Argentoratensis Ecclesiæ Evangelicæ è variis impressis & manu exaratis monumentis congestæ 4. ibid. 1669.

Bibliotheque Orientale, ou Dictionaire Universel, contenant generalement tout ce qui regarde la conoissance des Peuples de l'Orient, leurs Histoires & traditions veritables ou fabuleuses, leurs Religions, Sectes & Politique, leurs Gouvernement, Loix, Coutumes, Mœurs, Guer-

T 2

res & les revolutions de leurs Empires, leurs Sciences & leurs Arts, leurs Theologie, Mytho-
logie, Magie, Physique, Morale, Medecine, Mathematiques, Histoire naturelle, Chronologie,
Geographie, Observations Astronomiques, Grammaire & Rhetorique; les Vies & Actions
remarquables de tous leurs Saints, Docteurs, Philosophes, Historiens, Poëtes, Capitaines,
& de tous ceux qui se sont rendus illustres parmi eux, par leur vertu, ou par leur savoir;
des Jugemens critiques, & des Extraits de tous leurs Ouvrages; de leurs Traitez, Traductions,
Commentaires, Abregez, recueils de Fables, de Sentences, de Maximes, de Proverbes, de
contes, de bons mots, & de tous leurs Livres ecrits en Arabe, en Persan, ou en Turc, sur toutes
sortes de Sciences, d'Arts & de Professions, par Monsr. d'Herbelot, fol. à Paris 1697.

Baji Opera, cum Bullis Pontificum, & aliis ipsius causam spectantibus, jam primum ad Romanam Ecclesiam ab conviriis Protestantium, simul ac ab Arminianorum caeterorumque hujusce temporis Pelagianorum imposturis vindicandam collecta, expurgata, & plurimis quae hactenus delituerant opusculis aucta, studio A. P. 4. Colon. 1696.

Braunii Vestitus Sacerdotum Hebraeorum, sive Commentarius amplissimus in Exodi Cap. 28. & 39. & Levit. Cap. 16, aliaque loca S. Scripturae quam plurima, 4. Amstel. 1698.

Biblia Sa ra ex Seb Castellionis interpretatione, ejusque postrema recognitione. Cum Annotationibus ejusdem, & Historiae supplemento ab Esdra ad Machabaeos, & inde usque ad Christum, ex Josepho. Accessere in nova hac editione ejusdem Delineatio Reipublicae Judaicae ex Josepho, Nota prolixior in Caput IX. Epistolae ad Romanos, nec non Defensio verfionis Novi Foederis contra Th. Bezam, fol. Francof. 1697.

Burnet Thesaurus Medicinae Practicae, ex praestantissimorum Medicorum observationibus, consultationibus, consiliis & Epistolis, summa diligentia collectus, ordine alphabetico difpositus, & in 18. libros divisus, 4 Genev. 1698.

Botsacci Moralia Gedanensia, juxta seriem Literarum digesta, Oraculis & Exemplis S. Scripturae, Patrumque dictis, allegoriis, similibus, historiis sacris pariter & profanis, nec non usibus Theologicis instructa. Praefixa est Praefatio Joh. Ad. Scheizeri, fol. Francof. 1699.

C.

Catalogi Librorum Manuscriptorum Angliae & Hiberniae in unum collecti, cum indice Alphabetico, 2 voll. fol. Oxon. 1697. Item Vita Th. Bodleji, & Historia Bibliothecae Bodleianae Oxonii.

Catalogus Librorum Manuscriptorum Bibliothecae Cottonianae. Cui praemittuntur Rob. Cottoni Vita & Bibliothecae Cottonianae Historia & Synopsis, scriptore Th. Smitho, fol. ibid. 1696.

Cave Historia Litteraria Scriptorum Ecclesiasticorum facili & perspicua methodo digesta, Pars altera, qua plusquam D. C. Scriptores novi, editi, MSS. deperditi recensentur; prioribus plurima adduntur; breviter aut obscure dicta illustrantur, recte asserta vindicantur. Accedit ad finem cujusvis saeculi Gentiliorum omnium, tum generalium tum particularium historicae notitia. Ad calcem verò operis Dissertationes tres, I. de Scriptoribus Ecclesiasticis incerta aetatis, II. De Libris & Officiis Ecclesiasticis Graecorum, III. De Eusebii Caesariensis Arianismo adversus Joann. Clericum, fol. Lond. 1698.

Castique de l'Histoire des Chanoines, ou Apologie de l'état des Chanoines Proprietaires depuis les premiers siecles de l'Eglise jusqu'au douzième: avec une Dissertation sur la canonicité de l'Ordre de Premontré, 8. Auxerre. 1700.

Critici Sacri: sive Annotata doctissimorum virorum in Vetus ac Novum Testamentum. Quibus accedunt Tractatus varii Theologico-Philologici. Editio nova in novem Tomos distributa, multis anecdotis Commentariis, ac indice ad totum Opus locupletissimo aucta, fol. Amst. 1698.

Chronicon Hebraeorum Majus & Minus: Latinè vertit & Commentario perpetuo, cui Notae in V. T. libros Historicos & plerosque minores insertae sunt, illustravit Joh. Meyer. Accedunt ejusdem Dissertationes Tres, I. de Historiae S. divina origine & infallibilitate II. de ejusdem integritate adversus R. Simonii Hist. Critic. Lib. I. III. De Codice & Calculo Hebraeo praeferendo Samaritano & Graeco, 4. Amst. 1699.

C. I. Caesaris quae extant, cum notis & animadversionibus D. Vossii: & qui vocatur Julius Celsus de Vita & rebus gestis C. J. Caesaris, ex musaeo J. G. Graevii, 8. Amst. 1697.

Confutatio per Belgas Theologos Libelli Hispanice editi hoc titulo: Memorial al Rey N. Señor Carlos II. en defensa de sus reales Decretos en el Paisbaxo Catholico, nomine ac jussu R. P. Gonzales Soc. Jesu Praepositi Generalis per R. P. Jo. de Palazol Majestati suae Catholicae primum oblati, ac deinde ab Inquisitione Hispaniae die 28. Septembris 1698. proscripti, 8. 1699.

Ciceronis Orationes omnes, in tria volumina vulgò distributae, sed nunc uno libro comprehensae.

LIBRORUM.

fæ, atque retenta Analyfi generali, Logica, Hiftorica & Theorica, quam J. Th. Freigius fingulis Orationibus fua in editione præmifit, atque in margine adnotavit, in capita diftinctæ, accuratne Joh. G. Arnoldo, 8. Francof. 1698.

Cocq Principia totius Theologiæ moralis & fpeculativæ ex S. Scriptura, Conciliis, S. Patribus, maxime S. Auguftino, & aliis probatis Auctoribus compendiofe depiompta, 8. 4. voll. Colon. 1689. — 60

Coccii Sabellici Hiftoriæ rerum Venetarum ab urbe condita Libri XXXIII. in 4. Decades diftributi, 4. Bafil. 1670.

Cabinet des beaux Arts, ou Recueil d'Eftampes gravées d'après les Tableaux d'un Plafond, où les beaux Arts font reprefentez, avec l'explication de ces mêmes Tableaux, par Monfr. Perrault, 4. à Paris 1690.

Conferences Ecclefiaftiques du Diocefe de Luçon, fur les Epitres de S. Paul aux Romains, à Timothée, à Tite, à Philemon, & fur les Hebreux, touchant les devoirs & les vertus des Pafteurs & des Ecclefiaftiques, 4 voll. 12. à Paris 1695.

Crovfii Hiftoria Quakeriana, five vulgo dictis Quækeris, ab ortu illorum ufque ad recentiatum Schifma Libri III In quibus præfertim agitur de ipforum præcipuis anteceftoribus, & dogmatis, ut & fimilibus placitis aliorum hoc tempore, factifque ac cafibus memorabilibus, 8. Amft. 1695.

Craige Methodus figurarum lineis rectis & curvis comprehenfarum quadraturas determinandi, 4. Lond. 1685. — 65

— — — Tractatus Mathematicus de Figurarum curvilinearum Quadraturis & Locis Geometricis, 4. ibid. 1693.

Catechefis Palatina, brevi quæftionum & refponfionum Analyfi, & ampliore rerum exegefi, in qua S. Theologiæ præcipua explicantur, fuifque argumentis pro inftitutimodo confirmantur & defenduntur, in ulum Auditorii fui illuftrata à J. R. Rodolph, 8. Bernæ 1697.

Céphale & Procris, Tragedie mife en Mufique, fol. à Paris 1694.

Cluverii Introductio in Univerfam Geographiam tam Veterem quam Novam Tabulis Geographicis XLVI. ac Notis olim ornata à Joh. Bunone, jam vero locupletata Additamentis & Annotationibus Joh. Fr. Hekelii & Joh. Reiskii, 4. Amft. 1697.

Carpzovii Practicæ novæ Imperialis Saxonicæ rerum Criminalium Partes Tres, Quæftionumfere univerfarum in materia cujufque generis homicidiorum, fractæ pacis publicæ, Læfæ Majeftatis tam humanæ quam divinæ, falfificationis monetariæ, blafphemiarum, perjurii & fortilegiorum; delictorum carnis, furtorum, rapinæ, facrilegii, falfi & injuriarum; Proceffus Criminalis, tam ordinarii quam Inquifitorii, torturæ, executionis, & remiffionis ac mitigationis pœnarum, ex Jure Civili Romano, Imperiali, Saxonico, Decifiones abfolutas, refponfis Scabinorum Lipfienfium approbatas, & ufu ac obfervantia fori Saxonici confirmatas exhibens, fol. Lipfiæ 1695. — 70

Conringii Epiftolarum Syntagmata duo una cum Refponfis præmiffa Conringii Vita, Scriptorum Index, & de his Doctorum Virorum judicia, 4. Helmft. 1694.

Carii Palæologia Chronica. A Chronological Account of antient time, in three Parts, I. Didactical. II. Apodictical. III. Canonical, fol. Lond. 1677.

Covarruvias Opera omnia, jam poft variæ editiones correctiora, & cum veteribus ac melioris notæ exemplaribus de novo collata, & ab innumeris mendis ferio repurgata: cum Auctoris Tractatu in Tit. de Frigidis & Maleficiatis, feptem Quæftionibus diftincto, quibus an matrimonium cum hoc impedimento conftare poffit, accurate explicatur. Accefferunt de novo Joh. Uffelii In variarum Refolutionum libros Notæ uberiores, fol. Genev. 1679.

Claude Recueil de Sermons fur divers Textes de l'Ecriture Sainte, 8. Geneve, 1693.

Q. Curtius de Rebus Alexandri, cum Commentariis & indice Freinshemii, 4. Argent. 1670. — 75

Calixti de Tolerantia Reformatorum circa quæftiones inter ipfos & Auguftanam Confeffionem profeffos controverfas Confultatio. Præmiffa eft Fr. Ulr. Calixti mutuæ Chriftianorum, in S. Rom. Imperio publico & libero Religionis exercitio gaudentium, citra omnem Religionum mifcellam Tolerantiæ præviæ Declaratio, 4. Helmft. 1697.

Cohellii Commentaria in Bullam X. Clementis Papæ VIII. de bono Regimine rerum ad Univerfitates Diffolis Ecclefiafticæ fpectantium. Nec non fummorum Pontificum Bullæ, ut & Refolutiones & Decreta dictarum Univerfitatum intereffe fpectantia, fol. Lugd.1699.

Calilii Inftitutio Univerfæ Philofophiæ, 4 voll. 4. Cadomi 1695.

Callimachi Hymni, Epigrammata, & Fragmenta ex recenfione Th. Grævii cum ejufdem Animadverfionibus. Accedunt N. Frischlini, H. Stephani, B. Vulcanii, P. Voetii, A. T. F. Dacerii, R. Bentleii Commentarius & Annotationes Ez. Spanhemii. Nec non præter Fragmenta, quæ ante Vulcanius & Dacerii publicarant, nova, quæ Spanhemius & Bentlejus collegerunt & digefferunt. Hujus curâ & ftudio quædam quoque inedita Epigrammata Callimachi nunc primum in lucem prodeunt, 2 voll. 8. Uitraj. 1697.

Caufa Arnaldina, feu Ant. Arnaldi Doctor & Socius Sorbonicus à Cenfura anno 1656. fub nomine Facultatis Theologiæ Parifienfis vulgata, vindicatur fuis ipfius aliorumque fcriptis, — 80

T 3 nunc

VII

150   C A T A L O G U S
nunc primum in unum volumen collectis: quibus S. Augustini & S. Thomæ Doctrina de Gratia efficaci & sufficiente dilucidè explanatur, 8. Leod. 1699.
Commentarius in Harmoniam five Concordiam quatuor Evangelistarum, auct. Bern. Lamii, 4. Paris. 1699.
- - - Tomus II. in quo continetur Apparatus Chronologicus & Geographi us ad Commentarium in Harmoniam five concordiam quatuor Evangelistarum. Præmittitur totius operis Præfatio, cujus prima pars demonstrat veritatem Evangelii; altera quid sit Evangelium, à quibus, quâ linguâ, quo tempore & qua de causa scriptum, 4. ibid. 1699.

D.

D*U* Pin Histoire des Controverses & des matieres Ecclesiastiques traitées dans le treizieme Siecle, 8. à Paris 1698.
- - - Dans le quatorzième Siecle, 8. ibid. 1698.
85   - - - Dans le quinzième Siecle, Premiere Partie, 8. Ibid. 1698.
- - - Dissertation Preliminaire, ou Prolegomenes sur la Bible, Tome premier, sur l'Ancien Testament, 8. ibid. 1699.
- - - Tome second, sur le Nouveau Testament, 8. ibid. 1699.
De la Connoissance de soy même; Traité Premier: des Dispositions à l'étude de soy-même, par le P. Lamy, 12. à Paris 1699.
- - - Traité second: Introduction à l'étude de foi-même, où l'on examine l'homme selon son être naturel, 12. ibid. 1699.
90   - - - Traité troisième: de l'être moral de l'homme, ou de la science du cœur, 3 voll. 12. ibid. 1699.
Dialogues sur les matieres du Tems, concernant la Religion, seconde édition, avec une suite contenant la Bulle in Cœna Domini, & quelques autres pieces curieuses, touchant la foi violée à Jean Hus au Concile de Constance; avec le Decret qui annulle en ce cas la foi promise aux Heretiques, 2 voll. 8. Amst. 1700.
Decisiones Guidonis Papæ. A. Rambaudi, F. Pisardi, St. Ranchini, L. Rabotii, P. Matthæi, Ferrerii, N. Boneronii, nec non Jo. à Cruce annotationibus illustratæ & auctæ: accesserunt Observationes & lucubrationes G. Baronis, fol. Genev. 1667.
- - - Novissimæ Marii Giurbæ, fol. ibid. 1675.
- - - Celeberrimi Sequanorum Senatus Dolani, auth. Jo. Grivello, fol. ibid. 1660.
95   Du Bosc Sermons sur l'Epitre de St. Paul aux Ephesiens, contenans l'explication des principales matieres contenues dans les trois premiers Chapitres de cette Epitre, 3 voll. 8. Rotterd. 1699.
Dale de Oraculis Veterum Ethnicorum Dissertationes duæ: quarum nunc prior agit de eorum Origine atque auctoribus, secunda de ipsorum interitu & interitu. Editio secunda plurimum adaucta; cui de novo accedunt Dissertatiunculæ I. de Statua Simoni Mago à prætenditur, erecta: quâ occasione agitur de Chresto Suetonii. II. De Actis Pilati disseritur; illaque occasione, cur Augustus Cæsar Dominus appellari renuerit. III. Schediasma de Consecrationibus, plusquàm dimidia parte auctius, cum figuris æneis, 4. Amst. 1700.
Devotion au Sacré Cœur de Nôtre Seigneur Jesus-Christ, par un P. de la Compagnie de Jesus, quatrième Edition, augmentée, 12. à Brux. 1696.
Defense de l'Eglise Romaine & des Souverains Pontifes, contre Melch. Leydecker: avec un Recueil de plusieurs Ecrits curieux & importans pour l'Histoire & la paix de l'Eglise sur les questions du tems, qui peut servir de quatrième Tome de la Tradition de l'Eglise Romaine sur la Grace, par M. Germain, 12. à Liege 1696.
Du Porti Musæ Subcesivæ, seu Poëtica Stromata, viz. Sylvarum, seu Miscellaneorum lib. tres: Carmina gratulatoria ad Regem & Reginam: Epicedia seu Carmina Funebria: Carmina in publicis Acad. Comitiis composita: Epigrammata Sacra: Epithalamia Sacra, seu Canticum Salomonis, 8. Lond. 1696.
100   Dilherii Peribologia seu muniendorum Locorum ratio, fol. Francof. 1641.
Doctrinæ Morales ad Palæphati incredibilia, 8. Jenæ 1687.
Deux Lettres touchant le Neuvième Electorat, 4. Rotterd. 1698.
Dionysii Orbis Descriptio, cum Veterum Scholiis, & Eustathii Commentariis. Accedit Periegesis Prisciani, cum notis Andr. Papii, 8. Oxon. 1697.
Drelincourt Consolations de l'Ame fidelle contre les frayeurs de la mort: avec les dispositions & les preparations necessaires pour bien mourir, 8. à Gen. 1634.
105   - - - Reponse à la Lettre écrite par Monsr. le Prince Ernest, Landgrave de Hesse aux cinq Ministres de Paris, 8. ibid. 1664.

                                       - - - Triom-

LIBRORUM. 151

- - - *Triomphe de l'Eglise sous la Croix, ou la gloire des Martyrs*, 8. ibid. 1670.

Dictionaire Nouveau François, contenant generalement tous les mots, les matieres & plusieurs remarques nouvelles sur la langue Françoise ; ses expressions propres, figurées & burlesques, la prononciation des mots les plus difficiles, le genre des noms, la conjugaison des verbes, leur regime, celui des adjectifs & des prepositions : avec les termes les plus connus des arts & des sciences : le tout tiré de l'usage & des bons Auteurs, par P. Richelet, derniere édition augmentée, 4. Geneve 1694.

Daillé *Exposition sur la Divine Epitre de l'Apôtre St. Paul aux Philippiens en vingt-neuf Sermons, prononcé à Charenton, l'an* 1639, 1640, 1641, 1642. I. *Partie sur les deux premiers Chapitres, & la* II. *Partie sur les deux derniers Chapitres*, 8. 2 voll. à Geneve 1659.

- - - *De la Creance des Peres sur le fait des Images*, 8. ibid. 1651.
- - - *Sermons de la Naissance, de la Mort, de la Resurrection, de l'Ascension de nôtre Seigneur ; & de la descente du S. Esprit sur les Apôtres*, 8. ibid. 1665.   110
- - - XXIII, *Sermons sur le* XII. *Chapitre de l'Epitre aux Hebreux, avec un Sermon sur le* V. 1. *du Chapitre* XIII. 8. ibid. 1672.
- - - *Explication du Chapitre* III. *de l'Evangile selon S. Jean, en* XI. *Sermons prononcez à Charenton l'an* 1652. & 1653. *avec* IX. *autres Sermons du mesme, sur divers Textes de l'Ecriture*, 8. ibid. 1666.
- - - *Les deux derniers Sermons prononcez à Charenton le jour de Pasque* 6. *Avril* 1670. *& le Jeudy suivant, avec un Abregé de sa vie, & le Catalogue de ses Oeuvres*, 8. ibid. 1672.
- - - XV. *Sermons prononcez en divers lieux & sur divers sujets, l'an* 1653. *&* 1654. 8. ibid. 1659.
- - - XXI. *Sermons sur le* X. *Chapitre de la* I. *Epitre de S. Paul aux Corinthiens, prononcez à Charenton, l'an* 1664, 1665, 1666. 8. ibid. 668.   115
- - - XX. *Sermons prononcez à Charenton sur certains jours & certains tems de l'année*, 8. ibid. 1658.
- - - *Sermons sur l'Epitre de l'Apôtre S. Paul aux Colossiens*, I. *Partie qui contient l'exposition du premier Chapitre, en quinze Sermons*, 8. ibid. 1662.
- - - II. *Partie, qui contient l'exposition du Chapitre second, en seize Sermons*, 8. ibid. 1662.
- - - III. *Partie, qui contient l'exposition des deux derniers Chapitres, en dix-huit Sermons*, 8. ibid. 1662.
- - - *Melange de Sermons prononcez à Charenton en divers tems, & sur differens sujets*, 8.   120
2 voll. ibid. 1666.
- - - *Exposition de la* I. *Epitre de l'Apôtre S. Paul à Timothée, en* 48. *Sermons prononcez à Charenton*, 8. 2 voll. ibid. 1661.
- - - *Exposition de l'Epitre* II. *de S. Paul à Timothée, en* 35. *Sermons prononcez à Charenton*, 8. 2 voll. ibid. 1659.
- - - *Sermons sur l'Epitre de l'Apôtre S. Paul aux Colossiens*, I. *Partie qui contient l'exposition du* I. *Chapitre, en* 15. *Sermons*, 8. ibid. 1662.
- - - II. *Partie, qui contient l'exposition du Chapitre* II. *en seize Sermons*. 8. ibid. 1662.
- - - III. *Partie, qui contient l'exposition des deux derniers Chapitres, en dix-huit Sermons*, 8. ibid. 1662.   125
- - - *Replique aux deux Livres que Messieurs Adam & Cottiby ont publiez contre lui*, 4. ibid. 1669.

Dictionnaire Universel, contenant generalement tous les mots François tant vieux que modernes, & les Termes des Sciences & des Arts, savoir la Philosophie, Logique & Physique ; la Medecine, ou Anatomie, Pathologie, Terapeutique, Chirurgie, Pharmacopée, Chymie, Botanique, ou l'Histoire naturelle des Plantes, & celle des Animaux, Mineraux & Pierreries, & les noms des Drogues artificielles : La Jurisprudence Civile & Canonique, Feodale & Municipale, & sur tout celle des Ordonnances : Les Mathematiques, la Geometrie, l'Arithmetique & l'Algebre, la Trigonometrie, Geodesie ou l'Arpentage, & les Sections coniques, l'Astronomie, l'Astrologie, la Gnomonique, la Geographie, la Musique, tant en theorie qu'en pratique, les Instrumens à vent & à cordes, l'Optique, Catoptrique, Dioptrique & Perspective, l'Architecture civile & militaire, la Pyrotechnie, Tactique & Statique : Les Arts, la Rhetorique, la Poësie, la Grammaire, la Peinture, Sculpture, &c. la Marine, le Manege, l'Art de faire des armes, le Blason, la Venerie, Fauconnerie, la Pêche, l'Agriculture, ou Maison Rustique, & la plupart des Arts mechaniques : Plusieurs termes de Relations d'Orient & d'Occident, la qualité des Poids, Mesures & Monnoyes ; les Etymologies des mots, l'Invention des choses, & l'Origine de plusieurs Proverbes, & leur relation à ceux des autres Langues : Et enfin les noms des Auteurs qui ont traité des matieres qui regardent les mots, expliquez avec quelques Histoires, Curiositez naturelles, & Sentences morales, qui seront rapportées pour donner des exemples de phrases & de constructions. Le tout extrait des plus excellens Auteurs anciens & modernes. Recueilli & compilé par feu Messire Antoine Furetiere.

Abbé

152. CATALOGUS

Abbé de Chalivoi, de l'Académie Françoise. Seconde édition, revuë, corrigée & augmentée par Monsieur Basnage de Bauval. Divisé en trou Tomes, in folio. Rotterdam 1701.

E.

Essay on the memory of the late Queen, by Gilbert, Bishop of Sarum, 8. Lond. 1695.

Etmulleri Operum Medicorum Theoretico-Practicorum Tomus Secundus, exhibens Collegium Practicum Doctrinale, cum Methodo Consultatoria super varios casus Medicos, in quibus omnes totius humani corporis morbi dilucide describuntur, eorumque & subjecta & causæ cum symptomatibus accurate explicantur, junctaque Diagnosi & Prognosi curatio per selectissima & optima Medicamenta indicatur. Annexæ sunt sub calcem ejusdem Exercitationes variæ Academicæ: omnia secundum ultimos Autoris hypotheses concinnius disposita, prioribus auctiora, correctioraque curâ & studio Joh. C. Westphali, fol. Francof. 1697.

130 Eloges des Hommes Savans, tirez ael'Histoire de M. de Thou, avec des additions contenant l'Abregé de leur vie, le Jugement & le Catalogue de leurs Ouvrages, par Ant. Teißier, 2 voll. seconde édition augmentée d'un tres grand nombre de remarques, 12. Utrecht 1696.

Evangelium Medici: seu Medicina Mystica de Suspensis Naturæ legibus, sive de Miraculis, reliquisque in Bibliis memoratis, quæ Medicæ indagini subjici possunt. Ubi perpensis prius Corporis natura, sano & morboso corporis humani statu, nec non motus legibus, rerum status super naturam, pracipuè quibuscorpus humanum & animam spectant, juxta Medicinæ principia explicantur, à B. Connor, 8. Amst. 1699.

English Historical Library: or a short view and character of most of the Writers now extant, either in print or manuscript: which may be serviceable to the undertakers of a general History of this Kingdom, by W. Nicolson, 8. Lond.

- - - Part II. giving a Catalogue of the most of our Ecclesiastical Historians, and some critical reflections upon the chief of them, with a Preface correcting the errors, and supplying the defects of the former part, 8, Lond. 1697.

F.

FOntana Amphitheatrum Legale, in quo quilibet Operum Legalium Author habet suam sedem ordine Alphabetico collocatam: seu Bibliotheca Legalis amplissima, in qua recensentur omnes Authores cum omnibus eorum Operibus in jure editis; & in qua datur etiam sedes præcisa abecedario indice designata omnium, & quarumcunque rerum, verborum & materiarum, quæ in Corpore Juris Pontificii & Cæsarei, ac in supradictorum Authorum Operibus tam ex professo, quam Sparsim sed fuse pertractantur, fol. Parmæ, 1688.

135 Francki Exercitationes anti-Limborchianæ de præcipuis inter Lutheranos & Remonstrantes sive Arminianos controversiis, Phil. à Limborch Theologiæ Christianæ oppositæ. Accessit ejusdem antehac editum specimen Controversiarum, quæ Ecclehæ Lutheranæ cum Remonstrantibus intercedunt, &c. 8. Kiloni 1694.

Felibien Entretiens sur les Vies & sur les Ouvrages des plus excellens Peintres anciens & modernes, 2 voll. 4. à Paris 1696.

- - - Recueil Historique de la Vie & des Ouvrages des plus celebres Architectes, 4. ibid. 1696.

- - - Description du Chateau de Versailles, de ses Peintures, & d'autres Ouvrages faits pour le Ray, 12. ibid. 1696.

- - - Monumens Antiques, 4. ibid. 1690.

140 Funccii Vindiciæ Seculi nostri, erroneæ vulgi opinioni oppositæ, h. e. Tractatus duo, quorum pilor Seculum nostrum à naturæ inconstantia & imbecillitate, nec non à vitiorum majori ac pejori frequentia vindicat. Posterior seculum nostrum præ cæteris seculis per divinam clementiam prudentius in linguis & artibus, in moribus & conversatione, in victu & amictu, redditum exhibet, sanæ rationis ductu utrique conscripti, receptissimæ vulgi opinioni oppositi, ut & placido prudentiorum virorum judicio expositi, 12. Francof. 1696.

Fabricii Bibliotheca Latina, sive Notitia Autorum Veterum Latinorum, quorumcunque scripta ad nos pervenerunt. Accessit duplex Appendix, una de fragmentis & collectionibus veterum Scriptorum Latinorum, Monumentis antiquis, Poetis Christianis, JCtis, Medicisque & scriptis quibusdam hypotolimæis disseritur, 8. Hamb. 1697.

Ger-

LIBRORUM.

G.

GErhardi Meditationes Sacræ, ad veram pietatem excitandam, & interioris hominis profectum promovendum accommodatæ: item excercitium pietatis quotidianum quadripartitum, 18. Francof. 1685.

Gac..es seize Sermons sur divers Textes de l'Ecriture Sainte: avec un Sermon sur la paix entre les deux Couronnes de France & d'Espagne, par Ch. Drelincourt, 8. Genev. 1660.

Galli Tractatus de Exceptionibus quæ oriri possunt in successionibus tam ab intestato, quam in Testamentis, 4. Genev. 1619.

Guidon de la Langue Italienne par Nath. Duez: revu, augmenté & corrigé suivant les plus savans Auteurs tant vieux que modernes qui ont écrit de cette langue; avec trois Dialogues familiers Italiens & François; la Comedie de la Moresse; les Complimens Italiens; une guirlande de Proverbes; un Traité de la Poësie; une Nomenclature Italienne & Françoise; plusieurs Lettres, 8. Genev. 1588. 145

- - - De la Langue Françoise, avec quatre Dialogues François & Allemands; & un Bouquet de Sentences, 8. Amst. 1669.

Giphanii Oeconomia Juris, sive Dispositio methodica omnium librorum ac titulorum totius Juris civilis, 4. Argent. 1612.

Gatakeri Opera Critica: Dissertatio de N. Instrumenti stylo; Cinnus sive Adversaria Miscellanea; Adversaria Miscellanea posthuma. Marci Antonini Imperatoris de Rebus suis Libri XII. Commentario perpetuo explicati; Opus una varia. Omnia singulari cura recensita, ab infinitis hypothecarum mendis expurgata; multorum Græce dictorum Latina interpretatione illustrata, & locupletissimis accuratissimisque indicibus ornata, fol. Ultraj. 1698.

Grotii de jure Belli ac Pacis Libri tres, in quibus jus Naturæ & Gentium, item juris publici præcipua explicantur: cum Annotatis Autoris ex postrema ejus ante obitum cura. Accesserunt excerpta Annotationum variorum Virorum insignium in totum Opus, edente Joh. Chr. Becmano, 4. Francof. 1699.

- - - De Imperio Summarum Potestatum circa Sacra: cui accedunt D. Blondellus de Jure Plebis in regimine ecclesiastico; & de officio Magistratus Christiani alius Autoris Opusculum, 4. ibid. 1690. 150

H.

Historia Religionis veterum Persarum eorumque Magorum: ubi etiam nova Abrahami, & Mithræ, & Vestæ, & Manech. &c. Historia, atque Angelorum officia & præfecturæ ex veterum Persarum sententia. Item, Persarum annus antiquissimus tangitur, is τῦ Gjemshid detegitur, verus τῦ Yezdegherd de novo proditur, is τῦ Melicshah expenditur, is τῦ Selgjüh & τῦ Chorzemshah notatur, & is τῦ Katâ & τῆς Orghur explicatur. Zoroastris Vita, ejusque & aliorum Vaticinia de Messiah è Persarum aliorumque monumentis eruuntur: primitivæ opiniones de Deo & de hominum origine eseruntur; originalis Orientalis Sibyllæ mysterium recluditur; atque Magorum Liber Sad-Deo (Zoroastri præcepta seu religionis canones continens) è Persico traductus exhibetur. Dantur Veterum Persarum Scripturæ & linguæ (ut hæ jam primô Europæ modulantur & literato orbi postliminio reddantur) specimina. De Persæ ejusdemque linguæ ortu, deque hujus dialectis & à moderna differentiis, strictim agitur: aut. Th. Hyde, 4. Oxon. 1700.

- - - Vitæ Sim. Episcopii scripto à Phil. à Limborch, è Belgico in Latinum sermonem versa, & ab Auctore aliquot in locis aucta, 8. Amst. 1701.

Huberi Institutionum Historiæ Civilis Tomi tres, Quorum primus est ab ortu Imperiorum, ad præsentem Imperii Romano-Germanici statum, usao Christi 1356. stabilitum. Infectus est Tractatus de Temporibus ante Cyrum olim editus. In calce hujus tomi adjectum est specimen observationum juris Historici, S. Frauéq. 1698.

- - - Rerum in Orbe gestarum post tempora Caroli V. usque ad obitum Gustavi Adolphi Commentarius, exhibens Historiæ Civilis Tomum II. 8. ibid. 1698.

- - - Rerum in Orbe gestarum post obitum Gustavi Adolphi usque ad nativitatem Guilielmi Arausionensis III. Commentarius, exhibens Historiæ Civilis Tomum III. 8. ibid. 1698. 155

- - - Digressiones Justinianeæ, in partes duas, quarum altera nova, distinctæ: quibus Varia & in primis Humaniora juris continentur, Insertus est de jure in Re & ad Rem, quod dicitur,

V Tracta-

Tractatus, & adjecta de ratione discendi atque docendi juris Diatribe, per modum Dialogi, 4. ibid. 1698.
Huberi de Jure Civitatis Libri tres. 8. ibid. 1684.
- - - Institutionis Reipublicæ liber singularis exhibens summam juris Publici universalis, 8. ibid. 1698.
- - - De fœderibus, Testamentis, liberationibus, satisfactionibus, acceptilatione, Jure crediti divini, æquitate, dispensatione & redemptione Dissertationes Theologicæ VII. Quibus earum rerum juridica popularis significatio, quæ fuit olim, quatenus Sacri Scriptores de illis rebus egerunt, explicatur, cum variis utilium rerum observationibus. Accedit de Prætorio, quod Paulus commemorat, Phil. 13. Liber singularis, 8. Franeq. 1688.
- - - Prælectionum Juris Civilis Pars Prior, quæ est secundum Institutiones Justinianæas; Accedunt Scholia Chr. Thomasii, & ad pleraque responsiones Autoris, 4. ibid. 1687.
- - - Pars II. quæ est ad Libros undeviginti priores Pandectarum, ex principiis doctrinæ veteris ac humanioris, ad juris, quo utimur, demonstrationem. Illustrata passim historiis sua memoria judicatarum, 4. ibid. 1689.
- - - Pars III. quæ est ad Libros novem & triginta posteriores Pandectarum, ex principiis doctrinæ veteris ac humanioris, ad juris, quo utimur, demonstrationem: illustrata passim historiis rerum sua memoria judicatarum, 4. ibid. 1690.
- - - De Ratione juris docendi & discendi Dialogus, 8. ibid. 1684.
Helmondt Opera omnia, additis his de novo Tractatibus aliquod posthumis ejusdem Autoris, maxime curiosis pariter ac perutilissimis, 4. Francof. 1682.
Huygens breves Observationes de Doctrina Sacra & locis Theologicis, item de Deo Opt. Max. & de Attributis Divinis, 8. Leod. 1694.
- - - De SS. Trinitate, de Angelis & de homine integro & lapso, 8. ibid. 1695.
- - - De Actibus humanis & passionibus animæ, item de Virtutibus & vitiis in genere, 8. ibid. 1694.
- - - De Peccatis & Legibus, item de Justificatione & merito, 8. ibid. 1694.
- - - De Verbo Incarnato, 8. ibid. 1695.
- - - De Sacramentis in genere & tribus primis in specie, 8. ibid. 1696.
- - - De Sacrificio Missæ, Sacramentis Pœnitentiæ, extremæ Unctionis & Ordinis, 8. ibid. 1696.
- - - De Sacramento Matrimonii & quatuor novissimis, 8. ibid. 1697.
- - - Conferentiæ Theologicæ habitæ inter varios S. Theologiæ alumnos Lovanii, 8. ibid. 1694.

Histoire des Juifs écrite par Flavius Joseph sous le titre d'Antiquitez Judaïques, traduite sur l'Original Grec, revu sur divers Manuscrits par Monsr. Arnauld d'Andilly. Edition nouvelle enrichie de figures en taille douce, fol. Amst. 1700.
Histoire de l'Eglise, par Mess. Ant. Godeau, 6 voll. 12. à Brux. 1697.
- - - D'Angleterre, d'Ecosse & d'Irlande, avec un Abregé des évenemens les plus remarquables arrivez dans les autres Etats, par Monsr. de Larrey; Tome I. qui comprend les regnes de Henri VII. Henri VIII. Edouard VI. Jeanne Gray & Marie. Enrichi des Portraits des Rois, Reines & autres personnes illustres, fol. Rotterd. 1697.
- - - Tome second, qui comprend les regnes d'Elizabeth & de Jaques Premier, fol. ibid. 1698.
- - - De Hollande, depuis la Treve de 1609. où finit Grotius, jusqu'à notre tems, par Mr. de la Neuville, 4 voll. 12. à Par. 1693.
- - - Du Nestorianisme, par le P. Doucin, 4. à Rotterd. 1698.
- - - Du Regne de Charles Gustave, Roi de Suede, comprise en sept Commentaires enrichis de tailles douces, traduite en François sur le Latin de Mr. Pufendorf, fol. à Nuremb. 1697.
Historia trium Gordianorum, G. Cuperi, 8. Dav. 1697.
Hottingeri Exercitationes anti-Morinianæ: de Pentateucho Samaritano, ejusque identica authentia: oppositæ canonicæ ejusdem authentiæ, à Joh. Morino temere assertæ, 4. Tig. 1644.
- - - Schola Tigurinorum Carolina: id est Demonstratio Historica, ostendens Reipubl. Tigurinæ Scholam à Carolo Magno deducendam, duabus absoluta periodis, quarum illa à Carolo M. ad reformationem, trivialem; hæc, à reformatione, exhibet publicam, 4. ibid. 1664.
- - - Analecta Historico-Theologica octo Dissertationibus proposita: I. De necessitate reformationis superiori seculo institutæ. II. De Heptaplis Pacifiensibus, seu Bibliis regiis. III. De Jubilæo Judaïco, Christiano & Pontificio. IV. Judicia Hebræorum & Arabum de Terræ motibus. V. De usu linguæ Hebrææ contra Pontificios & Anabaptistas. VI. De usu linguæ Arabiæ in Theologia, Medicina, Jurisprudentia, Philosophia & Philologia. VII. Introductio ad lectionem Patrum. VIII. De usu Patrum. Accessit appendix, de Cyrilli Patriarchæ concessione, Scripturæ & Patrum testimoniis vestita, vita, scriptis & martyrio, 8. Tig. 1651.
- - - Juris Hebræorum Leges CCLXI. juxta Nomothesias Mosaïcæ ordinem atque seriem depromptæ, & ad Judæorum mentem, ductu Rabbi Levi, Barzelonitæ, indicatis cujuslibet præcepti,

LIBRORUM.

cepti fundamento, materia, subjecto, fine, accidentibus transgressoris poena propositæ, 4. ibid. 1655.

Hottingeri Cippi Hebraici : sive Hebræorum, tam veterum Prophetarum Patriarcharum ; quam recentiorum, Tannæorum, Amoræorum, Rabbinorum monumenta, Hebraicè à Judæo quodam, teste oculato, tum intra, tum etiam extra terram sanctam observata & conscripta, nunc verò Latinitate, notisque illustrata. Accedunt ejusdem Dissertationes I. De variis Orientis monumentis, mensuris & inscriptionibus. II. De nummis Orientalium, Hebræorum maxime & Arabum. III. Elenchus tractatuum ab eodem authore editorum, 8. Heid. 1662.

- - - Archæologia Orientalis, exhibens I. compendium Theatri Orientalis, de Arabum, Persarum, Turcarum, Tartarorum, Indorum, Mauritanorum, Muhammedorum potissimum, statu politico, ecclesiastico, scholastico & oeconomico. II. Topographiam ecclesiasticam orientalem, quæ brevis est Ecclesiæ Orientalis, secundum nominum, dogmatum, sedium Patriarchalium, linguarum; climatum denique diversitatem, descriptio; annexis quibusdam de statu ejusdem observationibus, & publicorum quorumdam scriptorum Syriacorum, Arabicorum, Æthiopicorum, &c. compendiosa anatome, 8. ibid. 1651.

- - - Cursus Theologicus: quo non modo definitiones proponuntur, locisque Scripturæ perspicuis confirmantur; sed etiam Canonibus, quibus primariæ hujus seculi controversiæ sunt exhibitæ, ita illustrantur, ut tyronum non minus rudimentis, quam exercitatiorum inservire possit incrementis, 8. Tig. 1666.

- - - Eucharistia defensa : sive Elenchicus theologicus, quo solidè & perspicuè monstratur, Ecclesiam Reformatam de Eucharistia juxta Scripturam docere atque sentire, &c. 8. ibid. 1653.

- - - Historiæ Creationis examen Theologico Philologicum, ita institutum, ut opera sex dierum, ex primo Geneseos capite, strictim enarrentur, singulæ penè voces, obscuriores cum primis & emphatica quæstionibus 164. elucidentur, & ad varios usus accommodentur, 4. Heidelb. 1659.

Historia nuperæ Rerum mutationis in Anglia : in quâ res à Jacobo rege contra leges Angliæ, & Europæ libertatem, & ab Ordinibus Angliæ contra Regem patratæ, duobus libris recensentur, autore E. B. 8. Lond. 1697.

Historia del Concilio Tridentino di Pietro Soave, 4. 1629.

Historia delle Guerre civili di Francia di H. C. Davila : nella quale si contengono le operationi di quattro Rè, Francesco II. Carlo IX. Henrico III. & Henrico IV. 2 voll. fol. in Parigi, 1644. de l'Imprimerie du Louvre, en grand papier.

Historia d'Italia di Fr. Guicciardini, 4. Genev. 1645.

Hartmanni Pastorale Evangelicum, seu Instructio plenior Ministrorum Verbi, Libris IV. Pastoris personam, vitam spartam & fortunam, id est, vocationem, ordinationem, investituram &c. ratione personæ: Conversationem ac mores, ratione vitæ: Officii decentem administrationem, ratione spartæ: Promotionem ac remotionem, ratione fortunæ secundæ & adversæ, tempore pacis, belli, pestis, persecutionis &c. sistens. Additis sufficientibus monitis circa quamcunque praxin Theolog. pastoralem & Decisionibus ultra 800. casuum conscientiæ, ac quæstionum, controversiarum, dubiorum, quotquot propemodum occurrere solent, 4. Norimb. 1697.

Horatii Flacci Carmina expurgata : notis ac perpetua interpretatione illustravit Jos. de Juvancii, S. J. 12. 3 voll. Paris. 1695.

Historia Argonautarum, seu ad vellus aureum expeditio & de navigationis origine, cum variorum Eruditorum notis, 8. Paris. 1698.

Harangues sur toutes sortes de sujets, avec l'art de les composer, seconde édition, augmentée d'un grand nombre de preceptes & de Harangues, par Monf. Vaumoriere, 4. à Par. 1693.

Histoire de la Ville de Marseille, contenant tout ce qui s'est passé de plus memorable depuis sa fondation, durant le tems qu'elle a été Republique & sous la domination des Romains, Bourguignons, Visigots, Ostrogots, Rois de Bourgogne, Vicomtes de Marseille, Comtes de Provence, & des Rois Très-Chretiens; recueillie ae plusieurs Auteurs Grecs, Latins, François, Italiens & Espagnols, & des Titres tirez des Archives de l'Hôtel de Ville, des Chapitres, Abaies & Maisons Religieuses de Marseille, & de divers lieux de Provence: seconde édition revuë, corrigée, augmentée, & enrichie de quantité d'Inscriptions, Sceaux, Monnoies, tombeaux, & autres pieces d'antiquité, par la Sieur de Ruffi, fol. à Marseille 1696.

Histoire de l'Eglise, depuis Jesus-Christ jusqu'à present, divisée en quatre Parties. La I. contient l'Histoire du Gouvernement de l'Eglise dans ses Dioceses d'Alexandrie, d'Antioche, d'Afrique, des Gaules, de Constantinople & de Rome. La II. l'Histoire de ses principaux dogmes, du canon des Ecritures, des Traditions, des huit Conciles Oecumeniques, de la Justification, de la Grace & de l'Eucharistie. La III. contient celle de l'adoration du Sacrement, du culte des Anges, de la Vierge, des Saints, de leurs reliques, & de leurs images, depuis J. Christ jusqu'à la naissance des Albigeois: & la IV. l'Histoire des Albigeois, & de la succession de l'Eglise jusqu'à present, par Mr. Basnage, 2 voll. fol. Rotterd. 1699.

Histoire des Plantes qui naissent aux environs de Paris, avec leur usage dans la Medicine, par P. Tournefort, 12. à Paris 1698.

156 CATALOGUS

Histoire Ecclesiastique, par Mr. Fleury, Tome premier contenant les deux premiers siecles. 4. Paris 1691.
- - - *Tome second, contenant le troisiéme siecle,* 4. ibid. 1691.
- - - *Tome troisiéme, depuis l'an 313. jusques à l'an 361.* 4. ibid. 1693.
- - - *Tome quatrième, depuis l'an 361. jusques a l'an 395.* 4. ibid. 1695.
- - - *Tome cinquiéme, depuis l'an 395. jusques à l'an 429.* 4. ibid. 1697.
- - - *Tome sixiéme, depuis l'an 429. jusques à l'an 483.* 4. ibid. 1699.
- - - *Tome septieme, depuis l'an 483. jusques à l'an 590.* 4. ibid. 1701.

Histoire du Concile de Trente de Fra Paolo Sarpi, traduite par Mr. Amelot de la Houssaie: avec des Remarques historiques, politiques & morales, 4. *Amsterd.* 1699.

Hugenii Cosmotheoro., five de Terris cœlestibus, earumque ornatu Conjecturæ, 4. Hagæ 1699.

Historia brevis Bajanismi, continens plurima facta passim ignota & notatu digna: cum quibusdam Reflexionibus adjunctis, per L. C. D. 8. Lovan. 1699.

- - - Regiæ Scientiarum Academiæ, in qua præter ipfius Academiæ originem & progressus, variasque dissertationes & observationes per triginta annos factas, quamplurima experimenta & inventa, cum Physica tum Mathematica in certum ordinem diguntur, Aut. Jo. Bapt. Du Hamel, 4. Parif. 1698.

- - - Flagellantium de recto & perverso flagrorum usu apud Christianos, ex antiquis Scripturæ, Patrum, Pontificum, Conciliorum, & scriptorum profanorum monumentis cum cura & fide expressa, 2. Parif. 1700.

Historiæ Congregationum de auxiliis divinæ Gratiæ, sub summis Pontificibus Clemente VIII. & Pau o V. Libri quatuor: quibus etiam data opera confutantur recentiores hujus Historiæ Depravatores, maxime verò nuperrimus Autor Libelli Gallicè inscripti, *Remonstrance à Mr. l'Archevêque ae Reims, sur son Ordonnance du 15. Juillet 1697.* & Actorum fides adversus in nes Epistolæ Leodiensis argutias vindicat, Aut. Aug. le Blanc, fol. Lovanii 1700.

Hoornbeeck Theologia Practica, 2 voll. 4. Francof. 1658.

History of Poland, in several Letters to persons of quality, giving an account of the antient and present State of that Kingdom historical, geographical, physical, political, and ecclesiastical; viz. its origin and extent, with a description of its towns and provinces, the succession and remarkable actions of all its Kings, and of the great Dukes of Lithuania: the election, power and coronation of the King: the Senate, or house of Lords: the Diets and form of government; the priviledges of the gentry; their religion, learning, language, customs, habits, manners, riches, trade and military affaires: together with the state of physick and natural knowledge, as also an accoumt of the Teutonick Order, and of the Duke of Curland, his family and territories: with sculptures and a new map after the best Geographers, by B. Connor, 8. *Lond.* 1698.

- - - *Second Volume, in several Letters to persons of quality, giving an account of the present state of that Kingdom, historical, political, physical and ecclesiastical, viz. The form of government, the King's power, cours and revenues; the Senate, Senators and other Officiers; the religion, diets and little diets, with other assemblies and courts of Justice; the interregnum; election and coronation of King and Queen, with all the ceremonies; the present condition of the gentry and commonalty; as likewise the genius, character, languages, customs, manners, military affairs, trade and riches of the Poles: together with an account of the citty of Dantzic; the origin, progres and present state of the Teutonic order, and the successions of all its great masters: likewise the present state of learning, natural knowledg, practice of phyfick and diseases in Poland, and lastly, a succinct description of the Dutchy of Curland, and the Livonian order, with a series of the several Dukes, and provincial masters; by B. Connor,* 8. *Lond.* 1698.

Historical Relation of the Island of Ceylon in the East-Indies: together with an Account of the detaining in captivitie the Author and divers others Englishmen now living there, and of the Author's miraculous escape, by R. Knox, fol. *Lond.* 1681.

Huberi Eunomia Romana, five censura censuræ juris Justinianæi, continens examen præcipuorum juris locorum, secundum Pandectas & Institutiones; quæ ut falsa, iniqua, inhonesta, absurda, corrupta, subornata varie traducta secundum veras Jurisprudentiæ, Philosophiæ civilis, historiæ & sacrarum literarum rationes, vindicantur, sanantur aut explicita illustrantur, & cum usu temporum conferuntur, 4. Franeq. 1700.

I.

l'Ingenieur Pratique, ou l'Architecture Militaire & moderne, contenant la fortification reguliere & irreguliere, avec une nouvelle methode de l'Auteur, la fabrique des remparts & des tenrailles, des quartiers, magasins &c. La maniere d'attaquer & defendre une place, la Geometrie

LIBRORUM.

metrie & la Trigonometrie, un calcul exact, clair & facile de toutes les parties d'une plane royale, & l'usage d'une regle de proportion, avec laquelle on peut faire toutes les operations qu'on fait avec le Compas de proportion, par Seb. Fern. de Medrano, 8. à Brux. 1696.

Isocratis Orationes & Epistolæ, cum Latina interpretatione H. Wolfii, ab ipso postremum recognita, 12. Cantabr. 1686.

Insignium Romæ Templorum Prospectus exteriores interioresque à celebrioribus Architectis inventi, nunc tandem suis cum plantis ac mensuris à Joh. Jac. de Rubeis in lucem editi, fol. Romæ 1684.

Imhofii Notitia S. Rom. Germanici Imperii Procerum tam Ecclesiasticorum quam Secularium historico-heraldico-Genealogica, ad hodiernum Imperii statum accommodata, & in supplementum operis Genealogici Rittershuhani adornata, Editio tertia, prioribus multò locupletior: cui accedit de Proceribus aulæ Cæsareæ mantissa, fol. Tub. 1693.

Index generalis & absolutissimus rerum memorabilium & notabilium Dec. I. & II. Ephemeridum Germanicarum Academiæ Cæsareo-Leopoldinæ Natur. Curiof. ab anno 1670. usque ad annum 1692. seorsim hactenus editarum, cum Syl'oge Authorum alphabetica, adjectis Observationum & Tractatuum indici huic insertorum titulis: quibus annexi sunt Catalogi bini librorum Medico-Physico-Mathematicorum qui in Bibliopolio Wolf. Maur. Endteri reperiuntur; unus Auctorum, alter Argumentorum, 4. Norimb. 1695.

Instruction pour les jardins fruitiers & potagers, avec un Traité des Orangers, suivi de quelques reflexions sur l'Agriculture, par Mr. de la Quintinye, troisiéme Edition augmentée d'un Traité de la culture des Melons, & de nouvelles instructions pour cultiver les fleurs, 4. Amsterd. 1657. 225

l'Iliade d'Homere, premier Livre, en vers François: avec une Dissertation sur quelques endroits d'Homere, par l'Abbé Regnier. On y a joint quelques autres pieces detachées, traduites du Grec, 8. à Paris 1700.

Jus Ecclesiasticum universum hodiernæ disciplinæ præsertim Belgii, Galliæ & vicinarum Provinciarum accommodatum ex SS. Canonibus, Jure Decretalium, Synodis potissimum Belgicis, Principum edictis, & Magistratus tam Ecclesiastici quam Civilis judicatis depromptum, Auth. Zeg. Bern. van Espen, 2 voll. fol. Lovanii 1700.

K.

KIrcherii Ars Magna Lucis & Umbræ, in X. libros digesta, quibus admirandæ Lucis & Umbræ in mundo, atque adeò universa natura, vires effectusque uti nova, ita varia novorum reconditiorumque speciminum exhibitione, ad varios mortalium usus, panduntur, fol. Amst. 1671.

- - - Latium, id est, Nova & parallela Latii tum Veteris tum Novi Descriptio: qua quæcunque vel Natura, vel Veterum Romanorum ingenium admiranda effecit, Geographico-Historico-Physico Ratiocinio, juxta rerum gestarum, temporumque Seriem exponitur & enucleatur, fol. ibid. 1671.

- - Turris Babel, sive Archontologia, qua Primò priscorum post diluvium hominum vita, mores rerumque gestarum magnitudo, secundo, turris fabrica civitatumque exstructio, confusio linguarum, & inde gentium transmigrationis &c. describuntur & explicantur, fol. Amst. 1679. 230

- - - Romani Collegii Societatis Jesu Musæum celeberrimum, cujus magnum Antiquariæ rei, statuarum, imaginum, picturarumque partem, ex Legato Alph. Domini, munificâ liberalitate relictum, novis & raris inventis locupletatum, &c. magno rerum apparatu instruxit, fol. ibid. 1678.

- - - Mundus Subterraneus in XII. Libros digestus, quo Divinum Subterrestris mundi Opificium, mira Ergasteriorum Naturæ in eo distributio, &c. Universæ denique Naturæ majestas & divitiæ summa ierum varietate exponuntur &c. fol. 2 voll. ibid. 1678.

Kümmet Schola Hebraica, in qua per duas Grammaticæ partes, Lexicon Radicum & aliquot Appendices, breviter & nervose, quamque fieri potuit aptissima methodo docetur quidquid ad perdiscendam linguam sacram desiderari potest, 8. Herbip. 1688.

Kortholti Historia Ecclesiastica Novi Testamenti, à Christo nato usque ad seculum XVII. sistens statum Ecclesiæ sub Imperatoribus, Schismata, Hæreses, Synodos ac Ecclesiæ Doctores, 4. Lips. 1697.

Konig Regnum Vegetabile, Physicè, Medicè, Anatomicè, Chymicè, Theoreticè, Practicè enucleatum, Vegetabilium nimirum naturam, ortum, propagandi modum, differentias, partes varias, collectionis & præparationis modum, saporem, odorem, colorem, figuram, signaturam, usus multiplices, aliaque curiosa proponens. Accessit selectus remediorum è triplici 235

158 CATALOGUS

si regno juxta normam & ductum Pharmaciæ Ludovicianæ, cum appendice Compofitionis artificiofæ eorundem fecundum celeb. Wedelium, 4. Bafil. 1688.
- - - Regni Vegetabilis Pars altera, Plantarum defcriptionem, claffes & differentias, figuram, fapores, odores, colores, virtutes & ufus proponens. Inferta præprimis eft methodo Bauhiniana enumeratio Plantarum Indigenarum feu in Helvetia & circa Bafileam fponte nafcentium cum earumdem Synonymis & nova difpofitione ex florum & feminum configuratione juxta Rob. Morifon. & Joh. Rajum, 4. ibid. 1696.
- - - Regnum Minerale, Phyficè, Medicè, Anatomicè, Chymicè, Alchymicè, Analogicè, Theoreticè & Practicè inveftigatum, perfcrutatum & erutum: Metallorum nimirum, lapidum, falium, fulphurum, terrarum, quin & acidularum, thermarum naturam, artium differentias, præparationes felectiffimas ufufque multiplices candidè fiftens, 4. ibid. 1687.
- - Regnum Animale, Sectionibus III. Phyficè, Medicè, Anatomicè, Harmonicè, Mechanicè, Theoreticè, Practicè evifceratum, enumeratum & emedullatum hominis fc. & Brutorum machinam hydranlico-pneumaticam comparatè, item 5. claffes univerfales, ac ufum cibariam & medicinalem curiofis quibufvis proponens, 4. ibid. 1698.
Knittel Via regia ad omnes fcientias & artes, hoc eft Ars Univerfalis fcientiarum omnium, artiumque arcana facilius penetrandi, & de quocunque propofito themate expeditius differendi, 12. Nor. 1691.

L.

240 Lifter Conchyliorum Bivalvium utriufque aquæ Exercitatio Anatomica tertia: huic accedit Differtatio Medicinalis de calculo humano, 4. Lond 1696.
Lichfcheid Meditatio de Jure Vocationis Miniftrorum Ecclefiæ per nuptiarum adjectionem conditionatæ, 8. Lipf. 1697.
Lifter Hiftoriæ Conchyliorum Liber Primus, qui eft de Cochleis terreftribus, fol. Lond. 1685.
- - - Libri primi pars fecunda, de Limacibus.
- - - Liber fecundus, qui eft de Turbinibus & Bivalvibus aquæ dulcis.
- - - Liber tertius, qui eft de Bivalvibus marinis, in quibus Conchæ Anatiferæ dictæ, Balanique numerantur: item huic accedit Appendix de Conchitis, i. e. de foffilibus five Lapideis Bivalvibus.
- - - Liber quartus, qui eft de Buccinis Marinis, etiam Vermiculi, Dentalia & Patellæ numerantur, ibidem.
Leonis Studium Sapientiæ Univerfalis, Contextus Scientiæ humanæ, fol. Parif. 1657.
Leflæi de Origine, moribus & rebus geftis Scotorum, Libri decem: è quibus feptem veterum Scotorum res in primis memorabiles contractim, reliqui verò tres pofteriorum Regum ad noftra tempora Hiftoriam, quæ huc ufque defiderabatur, fufius explicant. Acceffit nova & accurata regionum & infularum Scotiæ, cum vera ejufdem topographica tabula, defcriptio, 4. 1675.

245 Lifter Exercitationes Medicinales octo: de Hydrope, Diabete, Hydrophobia, lue Venerea, Scorbuto, Arthritide, Calculo humano & Variolis, 12. Lond. 1697.
Il Livello Politico: ò fia la giufta Bilancia, nella quale fi pefano tutte le maffime di Roma, & attioni de' Cardinali viventi, 12. 4 voll. 1678.
Lent Schediafma Hiftorico-Philologicum de Judæorum Pfeudomeffiis, 4. Herb. 1697.
De l'Angle Treize Sermons fur divers Textes de l'Ecriture Sainte, 8. Gen. 1663.
Lettres du Cardinal a'Offat, nouvelle Edition, corrigée fur le Manufcrit original, & notablement augmentée. Avec des Notes Hiftoriques & Politiques, de Mr. Amelot de la Houffaie, 2 voll. 4. à Par. 1698.

250 Ligtfoots Opera Pofthuma, antehac inedita, fol. Franeq. 1699.
Lettre de l'Abbé D. . . . aux RR. PP. Benedictins de la Congregation de Saint Maur, fur le dernier Tome de leur Edition de S. Auguftin, 12. 1699.
- - - D'un Theologien à un de fes Amis fur un Libelle qui a pour titre, Lettre de l'Abbé D. . . . aux RR. PP. Benedictins, &c. 12. 1699.
- - de Mr. l'Abbé le Blanc, Auteur de l'Hiftoire de la Congregation de Auxiliis, pour fervir de Reponfe à la Lettre du Secretaire de Liege du 30. Juin 1698. où l'on trouve l'Analyfe de cette Hiftoire, publiée en Latin dans un volume in folio, 8. 1699.
Lorini Commentarii in Librum Pfalmorum, tribus Tomis comprehenfi, in quibus præter accuratam fenfus litteralis explanationem, variarum tum editionum, tum lectionum collationem cum vulgata, quæ defenditur: Phrafium etiam Scripturæ atque Vocabulorum difquifitionem; myftici omnis generis fenfus, ex Patribus, præcipuè Græcis Latinifque, traduntur, fol. Mog. 1678.

255 Lycophronis Alexandra, cum Græcis If, Tzetzis Commentariis. Accedunt Verfiones, variantes lectio-

LIBRORUM.

lectiones, emendationes, annotationes & indices necessarii, cura Joh. Potteri, fol. Oxon. 1697.

Limborch Theologia Christiana ad praxin pietatis ac promotionem Pacis Christianæ unicè directa, editio tertia, ab Auctore recognita & aucta, fol. Amstel. 1700.

Luca (Cardinalis de) Theatrum Veritatis & Justitiæ, sive decisivi Discursus per materias seu titulos distincti, & ad veritatem editi in forensibus Controversiis Canonicis & Civilibus, in quibus, dum in Urbe Advocatus, pro una Partium scripsit, vel consultus respondit: Tomus I. de feudis & bonis Jurisdictionalibus, & bulla Baronum: cum unica decisione feudali M. C. Siciliæ, & disceptatione feudali D. L. Boscoli, fol. Genev. 1697.

- - - Tomus II. de Regalibus, hoc est, de Officiis venalibus, locis montium, aliisque juribus cum Principe seu Republica, vectigalibus & gabellis, salinis & mineralibus, monetis, viis publicis, fisco & aliis, de quibus in Cap. unico, quæ fint Regalia.
- - - Tomus III. de Jurisdictione & foro competenti; item de Præeminentiis & præcedentiis, sub quibus de Jure Cathedratico, metropolitico, nobilitate, civitate & aliis juribus honorificis.
- - - Tomus IV. de Servitutibus prædialibus, usufructu & utroque retractu: de Emphyteusi: de Locatione & Conductione.
- - - Tomus V. de Usuris & interesse: de Cambiis: de Censibus: de Societatibus officiorum.
- - - Tomus VI. de Dote, lucris dotalibus & aliis dotis appenditiciis.
- - - Tomus VII. de Donationibus: emptione & venditione: alienationibus & contractibus prohibitis, obligationibus & pactis in genere: de tutoribus, procuratoribus ad negotia, administratoribus, curatoribus & alia negotia gerentibus.
- - - Tomus VIII. de Credito & Debito, creditore & debitore.
- - - Tomus IX. de Testamentis, Codicillis & ultimis voluntatibus: de hærede & hæreditate: de legitima Trebellianica & aliis detractionibus.
- - - Tomus X. de Fideicommissis, Primogenituris, & Majoratibus.
- - - Tomus XI. de Legatis: de Successionibus ab intestato: de Renunciationibus.
- - - Tomus XII. de Beneficiis Ecclesiasticis in genere: de Canonicis & Dignitatibus, capitulo, electione, & actibus capitularibus: de Parocho & Parochiis.
- - - Tomus XIII. de Jure Patronatus: de pensionibus Ecclesiasticis.
- - - Tomus XIV. de Regularibus, utriusque sexus: de Matrimonio, sponsalibus & divortio: de decimis, oblationibus & eleemosynis: Miscellaneum Ecclesiasticum, de immunitate Ecclesiastica, locali, reali & personali; & de Episcopis, Prælatis, & Clericis; ac etiam de censuris, missis, processionibus & aliis materiis ecclesiasticis: annotationes practicæ ad S. C. Tridentinum in rebus concernentibus reformationem & forensia.
- - - Tomus XV. de Judiciis & Judicialibus, hoc est, de sententia & re judicata, executione, attentatis, Judice, Notario, Advocatis, Procuratoribus, expensis, & aliis ad materiam judiciorum: Relatio Romanæ curiæ forensis, ejusque tribunalium & congregationum.
- - - Tomus XVI. Conflictus legis & rationis, sive observationes in iis legalibus propositionibus quæ rationi repugnare, vel illâ carere, videntur. Additur in fine votum seu discursus an & quando minor ætas excuset in delicto.
- - - Tomus XVII. & XVIII. Index generalis rerum notabilium, quæ in toto Card. de Luca Theatro veritatis & justitiæ continentur.
- - - Tomus XIX. Tractatus de Officiis venalibus vacabilibus Romanæ curiæ. Ad ejus calcem addita sunt varia jura sive documenta ac etiam informationes, responsiones & decisiones super suppressione collegii Secretariorum Apostolicorum & restituti pretii. Accessit alter Tractatus ejusdem Auctoris de locis montium non vacabilium Urbis.
- - - Tomus XX. Commentaria ad Constitutionem Innocentii XI. p. m. de statutariis successionibus cum particulis statutorum & legum excludentium foeminas propter masculos, tam intrà statum Ecclesiasticum, quam extra illum: de Pensionibus Ecclesiasticis ad ornatum alterius Constitutionis ejusdem SS. D. N. de illis ultra medietatem non transferendis. Accedunt in fine indulta varia transferendi & retinendi pensiones Ecclesiasticas.

M.

Micrælii Historia Ecclesiastica, quâ ab Adamo Judaicæ, & à Salvatore nostro Christianæ Ecclesiæ ritus, persecutiones, concilia, Doctores, hæreses & schismata proponuntur, edita cura D. Hartnacci, qui quinta hac editione loca in margine citata adjecit, & continuationem plane novam ita adornavit ut historia hæresium & schismatum locupletior, ex utraque parte scriptores præcipni & heterodoxorum verba maxime perspicua exhibeantur, 4. Lips. 1699.

Montaltii Litteræ Provinciales de morali & politica Jesuitarum disciplina, à Will. Wendrochio, e Gal-

CATALOGUS

è Gallico in Latinam linguam translatæ & Theologicis notis illustratæ, quibus tum Jesuïtarum adversus Montaltium criminationes repelluntur, tum præcipua Theologiæ Moralis capita à novorum Casuistarum corruptelis vindicantur, a voll. 12. Colon. 1700.

260 Miscellanea Curiosa sive Ephemeridum Medico-Physicarum Germanicarum Academiæ Cæsareo-Leopoldinæ natura Curiosorum Decuriæ III. Annus primus, anni 1694. continens celeberrimorum Virorum tum Medicorum, tum aliorum Erudito.um in Germania & extra eam Observationes Medico-Physico-Chymico-Astronomicas, cum Appendice, 4. Lipf. 1694.

– – – Annus secundus, anni 1694. continens celeberrimorum Virorum &c. Observationes Medico-Physico-Anatomico-Botanicas, cum Appendice, 4. ibid. 1695.

– – – Annus tertius, annorum 1595. & 1696. cum Appendice, 4. ibid. 1696.

– – – Annus quartus, anni 1695. continens celeberrimorum Virorum &c. Observationes Medico-Physico-Anatomico Botanico-Mathematicas, cum Appendice, 4. ibid. 1697.

Memoires of Edm. Lualow, Lieutenant General of the Horse, Commander in chief of the forces in Ireland, one of the Council of State, and a member of the Parliament which began in November 3. 1640. 8. 2 voll. 1698.

265 Marckii in Apocalypsin Johannis Commentarius, seu Analysis exegetica, quâ Lectionum varietas exhibetur, vocum & phrasium vis aperitur, emblemata visa juxta eam pinguntur, ngnisicatio mystica indagatur, & celebrium Virorum glossæ ad examen vocantur. Præfatio continet narrationem & examen brevem septem, quæ celebrantur, Periodorum Novi Testamenti, 4. Ultraj. 1699.

Memorial Espagnol presenté à sa Majesté Catholique contre les pretendus Jansenistes du Pais-Bas au nom & par l'ordre du très-Rever. Pere General de la Societé, condamné par un Decret de l'Inquisition generale d'Espagne: le tout traduit en François, 8. 1699.

Memoires Politiques pour servir à la parfaite intelligence de l'Histoire de la paix de Ryswijck, par Mr. du Mont, 4 voll. 12. à la Haye 1699.

Mandragorias, seu Historia Shahiludii, viz. ejusdem origo, antiquitas, usque per totum Orientem celeberrimus: speciatim prout usurpatur apud Arabes, Persas, Indos & Chinenses, cum harum gentium schematibus variis & uriotis, & militum Cusilium figuris inusitatis, in Occidente hactenus ignotis. Additis omnium nominibus in dictarum Gentium linguis, cum sericis characteribus & eorundem interpretationibus & sonis genuinis. Accedit de Ludis Orientalium Libri primi pars secunda, scil. R. Abraham Aben Ezræ elegans Poëma rythmicum: R. Bonsenior Abben-Jachiæ facunda oratio prosaica & Liber Deliciæ regum; congesta à Th. Hyde. Præmittuntur de Shahiludio Prolegomena curiosa & materiarum elenchus, 8. Oxon. 1694.

– – – Liber secundus, sive Historia Nerdiludii, hoc est dicere, Trunculorum; cum quibusdam aliis Arabum, Persarum, Indorum, Chinensium, & aliarum Gentium Ludis tam politicis quam bellicis, plerumque Europæ inauditis, multo minus visis: additis omnium Nominibus in dictarum Gentium linguis. Ubi etiam Classicorum Græcorum & Latinorum loca quædam melius quàm hactenus factum est explicantur. Item, Explicatio amplissimi Chinensium ludi, qui eorum politiam & modum perveniendi ad dignitates in aula regia exponit, & egregio ac peramplo schemate repræsentat, congesta à Th. Hyde, 8. ibid. 1694.

270 Medecine aisée, contenant plusieurs Remedes faciles & experimentez pour toute sorte de maladies internes & externes: avec une petite Pharmacie commode & facile à faire à toute sorte de personnes, par Mr. le Clerc, 12. à Paris 1696.

Majolii Dierum Canicularium Tomi VII. Colloquiis 46. Physicis novis ac penitus admirandis, nec non Materiis aliis ad Philosophiam relyquam tam theoreticam quam practicam, & in specie politicam; sed & ad Theologiam & Jurisprudentiam, non minus prius tamquam publicam, ut & Historiam tum sacram tum profanam, quin & artem militarem spectantibus, lectu non solum jucundis, verum etiam super fidem recreabilibus absoluti; quibus præter pleraque naturæ admiranda, quæ aut in Æthere fiunt, aut in Europa, Asia atque Africa, quin etiam in ipso orbe ovo, & apud omnes Antipodas sunt, item mirabilia arte hominum confecta; Plurima etiam alia de origine, cultu atque oraculis Deorum; Item de Angelis bonis ac malis eorumque ortu, conditione & operationibus; item de spectris, sagis eorumque incantationibus, ut & de Prædictionibus Physicis, inter, retationibus somnior m & præsagiis Medicorum, Chiromantarum, Astrologorum aliisque divinationis speciebus; item de Homine ejusque dignitate, creatione, lapsu ac generatione, sit & de varia eorum educatione & vitæ generibus, diversitatum & prærogativarum differentiis; item de vita aulica atque privata, nec non etiam militari & universa arte bellica variisque bellorum eventibus; item de Judæis eorumque perfidia, ubi etiam de Mahometanismo & Turcarum ortu, religione & forma criminis tam civilis quam militaris; item de virtutum commendatione ac vitiorum vituperio; item de summo Bono, ubi diversæ Mortalium opiniones, juxta diversitatem bonorum terrestrium; item societatis humanæ origine & Republica in genere & diversis ejus speciebus, potanter autem de Majestate Imperii Romano-Germanici, ubi etiam de quattuor Monarchiis & Regnorum t.a: stationibus; item de variis torturæ ludibriis, & mutationibus in rebus humanis, & de consiliorum in omini vitæ genere variis eventibus; ac tandem de extrema hujus Mundi die & quæ hanc sequuntur, vel pœnis damnan-

LIBRORUM.

ordorum vel præmissis salvandorum, recensentur. Opus omnium ordinum ac studiorum facultatum hominibus, & tam docentibus quam discentibus, sive in Theoria, sive in Praxi versantibus, quin etiam ipsis millibus præprimis utile & cognitu omnino dignum imo maxime necessarium, cum Elencho Colloquiorum in frontispicio libri exhibito, fol. Offenbaci 1691.

Malpighii Opera Posthuma, figuris æneis illustrata: quibus præfixe est ejusdem Vita à seipso conscripta, fol. Lond. 1697.

Memoires de Messire Roger de Rabutin, Comte de Bussy, voll. 4 à Paris 1696.

- - - *De Messire Philippe de Comines, Seigneur d'Argenton contenans l'Histoire des Rois Louis XI. & Charles VIII. depuis l'an 1464. jusques en 1498. reveus & corrigez sur divers MSS. & anciennes impressions: augmentez de plusieurs Traitez, Contracts, Testamens, autres Actes, & de diverses Observations, par D. Godefroy. fol. à Paris 1649. de l'Imprimerie du Louvre.*

Menchenii Tractatio Synoptica Pandectarum theoretico practica, juri communi usuique moderno imperii, & præcipue Saxonico accommodata, ex Jure Justinianeo, Canonico, Recessuum Imperii & Saxonico, tam constituto quam recepto, collecta, ita ut vice supplementi Lauterbachiani esse queat, facilitatis adjuvandæ gratia in docendo, apprehendendo, repetendoque Jure Digestorum in Tabulas redacta, & axiomatibus applicatis illustrata, fol. Lipf. 1697. 275

Monzambano de Statu Imperii Germanici ad Laelium fratrem, Liber unus. Editio novissima, additionibus necessariis aucta atque emendata, 8 1684.

Musitani Chirurgia Theoretico-Practica, seu Trutina Chirurgico Physica, in IV. Tomos divisa: in quibus omnium morborum ad Chirurgiam spectantium Causæ, signa, prognoses & sanationes nuperis experimentis, novisque observationibus & medicamentis longo usu & sedulitate probatis proferuntur, atque juxta veræ Philosophiæ normam, & Anatomes inventa, ad trutinæ examen antiquorum Galenistarum & recentiorum dogmata sedulò revocantur, 4. Genev. 1698.

Morhofii Orationes & Programmata, 8. Hamb. 1698.

Moulin du Combat Chretien, ou des afflictions, 12. Genev. 1666.

Memoires d'Artillerie, recueillis par le S. Surirey de Saint Remy, 2 voll. 4. à Paris 1697. avec figur. 280

Menochii de Jurisdictione, Imperio & potestate ecclesiastica ac seculari Libri tres. Accessit liber quartus de Immunitate ecclesiæ, pro ad eam confugientibus. fol. Lugd. 1695.

Matthæi de Nobilitate, de principibus, de ducibus, de comitibus, de baronibus, de militibus, equitibus, ministerialibus, armigeris, barscalcis, marscalcis, adelscalcis, de advocatis ecclesiæ, de comitatu Hollandiæ, & diœcesi Ultrajectina Libri quatuor, in quibus passim Diplomata & acta hactenus nondum visa, 4. Fran. 1698.

Manethonis Apotelesmaticorum Libri sex, nunc primum ex Bibliotheca Medicea editi cum Jac. Gronovii, qui etiam Latine vertit ac notas adjecit, 4. Lugd. Bat. 1698.

Martinii Lexicon Philologicum, præcipue etymologicum & sacrum, in quo Latinæ & à Latinis auctoribus usurpatæ tum puræ tum barbaræ voces ex originibus de larantur, comparatione linguarum (quarum & inter ipsas consonantia aperitur) subinde illustrantur, multoque in divinis & humanis literis difficultates è fontibus, historia, veterumque recentium scriptorum auctoritate enodantur, bene multa etiam in vulgatis Dictionariis admissa haud levia errata modestè emaculantur: Editio tertia Auctoris vita auctior. Accedit ejusdem Martinii Cadmus-Græco-Phœnix, id est, Etymologicum, in quo explicantur & ad suas origines, tandemque ad Cadmeos seu orientales fontes reducuntur principes Græcæ voces,& eæ,quæ cum alibi tum maxime in Vet Testam. paraphrasi 70 seniorum aliquomque, quæque in N. Test. codice videantur obscuriores, multæ quoque notabiles dictiones vulgo à Lexicographis prætermissæ, & in Glossariis alibique latentes lucidantur & emaculantur. Præterea additus Glossarium Isidori emendatum cum Joh. G. Græviii, fol. 2 voll Ultraj. 1697.

Meyeri Uxor Christiana, sive de Conjugio inter duos, deque incestu & divortiis Dissertationes tres: in quibus varia Theologorum ac JCtorum Judici. & ad dubios casus responsa, plurimaque Karæorum placita, hactenus non producta, ex rarissimis tum impressis tum MSS. libris citantur & exhibentur, 4. Amst. 1688. 285

Memoires de Brantosme contenant les Vies des Hommes Illustres & grands Capitaines François de son tems, 4 voll. 12. 1699.

- - - *Contenans les Vies des Hommes illustres & grands Capitaines étrangers de son tems, 2 voll. 12. 1699.*

- - - *Les Vies des Dames galantes de son tems, 2 voll. 12. 1699.*

- - - *Les Vies des Dames illustres de France de son tems, 12. 1699.*

Miltoni Opera omnia Latina, viz. I. Defensio pro Populo Anglicano, contra Cl. Salmasii Defensionem Regiam. II. Defensio secunda pro Populo Anglicano, contra Alexandrum Morum. III. Defensio pro se, cui adjungitur Joh. Philippi Responsio ad Apologiam Anonymi cujusdam tenebrionis, pro rege & populo Anglicano infantissiman. IV. Literæ Senatus Anglicani, neo non Cromwelli, &c. nomine ac jussu conscriptæ. V. Artis Logicæ Institutio ad P. Rami metho- 290

X

162 CATALOGUS

methodum concionata. V I. Epistolarum familiarium liber unus, quibus accesserunt ejusdem jam olim in Collegio adolescentis, Prolutiones quædam oratoriæ, fol. Amst. 1698.
- - - Complete Collection of His Historical, Political and Miscellaneous Works, both English and Latin, with some Papers never before published, in three Volumes. To which is prefixed the Life of the Author, containing besides the history of his works, several extraordinary characters of men and books, sects, parties and Opinions, fol. ibid. 1698.

N.

Notitia Rei Nummariæ, ad erudiendos eos qui Nummorum veterum & modernorum intelligentiam studere incipiunt, 8. Lipf. 1695.

Novum Testamentum ex Versione Vulgata, cum Paraphrasi & Adnotationibus H. Hammondi; ex Anglica Lingua in Latinam transtulit, suisque Animadversionibus illustravit, castigavit, auxit Jo. Clericus, 2 voll. fol. Amst. 1698.

Nouveau Testament de Notre Seigneur Jesus-Christ: expliqué par des Notes courtes & claires sur la Version ordinaire des Eglises Reformées, avec une Preface generale touchant la verité de la Religion Chretienne, & diverses autres Prefaces particulieres sur chacun des Livres du N. Testament, par D. Martin, 4. Utr. 1696.

295 Natalis Alexandri Historia Ecclesiastica Veteris Novique Testamenti ab orbe condito ad annum post Christum natum millesimum sexcentesimum: & in loca ejusdem insignia Dissertationes historicæ, Chronologicæ, Criticæ, Dogmaticæ, in octo divisa Tomos, ante quidem per partes, nunc autem conjunctim & accuratius edita, rerum novarum accessione, scholiis & indicibus locupletissimis aucta, illustrata, ornata, fol. Parif. 1699.

O.

Opstraet Pastor bonus, seu Idea, Officium, spiritus & praxis Pastorum, 8. Leod.
Opitii Novum Lexicon Hebræo-Chaldeo-Biblicum, complectens I. Radices easque sæpe deperditas ex Chald. Samar. Syr. Arab. & Æthiopica Lingg. quintum licuit, restitutas, una cum Derivatis omnibus, suis hisce Radicibus subjunctis. II. Formas omnes & regulares & irregulares ultra 40000. in S. Codice Vet. Test. occurrentes, atque hic ordine Alphabetico una cum earum enucleatione Grammatica ad quævis præcepta facile applicabili, rité dispositas, 4. Lipf. 1692.

Oeuvres de Platon traduites en François avec des Remarques, & la vie de ce Philosophe, avec l'exposition des principaux dogmes de sa Philosophie, par M. Dacier, Tom. 1. & 2. à Paris 1699.

P.

Pragmatica Sanctio Sancti Ludovici Francorum Regis Christianissimi, & in eam Historica Præfatio & Commentarius: in quibus illud evincitur, Reges Franciæ, Romanæ Ecclesiæ primogenitos filios, nec non sedi Apostolicæ devotissimos, præ cæteris Christiani orbis Principibus, aulæ Romanæ Curialium acrius obstitisse conatibus, quibus, vel Ecclesiæ Gallicanæ jura invadere, vel regni privilegia evertere studuerunt. Opus quidem tum rei Beneficiariæ tractandæ utilissimum, tum & libertatum Ecclesiæ Gallicanæ tutelæ convenientissimum publici juris faciebat Fr. Pinssonius, 4. Parif. 1663.

300 Pensées Diverses écrites à un Docteur de Sorbonne, à l'occasion de la Comete qui parut au mois de Decembre 1680. Troisieme Edition, 12. Rotterd. 1699.

Parrhasiana ou Pensées diverses sur des matieres de Critique, d'Histoire, de Morale & de Politique, avec la Defense de divers Ouvrages de M. L. C. par Th. Parrhase, 8. Amst. 1699.

SS. Patrum qui temporibus Apostolicis floruerunt, Barnabæ, Clementis, Hermæ, Ignatii, Polycarpi Opera edita & inedita, vera & suppositia; una cum Clementis, Ignatii, Polycarpi actis atque martyriis: J. B. Cotelerius ex MSS. Codicibus eruit ac correxit, versionibusque & notis illustravit. Accesserunt in hac nova editione Notæ integræ aliorum Virorum Doctorum,

LIBRORUM. 163

&orum, qui in fingulos Patres memoratos fcripferunt, & quorum nonnullorum nomina in Præfatione habentur, ut Hug. Menardi, &c. 1 voll. fol. Antv. 1698.

Peterfen Regnum Chrifti defenfum contra Joh. G. Neumannum, aliofque, in quo fimul demonftratur tantum abeffe, ut doctrina hæc de Regno Chrifti gloriofo, e cœlos venturo, atque in terris eripendo fit contra fidei articulos, ut nullus eorum abfque hujus cognitione fecundum totam extenfionem & latitudinem fuam digne int. lligi poffit, 4. Francof. 1698.

Paflor Infido, Paflorale deaicata all' A A. SS. EE. di Federico III. & Carlotta Sofia di Brandemburgo, da Nic. di Caftelli, 8. in Lipf 1696.

Puffendorf Jus Feciale divinum, five de confenfu & diffenfu Proteftantium Exercitatio pofthuma, 8. Lub. 1695.   305

- - - de Rebus à Carolo Guftavo Sueciæ Rege geftis Commentariorum Libri feptem elegantiffimis tabulis æneis exornati, fol. Norimb. 1696.

Paufaniæ Græcæ defcriptio accurata, quâ lector ceu manu per eam regionem circumducitur: cum Latina Romuli Amafæi interpretatione. Ac efferunt Gul. Xylandri & Frid. Sylburgii Annotationes, ac novæ notæ Jo. h. Kuhnii, fol. Lipf. 1696.

Praxis Franc. Clarke, tam jus dicentibus quam aliis omnibus qui in foro Ecclefiaftico verfantur apprime utilis, 4. Lond. 1684.

Pindari Olympia, Nemea, Pythia, Ifthmia : una cum Latina omnium verfione Carmine Lyrico per Nic. Sudorium, fol. Oxon. 1698.

Pecchii Tractatus de Servitutibus in genere. Opus valde utile & ne effarium omnibus Profefforibus in foro verfantibus, pro dirimendis litigiis in materia fervitutum & ftillicidii, fol. Genev. 1698   310

Poffelii Syntaxis Græ æ Linguæ, denuò recognita, multifque mendis repurgata, 8. Amft. 1685.

Pocock Commentary on the Prophecy of Joel, Micah and Malachi, fol. Oxford 1691.

Piftoris Opera omnia, hoc eft quæftionum Juris, tam Romani, quam Saxonici Libri quatuor. Item, Obfervationum fingularium Liber, fol. Lipf. 1679.

Platonifme Devoilé, ou Effai touchant le Verbe Platonicien, 8. à Cologne 1700.

R.

Riverius Reformatus, five Praxis Medica, methodo Riverianæ non abfimili juxta recentiorum   315
tum Medicorum, tum Philofophorum princi; ia confcripta: editio noviffima priori multò accuratior, notis practicis fingulis Capitibus annexis, & novis aliquot tractatibus auctior, 8. Genev. 1695.

Requête prefentée au Parlement par Monfeign. l' Archevêque de Reims, contre un Libelle intitulé Remontrance &c. publié par les Jefuites : avec l'Acte de la fatisfaction qu'ils ont faite à ce Prelat, 4. 1698.

Raji Synopfis Methodica Stirpium Britannicarum, tum indigenis, tum in agris cultis, locis fuis difpofitis, additis generum characteristicis, fpecierum defcriptionibus, & virium epitome. Editio fecunda: in qua præter multas Stirpes & Obfervationes curiofas fpatim inferta, Mufcorum hiftoria negligenter hactenus & perfunctorie tradita plurimum illuftratur & angetur, additis & defcriptis centum circiter fpeciebus, totidemque fucorum atque etiam fungorum, novi & indictis. Acceffit Aug. Rivini Epiftola ad Joann. Raium de Methodo; ei me ejufdem Refponforia, in quâ D. Tournefort Clementa Botanica tanguntur, 8 Lond. 1696.

Recueil de diverfes pieces publiées pour la Traduction du N. Teftament imprimée à Mons; contre ceux qui en ont interdit l'ufage, ou combatu les paffages. Auquel on a ajoûté ce qui a été publié pour les Evêques d'Alet, de Pamiés, d'Angers & de Beauvais, &c. 8. 3 voll. 1699.

Ryheri Lexicon Latino Germanicum, five Theatrum Romano-Teutonicum, in quo methodo nativa Vocabulorum tam Latinorum quam Barbarorum, eorum tamen præcipue etymologiæ, genere, flexiones & appellationes Germanicæ pariter & quandoque Græcæ, fimiliter lo vriones, phrafes, formulæ, fententiæ, facultatum fcientiarum ire termini ac analogia, cum Ortoribus, tum quoque Philofophis, Mathematicis, Medicis, Jurifconfultis & Theologis familiariora, & ad rectius intelligendos atque explicando quofcunque Autores claficos nimium quantum facientia, continentur, fol. Lipf. 1696.

Riedlini Lineæ Medicæ fingulos per menfes quotidie ductæ, continentes Obfervationes, Hifto-   320
rias, ex erimenta, cautelas, monita, id que penus alia in Medicina apprime utilia ex i, fi praxi deducta, ann. 1695, 1696 & 1697. 8 3 voll. Aug.

Rittershufii Commentarius in celeberrimam Legem XXIII. Contractus, Digeft. de diverfis regulis Juris antiqui, ut & Duodecim Tabularum Leges, 4. Argent. 1659.

- - - Commentarius novus in IV. Libros Inftitutionum: cui præfixa eft ipfius Auctoris Oratio

Y 2

VII

164 CATALOGUS

Ho inauguralis de Charonda & Zaleuco, & Nomothesia utriusque : ad finem adjecta collatio legum Atticarum & Romanarum, 4. Argent. 1649.
Rittershusi. Partitiones Juris Feudalis, 8. ibid. 1659.
- - - De Jure Asylorum Tractatus locupletissimus, 8. ibid. 1614.

325 *Recueil de diverses pieces servans à l'Histoire de Henry III. Roy de France & de Pologne : nouvelle édition revuë & augmentée, 2 voll. 12. 1699.*

Remarques sur la Bibliotheque des Auteurs Ecclesiastiques de Monsr. Du Pin, par Dom Matth. Petitdidier, Tome I. contenant les Remarques sur le premier Volume de cet Ouvrage, 8. à Paris 1691.

- - - *Tome II. contenant les Remarques sur le second Volume de cet Ouvrage : avec une Preface dans laquelle on replique à la reponse de M. Du Pin sur le premier Tome de ces Remarques, 8. ibid. 1692.*

- - - *Tome III. contenant les Remarques sur le troisieme Volume de cet Ouvrage : avec un Abregé des difficultés qui concernent le quatrieme Siecle, 8. 1696.*

Royal Dictionary, in two Parts ; first, French and English, secondly English and French : the French taken out of the Dictionaries of Richelet, Tachart, the great Dictionary of the French Academy, and the remarks of Vangelas, Menage and Bouhours : and the English collected chiefly out of the best Dictionaries, and the works of the greatest masters of the English Tongue ; such as Archb. Tillotson, Bishop Sprat, Sir R. L'Estrange, Mr. Dryden, Sir W. Temple, &c. for the use of the Duke of Glocester, by Mr. Boyer, 4. Lond. 1699.

330 *The Royal Dictionary abridged, in two Parts, containing near five thousand words more than any French and English Dictionary yet extant, besides the Royal : to which is added the accenting of all English words, to facilitate the pronunciation of the English Tongue to foreigners, by Mr. Boyer, 8. Lond. 1700.*

Recueil des Traitez de Paix, de Treve, de Neutralité, de suspension d'Armes, de Confederation, d'Alliance, de Commerce, de Garantie, & d'autres Actes publics, comme Contracts de Mariage, Testamens, Manifestes, Declarations de Guerre, &c. faits entre les Empereurs, Rois, Republiques, Princes & autres Puissances de l'Europe, & des autres parties du monde, depuis la naissance de Jesus-Christ jusqu'à present. Servant à établir les droits des Princes & les fondement à l'Histoire : rassemblez avec soin d'un grand nombre d'Ouvrages imprimez, ou ils étoient dispersez, & de divers Recueils publiez ci-devant, ausquels on a ajouté plusieurs pieces, qui n'avoient jamais été imprimées : le tout redigé par ordre Chronologique & Alphabetique, & accompagné de Notes, de Tables Chronologiques & Alphabetiques, & des noms des Auteurs dont on s'est servi, 4. voll. fol. à Amst. 1700.

S.

Satyre Menippée de la Vertu du Catholicon d'Espagne, & de la tenuë des Etats de Paris. Nouvelle édition corrigée & augmentée d'une suite de nouvelles Remarques sur tout l'Ouvrage, pour l'intelligence des endroits les plus difficiles, 12. 1699.
Stockman: Opera omnia quotquot hactenus separatim edita fuere, nunc primum in unum corpus collecta & emendatiora prodeunt, 4. Bruxell. 1700.
Specimen Historiæ Arcanæ sive Anecdotæ, de Vita Alexandri VI. Papæ, seu Excerpta ex Diario Joh. Burchardi, Capellæ Alexandri Sexti Papæ Clerici ceremoniarum Magistri, edente G. G. Leibnitzio, 4. Hanov. 1696.

335 Sloane Catalogus Plantarum, quæ in insula Jamaica sponte proveniunt, vel vulgo coluntur, cum earum 'em Synonymis & locis natalibus ; adjectis aliis quibusdam quæ in insulis Maderæ, Barbados, Nieves, & San 'ti Christo, hori nascuntur : seu Prodromi Historia Naturalis Jamaicæ. Pars prima, 8. Lond. 1696.
Sirmondi Opera varia nunc primum collecta, ex ipsius schedis emendatiora, notis posthumis, epistolis & opusculis aliquibus auctiora. Accedunt S. Theodori Studitæ Epistolæ, aliaque scripta dogmatica, nunquam antea Græcè vulgata, pleraque Sirmondo interprete, 5 voll. fol. Pa is. 1696. è Typographia Regia.
C. Suetonius Tranquillus, cum Iconibus Imperatorum, per C. Patinum, 12. Parif. 1644. è Typographia Regia.
Stultitia & irrationabilitas Atheismi, demonstrationibus ab emolumento atque voluptate vitæ religiosæ ; facultatibus animæ humanæ ; structura corporis animati ; origine & compage mundi evicta, octo Orationibus sacris habitis in Prælectione instituta à Rob. Boyleo, aut. R. Bentl ii. Subjungitur Oratio ex qua aliis dicta in funere R. Boyle, 8. Berol. 1696.
Sinapii Absurda vera sive Paradoxa Medica, quorum Pars I. theoremata & quæstiones controversas quæ hodie Neotericis, cum Galenicis intercedunt, proponit cum Dissertatione nova Cap. V. de Spirituum effluviis & anima communis transmigratione, &c. Pars II. Occasione morborum certorum Septentrionalium easdem quæstiones controversas continuat, cum Dissertatione

de

200

LIBRORUM.

de falso titulo five falsa existentia morb. Gallici. Pars III. continet Tractatum de vanitate, falsitate & incertitudine Apho. Ism. Hi po. raris, 8 Genev. 1697.

Sturmii Physica Electiva sive Hypothetica: Tomus Primus, partem Physicæ generalem complectens, & speciatim usum totius hujus scientiæ p imarium singulari cura demonstrans. Accessit hujus ipsius usus amplius inculcandi causa, viri perillustris & generosissimi, Theosophiæ hye Cognitionis de Deo Naturalis Specimen Mathematica methodo conceptum, 4. Norimb. 1697.

Schotti Physica Curiosa, sive Mirabilia Naturæ & artis libris XII. comprehensa, quibus pleraque, quæ de Angelis, Dæmonibus, Hominibus, spectris, energumenis, monstris, portentis, animalibus, meteoris, &c. rara, a cana, curiosaque circumferuntur, ad veritatis trutinam expenduntur, variis ex Historia ac Philosophia petitis disquisitionibus excutiuntur, & innumeris ex mplis illustrantur, 4. Herlip. 1697.

Sigismundi Augusti Mantuam adeunti Profectio ac Triumphus. Opus ex archetypo Julii Romani à Fr. Primaticio Mantuæ in Ducali Palato, plastica atque anaglyphica sculptura mire elaboratum. In quo summus art fex Trajani atque M. Antonini militares profectiones in ipsorum columnis sculpas æmulatus, veteres illos Romanæ militiæ mores, a ma, habitus ac disciplinam expressit, novasque simul sequioris Imperii Germanici similitudines retulit: Pictoribus, Sculptoribus atque eruditæ antiquitatis studiosis, cunctisque præclaras atque expolitas artes professis, perutile ac jucundum, cum notis Jo. P. Bellorii, à Petro Sancti Bartholi ex veteri exemplari traductum, ærique in ipsum, fol. Romæ 1680.

Schmidt in L bros Regum Annotationes, quibus cum optimis quibusque Commentatoribus cohærentia & vocabula diligenter expenduntur, sensus studiose eruitur, & quæstiones dubiæ resolvuntur, 4. Arg. 1697.

- - - Annotationes in Libellum Ruth, 4. ibid. 1696.

- - - Compendium Theologiæ, in quo capita Christianæ fidei, juxta causarum seriem, per thesin & antithesin, plene & perspicue traduntur, Scripturæque fundamentis confirmantur, 8. Argent. 1697.

Sylloge Publicorum Negotiorum ib Augustiss. Romanorum Imperatore, universis Europæ Regibus. S. R. J. Electoribus, Principibus & Statibus, intra Vicennium Latina quidem lingua tractatorum: continens literas cujuscunque feré generis, varia item Decreta, Salvos conductus, Plenipotentias, Memorialia, Propositiones, Resolutiones, Observationes, Declarationes, Protestationes, Reservationes, Vota, Pacta, Fœdera, Instrumenta Pacis, Armistitia atque Manifesta, &c. juxta seriem annorum disposita & ib lucem edita à Joh. Chr. Lunig, 4. Francof. 1694.

Seebachs Introductio in Juris & Politices Atrium per viam Logices, in qua rectus rationis usus, seu quomodo cogitationes & primum quidem nostras non tantum recte formare, i. e. bené intelligere, sed etiam per Orationem perspicué exprimere; deinde verò alioium tam ex illorum verbis per interpretationem dextré investigare, quam postmodùm accurato examine juste censere debeamus, 4. Witteb. 1697.

Strykii Tractatus de Actionibus forensibus investigandis & cauté eligendis, ut & de Actionum præscriptione, 4. Halæ 1698.

Sande (Joan. & Frid.) Quera omnia Juridica, cum additionibus & elucidationibus Joach. Burges, L. Goris, Arn. Schotani aliorumque, fol. Colon. 1698.

Sermons de Monsr. Pictet, 8. Genev. 1698.

Siricii Simonis Magi Hæreticorum omnium Patris, pravitates antiquæ & recentiores ad Babylonis & so historum in ea confusionem ad Ecclesiarum Evangelicarum à viperarum morsu vindicationem duabus Disquisitionibus propositæ, 4. Giessæ 1664.

T.

Tillemont *Histoire des Empereurs & des autres Princes qui ont regné durant les six premiers siecles de l'Eglise, des persecutions qu'ils ont faites aux Chretiens, de leurs guerres contre les Juifs, des Ecrivains profanes, & des personnes les plus illustres de leur temps, justifiée par les citations des Auteurs originaux, avec une explication des notes pour éclaircir les principales difficultez de l'histoire, Tome quatrieme, qui comprend depuis Diocletien jusqu'à Jovien*, 4. Paris 1697.

- - - *Memoires pour servir à l'Histoire Ecclesiastique des six premiers siecles, justifiez par les citations des Auteurs originaux, avec une Chronologie où l'on fait un abregé de l'Histoire Ecclesiastique & profane; & des notes pour éclaircir les difficultez des faits & de la chronologie, Tome troisieme, qui comprend depuis l'An 177. jusqu'en 253.* 4. Paris 1695.

- - - *Tome quatrieme, qui comprend l'Histoire de S. Cyprien, & le reste du troisieme siecle, depuis l'An 253.* 4. ibid. 1696.

- - - *Tome cinquieme, qui comprend la persecution de Diocletien, celle de Licinius, & les Martyrs dont on marque l'époque*, 4. ibid. 1698.

- - - *Tome sixieme, qui comprend l'Histoire des Donatistes jusques à l'Episcopat de Saint Augustin;*

CATALOGUS

gustin; celle des Ariens jusques au regne de Theodose le Grand; celle du Concile de Nicée, &c. 4. ibid. 1699.

- - - *Tome septieme, qui comprend les histoires particulieres depuis l'an 328. jusqu'en l'an 375. hors S. Athanase, & où l'on verra l'origine des Solitaires, des Cœnobites, des Congregations, & des Chanoines Reguliers, 4. ibid. 1700.*

Tyrrell *General History of England, both Ecclesiastical and Civil; from the earliest accounts of time, to the reign of King William the Third; taken from the most ancient Records, Manuscripts, and printed Historians: with Memorials of the most eminent persons in Church and State: as also the foundations of the most noted Monasteries, and both Universities. 1. vol. fol. Lond. 1698.*

Traité Historique, contenant le jugement d'un Protestant sur la Theologie Mystique, sur le Quietisme, & sur les demelez de l'Evêque de Meaux avec l'Archevêque de Cambray, jusqu'à la Bulle d'Innocent XII. & l'Assemblée Provinciale de Paris, du 13. de May 1699. inclusivement. Avec le Probleme Ecclesiastique contre l'Archevêque de Paris, 8. 1700.

360 Theatrum Chemicum, præcipuos selectorum Auctorum Tractatus de Chemia & Lapidis Philosophici antiquitate, veritate, jure, præstantia, & operationibus, continens: in gratiam veræ Chemiæ, & Medicinæ Chemicæ studiosorum congestum, & in sex partes seu volumina digestum; singulis voluminibus suo Auctorum & Librorum Catalogo primis pagellis annexo, 8. Argent. 1659.

Tractatus de Libertatibus Ecclesiæ Gallicanæ, continens amplam Discussionem Declarationis factæ ab illustr. Archiepiscopis & Episcopis, Parisiis mandato Regio congregatis, anno 1682. 4. Leodii 1689.

Tholosani Syntagma Juris universi legumque omnium pene gentium & rerum publicarum præcipuarum, in tres partes digestum: in quo divini & humani juris totius, naturali ac nova methodo, per gradus, ordineque materia universalium & singularium, simulque judicia explicantur, fol. Genev. 1639.

Traités Historiques sur la Grace & la Predestination: où l'on montre I. que depuis l'heresie de Pelage la doctrine de la Predestination gratuite & de la grace efficace par elle même a été soutenue comme un point de foi & la creance de l'Eglise. II. Que les Souverains Pontifes, loin de l'avoir condamnée, l'ont confirmée, & se sont opposez avec vigueur à l'heresie des Pelagiens, qui lui est contraire: avec un Memorial de Lanuza presenté à Paul V. & le traité d'un Abbé contre Abailard, par l'Abbé de Saint Julien, 8. 1699.

Theologie Morale des Jesuites, & nouveaux Casuistes, representée par leur pratique & par leurs livres: condamnée il y a deja long tems par plusieurs Censures, Decrets d'Universitez, & Arrets de Cours Souveraines, nouvellement combattue par les Curés de France, & censurée par un grand nombre de Prelats & par des Facultez de Theologie Catholique, composée ci-devant de cinq parties, & augmentée d'une sixieme dans cette derniere édition, 12. 1699.

365 Tillotson *several Sermons of Sincerity and Constancy in the Faith and Profession of the true Religion, 8. Lond. 1695.*

Tomani, aliorumque eruditorum Virorum Lexicon Concordantiale Biblicum, ex Veteri Novoque Testamento concionatum, & in tres partes eo ordine distinctum, ut Prima locos S. S. Theologiæ communes, cum nominibus appellativis, in quibus aliquid notatu dignum occurrere, reique potissimum cardo videtur versari: Secunda Nomina propria non solum cujuscunque ordinis & conditionis personarum, sed & regionum, urbium, montium, fluviorum: Tertia obscuriorum quorundam vocabulorum genuinam explicationem serie utrobique dexterrima & methodo facili complectatur. Opus secundo editum cura Joh. Fr. Cletzii, fol. Francof. 1687.

Traité du celebre Panorme touchant le Concile de Basle, mis en François par M. Gerbais, 8. à Par. 1697.

Thomassini Glossarium Universale Hebraicum, quo ad Hebraicæ Linguæ fontes Linguæ & Dialecti pene omnes revocantur, fol. Parif. 1697. è Typographia Regia.

Tractatus varii de Beneficio Inventarii ac ejus Conficiendi forma, authoribus magni Nominis Jurisconsultis Ang. de Ubaldis, Fr. Porcellino, B. de Peruho, Jo. Corrafio, G. Papa, Rol. à Valle, Seb. Monticulo, Phan. de Phanuciis, Mich. Grasso, Did. Spinu, Jo. P. Surdo & G. Ant. Thesauro, fol. Genev. 1672.

370 - - de Tutore, Curatore & Usufructu mulieri relicto, auth. P. Montano, Joann. Gutierrez & Borgn. Cavalcano, fol. Genev. 1675.

Thesauri Quæstionum Forensium Libri quatuor: quarum singularum Quæstionum Resolutiones confirmantur Pedemontani & Niceni Senatus Decisionibus. Quibus adjicitur ejusdem Auctoris de augmento Monetæ Tractatus utilissimus, fol. Genev. 1672.

Tesoro de las Tres Lenguas Española, Francesa y Italiana, 3 voll. 4. Gen.

Thesaurus Antiquitatum Romanarum, in quo continentur lectissimi quique Scriptores, qui superiori aut nostro seculo Romanæ Reipublicæ rationem, disciplinam, leges, instituta, sacra,

LIBRORUM.

cra, artesque togatas ac sagatas explicaruot & illustrarunt, congestus à Jo. Grævio. Accesserunt variæ & accuratæ tabulæ æneæ, Tomus I. fol. Ultraj. 1694.
- - - Tomus II. fol. ibid. 1694.
- - - - - III. fol. ibid. 1696.
- - - - - IV. fol. ibid. 1697.

375

V.

Vita Cn. Julii Agricolæ scriptore C. Corn. Tacito, cum notis Aug. Buchneri primum edidis, cura G. Schubarti, 8. Lipf. 1683.
- - - ill. Herois Ponti de la Gardie exercituum Sueciæ supremi Campi Ducis, regnante Johanne III. Suecorum Rege; cujus oc afione totius fere Livoniæ Hiftoiia exhibetur, ex incorruptis veritatis monumentis regiifque chartophylacii originariis documentis eruta summaque fide concinnata à Cl. Arrh Oernhielm, 4. Lipf. 1690.

Vaillant Numifmata Imperatorum, Augustarum & Cæfarum, à Populis Romanæ ditionis Græcè loquentibus ex omni modulo percussa: quibus Urbium nomina, dignitates, prærogativæ, societates, epochæ, numina, illustres magistratus, festa, ludi, certamina, & alia plurima ad eas spectantia confignantur, 4. Par. 1698.

Vita dell' Invittissimo Imperadore Carlo V. Austriaco, scritta da Greg. Leti, arricbita di figure, 4. vol. 12. Amst. 1700.

380

Voyages de Mr. Du Mont en France, en Italie, en Allemagne, à Malthe & en Turquie: contenant les recherches & obfervations curieufes qu'il a faites en sous ces Païs, tant fur les mœurs, les coutumes des Peuples, leurs differens gouvernemens & leurs religions; que fur l' Histoire ancienne & moderne, la Philosophie & les monumens antiques: le tout enrichi de figures, 4. voll. 12. à la Haye 1699.

Vossii Aristarchus, five de arte Grammatica Libri septem. Accedunt de vitiis Sermonis & Glossematis Latino-Barbaris libri novem, quorum quinque posteriores nunc primùm prodeunt, fol. Amst. 1695.
- - - Tractatus Philologici de Rhetorica, de Poëtica, de artium & scientiarum natura ac constitutione, fol. ibid. 1697.
- - - Ars Hiftorica: de Hiftoricis Græcis libri quatuor, de Hiftoricis Latinis, libri tres; Hiftoriæ Univerfalis epitome; Opufcula & Epiftolæ, fol. ibid. 1699.

W.

Wharton Hiftoria de Epifcopis & Decanis Londinenfibus: nec non de Epifcopis & Decanis Affavenfibus, à prima fedis utriufque fundatione ad annum 1540. Acceffit appendix duplex instrumentorum quorumdam infignium ad utramque Hiftoriam spectantium, 8. Lond. 1695.

385

Willugbeii de Hiftoria Piscium libri quatuor, jussu & sumptibus Societatis Regiæ Londinensis editi; in quibus non tantum de Piscibus in genere agitur, sed & species omnes, tum ab aliis traditæ, tum novæ & nondum editæ benè multæ, naturæ ductum fervante methodo difpoftè accuratè defcribuntur; earumque effigies, quotquot haberi potuere, vel ad vivum delineatæ, vel ad optima exemplaria impreffæ, artifici manu elegantifsimè in æs incifæ, ad defcriptiones illuftrandas exhibentur. Cum appendice Hiftorias & Obfervationes in fupplementum Operis collatas complectente: totum Opus recognovit, coaptavit, fupplevit, librumque primum & fecundum integros adjecit Joh. Raius, fol. Oxonii 1686.

Weidenfeld de Secretis Adeptorum, five de ufu Spiritus Vini Lulliani Libri IV. Opus Practicum per concordantias Philofophorum inter fe difcrepantium, tam ex antiquis, quàm moderniæ Philofophiæ adeptæ Patribus mutuò conciliatis fummo ftudio collectum, & noviffima concinnè methodo ita digeftum, ut vel tyrones poffint difcernere, vegetabilium, animalium, mineralium præparationes fuppofititias fophifticafve à veris, five pro re Medica, five metallica, atque fic cavere fibi à vagabundis deceptoribus, imaginariis proceffibus & fuarum pecuniarum dilapidatione, 4. Lond. 1684.

Wedelii Exercitationes Pathologico-Therapeuticæ, 4. Jenæ 1697.

Wallis Operum Mathematicorum Volumen Tertium: quo continentur Cl. Ptolomæi, Porphyrii & Man. Bryennii Harmonica; Archimedis Arenarius & dimenfio circuli, cum Eutocii commentario; Aristarchi Samii de magnitudinibus & distantiis Solis & Lunæ liber; Pappi Alexandrini

168   **CATALOGUS**, &c.

drini libri secundi collectaneorum, hactenus desiderati fragmentum: Græcè & Latinè edita, cum notis. Accedunt Epistolæ nonnullæ, rem Mathematicam spectantes; & Opuscula quædam Miscellanea, fol. Oxon. 1699.

Z.

390   **Z**Auuschlisseri Opera Juridica in duas partes distributa: quarum prior continet novam & multò auctiorem editionem plurimorum Tractatuum; Pars posterior complectitur Commentarium ad D. Mevii Decisiones Vismarienses: ubi, cum novis augmentis habentur fata decisionum illarum; ut & Disquisitio de earum Antinomia seu Contradictione, 4:° Franc. 1698.

FINIS.

N°. VIII.
CATALOGUS
LIBRORUM,
Quibus Officinam suam auxit
Annis præteritis 1700, 1701. & 1702.
REGNERUS LEERS,
Bibliopola Roterodamensis.

A.

Maya Opera Juridica, seu Commentarii in tres posteriores Libros Codicis Imp. Justiniani; nec non Observationes Juris nunc noviter additæ : quibus accedit Apologia ejusdem Autoris pro statuto Collegii majoris Conchensis, contra calumniam D. Jo. de Escobar, fol. Lugd. 1667. 1

L'Année Chrêtienne, contenant les Messes Votives de toute l'année en Latin & en François, avec l'explication des Epitres & des Evangiles, 12. à Bruss. 1701.

Alting Descriptio Frisiæ inter Scaldis portum veterem & Amisiam, seu inter Sine & Emese ; secundum medii ævi Scriptores, quæ est pars altera Notitiæ Germaniæ inferioris, cis & ultra Rhenum, quæ hodie est in Dicione VII. Fœderatorum, repræsentata tabulis Geographicis IX. & Commentario in loca ferè omnia, hoc tractu, Germanicarum & Francicarum rerum Scriptoribus, ac medii ævi monumentis memorata, ab emancipatione Francorum, Imp. Justiniano, ad XIII. secul. finem. Cuncta ad literarum ordinem sic digesta ut ipse Commentarius sit Tabularum quasi Index, ex quo depromtu facillimum, quæ Lector desiderare poterit, fol. Amst. 1701.

Æliani Sophistæ Varia Historia, ad MStos Codices nunc primum recognita & castigata, cum Versione Justi Vulteji, sed innumeris locis ad Graecum Auctoris Contextum emendata, & perpetuo Commentario Jac. Perizonii: accedunt Indices, & plures & superioribus longè locupletiores, 2. voll. 8. Lugd. Bat. 1701.

Altogradi Controversiæ forenses, una cum duabus ejusdem Decisionibus; quas subsequuntur Consilia Jo. B. Saminiati; sed in quibus plures arduæ quæstiones tam circa Feudalia, quàm ultimas Voluntates, Judicia & Contractus, aliaque in usu forensi frequentiora, juxta veras & receptas Doctorum sententias resolvuntur, fol. Genev. 1701. 5

Dissertatio Juris Ecclesiæ Metropolitanæ Ultrajectinæ Romanæ Catholicæ adversus quosdam qui
A eam

CATALOGUS

eam ad inftar Eccleharum per Infidelium perfecutiones deftructarum Jure priftino penitus, cedere exiftimant, 4. Delphis 1703.

Les amours d'Eumene & Flora, ou Hiftoire des Intrigues d'une grande Princeffe de notre Siecle dediée aux Dames, 12. à Cologne 1704.

Avantures galantes de Mr. le Noble, contenant l'Avare genereux; le Mort marié; le faux Rapt; l'Incefte innocent, ou la mauvaife Mere, 12. Amfterdam 1704.

Apologie pour les Proteftans qui croyent qu'on nedoit baptifer que ceux qui font venus à un ufage de raifon; avec un abregé de leur Doctrine par Galenus Abrahamfz. traduit du Flamand, 8. Amfterdam 1704.

10 Æneæ Sylvii Piccolominei, poftea Papæ Pii II. Opera geographica & hiftorica, 4. Helmft. 1699. Architectura curiofa nova, exponens: I. Fundamenta hydragogica, idolemque aquæ aëris interventu in altum levandæ. II. Varios aquarum ac faientium fontium lufus per varia fpectata jucunda epiftomiorum, feu uphonum genera. III. Magnum amæniflimorum fontium machinarumque quæductoriarum fumtu magno exftructarum, ac per Italiam, Galliam, Britanniam, Germaniam & vifendarum numerum. IV. Spe us artificiales fumtuofiffimas cum plerifque Principum Europæorum Palatiis, hortis, aulis; nec non præcipuis Monafteriis atque arcibus. V. Cum auctario figuarum elegantiffimarum ad hortoium totiaria vario ductu dividendi, nec non conclavium laquearibus ac pavimentis fegmentandis, itemque Labyrinthis conftruendis, adhibendarum: omnia 200. æri incifis, atque ad vivum maximam partem factis delineationibus in ufum ftudii oii Lectoris & Artificis explicata, & vernaculo idiomate defcripta per G. A. Bochlern Archit. & Ingenieur, & tranflata à J. C. Sturmio, fol. Norimbergæ 1701.

B.

Bigeri Thefaurus Brandenburgicus felectus, five gemmarum & numifmatum Græcorum in Cimeliarchio Electorali Brandenburgico elegantiorum feries, Commentario illuftratæ, Coloniæ Marchicæ, fol. 1696.

- - - Thefauri Electoralis Brandenburgici Continuatio, five numifmatum Romanorum, quæ in Cimeliarchio Electorali Brandenburgico affervantur tam Confularium quàm Imperatoriorum feries felecta, ære expreffa & Commentario illuftrata, fol. Coloniæ Marchicæ.

- - - Thefauri Regii & Electoralis Brandenburgici Voll. tertium: continens antiquorum numifmatum & gemmatum quæ Cimeliarchio regio Electorali Brandenburgico nuper acceffere rariora, ut & fupellectilem antiquariam uberrimam, id eft, Statuas, Thoraces, Clypeos, Imagines tam Deorum quàm Regum & illuftrium. Item Vafa & Inftrumenta varia, eaque inter fibulas, lampades, urnas; quorum pleraque cum Mufeo Belloriano, quædam & aliunde coëmta funt, Coloniæ Marchicæ, fol.

15 - - - Lucernæ Veterum fepulchrales Iconicæ ex Cavernis Romæ fubterraneis collectæ, & à Petro Santi Bartoli cum obfervationibus J. Petri Bellorii ante decennium editæ, nunc ob argumenti nobilitatem & latius diffuondendi ejus ufus gratia ad Exemplar Romanum verbis ex Italico in Latinum obfervationibus recufæ, fol. Coloniæ Marchicæ 1701.

- - - Regum & Imperatorum Romanorum numifmata aurea, argentea, ærea à Romulo & C. Jul. Cæfare ufque ad Juftinianum Aug. curâ & impenfis illuftriffimi & excellentiffimi Herois Caroli, Ducis Croyiaci & Arfchotani, S. Rom. Imp. Principis olim congefta, æique à Brao incifa, poft infigni auctario locupletata, & Alberti Rubenii Commentario illuftrata, cum Indicibus copiofiffimis, nunc ob exemplarium defectum recula, & in ufum ftudiofæ antiquitatum juventutis denuo publicata, fubjectis ejufdem Annotationibus, fol. Coloniæ Brandenburgicæ 1700.

- - - Contemplatio gemmarum quarundam ex dactyliotheca Gorlæi ante biennium auctæ & illuftratæ. Coloniæ Brandenburgicæ 1697.

- - - Bellum & Excidium Trojanum ex antiquitatum reliquiis, tabula, præfertim quam Raphael Fabrettus edidit, Iliaca delineatum, & adjecto in calce commentario iluftratum, proftat Berolini & Lipfiæ, 1699.

- - - Spicilegium Antiquitatis, five variarum ex antiquitate elegantiarum vel novis luminibus illuftratarum, vel recens etiam editarum fafciculi. Coloniæ Brandenburgicæ, fol. 1701.

20 - - - Obfervationes & Conjecturæ in numifmata quædam antiqua, Coloniæ Brandenb. 4. 1701.

Boneti fepulchretum, five Anatomia practica ex cadaveribus morbo denatis, proponens hiftorias

LIBRORUM.

rias & observationes omnium humani corporis affectuum, ipsorumque causas reconditas revelans: quo nomine tam Pathologiæ genuinæ, quàm Nosocomiæ orthodoxæ fundatrix, imò Medicinæ veteris ac novæ promtuarium dici meretur: Editio altera, quàm novis Commentariis & observationibus innumeris illustravit, ac tertia ad minimum parte auctio.em fecit Joh. Jac. Mangetus, fol. 3. voll. Lugd. 1703.

Broen Animadversiones Medi.æ, Theoretico-Practicæ in Henr. Regii Praxin Medicam, quibus editio prior Observationum Th. Craanen emendatur & repurgatur, 4. Lugd. Bat. 1695.

Baglivi de Praxi Medica ad priscam observandi rationem revocanda Libri duo: accedunt Dissertationes Novæ, 8. Lugd. Bat. 1700.

- - - Specimen quatuor Librorum de fibra motrice & morbosa: in quibus de solidorum structura, elatere, æquilibrio, usu, potestate & morbis disseritur: nec non de duræ matris constructione, vi, elatere, æquilibrio & in singula quæque solida oscillatione systaltica; & obiter de experimentis, ac morbis salivæ, bilis & sanguinis, de statice aëris & liquidorum per observationes barometricas, & hydrostaticas ad usum respirationis explicata: de circulatione sanguinis in Testudine ejusdemque cordis anatome, 8. Ultraj. 1703.

La S. Bible, traduite en François, le Latin de la Vulgate à coté, avec decouvres notes tirées des Saints Peres & des meilleurs Interpretes, pour l'intelligence des endroits les plus difficiles; & la Concorde des quatre Evangelistes en Latin & en François. Nouvelle Edition, enrichie de Cartes Geographiques & de figures, avec les Traittez de Chronologie & de Geographie; les sommaires des Livres tant du Vieux que du Nouveau Testament, & toutes les Tables de la grande Bible Latine a' Ant. Vitré: de plus une idée generale de l'Ecriture Sainte, avec differentes manieres & diverses regles pour l'expliquer. Le tout augmenté d'une Table tresample des matieres en François & en Latin, fol. 4 Voll. à Liege 1701.

Bulii Opera omnia, quibus duo præcipui Catholicæ fidei articuli, de S. Trinitate & Justificatione Orthodoxe, perspicuè ac solidè explanantur, illustrantur, confirmantur: nunc demum in unum volumen collecta ac multo correctius quàm ante una cum generalibus Indicibus edita, quibus jam accessit ejusdem tractatus hactenus ineditus de primitiva & Apostolica traditione Dogmatis de Jesu-Christi Divinitate contra Danielem Zuickerum ejusque nuperos in Anglia Sectatores; subnexa insuper pluribus singulorum Librorum Capitibus prolixa quandoque annotata Jo. Ern. Grabe, fol. London. 1703.

Buddei ulterior disquisitio de Jure Gentis Austriacæ in regnum Hispaniæ, in qua respondetur ad ea, quæ in Commentariis Historiæ Litterariæ inservientibus, qui in Gallia Jussu & Auspiciis Serenissimi Ducis Cenomanensis publicæ luci exponuntur, dissertationi de testamentis summorum imperantium, speciatim Caroli II Hispaniæ Regis, objiciuntur, & excerpta quoque Historico-Juridica de natura successionis in Monarchiam Hispaniæ, accuratius sub examen revocantur, 4. 1701.

Brunnemanni Decisionum centuriæ V. in quibus casus rariores, Facultati Juridicæ Francofurtanæ oblati, breviter & nervose subjectis rationibus præcipuis de iisdem, olim publicis lectionibus propositæ, hactenus plurimum desideratæ; jam vero ex B. Auctoris manuscripto revisæ, hinc ind. auctæ ac publici juris factæ, curantes. Stryk o &c. Francofurti, 4 1707.

- - - Consilia, sive responsa academica, in quibus materia gravissima inter Principes pariter ac privatos in foris illustribus ventilatæ, ex jure publico ac privato, feudali ac canonico, per rationes dubitandi & decidendi proponuntur ac nervose resolvuntur: ab eodem partim private suo, partim amplissimæ facultatis Juridicæ Francofurtanæ, paucis aliis insertis conscripta, opus posthumum ex schedis B. Auctoris collectum à S. Strykio: editio altera, fol. Francofurti 1704.

Bosii Hispaniæ Ducatus, Mediolanensis & regni Neapolitani notitia, partim generalis, partim specialis, è Museo J. Schmidii, 4. Helmestadii 1701.

Bethi de Statutis, pactis & consuetudinibus familiarum illustrium & nobilium, illis præsertim qua jus primogeniture concernunt: tractatus nomico politicus ad usum Germaniæ potissimum accommodatus: editio nova, 4. Argentorati 1659.

Brunselii Tractatus insignis ac utilissimus de conditionibus Testamentorum, contractuum & pactorum, nec non P. Duran de Conditionibus & modis impossibilibus ac jure prohibitis, contractibus & testamentis adscriptis, nunc uterque denuo ex usu & a multis priorum editionum erratis expurgatus, cum Indicibus capitum, rerum ac verborum locupletissimis, Lipsiæ, 4. 1700.

C.

CLavis Scripturæ Sacræ, seu de sermone Sacrarum Literarum, in duas partes divisæ, quarum prior singularum vocum, atque locutionum Sac.æ Scripturæ usum ac rationem ordine

A 2   Alpha-

CATALOGUS

Alphabetico explicat; posterior de sermone Sacrarum Literarum plurimas generales regulas tradit, Autore M. Flacio: editio nova ex recensione T. Suiceri, fol. Lipsiæ 1695.
Caracteres d' Epictete avec l'explication du Tableau de Cebes par Mr. l'Abbé de Bellegarde, 12. 1700.

35 Q. Curtii Rufi de Rebus Alexandri Magni historia superstes. Chr. Cellarius novis supplementis, Commentariis, Indicibus & tabulis Geographicis illustravit. Lipsiæ, 12. 1696.
Cave Apostolici, or the History of the Lives, Acts, Death, an martyrdoms of those who were contemporary with or immediatly succeeded the Apostles, as also the most eminent of the primitive Fathers for the first 3. hundred Years, to wich is added a Chronology of the three first ages of the Church, fol. London 1687.
Cypriani Opera recognita & illustrata à Johanne Fello Oxoniensi Episcopo. Accedunt Annales Cyprianici, sive tredecim annorum quibus S. Cyprianus inter Christianos versatus est, brevis historia chronologicè delineata à Johanne Pearsonio Cestriensi Episcopo: editio tertia, cui additæ sunt dissertationes Cyprianicæ Henrici Dodwelli, fol. Amst. 1700.
Carmen fæculare Serenissimo Principi Guilielmo III. inscriptum, Aut. T. Dibben, Anglicè & Latinè, 8. Lond. 1701.
Cortiada Decisiones Cancellarii & sacri regii Senatus Cathaloniæ, sive praxis Contentionum & Competentiarum regnorum inclytæ Coronæ Aragonum super reciproca in Laïcos & Clericos jurisdictione, 4. Voll. fol. Lugd. 1699.

40 Cours de Chymie, contenant la maniere de faire les operations qui sont en usage dans la Medecine, par une methode facile, avec des raisonnemens sur chaque operation, pour l'instruction de ceux qui veulent s'apliquer à cette science, par Nic. l'Emery, neuvième edition, 8. à Paris 1697.
Calvini Institutionum Christianæ Religionis Libri quatuor: editio postrema, innumeris mendis, quibus priores hactenus scatuere, liberata: cui accesserunt Epistolæ atque Responsa, tam ipsius Calvini quàm insignium aliorum in Ecclesia Dei virorum, unà cum Indicibus suis utrobique, ut auctioribus, ita accuratioribus. Præmissa est Vita ejusdem Calvini, à Th. Beza conscripta, fol. Amst. 1667.
Crusii rerum criminalium opus absolutissimum de tortura & indicibus ad torturam facientibus delectarum ex jure publico & privato, nec non selectioribus Antiquorum & Recentiorum Theologorum, Jurisconsultorum, & Politicorum accurata dispositione in IV. partes divisum cum observationibus & notis specialibus J. A. Crusii fol. Franc. 1697.
Cæsaris quæ extant, cum notis & Animadversionibus D. Vossii, ut & qui vocatur Jul. Celsus de vita & rebus gestis C. J. Cæsaris, ex musæo Jo. G. Grævii, 8. Amst. 1697.

D

Diarium Italicum, sive Monumentorum veterum, Bibliothecarum, Musæorum &c. Notitiæ singulares in Itinerario Italico collectæ: additis schematibus ac figuris A. R. P. D. Bern. de Montfaucon, 4. Parisiis 1702.

45 Dictionaire Geographique Universel, contenant une description exacte des Etats, Royaumes, Villes, Fortresses, Caps, Iles, Presqu'iles, Lacs, Mers, Golfs, Detroits, &c. de l'Univers, le tout tiré du Dictionaire Geographique Latin de Baudrand, des meilleures Relations, des plus fameux Voyages & des plus fideles Cartes. Ouvrage poussé plus loin qu'aucun, qui ait paru jusques ici en France. On y ajoute un Catalogue Latin tres-ample des noms anciens & modernes des lieux traduits en François, en faveur de ceux qui lisent des Auteurs Latins & de tous les autres qui trouvent tres-souvent dans les Cartes des noms en cette langue, 4. Amst. 1701.
Dictionaire Historique & Critique par Monsr. Bayle, seconde Edition, revuë, corrigée & augmenteée par l'Auteur, fol. 3. Voll. Rotterd. 1701.
Du Bos. Sermons sur divers Textes de l'Ecriture Sainte convenables au tems, Tome III. & IV. 8. Rotterd. 1701.
Defense des Droits des Communes d'Angleterre, par un Membre de la Chambre des Communes, 12. ibid. 1701.
Daillé Sermons sur le Catechisme des Eglises Reformées, 3. Voll. 8. Geneve 1701.

50 Discours sur le Gouvernement par Alg. Sidney, publiez sur l'Original Manuscrit de l'Auteur, traduits de l'Anglois, 3. Voll. 12. à la Haie 1701.
Dryden Works of Virgil: containing his Pastorals, Georgics and Æneis, translated into English Verse, adorned with a hundred Sculptures, fol. Lond. 1698.
- - - Satires of D. Jun. Juvenalis, translated into English Verse: together with the
Satires

LIBRORUM.

Satires of Aul. Persius Flaccus, with explanatory Notes at the end of each Satire. To which is prefix'd a Discourse concerning the original and progres of Satire, fol. ibid. 1693.

- - - *Fables ancien and modern*, translated into Verse, from Homer, Ovid, Boccace and Chaucer: with Original Poems, fol. ibid. 1700.

Dictionaire general & curieux, contenans les principaux mots, & les plus ufitez en la langue Françoise, leurs definitions, decisions & etymologies; enrichies d'eloquens discours, soutenus de quelques Histoires, de passages des Peres de l'Eglise, des Auteurs & des Poëtes les plus celebres anciens & modernes, avec des demonstrations Catholiques sur tous les points qui sont contestez entre ceux de l'Eglise Romaine, & les gens de la Religion pretenduë Reformée, par C. de Rochefort, fol. à Lyon 1684.

- - - De Marine, contenant les termes de la Navigation & de l'Architecture navale, avec les regles & propositions qui doivent y estre obferveés. Ouvrage enrichi de figures representant divers Vaisseaux, les principales pieces servant à leur constitution, les differens Pavillons des Nations, les Instrumens de Mathematique, Outils de Charpenterie & Menuiserie concernant la fabrique; avec les diverses fonctions des Officiers, 4. Amst. 1702.

Dictys Cretensis & Dares Phrygius de Bello & excidio Trojæ, in usum Serenissimi Delphini, cum interpretatione Annæ Daceriæ. Accedunt in hac nova editione Notæ Variorum integræ, nec non Josephus Iscanus, cum notis Sam. Dresemii. Numismatibus & gemmis historiam illustrantibus exornavit Lud. Smids. Dissertationem de Dictys Cretensi præfixit Jac. Perisonius, 4. Amst. 1701.

E.

Exposition of the Thirty-nine Articles of the Church of England, written by Gilbert Bishop of Sarum, fol. Lond. 1700.

L'Etat present de la faculté de Theologie de Louvain, où l'on traite de la conduite de quelques-uns de ses Theologiens, & de leurs sentimens contre la souveraineté & la sureté des Rois, & contre les 4. articles du Clergé de France, en trois Lettres, avec plusieurs pieces curieuses sur ces matieres, 8. 1701.

Epistolæ clarorum Virorum ceutum ineditæ de vario eruditionis genere, ex musæo Joh. Brant ad virum cl. J. G. Grævium, 8. Amst. 1702.

Espen jus Ecclesiasticum universum hodiernæ disciplinæ, præsertim Belgii, Galliæ & vicinarum Provinciarum accommodatum ex SS. Canonibus, Jure decretalium, Synodis potissimum Belgicis, Principum Edictis & Magistratus tam Ecclesiastici quàm Civilis Judicatis depromtum, 2. Voll. fol. Lovanii 1700.

Elemens de l'Histoire, ou ce qu'il faut savoir de Chronologie, de Geographie, de Blazon, de l'Histoire universelle, de l'Eglise de l'Ancien Testament, des Monarchies anciennes, de l'Eglise du Nouveau Testament, & des Monarchies nouvelles, avant que de lire l'Histoire particuliere; derniere edition divisée en 3. Voll. & augmentée des Monarchies nouvelles, de plusieurs choses sur l'Histoire Ecclesiastique, & sur l'Histoire Civile, a'une suite des Medailles Imperiales depuis Jule Cesar jusqu'à Heraclius, par M. de Vallemont, 8. 2. Voll. Paris 1701.

F.

Formulare Anglicanum, or a Collection of ancient Charters and instruments of divers kinds, taken from the Originals, placed under several heads, and deduced (in a series according to the order of time) from the Norman Conquest, to the end of the reign of King Henry the VIII. fol. Lond. 1701.

Flori Epitome rerum Romanarum, ex recensione Jo. Georgii Grævii, cum ejusdem annotationibus longè auctioribus. Accessere notæ integræ Cl. Salmasii, Jo. Freinshemii & Variorum; nec non numismata & antiqua monumenta in hac nova editione suo cuique loco inserta, cum variantibus lectionibus & Indice: in fine adjitus est L. Ampelius ex Bibliotheca Cl. Salmasii, 8. 2. Voll. Amst. 1701.

Fabricii Bibliotheca Latina, sive notitia Autorum veterum Latinorum, quorumcunque scripta ad nos pervenerunt. Accessit duplex Appendix, quâ de Fragmentis & Collectionibus veterum

VIII

6   CATALOGUS

terum Scriptorum Latinorum, monumentis antiquis, Poetis Christianis, JCtis, Medicisque, & Scriptis quibusdam Hypobolymæis differtur: obiter suppleta ingens lacuna aliquot pagicarum in Scholiis Euftathii ad Dionysium Periegetem : huic editioni Londinensi sparsim adduntur editiones aliquot præftantiores Autorum veterum celebrio um à Fabricio omillæ. Adjecta præterea ad calcem Procli Philosophi Platonici vita à Marino Neapolitano Græcè scripta, altera parte auctior & nunc primum integra, edente eodem J. A. Fabricio cum sua versione Latina, brevibus notis &c. 8. Lond. 1703.

65   Fo belii (Joh.) Opera omnia . inter quæ plurima posthuma , ab ipso Auctore interpolata, emendata atque aucta, 2. Voll. fol. Amst. 1703.

Festi & Mar. Verrii Flacci de verborum significatione Lib. X X . notis & emendationibus illustravit And. Dacerius in usum Serenissimi Delphini : accedunt in hac nova editione notæ integræ J. Scaligeri, Fulvii Urfini & Antonii Augustini, cum fragmentis & schedis, atcue Indice novo, 4. Amst. 1699.

Fischeri consilia medica, quæ in usum practicum & forensem pro scopo curandi & renunciandi a Jurnata sunt : accessit ejusdem Authoris consiliarius metallicus, 8. Francofurti 1704.

Fabricii Opera omnia, quibus præmittitur historia Vitæ & Obitus ejusdem, Authore Heideggero, 4. Tiguri 1698.

G.

70   GRegorii Astronomiæ, Phyficæ & Geometricæ Elementa, fol. Oxon 1701.

Gomefii variæ Resolutiones Juris Civilis, communis & regii, Tomis Tribus diftinctæ, quorum I. Ultimarum Voluntatum, II. Contractuum. III. Delictorum materias continet : quibus accefferunt eruditissimæ Annotationes Em. Soares à Ribeira, fol. Lugd. 1701.

Gyraldi (Lil. Greg.) Opera omnia duobus Tomis distincta, complectentia hiftoriam de Deis Gentium, Mufis & Hercule, rem nauticam, fepulcralia & varios fepeliendi ritus, hiftoriam Poëtarum Græcorum & Latinorum, Kalendarium Romanum & Græcum cum libello de annis, menfibus, ac insuper alia, quæ omnia partim Tabulis æneis & nummis, partim Commentariæ Jo. Faes, & Animadvertionibus hactenus ineditis P. Colomefii, nec non Indicibus emendatioribus ac locupletioribus illuftrata exhibet Joan. Jensius , fol. Lugd. Bat. 1696.

Geometrie Pratique, divifée en IV. Livres, le Premier enseigne les Elemens de la Geometrie Pratique, & donne toutes les notions de chaque terme concernant cette science. Le Second explique la Trigonometrie, ou la mesure des diftances par les inftrumens Geometriques, comme font les Piquets, les Cordeaux, le Demi-cercle, le Quarré Geometrique, le Compas de proportion, l'Aftrolabe, la Bouffole, le Bafton de Jacob, la Planchette, & aussi par les Sinus & les Logarithmes. Le Troifiéme montre la Planimetrie, ou la mesure des fuperficies (ce que le vulgaire apelle l'Argentage) avec les methodes de transfigurer, d'augmenter, & de divifer toutes fortes de terres, bois, &c. Le Quatriéme regarde la Stereometrie, ou la Toifé de toutes fortes de corps de telle capacité & figure qu'ils puissent être. Ouvrage enrichi de cinq cens Planches gravées en Taille douce, par Ali. Maneffon Mallet, 4. Voll. 8. à Paris 1702.

Grotii de Jure Belli ac Pacis Libri tres, in quibus jus Naturæ & Gentium; item Juris publici præcipua explicantur, cum Commentariis Guilj. vander Meulen. Accedunt & Autoris Annotata, ex postrema ejus ante obitum cura; nec non Joann. Fr. Gronovii Notæ in totum Opus, fol. Ultraj. 1695.

- - - Tomus secundus, fol. ibid. 1700.

75   - - - Tomus tertius, fol. ibid. 1703.

Grotius Droit de la Guerre & de la Paix, divifé en trois Livres, où il explique le droit de nature, le droit des gens, & les principaux points du droit public, ou qui concerne le gouvernement public d'un Etat, traduit du Latin en François par Monfr. de Courtin. Augmentée dans cette derniere édition de la differtation de la liberté de la Mer &c. 12. 3. Voll. à la Haie 1703.

le Grand Theatre Hiftorique, ou nouvelle Hiftoire Univerfelle tant facrée que profane, depuis la Creation du Monde jufqu'au Commencement du XVIII. fiecle: contenant une fidele & exacte defcription de ce qui s'eft paffé de plus memorable fous les quatres premieres Monarchies des Affyriens, des Perfes, des Grecs & des Romains; comme auffi des Monarchies qui leur ont fuccedé, & ce qui concerne nommement le peuple Juif, & qui fe trouve dans la Sainte Ecriture & ailleurs. Avec la fuite de l'Hiftoire Romaine fous les Empereurs d'Orient & d'Occident : la fondation, les progrès, les changemens,

LIBRORUM.

mens, la decadence, la ruïne, ou la continuation des Etats, Roiaumes & Republiques de Chretienté : où l'on voit les actions les plus remarquables des Papes, des Empereurs, des Rois & des grands Capitaines, les Invasions, les Conquêtes, les revolutions des Infideles : les progrès de l'Evangile, les persecutions & ses Triomphes, la naissance, la durée ou l'extirpation des Heresies, & en general tout ce qui concerne les Papes & l'Histoire Ecclesiastique: le tout recueilli avec un grand choix des plus excellens auteurs anciens & modernes, & parsemé des particularitez les plus curieuses, & digeré dans un bon ordre Chronologique de telle maniere que l'Histoire de chaque Nation considerable & celle de l'Eglise sont traitez à part. Ouvrage divisé en cinq Parties avec des figures en taille douce, qui representent les plus beaux endroits de l'Histoire, & des Indices des Livres, Periodes, Chapitres, & Matieres, fol. 5. Voll. Leide 1703.

H.

Histoire de la Medecine, où l'on voit l'origine & les progrès de cet Art, de siecle en siecle ; les Sectes, qui s'y sont formées, les noms des Medecins, leurs decouvertes, leurs opinions, & les circonstances les plus remarquables de leur vie : avec des figures en tailles douces, tirées des Medailles anciennes, par D. le Clerc, 4. Amst. 1702.

Huetii Tractatus de situ Paradisi terrestris, ad Academiæ Francicæ socios, nunc primum Latinè factus, ab Auctore recognitus, emendatus & auctus. Accedit ejusdem Commentarius de Navigationibus Salomonis, qui nunc primum prodit, 8. Amst. 1698.

Histoire du Vieux & du Nouveau Testament, enrichie de plus de quatre cens figures en taille douce, 2. Voll. fol. Amst. 1700.

- - - Des Congregations de Auxiliis, justifiée contre l'Auteur des Questions importantes, &c. par un Docteur en Theologie de la Faculté de Paris, 8. Louv. 1702.

Harpocrationis Lexicon decem Oratorum. Nic. Blancardus emendavit, disposuit, Latinè vertit, ac Elenchum veterum Scriptorum adjecit. Subjiciuntur Ph. Jac. Maussaci Notæ, & Dissertatio critica, in qua de Auctore, & de hoc scribendi genere disputatur; omnia ex Tolosana appendice correcta & suppleta. Accesserunt Notæ & Animadversiones in Harpocrationem & Maussaci notas, 4. Lugd. Bat. 1683.

Hesiodi Ascræi quæcunque extant Græcè & Latinè, ex recensione Jo. Clerici, cum ejusdem Animadverhonibus. Accessere Notæ Jos. Scaligeri, Dan. Heinsii, Franc. Guieti, & Steph. Clerici; nec non in altero Volumine Joh. Grævii Lectiones Hesiodeæ, nunc auctiores, & Dan. Heinsii Introductio in doctrinam Operum & Dierum, cum Indice G. Pasoris, 8. Amst. 1701.

Histoire du Concile de Trente de Fra Paolo Sarpi, traduite par M. Amelot de la Houssaye: avec des Remarques Historiques, Politiques & Morales. Troisième Edition revuë & augmentée, 4. Amst. 1699.

Hofmanni Lexicon universale, Historiam Sacram & profanam omnis ævi, omnium gentium Chronologiam adhæc usque tempora, Geographiam & veteris & novi Orbis, principum per omnes terras familiarum ab omni memoria repetitam genealogiam, tum mythologiam, ritus, cæremonias, omnemque Veterum antiquitatem, ex Philologiæ fontibus haustam, virorum ingenio atque eruditione celebrium enarrationem copiosissimam; Præterea animalium, plantarum, metallorum, lapidum, gemmarum nomina, naturas, vires explanans: editio absolutissima præter supplementa, & additiones ante seorsum editas nunc suis locis ac ordini insertas, uberrimis accessionibus, ipsius Autoris manu novissimè lucubratis tertia parte quam antehac auctior, locupletior Indicibus atque Catalogis Regum, Principum, populorum, temporum, virorum & feminarum illustrium, animalium, plantarum; tum præcipuè nominum, quibus Regiones, urbes, montes, flumina, &c. in omnibus terris, vernacula, & vigenti hodie ubique Lingua appellantur ; Cæterarum denique rerum memorabilium accuratissimis instructa, 3. Voll. fol. Lugd. Batav. 1698.

Hugenii Opuscula posthuma, quæ continent dioptricam, Commentarios de vitris figurandis, dissertationem de Corona & parphe'iis, Tractatum de motu, de vi centrifuga, descriptionem automati planetarii, 4. Lugduni Batav. 1703.

Historia Flagellantium : de recto & perverso flagrorum usu apud Christianos, ex Antiquis Scripturæ, Patrum, Pontificum, Conciliorum & Scriptorum profanorum monumentis cum cura & fide expressa, 12. Parisiis 1700.

Huetii Demonstratio Evangelica, ad Serenissimum Delphinum: quinta Editio, 4. Lipsiæ 1703.

Hankii

8 CATALOGUS

Ha kii Vratiflavienfis eruditionis Propagatores, id eft, Vratiflavienfium Scholarum Præſides, Infpectores, Rectores. Profeſſores, Præceptores, Tabulis Chronologicis comprehenſi ab anno Chriſti M. DXXV. ad M. DCC. cum Annotationibus & tribus Iudicibus, fol. Lipſiæ 1701.

90 Harduini Chronologia Veteris Teſtamenti ad vulgatam verſionem exacta, & nummis antiquis illuſtrata, 4. 1701.

Hiſtoire du regne de Louis XIII. Roi de France & de Navarre, Tome I. contenant les choſes les plus remarquables arrivées en France & en Europe durant la Minorité de ce Prince, par Mich. le Vaſſor, 12. à Amſt. 1700.

- - - Tome II. premiere Partie; contenant ce qui eſt arrivé de plus remarquable en France & dans l'Europe, depuis l'ouverture des Etats Generaux juſques au mariage du Roi, 12. ibid. 1701.

- - - Tome II. deuxième Partie; contenant ce qui eſt arrivé de plus remarquable en France & dans l'Europe, depuis le mariage du Roi juſques à l'éloignement de la Reine Mere, 12. ibid. 1701.

- - - Tome III. contenant ce qui eſt arrivé de plus remarquable en France & en Europe, depuis la faveur de Luines juſques au commencement des guerres de Religion, 12. ibid. 1701.

- - - Tome IV. contenant ce qui eſt arrivé de plus remarquable en France & en Europe, depuis l'Aſſemblée de la Rochelle juſques au Miniſtere du Cardinal de Richelieu, 12. ibid. 1702.

95 - - - Tome V. contenant ce qui eſt arrivé de plus remarquable en France & en Europe, au commencement du Miniſtere du Cardinal de Richelieu, depuis la Ligue pour le recouvrement de la Valteline, juſques à la priſe de la Rochelle, 2. Voll. 12. ibid. 1703.

- - - Tome VI. contenant ce qui eſt arrivé de plus remarquable en France & dans l'Europe, depuis la premiere expedition de ce Prince en Italie, juſques au Traité de Quieraſque, 12. ibid. 1704.

- - - Tome VII. contenant ce qui eſt arrivé de plus remarquable en France & dans l'Europe, depuis la premiere expedition de ce Prince en Loraine juſques à l'entiere uſurpation du Duché, 2. Voll. 12. ibid. 1705.

Horti Medici Amſtelodamenſis rariorum tam Orientalis quam Occidentalis Indiæ, aliarumque peregrinarum Plantarum, magno ſtudio ac labore ſumptibus Civitatis Amſtelodamenſis, longâ annorum ſerie collectarum, Deſcriptio & Icones ad vivum æri inciſæ, Auct. Jo. Commelino. Opus poſthumum, Latinitate donatum, Notiſque & Obſervationibus illuſtrarum à Fr. Ruyſchio & Fr. Kiggelario, fol. Amſt. 1697.

- - - Pars Altera, fol. ibid. 1701.

I.

100 IRenæi, Epiſcopi Lugdunenſis, contra omnes Hæreſes Libri quinque. Textus Græci partem haud exiguam reſtituit, Latinam Verſionem antiquiſſimam e quatuor MSS. Codicibus emendavit; fragmenta aliorum Tractatuum deperditorum ſubjunxit; Omnia Notis Variorum, & ſuis illuſtravit Jo. Ern. Grabe, Græcè & Lat. fol. Oxon. è Theatro She'doniano, 1702.

Juſtification de M. Ant. Arnauld contre la Cenſure d'une partie de la Faculté de Theologie de Paris, ou Recueil des Ecrits François ſur ce ſujet. Tome preliminaire, ou Diſcours Hiſtorique & Apologetique, diviſé en deux parties : la I. contenant un abregé de la vie de M. Arnaud & la defenſe de ſa Propoſition. La II. la refutation des fauſſetez avancées à cet égard dans l'Hiſtoire des Cinq Propoſitions, 8. à Liege 1701.

- - - Tome Premier, ou Recueil des Ecrits compoſez par M. Arnaud même, 8. ibid. 1701.

- - - Tome Second, ou Recueil des Ecrits François compoſez ſur ce ſujet, tant par M. Arnauld, que par d'autres Theologiens, 8. ibid. 1701.

Jungken Chymia experimentalis, ſive naturalis Philoſophia Mechanica : ubi pars prior generoſiorum remediorum fabricam ex triplici regno cum omnibus manipulationibus fideliter exhibet : pars altera eadem medicamenta, inter alia ad quoſcunque morbos generaliter adaptare docet; adjectis monitis medicis, affectibus puerorum concernentibus, 4. Francofurti 1701.

Kolb

LIBRORUM.

K.

Kohl Tractationes duæ, prior de Pactis dotalibus, altera de Successione Conjugum: quibus annexa tertio loco declaratio constitutionis Marchicæ: editio secunda, 4. Lipsiæ 1671.
Klockii Tractatus nomico politicus de Contributionibus in Romano Germanico Imperio, & aliis Regnis ut plurimum usitatis; in quo Imperatoris Rom. Regum, Electorum, Episcoporum, Archiducum, Principum, Comitum, Baronum, Civitatum, aliorumque Statuum Imperii, nec non Nobilium respective Majestatis, Superioritatis, Regalium, aliaque Jura infperfis multifariis, Theologico, Juridico Historico-Politicis Discursibus, infignioribus votis & decisionibus Cameralibus ac aliis ad hanc materiam proprie spectantibus & in fingulari Fasciculo digestis Consultationibus five responfis prudentum, hactenus nec dum divulgatis, accurate & nervofe enucleantur. Opus eximium ac magni laboris, ita ut nihil intactum relinquere videatur, fol. Francofurti 1676.

L.

L Imnæi Juris Publici Imperii Romano-Germanici Tomus I. quo tractatur de principiis Juris Publici, de Germanorum origine, virtutibus, vitiis, Lingua, de translatione Imperii in Germanos; de ejusdem statu atque infignibus, statuum numero atque notis, de legibus fundamentalibus, quas Auream Bullam, capitulationem, conftitutiones de pace religiofa & profana, vocant; de Imperatore, Rege Romanorum, de Augufta, nec non de Electoribus, Vicariifque Imperii tam in genere quam in fpecie, 4. Argentorati 1699.
- - - Tomus II. quo tractatur de origine Dignitatum illuftrium, de jure atque oneribus Principum, aliorumque imperii ftatuum, de jure præcedentiæ, de genealogiis aliquot Imperii Procerum, de eorundem privilegiis, ditionibus, controverfiis, de nobilitate, tam mediatis quam immediatis, de Equitibus, de torneamentis, atque infignibus, 4. ibid. 1699.
- - - Tomus III. quo tractatur de Civitatibus Imperialibus, potiffimum de Academiis, de Comitiis Imperii, de camera imperiali, de Judicio Rotuleno, de Imperatorio confilio aulico, denique de Auftregis, 4. ibid. 1699.
- - - Tomus IV. Additionum ad priores primus, 4. ibid. 1699.
- - - Tomus V. Additionum ad priores fecundus, 4. ibid. 1670.
- - - Tomus VI. Additionum novus ac tertius cum adnotamentis ad inftrumentum pacis Ofnabrug. Monafterienfe. Accedente noviffima inftrumenta pacis Norimbergenfi, 4. ibid. 1680.
Larrea De Ifione nova Regii Senatus Granatenfis Regni Caftellæ, item Allegationes Fifcales, 2. Voll. fol. Lugd. 675. & 597.
Lettre de M. Maxin Labbé nommé par le Sr. Siege Evêque de Tilopolis, & Coadjuteur au Vicariat Apoftolique de la Cochinchine, au Pape, fur le Certificat de l'Empereur de la Chine, & fur la neceffité de condamner fans delai toutes les Inftructions Chinoifes, 12. à Amft. 1701.
Les Loix Civiles dans leur ordre naturel, fuivies du Droit public, fol. 2. Voll. fol. à Luxemb. 1701.
- - - Le Droit public, fuite des Loix Civiles dans leur ordre naturel, Tome fecond, fol. ibid. 1701.
Legum Delectus ex libris Digeftorum & Codicis, ad ufum Scholæ & fori. Accedunt fingulis legibus fuæ fummæ fententiam brevi complexæ, opera D. Jo. Domat, qui quidem Leges methodo genuina difpofuit, 4. Amft. 1703.
Lettres & autres Oeuvres de Mopfieur de Voiture, 2. Voll. Nouvelle édition plus compleffe que les precedentes, & augmentée de la fuite & de la conclufion de l'Alcidalis & de Zelide, 12. Amft. 1697.
Lettres du Comte d'Aflingten au Chevalier Temple, contenans une relation exacte des Traitez de l'Evêque de Munfter, de Breda, d'Aix la Chapelle, & la triple Alliance, avec les inftructions données audit Chevalier Temple, & le Comte de Coffington & à Monfr. van Benningen, & d'autres papiers par rapport au dit Traitez; l'on y ajouté une relation

VIII

10   CATALOGUS

relation particuliere de la mort de Madame, écrite en cinq lettres par une personne de qualité presente à sa mort, le tout tiré des originaux qui n'avoient jamais été pu. bliez, 12. *Utrege* 1701.

Lettres Choisies de Mr. Simon , où l'on trouve un grand nombre de faits anecdotes de Literature , 12. *Amst.* 1700.

Leibnitii Mantissa Codicis Juris Gentium diplomatici, continens Statuta magnorum Ordinum Regiorum. Acta vetera Electionum Regis Romani, manifestationes jurium inter Franciam, Angliam, & Burgundiam olim controversorum ; Concilia item Germanica, ceremoniale Sedis Romanæ vacantis , Concertationes Imperium regnaque inter & Ecclesiam Romanam , præsertim Bonifacii VIII. tempore & circa Concordata Galliæ cum Leone X. Scissionem Bohemicam , secularisationes ditionum Episcopalium à Pontificibus factas, Absolutionem Henrici IV. Gall. Regis ; præterea Austriaco-Luxenburgica, Anglo-Scoticea , Helvetico-Novo Castrensia &c. ac tandem complures fœderum aliorumve publicè gestorum tabulas: ex MSStis præsertim Bibliothecæ Augustæ Guelfebytanæ Codicibus & Monumentis regiorum aliorumve Archivorum , ac propriis denique Collectaneis , fol. Hanov. 1700.

Lactantii Firmiani Opera omnia quæ extant , Chr. Cellarius recensuit & notis illustravit , 8. Lipsiæ 1698.

Langueti Epistolæ ad Principem suum Augustum Sax : Ducem ex APXEIΩ Saxonico descriptæ primus ex museo edit J. P. Ludovicus , 4. 1699.

M.

125 **M**Uhrani Opera Medica Chymico-Practica , seu Trutina Medico-Chymica in tres partes divisa : omnia juxta recentiorum Philosophorum principia & Medicorum experimenta excogitata & adornata , 4. Genev. 1701.

Memoires de Monsieur le Marquis de Montbrun , enrichis de figures , 12. Amst. 1701.

- - - *De la derniere revolution d'Angleterre , contenant l'abdication de Jaques II. l'avenement de S. M. le Roi Guillaume III. à la Couronne, & plusieurs autres choses arrivées sous son regne, par M. L. B. J. 2. Voll. 12. à la Haie* 1702.

Medailles sur les principaux Evenemens du Regne de Louis le Grand , avec des explications historiques, par l'Academie Roiale des Menailles & des Inscriptions , 4. à Paris 1702.

Mansvelt adversus Anonymum Theologo Politicum Liber singularis : in quo omnes & singulæ Tractatus Theologico Politici Dissertationes examinantur & refelluntur, cum præmissa disquisitione de Divina per Naturam & Scripturam revelatione , 4. Amstel. 1674.

130 *Morale des Jesuites , extraite fidellement de leurs Livres imprimez avec la permission & l'approbation des Superieurs de leur Compagnie , par un Docteur de Sorbonne , 3. Voll. 8. 1701.*

Martinii Lexicon Philologicum , in quo Latinæ & à Latinis Auctoribus usurpatæ, cùm puræ tùm barbaræ voces ex originibus declarantur : comparatione Linguarum subinde illustrantur, multæque in divinis & humanis Litteris difficultates ex fontibus , veterumque & recentium Scriptorum auctoritate enodantur ; nec pauca in vulgaris Dictionariis admissa errata emaculantur. Accedit ejusdem Cadmus Græco Phenix , in quo explicantur & ad Orientales fontes reducuntur principes Græcæ voces , & eæ quæ cùm alibi , tùm maximè apud LXX. Interpretes & in Novo Testamento videntur obscurioris , ac multæ dictiones à Lexicographis prætermissæ , & in Glossarium Isidori cum emendationibus & Notis J. G. Grævii , quibus Auctarium subjecit Theod. Jansf. ab Almeloveen. Præfixa est Operi J. Clerici Dissertatio erymologica : Editio nova prioribus emendatior & Auctoris vita auctior , fol. 2. Voll. Amst. 1701.

M. Minucii Felicis Octavius , & Cæcilii Cypriani de Vanitate Idolorum Liber : uterque recensuit & illustratus à Chr. Cellario , 8. Halæ 1699.

A Mechanical account of Poisons, in several Essais by R. Mead, 8. London 1702.

Mayerne Praxis Medica , ad exemplar Londinense : cui accessit ejusdem Auctoris libellus planè singularis de cura gravidarum ex MS. Bibliothecæ Velschii , 8. 1691.

135 Monimenta Pietatis & Litteraria Virorum in re publica & literaria Illustrium selecta: quorum pars prior exhibet Collectanea Palatina , quæ ad illustrandam Historiam Ecclesiæ Palatinæ cùm primis faciunt ; posterior eruditorum Superioribus duobus seculis celebrium epistolas nondum editas , comprehendit. In quibus memorabilia multa illorum temporum occurrunt , 4. Francofurti 1701.

Melli-

LIBRORUM

Mellificium oratorium: in quo eloquentiæ flores è variis Oratorum viridariis defracti & suas in Aureolas antehâc sunt digesti, ita ut non phrases pro tyronibus nec sententiæ pro Philologi, sed venustissimæ Romanæ Suadæ deliciæ apponantur, operâ & labore J. Meyfarti & M. Steinbruccii, 2. Voll. 8. Francofurti 1701.

Molleri Discursus duo Philologico-Juridici: prior de cornutis, posterior de hermaphroditis eorumque jure, uterque ex Jure Divino, Canonico, Civili, Consuetudinibus feudorum variisque historiarum monumentis, rerumque antiquarum Scriptoribus privata industriâ horis otiosis congestus, 4. Francofurti 1692.

Micrælii Historia Politica, quâ Imperiorum, Regnorum, Electoratuum, Ducatuum, rerumque publicarum omnium origines, incrementa, fata, bello paceque gesta ad Annum à Christo nato M. DC. XLVIII. describuntur, cum continuatione D. Hartnaccii, qui ad exitum usque suppertoris seculi eadem methodo juxta annorum seriem pertexuit, & totum opus Autoribus in margine, unde isthæc desumta, adductis tabulis Chronologicis & Genealogicis, Indicibusque plane novis & locupletissimis exornavit, 4. 2. Voll. Lipsiæ 1702.

N.

NOuveaux Elemens d'Algebre, ou Principes generaux pour resoudre toutes sortes de Problêmes de Mathematique, par M. Ozanam, 2. Voll. 8. Amsterd. 1702.

Nicolai Tractatus de Siglis veterum, omnibus elegantioris Literaturæ amatoribus utilissimus; in quo continentur quæ ad interpretationem numismatum, inscriptionum, juris & fere omnium artium requiruntur: cujus subsidio facile literæ explicari possunt, 4. Lugd. Batav. 1703. — 140

Novum Testamentum unà cum scholiis Græcis Scriptoribus tam Ecclesiasticis quàm ethnicis maxima parte desumptis, operâ ac studio Jo. Gregorii, fol. Oxonii 1703.

Nicolai Disquisitio de Mose Alpha dicto, in qua multæ intricatæ antiquitates Scripturæ Sacræ explicantur, & contra Cavillationes Ethnicorum defenduntur lectu jucundæ, 12. Leidæ 1703.

Nomii (Freder.) Liber Satyrarum sexdecim, 8. Leidæ 1703.

Notitia Orbis antiqui, sive Geographiâ plenior, ab ortu Rerumpublicarum ad Constantinorum tempora Orbis terrarum faciem declarans: Ch. Cellarius ex vetustis probatisque monimentis collegit, & novis Tabulis Geographicis singulari cura & studio delineatis illustravit: adjectus est Index copiosissimus locorum & aliarum rerum Geographicarum. 4. Cantabrigiæ 1703.

Nepos (Corn.) perperam vulgò Æmilius Probus dictus, de vita excellentium Imperatorum: — 145
novis Commentariis, Indicibus & Tabulis Chronologicis ac Geographicis illustravit Christ. Cellarius, 12. Lipsiæ 1696.

O.

Optati Milevitani Episcopi de Schismate Donatistarum Libri septem, ad Manuscriptos Codices & veteres editiones collati, & innumeris in locis emendati: quibus accessere Historia Donatistarum unà cum monumentis veteribus ad eam spectantibus, necnon Geographia Episcopalis Africæ, operâ & studio Lud. Ellies Du Pin, fol. Parjs. 1700.

Oddi de Restitutione in Integrum Tractatus: in quo restitutionis in integrum materia absolutissime pertractata, non solum quæ personæ cujusque sexus, ætatis & status, ac quibus ex causis hoc juris remedium petere possint, quandove & quibus denegandum veniat, sed etiam quo in foro, quove juris processu & ordine ac probationibus peti debeat, ut & illius effectus ac causæ, in quibus locum habet, artificiosissima methodo, ex ipsis Legum fontibus atque doctorum Interpretum scriptis uberrimè explicatur & declaratur, insertis quoque in hac postrema editione aliquot ex tomo Auctoris manuscriptis desumptis; opus absolutissimum omnibus in foro & causarum patronis utilissimum, ac summe necessarium, in duos Tomos distinctum, fol. Coloniæ 1704.

Obrechti de nummo Domitiani Isiaco ad Amplissimum Virum E. Brackenhofferum Epistola, 4. Argentorati 1675.

CATALOGUS

P.

Pfeiffii Rationarium temporum, in partes duas, libros 13. distributum, in quo statum omnium sacra profanaque historia, chronologicis probationibus munita summatim traditur. Editio ultima, Jesu exemptis Paesinorum, quod nonnullis accessionibus auctius redditur, & ab Auctore recognitum, 8. Francq. 1760.

- - Opus de Theologicis Dogmatibus, auctius in hac nova Editione, Libro de Tridentini Concilii interpretatione, Libris II. Dissertationum Ecclesiasticarum, Diatriba de potestate obsecrandi, Libris VIII. De Poenitentia publica & notulis Theoph. Alatini, fol. 3. Voll. Antv. 1760.

- - Opus de Doctrina Temporum : auctius in hac nova editione Notis & emendationibus quàm plurimis, quas manu sua Codici adscripserat Dion. Petavius. Cum Praefatione & Dissertatione de LXX. Hebdomadibus Joan. Harduini, 3. Voll. fol ibid. 1703.

Pignatelli Consultationes Canonicae, in quibus praecipuae Cont overhae, quae ad Sanctorum canonizationem ac sacros ritus; ad Sac. Concilium Tridentinum; ad Episcopos & Regulares; ad immunitatem, libertatem, jurisdictionem ecclesiasticam, ac hujusmodi alia potissimum pertinent; non solum ex utroque jure scripto, sed etiam ex sacrarum Congregationum Decretis, rebus indicatis, placitis atque consultis, ex prudentum responsis, ex moribus receptis breviter ac perspicuè dirimuntur, 11. Voll fol. Genev. 1701.

Prejugez legitimes contre le Papisme, Ouvrage où l'on considere l'Eglise Romaine dans tous ses dehors, & ou l'on fait voir par l'histoire de sa conduite qu'elle ne peut être la veritable Eglise, à l'exclusion de toutes les autres communions du Christianisme, comme elle pretend, 8. Voll 4. Amsterd. 1685.

Petits Soupers de l'Eté de l'année 1699. ou avantures galantes, avec l'Origine des Fêtes par Madame Durand, 12. Voll. Paris 1702.

Phaedri Fabularum Aesopiarum Libri V. cùm integris Commentariis Marq. Gudii, Conr. Rittershusii, Nic. Rigaltii, Nic. Heinsii, Joan. Schefferi, Jo. Lud. Praschii, & excerptis aliorum, curante P. Burmanno, 8. Amstel. 1698.

- - Fabularum Aesopiarum Libri V. Notis illustrave t in usum Serenissimi Principis Nassavii Dav. Hoogstratanus; Accedunt ejusdem opera duo Indices, quo nm prior est omnium verborum, multò quàm antehac locupletior, posterior eorum, quae observatu digna in notis occurrunt, 4. ibid. 1701.

Piccardii Dissertationes Medicae, 4. Roterod. 1701.

Polyaeni Stratagematum Libri octo, Just. Vultejo interprete, Paner. Maasvikius recensuit, Is. Casauboni, nec non suas, notas adj cit, 8. Lugd. Bat. 1691.

Propertii Elegiarum Libri quathor, ad fidem veterum membranarum sedulò castigati. Accedunt notae & terni Indices, quorum primus omnes voces Propertianas complectitur, 4. Amstel. 1702.

Pharmacopoea Bruxellensis, Senatus authoritate munita, 8. Brux. 1701.

Puffendorfii Introductio ad Historiam Europaeam, Latinè reddita à Jo. Frid. Cramero : Editio tertia, à multis erroribus emendata, & Compendio Historiae Sueciae aucta, 8. Ultraj. 1702.

Pantheum mythicum, seu fabulosa Deorum Historia, hoc Epitomes Eruditionis volumine breviter attenteque comprehensa, Auctore T. Pomey, Editio sexta, 12. Ultraj. 1701.

Plinii (C.) Caecilii Secundi Epistolae & Panegyricus recensuit ac novis Commentariis illustravit, etiam Indicibus pluribusque cum rerum tum Locustatis & Tabulis Geographicis auxit Chr. Cellarius, Editio secunda, 12. Lipsiae 1700.

R.

Recueil de Pieces Galantes en Prose & en Vers de Madame la Comtesse de la Suxe, tant avec Dann, & de Mr. Pellisson augmenté de plusieurs Elegies, 2. Voll. 12. 1695.

- - Des Traitez de Paix, de Treve, de Neutralité, de suspension d'armes, de Confederation, d'Alliance, de Commerce, de Garantie, & d'autres Actes publics, comme Contracts de mariage, Testamens, Manifestes, Declarations de Guerre, &c, faits entre
les

LIBRORUM. 13

les Empereurs, Rois, Republiques, Princes & autres Puissances de l'Europe; & des autres parties du monde, depuis la naissance de Jesus-Christ jusqu'à present: servant à établir les Droits des Princes & de fondement à l'Histoire; rassemblez avec soin d'un grand nombre d'Ouvrages imprimez, où ils étoient dispersez, & de divers Recueils publiez, ci-devant manuscrits ou a moitié pluzieus Pieces, qui n'avoient jamais été imprimées. Le tout redigé par ordre Chronologique & accompagné de Notes, de Tables Chronologiques & Alphabétiques, & des noms des Auteurs dont on s'est servi; 4. Voll. fol. Amsterd. 1700.

- - - *Des flatues morales & Chrétiennes, & des quelques autres pieces en vers, dedié à la Reine de Pruße par Mr. D. R. B* * * * 8. Berlin 1701.

Relation de la Cour de Portugal, sous D. Pedre II. A present regnant, avec des remarques sur les interêts de cette Couronne par raport aux autres Souverains, & l'Histoire des plus considerables Traitez qu'elle ait fait avec eux; traduite de P. Anglois, 12. Amst. 1701.

Religio Veterum Romanorum, Caftrametatio, Difciplina Militaris, ut & Balnea, ex antiquis Numifmatibus & lapidibus demonftrata, Auct. G. du Choul, è Gallico in Latinum translata, 4. Amft. 1685.

Rivet derniers Vœux du Sacrificateur éternel, compris en sa prière, contenus au 17. Chap. de St. Jean, exposée en 17. Sermons, & une Paraphrase. Avec quelques autres petits Traitez du même, 8. Arnh. 1639.

S.

SCacchi Sacrorum Elæochrifmatūm Myrothecia tria, In quibus exponuntur Olea atque Unguenta divinos in Codices relata; & olim vel cunctis univerſim Gentibus, in Vita quotidiano, quâ molliore cultu, vel nominatim apud Ifraëlitas, tam in ſacrorum Antiſtitibus, locis, ſupellectilibus; quàm in Regibus ſolemniter Inaugurandis uſurpata. Opus eruditione multiplici conſperſum, & inſtitua Veterum; literaſque recodi:ores, Hebraicas, Græcas, Romanas, hujus argumenti oc aſione paſſim illuſtrans; nec antea ſic emendatum: adornatum figuris elegantiſſimis, fol. Amſtel. 1701.

Science parfaite des Notaires, ou le moien de faire un parfait Notaire, contenant les Ordonnances, Arrêts & Reglemens rendus touchant la fonction des Notaires royaux & Apoftoliques, avec les ftiles, formules & inſtructions pour dreſſer toutes ſortes d'Actes, ſuivant l'uſage des Provinces de Droit écrit, & de celles du Païs Coûtumier; taut en matiere Civile que Beneficiale, par Cl. de Ferriere, 4. à Lion 1701.

Suetonii Tranquilli Vitæ XII. Cæsarum, & quæ ex illuſtribus Grammaticis & Rhetoribus ſuperſunt, cum prioris partis col·atione facta ab Cl. Salmaſio ad MS. codicum membranarum integra, adjectis emendationibus Jac. Gronovii, 12. Lugd. Bat. 1698.

Stamm Tractatus de ſervitute perſonali, in quo tam modernæ quàm moderatæ ſervitutis perſonalis jura & communia & ſtatutaria locorum, juſtâ ſerie fuſius pertractantur, quatenus ad præſentem Imperii Romano-Germanici ſtatum & praxin diriguntur, in uſum Bibliothecæ Vindici, cum elencho generali, nec non Indice Capitum; rerum & verborum locupletiſſimo, 8. Francf. 1684.

Stukkij Operum tomus primus, continens antiquitatem convivialium Libris tres, five Hebræorum, Græcorum, Romanorum, aliarumque nationum Conviviorum genera, mores, conſuetudines, Ritus ceremoniaſque conviviales, atque etiam alia explicita dumque iis quæ apud Chriſtianos, & alias gentes à nomine Chriſtiano alienas in uſu ſunt fuiſſent, collata, fol. Lugduni Bat. 1695.

- - - Tomus ſecundus, continens ſacrorum & ſacrificiorum Gentilium brevem & accuratam deſcriptionem univerſæ ſuperſtitionis Ethnicæ ritus ceremoniaſque complectentem, Fol. ibid. 1695.

Sturmii Matheſis juvenilis permiſſu Wagenſeiliana ad editoris peritum ſubjuncta, Tomus prior: acceſſit conſilium de Matheſi in ſcholarum trivialium & Gymnaſiorum claſſes omnes, etiam puerorum legere diſcentium infimas, editio ſecunda, 8. Norimbergæ 1701.

- - - Tomus alter, opticam tùm catoptricâ & dioptricâ Aſtronomicâ eam uſu globorum, theorica item & ecliptiographia ludibunda, chronologiam cum calendariographia ſeu computo Eccleſiaſtico, horographiam denique, ſeu Gnomonicam complexus, 8. Ibid. 1704.

Sylloges publicorum negotiorum ab Auguſtiſſ. Rom. Imperatore univerſis Europæ Regibus S. R. I. Electoribus, Principibus & ſtatibus, Supplementum & continuatio, continens literas

14   C A T A L O G U S

teras cujufcunque fere generis, varia item decreta, falvos conductus, plenipotentiæ, memerialia, propoßitiones, refolutiones, obfervationes, declarationes, proteftationes, refervationes, vota, pacti, fœdera, inftrumenta pacis, armiftitia, man.fefta, &c. Francf. 1701.

Schurfleifchii annus Romanorum Julianus, libero commentario illuftratus, cum rationibu & tabulis compluribus ad præfentem ftatum feculumque accommodatis. Acceiferunt Fig marmorei & calendarium Conftantii Imperatoris ex tribus Codicibus inter fe collatis Her wartiano, Bucheriano & Lambeciano defumptum, cum animadverfionibus, quæ in expli nandis rerum Romanarum Scriptoribus ufui eife poffunt, 4. Witembergæ 1704.

180   Schilteri de Condominio circa facra differtatio ad D. Chriftianum Principem Palatinum, Ducem Bavariæ, 4. Argentorati 1704.

Spanhemii Controverfiarum de Religione cum diffidentibus hodie Chriftianis, prolixè & cum Judæis Elenchus Hiftorico-Theologicus, 8. Amftel. 1701.

Seldeni Tîtuli honorum, juxta Editionem tertiam Londinenfem Anni 1672. cui acceffiffe di cuntur Seldeni Emendationes & Additamenta; Latinè vertit notafque addidit Sim. Arnol dus, 4. Francof. 1596.

Senecæ (L. Annæi) Philofophi Opera omnia: acceffit à Viris doctis ad Senecam annotatorum delectus, 1. Voll. 8. L:pfiæ 1701.

Silii Italici (C.) de Bello Punico fecundo Libri XVII. Chrift. Cellarius recenfuit, & no tis & tabulis Geographicis ac gemino Indice rerum, Latinitatis illuftravit, 12. ibid. 1695.

185   Series Chronologica Olympiadum, Pyth adum, Ifthmiadum, Nem adum, quibus veteres Græci tempora fua metiebantur cum omnibus, quotquot invenii i potuerunt Olympionica rum, & aliorum Victorum in Ludis quibus hofce fingulos inrpniverunt; ad Æras, Uibis Conditæ & Nibonaffari (annis Regum ex Ptolemæi Canor e adjectis,) atque etiam ad Æram Chriftianam vulgarem accommodata, foi. Oxoniæ 1700.

Sinapii Tractatus de remedio doloris, five materia Anodynorum, nec non Opii caufa crimi gali in foro Medico. Acceffit Vifio Aletophili Advocati de fecta & religione Empyricorum Paracelfiftarum, 8 Amft. 1699.

Syntagma variarum Differtationum rariorum, quas viri doctiffimi fuperiore feculo elucubra runt, ex Mufæo Jo. G. Grævii, 4. Ultraj. 1701.

T.

Traité des Prejugez faux & legitimes, ou Reponfe aux Lettres & Inftructions Paflo rales de quatre Prelats, Mrs. de Noailies, Cardinal, Archevêque de Paris, Colbert Archevêque de Rouën, Boßuet Evêque de Meaux, & Nemond, Evêque de Montau ban, 8. Delft, 1701.

- - - De la Nature & de la Grace par le Pere Malebranche, derniere édition corrigée & augmentée, 12. à Rotterd. 1701.

190   - - - De la Verité de la Religion Chretienne, 3. Voll. Quatriéme édition, revuë, corrigée & augmentée, 12. ibid. 1701.

The Royal Commentaries of Peru, in Two Parts, the firft treating of the original of their Incas or Kings; of their Idolatry, of their Laws and government both in peace and war; of the yearings and Conquefts of the Incas: with many other particulars relating to their empire and policies before fuch time as the Spaniards invaded their Countries. The fe cond Part defcribing the manner by which that new World was conquered by the Spaniards: alfo the civil wars between the Picarrifts and the Almagrians, occafioned by quarrels arifing about the divifion of that Land: of the rife and fall of rebels, and other particulars con tained in that Hiftory, illuftrated with fculptures: written originally in Spanifh by the Inca Garcilaffo de la Vega, and rendred into Englifh, by Sir Paul Rycaut, fol. Lond. 1688.

Theologie Chretienne & fcience du falut, ou expofition des veritez que Dieu a revelées aux hommes dans la Sainte Ecriture; avec la refutation des erreurs contraires à ces veritez, l'hiftoire de la plupart de ces erreurs, & les fentimens des anciens Peres, par Ben. Pictet, 4. Amft. 702.

Tournefort Inftitutiones Rei Herbariæ: ed tio altera, Gallica longè auctior, quingentis cir citer Tabulis æneis adornata, 2. Voll. 4. Parif. 1700.

Theatre de P. & de Th. Corneille, 10. Voll. 12. à Amft. 1701.

195   - - - Italien de Gherardi, ou le Recueil general de toutes les Comedies & fcenes Fran goifes, jouées par les Comediens Italiens du Roi, pendant tout le tems qu'ils ont été au fervice de Sa Majefté, 6. Voll, 12, 1701.

Thefau-

LIBRORUM.

- Thesaurus Theologico-Philologicus, sive Sylloge Dissertationum elegantiorum ad selectiora & illustriora Veteris & Novi Testamenti loca, à Theologis Protestantibus in Germania separatim diversis temporibus conscriptarum : secundum ordinem utriusque Testamenti librorum digesta, 2. Voll. fol. Amst. 1701.

- Thesaurus Græcarum Antiquitatum, in quo continentur effigies Virorum & Foeminarum illustrium, quibus in Græcis aut Latinis monumentis aliqua memoriæ pars datur, & in quocunque orbis terrarum spatio ob historiam, vel res gestas, vel inventa, vel locis nomina data, ac doctrinam meruerunt cognosci. Item variarum regionum miranda, quæ celebrata apud antiquos saxisque & ære expressa occurrunt, omnia ex veris sincerisque documentis petita, & pro serie temporum disposita: adjecta brevi descriptione singulorum, quæ aut in eorum vita aut in horum proprietate spectabilia percipi & intelligi refert; ubi varita occasionibus nummi, lapides, inscriptiones, etiam Auctorum loca explicantur & emendantur: Volumen I. memorabilia temporis mythici, quod Trojano bello terminatur, complectens, Auct. Jac. Gronovio, fol. Lugd. Bat. 1697.
- - - Volumen II. memorabilia primorum veræ historiæ sæculorum complectens, fol. ibid. 1698.
- - - Volumen III. memorabilia veræ historiæ post Alexandrum Magnum complectens, fol. ibid. 1698.
- - - Volumen IV. Continens libros eruditè & operosè per varias ætates scriptos, quibus illustrantur Græciæ veteris & vicinæ Situs & geographia terræ marisque, rerum gestarum & fatorum historia, imperiorum & civitatum potentia, urbium & arcium descriptio, locorum singularium notatio, regiminis liberi vel regii temperatio, belli ac pacis disciplina, judiciorum forma, magistratuum series ac jura, officiorum ac munerum dignitas & privilegia, hominum studiis aut honoribus memorabilium vita, templorum fabrica & leges, numinum pub'ice privatimque cultorum copia, sacrorum instrumentorum multitudo, ac figura, o aculorum notitia, simulacrorum insignia & proprietates, festorum cæremoniarumque solennia, dierum discrimina, ludorum publicorum privatorumque & legitimorum per urbes ac regiones apparatus sumtusque, vetitorum corruptela & similia, quibus justa hominum societas consistit; item residua quædam sculpturæ Græcæ seu in vasibus, seu marmoribus, seu nummis; immensam doctrinæ ac rerum omnium varietatis materiam. Quorum pars antehac edita, sed sæpè ex ipsorum Auctorum chirographis, vel aucta, vel correcta, modo etiam brevibus notulis instaurata: nonnulla nunc primum in lucem prodeunt, per omnia Meursiana, ubi oportuit, Græcis etiam in Latinum translatis, fol. ibid. 1699.
- - - Volumen V. Attici imperii amplitudinem ac mutationes, ut & Lacedæmonis complexum, fol. ibid. 1699.
- - - Volumen VI. Consuetudines Græcorum in variis partibus continens, fol. ibid. 1699.
- - - Volumen VII. Sacris præsertim Græcis festivitatibus operatum, fol. ibid. 1699.
- - - Volumen VIII. Cætera ludicra & amoenitates Græcas peragens, fol. ibid. 1699.
- - - Volumen IX. Festiva, mensarum ac picturæ, temporisque & numeri ac pecuniæ diversa exsequens, fol. ibid. 1701.
- - - Volumen X. Uberem ingeniorum copiam & varias exercitiorum amoenitates recensens, fol. ibid. 1701.
- - - Volumen XI. Historica & Geographica, Nautica, Equorum curam, tropæa & exequias inferens. fol. ibid. 1701.
- - - Volumen XII. residua sepulchri & ex omnibus nobiliora illustrata adnectens, fol. ibid. 1702.

Thesaurus Antiquitatum Romanarum, in quo continentur lectissimi quique Scriptores, qui superiori aut nostro seculo Romanæ reipublicæ rationem, disciplinam, leges, instituta, sacra, artesque togatas ac sagatas explicarunt & illustrarunt, congestus à Jo. G. Grævio. Accesserunt variæ & accuratæ tabulæ æneæ, Tomus I. fol. Ultraj. 1694.
- - - Tomus II. fol. ibid. 1694.
- - - - III. fol. ibid. 1696.
- - - - IV. fol. ibid. 1697.
- - - - V. fol. ibid. 1696.
- - - - VI. fol. ibid. 1697.
- - - - VII. fol. ibid. 1698.
- - - - VIII. fol. ibid. 1698.
- - - - IX. fol. ibid. 1699.
- - - - X. fol. ibid. 1699.
- - - - XI. fol. ibid. 1699.
- - - - XII. fol. ibid. 1699.

CATALOGUS &c.

Souvenir de Mars, ou l'Art de la Guerre, divisée en trois Parties: la premiere où la methode de fortifier toutes fortes de places regulieres & irregulieres: la seconde explique leurs constructions, selon les plus fameux Auteurs, qui en ont traité jusqu'à present, & donne aussi la maniere de les bâtir: la troisiéme enseigne les fonctions de la Cavalerie & de l'Infanterie; traite de l'Artillerie, & donne la methode d'attaquer & de defendre les places; avec un ample detail de la Milice des Turcs, tant pour l'attaque que pour la defense. Ouvrage enrichi de plus de quatre cens planches gravées en taille douce, par Adl. Manesson Mallet, 3. Voll. 8. Amsterd. 1696.

Coronelli (P.) Atti Comodia, ad optimorum exemplarium fidem recensita. Accesserunt Variis Lectiones, quæ in Libris MSS. & Eruditorum Commentariis notatu dignotores occurrunt, 4. Cantabr. 1701.

V.

Ulrichi Tractatus de Transactionibus, in quinque partes divisus: in I. agitur de Transactione in genere & in specie: in II. à quibus, & super quibus ea fieri possit: in III. de illius probatione: in IV. de illius effectibus: in V. de illius rescissione & nullitate. Huic cum sesquicenturia selectarum Decisionum Sacræ Rotæ Romanæ ad materiam Transactionum conferentium, hactenus nullibi impressarum: Editio quarta auctior, fol. Genev. 1701.

Velasco Judex perfectus, fol. Lugd. 1662.

225 Voyages de M. de Monconys, divisez en 5. Tomes, où les Savans trouveront un nombre infini de nouveautez, un machines de Mathematique, experiences Physiques, raisonnemens de la belle Philosophie, curiositez de Chymie & conversations des illustres de ce siecle: outre la description de divers animaux & plantes rares, plusieurs secrets inconnus pour le plaisir & la santé; les ouvrages des Peintres fameux, les coutumes & mœurs des Nations, & ce qu'il y a de plus digne de la connoissance d'un honnête homme dans les trois parties du monde, enrichie de quantité de figures en taille douce des lieux & des choses principales, 12. 1695.

Vitringæ Disputatio Theologica, in qua Theses de generatione Filii ex Patre, & Morte fidelium temporali, nuper vulgatæ, examinantur; H. Al. Roell Dissertatio Theologica de generatione filii, & morte fidelium temporali, qua suas de iis theses plenius explicat, & contra Camp Vitringa objectiones defendit, 4. Franeq. 1689.

– – Epilogus Disputationis non ita pridem à se habitæ de generatione Filii, & morte fidelium temporali: in quo fidem Ecclesiæ de his articulis porro adstruit ex verbo Dei, eandemque tuetur contra Dissertationem ili novissime oppositam, H. Al. Roell Dissertatio Theologica altera de generatione Filii & morte fidelium temporali, opposita Epilogo Camp. Vitrioga, 4. ibid. 1700.

Voyage au Levant, c'est-à-dire, dans les principaux endroits de l'Asie Mineure, dans les Iles de Chio, de Chypre, &c. de même que dans les plus considerables villes d'Egypte, de Syrie, & de la Terre Sainte; enrichi de plus de deux cens Tailles-douces, où sont representées les plus celebres villes, païs, bourgs & autres choses dignes de remarque, le tout designé d'après nature, par Corn. le Brun, fol. 1700.

Vaillant Historia Ptolemæorum Ægypti Regum, ad fidem Numismatum accommodata, fol. Amst. '70.

230 – – – Numismata Imperatorum, Augustarum & Cæsarum, à populis Romanæ ditionis, Græcè loquentibus, ex omni modulo percussa: quibus Urbium nomina, dignitates, prærogativæ, societates, epochæ, Numina, illustres Magistratus, festa, ludi, certamina, & alia plurima ad eas spectantia continentur Editio altera, ab i, so Auctore recognita, emendata, sex tinquentis nummis aucta, additis ad quemlibet Imperatorem Iconibus. Cui accessit denoti Græcorum Numismatum literalibus, & altera de numeralibus explanatio, fol. ibid. 1700.

Vie de l'Empereur Charles V. traduite de l'Italien de Mr. Leti, enrichie de figures en taille-douce, 4 Voll. 12 Amst. '70.

Virgilii Maron Bucoli a, Georgica & Æn. i, ad optimorum Exemplarium fidem recensita, 4 Cantabr. 701

Vita Hub. Languetii: ed. Jo. Pet. L dov cus, 12. '702.

Valerii (C.) Flacci Setini Babi Argonautica: N. Heinsius ex vetustissimis exemplaribus recensuit, & Animadversiones adjecit, 12. Traject. Batavorum 1702.

235 Vieussens Epistola nova, quædam in corpore humano inventa exhibens, & ad D. D. Silvestre scripta, Lipsiæ 4. 1704.

CATA-

VIII

Pag. 17

CATALOGUE

D'Eſtampes, Portraits, Cartes Genealogiques, Geographiques, Terreſtres & Marines, &c.

Nouvelles Conquêtes du Roi.

BURICK, petite ville du Duché de Cleves, à quelques deux cent pas du Rhin, vis à vis de Weſel: elle ſe rendit au Vicomte de Turenne aux mêmes conditions qu'Orſoy, ſans avoir attendu l'ouverture de la tranchée le 3. Juin 1672.
RHINBERG place très-forte ſur le Rhin, dependante de l'Archevêque de Cologne, fur lequel les Hollandois l'avoient uſurpée: elle étoit remplie abondamment de toute ſorte de munitions, & la garniſon de plus de 1500. hommes: neantmoins le Roi aiant menacé le Gouverneur de ne lui point faire du quartier, s'il oſoit attendre que le canon tirât un ſeul coup, le Gouverneur ſe ouvantê ſe rendit auſſi-tôt le 6. Juin 1672.
RHEES, Ville du Duché de Cleves ſur le bord du Rhin: les Hollandois s'en emparerent autrefois ſous pretexte de la vouloir remettre entre les mains de l'Electeur de Brandebourg, & la fortifierent auſſi tôt. Ils firent même bâtir un fort de l'autre côté du Rhin pour la ſoutenir. Le Vicomte de Turenne fit inſulter le fort, qui ſe rendit ſans reſiſtance: la ville voulut ſe defendre; mais le Prince de Condé s'étant preſenté devant elle, les portes lui en furent ouvertes le lendemain 8. Juin 1672.
EMMERICK, Ville Anzeatique dans le Duché de Cleves, ſituée ſur le bord du Rhin une lieuë au deſſus du fort de Schenk: la garniſon Hollandoiſe qui étoit dedans, n'attendit pas qu'on y mit le ſiege, & ſe retira ſur le bruit de la marche du Roi. La ville ſe rendit ſans reſiſtance au Prince de Condé le 10. Juin 1671.
ORSOY, Ville du Duché de Cleves ſur le bord du Rhin, où les Hollandois avoient garniſon. Le Roi aiant reſolu d'aſſieger quatre places tout à la fois, reconut lui même Orſoy, & fit ouvrir la tranchée ſur la Contreſcarpe: la place lui fut renduë au bout de 24. heures, & le Gouverneur & la garniſon qui étoit de neuf cens hommes, furent faits priſonniers de guerre le 3. Juin 1672.
Le paſſage du RHIN.
DOESBOURG, Ville très-forte du Comté de Zutphen ſituée ſur le canal de Druſus, à l'endroit où ce canal entre dans l'Iſſel: le Roi l'aſſiegea lui-même en perſonne; ce fut à ce ſiege qu'il eut avis de la reduction de vingt places fameuſes des Hollandois. Il prit celle-ci en deux jours de tranchée, & la garniſon qui étoit de quatre mille hommes de pié, ſe rendit à diſcretion le 21. Juin 1672
UTRECHT, Capitale de la Province d'Utrecht, c'eſt après Amſterdam la plus belle ville des Hollandois, ſituée ſur l'ancien lit du Rhin: elle reſolut de ſe rendre, ſur la ſeule terreur, qu'elle eut de la marche du Roi, & livra deux de ſes portes au Marquis de Rochefort le 24. Juin 1672
MAESTRIGT, Ville du Duché de Brabant, fameuſe par les longs ſieges qu'elle a autrefois ſoutenus, l'un contre le Duc de Parme, l'autre contre le Prince d'Orange, Frederic Henri, & par la gloire que ces deux Capitaines tirerent de ſa priſe. Sa ſituation eſt ſur la Meuſe qui le partage comme en deux villes, dont l'une eſt à l'Orient dans la Province de Limbourg, & s'apelle Wyk. Elles ſe communiquent par un pont. Le Roi l'aſſiegea en perſonne. Il y avoit dedans ſept mille hommes de garniſon qui étoient l'élite des troupes Eſpagnoles & Hollandoiſes. Le feu des aſſiegez & fut extraordinaire, & il n'eſt pas croiable combien ils firent jouër de fourneaux. Le Roi s'en rendit pourtant maître en treize jours de tranchée. La plupart des dehors furent emportez en plein jour l'épée à la main, & les ennemis en aiant regagnez quelques-uns, ils en furent auſſi-tôt chaſſez avec une vigueur, qui les obligea enfin de capituler le 30. Juin 1673.

18   CATALOGUE

La prise de l'Ouvrage à Corne de Maestrigt: On avoit déjà pris plusieurs dehors à Maestrigt, & on s'étoit aproché d'un Ouvrage à Corne, qui paissoit pour la plus forte defense de la place, le Roi resolut de le faire attaquer par tous les bataillons de ses Gardes Françoises & Suisses, & detacha avec eux cent de ses Mousquetaires, & autant de ses Gardes du Corps. Le signal étant donné sur le minuit, tous ces gens partent en même tems, & se rendent d'abord maîtres de la Contrescarpe, coupent à coups de haches de fort grosses Pallissades, qui leur fermoient le chemin, & arrivent ainsi au pié de l'Ouvrage ; ils y montent aussi-tôt de tous côtez, les uns par les flancs, les autres par la face; les autres par les deux pointes ; mais les Mousquetaires font le tour, & y entrent par la gorge : l'Ouvrage est emporté en moins d'un quart d'heure, au milieu d'un feu épouvantable que faisoient les ennemis, & parmi les tourbillons noirs de fumée & de terre qui s'élevoient sans cesse des fourneaux qu'ils firent joüer en se retirant. Cette action se passa à la vuë du Roi le 27 Juin 1673.

BESANCON, Capitale de la Franche-Comté, autrefois Ville Imperiale. Elle a d'un côté le Doux qui coule au pié de ses remparts, de l'autre une fort haute montagne, sur laquelle le Roi avoit fait commencer une Citadelle, que les Espagnols firent achever, depuis qu'il leur eut rendu la Franche-Comté. Le Roi assiegea la ville le 6. Mai 1674. & malgré le froid & les pluies continuelles qu'il faisoit alors, il s'en rendit maître au bout de dix jours. La Citadelle qui sembloit le devoir arrêter toute une campagne, fut emportée au troisiéme jour.

DOLE, grande & forte Ville, où le Parlement de la Comté de Bourgogne faisoit sa residence. Elle est située sur le Doux au milieu d'une plaine. Le Roi l'avoit déjà prise une fois, & en avoit fait raser les fortifications avant que de le rendre aux Espagnols, qui en éleverent aussi-tôt de nouvelles. Le Roi l'attaqua avec son armée déjà fatiguée au siege de Besançon : les Assiegez se signalerent par une vigoureuse defense, aussi étoient-ils presque égaux en nombre aux assiegeans : la ville se rendit le 6. Juin 1674.

Sortie de la Garnison de Dole devant le Roi, la Reine & toute la Cour le 6. Juin 1674.

La Bataille donnée à Sintsheim dans le Palatinat, par le Vicomte de Turenne contre le Duc de Lorraine & le Comte de Caprara, le 16. Juin 1674.

La Bataille de Seneffe donnée par le Prince de Condé contre l'armée des Confederez, le 10. Août 1674.

DINANT, Ville celebre de l'Evêché de Liege, située sur la Meuse à quatre lieuës de Namur. Le Marechal de Crequi par ordre du Roi s'étant presenté devant cette Ville le 19. Mai 1670. elle ouvrit d'abord ses portes. Son château bâti sur un roc d'une espece de marbre très-dur, se defendit mieux, & 100. Allemans qui étoient dedans, ne se rendirent qu'après que la mine y eut fait bréche le 29. Mai 1670.

HUŸ, Ville du Diocese de Liege sur la Meuse : elle est également distante de Liege & de Namur : elle se rendit au Marquis de Rochefort, à la seule vuë de l'Armée Françoise le 1. Juin 1670. mais son château tint six jours, & la garnison Imperiale qui le gardoit, n'en voulut point sortir qu'après avoir vu le mineur attaché. Il se rendit le 6. Juin 1670. & sa prise redonna la liberté à plusieurs Officiers Liegeois que le Gouverneur y retenoit prisonniers par ordre de l'Empereur.

AGOUSTA, Ville de Sicile, fameuse par son port : elle est bâtie dans une petite Ile qu'elle occupe presque toute entiere : il y a trois forts qui la defendent, & elle a une Citadelle assez reguliere. Le Marechal de Vivonne jugeant ce poste necessaire pour la navigation des François dans la Sicile, l'attaqua avec toute sa flotte, & s'en rendit maître en huit heures le 17. Août 1670.

AIRE, Ville fameuse du Comté d'Artois située sur trois rivieres, dont la principale est la Lis. Le Marechal de la Meilleraye sous le regne precedent se tint fort glorieux de l'avoir prise en cinq semaines de trenchée ouverte. Les Espagnols y étoient rentrez depuis. Le Marechal d'Humieres l'assiegea par ordre du Roi; elle ne tint que cinq jours, & capitula le 31. Juillet 1676.

VALENCIENNE, Ville du Haynaut, celebre par ses richesses & par le nombre de ses habitans : mais plus celebre encore par la haine qu'elle porte aux François, qui avoient plusieurs fois tenté inutilement de la prendre. Elle est située sur l'Escaut, & ce fleuve passe dans ses fossez : c'est une des plus fortes villes des Païs-Bas. Le Roi l'aiant assiegée en personne, il en fit attaquer si heureusement le dehors en plein jour, que par un effet de valeur, dont on n'avoit jamais ouÿ parler jusqu'alors, elle fut emportée d'assaut en moins d'une heure. Un ordre du Roi envoié subitement la sauva du pillage comme par miracle. Il y avoit dedans 4000. hommes d'Infanterie, & 1200. Chevaux. Cette action se passa le 17. Mars 1677.

CAMBRAY, Capitale du Cambresis, située sur l'Escaut aux portes de la Picardie, d'où elle tiroit de grandes contributions : cette ville avoit fait seule plus de mal aux François que tout le reste des Païs-Bas ensemble ; souvent attaquée, jamais prise; aussi les Rois

d'Espa-

D'ESTAMPES, &c.

d'Espagne s'étoient plu à la fortifier : toutefois le Roi l'aiant assiegée en personne, le Gouverneur fût bien-tôt obligé de se renfermer dans la Citadelle, qui passoit alors pour le chef-d'œuvre de l'Architecture militaire : ce fût là qu'il fit sa plus brave resistance, & il n'en voulut point sortir qu'il n'eut vu la b. êche ouverte & tous les bastions foudroiez. Elle se rendit le 17. Avril 1677.

Dehors de la Citadelle de Cambray. Quoi que le Roi eut detaché près de la moitié de son armée pour l'envoier au secours du Duc d'Orleans son frere, contre lequel il avoit apris que le Prince d'Orange marchoit, le siege de la Citadelle de Cambray ne laissoit pas de se continuër avec la même vigueur qu'auparavant. La contrescarpe & tous les dehors furent bien-tôt emportez l'épée à la main. Ce fut durant tout le siege un tonnerre continuel de Canons, de Bombes & de Carcasses, qui brûlerent ou renverserent toutes les maisons, & qui ne laissoient pas aux Assiegez le tems de respirer. Enfin la mine d'un côté & le canon de l'autre aiant fait deux larges brêches, cette Citadelle si fameuse & jugée jusqu'alors imprenable fut prise au dixiéme jour de tranchée. On accorda au Gouverneur de sortir par la brêche le 20. Avril 1677.

St. OMER, Ville fameuse du Comté d'Artois, située sur la petite riviere d'Aa. Elle est extrêmement forte, & presque toute environnée de grands marais, qui en rendent l'abord tres-difficile. Le Duc d'Orleans l'attaqua par ordre du Roi, dans le même tems que le Roi assiegeoit Cambray : comme la saison étoit fort fâcheuse, & que la place se defendoit d'elle-même, le Prince d'Orange eut le tems de s'avancer pour la secourir ; mais son armée aiant été entierement défaite à Cassel, le Duc d'Orleans revint victorieux devant cette ville, qui se rendit enfin le 20 Avril 1677.

FRIBOURG, Capitale du Brisgau, situé sur la riviere de Treise, au pied des montagnes de la Forêt Noire : l'Empereur à qui cette ville appartenoit, & qui en voioit l'importance, y avoit mis un Gouverneur de reputation, & une garnison de 1800. hommes de pied & de 500. chevaux. Le Marechal de Crequi aiant abusé les ennemis par une fausse marche, vint tomber sur cette place, & l'assiegea par ordre du Roi. Il y avoit une double enceinte de murailles, un double fossé, une Citadelle à quatre bastions & d'autres defenses considerables, tout cela fut emporté en 7. jours de trenchée, presqu'à la vuë du Prince Charles, qui étoit accouru pour faire lever le siege. La place capitula le 17. Novembre 1677.

GAND, Capitale du Comté de Flandres, & la plus grande ville des Païs Bas, fameuse par les guerres qu'elle a soutenuës contre plusieurs de ses Princes, & par les puissantes armées qu'elle mettoit autrefois sur pié. Elle est située sur l'Escaut & sur la Lys, & sur deux autres petites rivieres, sans conter le canal de Bruges & le canal du Sas. Il n'y avoit dans cette grande ville & dans la citadelle que 700. hommes de garnison, tant le Roi avoit sçu tromper les ennemis, & leur derober la connoissance de son dessein. Il est incroiable combien en deux jours il fit dresser de ponts & de digues sur ces rivieres & sur ces canaux, & à travers une inondation qui couvroit presque toute la campagne. La ville & la citadelle arrêterent le Roi que huit jours, & il y entra le 11. Mars 1678.

YPRES, grande Ville, riche & marchande, & l'un des quatre membres du Comté de Flandres, située sur la petite riviere d'Yper. Elle avoit déja été prise par le Prince de Condé, & depuis encore par le Vicomte de Turenne. Les Espagnols y rentrerent par le Traité des Pyrenées, & firent bâtir une citadelle à l'endroit par où ces deux Generaux l'avoient attaquée. Le Roi n'attaqua d'abord que la citadelle, mais en suite il fit ouvrir une trenchée vers la ville. La garnison étoit de 200. hommes, dont le feu fut fort grand les premiers jours. Toutefois la contrescarpe aiant été emportée l'épée à la main, la ville & la citadelle se rendirent toutes deux le 25. Mars 1678.

Citadelle d'Ypres. Le Roi fit attaquer la Contrescarpe de la Citadelle d'Ypres la nuit du 24. ou 25. Mars 1678. les assiegez qui s'attendoient à cette attaque, avoient allumé quantité de feux, & voiant venir les François à decouvert, firent sur eux de furieuses decharges, & en blesserent plusieurs. Le Prince d'Elbœuf entr'autres qui servoit d'Aide de Camp, reçut à la jambe un coup de mousquet. Mais la contrescarpe fut bien-tôt forcée de tous côtez. Les uns arrachent la palissade qui étoit double, les autres sautent par dessus, ils se mêlent parmi les ennemis, en renversent un grand nombre dans les fossez des demi-lunes, & les chassent entierement du chemin couvert : les assiegez eurent peur d'être emportez d'assaut le lendemain, & capitulerent dès le point du jour : neanmoins parce qu'ils avoient osé attendre le premier choc, & revenir à la charge, en quelques endroits cette action a passé pour une des plus braves resistances que les ennemis aient faite dans toute la guerre.

G 2   JEUX

CATALOGUE

JEUX DIVERS.

LE Jeu des Metamorphoses d'Ovide, par N. de Fer.
- - - Des illustres Capitaines, Philosophes, Orateurs & Poëtes, par le même.
- - - D'Amour, où l'on voit le cours d'une passion amoureuse, par J. Varin.
- - - De la Sphere, ou de l'Univers, selon Tycho Brahe.
- - - De France, par D. Du Val.
- - - Des François & des Espagnols pour la paix, par le même.
- - - Roial & Historique de la France, nouvellement inventé, pour aprendre facilement & en peu de tems la suite merveilleuse de 90 Rois, leurs actions les plus memorables, la durée de leur regne, le tems de leur mort, & le lieu de leur sepulture, depuis Pharamond jusques à Loüïs XIV.
- - - Des Nations principales de la Terre universelle, où leurs mœurs, leurs modes & leurs coutumes sont particulierement depeint., pour instruire & recréer tout ensemble les curieux de l'Histoire & de la Geographie, par L. Richer.

PORTRAITS.

Wilhelmus III. D. G. Angliæ, Scotiæ, Franciæ & Hiberniæ Rex, Joh. Brandon pinxit. P. à Gunst sculpsit.
Maria D. G. Angliæ, Scotiæ, Franciæ & Hiberniæ Regina. Joh. Brandon pinxit, P. à Gunst sculpsit.
Loüi 1 Grand, peint par Persoo. & gravé pa Drevet.
Effigies, Nomina & cognomina S. D. N. Innocentii PP. XI. & RR. DD. S. R. E. Cardinalium nunc viventium, Cyru Fer. del n. av 1 fol. Romæ
Carolus Tertius Dei Gratia Hispaniarum & Indiarum Rex.
AL Hubertus Jaillot, Regis Christianissimi Geographus ordinarius, Cuni pinxit, Vermeulen sculpsit, 1695.
Huet, Evêque d'Avranches.
Lud. de Bailleul in Senatu Parisiensi Præses infulatus, Nanteuil ad vivum faciebat.
Ant. Furetiere, Abbé de Chalivoy, de S-v- pinxit Edelink sculpsit
Charles d'Hozier, Conseiller du Roi, Genealogiste de sa Maison, Hyac. Rigaud pinxit, Edelinck sculpsit.
Jo. an. de Brunenc, H. Rigaud pinxit, gravé par Vermeulen.
Ill. Dominus Joannes van Neercassel, Episcopus Castoriensis, per Fœderat. Belgium Vicarius Apostolicus, van Ingen pinxit, van Munnikh yfen sculpsit.
Joann. Roos, Delphland. Archipresbyter, Delphensis Pastor, A. vander Werff pinxit, P. van Gunst sculpsit.

Cartes des Duchez, Pairies, & autres Duchez de France.

NOsseigneurs les Ducs-Pairs de France, & autres Ducs vivants en 1701. selon la date des verifications des Duchez au Parlement. Cette Carte sert de titre & de plan aux dix autres Cartes de la Chronologie de tous les Ducs de uis leur origine jusqu'à present, par Jaq. Chevillard, Historiographe de France, & Genealogiste du Roi.
I. Carte. Chronologie de Nos Seigneurs les Archevêque de Reims, & Evêques de Laon, & de Langres, Ducs & Pairs de France, depuis le regne du Roi Hugues Capet jusqu'à present.
II. Carte. Chronologie de Nos Seigneurs les Evêques de Beauvais, Chalons & Noyon, Comtes & Pairs de France, depuis le regne du Roi Hugues Capet jusqu'à present.

III.

D'ESTAMPES, &c.

III. Chronologie des anciens Princes, Ducs & Comtes Pairs de France, & des Princesses leurs Epouses : contenant les Duchez de Bourgogne, Normandie & Guyenne ; les Comtez de Champagne, Flandre, & Toulouse.

IV. Carte. Chronologie de Nos Seigneurs les Princes, Ducs & Pairs de France, & des Princesses leurs Epouses : contenant les Duchez de Bretagne, de Bourbon, d'Orleans, de Bar, d'Anjou, de Berri, de Touraine & d'Auvergne, depuis la date des érections de chaque Duché jusques à present, faites par les Rois Philippe le Bel, Philippe de Valois, & Jean dit le Bon.

V. Carte. Chronologie de Nos Seigneurs les Princes, Ducs & Pairs de France, & des Princesses leurs Epouses : contenant les Duchez de Valois, Nemours, Alençon, Valentinois, Longueville, Vendôme, Chastellerault, Angoulesme, Dunois & Guyse, depuis la date de érection de chaque Duché jusques à present, faites par les Rois Charles VI. Louïs XII. & François I.

VI. Carte : contenant les Duchez de Chartres, Estouteville, Estampes, Montpensier, Nevers, Beaumont, Chevreuse, Aumale, Montmorency, Albret, Beaupreau, Thouars & Uzez, depuis la date des érections de chaque Duché juiques à present, faites par les Rois François I. Henri II. & Charles IX.

VII. Carte : contenant les Duchez de Chateauthierry, Roüanez, Penthievre, Evreux, Mercœur, Clermont, Mayenne, St. Fargeau, Piney-Luxembourg, Ventadour, Loudun, Joyeuse, Elbeuf, Espernon, Retel, Raix, Halluin, Brienne & Montbazon, depuis la date des érections de chaque Duché jusques à present, faites par les Rois Charles IX. & Henri III.

VIII. Carte : contenant les Duchez de Beaufort, Biron, Croüy, Aiguillon, Bournonville, Rohan, Sully, Frensac, Damville, Lesdiguieres, Brissac, Chateaureux, Luynes, Bellegarde, la Rocheguyon & Chaunes, depuis la date des érections de chaque Duché jusques à present, faites par le Rois Henri IV. & Louïs XIII.

IX. Carte : contenant les Duchez de la Rochefoucault, la Valette, Pontdevaux, Villars, Richelieu, Damville, St. Simon, la Force, Cardonne, la Meilleraye, Valentinois, Gramont, Gesvres, la Rocheguyon, Vitry, Rohan, Estrées, Chastillon, Navailles, Noirmoutier, Arpajon, Charost, Villeroy, la Vieuville, Verneuil, Roquelaure, & Orval, depuis la date de érection de chaque Duché jusques à present, faites par les Rois Louïs XIII. & Louï XIV.

X. Carte : contenant les Duchez de Mortemar, Crequi, Villemor, Nevers, Retel, Mayenne, Carignan, Rendan, St. Aignan, Noailles, Coislin, Montauber, Aumont, Plessis-Praslin, la Ferté Senneterre, Rouannes la Feuillade, Vaujour, Chevreuse, Duras, Aubigny, St. Cloud, du Lude, la Rocheguyon, Beaufort Montmorency, Humieres, Lorge, Luzun, Domville, Bouflers, Chastillon, & Harcourt, depuis la date des érections de chaque Duché juiqu'à present, faites par le Roi Louïs le Grand XIV. du nom.

CARTES GENEALOGIQUES.

Carte Genealogique des Rois de France depuis Pharamond jusqu'à Louïs le Grand, Empereur des François, 2. f. à Par. 1686.
Genealogie des Rois de France, & de tous les Princes & Princesses qui en sont sortis en ligne masculine depuis l'origine de la Monarchie, 9. f. ibid. 1687.
– – – De la Maison Souveraine Palatine-Baviere, 2. f. ibid. 1675.
– – – De la Roïale Maison de Savoye, 4. f. ibid. 1697.
– – – De l'Auguste Maison d'Autriche, & de ses Alliances roïales, 4. f. ibid. 1677.
Arbre Genealogique des Familles Souveraines de l'Europe issuës par alliance de la Maison de France, 9. f. ibid. 1693.
– – – Genealogique des Rois d'Angleterre depuis Guillaume, dit le Conquerant, jusqu'à Jacques II. 8. f. ibid.

CATALOGUE

CARTES GEOGRAPHIQUES.

Descriptio Geographica Sacri Imperii Romani Circuli & Electoratus Bavariæ cum finitimis, 4. fol. Amst. 1705.
Torris S. R. J. Circuli Suevici Tabula Chorographica, 4. fol. ibid. 1705.
Le Canal Roial de Languedoc pour la jonction de l'Ocean & de la Mer Mediterranée, dedié & presenté à M. des Etats de Languedoc. 3. f. à Paris 1697.
Le Neptune François, ou Atlas nouveau des Cartes Marines, levées & gravées par ordre exprès du Roi, pour l'usage de les Armées de Mer. Dans lequel on voit la description exacte de toutes les Côtes de la Mer Ocean & de la Mer Baltique, depuis la Norwege jusques au Detroit de Gibralrar. Où sont exactement marquées les routes qu'il faut tenir, les Bancs de sable, Rochers & brasses d'eau; & generalement tout ce qui concerne la Navigation. Le tout fait sur les observations & l'experience des plus habiles Ingenieurs & Pilotes. Revu & mis en ordre par les Sieurs Pene, Caffini & autres, à Paris 1693.
- - - Cartes Marines a l'usage des Armées du Roi de la Grande Bretagne, faites sur les Memoires les plus nouveaux, de plus experts Ingenieurs & Pilotes, & enrichies des porfils des plus fameux Ports de mer, & villes maritimes de l'Europe: gravées & recueillies par le S. Rom. de Hooge, Amsterd. 1693
- - - Suite du Neptune François, ou Atlas nouveau des Cartes marines, levées par ordre exprés des Rois de Portugal, sous qui on a fait la decouverte de l'Afrique, &c. & données au public par les soins de feu Mons. d'Ablancourt. Dans lequel on voit la description exacte de toutes les Côtes du monde, du Detroit de Gibraltar, de la mer Oceane, Meridionale ou Ethiopienne, de la mer des Indes, Orientales & Occidentales &c. Où sont exactement marquées les routes qu'il faut tenir, les bancs de sable, rochers & brasses d'eau; & generalement tout ce qui concerne la Navigation. Le tout fait sur les observations & l'experience des plus habiles Ingenieurs & Pilotes, Amsterd. 1700.
Nouveau Plan de la ville de Paris: avec une liste de toutes les ruës, Ponts, Quais, ports, places, cours publiques, Cloîtres ouverts, & autres lieux patens de la ville: item de toutes les Eglises, Chapelles, Monasteres, & Communautez d'hommes & de femmes ou filles, Hopitaux, Croix, Colleges, Ecoles publiques ou Academie de Sciences, d'Arts & d'exercice militaire, Palais, Hôtels, Cours de Justice, fontaines, portes, fauxbourgs, & promenades, à Par. 1694.
Plan general de la Ville, Cité, Université, Iles & Fauxbourgs de Paris, avec des Ornemens à côté & une Description, par Joliain.
Plan de la Ville, Cité, Université & Fauxbourgs de Paris, comme il est aujourd'hui, avec ses nouvelles ruës, places, enceintes & cazernes, levé sur les lieux par M. Jouvin de Rochefort, & augmente des Tables des cazernes, des vieilles & nouvelles enceintes, par N. de Fer, à Par. 1691.
Les Environs de Paris, où sont la Prevôté, Vicomté & le Presidial de Paris, divisé en ses dix Balliages & Châtellenies, nommées vulgairement Filles du Châtelet. Le Presidial de Meaux, divisé en ses Balliages, avec le Balliage de Coulommiers independant du Presidial de Meaux, &c. La Province de l'Ile de France & partie des Provinces de Picardie, de Brie, de Champagne, du Gastinois, de la Beauce & de la Normandie, divisées en plusieurs païs, dressez sur les Memoires du S. Tillemon, par J. B. Nolin Geographe, 6. f. à Paris 1698.
Nouveau plan de la ville de Paris, Capitale du Roiaume de France, à Par. 1694.

ESTAMPES DE FRANCE.

Repas de Saint François, peint par Hannibal Carrache, & gravé par G. Audran.
L'Empire de Flore: où les Metamorphoses des personnes changées en fleurs. Ajax changé en Hyacinthe marqué des deux premieres lettres de son nom. Clytie en Girasol qui suit le soleil. Adonis en passe-fleur. Narcisse en une fleur de son nom. Hyacinthe en Hyacinthe. Smilax & Crocus en petites fleurs: peint par Poussin, & gravé par G. Audran.
Camilles aiant assiegé la ville de Faleries, &c. peint par Poussin, & gravé par G. Audran.

Armide

D'ESTAMPES, &c.

Armide cherchant à se vanger de Regnault qui lui avoit enlevé ses prisonniers, le trouve endormi dans une Ile deserte, elle veut lui donner d'un poignard dans le sein ; mais la beauté de ce jeune guerrier l'arrête, & change tout à coup sa haine qui paroissoit implacable, en cet amour qui est si bien décrit par le Tasse, & qui fait un des plus beaux ornemens de son Poëme, peint par N. Poussin, & gravé pa. G. Audran.

Cajus Marcus, surnommé Coriolan, assiegea Rome, irrité de ce que le peuple Romain lui avoit refusé le Consulat, & l'avoit en suite banni. Il rejetta toutes les propositions de paix qui lui furent proposées, & ne se laissa fléchir qu'aux larmes de sa mere & de sa femme, accompagnées des Dames Romaines, qui lui montrerent la fortune de Rome renversée, peint par N. Poussin, & gravé par G. Audran, 2. feuilles.

Herculis Labores ex archetypis, N. Poussin ære incid, 17. f. gravé par J. Pesne, 1678.

Les quatre sujets de Romanelli, gravez par G. Audran.

Deux Termes de Poussin, J. Pesne sculpsit.

Paulus in Cœlum raptus, Roussellet sculpsit, peint par Dominique.

Transitus Maris Rubri ab Israelitis, Moïse Duce, præeunte columnâ, & submersione Ægyptiorum insequentium cum Pharaone, Audran sculpsit.

Frize, de la Fare, 10. feuilles.

Païsages de Robert & vander Cable, 4. feuilles.

Saint André, par Audran.

Mariage de la Vierge, par Poussin, gravé par Audran.

Chandelier de S. Pierre de Rome fait par le Cavalier Bernin, & gravé par Audran.

Effigies beati Antonii adversus inferi potestates, Christo inspectante, adjuvante ac coronante desertantis, gravé par Audran sur un Esquisse du Carrache.

S. Luc, peint par le Brun, & gravé par Poilly.

Saint François, peint par Poussin, gravé par Andran.

Cabinets des beaux Arts, ou Recueil d'Estampes, gravées d'après les Tableaux d'un Platfond où les beaux Arts sont representez, avec l'explication de ces mêmes Tableaux, 4. à Paris 1650.

ESTAMPES DE ROME.

Recentis Romæ Ichnographia & Hypsographia, sive Planta & facies ad magnificentiam, quâ sub Alexandro VII. P. M. Urbs ipsa directa, ex ulta & decorata est, Jo. B. Falda delineavit & incidit, cura & typis Jo. Jac. de Rubeis, 2. f. Romæ.

Disegno & Prospetto dell' alma Citta di Roma gia delineato d'Antonio Tempesta e di nuovo riotipliato, accresciuto & abbellito di Strade, Piazze, Palazzi, Tempy & Edificy conforme si truova al presente nel Pontificato di N. S. Innocenzo XII. con la cura di Gio Giac. de Rossi, 12. f. 1593.

Nuova Pianta & Alzata della Citta di Roma con tutte le Strade, Piazze & Edificy de Tempy, Pallazzi, Giardini & altre fabbriche antiche & moderne come si trovano al presente nel Pontificato di N. S. Papa Innocentio XI. con le loro dichiarationi, nomi & Indice copiofissimo, disegniata da Gio. Batt. Falda, & date al publico da G. Giac. de Rossi, 12. f. Romæ 1675.

Urbis Romæ Sciographia ex antiquis Monumentis accuratis delineata, cura & typis Jo. Jac. de Rubeis, 12. fol. Romæ.

Roma antiqua Triumphatrix ab antiquis Monumentis & rerum gestarum memoriis, eruta hic à Lauro Rom. auctore & sculptore graphicè expressa, 2. f. Romæ.

Obelisco Panfilio, eretto dalla Santita di N. S. Innocentio X. in piazza Navona sopra la nobilissima & maravigliosa fontona inventione & opera del Cavalier Gio. Lor. Bernino, Parte Orientale.

- - Parte Occidentale.

Claudii & Trajani Impp. admirabilium Portuum Ostiensium Orthographia per St. da Perach Architectum juxta antiqua vestigia accuratissime delineata.

Fuga della B. V. in Egitto, peint par Guido René, & gravé par Nic. Bylli.

La Madonna col Bambino, Titianus pinxit, & Bloemaert sculpsit.

Sancta Bibiana, Virgo & Martyr, 5. fol.

Procris Erithrei Regis Atheniensium filia & Cephali Uxor, ab eodem viro inscio occisa, Julius Romanus inventor, Ph. Thomassinus excudit.

Nozze di Cana, 2 fol.

Christo in Croce, Al. Algardus invent.

24 CATALOGUE, &c.

La Fora dipinta da Ciro ferri nella villa della Rufina de SS. Falconieri in frascati, Cef. Pat: tetri fculpfit.
Imagines duodecim Apoftolorum, à Raphaële Urbin. inventæ, 7. fol.
- - - Petri & Pauli, Hann. Carratius pinx.
Effigies quinque Sanctorum à Clemente X. canonizatorum anno Chrifti M. DC. LXXI. Cyrus Ferrus inven.
Chriftus in Cruce, Cyrus Ferrus pinxit, Ja. Blondeau fculpfit.
Imagines immaculatæ Deiparæ Virginis, ac Divorum Caroli & Ignatii, Car. Maratta pinxit, Nic. Dorigny fculpfit.
S. Rocchus, Fed. Barotius inv. Corn. Bloemaert fculpfit.
Chriftus mortuus, Fr. Mola Invent. F. de Louvemont fculpfit.
Arcu Conftantini, 21. fol. Matth. Picclonius Inventor.
Defcriptio accuratiffima ampliffimi ornatiffimique triumphi, uti L. Paulus de Rege Macedonum Perfe capto, P. Africanus Æmilianus de Carthaginenfibus excitis, C. N. Pompejus Magnus ex Oriente, Julius Auguftus, Vefpafianus, Trajanus & alii Imperatores Romani triumpharunt, ex antiquiffimis Lapidum, nummorum & librorum monumentis, 12. fol.
Tapezzerie del Papa, Raphaël Urb. inventor.
Veduti de Paeh, 6. fol.
Galeria in Bologna, Ann. Carrachius invenit, 10, fol.
Opere di Caftiglione, 10, fol.

F I N I S.

Pag. 2¥

Nº. IX.
CATALOGUS
LIBRORUM,
Quibus Officinam fuam auxit

Annis præteritis 1703, 1704. & 1705.

REGNERUS LEERS,
Bibliopola Roterodamenfis.

AUCTORES CUM NOTIS VARIORUM.

. Pap. Statii Sylvarum Lib. V. Thebaidos Lib. XII. Achilleidos Lib. II, notis fe'eâriffimis in Sylvarum Libros Domitii, Morelli, Bernartii, Gevartii, Coucei, Barthii, Joh. Fr. Gronovii Diatribe. In Thebaidos præterea Placidi Lactantii, Bernartii, &c Quibus in Ach·lleidos accedunt Maturantii, Britannici, accurat'ffime illuftrari a Joh. Vrenhufen. 8. Lugd. Bat. 1671. 1

M. Acc. Plauti Comœdia: accedit Commentarius ex Variorum notis & Obfervationibus, ex recenfione Joh. Fr. Gronovii, 8. Amft. 1684.

Q. Horatii Flacci Opera: Interpretatione, Notis & Indice illuftravit Lud. Defprez in ufum feren. Delphini. Accedit Horatii Vita & Aldus Manutius de Metris Horatianis, 8. Amft. 1695.

Polyæni Stratagematum Libri Octo, Jufto Vultejo Interprete. Pancr. Maafvicius recenfuit, If. Cafauboni, necnon fuas, notas adjecit, 8. Lugd. Bat. 1671.

Cornelii Nepotis Vitæ excellentium Imperatorum, Obfervationibus ac notis Commentariorum, quotquot hactenus innotuere, illuftratæ. Accefferunt huic Editioni præcipuorum Græciæ Imperatorum Icones æri incifæ, ut & Index rerum & verborum præcedenti multò auctior & emendatior. 8. Amftel. 1687. 5

L. Ann. Flori Epitome rerum Romanarum ex recenfione Jo. G. Grævii, cum ejufdem annotationibus longe auctioribus. Acceffere Notæ integræ Cl. Salmafii, Jo. Freinshemii & Variorum: necnon Numifmata & antiqua monumenta in hac nova editione, fuo cuique loco inferta; cum variantibus lectionibus & Indice. In fine additus eft L. Ampelius ex Bibliothe. a Cl. Salmafii, 2. Voll. 8. Amftel. 1701.

Epicteti Enchiridion unà cum Cebetis Thebani Tabula, Gr. & Lat. cum notis Wolfii, Cafauboni, Cafelii & aliorum: Abr. Berkelius textum recenfuit, & fuas quoque addidit. Accedit Græca Enchiridii Paraphrafis, lacunis omnibus, Codicis Mediceiope, à Jac. Gronovio repletis, 8. Delphis 1683.

Hiftoriæ Auguftæ Scriptores VI. Ælius Spartianus, Julius Capitolinus, Ælius Lampridius, Vulc. Gallicanus, Treb. Pollio, Flavius Vopifcus, cum integris Notis If. Cafauboni's

D   Cl.

26 CATALOGUS

Cl. Salmasii & Jani Gruteri, cum Indicibus locupletissimis rerum ac verborum, 2. Voll. 8. Lugd. Bat. 1671.
Alexandri ab Alexandro Genialium Dierum Libri sex, cum integris Commentariis A-dre Tiraquelli, Dion. Gothofredi, Chr. Coleri & Nic. Merceri, 1. Voll. 8. 1673.
C. Cr. Sallustii Opera omnia quæ extant, cum Commentariis integris Joh. Rivii, Aldi Manutii, P. Ciacconii, Fulvii Ursini, & Hel. Putschii, & selectis Jani Gruteri, H. Glareani. Cypr. à Popma, Lud. Carrionis, Jani Douzæ & aliorum. Accedunt huic editioni Jani Mell. Pa'me ii Spicilegia in eundem Auctorem, 8. Amst. 1690.
Callimachi Hymn, Epigrammata & fragmenta ex recensione Theod. J. G. F. Graevii cum ejusdem animadversion bus. Accedunt N. F. ischlini, H. Stephani, B Vulcanii, P. Voetii, A. T. F. Dacerix, R. Bentleji Commentarius, & Annotationes Ez. Spanhemii: necnon præter fragmenta, quæ ante Vulcanium & Dicerta publicarant, nova, quæ Spanhemius & Bentlejus collegerunt & digesserunt. Hujus curâ & studio quædam quoque inedita Epigrammata Callimachi nunc primum in lucem prodeunt. 2. Voll. 8. Ultraj. 1697.
L. A. Florus cum notis integris Sa m.fii & selectissimis Variorum, accurante S. M. D. C. Additus etiam L Ampelius ex Bibliotheca Cl. Salmasii, 8. Amst. 1674.
P. Terentii Comœdiæ V I. His accedunt integræ notæ Donati, Eugraphii, Faerni, Boecleri, Fa nabii, Mer. Casauboni, Tan. Fab.i, 8 Amstel. 1686.
Erasmi Colloquia cum notis selectis Variorum, addito Indice novo accurante Corn. Schrevelio, 8 Amst. 1693.
J. Juvenalis & A. Persii Satyræ cum Veteris Scholiastæ & Variorum Commentariis: Editio nova, 8. ibid. 1684
Opuscula Mythologica Physica & Ethica Græ e & Latinè, 8. ibid. 1688.
Phædri Fabularum Æsopiarum Libri V. cum integris Commentariis Marq. Gudii, Conr. Rittershusii, Nic. Rigaltii, Nic. Heinsii, Joan. Schefferi, Jo. Lud. Prasshii & excerptis aliorum, curante P. Burmanno, 8. ibid 1698.
L. Ann. Senec. Opera quæ extant, integris J. Lipsii, J. Fred. Gronovii & selectis Variorum Commentariis illustrata. Accedunt Lib. Fromondi in quæstionum Naturalium Libros & apokolocintochn notæ & emendationes, Tomus I 8. Amst. 1672.
- - - Tomus II. in quo Epistolæ & quæstiones naturales, integris J. Lipsii, J. Fred. Gronovii, Lib. Fromondi & selectis Variorum Commentariis illustratæ. 8 ibid. 1672.
- - - M Ann. Senecæ Rhetoris Opera quæ extant, integris Nic. Fabri, Andr. Schotti, J. Fred. Gronovii & selectis Variorum Commentariis illustrata, & præterea Indice accuratissimo aucta: accedunt Joh. Schultingii in eundem notæ & emendationes hactenus ineditæ, Tomus III. 8 ibid. 1672.
Ciceronis Epistolarum Libri X V I. ad Familiares, ut vulgò vocantur, ex recensione J. G. Graevii, cum ejusdem animadversionibus auctis, & notis integris P. Victorii, P. Manutii, H. Ragazonii, D. Lambini, F. Ursini, necnon selectis Jo. Fr. Gronovii & aliorum, 2. Voll. 8 Amst. 1692.
- - - Epistolarum Libri XVI. ad T. Pomponium Atticum, ex recensione Jo. G. Graevii, cum ejusdem animadversionibus & notis integris P. Victorii, P. Manutii, L. Malherpinæ, D. Lambini, Fulvii Ursini, Sim. Bosii, F. Jusii, Ant. Popmæ, necnon selectis Seb. Corradi, Is. Casauboni, Jo. Fr. Gronovii, & aliorum, 2. Voll. 8. ibid. 1684.
- - - De Offi iis Libri tres, Cato Major, Lælius, Paradoxa, Somnium Scipionis, ex recensione J. G. Graevii, cum ejusdem notis, ut & integris animadversionibus D. Lambini, F. Ursini, Cær. Langii, Fr. Fabricii Marcodurani, Aldi Manutii, necnon selectis aliorum. Accessit Favonii Eulogii Rhetoris Carthaginiensis in Ciceronis somnium Scipionis disputatio, necnon Cæli Calcagnini disquisitiones in de Offi iis libros. M. Ant. Majoragii declinationes contra Calcagninum. Jac. Grifolii defensiones Ciceronis contra eundem, 8. Amst. 1688.
- - - Orationes, ex recensione J G. Graevii cum ejusdem animadversionibus & notis integris Fr Hottomanni, D. Lambini, F. Ursini, P. Manutii ac selectis aliorum: ut & Q. Asconio Pediano & Anonymo Scholiaste, 6. Voll. 8. ibid. 1699.
C. Plinii Secundi Naturalis Historia. cum Commentariis & adnotationibus Hermolai Barbari, Pintiani, Rhenani, Gelenii, Dalechampii, Scaligeri, Salmasii, Is. Vossii & Variorum. Accedunt præterea variæ Lectiones ex MSS. compluribus ad oram paginarum accurate indicatæ: Item J. Fr. Gronovii Notarum Liber singularis ad Ill. Virum Joh. Capelanium, 3. Voll. 8. Lugd. Bat. 1669.
Luciani Samosatensis Opera, ex versione Joann. Benedicti, cum Notis integris Jo. Bourdelotii, Jac. Palmerii à Grentemesnil, Tan. Fabri, Æg. Menagii, Fr. Guieti, Jo. G. Graevii, Jac. Gronovii, Lamb. Basleri, Jac. Tollii, & selectis aliorum. Accedunt inedita Scholia in Lucianum, ex Bibliotheca Is. Vossii, Gr. Lat. 2. Voll. 8 Amst. 1687.
Mythographi Latini, C. J. Hyginus, Fab. Planciades Fulgentius, Lactantius Placidus, Albricus

LIBRORUM.

bricus Philosophus. Th. Munckerus omnes ex Libris MSS, partim, partim conjecturis verisimilibus emendavit & commentariis perpetuis, qui instar Bibliothecæ Historiæ fabularis esse possint, instruxit. Præmissa est dissertatio de auctore, stylo & ætate Mythologiæ, quæ C. Jul. Hygini Aug. Libetti nomen præfert, 8. Amst. 1681.

P. Ovidii Nasonis Opera omnia, in tres Tomos divisa, cum integris Nic. Heinsii, Dan. F. lectissimisque Variorum Notis, quibus non pauca, ad suos quæque antiquitatis fontes dilige. ti comparatione reducta, ac eSerunt studio B. Cnippingi, 8. Amst. 1701.

C. Corn. Taciti Opera quæ extant, integris J Liphi, Rhenani. Urhni, Muteti, Picheræ, Merceri, Gutheri, Acidalii, Grotii, Freinshemii, & selectis aliorum commentariis illustrata. Joh F. Gronovius recensuit, & suas notas passimadjecit. Accedunt Jac. Gronovii excerpta ex variis lectionibus MS. Oxoniensis, 8. 2. Voll. ibid. 1685.

P. Virgilii Maronis Opera in Tres Tomos divisa, cum integris Noti-Servii, Philargyrii, necnon J. Pierii variis Lectionibus, & selectissimis plerisque Commentariis. Donati, Probi, Nannii, Sabini, Germani, Cerdæ, Taubmanni & aliorum :quibus accedunt Observationes Jac. Emmenessii, cum Indice Erythræi, 3. Voll 8. Lngc. Bat. 1680.

Euphonionis Luhnini, sive Jo Barclaji Satyricon, nunc primum in sex partes dispertitum, & notis illustratum, cum Clavi; accessit Conspiratio Anglicana, 8. Lngd. Bat. 1674.

Arriani de Expeditione Alexandri Magni Historiarum Libri VII ejusdem Indica, ex Bon. Vulcani. In epretariones: Nic. Blancardus e veteribus libris recensuit, vel honorem Linnam emendavit, octo libros animadversionum adjecit, 8 Ausst. 1166.

- - - Ars Tactica, Actes contra Alanos, Periplus Pont: Euxini Periplus maris Erythræi, Liber de Venatione, Ep Ctet. Enchiridion. ejuidem Apophthegmata & Fragmenta, onæ in J. Stobæi Florilegio, & in Agellii Noctibus Atticis suscriua; cum interpretibus Latinis & Notis, ex recensione & musæo Ni. Blancardi. 8. ibid. 1683.

Barciai Argenis, notne primum illustrata, 8. Lugd. Batav. 1654.

- - - Archombrotus & Theopempus, sive Argenidis secunda & tertia pars, ubi de Institutione Principis, 8. ibid. 1669.

AUCTORES CUM NOTIS MINELLII.

L. Ann. Flori Rerum Romanarum Libri quatuor, Annotationibus in usum studiosæ juventutis, instar Commentarii illustrati, Auct. Joh. Minellio: quibus accedunt Excerptiones Chronologicæ, ad Flori Historias accommodatæ; additus denique L. Ampelius ex Bibiotheca Salmasii, 12. Rot. r. 1698.

Valerii Maximi Dictorum factorumque memorabilium Libri IX. Acnotationibus in usum studiosæ juventutis, instar Commentarii illustrati, 12 ibid. 1681.

P. Virgilii Maronis Opera, cum Adnotationibus, 12. ibid. 1704.

Q. Horatii Flacci Poëmata, cum Commentariis. Præmisso Aldi Manutii de Metris Horatianis Tratatu, & adjuncto Indice rerum ac verborum locupletissimo, 12. ibid. 1699.

P. Terentii Comœdiæ sex, quibus accedunt Notæ marginales, 12. ibid. 1701.

C. Sallustius Crispus, seu Bellum Catilinarium & Jugurthinum, cum Commentariis, 12. ibid. 1690.

P. Ovidii Nasonis Tristium Libri V cum notis perpetuis: adjuncto indice copiosissimo rerum & verborum, cum in textu tum in notis memorabilium, 12. ibid. 1698.

- - - Epistolarum Heroïdum Liber, cum notis, 12. ibid. 1698.

- - - Metamorphoseon Libri XV. cum annotationibus posthumis J. Micellii, quas magna ex parte supplevit atque emendavit P. Rabus, 12. ibid. 1602.

M. T. Ciceronis Epistolarum Libri XVI. ad familiares, ut vulgo vocantur, cum Annotationibus, 8. ibid. 1704.

A.

ATlas Historique ou nouvelle Introduction à l'Histoire, à la Chronologie, & à la Geographie ancienne & moderne, representée dans de nouvelles Cartes, où l'on remarque l'etablissement des Etats, & Empires du monde, leur durée, leur chute & leus differens gouvernemens; la Chronologie des Consuls Romains, des Papes, des Empereurs, des Rois & des Princes, &c. qui ont été depuis le commencement du monde jusqu'à present; & la Genealogie des Maisons Souveraines de l'Europe, par Mr. C... avec des Dissertations sur l'Histoire de chaque Etat, par M. Gueudeville, fol. à Amst. 1705.

D 2   Aristeæ

28 CATALOGUS

Aristeæ Historia LXXII. Interpretum. Accessere Veterum Testimonia de eorum Versione, Gr. Lat. 8. Oxonii, 1698.

Antiquæ Literaturæ Septentrionalis Libri Duo. Quorum primus Georgii Hickesii Linguarum Veterum Septentrionalium Thesaurum Grammatico-Criticum & Archæologicum, ejusdem de antiquæ Literaturæ Septentrionalis utilitate Dissertationem epistolarem, & Andr. Fountaine Numismata Saxonica & Dano-Saxonica comp'ectitur. Alter continet Humfr. Wanleii Librorum Vett. Septentrionalium, qui in Angliæ Bibliothecis extant, Catalogum Historico-Criticum ; necnon multorum Vett. Codd. Septentrionalium alibi extantium notitiam, cum totius Operis sex Indicibus, 2. Voll. fol. Oxon. 1705.

l'Ambassadeur & ses fonctions par M. de Wicquefort : derniere édition, augmentée des Reflexions sur les Memoires pour les Ambassadeurs, de la Reponse à l'Auteur, & un Discours historique de l'Election de l'Empereur & des Electeurs, par le même Auteur, 2. Voll. 4. 1690.

50   Arriani Nicomediensis Expeditionis Alexandri libri septem, & Historia Indica : ex Bonav. Vulcanii interpretatione Latina post variam aliorum industriam ia lacunis vel cognitis, vel ignotis etiamnûm & obscuris suppletis, ita Auctoris in Græcæ linguæ nativo usu præstantia & facultate restitua ex plurium MSStorum, & præsertim unius optimi collatione, ut nunc demum prodire bc Auctor videre debeat, opeia J. G. onovii, fol. Leidæ 1701.

Arnoldi Historia & descriptio Theologiæ Mysticæ, seu Theosophiæ arcanæ & reconditæ, itemque veterum novorumque Mysticorum, 8. Francof. 1702.

Adami Vitæ Theologorum Jure consulto um & Politicorum, Melicorum atque Philosophorum, maximam partem Germanorum, nonnullam quoque exterorum, pluribus olim minoris formæ Tomis cogestæ concinnatæque ; nunc verô majoris commoditatis ergô in unum grandioris coadô, Editio Tertia, fol. Fiancof 1705.

Annales Ord'nis S. Benedicti, Occidentalium Monasho um Patriarchæ : in quibus non modô res Monasticæ, sed etiam ecclesiasticæ historiæ non minima pars continetur, Auct. Joh. Mabillon, Tomus I. complectens Lib. os XVIII. ab ortu S. Benedicti ad annum DCC. cum duplici appendice, & Indicibus necessariis, fol Paris. 1703.

- - - Tomus II. complectens res gestas ab anno Christi DCCI. ad annum DCCCXLIX. inclusive, cum Apendice & Indicibus necessariis, fol. ibid. 1705.

55   Apparatus ad Bibliothecam Maximam Veterum Patrum & antiquorum Scriptorum Ecclesiasticorum Lugduni ætam : in quo quidquid ad eorum scripta & doctrinam, variotque scribendi & docendi modos pertinet. Dissertationibus Criticis examinatur & illustratur : de Scriptoribus primi & secundi Ecclesiæ seculi, ac de omnibus Clementis Alexandrini Operibus, op. Nic. l Nourry, fol. Paris. 1703.

Almeloveen Fastorum Romanorum Consularium Libri duo, quorum prior juxta seriem Auctorum, posterior secundum ordinem Alphabeticam digestus continet plurimas veterum Scriptorum, maxime Historicorum, Legum atque Inscriptionum emendationes. Accedunt Præfecti Urbis Romæ & Constantinojolis, 8. Amst. 1705.

Art de Tourner ou de faire en perfection toutes sortes d'Ouvrages au Tour. Dans lequel outre les principes & elemens du Tour qu'on y enseigne methodiquement pour tourner tant le bois, l'ivoire, &c. que le fer & sous les autres metaux, on voit encore plusieurs belles machines à faire des Ovales, aussi simples que figurées de toutes grandeurs; la maniere de tourner le globe parfait, le rampant, l'excentrique, les pointes de diamans, les facettes, le panier, ou échiquier, la couronne ondoyante, la rose à raiseau, les manches de couteaux façon d'Angleterre, les ovaires, la torse à jour onsée & godronnée, les globes concentriques, la massue à pointes, les sabatieres balongues de toutes figures, le bâton rompu, les cannelures, les écailles, &c. & generalement toutes les methodes les plus secretes de cet art, avec la disposition des Tours, &c. Ouvrage très-curieux, & très-necessaire à ceux qui s'exercent au Tour. Composé en François & en latin en faveur des Etrangers, & enrichi de près de quatre-vingts Planches, par le R. P. Charl. Plumier, fol. à Lyon, 1701.

l'Annee Chretienne, ou les Messes des Dimanches, feries & fêtes de toute l'année, en Latin & en François, avec l'explication des Epitres, & des Evangiles, & un Abregé de la Vie des Saints dont on fait l'Office, Tome I. qui comprend les Messes, depuis le premier Dimanche de l'Avent, insqu'au dixieme des Cendres, 12. a Brusll. 1701.

- - - Tome II. qui comprend les Messes depuis le Mecredi des Cendres jusqu'au Dimanche des Rameaux, 12. ibid. 1701.

60   - - - Tome III qui comprend les Messes depuis le Dimanche des Rameaux jusqu'au III. Dimanche apres Paque, 12. ibid. 1701.

- - - Tome IV. qui comprend les Messes depuis le troisième Dimanche apres Paque, jusqu'au sixième Dimanche apres la Pentecôte, 12. ibid. 1701.

- - - Tome V. qui comprend les Messes depuis le neuvième Dimanche apres la Pentecôte, jusqu'au premier Dimanche de l'Avent, 12. ibid. 1703. - - Tome

LIBRORUM.

- - - *Tome VI. qui comprend les Messes des Saints, depuis la veille de S. André, jusqu'à l'Annonciation de la S. Vierge,* 12. *ibid.* 1703.
- - - *Tome VII. qui comprend les Messes des Saints, depuis l'Annonciation de la S. Vierge, jusqu'a la Visitation,* 12. *ibid.* 1703.
- - - *Tome VIII. qui comprend les Messes des Saints, depuis la visitation de la S. Vierge, jusqu'a la Vigile de S. Barthelemi,* 12. *ibid.* 1703.
- - - *Tome IX qui comprend les Messes des Saints, depuis la Vigile de S. Barthelemi, jusqu'à S. Bruno,* 2. *ibid.* 1703.
- - - *Tome X. qui comprend les Messes des Saints, depuis S. Bruno, jusqu'à la Vigile de S. André,* 12. *ibid.* 1703.
- - - *Tome XI contenant les Messes Votives de toute l'année, en Latin & en François, avec l'explication des Epitres & des Evangiles,* 12. *ibid.* 1703.

Auvenimenti di Telemaco Figlivolo d'Ulisse. Tradotti dal Francese en Italiano per B. Mozessi, 8. 2. *Voll. Leiden* 1704.

B.

Basnagii (Sam.) Flottemanvillæi, Annales Politico-Ecclesiastici, Annorum DCXLV. à Cæsare Augusto ad Phocam usque. In quibus Res Imperii Ecclesiæque observatu digniores subjiciuntur oculis, et oresque evelluntur Baronio, Tomus I. exhibens ea, quæ anni XLIII ante Natale Domini D onynanum, & prima Æræ Christianæ Centuriâ continentur, fol. Rot. od 1706.

- - - Tomus II Exhib et ea notatu digniora, quæ Secunda, Tertia & Quarta ad Sexagesimum tertium Annum usque Æræ Christianæ Centuria continentur. Additæ sunt XII. Dissertationes ad illustrandam Antiquitatem Ecclesiasticam idoneæ, fol. ibid. 1706.

- - - Tomus III Exhibens ea notatu digniora, quæ ab anno Æræ Christianæ trecentesimo sexagesimo quarto usque ad annum sexcentesimum secundum continentur, fol. ibid. 1706

Bibliotheque Choisie pour servir de suite à la Bibliotheque Universelle par J. le Clerk, 6. *Vol.* 12. *Amst.* 1704.

G. Bid'ou Exercitationum Anatomico Chirurgicarum Decas, 8. Leidæ 1704.

Biblia Sacra Polyglotta, complectentia Textus Originales Hebraicum cum Pentateucho Samaritano, Chaldaicum, Græcum; Versionumque antiquarum Samaritanæ, Græcæ LXX. Interpretum, Chaldaicæ, Syriacæ, Arabicæ, Æthiopicæ, Persicæ, Vulgatæ Latinæ quicquid comparari poterat; cum Textuum & Versionum Orientalium Translationibus Latinis: ex vetustissimis MSS. undique conquisitis, optimisque exemplaribus impressis, summâ fide collatis: quæ in prioribus Editionibus deerant suppleta ; multa antehac inedita de novo adjecta; omnia eo ordine disposita, ut Textus cum Versionibus uno intuitu conferri possint: cum Apparatu, Appendicibus, Tabulis, Variis Lectionibus, Annotationibus, Indicibus, &c. Opus in sex Tomos tributum. Edidit Brianus Waltonus, fol. Lond. 1557.

Baglivii Opera omnia Medico Practica & Anatomica, hac sexta Editione post ultimum Ultrajectinam aucta novisque locupletata Dissertationibus, Epistolis & Præfatione, quæ systematis Baglivieni usum aperit, adversariorumque diluit objectiones. Accedit Tractatus de Vegetatione Lapidum, omnibus desideratum, necnon de Terræ motu Romano, & urbium adjacentium, anno 1703. 4. Lugd. 1704.

C.

Commentarii Linguæ Ebraicæ, in quibus præcipua opera impenditur primario significatui & sensui Dictionum ph aliumque, accurata investigatione definiendo: Homonymiis, & interpretationibus vagis, ancipitibus, arbitrariis eliminandis: locis integris SS. Scripturæ explanandis: Parallelis Veteris & Novi Testamenti, tum peculiari discussione, tum collatione mutuâ, firmandis & viudicandis; præter alia quæ Præfatio recenset, à Jac. Gussetio, fol. Amst. 1702.

Cunæi de Republica Hebræorum Libri tres, variis annotationibus, cuivis literato scitu necessariis, & ad S.ripturæ sensum eruendum utilissimis illustrati, nunc primum publici boni ergo in lucem editi à Joh. Nicolai, 4. Lugd. Bat. 1703.

Carptovii

CATALOGUS

30 Carpzovii Collegium Rabbinico Biblicum in libellum Ruth duodecim olim Disputationibus usque ad Cap. II. 10. eiitum, 4. Lipsiæ 1703.

80 Catech sine ou In ruct on mens li Religion Chrestenne Pr. J. T. Ostervald, 8. Amst 1703.

Clerici O, era Philo'ophica, in 4. Volum na digesta: Editio Tertia auctior ac emend tior, 12. Amst. 1704.

Corpus Institutio um So ietatis Jesu in duo Volumina distinctum: accedit Catalogus Provinciarum, Domorum, Collegiorum &c. ejusdem Societatis, 4. a. Voll Antuerpiæ 1702.

Correspondance Fraternelle de l'Eglise Anglicane, avec les autres Eglises Reformees & etrangeres, prouvee par une Dissertation historique & par plusieurs Sermons prononcez à l'occasion des Reugier d'Orange, 8. a la Haye 1705.

Q. Curtii Ruti de Rebus gestis Alexandri Magni, cum Supplementi Freinshemii. Interpretatione & Notis illustrava Mich. le Tellier, Jussu Christianissimi Regis in usum Delphini, 8. Lond. 1707.

85 Cradock Knovcedge and practice, together with the Supplement: or a plain discourse of the chief things necessary to be known, believed and practised in order to Salvation: the fourth Edition, corrected and very much enlarg'd. To which are added eigni new Chapters, never before printed, 4o. Lond. 1702.

Cooh ia live Responsa Juris Altd rsina, in quibus Juris Controversi casus it signes ac difficiles deciduntur: antehat a Conr. Rittershulio edita, nunc revisa, ab erratis mul is purgati, & cum Summariis novis, tum Con iliis ac Responsis ex Andr. Dinneri Maculcii jtis locupletatis, opera Chr. L. Leukhrii. fol. Norib. 701.

Coccei Opera omnia Theologica, Exegetica, Didactica, Polemica, Philologica, divisa in decem Volumina, Editio Tertia, aucto & emendatior. fol. Amst. 1701.

- - - Tomo I. continetur Triplex Index, I. Locorum Scripturæ. II Vocum Hebræarum. III. Rerum, necnon Vocum Latinorum & Græcorum, quibus in Operibus Joh. Coccejl Lux offertur. Accdit Index Vocum & Rerum in Commentariis ad Titulos Talmudicos, Sanhedrin & Macoth explicatarum Item Commentarius in Pentateuchum, Josuam & Librum Judicum, necnon in Canticum Anna. Quibus subjungitur Chronologia Judicum & Regum Itræ is, fol.
- - - In Tomo II. Commentarius in Librum Jobi, Psalmos, Proverbia, Ecclesiasten & Canticum Canticorum, fol.
- - - In Tomo III. Commentarius in Prophetas Majores, fol.
- - - In Tomo IV. Commentarius in Prophetas Minores, quatuor Evangelia & Acta Apostolorum, necnon Examen Parermoneima F. Socini, G. Enjedini, Val. Smalcii, Jonæ Schlichtingi in principium Evangelii Johannis, fol.
- - - In Tomo V. Commentarius in Epistolas Pauli ad Romanos, Corinthios, Galatas, Ephesios & Philippenses, fol.
- - - In Tomo VI. Commentarius in Epistolas Pauli ad Colossenses, Thessalonicenses, Timotheum, Titum, Philemonem, Hebræos, in Catholicas Jacobi, Petri, Joannis, Judæ a. Apocalypsin, fol.
- - - It Tomo VII. Aphorismi per universam Theologiam breviores & prolixiores, summa Doctrinæ de Fœdere & Testamento Dei, summa Theologiæ ex Scripturis re, etita, explicatio Catecheseos Heidelbergensis; necnon Disputationes selectæ, fol.
- - - In Tomo VIII. Orationes, Concilia; Epistolæ, contra Judæos, contra Equitem Polonum; Aphorismi; contra Socinianos & Pontificios, fol.
- - - In Tomo IX Animadversiones in Bellarmini Controversias; De Ecclesia & Babylone; de Antichristo, de potentia Scripturæ, de Probatione Scripturæ, Admonitio de principio fidei, de Sabbato, Animadversiones in LXXXIII. Quæstiones; Moseh Nebochim; Sanhedrin, Observationes ad Buxtorf. fol.
- - - In Tomo X. Lexicon & Commentarius Sermonis Hebraici & Chaldaici Veteris Testamenti, cum Interpretatione Vocum Germanica, Belgica a. Græca ex LXX. Interpretibus, & necessariis In tribus.

Conciliorum Omnium Generalium & Provincialium Collectio Regia, 37. Vol. fol. Paris. 1644. e Typographia Regia. Exemplar nitidissime compactum.

Ciceronis Epistolæ Libri XVI. ad Familiares, ut vulgo vocantur, cum Annotationibus Job. Mielli, 8. Rotterdam 1701.

90 Continuation a l'Histoire Universelle de J. B. Bossuet Evêque de Meaux, depuis l'an 800. de Jesus Seigneur, jusqu'à l'an 1700. inclusivement, 12. Amst. 170..

Carpzovii opus Decisionum Illustrium Sax nicarum, causas forenses in Serenis. Electoris Saxoniæ Senatu appellationum Curia Provinciali suprema Facultate Juridica & Scabinatu Lipsien ventilatas, responsisque tribunalium horum corroboratas exhibens, fol. Lipsiæ 170.

Corpus Juris Venatorio Forestalli Romano-Germanici tripartitum: I. Diversorum Auctorum inau-

LIBRORUM.

Inaugurales Tractatus, Jus venatorio-Forestorale concernentes: II. Varia variorum JCtorum Consilia, decisiones, quæstiones, observationes &c. de eadem materia: III. Imperatoris, Regum, Electorum, Principum ac Statuum Imperii publicatas ordinationes Venatorio-Forestales, multaque alia Edicta & mandata; ut & in triplici appendice ultra duos tractatus Venationi astuos. varia serius transmissorum complectens; opus tam in Aulis Principum quàm in soro perquàm utile. à multis Practicis, aliisque hactenùs desideratum, olim operâ ac studio A. Fritschii J.V.D. compilatum, nunc denuò multis tractatibus, Consiliis & ordinationibus undique additis, Indicibus, materiarum generali, ac rerum locupletissimo altero tanto adauctum, cum præfatione S. Strijkii, fol. Lipsiæ 1702.

Clef du Cabinet des Princes de l'Europe, ou Recueil historique & politique sur les matieres du tems, Juillet 1704. jusques à Juin 1705. 8.

Catulli, Tibulli & Propertii Opera, ad optimorum Exemplarium fidem recensita: accesserunt variæ Lectiones, quæ in Libris MSS. & Eruditorum Commentariis notatu digniores occurrunt, 4. Cantabr. 1702.

Cranen Oeconomia animalis, ad circulationem sanguinis breviter delineata, in duas partes distributa: item generatio hominis ex legibus mechanicis, 8. Amst. 1703.

Commelin præludia botanica ad publicas plantarum exoticarum demonstrationes dicta in horto medico cùm demonstrationes exoticarum 3. Octob. 1701. & 29. Maji 1702. ex autoritate nobilissimorum & Amplissimorum D. Consulum auspicaretur. His accedunt plantarum rariorum & exoticarum in præludiis botanicis recensitarum Icones & descriptiones, 4. Lugd. Batav. 1703.

Il Consolato del Mare nel quale si comprendono tutti gli statuti & ordini disposti da gli Antichi per ogni Cosa di Mercantia & di Navigare cosi a beneficio di marinari come di mercanti & Patrono di Nave, 4. Leyde 1704.

le Comte de Warwick, par Madame Daulnoy, 12. 2. Voll. Amst. 1704.

D.

Dolæi Opera omnia exhibentia non modò Encyclopædiam Medicam Dogmaticam, in qua Affectus humani corporis interni; & Encyclopædiam Chirurgicam Rationalem, in qua iidem affectus externi; atque sic in utrisque omnes morborum species, à quibus machina ista divina, sive corpus humanum affligi unquam observatum fuit, juxta celeberrimorum in Medicina Antistitum principia plenarie pertractantur; adeo ut in compendio quodam & uno intuitu tum Veterum, tum Recentiorum, Hippocratis, Galeni, Paracelsi, Helmontii, Willisii, Sylvii, Cartesii & aliorum Sententiæ Morborum maximè Causis & Curatione perspiciantur, in quibus ipsius Authoris Judicium de Sede affecta, Diagnosi, Causa, Prognosi & Curatione, una cum selectissimis Remediorum longa & propria Experientia approbatorum formulis statim adjicitur: necnon præter superiora in prioribus editionibus manca & vitiosa in ultima hac editione longè auctiora & correctiora reddita, cum adjecta nova Appendice, quæ continet, I. Tractatum de Theriaca Coelesti, ejus usum viresque exhibentem. II. Observationes Authoris rariores & curiosas hactenus tum eruditis communicatas, tum privatis scriniis hucusque asservatas. III. Commercium ejus epistolare cum celeberrimo quondam Archiatro Hassiaco D. D. Jacobo Waldschmidio Philosophio Medicum, varii argumenti multas continens res curiosas & utiles. IV. Inserta & adjuncta Centuria Epistolarum & observationum ab aliis viris eruditis ad Authorem transmissarum; ut nihil penè omnium videatur, quod tam in Theoria quàm in Praxi Medica Philiatrorum desiderio satisfaciat, fol. 2. Voll. Francof. 1703.

Defense du droit de la Maison d'Austriche, à la succession d'Espagne & la Verification du partage du Lion de la fable dans les consequences de l'irruption du Duc d'Anjou, 12. à Cologne 1701.

Du Pin Nouvelle Bibliotheque des Auteurs Ecclesiastiques contenant l'Histoire de leur vie, le Catalogue, la Critique & la Chronologie des leurs Ouvrages. le sommaire de ce qu'ils contiennent, un jugement sur leur style & sur leur doctrine, & le denombrement des differentes editions de leurs Oeuvres: seconde edition corrigée & augmentée des Auteurs du XVII. siecle de l'Eglise, 4. à Mons 1701.

Description exacte des Isles de l'Archipel, & de quelques autres adjacentes; dont les principales sont Chypre, Rhodes, Candie, Samos, Chio, Negrepont, Lemnos, Paros, Delos, Patmos, avec un grand nombre d'autres, comprenant leurs Noms, leur situation, leurs Villes, leurs chateaux, & l'histoire tant ancienne que moderne de leurs habitans, leurs [...] *les occupations qui y sont actuelles, & les plantes, animaux &c. qui s'y tron-*

32 CATALOGUS

trouvent : enrichie de plusieurs Cartes des Isles, & des figures en taille douce, qui representent les habits de leurs habitans, les plantes & les animaux les moins connus, traduite du Flamand d'O. Dapper, fol. Amst. 1703.

De la plus solide, la plus necessaire, & souvent la plus negligée de toutes les devotions par Mr. J. Baptiste Thiers, 12. 2. Voll. Parif. 1703.

Differtation sur les Oeuvres de Monsieur de Saint Evremont avec l'examen du factum qu'il a fait pour M. la Duchesse Mazarin contre Mr le Duc de Mazarin son mari, 8. Amst. 1704.

105 Difquifitio Hiftorica de Re veftiaria hominis facri, vitam communem more civili traducentis, 12. Amftel. 1703.

Dale Differtatio fuper A·iftea de L X X. Interpretibus : cui ipfius præfenti A·iftee textui fubjungitur. Additur Hiftoria Bap·ifmorum, cùm Judaico um, tum poftiffimum priorum Chriftianorum, tum denique & rituum no·nullorum, &c. Accedit & Differtatio fuper Sanchoniathone, 4. Amft. 1705.

Dodwelli Exer·itationes duæ : prima de ætate Pnalaridis; fecunda de ætate Pythagoræ Philofophi, 8 Lond 1704.

Declaratio & Refponfio ab Archiepifcopo Sebafteno cùm in u be effet, FF. DD Card·ralibus traditæ; & jam orbi pan lita Chriftiano: ut cen'eat de cenfura per Romanam Inquifitionem illis inflicta 1. Aprilis 1705. juxta Judicium Judica·t Jan. 7. . à 1704.

Dionyfii Halicarnaffenfis Opera omnia Græcè & Latine in duos Tomos dift·buta quorum primus Antiquitatum Romanarum, & fecundus Rhetorica & Critica, fol. 2. Voll. Oxonia 1704.

110 *Description de l'Ifle de Formofa en Afie, du gouvernement, des Loix, des mœurs & de la religion des habitans, drefsée sur les memoires du S. G. Pfalmanaazaar, natif de cette Ile: avec une ample & exacte relation de ses Voiages dans plusieurs endroits de l'Europe, & la perfecution qu'il y a souferte de la part des Jesuites d'Avignon, & des raisons qui l'ont porté à abjurer le Paganisme, & à embrasser la Religion Chretienne Reformée, 12. Amflerd. 1705.*

Dionyfii Geographia emendata & locupl·tata, Additione fcil. Geographiæ Hodieinæ, Græco Carmine pariter donatæ, cum 16. Tabulis Geographicis ab Edv. Wells, Gr. Lat. 8. Oxon. 1704.

E.

Ecole du pur Amour de Dieu ouverte aux Savans & aux Ignorans dans la vie merveilleuse d'une pauvre fille iaiote, Paisanne de naissance & servante de condition, Armelle Nicolas, vulgairement aitte, La Bonne Armelle. accidée depuis peu en Bretagne: par une fille Religieuse de sa connoissance : nouvelle édition augmentée d'un Avantpropos. Cologne 12. 1704.

Elite des bons Mots & des Penfées choifies, recueillies avec foin des plus celebres Auteurs, & principalement des livres en Ana. 12. Amft. 1704.

Entretiens des Voyageurs sur la Mer, 12. 1704.

115 Euclidis quæ fuperfunt Opera omnia. quibus continentur Elementorum libri X V. Data, cum Præfatione Marini. Introductio Harmonica, Sectio Cononis, Phæ om na, O tica, Catoptrica & Divifionis Liber, de Levi & Ponderofo fragmentum, fol Oxoniæ 1703.

Elemens de Geometrie, où par une methode courte & aifée l'on peut apprendre ce qu'il faut favoir d'Fuclide, d'Archimede, d'Appollinus & les plus belles inventions des Anciens & des nouveaux Geometres, par le P. Ignace Gafton Paraies: cinquième édition, 12. à la Haye 1705.

Emblemata felectiora typis elegantiffimis expreffa, necnon Sententiis, Carminibus, Hiftoriis ac Proverbiis, ex Scriptoribus cùm Sacris, tum Profanis, antiquis & recentioribus illuftrata, 4. Amft. 1704.

Geopon-

LIBRORUM. 33

G.

Geoponicorum, five de Re rustica Libri XX. Cassiano Basso Scholastico Collectore; antea Constantino Porphyrogenneto a quibusdam adscripti, Gr. & Lat. Graeca cum MSS. contulit, Prolegomena, Notulas & Indices adjecit Pet. Needham, 8. Cantab. 1704.

Grotii de Jure Belli & Pacis Libri tres, cum annotatis ipsius Autoris & clar. Gronovii, tum noviter accuratis Commentariis se petuis Joh. Tesmari. Opus ut multorum annorum, ita Academiis, Aulis, Dicasteriis, diu multumque desideratum; Theologis, Jureconsultis, Philosophis, Oratoribus, omnibusque adeo solidae eruditionis studiosis perquam utile & necessarium; quippe in quo Textus Grotianus fideliter exhibetur, obscuriora perspicue illustrantur, dubia rationibus & auctoritatibus tam veterum quam recentium Scriptorum solide confirmantur, paradoxa modeste diminuuntur, omissa sedulo supplentur, aliorumque interpretationes solicite perpenduntur & inter se conferuntur. Ad calcem Operis accessere Ulr. Obrecht.i Observationes ad eosdem Libros, fol. Francof. 1696.

Geographia Sacra ex veteri & novo Testamento desumpta, & in tabulas quatuor concinnata, quarum I. Totius Orbis in Bibliis Sacris cogniti partes continet; II. Terram Promissam, sive Judaeam in suas Tribus divisam; III. & IV. Jesu Christi & Apostolorum Petri & Pauli Patriam, Mansiones, & Itinera, & Pauli Navigationem Jerosolymis Romam usque; additae sunt Descriptio Terrae Chanaan, sive Terrae Promissae Jesu Christi, & Apostolorum Petri & Pauli vitae; tum & in omnes eas Tabulas & Descriptiones Animadversiones & Index Geographicus: Auctore Nic.Sanson. Accesserunt in Indicem Geographicum Notae J. Clerici, cujus etiam praefixa est Praefatio, fol. Amst. 1701. 120

Geographia Sacra, five Notitia antiqua Dioecesium omnium Patriarchalium, Metropoliticarum & Episcopalium veteris Ecclesiae ex SS. Conciliis & Patribus, Historia Ecclesiastica & Geographis antiquis collecta, Auctore Joh. a Sancto Paulo: accesserunt in hac editione Notae & Animadversiones L. Holstenii, & Paregron notitias aliquot Ecclesiasticas & Civiles, diversis temporibus editas, complectens, ex MSS. Codicibus Graec. & Latine, cum X. Tabulis Geographicis accuratissime aeri incisis, fol. Amst. 1703.

Grandi Geometrica Demonstratio Theorematum Hugenianorum circa Logisticam, seu Logarithmicam lineam, qua occasione plures Geometricae methodi exhibentur circa Tangentes, quadraturas, centra Gravitatis, Solida, &c. variarum Curvarum, uti inhuitarum Parabolarum, Hyperbolarum, Spiralium, &c. aliaeque Geometricae veritates illustrantur; addita e istola Geometrica ad P. Tu. Cevam, ad Ser. Ferdinandum III. magnum Etruriae Principem, 4. Flor. 1700.

Guttleri Historia Templariorum, editio secunda, priori multum auctior, 8. Amst. 1703.

Gemmae sci stae antiquae, ex Musaeo Jacobi de Wilde, sive L. Tabulae Diis Deabusque Gentilium ornatae, per solidorum conjecturis, veterumque Poëtarum carminibus illustratae, 4. Amst. 1703.

Guil'elmi de Sanguinis Natura & Constitutione exercitatio Physico-Medica. Accedit ejusdem pro Theoria Medica adversus Empiricam Sectam Praelectio: editio secunda, 8. Ultrajecti 1704. 125

Guisbrechti de Saliis Martis Sacerdotibus apud Romanos liber Singularis, in quo Sacerdotii Sacra, eorumque Sacra accurate describuntur; Fragmenta carminum Saltarum illustrantur; multi veterum Scriptorum loci, inscriptiones, nummitata explicantur & emendantur, ac variis ritus antiqui eruuntur, 8. Franekerae 1704.

H.

Histoire du Regne de Charles Gustave Roi de Suede, comprise en sept Commentaires, en richis de Tailles doucces, traduite en François sur le Latin de Mosfr. le Baron de Pusendorf, fol. Nuremb. 1697.

- - - Politique & amoureuse du Fameux Cardinal Louis Portecarere Archevêque de Tolede, mise au jour pour la satisfaction des Personnes galantes, 12. 1700.
- - - Critique des Dogmes & des cultes bons & mauvais qui ont été dans l'Eglise depuis Adam jusqu'à Jesus-Christ, ou l'on trouve l'origine de toutes les Idolatries de l'ancien Paganisme, expliquées par raport à celles des Juifs par Mr. Jurieu, 4. Amst. 1704.

h   - - Ant:

CATALOGUS

130 — — — Anecdote de la Cour de Rome; la part qu'elle a eu dans l'affaire de la succession d'Espagne; la situation des autres Cours d'Italie & beaucoup de particularitez de la derniere & de la presente Guerre de ce Pais-là, 8. à Cologne 1704.

— — — des Successeurs d'Alexandre le Grand, tirée de Diodore de Sicile, & mise autrefois en François par le S. de Seyssel, 12. à Luxemb. 1705.

— — — du Vieux & du Nouveau Testament, enrichie de plusieurs figures, en Taille-Douce, &c. par Mr. Basnage, 4. Amst. 1705.

— — — des Conclaves depuis Clement V. jusqu'à present: enrichie de plusieurs Memoires, qui contiennent l'Histoire du Pape & des Cardinaux d'aujourdhui, & celle des principales familles de Rome, où l'on apprend quantité de particularitez de cette Cour. Avec un Discours qui explique les ceremonies qui s'observent depuis la mort du Pape, insqu'apres l'élection de son Successeur, accompagné de plusieurs Tailles douces dans les endroits necessaires: troisième Edition, augmentée du Conclave de Clement XI. & d'un Traité de l'Origine des Cardinaux & des Legats, 2. Voll. 12. à Cologne 1703.

— — — de Hollande, depuis la Treve de 1609. où finit Grotius, jusqu'à nôtre temps, par Mr. de la Neuville, 4. Voll. 8. à Paris 1703.

135 — — — de Hollande contenant ce qui s'est passé de plus memorable dans cette Republique depuis la Paix de Nimegue jusqu'à celle de Ryswyk, ou suite de l'Histoire de Hollande de Mr. de la Neuville, 2. Voll. 8. Amst. 1704.

— — — de Guillaume III. Roi d'Angleterre, d'Ecosse, de France, & d'Irlande &c. contenant ce qui s'est passé de plus particulier depuis sa naissance jusques à sa mort; les demelez qui ont regné durant sa minorité, les Negociations, les Alliances & les Guerres qui se sont faites en Europe sous sa Direction pendant son Regne, à quoi on a joint les Lettres de plusieurs Princes, divers Memoires & autres Originaux qui sont le fondement de cette Histoire, 2. Voll. 12. 3. Voll. à la Haye 1704.

— — — Histoire de la Republique des Provinces-Unies des Pais-Bas, depuis son établissement jusques à la mort de Guillaume III. Roi de la Grande Bretagne, 12. 4. Voll. à la Haye 1704.

— — — des Juifs écrite par Flavius Joseph sous le titre d'Antiquitez Judaïques, traduite sur l'original Grec reveu sur divers manuscripts, par Mr. d'Andilly, 12. Amst. 5. Voll. 1703.

— — — des Yncas Rois du Perou, contenant leur origine depuis le premier Ynca Manco Capac, leur Establissement, leur Idolatrie, leurs Sacrifices, leurs Loix, leurs Conquêtes, les Merveilles du Temple du Soleil & tout l'Etat de ce grand Empire avant que les Espagnols s'en soient rendus maitres, 2. Voll. 12. Amst. 1704.

140 Hippocratis Aphorismi cum Commentariolo, Auct. Mart. Lister, 12. Lond. 1703.

Homerus Hebræus, sive Historia Hebræorum ab Homero Hebraicis nominibus ac sententiis conscripta in Odyssea & Iliade, exposita illustrataque studio atque opera G. Croeh, 8. Dordraci 1704.

Iconolii Silehographia renovata, necessariis scholiis, observationibus & Indice aucta, 4. Lipsiæ 1704.

Harduini Chronologia Veteris Testamenti ad vulgatam versionem exacta, & nummis antiquis illustrata, 4. 1701.

Harris de morbis acutis Infantum, Editio Secunda, priori auctior. Cui accessit Liber Observationes de Morbis aliquot gravioribus Medicas complectens. Annexis etiam quibusdam de Luis Venereæ origine, natura & curatione, 8. Lond. 1705.

145 Hottingeri Discursus Gemaricus de Incestu Creationis, & Currus opere ex Codice תיזן Cap. 11. Miso. I. petitus, Latinitate donatus, ex probatissimis Hebræorum, R. Salomonis, & Authorum Tosaphot Commentariis illustratus, adjectis simul propriis Annotationibus, in quibus nonnulla Veteris & Novi Testamenti loca explicantur & cum phraseologia Gemarica conferuntur, 4. Leidæ 1704.

Hermanni Lapis materiæ Medicæ Lydius, seu accuratum medicamentorum simplicium examen, secundum ductum partium eadem constituentium eorumque virtutes formantium institutum, 8. Leidæ 1701.

— — — Paradisus Batavus, innumeris exoticis, curiosis Herbis, & rarioribus Plantis, magno sumptu & cura ex variis Terrarum Orbis Regionibus, tam Oriente quam Occidente collectis, acquisitis, illustratus, ingeniosissima, & dexterrima artificum manu elaboratis iconibus, ad vivum æri incisis: erudit fima sua, & magnorum in re Herbaria versatissimorum virorum & methodica descriptione, & Catalogo Plantarum, eo dum præ immatura morte Authoris delineatarum locupletatum, cum figuris, 4. Leidæ 1705.

Hodii de Bibliorum Textibus Originalibus, Versionibus Græcis & Latina Vulgata, Libri IV. viz. I. Contra Historiam LXX. Interpretum Aristeæ nomine inscriptam Dissertatio, qua pro-

LIBRORUM.

probatur illam à Judæo quodam fuisse confictam, & If. Vossii, aliorumque doctorum Virorum defensiones ejusdem ad examen revocantur. In hac editione diluuntur Vossii responsiones. II. De Versionis, quam vocant, LXX. Interpretum Auctoribus veris, eamque conficiendi tempore, modo & ratione. III. Historia Scholastica Textuum Originalium, Versionisque Græcæ LXX. dictæ, & Latinæ Vulgatæ: qua ostenditur, qualis fuerit singulo um Auctoritas per omnia retrò sæcula, & Textus Originales maximo in pretio semper habitos fuisse. IV. De cæteris Græcis Versionibus, Origenis Hexaplis, aliisque Editionibus antiquis; cum Collectione Indiculorum Librorum Biblicorum per omnes ætates, quæ Historiam Canonis S. Scripturarum quam brevissimam, sed plenam ac luculentam continet, ordinisque Librorum varietatem indicat. Præmittitur Aristeæ Historia Græcè & Latine, fol Oxon. 1705.

Huntingtoni, Episcopi Rapotensis, Epistolæ, & Veterum Mathematicorum, Græcorum, Latinorum & Arabum Synopsis, coll. Edo. Bernardo. Præmittuntur D. Huntingtoni & D Bernardi Vitæ, scriptore Th. Smitho, 8. Lond. 1701.

Horatii Flacci Eclogæ, una cum Scholiis perpetuis, tam veteribus quam novis; præcipuè verò antiquorum Grammaticorum, Helenii Acronis, Pomponiique Porphyrionis; quorum quæ extant Reliquiæ fœdis interpolationibus purgatæ, nunc primùm feré integræ reponuntur. Adjecit etiam, ubi visum est, & sua, Textumque ipsum plurimis locis vel corruptum vel turbatum restituit W. Baxter, 8. Lond. 1701. 150

I.

Ismaël, Prince de Maroc: Nouvelle Historique, 12. Amst. 1703.
Journal des Savans pour l'année 1701. Tome Trente-unième, 2. Voll. 12. Amst. 1704.
Imhof Historia Italiæ & Hispaniæ genealogica, exhibens instar Prodromi stemma Desserianum ab ima radice cum suis stirpibus ac ramis, unde Italiæ & Hispaniæ Reges Procerésque, quorum syllabus altera abhinc pagina oculis subjicitur, pullularunt, deductum exget historica perpetua illustratum, insigniumque iconibus exornatum. Accessit continuatis ergo historiæ, præcipue Insubricæ, familiæ Sfortianæ Genealogia, fol. Norimb. 1701.

K.

KEtten (Joh. M. vander) Apelles Symbolicus, exhibens seriem amplissimam Symbolorum, Poetisque, Oratoribus ac verbi Dei Prædicatoribus conceptus subministrans varios, 8. Amstel. 1690.
- - - Pars II. continens herbas, flores, lapides, metalla, ecclesiastica, domestica, ædificia, mechanica, lusoria, alphabetica, nautica, mathematica, militaria, musica, rustica, mixta, 8. ibid. 1699. 155

L.

LEttres familieres & galantes & autres sur toutes sortes de sujets, avec leurs Reponses par R. Milleran, 12. à la Haye 1705.
Les devoirs des Hommes sages &c. recherchez de plusieurs bons Autheurs, & mis par Articles pour l'Utilité du public, comme étant très-necessaire à toute sorte de personnes pour se bien conduire en ce monde. & pour s'acquerir une couronne de Gloire dans l'autre: avec des prieres pour la journée par Da. D. De Monchy, Sr. de la Mossbe, &c. 8. Berlin, 1703.
Lexicon Latino-Belgicum novum, olim Idiomate Gallico publicatum à P. Tachard, nunc Belgicæ consuetudini communicatum, ab Auctorum veterum citationibus falsis innumeris & versionibus malis non paucis purgatum, vocabulis multis & vocabulorum significationibus loquendique modis diversis auctum, libris, Capitibus, Versibus & Paragraphis,

E 2 quibus

36 CATALOGUS

quibus scriptorum laudata loca exhibeantur, additis ornatum, accurante S. Pitisco, 4. Amst. 1704.

Langii Opera omnia Medica Theoretico-Practica, nempe Historia Medica, Physiologia, Lectiones de Materia Medica, Collegium Chymicum, Compendium formularum, Pathologia & Semiotica generalis, Praxis tam generalis quàm specialis, Chirurgia, Collegium Casuale, ut & Dissertationes selectæ, ab eo elaboratæ, cum Indice rerum locupletissimo in gratiam Medicinæ cultorum publici Juris factæ, curante D. Augusto Q. Rivino, 3. Voll, fol. Lipsiæ 1704.

160 Leidekkeri de Republica Hebræorum Libri XII. quibus de Sacerrima Gentis Origine & Statu in Ægypto; de Miraculi Divinæ Providentiæ in Republicæ constitutione; de Theocratia; de Illius Sede & Civibus, de Regimine Politico, de Religione publica & privata disseritur. Porro Antiquitates Judæorum veræ ostenduntur; & falsæ coarguuntur; Historia Veteris Testamenti exponitur; Fabulolæ Origines Gentium, A'syriorum, Phœnicorum, Arabum, Chaldæorum, Græcorum & Romanorum referuntur: subjicitur Archæologia Sacra, quâ Historia Creationis & Diluvii Musaica contra Burnetii profanam Telluris Theoriam asseritur, fol. Amst. 1704.

M.

Memoires & Instructions pour les Ambassadeurs, ou Lettres & Negotiations de Walsinghham, Maistre & Secretaire d'Etat, sous Elisabeth, Reine d'Angleterre: on cite les maximes politiques de ce Ministre & ses Remarques sur la vie des principaux Ministres & favoris de cette Princesse, 4. Amst. 1700.

Mabillon Librorum de Re Diplomatica Supplementum. In quo Archetypa in his libris pro regulis proposita, ipsæque regulæ denuo confirmantur, novisque speciminibus & argumentis asseruntur & illustrantur, fol. Parisiis. 1704.

Musæum Regium seu Catalogus rerum tam naturalium quam artificialium, quæ in Basilica Bibliothecæ Aug. Danisæ Norvegiæque Monarchæ Christiani Quinti Hafniæ asservantur, descripus ab Orig. Jacobæo, fol. Hafniæ 1696.

Mos. Maimonidis Tractatus Duo. I. De Doctrina Legis, sive educatione puerorum. II. De natura & ratione pœnitentiæ apud Hebræos: Latine reddidit, Notisq e illustravit Rob. Clavering. Præmittitur Dissertatio de Maimonide ejusque Operibus, 4. Oxon. 1705.

165 Memoires de la Cour de Vienne, contenant les remarques d'un Voyageur curieux sur l'état present de cette Cour, & sur ses interêts: Seconde Edition, revuë, corrigée & augmentée par l'Auteur: brochee en six parties, 12. 1705.

Metamorphoses d'Ovide, en Latin & François, divisées en XV Livres; avec de nouvelles Explications Historiques, Morales & Politiques sur toutes les fables, chacune selon son sujet; de la traduction de M. P. Du Ryer, de l'Academie Françoise: Edition nouvelle, enrichie de très belles figures, fol. Amst. 1702.

Morale Universelle, contenant les Eloges de la Morale de l'Homme, de la Femme, & du Mariage, par le Sr. des Coustures, 12. à la Haye 1705.

Mead de imperio Solis ac Lunæ in corpora humana, & morbis inde oriundis, 8. Lond. 1704.

Mille & une Nuits, Contes Arabes, traduits en François, 2. Voll. 12. 1705.

170 Memoires du Marquis de Guiscard, dans lesquels est contenu le Recis des Entreprises qu'il a faites dans le Roiaume & hors du Roiaume de France, pour le recouvrement de la liberté de sa Patrie. I. Partie, 12. Delft 1705.

Maniere de bien penser dans les Ouvrages d'esprit, Dialogues, 12. Amst. 1705.

Methode facile pour apprendre l'Histoire d'Angleterre: nouvelle Edition corrigée, augmentée & continuée jusqu'à la fin du regne du Roi Guillaume III. 18. Amst. 1706.

Markii in Canticum Schelomonis Commentarius, seu Analysis exegetica, quâ Hebræus textus cum Versionibus veteribus confertur, vocum & Phrasium vis indagatur, rerum nexus monstratur, & in sensum genuinum cum examine variarum interpretationum inquiritur; annexa est etiam Analysis exegetica Psalmi XLV. 4. Amst. 1703.

Memoires de tout ce qui s'est passé de plus considerable sur la mer durant la guerre avec la France depuis l'an 1688. jusqu'à la fin de 1697. par Mr. Burchess, Secretaire de l'Amirauté, traduit de l'Anglois, 12. Amst. 1704.

175 Memorie del General Principe di Montecuccoli che rinsermano una esatta instruzzione dei Generali ed Ufficiali di Guerra per ben Commandare un'armata, assediare e diffendere Citta, Fortezze &c. è particolarmente le Massime politiche militari e stratagemi de soi pratticati nelle Guerre d'Ungheria, d'Italia e contre li Suedesi in Germania, colle cose successe lo più memo

LIBRORUM. 37

memorabili allequali fi ha aggiunta la Vita dell' Autore, per il Signor H.D.H.C.D.R.D.P. il tutto con note cavute dagl' Autori antichi e moderni, poste in luce per il Signor Enrico di Huyfen Configliere di guerra per S. M. il Czar di Mofcovia, 12. 2. Voll. in Colonia 1704.

Motif de droit du R. P. Quesnel, divisé en deux parties; La I. contenant les raisons qu'il a eües & qu'il a encore, de suspecter & recuser la personne & le tribunal de Mr. l'Archevêque de Malines. La II. où sans le reconnoître pour Juge il répond sommairement aux faits calomnieux avancez contre lui par le Procureur d'Office de la Cour Ecclesiastique dudit Seigneur Archevêque dans le Placard du 13. Fevrier dernier 1704.

Morhofii Differtationes Academicæ & Epiftolicæ, quibus rariora quædam argumenta eruditè tractantur, omnes: in unum Volumen collatæ, & confenfu filiorum editæ. Accefsit Antonii Vita, quæ tum Lectiones ejus Academicas, tum scripta edita & edenda, elogia item ac Judicia clarorum Virorum exhibet, 4. Hamb. 1699.

N.

Nouvelles de Michel de Cervantes, Auteur de l'Hifoire de Don Quichotte, 12. Amft. 1705.

- - - Avantures de l'admirable Don Quichotte de la Mancha, composée par Al. Fern. de Avellaneda, 2. Voll. 18. 1705.

New State of England, under our Sovereign Queen Anne, in three Parts, containing I. an exact and particular description both of England and Wales, through their several Counties, with all things remarkable therein, and the best account hitherto of London and Weftminfter. II. Of the Original, temper, genius, language, trade, laws and religion of the English; of our several Orders of men, the Nobility, Clergy and Commonalty. III. Of the English Monarchy in general, its greatness and power, the Sovereing's prerogative, dignitie, titles and arms; With a compendious Hiflory of the Kings and Queens of England to this time. Of the prefent Queen in particular, her court, forces and revenues, with the management thereof. Of the prefent Princes and Princeffes of the royal blood, and the succeftion to the Crown, as it flands fettled in the Proteftant line. Of the high Court of Parliament, Privy Council, and all Courts of Judicature. The fifth Edition: with a Supplement rectifying the Lifts as far as the month of March 1705. and a particular Table for the Lifts and Supplement, 8. Lond. 1705.

Nouveau Teftament en François, avec des Reflexions morales fur chaque verfet, pour en vendre la lecture plus utile & la meditation plus aifée: nouvelle Edition augmentée, imprimé par ordre de Monfeigneur l'Evêque & Comte de Chaalons, 7. Voll. 12. à Paris 1702.

O.

Oeuvres Pofthumes du Chevalier Temple, contenant I. un Effai fur les mecontentemens populaires. II. Un Effai fur la fanté & la longue vie. III. Une Defenfe de l'Effai fur le favoir des Anciens & Modernes, 12. Utrecht 1704.

Oeuvres Pofthumes de Mr. de St. Evremont, ou Suite de fes Oeuvres Meflées, Tom. VII. qui contient plufieurs pieces curieufes, & fes Nouvelles Oeuvres qui n'ont jamais paru dans les précedents Volumes, 8. Amft. 1705.

Original Letters from King William III. then Prince of Orange to King Charles II. Lord Arlington &c. tranflated together with an account of his reception at Middelburgh, and his fpeech upon that occafion, 8. London 1704.

P.

Phædri Fabularum Æfopiarum Libri V. cum notis perpetuis Jo. Fred. Gronovii Pat. & emendationibus Jacobi Gronovii Fil. Accedunt Nicolai Diffontioli in Phædrum Collectanea, 8. Amft. 1709.

E 3

38 CATALOGUS

Poiret Oeconomiæ Divinæ Libri sex, in quibus Dei erga homines proposita, agendi rationes, atque opera demonstrantur, ad efficacem solidi Christianismi promotionem, è Gallico Latinè redditi & ab Autore recogniti, 2. Voll. 4. Francof. 1705.

Pipping Sacer Decadum septenarius memoriam Theologorum nostra ætate clarissimorum renovatam exhibens. Accessit septenarius eorum, qui, utut Theologi professione haud fuerint, scripta tamen ediderunt, aut transtulerunt, aut inchoata reliquerunt Theologica, 8. Lips. 1705.

Pufendorfii Commentariorum de Rebus Suecicis Libri XXVI. ab expeditione Gustavi Adolfi Regis in Germaniam ad abdicationem usque Christinæ. Editio altera emendatior, fol. Francof. 1705.

Prière pour l'Eglise de la Chine, avec les raisons qui ont engagé à la donner presentement, 8.

190 Pedonis Albinovani Elegiæ Tres & fragmenta, cum interpretatione & Notis Jof. Scaligeri, Fr. Lindenbruhii, Nic. Heinsii, Th Goralli & aliorum; item Corn S. veri Ætna, & quæ superfunt fragmenta, cum Notis & interpretatione Jof. Scaligeri, Fr. Lindenbruchii, & Th. Goralli. Accessit Petri Bembi Ætna, 8. Amst. 1703.

Posneri decisiones de Citatione reali quibus practicæ maximam partem hactenus intactæ ex penuinis prin ipiis explicantur, 4. Lipsiæ 1701.

Pensées Diverses écrites à un Docteur de Sorbonne à l'occasion de la Comete qui parut au mois de Decembre 1680. quatrième Edition, 12. 2. Voll. Rotterdam 1705.

- - - Continuation des Pensées Diverses, ou Reponse à plusieurs difficultez que Monsieur * * * a proposées à l'Auteur, 12. 2. Voll. Rotterdam 1705.

Palmerii Kριτικόν EΙΧΕΙΡΗΜΑ, sive pro Lucano Apologia è scriniis Jani Berkelii edita. Accedunt similia argumenti nonnull'a alia. Leidæ, 8. 1704.

195 Promenade de Titonville, suite des Promenades, par Mr. le Noble. Carte de l'Isle de Mariage, suite des Promenades, 12. Amst. 1705.

Perpetuité de la foi de l'Eglise Catholique touchant l'Eucharistie; avec la Refutation de l'écrit d'un Ministre contre ce Traité, 4. 1704.

- - - La Perpetuité de la foi de l'Eglise Catholique touchant l'Eucharistie defendue contre le Livre de Sr. Claude, 4. 1704.

- - - Tome Second, contenant les preuves de la Doctrine de l'Eglise tirées de l'Ecriture, & des Peres des six premiers siecles, & la refutation des defaites par lesquelles les Ministres se sont efforcez de les éluder, & principalement de leurs fausses comparaisons d'expressions & des deux clefs celebres de figure & de vertu, 4. 1704.

- - - Tome Troisième, contenant la Reponse aux passages difficiles des Peres objectez par les Ministres, & la Confirmation de l'union des Eglises Orientales avec l'Eglise Romaine sur la presence reelle, la Transubstantiation & autres points, par les Attestations authentiques de tous les Patriarches, & de la plupart des Evêques de ces Eglises, & par un grand nombre d'autres preuves, 4. 1704.

200 - - - Reponse generale au Nouveau Livre de Mr. Claude, 4. 1704.

- - - La Creance de l'Eglise Grecque touchant la Transubstantiation, defendue contre la Reponse du Min. Claude au Livre de Mr. Arnaud, Partie premiere, contenant la creance des six derniers sie les, avec la Refutation de la Reponse d'un Ministre de Charenton à la Dissertation qui est à la fin du livre de Mr. Arnaud, touchant les emplois, le martyre & les écrits de Jean Scot, on Erigene, 4. 1701.

- - - Partie Seconde, contenant la creance du septiéme, huitiéme, neufiéme & dixiéme siecles, 4. 1704.

Parrhasiana, ou Pensées diverses sur des matieres de Critique, d'Histoire, de Morale & de Politique, par Th. Parrhase, Tome Second, 8. Amst. 1701.

Q.

Quinctiliani Declamationes innumeris locis emendatæ ex recensione Ulr. Obrechti, 4. Argent. 1698.

205 - - - de Institutione Oratoria Libri duodecim, innumeris locis emendati ex recensione Ulrici Obrechti, 4. ibid. 1698.

Quenstedii Theologia didactico polemica, sive systema Theologicum in duas sectiones didacticas divisum, in quarum prima omnes & singuli fidei Christianæ articuli juxta causarum seriem, perspicue traduntur, necessariis notis explicantur, & dictis Scripturæ fundamentalibus justo Commentario illustratis & explanatis, firmatur: in secunda sectione, in

quavis

LIBRORUM.

quavis controversia, I. Verus quæstionis Status remotis falsis, ritè formatur. II. Orthodoxa sententia verbis simplicibus proponitur : III. Singula Theseos membra per breves & perspicuas observationes & distinctiones uberius exponuntur : IV. Antithesis omnium Hæreticorum & Heterodoxorum, cùm veterum tum recentiorum, verbis ipsorum adducitur : V. Dicta Scripturæ Thesin probantia ex priori sectione breviter repetuntur : VI. Ab adversariorum exceptionibus & corruptelis vindicantur : VII. Argumenta contraria si non omnia, tamen præcipua, solvuntur & refutantur; ac denique, VIII. Auctores Thesin Orthodoxam oppugnantes & propugnantes subjiciuntur : in 4. Tomos distributum, fol. Lipsiæ 1701.

Q. Curce de la vie & des actions d'Alexandre le Grand, de la traduction de Mr. de Vaugelas ; Edition nouvelle enrichie de figures. Avec les Suplemens de J. Freinshemins, traduits par feu Mr. du Ryer, 8. Amst. 1699.

R.

REmarques Historiques & Critiques faites dans un Voyage d'Italie en Hollande dans l'année 1704. contenant les mœurs, intérêts & Religion de la Carniole, Carinthie, Baviere, Autriche, Boheme, Saxe, & des Electorats du Rhin. Avec une Relation des differens qui partagent aujourd'hui les Catholiques Romains dans les Païs-Bas, 2. Voll. 8. 1705.

Rheiohardi Theatrum Prudentiæ Elegantioris, ex J. Lipsii libris Politicorum erectum, cum Præfatione, quæ operis utilitatem indicat, cur. Sam. Schurzfleischii, 4. Vitemb. 1703.

Ryssenii Summa Theologiæ Didactico-Elencticæ, ex celeberrimorum Theologorum scriptis, praecipuè verò ex Fr. Turretini Institutionibus Theologicis ita aucta & illustrata, ut præter explicationes theticas & problematicas in controversiis verus status proponatur, proton pseudos detegatur, vera sententia confirmetur, argumentis ad paucas classes revocatis, præcipuæ quoque adversariorum exceptiones & objectiones diluantur, Editio tertia, 8. Bernæ 1703. — 210

Ramazzini de morbis artificum Diatriba : accedunt L. Ant. Portii in Hiprocratis librum de Veteri Medicina Paraphrasis, necnon ejusdem Dissertatio Logica, 8. Ultraj. 1703.

Religions du Monde, ou demonstration de toutes les religions & heresies de l'Asie, Afrique & de l'Europe depuis le commencement du monde jusqu'à present, par Al. Ross, enrichi par tout de figures en taille-douce, 2. Voll. 12. Amst. 1681.

Recueil des Voyages qui ont servi a l'establissement & aux progrés de la Compagnie des Indes Orientales formées dans les Provinces Unies des Païs-Bas, 12. 2. Voll. Amst. 1703.

Reflexions sur l'Humilité Chretienne ; avec deux Meditations ; l'une sur l'Amour de Dieu, & l'autre sur la Tiédeur dans le Service de Dieu, par P. Brazi, 8. Utrecht 1705.

Reponse aux Questions d'un Provincial, 12. Rotterdam 1704.

le Roman Bourgeois, Ouvrage Comique, par Antoine Furetiere, Abbé de Chalivoi, de l'Academie Françoise, 12. Amst. 1704. — 215

Relation des Procedures des Seigneurs Ecclesiastiques & seculiers assemblez en Parlement tenués au sujet du Bill qui a pour titre, Acte pour prevenir la Conformité Occasionnelle, traduite de l'Anglois, 8. Amst. 1704.

Reflexions ou sentences & Maximes morales de Mr. de la Rochefoucault. Maximes de Madame la Marquise de Sable. Pensées Diverses de M. L. D. & les Maximes Chretiennes de M***, 12. Amst. 1705.

S.

STillingfleet Origines Sacræ, or a rational Account of the grounds of natural and revealed Religion : the Seventh Edition. To which is now added part of another book upon the same subject written ann. 1697. publish'd from the Author's own Manuscript, fol. Cambr. 1701.

Syntagma trium Scriptorum illustrium de tribus Judæorum Sectis ; in quo Nic. Serarii, Joh. Drusii & Jos. Scaligeri Opuscula, quæ eò pertinent, cum aliis, junctim exhibentur, 4. Delph. 1703. — 220

Syn-

CATALOGUS

40

- - - Syntagmatis de Sectis Judaeorum Pars Secunda, qua exhibentur Jac. Triglandii Diatribe de Secta Karaeorum; Nic. Serarii Minerval J. Scaligero & J. Drusio depensum; J. Drusii Responsio ad Minerval Serarii; N. Serarii Rabbini & Herodes, 4. ibid. 1703.

Secretaire des Demoiselles; contenant des Billets galants avec leurs Reponses sur divers sujets, 12. à la Haye 1704.

Schilteri ad Jo. Adami Strnvii Syntagma Juris feudalis notae. Adjecta sunt nonnulla Responsa & Consilia Juris feudalis Inedita, 4. Argentorati 1704.

Sulpicii Severi quae extant Opera omnia, cum Notis J. Vorstii, 8. Lipsiae 1703.

Superville Sermons sur divers Textes de l'Ecriture Sainte, Tome Troisième, 8. Rotterd. 1704.

Suetonius Tranquillus ex recensione Jo. G. Graevii cum ejusdem Animadversionibus, ut & Commentario integro Laev. Torrentii, If. Casauboni, Th. Marcilii, & cum Notis ac numismatibus quibus illustratus est à Car. Patino. Accedunt Notae selectiores Aliorum. Editio Tertia auctior & emendatior, 4. Ultraj. 1703.

Spanhemii Orbis Romanus, seu ad Constitutionem Antonini Imperatoris, de qua Ulpianus Leg. XVII. Digestis de Statu hominum Exercitationes Duae: Editio Secunda ab Auctore recensita, & altera parte auctior, 4. Lond. 1703.

Smids Romanorum Imperatorum Pinacotheca, sive duodecim Imperatorum Simulacra, elogiis, numismatibus, & Historia Suetoniana illustrata atque exornata, 4. Amst. 1699.

Spanhemii Operum Tomus I. Continens Geographiam, Chronologiam, & Historiam Sacram atque Ecclesiasticam utriusque temporis, Lugd. Batav. 1701. fol.

- - - Operum Tomus Secundus, qui complectitur Miscellaneorum ad Sacram Antiquitatem & Ecclesiae Historiam pertinentium, Libros decem, fol. Lugd. Batav. 1703.

- - - Operum Tomus Tertius, qui complectitur Theologica scripta omnia exegetico-didactico elenctica, fol. Lugd. Batav. 1703.

Sanctii (Franc.) Minerva, seu de Causis Linguae Latinae Commentarius, cui inserta sunt uncis inclusa, quae addidit G. Scioppius, & subjectae suis paginis Notae J. Perizzonii, quae tertiâ hâc editione multum sunt aucta, 8. Amst. 1704.

Serarii Prolegomena Biblica & Commentaria in omnes Epistolas Canonicas, fol. Lugd. 1704.

Schurzfleischii Disputationes Historicae Civiles, collectae & uno Volumine conjunctae, antea publice habitae, nunc denuò editae, cum additamento & Indice, 4. Lipf. 1699

*Sermons sur les plus importantes matières de la Morale Chrétienne, ou l'Aveugle mis en meilleur ordre, à l'usage de ceux qui s'appliquent aux Missions, & de ceux qui travaillent dans les Paroisses, par le Pere * * *. 7. Voll. 8. à Liege 1703.*

Science universelle de la Chaire, ou Dictionaire moral, dans lequel on trouvera par ordre Alphabetique ce que les Peres Grecs & Latins, les Interpretes de l'Ecriture Sainte, & les Théologiens, les Predicateurs François, Italiens, Allemans, &c. ont dit de plus curieux & de plus solide sur differens sujets de Morale, 3. Voll. 8. à Paris 1704.

Schilreri de Parapio & Apanagio succincta expositio; itemque de feudis Juris Francici Dissertatio. Accesserunt de Successione Lineari Velitationes: nec non J. Meieri de rei feudalis Vindicatione Dissertatio. 4. Argent. 1703.

Schmidt Commentarius super illustres Prophetias Jesaiae, in quo singula Capita resolvuntur, & annotationibus ad singulos versus illustrantur, unà cum Annotationibus in octo priora Capita Libri Josuae, 4. Hamb. 1695.

Senguerdi Philosophia Naturalis, quatuor partibus primarias corporum species, affectiones, differentias, productiones, mutationes & interitus, exhibens, Editio Secunda, 4. Lugd. Batav. 1685.

- - - Inquisitiones experimentales, quibus naturae operandi ratio in nonnullis detegitur & mechanice exponitur, effectus ex ea resultantes exhibentur, ad causas revocantur, experimentis & ratiociniis illustrantur, 4. ibid. 1650.

Stiefsii Epistola ad D. Mich. Jos. Fibiger de Uvis in Silesia Lignicensibus atque Pilgramsdorfiensibus, 4. Lipf. 1704.

Tacqu

LIBRORUM.

T.

Tacquet Arithmeticæ Theoria & praxis : editio ultima, præcedentibus emendatior, & figuris, annotationibus, aliisque ad faciliorem usum adjuncta, 8. Amst. 1704.
Turrettini de Sæculo XVII. erudito & hodiernis literarum periculis Oratio Academica: dicta est statis Academiæ Genevensis solemnibus die XIV. Maji, Anno MDCCIII. 4. Genevæ 1704.
Traité du Merite, par Mr. l'Abbé de l'Assetz, Curé de Saint Lambert, 12. 1704.
- - - de l'Amitié, par Mr. de Sacy, à la Haye, 12. 1703.
- - - de l'Amour du Prochain, par E. Saurin: Ouvrage posthume, 8. Amst. 1704.
- - - des malades les plus frequentes, & des remedes specifiques pour les guerir; avec la methode de s'en servir pour l'utilité du public & le soulagement des pauvres, par M. Helvetius, 12. a Liege 1705.
- - - General du Commerce, plus ample & plus exact que ceux qui ont paru jusques à present; fait sur les memoires de divers Auteurs tant anciens que modernes; contenant les reductions des mesures, poids & monnoyes de la Hollande ou d'Amsterdam, reduites aux mesures, poids & monnoyes des principales places de l'Europe; comme aussi pour les excomptes ou rabais, avec diverses tables à ce sujet; pour la Banque, le Change, Rechange, les formes, termes & diligences des Lettres & Billets de Change, & des Lettres de Credit; pour les monnoyes reelles & de change, des prix courans de la place; pour savoir en quelles monnoyes y sont tenuës les écritures, le moyen de faire les changes & reductions pour les Traites & les Remises, pour calculer les changes & les ajuster, pour en connoître les profits & les pertes, & l'égalité des monnoyes & des prix des changes; orné de plusieurs traits d'Histoire aussi curieux qu'utiles. Seconde Edition revuë, corrigée & augmentée. Ouvrage tres-utile aux Banquiers, Marchands & Negocians, Voyageurs, & sur tout à la jeunesse qui desire d'apprendre le commerce & le negoce ne change, 4. à Amsterd. 1705.
Thesaurus Antiquitatum & Historiarum Italiæ, maris Ligustico & Alpibus vicinæ; quo continentur optimi quique Scriptores, qui Ligurum & Insubrium, seu Genuensium & Mediolanensium, confiniumque Populorum ac Civitatum res antiquas, aliasque vario tempore gestas, memoriæ prodiderunt: collectis curâ & studio J. G. Grævii: accesserunt va ie & accuratæ Tabulæ Gogia hicæ aliæque, ut & Indices ad singulos Tomos locupletissimi, fol. 3. Voll. cum figuris, Lugduni Batav. 1704.

245

V.

Vossii Opera, in sex Tomos divisa. Tom. I. Etymologicon Lingæ Latinæ : præfigitur ejusdem de Literarum permutatione Tractatus. Editio nova, quæ plurimis Isaaci Vossii observationibus aucta.
- - - Tom. II. 1. Aristarchus, sive de Arte Grammatica Libri septem. 2. De vitiis sermonis, & glossematis Latino Barbaris, Libri novem, quorum quinque posteriores nunc primum prodeunt.
- - Tom. III. 1. Commentariorum Rhetoricorum, sive Oratoriarum Institutionum Libri sex. 2. De Rhetoricæ naturâ & constitutione liber. 3. De Artis Poëticæ naturâ & constitutione liber. 4. Poeticarum Institutionum libri tres. 5. De Imitatione, tum Oratoria, tum præcipuè Poëtica recitatione Veterum, Liber. 6. De veterum Poëtarum temporibus Libri duo. 7. De Artium & Scientia um natura ac constitutione libri quinque, ante hac diversis titulis editi, Liber 1. De quatuor Artibus popularibus. 2. De Philologis. 3. De Mathesi, seu Scientiis Mathematicis. 4. De Logicâ. 5. De Philosophia. 8. De Philosophorum sect â Liber.
- - - Tom. IV. 1. Ars Historica, sive Liber de Historiæ & Historices natura, Historiæque scribendæ præceptis. 2. De Historicis Græcis Libri quatuor. 3. De Historicis Latinis, Libri tres. 4. Historiæ universalis epitome nunquam ante hac edita. 5. Opuscula varii Argumenti : Vita Fabiani à Dhona, Comitis à Bhona. Confinium Gregorio XV. Pont. Max. exhibitum per M. Lonigum, cum præfatione & censura G. J. Vossii. Aphorismi de Statu Ecclefiæ restaurando &c. per M. Lonigum, cum præfatione & censura G J. Vossii. In Epistolam Plinii de Christianis & Edicta Cæsarum Romanorum adversus Christianos, Commentarius. De Cognitione sui. De Studiorum ratione dissertatio gemina, generalis, & particularis. Oratio in obitum T. Erpenii, Orientalium Linguarum In Academia Leidensi Professoris. Oratio de Historiæ utilitate. In Fragmenta L. Livii Andronici, Q. En-

250

F nii,

42   CATALOGUS

alii, C. Nævii, M. Pacuvii, & L. Attii Castigationes & Notæ. 6. Epistolæ Selectiores, à Vossio & ad Vossium scriptæ.

- - - Tom. V. De Theologia Gentili & Physiologia Christiana, sive de Origine ac progressu Idololatriæ; deque Naturæ mirandis, quibus homo adducitur ad Deum. Libri IX.

- - - Tom. VI. 1. Chronologiæ Sacræ Isagoge, sive de ultimis Mundi antiquitatibus, ac imprimis de temporibus rerum Hebræarum, Dissertationes octo. 2. Dissertatio gemina; una de Jesu Christi Genealogia, altera de annis, quibus natus, baptizatus, mortuus. 3. Harmoniæ Evangelicæ de Passione, Morte, Resurrectione ac Ascensione Jesu Christi, Libri tres. 4. De Baptismo Disputationes XX. & una de Sacramentorum vi ac efficacia. 5. Theses Theologicæ & Historicæ de variis doctrinæ Christianæ capitibus, quas olim disputandas proposuit in Academia Leidensi. 6. Dissertationes tres de tribus Symbolis, Apostolico, Athanasiano & Constantinopolitano. 7. Historiæ de Controversiis, quas Pel gius ejusque reliquiæ moverunt, Libri septem. 8. Fragmentorum de Mani hæis & Stoïcis, nunquam ante hac editum. 9. Dissertatio epistolica de Jure Magistratus in rebus Ecclesiasticis. 10. Responsio ad judicium H. Ravenspergeri, de Libro, ab H Grotio V Cl. pro Catholica Fide de Satisfactione Jesu Christi, scripto adversus Faustum Socinum, fol. Amst. 1703.

Vie de St. Norbert, Archevêque de Magdebourg, & Fondateur de l'Ordre des Chanoines Premontrez: avec des Notes pour l'éclaircissement de son Histoire, & de celle du douziéme Siecle, 4. à Luxemb. 1704.

- - - du veritable Pere Joseph, Capucin, nommé au Cardinalat, contenant l'Histoire Anecdote du Cardinal de Richelieu, 12. à la Haye 1705.

Virtutum Christianarum Insicuitio facilis & quibusvis accommodata. Edidit & præfatus est Petr Poiret, 8. Amst. 1705.

Vaillant Nummi antiqui familiarum Romanarum perpetuis interpretationibus illustrati, 2. Voll. fol. Amstel. 1703.

255 Voyage de Guinée, contenant une description nouvelle & tres exacte de cette Côte, où l'on trouve & où l'on trafique l'or, les dents d'Elephant & les Esclaves: de ses Pais, Royaumes, & Republiques, des Mœurs des habitans, de leur Religion, Gouvernement, Administration de la Justice; de leurs Guerres, Mariages, Sepultures, &c. comme aussi de la nature & qualité du terroir, des arbres fruitiers & sauvages: de divers animaux tant domestiques que sauvages, des bêtes à quatre pieds, des reptiles, des oiseaux, des poissons, & de plusieurs autres choses rares, inconnuës jusques à present aux Europeens, par G. Bosman, enrichie d'un grand nombre de figures, 12. Utrecht 1705.

- - - du Sieur Paul Lucas au Levant; on y trouvera entr'autre une description de la Haute Egypte, suivant le cours du Nil, depuis le Caire jusques aux Cataractes, avec une Carte exacte de ce fleuve, que personne n'avoit donnée, 12. à la Haye 1705.

Voyages nouveaux de Mr. le Baron de la Hontan dans l'Amérque Septentrionale, qui contiennent une Relation des differens peuples qui y habitent; la nature de leur gouvernement, leur Commerce, leurs Coutumes, leur Religion, & leur maniere de faire la guerre, l'interêt des François & les Anglois dans le Commerce qu'ils font avec les Nations, l'avantage que l'on peut retirer dans ce Païs étans en Guerre avec la France. Le tout enrichi de Cartes & de Figures. Tom. I. 12. à la Haye 1703.

- - Memoires de l' Amerique Septentrionale, ou la Suite des Voyages de Mr. le Baron de la Hontan, qui contiennent la description d'une grande étenduë de Païs de ce continent, l'interêt des François & des Anglois, leurs Commerces, leurs Navigations; les Mœurs & les Coutumes des Sauvages &c. avec un petit Dictionaire de la Langue du Pais, enrichi de Cartes & Figures. Tom. II. à la Haye 1703.

- - Suite du Voyage de l'Amerique, ou Dialogues de Mr. le Baron de la Hontan & d'un Sauvage, avec les Voyages au même en Portugal & en Dannemarc, sans lequel on trouve des particularitez tres-curieuses, & qu'on n'avoit point encore remarquées: enrichi de Cartes & Figures, 12. Amst. 1704.

260 Vries (de) Exercitationes rationales de Deo Divinisque Perfectionibus, necnon Philosophemata miscellanea: Editio nova, ad quam præterea jam accedit Diatribe singularis geminæ, altera de Cogitatione ipsa mente, altera de Ideis re um innatis, 4. Ultraject. 1695.

Vicarii Institutiones Juris Naturæ & Gentium in usum Serenissimi Principi Ch. Lud. Marchionis Brandenburgici, &c. ad Methodum H. Grotii conscriptæ, editæ denuo, & auctæ a J. J. Vitriario; ac edit J. F. Buddei Historia Juris Naturalis, ut & Synopsis Juris Naturalis & Gentium juxta disciplinam Ebrææorum, 8. Leidæ 1704.

Van Til Compendium Theologiæ utriusque, cùm naturalis, tum revelatæ, unà cum Appendice de Origine controversiarum nostri temporis, 4. Leidæ 1704.

Voet Commentarius ad Pandectas, in quo præter Romani Juris principia ac controversia illustriores, Jus etiam hödiernum & præcipuæ fori quæstiones excutiuntur, fol. Tomus Primus, Hagæ 1698.

- - - Tomus Secundus, fol. Hagæ 1704.

TA-

LIBRORUM.
TABLEAUX
De l'Hôtel de Luxemburg, peints par Rubbens, dessinez & publiez par J. B. Nattier.

I. LE *Temps decouvre la Verité.* Le Peintre voulant faire voir que la mesintelligence qui avoit été entre Louïs XIII. & Marie de Medicis sa mere, ne venoit que de faux avis, a representé dans ce Tableau le Temps qui decouvre la Verité, pendant que le Roi & la Reine qui avoient été surpris par la malice des hommes, se reconcilient à la face du ciel: *gravé par A. Loir.*

II. *Jeanne d'Autriche, Grande Duchesse de Toscane,* fille de l'Empereur Ferdinand I. & mere de la Reine Marie de Medicis, naquit à Prague en 1547. & en 1565. elle épousa François I. Grand Duc de Toscane, & mourut à l'âge de 31. ans en 1578. *G. Edelinck effigiem sculpsit.*

III. *François de Medicis, Grand Duc de Toscane,* pere de la Reine Marie, qui mourut sans enfans mâles legitimes en 1587. auquel Ferdinand I. son frere, qui avoit été Cardinal, succeda apres avoir quitté la pourpre. *G. Edelinck effigiem sculpsit.*

IV. *Henri IV. delibere sur son futur mariage.* Jupiter & Junon ayant consulté ensemble sur le mariage du Roi, & lui ayant inspiré le choix de son épouse, l'Hymenée lui en aporte le portrait, & l'Amour fait observer à ce Monarque tous les traits de la beauté dont on voit qu'il est épris. Et pendant que la France le sollicite à la conclusion, deux Amours se saisissent de son casque & de son bouclier, comme pour lui ôter les instrumens de la guerre, & pour laisser jouïr le Royaume d'une longue paix. *J. Audran sculpsit.*

V. *La conclusion de la Paix.* La Reine ayant accepté le parti de s'accommoder avec le Roi, est conduite par Mercure au Temple de la Paix; l'Innocence l'y pousse, & la Paix sur le devant du Tableau brûle les instrumens de la guerre pendant que la Fraude, la Fureur & d'autres semblables vices veulent s'opposer aux bons desseins de la Reine, & font un dernier effort dans le transport de leur desespoir. *B. Picard sculpsit.*

VI. *La ville de Lion va au devant de la Reine.* Cette ville sous une figure de femme est dans un char tiré par des Lions qui sont les symboles, que deux Amours conduisent. Elle regarde en haut & admire les nouveaux mariez qui sont dans le ciel sous les formes de Jupiter & de Junon, le Peintre faisant en cela allusion à la devise que la Reine choisit en 1608. dont le corps étoit une Junon apuyée sur un paon avec ces mots, *Viro partuque beata.* Derriere eux est l'Hymenée & les Amours qui portent des flambeaux. *G. Duchange sculpsit.*

VII. *L'Education de la Reine.* Minerve enseigne à la Reine les premiers élemens des Sciences. Les Graces & l'Harmonie accompagnent cette Déesse, pour assaisonner tout ce qui entre dans l'esprit de la jeune Princesse. Mercure descent du ciel pour lui faire part de son éloquence, & la fontaine Castalide est ici le symbole de la science. Sur le devant du Tableau sont quelques instrumens des arts liberaux, que la Reine a toûjours aimez & protegez; & entr'autres la Peinture, la Sculpture & la Musique. *Loir sculpsit.*

VIII. *La naissance de la Reine.* Junon Lucine Deesse des accouchemens met la jeune Princesse entre les mains de la ville de Florence, qui la reçoit tendrement entre les bras, & dont elle admire les grandes destinées; ce qui est exprimé par un Genie qui tient une Corne d'abondance, d'où sortent les marques de la Royauté. Sur le devant du Tableau est le fleuve d'Arno accompagné des symboles qui le font connoître; & le Sagittaire qui est en haut, denote le tems de la naissance de la Reine. *G. Duchange sculpsit.*

IX. *Le Mariage de la Reine.* Le Grand Duc Ferdinand épouse la Princesse en vertu de la procuration du Roi Henri IV. que Bellegarde Grand Ecuier de France lui avoit apportée. Doulat & Silleri avoient negotié ce mariage, & le Cardinal Aldobrandin Legat du Pape en fait la ceremonie dans l'Eglise de Santa Maria del Fiore. L'Hymenée porte la queuë à la Reine, qui est accompagnée de la Grande Duchesse & des principales Dames de sa Cour: & de l'autre côté est la Noblesse Françoise qui avait suivi le Marquis de Silleri Ambassadeur. *A. Trouvain sculpsit.*

X. *La felicité de la Regence.* L'heureux gouvernement de la Reine est ici marqué par l'Equité, par l'Abondance, par les Sciences & par les Arts. La Reine dans son trône tient une balance à la main, & represente cette vertu, qui distribue les recompenses & les chatimens selon les merites. Elle est accompagnée de Minerve & de l'Amour. D'un côté la Medisance, l'Ignorance & l'Envie sont terrassées par les Genies des beaux arts; & de l'autre on voit le tems qui conduit la France au siecle d'or. *B. Picard sculpsit.*

F 2   A T.

CATALOGUS
ATLAS FRANCOIS,

Contenant les Cartes Geographiques, dans lesquelles sont exactement remarquez les Empires, Monarchies, Royaumes & Etats de l'Europe, de l'Asie, de l'Afrique & de l'Amerique : avec les Tables & Cartes particulieres de France, de Flandre, d'Allemagne, d'Espagne & d'Italie : Tome Premier par Hubert Jaillot, Geographe du Roi.

1. Tables Geographiques des Divisions du Globe Terrestre.
2. Mappe Monde Geohydrographique.
3. Tables Geographiques des Divisions de l'Europe.
4. L'Europe.
5. Tabl. Geographiques des Divisions de l'Asie.
6. L'Asie.
7. Tables Geographiques des Divisions de l'Afrique.
8. L'Afrique.
9. Tables Geographiques des Divisions de l'Amerique Septentrionale.
10. Amerique Septentrionale.
11. Partie de la Nouvelle France.
12. Table Geographiques des Divisions de l'Amerique Meridionale.
13. Amerique Meridionale.
14. Tables des Divisions de toutes les Parties & Isles comprises sous le nom des Isles Britanniques.
15. Les Isles Britanniques.
16. Tables des Divisions de la Scandinavie.
17. La Scandinavie, & les Environs.
18. Table des Divisions du Royaume de Dannemarck.
19. Le Royaume de Dannemarck.
20. Table ou Divisions de la Moscovie ou Russie Blanche.
21. La Russie Blanche ou Moscovie.
22. Table des Divisions des Gouvernemens du Royaume de France, suivant les Etats Generaux.
23. Le Royaume de France.
24. & 25. Carte particuliere des Postes de France, 2. feuilles.
26. Le Gouvernement General de l'Isle de France.
27. La Generalité de Paris.
28. La Prevôté & l'Election de Paris.
29. & 30. Carte particuliere du Canal de la Riviere d'Eure.
31. & 32. Evesché de Meaux, 2. feuill.
33. & 34. L'Evesché de Chartres, 2. feuill.
35. & 36. Gouvernement General de Champagne, 2. feuilles.
37. La Generalité d'Orleans divisée en ses Elections.
38. La Generalité de Moulins.
39. La Province de Poitou & le pays d'Aunis.
40. La Bretagne.
41. Carte de l'Evesché de Nantes.
42. 43. 44. & 45. Le Generalitez de Montauban & de Toulouse, 4. feuilles.
46. Le Diocés de Toulouse.
47. Diocese de Lavaur.
48. Diocese de Castres.
49. Le Diocese de Montpellier.
50. La Province.
51. La Bresse, le Bugey, &c.
52. Duché de Savoye.
53. Le Duché d'Aoust.
54. Le Valentinois.
55. Partie du Briançonnois.
56. La Principauté d Piemont.
57. & 58. La Franche Comté, 2. feuilles.
59. La Lorraine, Metz, Toul & Verdun.
60. Le Verdunois.
61. Le Pays Messin.
62. Le Toulois.
63. Partie meridionale du Temporel de l'Evesché de Metz.
64. Partie du Bailliage de Vosge Mirecour.
65. Le Prevôtez, Offices, Senechaussée & Comté qui font partie des Balliages de Vosge ou Mirecour, & de Nancy.
66. L'Alsace.
67. Basse Alsace.
68. La Haute Alsace.
69. 70. 71. 72. 73. & 74. Carte particuliere des Païs qui sont situez entre le Rhein, la Saare, la Moselle & la Basse Alsace, 6. feuilles.
75. Table des Divisions de l'Allemagne.
76. L'Empire d'Allemagne.
77. Tables des divisions de Pologne.
78. Etats de la Couronne de Pologne.
79. Tables des Divisions de toutes les parties de l'Espagne.

80. L'Es-

LIBRORUM.

30. L'Espagne.
31. Principauté de Catalogne.
32. Table ou Divisions des principaux Etats qui composent l'Italie.
33. L'Italie.
34. Le Duché de Milan.
35. Les Provinces du Veronese, du Vicentin &c.
36. Etat de la Seigneurie & République de Venise en Italie; les Evêchez de Trente & de Brixen.
37. Le Royaume de Naples.
38. Le Royaume de Naples, Partie Septentrionale.
39. - - Partie Meridionale.
50. La Sicile.
91. Tables ou Divisions du Royaume & des Etats de la Couronne de Hongrie.
92. Le Royaume de Hongrie.
93. Divisions de toutes les Provinces de l'Empire de Turcs.
94. Etats de l'Empire du Grand Seigneur des Turcs en Europe, en Asie, & en Afrique.
95. Tables ou Divisions de la Turquie en Europe.
96. Etats de l'Empire des Turcs en Europe.
97. Judæa, seu Terra Sancta.

ATLAS FRANCOIS,

Tome Second, contenant les Cartes Generales & Particulieres de la Haute & Basse Allemagne. Par Hubert Jaillot, Geographe du Roi.

1. Table des Divisions de l'Allemagne.
2. L'Empire d'Allemagne.
3. Tables des Divisions des dix-sept Provinces des Païs-Bas.
4. Les dix-sept Provinces des Païs-Bas.
5. Les Provinces des Païs Bas Catholiques.
6. & 7. Le Duché de Brabant, 2. feuilles.
8. Le Limbourg.
9. Le Duché de Luxembourg.
10, 11, 12, & 13. Le Duché de Luxembourg, & le Comté de Namur, 4. feuilles.
14. Gueldre Espagnole.
15. & 16. Le Comté de Flandres, 2. feuill.
17. Le Diocese de Tournai.
18. Le Comté d'Artois.
19. Le Comté de Hynaut.
20. Le Comté de Namur.
21. Provinces Unies des Païs Bas.
22. Partie Septentrionale du Comté de Hollande.
23. - - Meridionale du Comté d'Hollande.
24. Le Comté de Zelande.
25. La Veluwe, la Betuwe, &c.
26. La Seigneurie d'Utrecht.
27. La Seigneurie d'Over-Yssel.
28. La Seigneurie de Groningue.
29. La Seigneurie de West-Frise.
30. Oost-Frise, ou le Comté d'Embden.
31. Le Cours de la Riviere du Rhein.
32. Le Cercle de Souabe.
33. Le Cercle Electoral du Rhein.
34. L'Archevêché & Electorat de Mayence, &c.
35. Parties des Archevêchez & Electorats de Mayence &c.
36. Le Bailliage de Deux Ponts, &c.
37. Partie du Palatinat du Rhein.
38. Archevêché & Electorat de Cologne.
39. Partie Occidentale du Temporel de l'Archevêché & Electorat de Treves.

40. - - Orientale du Temporel de l'Archevêché & Electorat de Treves.
41. Partie Occidentale du Temporel de l'Archevêché & Electorat de Mayence.
42. - - Orientale du Temporel de l'Archevêché & Electorat de Mayence.
43. Partie Orientale du Palatinat & Electorat du Rhein.
44. - - Occidentale du Palatinat & Electorat du Rhein.
45. La Basse partie du Cercle du Haut Rhein.
46. Le Cercle de Westphalie.
47. Etat & Seigneurie de l'Evêché de Liege.
48. Haute partie de l'Evêché de Munster.
49. Basse partie de l'Evêché de Munster.
50. Le Duché de Cleves.
51. Le Duché de Juliers.
52. Le Duché de Berg.
53. Le Comté de la Marck.
54. Le Duché de Westphalie.
55. Le Cercle de Franconie.
56. Le Cercle de Baviere.
57. Partie du Cercle d'Autriche.
58. Partie du Cercle d'Autriche.
59. Plan de la Ville de Vienne.
60. Etats de la Couronne de Boheme.
61. Le Cercle de la Haute Saxe.
62. Le Marquisat & Electorat de Brandebourg.
63. Le Duché de Pomeranie.
64. Le Cercle de la Basse Saxe.
65. Le Comté de Tirol.
66. Le Canton de Ury, &c.
67. Partie Meridionale des Cantons de Berne & de Fribourg, &c.
68. Les Cantons de Schafhouse, de Zurich, &c.
69. Partie Septentrionale des Cantons de Berne & de Fribourg, &c.

46 CATALOGUS

Recueil de Tableaux, & Plans des Noms, Qualitez, Armes & Blazons des Rois & Reines, Princes, Ducs & Pairs, Archevêques, Evêques, Marechaux & Amiraux &c. de France, publiez par le Sieur Chevillard, Historiographe de France & Genealogiste du Roi.

1. Tableau de l'Honneur, ou Abregé methodique de la science du Blazon.
2. Les noms, qualitez, Armes & Blazons de tous les Papes & Cardinaux François de naissance, de ceux qui ont été nommez par nos Rois, & de ceux qui ont possedé des Archevêchez, & des Evêchez en France jusques à present.
3. Conclave, où a été éleu Pape Innocent XII. en Juillet 1691.
4. Conclave pour l'élection d'un nouveau Pape, où a été éleu Clement XI. le 23. Novemb. 1700.
5. La France Chretienne divisé en Archevêchez & Evêchez, & les Armes des Archevêques, Evêques Generaux des Ordres & grands Prieurs de France vivans en 1691.
6. Les noms, qualitez, Armes, & Blazons de leurs Eminences, Messieurs les Grands Maîtres de l'Ordre de St. Jean de Jerusalem, dits de Malthe, depuis leur origine jusques à present.
7. Plan tres-exact de l'Eglise Royale & Abbatiale de St. Denois en France, dans lequel on a distingué toutes les choses qui sont necessaires pour marquer les Rois, Reines, Princes, & Princesses, qui y sont enterrez, dont le Sr. Chevillard, Historiographe de France & Genealogiste du Roi, a paré dans les Cartes d'Histoire & de Blason, qu'il a donnés au p blic.
8. Succession Chronologique des Rois & des Reines de France, depuis le commencement de la Monarchie jusqu'à present.
9. Succession Chronologique des Rois & Reines de Castille & de Leon, depuis l'erection du Comté de Castille en Royaume par Sanche IV. Roi de Navarre en 1019. en faveur de Nigna de Castille son épouse, qui en etoit Heritiere. Ferdinand II. reünit le Royaume de Leon à celui de Castille, & Ferdinand V. celui d'Arragon, Sicile & Grenade, & prit le titre de Roi des Espagnes: ce qui continue jusqu'aujourd'hui.
10. Genealogie de Messeigneurs les Princes Ducs de Bourgogne, Anjou & Berry, depuis Hugues Capet Roi de France, & le Pennon genealogique des Alliances, depuis Anne de B lli, femme de Henri I. Roi de France, jusqu'ies à Madam la Dauphine.
11. Les noms, qualitez, Armes, & Blazons de nos Seigneurs les Dauphins fils de France, depuis la Cession du Dauphiné fait par Humbert dernier Dauphin de Viennois en faveur des premiers fils de nos Rois jusqu'à present.
12. Les Ducs & Pairs de France & autres Ducs vivans, selon la datte des verifications des Duchez au Parlement.
13. Chronologie de nos Seigneurs les Archevêques de Rheims, & Evêques de Lion, & de Langres Ducs & Pairs de France depuis le Regne du Roi Hugues Capet jusqu'à present.
14. Chronologie de nos Seigneurs les Evêques & Comtes, Chalons & Noyons, Comtes & Pairs de France depuis le Regne du Roi Hugues Capet jusqu'à present.
15. Chronologie des anciens Princes Ducs & Comtes Pairs de France, & des Princesses leurs Epouses, contenant les Duchez de Bourgogne, Normandie & Guyenne; les Comtez de Champagne, Flandre & Toulouse.
16. Chronologie de nos Seigneurs les Princes Ducs & Pairs de France, & de Princesses leurs Epouses, contenant les Duchez de Bretagne, de Bourbon, d'Orleans, de Bar, d'Anjou, de Berry, de Touraine, & d'Auvergne, depuis la datte des érections de chaque Duché jusques à present, faite par les Rois Philippe le Bel, Philippe de Valois, & Jean dit le Bon.
17. Chronologie de nos Seigneurs les Princes Ducs & Pairs de France, & des Princesses leurs Epouses, contenant les Duchez de Valois, Nemours, Alençon, Valentinois, Longueville, Vendôme, Chastelleraud, Angoulême, Dunois, & Guise, depuis la date des érections de chaque Duché, jusques à present, faite par les Rois Charles VI. Louïs XII. & François I.
18. Chronologie de nos Seigneurs les Princes Ducs & Pairs de France, & des Princesses leurs Epouses, contenant les Duchez de Chartres, Estouteville, Estampes, Montpenfier, Nevers, Beaumont, Chevreuse, Aumale, Montmorenci, Albret, Beaupreau, Thouars, & Usez, depuis la date des érections de chaque Duché jusques à present, faite par les Rois François I. Henri II. & Charles IX.

19. Chro-

LIBRORUM.

19. Chronologie de nos Seigneurs les Princes Ducs & Pairs de France, & des Princesses & Duchesses leurs Epouses, contenant les Duchez de Chateauthierri, Rovamez, Penthievre, Evreux, Mercœur, Clermont, Mayenne, St. Fargeau, Piney, Luxembourg, Ventadour, Loudun, Joyeuse, Elbeuf, Espernon, Retel, Raix, Halluin, Brienne, & Montbason, depuis la date des érections de chaque Duché jusques à present, faite par les Rois Charles IX. & Henri III.

20. Chronologie des nos Seigneurs les Princes Ducs & Pairs de France, & des Princesses & Duchesses leurs Epouses, contenant les Duchez de Beaufort, Biron, Crouy, Aiguillon, Bournonville, Rohan, Sully, Fronsac, Damville, Lesdisguieres, Brissac, Chasteauroux, Luynes, Bellegarde, la Rocheguyon, & Chaunes, depuis la date des érections de chaque Duché jusques à present, faite par les Rois Henri IV. & Louis XIII.

21. Chronologie de nos Seigneurs les Princes Ducs & Pairs de France, & des Princesses, & Duchesses leurs Epouses, contenant les Duchez de la Rochefoncault, la Valette, Pont de Vaux, Vilhars, Richelieu, Damville, St. Simon, la Force, Cardonne, la Meilleraye, Valentinois, Gramont, Gesores, la Rocheguyon, Vitry, Rohan, Estiées, Chastillon, Navailles, Noirmoutier, Arpajon, Charost, Ville oi, la Vieuville, Verneuil, Roquelaure, & Orval, depuis la date des érections de chaque Duché jusques à present, faite par les Rois, Louis XIII. & Louis XIV.

22. Chronologie de nos Seigneurs les Princes Ducs, & Pairs de France, & des Princesses & Duchesses leurs Epouses, contenant les Duchez de Mortemar, Crequi, Villemors, Nevers, Retel, Mayenne, Carignan, Rendin, St. Aignan, Noailles, Coislin, Montausier, Aumont, Plessis Prasslin, la Ferté-Sennetterre, Rouannez, la Feuillade, Vaujour, Chevreuse, Duras, Aubigny, St. Cloud, du Ludes, la Rocheguyon, Beaufort, Montmorenci, Humieres, Loree, Lanzun, Damville, Boufflers, Chastillon, & Harcourt, depuis la date des érections de chaque Duché jusqu'à present, faite par le Roi Louis le Grand, XIV. du nom.

23. Chronologie du Comté & Duché de Bar, depuis son origine jusqu'à present.

24. Les noms, qualitez, Armes, & Blazons des Grands Senechaux, & Connestables de France, depuis le Regne du Roi Hugnes Capet, jusques au mois de Janvier 1627. que la charge de Connestable fut supprimée par le Roi Louis XIII.

25. Les noms, qualitez, Armes, & Blazons de tous les Grands Maîtres de France, depuis le Regne du Roi Philippe le Bel jusqu'à present.

26. Les noms, qualitez, Armes & Blazons de Nosseigneurs les Marechaux de France, depuis le Regne du Roi Philippe Auguste jusqu'à present.

27. Les noms, qualitez, Armes, & Blazons de Nosseigneurs les Grands Amiraux & Generaux des Galeres de France, depuis le Regne du Roi St. Louis jusques à present.

28. Les noms, qualitez, Armes, & Blazons de tous les Chevaliers, Commandeurs, & Officiers de l'Ordre du St. Esprit, créez par le Roi Henri III. depuis le premier Chapitre tenu le dernier jour de l'an 1578. jusqu'à sa mort.

29. Les noms, qualitez, Armes, & Blazons de tous les Chevaliers, Commandeurs, & Officiers de l'Ordre du St. Esprit, créez par le Roi Henri IV. depuis le X. Chapitre dudit Ordre tenu en l'Eglise de Dereval, pres de Rouën, le 31. Decembre 1599. qui est le premier de son Regne, jusqu'à sa mort.

30. Les noms, qualitez, Armes, & Blazons de tous les Chevaliers, Commandeurs, & Officiers de l'Ordre du St. Esprit, créez par le Roi Louis XIII. depuis le XVII. Chapitre dudit Ordre tenu en l'Eglise de Nôtre-Dame de Rheims, le 18. Octobre 1610. qui est le premier de son Regne, jusqu'à sa mort.

31. Les noms, qualitez, Armes, & Blazons de tous les Chevaliers, Commandeurs, & Officiers de l'Ordre du St. Esprit, créez par le Roi Louis le Grand, XIV. du nom, depuis le XXI. Chapitre dudit Ordre tenu en l'Eglise de Nôtre-Dame de Rheims, le 8. Juin 1654. qui est le premier de son Regne, jusques à present.

32. Suite des Chevaliers de l'Ordre du St. Esprit, créez par le Roi Louis le Grand.

33. La Justice inebranlable dans la dignité de Chancelier de France. Les noms, & Armes des Chanceliers & Gardes des Sceaux de France, depuis le Regne de St. Louis jusqu'à celui du Roi Louis le Grand, à present Regnant Protecteur de la Religion, des Rois, & de la Justice.

34. Les noms, qualitez, Armes, & Blazons de Nosseigneurs du Conseil d'Etat, comme ils étoient au commencement jour de l'an 1700. suivant la date de leur reception.

35. Les noms, qualitez, Armes, & Blazons de Messieurs les Secretaires d'Etat, depuis le Regne de Henri II. du nom, Roi de France, jusques à present.

36. Les noms, qualitez, Armes & Blazons de Nosseigneurs de la Cour du Parlement de Paris en l'année 1693.

37. Les noms, qualitez, Armes & Blazons de Nosseigneurs de la Cour des Aides de Paris, comme elle étoit en 1572. avec les Additions, jusques à present.

38. Les

48   C A T A L O G U S, &c.

38. Les noms, qualitez, Armes & Blazons de Nosseigneurs de la Cour des Monnoyes, comme elle étoit en 1694. avec les Additions, jusqu'à present.
39. Chronologie des Prevôts des Marchands, Echevins, Procureurs du Roi, Greffiers, & Receveurs de la ville de Paris.
40. Suite des Prevôts des Marchands, Echevins, Procureurs du Roi, Greffiers & Receveurs de la ville de Paris.
41. Les noms, qualitez, Armes & Blazons de Messieurs les Conseillers de la ville de Paris, comme ils étoient en 1500. & leur succession chronologique jusqu'à present.
42. Les noms, qualitez, Armes, & Blazons de Messieurs les Conseillers du Roi, Quartiniers de la ville de Paris, fait & recherché depuis l'année 1500 par le Sieur Chevillard, Historiographe de France, & Genealogiste du Roi, jusqu'à l'année 1705. du tems des seize qui sont en Chef.

CARTES DE N. DE FER,
Geographe de Monseigneur le Dauphin.

L'Atlas curieux, ou le Monde dressé, dedié aux Enfans de France ; contenant des Cartes, des Plans de Villes, avec les descriptions des Cartes & des Plans, 2. voll.

1. La France, ses Conquêtes, & ses Acquisitions sous le Regne de Louis le Grand.
2. Mappe Monde, ou Carte Generale de la Terre, divisée en deux Hemispheres, suivant la projection la plus commune ; où tous les points principaux sont placez sur les observations de Mrs. de l'Academie Royale des Sciences.
3. L'Europe, divisée selon l'étenduë de ses principales parties, & dont les points principaux sont placez sur les observations de Messieurs de l'Academie Royale des Sciences.
4. L'Asie, où tous les points principaux sont placez sur les observations de Messieurs de l'Academie Royale des Sciences.
5. L'Afrique, où tous les points principaux sont placez sur les observations de Messieurs de l'Academie Royale des Sciences.
6. L'Amerique, divisée selon l'étendue de ses principales parties, & dont les points principaux sont placez sur les observations de Messieurs de l'Academie Royale des Sciences.
7. Planisphere celeste Meridional, par Mr. de la Hire, Professeur Royal de l'Academie des Sciences.
8. Le Theatre de la Guerre en Portugal, où se trouve le Royaume de Portugal divisé en V. Provinces ou Gouvernemens d'entre Douro & Minho, Tiallosmontesbeira, Estramadura, & Alentejo avec le Royaume d'Algarve au Roi de Portugal.
9. Carte particuliere d'une grande partie des Etats situez sur le haut Rhin & sur les Rivieres qui s'y dechargent, comme sont l'Alsace, la Suabe, la Lorraine, &c.
10. Les Cours des Rivieres du Po, de l'Adige, de l'Oglio & du Mincio, & les Etats ou Provinces qui sont dessus & aux Gavirons de ces Rivieres, avec les marches & les campemens des Armées.
11. Description de l'Empire d'Allemagne ou d'Occident, tirée des divers Auteurs modernes.
12. Abregé Historique des Rois d'Espagne.
13. Turin.
14. Turin & ses Environs mis au jour par N. de Fer.
15. Les frontieres de France & d'Espagne, tant deçà que delà les monts Pyrenées, où se trouvent marquées les Cols, Ports, Pertuys, & autres passages interieurs de la Montagne.
16. Haute & Basse Alsace, Suntgaw, Brisgaw, Ortenaw, & Marquisat de Bade, avec les diverses Routes & passages des Montagnes & forêts necessaires, pour entrer en Suabe.
17. Carte particuliere d'une grande partie des Etats situez sur la Moselle, le Rhin, & la Saarre.
18. Le nouveau plan de Barcelone, comme il est aujourd'hui.
19. L'Espagne, & le Portugal.

F I N.

Pag. 49

N°. X.
CATALOGUS LIBRORUM,
Quibus Officinam suam auxit
Anno præterito 1706.
REGNERUS LEERS,
Bibliopola Roterodamensis.

A.

Uguſtini Opera omnia, 11. voll. poſt Lovanienſium Theologorum recenſionem caſtigatus denuò ad manuſcriptos Codices Gallicanos, Vaticanos, Anglicanos, Belgicos, &c. nec non ad editiones antiquiores & caſtigatiores, operâ & ſtudio Monachorum Ordinis Sancti Benedicti, fol. Antw. 1700.   1
- - - Appendix Auguſtiniana, in qua ſunt S. Proſperi carmen de Ingratis, cum Notis Lovanienſis Theologi; Jo. Garnerii Diſſertationes pertinentes ad Hiſtoriam Pelagianam; Pelagii Commentarii in Epiſtolas S. Pauli, ac denique Def. Eraſmi, Jo. Lud. Vivis, Jac. Sirmondi, H. Noriſii, Jo. Phereponi & aliorum Præfationes, Centuræ, Notæ & Animadverſiones in omnia S. Auguſtini Opera, Tomus Duodecimus, qui huic editioni peculiaris, undecim prioribus ex ſola Editione Pariſienſi hac mutatione expreſſis, fol. Antw. 1703.
Auli Gellii Noctium Atticarum Libri XX. prout ſuperſunt, quos ad Libros Manuſcriptos novo & multo labore exegerunt, perpetuis Notis & Emendationibus illuſtraverunt Joh. Fridericus & Jacobus Gronovius. Accedunt Gaſp. Scioppi integra MStorum duorum Codicum Collatio, Petri Lambecii Lucubrationes Gellianæ, & ex Lud. Carrionis caſtigationibus utilia excerpta, ut & ſelecta variaque Commentaria ab Ant. Thyſio & Jac. Oiſelio congeſta, 4. Lugd. Batav. 1706.
Aquila Auguſta triſulco obarmata fulmine, ſeu Carolus Tertius Auſtriacus Rex Hiſpaniarum aſſertus, & tribus libris propugnatus. Opus juridicum, quadantenus tamen hiſtoricum, & quadantenus politicum, in quo Philippi Borbonii Ducis Andegavenſis prætenſam ad Hiſpaniarum Regna jus eliditur; Caroli III. aperta juſtitia confirmatur; Hiſpanis vera ſalus & ſolidiora commoda propinantur, Luſitanorum Carolo faventium juſtum Bellum, addito Corollario propugnatur; omnia verò juxta Divini, Naturalis & Humani, tum privati, tum publici Juris regulas exactè expenduntur, & omnimodè elucidantur, Aut. Jo. Alvares de Coſta, fol. Amſtel. 1705.
Andreæ Theophilus, ſive Conſilium de Chriſtiana Religione ſanctius colenda, vita temperantius inſtituenda, & literatura rationabilius decenda, cum Paræneſi ad Eccleſiæ Miniſtros,   5

A   Planche

CATALOGUS

Planctu Jeremiæ ~~respon~~ ~~~~ ad Lydium lapidem examinato, & medio Christiani, Opusculum nostro ~~~~ ~~~~modatum. Accessit nova Præfatio, institutum uberius exponens, 12. Lip~~~~

Arodii Bibliotheca ~~~~raldica Selecta, h. e. Recensus Scriptorum ad Politicam atque Heraldicam pert~~~~ ~~~~lectus ex præstantissimorum Scriptorum monumentis conquisitus, varioribus ex ~~~~ ~~~~raria observationibus illustratus & accurationibus eruditorum judiciis constipat~~~~ ~~~~Præfatione de Selectissimis Bibliothecarum Theologicæ, Juridicæ, Medicæ, & Phil~~~~ ~~~~æ Collectoribus, 8. Rostochii & Lipsiæ, 1705.

Accomplissement des Propheties, ou la delivrance prochaine de l'Eglise: Ouvrage dans lequel il est prouvé, que le Papisme est l'Empire Antichretien, que cet Empire n'est pas éloigné de sa ruine; que la persecution presente peut finir dans trois ans & demi; après quoi commencera la destruction de l'Antechrist, laquelle s'achevera dans le commencement du siecle prochain; & que le regne de Jesus-Christ viendra sur la terre, 12. 2. vol. à Rotterdam, 1689.

Alaric, ou Rome Vaincuë, Poëme Heroique, dedié à la Serenissime Reine de Suede, par M. de Scudery, 12. à la Haie. 1685.

Ambassades de la Compagnie Hollandoise des Indes d'Orient vers l'Empereur du Japon: divisées en trois parties; avec une Relation exacte des guerres civiles de ce païs-là, 12. 2. vol. à Luxe, 1686.

10 *Avis salutaire aux Eglises Reformées de France, 12. à Amsterdam, 1685.*
Avantures ou Memoires de la vie de Henriette Sylvie de Moliere, 12. 1700.
Avantures de Telemaque, fils d'Ulisse, ou suite du quatrième livre de l'Odyssée d'Homere. 12. à la Haie, 1706.
l'Arithmeticien familier, enseignant la maniere d'aprendre sans maître l'Arithmetique en perfection: contenant une entiere Explication de tous ses Principes, toutes les Regles utiles & necessaires, tant pour le Commerce que pour les Finances, avec un Traité de l'Alliage des Metaux. Par le Sieur N. Binet, 12. à Amsterd. 1698.
Anciens Historiens Latins reduits en maximes, de Tite Live, 12. à Paris, 1694.
15 *Abrege Chronologique de l'Histoire de France, par Mezeray, 12. 7. vol. Amsterd. 1696.*
l'Art de jetter les Bombes, par Blondel, 12. à la Haie, 1685.
Apophthegmes, ou bons mots des Anciens, tirez de Plutarque, de Diogene Laërce, d'Elien, d'Athenée, de Stobée, de Macrobe, & de quelques autres, de la Traduction de N. P. Sieur d'Ablancourt, 12. à Paris, 1694.
Amours de Henri IV. Roi de France, avec ses lettres galantes & les reponses de Maîtresses, 12. à Cologne, 1695.
- - - *des Dames illustres de notre siecle, 12. à Cologne, 1700.*
20 Alcorani Textus universus ex correctioribus Arabum exemplaribus summa fide, atque pulcherrimis characteribus descriptus, eademque fide, ac pari diligentia ex Arabico idomate in Latinum translatus; appositis unicuique capiti Notis, atque refutatione: his omnibus præmissus est Prodromus ad refutationem Alcorani, in cujus I. Parte demonstratur, nulla Sacrarum Scripturarum oracula, quibus Christiana Religio confirmatur, Mahumeto, ejusque lectæ suffragari, fol.
- - - Pars II. In qua, nullis unquam veris miraculis Mahumetum, aut Mahumetanos, sectam suam confirmasse, quemadmodum Christus, & Christiani Religionem suam confirmavere, probatur.
- - - Pars III. in qua sient Christianæ Religionis Dogmata omnia Divinæ Veritati consona, ita pleraque Eslamiticæ sectæ Axiomata eidem Veritati dissona esse, ostenditur.
- - - Pars IV. in qua ex Evangelicis & Alcoranicis Legibus, & ex Christianorum ac Mahumetanorum moribus inter se collatis, Agarenicæ Sectæ falsitas, & Christianæ Religionis veritas comprobatu.. Auctore Lud. Marraccio, 2. voll. fol. Patavii, 1698.

B.

B*aume (le) de Galaad, ou le veritable moien d'obtenir la paix de Sion, & de guerir les maux terribles qui travaillent l'Eglise, 12. 1690.*
Balzac œuvres diverses, 12. Amsterd. 1664.
- - - *Entretiens, 12. ibid. 1665.*
Belle Education, par Mr Bordelon, 12. à Paris, 1693.
25 Bersani Tractatus de Pupillis, eorum privilegiis & juribus: Opus singulare Judicibus omnibus, caus arum patronis, & cæteris in foro versantibus non solùm utile, sed admodum necessarium, fol. Lugd. 170~~.
Blancardi Anatomia Reformata, sive concinna Corporis humani dissectio, ad neotericorum mentem

LIBRORUM.

mentem adornata: editio noviſſima plurimis recèns inventis, tabuliſque novis emendatior ac locupletior. Accedit ejuſdem Authoris de Balſamatione nova methodus, à nemine antehac ſimiliter deſcripta, 8. Lugd. Bat. 1695.

Blaſii Anatome Animalium, Terreſtrium variorum, Volatilium, Aquatilium, Serpentum, Inſectorum, Ovorumque ſtructuram naturalem, Recentiorum propriiſque obſervationibus proponens, figuris variis illuſtrata, 4. Amſt. 1681.

Bouclier de la Pieté Chreſtienne, tiré des quatre maximes de l'Eternité, pour les grands, pour les petits, & pour toutes ſortes d'etats, traduit de L'Italien en François, par le R. P. Cyprien: avec les Additions & les Reflexions du même Religieux ſur ce ſujet; adreſſées à tous les Voyageurs & paſſagers du ſiecle, 8. Anvers, 1606.

Biblia ſacra, Vulgatæ editionis, Sixti V. & Clementis VIII. Pont. Max. autoritate recogniti, verſiculi diſtincta; unà cum ſelectis Annotationibus, ex optimis quibuſque Interpretibus excerptis, Prolegomenis, novis Tabulis Chronologicis, Hiſtoricis & Geographicis illuſtrata, Indiceque Epiſtolarum & Evangeliorum aucta, Auct. J. B. Du Hamel, fol. Pariſ. 1706.

Biblia Hebraica, ſecundum ultimam editionem Joſ. Athiæ, à Johanne Leuſden denuo recognitam, recenſita atque ad Maſoram, & correctiores Bombergi, Stephani, Plantini, Aliorumque Editiones, exquiſite adornata, variiſque Notis illuſtrata ab Everhardo Vander Hoogt. 8. Amſtelædami & Ultrajecti, 1705. — 30

Bibliotheca Antiqua publicata, 4. Jenæ, 1705.

Bergeri Phyſiologia Medica, ſive de Natura humana liber bipartitus, 4. Vitembergæ, 1702.

Bibliotheque Choiſie pour ſervir de ſuite à la Bibliotheque Univerſelle par J. le Clerc, 12. 10. voll. 12. Amſt. 1702.

G. Bidloo Exercitationum Anatomico Chirurgicarum Decas, 8. Leidæ, 1704.

Bonne Mort & les moyens de ſe la procurer, pour être éternellement heureux; traduit de l'Italien du R. P. Jul. Ceſ. Recupito, 12. à Par. 1671. — 35

Bouwer de Jure Connubiorum apud Batavos recepto, Libri duo. In quibus Jura Naturæ, Divinum, Civile, Canonicum, prout de Nuptiis agunt, referuntur, expenduntur, explicantur, 4. Amſtel. 1665.

Budei Introductio ad Hiſtoriam Philoſophiæ Ebræorum. Accedit Diſſertatio de hæreſi Valentiniana, 8. Halæ Saxonum, 1702.

Buchneri Orationum Academicarum Volumina tria: quorum primum Panegyricas, ſecundum Feſtas, tertium, nunc primum editum, Literarias continet. Subjuncta eſt huic Editioni M. Joh. Jacobi Sobelii Oratio de exſectionibus nocturnis Alumnorum Electoralium; & Buchneri Autoris vita per eundem deſcripta, 8. Francof. & Lipſæ, 1705.

Brenkman, de Eurematicis, Diatriba: ſive, in Hermanii Modeſtini librum ſingularem Ἡφτευρηματικῶν, Commentarius, 8. Lugduni Batavorum, 1705.

Boceri Tractatus Academici de Crimine Diſſidationis, Prædationis, Latrocinii & Incendii, cum novis Acceſſionibus Juridico Hiſtorico-Politicis: acceſſit Mantiſſæ loco ejuſdem Tractatus de Jure Collectarum, 8. Tub. — 40

Buddei Exercitatio de origine & poteſtate Epiſcoporum; orum ſententiam ſingularem, 4. Jenæ, 1705.

Buddei Diſſertatio Theologica de Origine & poteſtate Epiſcoporum, ſententiam ſingularem H. Dodwelli expendens, 4. Jenæ, 1705.

Eſſai, des differens degrez, de l'Aneantiſſement & de l'Exaltation de nôtre glorieux Redempteur, ou ſermon ſur ces paroles de l'Epître de Saint Paul aux Philippiens, chap. 2. verſ. 7. 11. 12. à Amſterd. 1702.

Bergeri Electa Proceſſus executivi, poſſeſſorii, provocatorii, & matrimonialis, multis Acceſſionibus aucta: quibus adjuncta eſt Diſquiſitio, quouſque actori, reove, in Foro Sax. Elect. liceat deferre Juſjurandum? 4. Lipſiæ, 1705.

— Enarratio Legis X. Paul. de Jure Fiſci & Legis II. Cod. Qui & adverſus Quos in integrum reſtitui non poſſint; quarum altera, quo jure Fiſcus in dubiis Quæſtionibus utatur; altera, utrum & qua liberi geſta parentum impugnare queant, expenditur. Cui acceſſerunt ejuſdem O, erae Academicæ noviſſimæ, 4. Lipſæ, 1705. — 45

Bayle Inſtitutiones Phyſicæ ad uſum Scholarum accommodatæ, 4. 4. voll. Toloſæ, 1700.

C.

Caractere d'un veritable & parfait Ami, par Monſr. Portes, 12. à la Haie, 1705.

Caroli Uſtolæ Medicinales, variis occaſionibus conſcriptæ, 8. Lond. 1691.

Caſtro Palao (Ferd. de) Operis Moralis de Virtutibus, & Vitiis contrariis in varios Tractatus & Diſputationes Theologicas diſtributi Pars I. continens Tractatus de Conſcientia, de peccatis, de legibus, de fide, ſpe & charitate, recentior & accuratior editio, fol. Lugd. 1700.

A a — — — Pars

CATALOGUS

- - - Pars II. de virtute religionis & ei annexis continens septem Tractatus Theologiæ moralis præcipuos: Primus, in ordine septimus, est de Oratione, horisque Canonicis; Secundus de adoratione & facrificio; Tertius de obfervatione feftorum; Quartus de decimis, primitiis & oblationibus; Quintus de reverentia debita locis facris, & eorum immunitate; Sextus de reverentia debita ecclefiafticis perfonis & eorum bonis, feu de immunitate ecclefiaftica; Septimus & latiffimus de Beneficiis ecclefiafticis, fol. ibid. 1700.
- - - Pars III. de virtute religionis & ei annexis; continens quatuor Tractatus Theologiæ moralis præcipuos. Primus, in ordine decimus quartus, est de juramento & adjuratione; fecundus de voto; Tertius, & charior Authori, de ftatu religiofo; Quartus, de vitiis oppofitis religioni, fol. ibid. 1700.
- - - Pars IV. de Sacramentis: in quâ Tractatibus decem in genere, tum fpeciatim de Baptifmo, confirmatione, eu.hariftia fpectata de facramento, & ut facrificio; de pœnitentia, de fuffragiis, indulgentiis & Jubileo, de bulla cruciatæ, de extrema unctione & demum de Ordinis Sacramento difputatur, fol. ibid. 1700.
- - - Pars V. continens Tractatum ferio vigefimum octavum de Matrimoniis & Sponfalibus, fol. ibid. 1700.
- - - Pars VI. de Cenfuris, in qua fex Difputationibus de pœnis ecclefiafticis deque irregularitate fufe tractatur, fol. ibid. 1700.
- - - Pars VII. de juftitia & jure, continens Tractatus de prudentia, fortitudine & temperantia, de jejunio, & juftitia generaliter fumpta, de juftitia commutativa, nempe de pactis & contractibus in genere, de promiffione & donatione liberali, de commodato & depofito, de mutuo & ufura, de emptione & venditione, de cenfibus, de cambiis, de focietatibus, de focietate conjugum quoad dotem, & de emphyteufi & feudo, fol. ibid. 1700.

Cyrilli Hierofolymorum Archiepifcopi Opera, quæ fuperfunt omnia, quorum quædam nunc primum ex Codd. MSS. edidit, reliqua ex Codd. MSS. contulit, plurimis in locis emendavit, notifque illuftravit Tho. Milles, fol. Oxon. 1703.

Commelin Horti Medici Amftelædamenfis Plantæ rariores & exoticæ ad vivum æri incifæ, 4. Lugduni Batavo.um 1706.

Critica Sacra, cujus Pars prior Obfervationes Philologicas & Theologicas in omnes Radices Veteris Teftamenti, & Pofterior in omnes Græcas voces Novi Teftamenti, continet: antehac ab Fd. Leigh maxima ex parte Anglicè confcripta, nunc verò ab Hen. à Middoch in Latinum fermonem converfa. Editio Tertia plane nova, cui accedit Prodromus Criticus, feu Obfervationes Philol. Theolog. in omnes voces Chaldaicas tam primitivas, quàm derivativas V. Teft. A. J. h. Hæfer, fol. Amftelædami, 1696.

Contes & Nouvelles de Marguerite de Valois, mis en beau langage accommodé au gout de ce tems, & enrichis de figures en Taille-douce, 2. voll. 8. Amft. 1700.

- - - Et Nouvelles de Bocace Florentin, Traduction libre, accommodée au gout de ce tems, & enrichis de figures en Taille douce, gravées par Romain de Hooge, 8. ibid. 1699.

Cent nouvelles Nouvelles fuivant les cent Nouvelles, contenans les cent Hiftoires nouvelles, qui font moult plaifans à raconter en toutes bonnes Compagnies; par maniere de joieufeté, avec d'excellentes figures en Tailledouce, 2. voll. 8. Amft. 1701.

Contes & Nouvelles en vers, par Mr. de la Fontaine, de l'Academie Françoife, nouvelle Edition enrichie de Tailles douces, corrigée & augmentée, 2. voll. 8. Amft. 1699.

Catalogus Bibliothecæ Thuanæ à clar. viris. P. & Jac. Puteanis ordine Alphabetico primum diftributus, tum à cl. v. nu Ifm. Bullialdo fecundum fcientias & artes digeftus, denique editus à Jol. Quefnell, Parihno & Bibliothecario, cum Indice alphabetico Auctorum, 8. Lauenburgi, 1704.

- - - Item, in folio, 1704.

Codex Fabrianus Definitionum forenfium & rerum in facro Sabaudiæ Senatu tractatarum, ad ordinem Titulorum Codicis Juftinianei, quantum fieri potuit, ad ufum forenfem accommodatus, & in novem libros diftributus Auct. Ant. Fabro. Accefferunt præterea, quæ in Lugdun. editione ultima deprehenduntur, Jura Imperii noviffima & Saxonica, necnon recentiorum Pragmaticorum celebriorum auctoritates, fol. Lipf. 1706.

Clementis Epiftolæ Duæ ad Corinthios, Interpretibus Patr. Junio. Gotifr. Vendelino, & Joh. Bapt Cotelerio, recenfuit & Notarum Spicilegium adjecit P. Colomefius: accedit Th. Brunonis Differtatio de Therapeutis Philonis. His fubornæ funt Epiftolæ aliquot fingulares, vel nunc primum editæ, vel notitia facile obviæ, 8. Lond. 1687.

Caufa Quefnelliana, five Motivum Juris pro Procuratore Curiæ Ecclefiafticæ Mechlinienfis Actore, contra P. Pafchafium Quefnel, citatum fugitivum. Cui dein accefsit Sententia à D. Archi-Epifcopo Mechlinienfi, Belgii Primate, &c. in Quefnellum lata, 8. Bruxellis, 1705.

Comœdiæ de Terence, traduites en François, avec des Remarques, par Madame Dacier, 12. 3. voll. Amft. 1706.

Crenii

256

LIBRORUM.

Creali Thefaurus Librorum Philologicorum & Hiftoricorum: in quo habentur I. Bertrami Lucubrationes Franktallenfes, editæ à Th. Hackfpanio, cum cenfuris eruditorum. II. Th. Hackfpanii Interpres errabundus. III. Laur. Fabricii Partitiones Codicis Hebræi. IV. Joh. Ev. Oftermanni Difputatio de Confultationibus Veterum, 8. Lugd. Bat. 1695.

- - - Volumen II. in quo habentur I. Th. Hackfpanii libri duo Mifcellaneorum cum ejufdem Cabbalæ Judaicæ expofitione. II. Abr. Cofteri Vindex loci S. S. Genef. 3: 15. à vitiofa interpretatione de B. V. Maria. III. Sal. Glaffii Chriftus in peccatis noftris ferviens, feu dicti Jefaj. 43: 24, 25. explicarlo, 8. ibid. 1701.

- - - Mufeum Philologicum & Hiftoricum, complectens I. If Cafauboni de Satyrica Græcorum Poefi, & Romanorum Satyra libros duos, in quibus etiam Poëtæ recenfentur qui in utraque Poëfi floruerunt. II. Ejufdem quatuor Epiftolas hactenus ineditæ. III. Euripidæ Cyclopem Latinitate & notis donatam à Q. Sept. Florente Chriftiano & Jof. Scaligero IV. Infcriptionem Veterem Græcam nuper ad Urcem in Via Appia effoffam, Dedicationem fundi continentem ab Herode rege factam, quam II. Cafaubonus recenfuit & Notis illuftravit. V. Æg. Strauchii Olympicon agona. VI. Joh. Lehmanni Differtationem Hiftoricam de Serapide Ægyptiorum Deo, 8. ibid. 1699.

- - - Secundum, continens I. Cl. Samafii duarum Infcriptionum veterum Herodis Attici Rhetoris & Regillæ Coufulis honori poftarum explicationem. II. Ejufdem ad Donadæ aras: Simmiæ Rhodii ovum, alas, fecurim & Theocriti fiftulam notas. III. Th. Reineffi Commentationem de Deo Endovellico. IV. Ejufdem Commentariolum ad Infcriptionum veterum Auguftæ Vindelicorum erutum, 8. ibid. 1702.

- - - de Philologia, Studiis liberalis doctrinæ, Informatione & educatione Litteraria generoforum Adolefcentum, comparanda prudentia juxta & eloquentia civili, libris & Scriptoribus ad eam rem maxime aptis, quoque ordine Scriptorum Hiftoriæ Romanæ monumenta fint legenda Tractatus G. Budæi, Th. Campanellæ, Jo. Paftorii, J. A. Bofii, Joh. Schefferi & P. Ang. Bargæi. Accedunt J. Lipfii fuis de Politicorum libris, ut & Ammiano Marcellino ac Aurelio Victore duæ, tertiaque Jo. Paftorii, hactenus ineditæ epiftolæ, 4. ibid. 1695.

- - - de Eruditione comparanda in humanioribus, vita, ftudio politico, cognitione Auctorum ecclefafticorum, hiftoricorum, politicorum ac militarium, item peregrinatione Tractatus Jo. Camerarii, Joh. Fungeri, Arn. Clapmarii, Chr. Coleri, Joh. Cafelii, Ign. Hannielis, Æg. à Lancken, Joh. A. Rofii, G. Naudæi, L. Ant. Thomafoni, Nobilis Veneti, Anonymi cujufdam, H. Ranzovii, Joh. H. Alftedii, M. Berneggeri, J. Lipfii & G. Richtei, 4. ibid. 1699.

- - - Chr. Helvici Elenchi Judaici, M. Ant. Probi Oratio de Monarchia regni Ifraelis, Raph. Eglini Iconfi Tigurinei; civitatis Babylonicæ hiftoria, 8. ibid. 1701.

- - - Fafcis Exercitationum Philologico-Hiftoricarum, in quo exhibentur I. Joh. Verftii Exercitationes de quibufdam ad Philologiam Orientalem fpectantibus. II. Ejufdem de Stylo N. T. Cognata. III. De Sedibus Epifcopalibus primariis in veteri Ecclefia Exercitatio. IV. Hottingeri epiftola de accurata eaque geminæ commentandi ratione cum brevi e Genef. 1: 1, 2. iufque methodi dan-xo fpecimine. V. Æg. Strauchii Differtatio Chronologica de computo Thalmudico-Rabbinico. VI. Ejufdem de anno Ebræorum ecclefaftico. VII. De computo veterum Germanorum. VIII. De computo Gregoriano, feu ftylo novo, 8. ibid. 1697.

- - - II. In quo continentur I. Æg. Strauchii Differtatio hiftorico-chronologica de Epocha mundi conditi. II. Ejufdem fubia hiftorica & chronologica. III. Aug. Varenii judicium Academicum de Tikkun Sophrim. IV. P. Roberti Diatribe Theologica de utroque Teftamento, V. & N. V. Jac. Martini Difputatio de primo Creationis triduo. VI. Euf. Bohemi Pentas Quæftionum Biblicarum de luce primigenia. VII. Chr. Chemnitii Difputatio de arbore fcientiæ boni & mali e Genef. 2: 15. VIII Ejufdem Quadriga Difputationum de arbore vitæ è Genef. 2: 9. & 3: 22, 24. IX. Ejufdem duo Programmata expendentia Genef. 4: 1. X. J. Fr. Oftermanni Pofitiones Philologiæ Græcum N. T. contextum concernentes, 8. ibid. 1698.

- - - III. Fattus I. W. Mommæ Oeconomia Temporum. II. Chr. Helvici Vindicationes locorum potiffimorum V. T. III. Ejufdem Differtationes de genealogia Chrifti. IV. Ejufdem Diatriba Aftrologica, quid genethliaca prædictionibus fit tribuendum. V. Schotti Adagialibus facris N. T. 8. ibid. 1699.

- - - IV. Complectens I. W. Mommæ Orationem de Adparitionibus J. Chrifti II. G Calp. Kirckmajeri Differtationes de Paradifo, Ave Paradifi Manucodiata, Imperio antediluviano & Arca Noæ, cum defcriptione Diluvii. III. Joh. Cluveri Computum Chronologicum, quo ex facris potiffimum Bibliis, quâ certitudine numerus annorum mundi à liturgia ufque ad Chrifti è Virgine ortum colligatur, breviffime & accuratiffime eodem de IV. H. Kromajeri Diafpephis de vita Chrifti, cum additamento W. Strate argu-

A 3

70

75

CATALOGUS

argumento, V. Æg. Strauchii Differtationem hiftorico-theologicam de B. Virginis Mariæ natalibus. VI. Joh. Ern. Butneri Inquifitionem philologicam in hiftoriam Joannis filii Zachariæ. VII. Chr. Noldii Hiftoriam Idumæam, feu de vita & geftis Herodum diatriben, 8. ibid. 1699.

- - - V. continens I. Joh. Meifneri Orthodoxiam de Protoplaftis ad imaginem Dei creatis, è Genef. 1 : 25, 27. II. Joh. Hulfemanni exegefin cap. 3. Genef. III. Abr. Calovii fidem veterum & inprimis fidelium mundi antediluviani in Chriftum, verum Deum & hominem. IV. Ejufdem Programma in Genef. 9 : 26. 27. V. Jof. Arndii Diatribam de Myfterio Trinitatis è fcriptis Rabbinorum veterum. VI. Æg. Strauchii Difputationem hiftoricam de Columnis Sethianis. VII. Joh. Cluveri harmoniam Euangeliftarum. VIII. Coel. Millentæ Differtationem analyticam de Angelica myfterii Incarnationis Filii Dei adnunciatione factæ B. Mariæ, Luc. 1. 35. IX. Ejufdem Programma de Spiritus Sancti proceffione. X. Æg. Strauchii Differtationem Hiftorico-geographicam de Bethlehem, feu Patria Meffiæ. XI. Ejufdem Annales Beth'ehemiticos. XII. Ejufdem vitam D. Petri, Differtatione Hiftorico-Theologica defcriptam. XIII. Conr. Oldii Differtationem philologicam de domicilio, victu & amictu Johannis, 8. ibid. 1699.

- - - de fingularibus Scriptorum Differtatio Epiftolica, 8. ibid. 1705.

- - - Analecta Philologico Critico Hiftorica, continentia I. Th. Hayne Linguarum cognationem, feu de Linguis in genere, & variarum Linguarum harmonia Differtationem. II. Mer. Cafauboni de verborum ufu & accuratæ eorum cognitionis utilitate Diatriben. III. Chr. Crinefii de Confufione Linguarum Difputationem. IV. Abr. Gibelii de genuina Lexicographis Chaldææ conftitutione Difputationem. V. L. Fabricii Reliquias Syras in N. T. adfervatas. VI. H. Kippingi de Lingua primæva Exercitationem. VII. Ejufdem de Lingua Hellenifica Exercitationem. VIII Ejufdem de Characteribus novis Exercitationem. IX P. Slevogti Difputationem Hellenifticam. X. P. Holmii de primævo ac authentico Charactere Literarum V. T. Difputationem. XI. Ejufdem de Scriptura & Scriptione Di putationem. XII. Ejufdem de Sermone Difputationem. Accedunt Jof. Scaligeri & M. Z. Boxnornii Epiftolæ de Litteris Hebræorum, divifionibus vocum, Colis & Sudario ac Pectoris quibufdam vocabulis, 8. Amftel. 1659.

- - - de Libris Scriptorum optimis & utiliffimis Exercitationes Tres, 8. Lugd. Batav. 1704. & 1705.

Crenfii Notæ in Joh. Sauberti de Sacrificiis Veterum Conlectanea Hiftorico Philogico & Mifcella Critica: quibus accedit ejufdem de Sacerdotibus & facris Hebræorum perfonis Commentarius Inguinaris, 8. ibid. 1699.

- - - Angeli Caninii Hellenifmus, copiofiffimi Græcarum Latinarumque vocum Indicis acceffione par Car. Haubœfium locupletatus. In quo quidquid vetuftiffimi Scriptores de Græcæ Linguæ ratione præcipiunt: atque adeò omnia, quæ ad Dialectos intelligendas, & Poetas penitus cognofcendos pertinent, facili methodo exponuntur. Accedunt plurimorum verborum Originum explicatio, Regulæ quædam breves de ratione Syntaxeos & In. aliquot N. T. cum Hebræorum originibus conlati atque explicati: cum Præfatione, in qua de claris agitur Angelis, 8. Amft. 1700.

- - - Animadverfiones philologicæ & hiftoricæ, novas Librorum editiones, præfationes, indices, nonnullafque fummorum aliquot virorum labe.u annotatas excutientes: cum quibufdam Jof. Scaligeri, To. Bezæ, H. Junii, H. Grotii, Cl. Salmafii, Andr. Riveti, Jo. H. Heideggeri, & non neminis de morbo morteque Reo. Defcartes epiftolis anteà nunquam editis lectu digniffimis, 8. Lugd Batav. 1697.

- - - Pars II. cum Andr. Riveti fragmento docto quodam, & Cl. Salmafii, Andr. Duditii, Jac. Arminii, P. Meculæ, S. Epifcopii, St. Curcellæi, Joh. Duræi, P. Serarii, Joh. Mergii, Barth. Stofchii, Jac. Acontii, G. Mich. Lingelshemii Epiftolis, diu è MSS. illorum adfervatis & nunc primum editis, 8, ibid. 1696.

- - - Par III. cum quibufdam M. Lutheri, Joh. Calvini, Joh. Brentii, Jo. Camerarii, H. Stephani, Joh. Pofthii, Ob. Gifanii, Mat. Meifennii, L. Carrionis, Cafp. Pencerii, Fr. Junii & Polyc. Lyferi epiftolis adhuc con editis, nec lectu injucundis, 8. ibid. 1698.

- - - Pars IV. cum aliquot J Fr. Gronovii, J Lipfii, A. Schotti, St. & G. Doufarum, J. Popmæ, C. Peuceri, Læv. Torrentii, Fr. à Burgundia Faleni, Bon. Vulcanii, Abr. Scultetii, Jani Giuueri, M. Velferi, Senatus Academici Salmurienfis, J Drufii, & Marth. Radecii de fato Faufti Socini Epiftolis nunquam antehac in publico vifis, haud infertis, accedunt Chriftinæ Sueciæ olim Reginæ verba noviffima Upfaliæ facta 1654. quibus fe regno abdicavit, 8. ibid 1699.

- Pars V. Accedent quædam G. Fabricii, Got. Joppermanni, C. Ritterhufii, J. Ærfii, Dom. Bautii, F. Sylburgii, Jani Douzæ, P. Cunæi, Def. Erafmi, Joh. Crellii, &c. quæ diu jam cum blattis & tineis rixatæ, Ludicæ hactenus epiftolæ, quæ marcentem quodam veris ftomachum excitarent, 8. ibid. 1699.

- - - Pars

LIBRORUM.

- - - Pars VI. cui additæ aliquot Jof. Scaligeri, Ob. Gifanii, Tan. Fabri, Jac. Bongarfii, J. Fr. Gronovii, Jac Blancardi, Cl. Salmafii, Joh. Sturmii, Dav. Hoefchelii, P. Darheni, Polyc. Lyferi & P. Dolfchii è MSS. & tenebris tandem erutæ, ponderofæ rerumque Philologicarum plenæ epiftolæ, 8. ibid. 1699.
- - - Pars VII. cum quibufdam P. Colvii, Ob. Gifanii, J. à Wouwer, Th. Bezæ, Theologorum Tigurin. Bernenf. Bafileenf. Schaphuf. & Genevenf. Item. J Ever. Gefterant, H. A. Monraci, F. Socini, H. Moileri, H. Slatii, C. Vorftii, L. de Dieu, Lud. Capelli, Rectoris ac Senatus Academiæ Salmurienfis, H. Wolfii, T. Jordaci, J. Pofhii, Car. Clufii, Tych. Brahe, V. Gifelini, Fr. Hotomanni, Ger. Mercatoris & Ach. Cromeri epiftolis è MSS. nunc primum in lucem publicam prolatis, 8. ibid. 1699.
- - - Pars VIII. junctas habens D. Heinfii, J. Lernutii, Th. Leeuwii, A. Ortelii, Car. Sigonii, G. Cambdeai, J. Rohni, D. Parei, M. Lutheri, Car. Clufii, & L. Daomi diu cum tineis & blattis conflictatas, nunc verò jam primùm in lucem extractas epiftolas, 8. Amft. 1701.
- - - Pars IX. cui inmiffæ funt God. Stewechii, Matt. Bergii, Fr. Modii, & J. Douzæ, non jum quod competum fit, in publicum prolatæ epiftolæ, 8. ibid. 1701.
- - - Pars X. comitata G. Falkenburgii, J. Vlitii, J. Acronii, R. Gorlenii, A. Graphei, Jac. Arminii, Borrii & G. H. Vorftii è MSS. ne interciderent, in manus hominum datis epiftolis, 8. ibid 1701.
- - - Pars XI. quam fubfequuntur Ad. Vorftii, S. Lubberti, M. Altingii, Jac. Kimedoncii, & Polyc. Lyferi epiftolæ, ne fraudentur memoria, 8. Lugd. Batav. 1701.
- - - Pars XII. cui admixtæ Chr. Daumii, Josch. Jo. filii Camerarii, Rod. Goclenii & J. Bapt. Ottii, memoriam merentes epiftolæ, 8. ibid. 1704.

Confeils (les) d'Arifte à Celimene fur les moiens de conferver fa reputation, 12. à Paris, 1692.

Conftitutions du Monaftere de Port-Royal du S. Sacrement, 12. à Brux. 1674.

Catechifme du Diocefe de Meaux, par Mr. Boffuet, 12. à Paris, 1698.

- - - Hiftorique, contenant un abregé l'Hiftoire Sainte, & la Doctrine Chretienne, par Mr. Fleury, 12. 2. voll. à Paris, 1699.

Conformité des ceremonies Chinoifes avec l'idolatrie Grecque & Romaine, pour fervir de confirmation à l'Apologie des Dominicains Miffionaires de la Chine, 12. à Cologne, 1700.

Chirurgie de Riolan, traduite en François avec un Traité des Maladies veneriennes, & la methode la plus affûrée pour en guerir, par Mr. E**** D. M. 12. à Paris, 1699.

Critique des Lettres Paftorales de Mr. Jurieu, 12. à Lyon, 1689.

Cheuræna, ou diverfes penfees a' Hiftoire, de Critique, d'érudition & de Morale, recueillies & publiées par Mr. Chevreau. 12. 2. voll. à Amft. 1700.

Comedies Grecques d'Ariftophane traduites en François, avec des Notes critiques, & un examen de chaque piece, felon les regles du Theatre, par Mad. Dacier, 12. à Amft. 1692.

Comparaifon de Pindare & d'Horace, par Blondel, 12. à Paris, 1673.

Caracteres (les) de Theophrafte traduits du Grec, avec les caracteres ou les Mœurs de ce fiecle, par Mr. de la Bruyere, & la clef en marge par ordre alphabetique, 12. 2. voll. à Amfterd. 1701.

D.

Dictionnaire (le) de la Bible, on Explication literale & hiftorique de tous les mots propres du Vieux & Nouveau Teftament; avec la vie & les actions des principaux perfonnages, tirées de l'Ecriture & de l'Hiftoire des Juifs, celles des Patriarches, Juges, Rois, & Princes de cette Nation; le tems de leur elevation fur le trône, celui de leur Regne, & de leur mort. La vie des Prophetes, & de Souverains Sacrificateurs depuis la confecration d'Aaron, & de tous ceux qui lui ont fuccedé, jufques à l'entiere ruïne du Temple, & de la ville de Jerufalem. La naiffance, la vie, les miracles, & la mort de Jefus Chrift, le tems de la vocation de fes Apôtres, & de fes difciples, l'année & le lieu de leur Martyre, avec le jour de leur fête; l'explication des noms des animaux purs & impurs, defquels il étoit defendu, ou permis de manger, avec leurs bonnes, ou mauvaifes qualitez, & où ils fe trouvent en plus grande abondance. Celle des douze Pierres precieufes, qui étoient fur le Rational du Grand Prêtre, & des deux qui étoient fur fes epaules. Les noms des fêtes & de folemnitez des Hebreux, & leurs facrifices; celui des Provinces, Regions, Villes, & Bourgs, Montagnes, Plaines, & les plus remarquables Rivieres, dont il eft fait mention dans la Bible, dans Jofeph, & dans d'autres Hiftoriens, les noms dont on les apelle aujourd'hui, avec les degrez de longitude, & de latitude, pour fçavoir où ils font placez & les trouver avec plus de facilité dans la carte. Les noms des poids & des mefures, leur capacité avec la valeur des monnoies de ce tems la, reduites à celui

56 CATALOGUS

d'à-present; & de plusieurs autres choses très-dificiles & très-curieuses qui se rencontrent dans la Bible : enrichi d'une Introduction à l'Ecriture Sainte & d'une Chronologie sacrée, par Mre. Simon, 2. vol. fol. à Lyon, 1703.

Dryden Comedies, Tragedies, and Operas now first collected together, and corrected from the Originals, in two Volumes, fol. London, 1701.

— — the Works of the third volume consisting of the Authors Original Poems and Translations, now first published together, fol. London, 1701.

Donati Roma vetus ac recens, utriusque Ædificiis illustrata, in multis locis aucta, castigatior reddita, Indice locupletissimo, & figuris æneis illustrata: editio ultima, 4. Amstelædami, 1696.

De l'incredulité, où l'on examine les motifs & les raisons generales qui portent les Incredules à rejetter la Religion Chrêtienne: avec deux Lettres où l'on en prouve directement la verité, par Jean le Clerc, 8. Amst. 1696.

Dissertation historique & critique sur le Martyre de la Legion Thebêene, avec l'Histoire du Martyre de cette Legion attribuée à S. Eucher; en Latin & en François, par J. Dubourdieu, 12. Amst. 1705.

Dictionaire Geographique & Historique, contenant une Description exacte de tous les Etats, Roiaumes, Provinces, Villes, Bourgs, Montagnes, Caps, Iles, Presqu'Iles, Lacs, Mers, Golfes, Detroits, Fleuves & Rivieres de l'Univers: la situation, l'étenduë, les limites, les distances, la qualité de chaque pais; les forces, le nombre, les mœurs & le commerce de ses habitans: & le rapports de la Geographie ancienne avec la moderne; tirée des meilleurs Auteurs & des Relations des plus fideles Voyageurs. Avec une Table Latine & Francoise des noms anciens & modernes de chaque lieu, pour la facilité de ceux qui lisent les Auteurs Latins, par Mich. Ant. Baudrand, 2. voll. fol. à Paris 1705.

Decade de Medecine, ou le Medecin des riches & des pauvres, expliquant les signes, les causes & les remedes des maladies, par François Du Port, 12. Paris, 1694.

Description du château de Versailles, de ses peintures, & d'autres ouvrages faits pour le Roi, par Mr. Felibien, 12. à Paris, 1696.

Discours sur l'Histoire Universelle, pour expliquer la suite de la Religion & les changemens des Empires, depuis le commencement du Monde jusqu'à l'Empire de Charlemagne, par Bossuet, 12. Amsterd. 1704.

— — ou Continuation de l'Histoire Universelle depuis l'an 800. de nôtre Seigneur jusqu'à l'an 1700. inclusivement, 12. ibid.

Discours sur la Creche de nôtre Seigneur, 12. à Cologne, 1699.

Divers sentimens de pieté, 12. à Paris, 1695.

Dissertation sur les Oracles des Sibylles, augmentée d'une reponse à la critique de Marckius, par J. Crasset, 4. Paris, 1684.

De la critique, 12. à Lyon, 1691.

Dialogue sur le Baptême, ou la vie de Jesus communiquée aux Chretiens dans ce Sacrement; avec l'explication de ses ceremonies & de ses obligations, 12. à Paris, 1675.

Dialogues Rustiques d'un Prêtre de Village, d'un Berger, d'un Censier, & de la femme, très-utiles pour ceux qui demeurent ès pais, où ils n'ont le moien d'être instruits par la predication de la parole de Dieu, 2. voll. 12. à Geneve, 1682.

— — Politiques, ou bien la Politique dont se servent au tems present les Princes & Republiques Italiennes, pour conserver leurs hauts & Seigneuries: le tout recueilli par quelques conferences entre l'Ambassadeur d'une Republique & un Ministre d'Etat d'un Prince: traduit d'Italien en François, 12. 2. voll. à Paris, 1651.

Dissertation sur l'Antimoine, dans laquelle la nature de ce Mineral, & la cause de son principal effet sont clairement demontrez; par Mr. Lamy, 12. à Paris, 1687.

Directeur General des fortifications; par Mr. de Vauban, 12. à la Haie, 1689.

Dialogues 1. Sur l'immortalité de l'Ame. 2. Sur l'Existence de Dieu. 3. Sur la Providence. 4. Sur la Religion, 12. à Paris, 1684.

— — de la Santé, de Mr. de * * *. 12. Amst. 1696.

Diversitez curieuses pour servir de Recreation à l'esprit, 12. 7. voll. à Amst. 1699.

Dissertations sur la Recherche de la verité, contenant l'histoire & les principes de la philosophie des Academiciens: avec plusieurs reflexions sur les sentimens de Mr. Descartes: par Mr. Foucher, 12. à Paris, 1693.

Dictionaire François & Flamand formé sur celui de Mr. Pierre Richelet; contenant la signification, & la definition des mots de l'une & autre langues, avec leurs differens usages, la Genre des Noms, la Conjugaison des Verbes, leur Regime, & celui des Adjectifs. Avec les termes les plus connus des Arts & des Sciences, soit liberaux ou mechaniques; la Description des Empires, Roiaumes, Republiques, Provinces, Villes, Fleuves, & Rivieres du Monde, mais particulierement d'Europe; le tout recueilli par L. V. J. V. J. F. 2. voll. 4. à Bruxelles, 1707.

Dictionarium

LIBRORUM.

Dictionarium Antiquitatum Romanarum & Græcarum, in usum Serenissimi Delphini & Serenissimorum Principum Burgundiæ, Andium, Biturigum: collegit, digessit, & sermone Gallico reddidit jussu Regis Christianissimi P. Danetius, 4. Amst. 1701.

De la generation de l'homme, ou Tableau de l'Amour conjugal, divisé en quatre parties, par M. Nic. Venette, huitième édition, revuë, corrigée, augmentée & enrichie de figures par l'Auteur, 12. à Col. 1702. — 135

Deckheri de scriptis adespotis, pseudepigraphis, & suppositiis Conjecturæ, cum Additionibus variorum, editio tertia alterâ parte auctior, 12 Amst. 1686.

Disputatio Theologica, in qua Theses de Generatione Filii ex Patre, & morte fidelium temporali examinantur, Præside Camp. Vitringa, 4. Franeq. 1689.

- - - Herm. Al. Roëll Dissertatio Theologica de Generatione Filii & morte fidelium temporali, qua suas de iis theses plenius explicat, & contra Camp. Vitringa objectiones defendit, 4. ibid. 1689.

- - - Camp. Vitringa Epilogus Disputationis de Generatione Filii & morte Fidelium temporali; in quo fidem Ecclesiæ de his articulis porro adstruit ex Verbo Dei, eandemque tuetur contra Dissertationem illi novissimè oppositam, 4. ibid. 1689.

- - - H. Al. Roëll Dissertatio Theologica altera de Generatione Filii, & morte Fidelium temporali, opposita Epilogo Camp. Vitringa, 4. ibid. 1690. — 140

Dithmari Constitutiones de Jurejurando, ex R. Mosis Maimonidis Opere, Latinè redditæ, variisque Notis illustratæ, Lugd. Batav. 1706.

Divers Ecrits touchant la Signature du Formulaire par rapport à la derniere Constitution de N. S. P. le Pape Clement XI. 12. 1706.

Dodwelli de Veteribus Græcorum Romanorumque Cyclis, obiterque de Cyclo Judæorum ætate Christi, Dissertationes decem, cum Tabulis necessariis. Inseruntur Tabulis fragmenta Veterum inedita, ad rem spectantia Chronologicam. Opus Historiæ veteri, tam Græcæ, quam & sacræ quoque, necessarium, 4. Oxon. 1701.

- - - Annales Thucydidei & Xenophontei. Præmittitur Apparatus, cum Vitæ Thucydidis Synopsi chronologica, 4. ibid. 1702.

- - - Annales Velleiani. Quintiliani, Statiani; seu Vitæ P. Velleii Paterculi, M. Fabii Quintiliani, P. Papinii Statii, (obiterque Juvenalis) pro temporum ordine, dispositæ, 4 ibid. 1698. — 145

- - - Prælectiones Academicæ in Schola Historices Camdeniana, cum Appendice, 8. ibid 1701.

Dictionaire Nouveau des Langues Françoise & Espagnole; plus ample & plus exact, que tous ceux qui ont paru jusqu'a present, tiré de plusieurs savans Auteurs François, &c. par Fr. Sobrino, 2. voll. 4. à Bruss. 1705.

E.

Excerpta nonnulla ex Commentario inedito R. Aharonis Ben Joseph Judæi Caraitæ, versione Latinâ & notulis quibusdam illustrata, inque lucem edita, à Joh. Lud. Frey. Præmittitur ad Lectorem brevis Dissertatio de Authore ejusque scripto, 4. Amst. 1705.

Elemens de Geometrie de Monsigneur le Duc de Bourgogne, 12. à Par. 1705.

Euclidis Elementorum Libri Priores sex, item undecimus & duod cimus, ex versione Latina Fed. Commandini, in Usum Juventutis Academicæ, 8. Oxon 1701. — 150

Eutropii Breviarium Historiæ Romanæ, cum Pæanii Metaphrasi Græca. Messala Corvinus de Augusti Progenie. Julius Obsequens de Prodigiis. Anonymi Oratio Funebris Gr. Lat. in Imperat. Constant. Constantini M. Fil. cum variis Lectionibus & Annotationibus, 8. Oxon. 1703.

Ennii Poetæ vetustissimi Fragmenta quæ supersunt, ab Hieron. Columna conquisita, disposita & explicata ad Joannem filium. Nunc ad editionem Neapolitanam CIↃIↃXC. recusa, accurante Fr. Hesselio. Accedunt præter eruditorum Virorum emendationes indique conquisitas, M. A. Delrii opiniones necnon G. J. Vossii castigationes & Notæ in Fragmenta Tragœdiarum Ennii; ut & Index omnium verborum Enniaenorum, 4. Amst. 1707.

Edzardi Tractatus Talmudici Avodata. sive de Idololatria caput primum, è Gemara Babylonica Latine redditum, & nec Mariis Annotationibus illustratum, 4. Hamburgi, 1705.

Euclidis Elementorum sex libri priores, magnam partem novis demonstrationibus adornati operâ & studio Heurici Coethi: editio secunda, à prioribus multum diversa, 8. Amstelod. 1705.

Essais de Morale, contenans en divers Traites sur plusieurs devoirs importans, 3. voll. 12. 1703. — 155

- - Tome IV. contenant deux Traitez, le I. sur les quatre dernieres fins de l'homme; le II. sur la pratique de la Vigilance Chretienne, 12. 1703.
- - Continuation des Essais de Morale, contenant des Reflexions morales sur les Epitres & Evangiles depuis le premier Dimanche de l'Avent jusqu'au Mecredi des Cendres, Tome I. 12. 1703.
- - Tome II. depuis le Mecredi des Cendres, jusqu'au Samedi de la troisiéme Semaine de Caresme, 12. 1703.
- - Tome III. depuis le Samedi de la troisiéme Semaine de Carême jusqu'au Dimanche de l'Octave de Paques, 1703.
- - Tome IV. depuis le Dimanche de l'Octave de Pâque, jusqu'au dixiéme Dimanche aprés la Pentecôte, 12. 1703.
- - Tome V. depuis l'onziéme Dimanche d'aprés la Pentecôte jusqu'au premier Dimanche de l'Avent, 12. 1703.
- - Tome VI. contenant divers Traitez sur differens sujets, 12. 1703.

Entretiens curieux entre plusieurs personnes de differens etats, composez d'un stile aisé & familier pour l'utilité de ceux de la Religion Reformée au sujet du tems present, 12. a Amsterdam, 1685.

L'Enfans gâté, ou le debauché de la Haye, detalant les principales fourberies de nôtre tems, 12. à Delfe, 1681.

Entretiens d'Ariste & d'Eugene, 12. à Bruxelles, 1691.

- - de Rabelais & de Nostradamus, 12. à Cologne, 1690.

Explication de quelques difficultez sur les Prieres de la Messe, à un nouveau Catholique, par J. B. Bossuet, 12. à la Haye, 1689.

L'Examen de Soi même pour bien se preparer à la Communion; que chacun s'éprouve soi même, & qu'ainsi il mange de ce Pain & boive de ce Calice, 1. Cor. XI. 28. derniere Edition, revue, corrigée & augmentée d'un Discours touchant le veritable sens de ces paroles de Jesus-Christ, ceci est mon corps rompu pour vous, avec deux sermons, & les Pseaumes des jours de Cêne, par J. Claude, à la Haye, 12. 1693.

Extrait de l'Histoire de l'Ordre de Citeaux; tirée des Annales de l'Ordre, & de divers autres Historiens, par le Nain, 12. a Paris, 1695.

Etat present d'Angleterre, sous le Roi Guillaume Troisiéme, par Mr. le Doct. Chamberlain, Traduit de l'Anglois par M. D. N. augmenté de beaucoup, 2. voll. 12. à Amsterd. 1698.

F.

Felibien Entretiens sur les Vies & sur les Ouvrages des plus excellens Peintres anciens & modernes, Nouvelle edition revue, corrigée & augmentée des Conferences de l'Academie Royale de Peinture & de Sculpture, 5. voll. 12. Londr. 1705.

Faria (Did. de) Additiones, Observationes & Notæ ad Libros variarum Resolutionum Did. Covarruvias, fol. Lugd. 1704.

Fabricii Bibliotheca Græca, sive Notitia Scriptorum Veterum Græcorum, quorumcunque monumenta integra, ut fragmenta edita extant: cum plerorumque è MSS. ac deperditis. Accessit Empedoclis Sphæra, & Marcelli Sideræ carmen de medicamentis & Piscibus, Græce & Latine, cum brevibus Notis, 4. Hamb. 1705.

Flori Rerum Romanarum libri duo priores, ex Criticorum observationibus correcti, cum textus Ratione, Notisque Variorum, Historicis, Politicis, & Antiquariis jussu & impensis Augustissimi Regis Borussiæ & Electoris Brandenburgici, in usum Principis Regii & Electoratus Hæredis, adornati & editi, a Bergero, fol. Coloniæ Marchicæ, 1704.

Fisen Sanctæ Lepis, Romanæ Ecclesiæ filia, sive Historiarum Ecclesiæ Leodiensis Partes duæ, quarum prima ab ipso Autore aucta fuit atque recognita, & secunda nunc primum in lucem prodit, fol. Leodii, 1685.

Fables choisies mises en vers par Mr. de la Fontaine, & par lui revuës, corrigées & augmentées de plusieurs Fables, Amst. 12. 1705.

Francii Orationes: Editio secunda, longé emendatior, & magná parte auctior, 8. Amsterd. 1705.

- - Posthuma: quibus accedunt illustrium Eruditorum ad eundem Epistolæ, 8. Amstelædami, 1706.

Fortifications de Monsr. le Comte de Pagan avec ses Theoremes sur la fortification, 12. a Bruxelles, 1574.

La France ruinée, sous le Regne de Louis XIV. par qui & comment, avec les moiens de la retablir en peu de tems, 12. à Cologne, 1696.

- - - Ini

LIBRORUM.

- - - *Intriguante, ou Reponse aux Manifestes de quelques Princes, sur l'état présent de l'Allemagne*, 12. à Cologne, 1676.
- - *Scavante, id est, Gallia erudita, critica & experimentalis novissima, par Beughem*, 12. à Amsterd. 1683.

Factum pour Maitre Nicolas Postel, contre Maitres, Matthieu Mahault, Jean Baptiste Calavi, & Pierre du Mexerey, ou Dissertation sur les Peripneumonies d'hyver, pour servir d'Apologie à la these composée par le dit Sieur Postel contre la censure des intimés, & du Sieur Puylon, 12. 1685.

Furetieriana, ou les bons Mots, & les Remarques d'Histoire, de Morale, de Critique, de Plaisanterie, & d'Erudision, de Mr. Furetiere, 12. à Bruxelles, 1696.

G.

Germon de Veteribus Regum Francorum Diplomatibus, & arte secernendi antiqua Diplomata vera à falsis, Dissertatio ad R. P. Jo. Mabillonium, 12. Par. 1703.   185

S. Gregorii Papæ I. cognomento Magni, Opera omnia, ad manuscriptos codices Romanos, Gallicanos, Anglicanos emendata, aucta, & illustrata Notis. Studio & labore Monachorum Ordinis Sancti Benedicti, è Congregatione Sancti Mauri, fol. 4. voll. Parisiis, 1705.

Gutherlethi, de Saliis Martis Sacerdotibus apud Romanos, liber singularis, in quo Sacerdotes Salii eorumque sacra accurate describuntur, fragmenta carminum Saliarium illustrantur, multi veterum Scriptorum loci, Inscriptiones, Numismata explicantur & emendantur, ac varii ritus antiqui eruuntur, cum Figuris æneis, 8. Franckeræ, 1704.

Guide du chemin du Ciel; contenant les plus utiles maximes des saints Peres, & des anciens Philosophes compose par le Cardinal Bona, traduction nouvelle, à laquelle on a joute son Eloge, ou un Abregé de sa vie, & son Testament, 12. à Bruxelles, 1693.

Gouvernement (du) civil, où l'on traitte de l'origine, des fondemens, de la nature, du pouvoir, & des fins des Societez Politiques. Traduis de l'Anglois, 12. à Amsterdam, 1691.

Galanteries (les) amoureuses de la Cour de Grece, ou les amours de Pindare & de Corine, 12. 2. voll. à Paris, 1693.   190

Geographie de Robbe, contenant un Abregé de la Sphere, la Division de la terre en ses continens, Empires, Roiaumes, Etats, Republiques, Provinces, &c. avec les Tables des principales villes de chaque Province: & un Traité de la Navigation: revuë & augmentée de plusieurs Cartes, & d'un grand nombre de nouveautez tres-remarquables, 12. 2. voll. à la Haye, 1704.

Generation (de la) de l'Homme, ou Tableau de l'Amour conjugal: divisé en quatre Parties, par Mr. Vinette, 12. à Cologne, 1702.

De Graaf Opera omnia. Novæ huic Editioni præfixa est brevis Narratio de Auctoris Vita, 8. Amst. 1705.

H.

Historia Jeschuæ Nazareni, à Judæis blasphemè corrupta, ex Manuscripto hactenus inedito nunc demum edita, ac versione & notis, quibus Judæorum nequitiæ propius detegantur, & Authoris asserta ineptiæ ac impietatis convincantur, illustrata, à Joh. Jac. Huldrico, 8. Lugd. Bat. 1705.

Hieronymi Operum Tomus Tertius, complectens Commentarios in sexdecim Prophetas majores atque minores, restitutos ad fidem Manuscriptorum Codicum vetustissimorum studio ac labore D. Joh. Martianay, fol. Par. 1704.   195

Histoire de l'Academie Roiale des Sciences, année MDCXCIX. Avec les Memoires de Mathematique & de Physique, pour la même année, tirez des Registres de cette Academie. 4. à Par. 1702.

- - - *Année MDCC.* 4. ibid. 1703.
- - - *Année MDCCI.* 4. ibid. 1704.
- - - *Année MDCCII.* 4. ibid. 1704.
- - - *Année MDCCIII.* 4. ibid. 1705.

Herodiani Historiarum Libri Octo, recogniti & Notis illustrati, Gr. Lat. 8. Oxon. 1704.   200

Historia compendiosa Dynastiarum, Auth. Gregorio Abul-Pharagio, historiam complectens universalem, à mundo condito usque ad tempora Authoris, res Orientalium accuratissimè describens, Arabicè edita & Latinè versa ab Edouard. Pocockio, 4. Oxon. 1663.

B 2   Historia

CATALOGUS

60 Historiæ Regum Septentrionalium, à Snorrone Sturlonide, ante secula quinque, patrio sermone antiquo conscriptæ, quas ex Manuscriptis Codicibus elidit, verhone gemina, notisque brevioribus, Indici Poëtico vel rerum sparsim insertis, illustravit Joh. Periogskiold, fol. Stockholmiæ, 1697.

Histoire de la Guerre de Flandre, de Famianus Strada, traduite par P. Du Ryer, 3. vol. à Anvers, 1705.

— Evangelique dans son ordre naturel, ou nouvelle Harmonie des quatre Evangelistes, par Mr. Abr. Couet du Vivier, 4. à la Haie 1706.

Heideggeri de Historia Sacra Patriarcharum Exercitationes Selectæ, 4. Amst. 1688.

— — — Tomus Posterior. Accedit Chronologia Sacra Patriarcharum, 4. 1689

Hippocratis Aphorismi, cum Commentariolo, Auct. Mar. Lister, 12 L. ni. 703.

Hankii de Silesiorum Nominibus Antiquitates. Additi sunt tres Indices, 4. Lipsiæ, 1702.

— — De Silesiorum Majoribus Antiquitates ab orbe condito ad Annum Christi 550. Additi sunt tres Indices, 4. Lipsiæ, 1702.

— — De Silesiorum Rebus ab Anno Christi 550. ad 1170. Exercitationes. Additi sunt Indices quatuor, 4. ibid. 1705.

Hooke (Rob.) Posthumous Works, containing his Cutlerian Lectures and other Discourses read at the meetings of the illustrious Royal Society in which I. the present Deficiency of Natural Philosophy is discoursed of, with the methods of rendering it more certain and beneficial. II. The Nature, motion and effects of Light are treated of, particularlie that of the Sun and Comets. III. An hypothetical explication of Memory; how the Organs made use of by the mind in its operation may be mechanically understood. IV. An hypothesis and explication of the cause of Gravity, or gravitation, Magnetism, &c. V. Discourses of Earthquakes, their causes and effects, and histories of several; to which are annext Physical explications of several of the fables in Ovids Metamorphoses, very different from other Mythologick Interpreters. VI Lectures for improving Navigation and Astronomy, with the Descriptions of severall new and useful instruments and contrivances, the whole full of curious disquisitions and experiments: with sculptures. To these Discourses is prefixt the Author's Life, giving an account of his studies and employments, with an enumeration of the many experiments, instruments, contrivances and inventions, by him made and produced as Curator of experiments to the Royal Society, published by R. Waller, Reg. S. Secret. fol. London, 1705.

Historiæ Controversarum de Divinæ Gratiæ Auxiliis sub summis Pontificibus Sixto V. Clemente VIII. & Paulo V. Libri Sex. Quibus demonstrantur ac ref-lluntur errores & im. osturæ innumeræ, quæ in Historia Congregationum de Auxiliis edita sub nomine Augustini le Blanc notatæ sunt; & refutantur Acta omnia earundem Congregationum, quæ sub nomine Fr. Th. de Lemos prodierunt, Auct. Th. Eleutherio, fol. Antv 1705.

Hornii Historia Ecclesiastica, Melch. Leydeckeri & Dan. Hartnaccii Notis & Observationibus Illustrata: accedit Lud. Capelli Compendium Historiæ Judaicæ, una cum du lici Historia Hornianæ Supplemento M. Leydeckeri ad annum 1687. & Joh. Dan. Crameri usque ad præsens sæculum perducto, 8. Francof 704.

Historiæ Symboli Apostolici, cum Observationibus ecclefiasticis & criticis ad singulos ejus articulos, ex Anglico sermone in Latinum translati, 8. Lipf. 1705.

Histoire de la vie de Soliman Second Empereur des Turcs par Charles Ancillon, 8. à Rotterdam, 1706.

— — De Jean de Bourbon, Prince de Garency, par l'Auteur des Memoires & Voiages d'Espagne, 12. à la Haie, 1704.

— — De Hollande, depuis la Treve de 1609. où finit Grotius, jusqu'à notre tems, par M. de la Neuville, 12. Tome I. à Paris, 1702.

— — Tome Second, depuis la mort du Prince Maurice, par le même, 12. ibid. 1702.

— — Tome Troisième, depuis la mort du Prince d'Orange Frederic Henri, par le même, 12. ibid. 1702.

— — Tome Quatrième, depuis la revolution causée par les guerres qui ont precedé la Paix de Nimegue; par le même, 12. ibid. 1702.

— — De la conquête des Iles Moluques par les Espagnols, par les Portugais, & par les Hollandois. Traduite de l'Espagnol d'Argensola & enrichie des figures & Cartes Geographiques, pour l'intelligence de cet Ouvrage, 12. 3. vcll. Amst. 1706.

Histoire d'Angleterre, d'Ecosse, & d'Irlande, avec un abregé des évenemens les plus remarquables arrivez dans les autres Etats, par Monsieur de Larrey. Premiere Partie: qui contient l'ancien Regne des Bretons, celui des Romains, des Saxons, des Danois, & des Normands, depuis Guillaume Premier, dit le Conquerant, jusqu'à Henri Troisième incluhvement, fol. à Rottard. 1707.

— — d'Angleterre, d'Ecosse, & d'Irlande; avec un abregé des évenemens les plus remarquables

LIBRORUM.

bles arrivez dans les autres Etats, par Mr. de Larrey. Seconde Partie : qui contient les Regnes d'Edouard I. d'Edouard II. d'Edouard III. de Richard II. de Henri IV. de Henri V. de Henri VI d'Edouard IV. d'Edouard V. & de Richard III. On a joint à la fin une Dissertation sur les Parlemens, leurs droit & leur autorité foi it id 1707

Histoire des Grands Vizirs Mahomet Coprogli Pacha & Achmet Coprogli Pacha, celle des trois derniers Grands Seigneurs, de leurs Sultanes & principales favorites, avec les plus secretes intrigues du Serrail & plusieurs autres particularitez des Guerres de Dalmatie, Transylvanie, Hongrie, Candie, & Pologne; avec le Plan de la Bataille de Cotzchin, 12. à Paris, 1676.

l' Homme de Cour de Balthasar Gracian, traduit & commenté par le Sieur Amelot de la Houssaie, 12. à la Haye 1701.

Histoire de l'origine du Royaume de Sicile & de Naples, contenant les avantures & les conquêtes des Princes Normands qui l'ont établi, 12. à Paris, 1701.

- - - des Comtes de Flandre, depuis l'établissement de ses Souverains, jusques à la Paix generale de Riswick, en 1697. 12. à la Haye, 1698.

- - - & les Avantures de Kemiski Georgienne, par Madame D. * * * 12. à Bruxelles, 1697.

Heroine Mousquetaire ; ou Histoire veritable de Mademoiselle Christine, 12. à Amsterdam, 1701.

Heures Canoniales contenues dans le commentaire du Pseaume 118. Beati immaculati, &c. tiré des SS. Peres, seconde Edition, 12. à Paris, 1674.

Histoire & concorde des quatre Evangelistes, contenant selon l'ordre des tems la vie & les instructions de Nôtre Seigneur Jesus Christ, nouvelle Edition, 12. à Bruxelles, 1696.

- - - de la vie de la Reyne Christine de Suede, avec un veritable recit du sejour de la Reine à Rome, & la Defense du Marquis Monaldeschi contre la Reyne de Suede, 12. à Stockholm, 1687.

- - - des Amours de Lysandre & de Caliste, 12. à Amsterdam, 1679

- - - des Amours du Marechal de Bouflers, ou les Intrigues galantes qu'il a eu, depuis qu'il a commandé les Armées du Roi de France jusqu'à son mariage avec Mademoiselle de Grammont, 12. à Paris, 1696.

- - de Marguerite de Valois, Reine de Navarre, sœur de François I. 12. 2. voll. à Amsterdam, 1696.

l' Homme irreprochable en sa conversation : divisé en tre s Parties, en chacune desquelles est traisee la maniere de parler, en sorte dans les compagnies, que l'interêt de Dieu n'y soit point blessé, nôtre propre conscience interessée, ni enfin nôtre prochain offensé, par C. Bonneville, 12. à Leide, 1661.

Histoire des Troubles de Hongrie, Tome troisième depuis 1684 jusques 1686. 12. à Amst. 1687.

- - - des Revolutions de Suede, où l'on voit les changemens qui sont arrivez dans ce Roiaume au sujet de la Religion & du Gouvernement; par Mr. De Fontenelles, 12. 2. voll. à Amsterdam, 1696.

- - - Critique de la Creance & des coutumes des nations du Levant publiée par le Sr. de Moni, 12. à Francfort, 1684.

- - - Abregée de la vie & des Ouvrages de Mr. Arnauld, ci devant imprimée sous le titre de Questions Curieuse, &c augmentée dans cette nouvelle Edition, 12. à Cologne, 1695.

- - - de la Ville & de l'Etat de Geneve, depuis les premiers siecles de la fondation de la Ville jusqu'à present : tirée fidellement des Manuscrits, par Jacob Spon, troisième Edition, revuë & corrigée, 12. à Utrecht, 1685.

- - - des Anabaptistes, contenans leur doctrine, les diverses opinions qui les divisent en plusieurs Sectes, les Troubles qu'ils ont causez, & enfin tout ce qui s'est passé de plus considerable à leur égard, depuis l'an 1521. jusques à present, 12. à Amsterdam, 1700.

- - - des Edits de Pacification, & des moyens que les pretendus Reformez ont emploiez pour les obtenir : contenans ce qui s'est passé de plus remarquable depuis la naissance du Calvinisme jusqu'à present, par le Sieur Soulier, 12. à Paris, 1682.

- - - du Vieux & du Nouveau Testament, avec des explications édifiantes, tirées des Saints Peres pour regler les mœurs dans toutes sortes de conditions, par le Sieur de Royaumond, Edition nouvelle, enrichie de figures, 12. à Paris, 1701.

- - - Poëtique, pour l'intelligence des Poësies & des Auteurs anciens ; par le Pere P. Gautruche, 12 à Amsterdam, 1701.

- - - Sommaire de Normandie, par le Sieur de Masseville, 12. II. & III. Partie à Rouen, 1698.

- - - Universelle de Troque Pompée, reduite en Abregé par Justin ; Traduction nouvelle, avec des Remarques par Monsr. D. L. M. 12. 2. voll. à Paris 1694.

- - - de l' Inquisition & son origine, 12. à Cologne, 1693.

B 3   Justic.

CATALOGUS

I.

250 Justini Philosophi & Martyris Apologia Secunda pro Christianis, Oratio cohortatoria, Oratio ad Græcos, & de Monarchia Liber: cum Latina Joann. Langi verfione quàm plurimis in locis correctâ; fubjunctis emendationibus & notis Rob. & Henr. Stephanorum, Perionii, Billii, Sylburgii, Jo. Ern. Grabii, Jo. Potteri, pluribufque aliis additis, annexis infuper ad calcem annotationibus Langi & Kortholti, præmiſſis verò Langi præfationibus, quibus fummam eorum, quæ in hoc volumine continentur, enarravit: edita ab H. Hutchio, 8. Oxon. 1703.

Journal du Palais, ou Recueil des principales Decifions de tous les Parlemens & Cours Souveraines de France, 2. voll. fol. à Paris, 1701.

Jofippon, five Jofephi Ben-Gorionis Hiftoriæ Judaicæ Libri fex. Ex Hebræo Latinè vertit, Præfatione & Notis illuftravit Joh Gagnier, 4. Oxon. 1706.

Ittigii Hiftoria Synodorum Nationalium, à Reformatis in Gallia habitarum, ex Actis Synodicis & aliis Scriptoribus in epitomen redacta, obfervationibus nonnullis Theologicis, Theoreti is pariter ac practicis illuftrata, & in ufum publicarum Lectionum edita, 4. Lipfiæ, 1706.

K.

255 Kloe de Origine mali, 8. Lond. 1702.

Kleini Annotationes ad J. J. Schopferi Synopfin Juris Privati, 4. Roftochii & Lipfiæ, 1706.

L.

Lent Schediafma Hiftorico-Philologicum de Judæorum Pfeudo-Meſſiis, 4. Herbornæ, 1697.

Lagunez Tractatus de fructibus, in quo felectiora jura ad rem fructuariam pertinentia expenduntur, difficilioraque referantur. Opus è fummis Theoricæ & Practicæ Jurifprudentiæ penetralibus eductum, jure canonico, civili, feudali, necnon aliorum regnorum & provinciarum legibus, ftatutis, conftitutionibus, oppidorumque ac civitatum ordinationibus; facris etiam Litteris, profanifque affabre concinnatum. Ex quibus, digladiatis opinionum, hinc inde contentionibus & ipfarum nonnullis opportunè rejectis: aliis in concordiam redactis; veriores receptiorefque fententiæ ac refolutiones traduntur, & melioris notæ authoritatibus, Doctorumque placitis plenâ manu congeftis, fulciuntur atque exornantur, fol. Lugd. 1701.

Life of William III. late King of England and Prince of Orange: containing an accompt of his familie, birth, education, acceſſion to the dignity of Stadtholder, and Captain General of Holland, his marriage, expedition to England, and the various ſteps by which he and his Princeſs aſcended the throne, with the hiſtory of his reign, enterprizes and conduct in peace or war. And a relation of his will, death and funeral: intermixt with very many Original Papers, Letters, memoirs, his publick ſpeeches, declarations, treaties and alliances, feveral of which never before printed. Illuſtrated with divers Cuts, Medals, &c. the third Edition corrected, 8. Lond. 1705.

Lock de Intellectu humano, in quatuor Libris: editio quarta aucta & emendata, & nunc primum Latinè reddita, fol. Lond. 1701.

260 Labbe Elogia Sacra, Theologica & Philofophica, regia, eminentia, illuftria, hiftorica, poëtica, mifcellanea: Accefsere St. Periot Panegyrici duo, alter de Rupella expugnata, alter de Delphino. Præfixa eft Chr. Weifii Præfatio adverfus hujus characteris contemptores, 8. Lipf. 1706.

La Vie & les Actions heroïques & plaifantes de l'invincible Empereur Charles V. dediée à fon Alteſſe Electorale Monſeigneur le Duc de Baviere: Nouvelle Edition, revuë, corrigée, & augmentée par le Sr. Raciot, & enrichie de Figures, 2. voll. 12. à Bruxelles. 1700.

Le Droit de la Nature & de Gens, ou fyfteme general des principes les plus importans de la Morale, de la Jurifprudence, & de la Politique. Traduit du Latin de feu Mr. le Baron de Pufendorf, par J. Ba.beyrac: avec des notes du Traducteur, ou il fupplée, explique, défend

LIBRORUM. 63

fend & critique les Pensées de l'Auteur : & une Preface, qui sert d'introduction à tout l'Ouvrage, 2. voll. 4. à Amsterdam, 1706.
Loescheri de Caussis Linguæ Ebreæ libri III. In quibus magna pars Ebraismi posterioribus curis restituitur, incerta & ambigua ad regulas reducuntur, Historia Linguæ, genius, fines & singularia einsdem enarrantur, denique ad interiora Linguæ Sanctæ aditus panditur, 4. Francofurti & Liphæ, 1706.
La Vie de Charles V. Duc de Lorraine & de Bar, & Generalissime des troupes Imperiales, divisée en cinq livres, 12. à Amsterdam, 1701.
Les Batailles memorables des François, depuis le commencement de la Monarchie, jusqu'à present, 2. voll. 12. à Amsterdam, 1701. 265
Lettres de Mr. Cornelius Jansenius, & de quelques autres personnes, à Mr. Jean du Verger de Hauranne, Abbé de S. Cyran : avec des Remarques Historiques & Theologiques, par François du Vivier, 12. à Cologne, 1702.
Le Chretien Philosophe ; qui prouve combien sont certains, & conformes aux lumieres communes du bon sens les premiers principes sur lesquels sont fondées les veritez de sa Religion, & de la Morale de l'Evangile que le Saint Esprit a écrites par sa Grace dans le coeur du veritable Chretien, 12. à Lyon, 1701.
L'homme detrompé, ou le Criticon de Balt. Gracian, traduit de l'Espagnol en François par le S. Manory, 12. à la Haye, 1705.
La verité de la Resurrection de Jesus Christ, defenduë contre B. de Spinosa, & ses Sectateurs : avec la vie de ce fameux Philosophe, tirée, tant de ses propres Ecrits, que de la bouche de plusieurs personnes dignes de foi qui l'ont connu : par Jean Colerus, 8. à la Haye, 1706.
Les Raisons des Scripturaires, par lesquelles ils font voir que les Termes de l'Ecriture suffisent pour expliquer le Dogme de la Trinité ; traduit de l'Anglois, 8. Hambourg, 1706. 270
Les Nouveaux Oracles divertissans, où les Curieux trouveront la reponse agreable des Demandes les plus divertissantes pour se rejouïr dans les Compagnies; augmentées de plusieurs nouvelles Questions avec un Traité de la Physionomie, recueilli des plus graves Auteurs de ce siecle. Ensemble l'explication des songes & visions nocturnes ; traduit par le Sieur W. de la Colombiere, & mis nouvellement dans un meilleur ordre, 12. à Paris, 1696.

M.

Miri Universa Philologia, succinctà methodo Grammaticam, Rhetoricam, Poëticam, Geographiam, Chronologiam, Genealogiam & Historiam : necnon Appendicis loco Criticam, id est, Judicii & emendationis curam in tractandis Scriptoribus in usum studiosæ juventutis exhibens, 8. Lips. 1694.
Moebii Tractatus Philologico-Theologicus de Oraculorum Ethnicorum origine, propagatione & duratione, ubi varia simul exponuntur Oraculorum tam divinorum, quàm ethnicorum genera : item quænam celebriora olim extiterint oracula, & quibus in locis fuerint frequentata : multa insuper notatu dignissima hinc indé inseruntur, cum vindiciis adversus D. Ant. van Dale. Accedunt huic quartæ editioni Tres singulares Dissertationes Theologicæ, 8. Francof. 1692.
Majeri secretioris naturæ secretorum scrutinium Chymicum per oculis & intellectui accuratè accommodata, figuris cupro appositissimè inclsa, ingeniosissima emblemata, hisque connexe, & ad rem egregiè facientes sententias, doctissimaque item Epigrammata, illustratum, 4. Francof. 1687.
Milnes Sectionum Conicarum Elementa novâ methodo demonstrata, 8. Oxon. 1702. 275
Marci Antonini Imperatoris eorum quæ ad seipsum Libri XII. recogniti & Notis illustrati, Gr. & Lat. 8. ibid. 1704.
Memoires de Messire Philippe de Commines, Seigneur d'Argenton, contenans l'Histoire des Rois Louis XI. & Charles VIII. depuis l'an 1464. jusques en 1498. augmentez de plusieurs Traittez, Contracts, Testaments, Actes & Observations par feu M. Den. Godefroy. Derniere edition divisée en trois Tomes, enrichie de Portraits en taille douce & augmentée de l'Histoire de Louis XI. connue sous le nom de Chronique Scandaleuse, 3. voll. 8. à Bruxelles, 1706.
Mellenii Scondia illustrata, seu Chronologia de rebus Scondiæ, hoc est, Sueciæ, Daniæ, Norvegiæ atque una Islandiæ, Gronlandiæque, tam ecclesiasticis quàm politicis, à mundi Cataclysmo, usque annum Christi 1612. gestis, primùm edita & observationibus aucta à Joh. Peringskiold, 10. voll. fol. Stockholm. 1703.
Mauckii Historia Paradisi illustrata, Libris quatuor : quibus non tantùm loci istius plenior Descriptio exhibetur, sed & hominis integritas, lapsus ac prima restitutio declarantur, secundum

64 CATALOGUS

dum Genefios Capita 2. & 3. Accedit Oratio Academica de propagati Chriftianifmi Admiratio lis, 4. Amftel. 1705.

280 Meno ad Jus civile Leodienfium. Obfervationum & Rerum Judicatarum Pars prima, continens Tractatus quinque De feudis. De viro, & uxore, & eorum liberis. De Paƈtis Dotalibus. De Teftamentis De fucceffione ab inteftato. fol. Leodii, 1670

- - Ad Jus civile Leodienfium, Obfervationum & Rerum Judicatarum Pars fecunda, continens Tractatus. De Hypothecis earumque Actionibus, Saifiniis & Iuitionibus earum, utroque Retractu gentilitio & Conventionali : & omni Jure Contractuum. Necnon Mifcellanea nonnull: brevemque Priorum Obfervationum Appendicem, fol. ibid 1670.

- - - Obfervationum & Rerum Judicitarum Pars tertia, continens tractatus ad Jus Canonicum, Commune, feu Civile Romanorum, & Feudale. Tractatus I. Queftionum Canonicarum. II. Actuum inter vivos. III. De Jure Teftatæ & Inteftatæ fucceffionis. IV. De Judiciis, &c. V. De Jure urbis Trajectinæ Refticti ad Principia Juris Communis. Item Decifiones feu Obfervationes Mifcellaneæ. Cum Appendice in fingulis Tractatibus ad Priores Obfervationes. fol. ibid 1670.

- - - Pars quarta ad Jus civile Romanorum, Leodienfium, Aliarumque Gentium Canonicum & feudale. Cum Appendice & Affertione Queftionum in prioribus Partibus & Obfervationibus tractatarum, aut decifarum. fol. ibid. 1670

- - - Pars quinta ad Jus Civile Romanorum, Leodienfium, Allarumque Gentium, Canonicum & Feudale. Cum Appendice & Affertione Queftionum in Prioribus Partibus & Obfervationes tractatarum, aut decifarum, fol. ibid. 1669.

285 - - Definitiones ad Jus Civile Romanorum, Leodienfium, Aliarumque Gentium, Canonicum & Feudale, fol. ibid. 1678.

Martinez le Ripalda, de Ufu & Abufu Doctrinæ Divi Thomæ, pro Xaveriana Academia Collegii Societatis Jefu in novo Regno Granatenfi. fol. Leodii, 1704.

Maodelflo, de Poftergara Juftitia, una cum Moniti:s ac Remediis neceffariis, Tractatus Hiftorico-Politico - Juridicus juxta aptiorem Methodum ex quatuor Caufarum generibus concinnatus, 4. Hamburgi, 1705.

Memoires de Mr. Nedot; on Obfervations qu'il a faites pendant fon voyage d'Italie, fur les Monumens de l'ancienne & de la nouvelle Rome avec les defcriptions exactes des uns & des autres, qui font connoitre comment l'Eglife Chretienne a triomphé du Paganifme divifee en 2. Tom. avec des Cartes & des Figures. 12. Amfterdam 1705

Maitre Italien, dans fa derniere perfection, revu, corrigé & augmenté par l'Auteur. Contenant tout ce qui eft neceffaire, pour apprendre facilement & en peu de temps la langue Italienne. Avec un Abregé de la prononciation Françoife, pour les Etrangers, & à la fin un Dictionaire pour les deux langues. Par le Sr. de Veneroni, 12. Amfterdam, 1706.

290 Magiftris S. holarum Inferiorum Societaris Jefu de ratione difcendi & docendi ex Decreto Congregat. Generalis XIV. anct Jof. Juventio, 8. Francof. 1705.

Mati Oeconomia Temporum Veteris Teftamenti, exhibens Gubernationem Dei unde à Mundo condito ufque ad Meffiæ Adventum, per omnes antiqui Hebr. Codicis Libros, fecundum feriem feculorum & hminra finem rerum. Omne ad referendam illuftrandamque univerfam Scripturam S. utile, neceffarium S. Theologiæ Cultoribus, 4. Francofurti 1706.

Medicina Forenfis, hoc eft, Refponfa Facultacis medicæ Liphenfis, ad Queftiones & cafus medicinales ab Anno MDCL. ufque MDCC. in ufum communem evulgata à Joh. Fr. Zittmanno, cum ejus Præfatione, & Indicibus. Francofurti ad Moenum, 1706.

Marracceii Polyanthea Mariana, in Libros XVIII diftributa in qua Deiparæ Virginis Mariæ Nomina & felectiora Encomia ex SS Patrum, aliorumque facrorum Scriptorum, præfertim veterum, monumentis collecta, juxta alphabeti feriem, & femoris, quo iidem vixerue:, ordinem difpofita, Lectorum oculis exhibentur. Accedit ejufdem Authoris Appendix ad Bibliothecam Marianam. in qua non phuci fupra mille Auctores, qui de SS. Deiparente fcripfére, in prima eiufdem Marianæ Bibliothecæ editione, vel quia tunc nondum fcripferant, vel quia tunc nondum inventi fuerant, prætermiffi, Operum continentur, & nominibus jam ibi henari, accuratius coofigoatur, fol. Colon. 1684

Metamorphofe d'Ovide, en Latin & François, divifees en XV. Livres. Avec des nouvelles Explications hiftoriques, morales & politiques fur toutes les fables, chacune felon fon fujet; de la Traduct. en de Mr. Pierre Du-Ryer, fol, à Amfterdam, 1702.

LIBRORUM.

N.

Noodt, Dissertatio de Religione ab Imperio Jure Gentium libero, habita in Academia Lugduno-Batava a. d. VI. Id. Febr. A. MDCCVI. cum abiret Magnifici Rectoris munere, 4. Lugduni Batavorum 1706.

- - - Observationum libri duo, in quibus complura Juris Civilis, aliorumque veterum Scriptorum loca aut illustrantur aut emendantur, 4. Lugduni Batavorum, 1706.

Newton Optice, five de Reflexionibus, Refractionibus, Inflexionibus & Coloribus Lucis libri tres. Accedunt Tractatus duo ejusdem Authoris de speciebus & magnitudine figurarum Curvilinearum, Latine scripti, 4. Lond. 1706.

Nouvelles Lettres Familieres, & autres sur toutes sortes de sujets avec leurs reponses; choisies de Messieurs de Bussi Rabutin, de Furetiere, de Bourseaut, de l'Academie Françoise, & des plus celebres Auteurs du tems: par René Milleran. Nouvelle édition augmentée des Lettres curieuses de Litterature & de Morale: par l'Abbé de Bellegarde, 12. Amsterdam 1705.

Nouveau Voyage d'Italie, avec un Memoire contenant des avis utiles à ceux qui voudront faire le même voyage: quatriéme édition plus ample & plus correcte que les precedentes, & enrichie de nouvelles figures, 3 voll. 12. à la Haye 1702.

- - - Le parfait Maître Italien, ou nouvelle & veritable methode expliquée en François & en Flamand, pour apprendre facilement & en très-peu de tems la Langue Italienne. Avec un Traité particulier & curieux de la Poësie Italienne, quelques Dialogues familiers, plusieurs Lettres de Compliments & quelques Proverbes communs. On trouvera aussi pour plus grande commodité trois petits Dictionaires en trois Langues des mots les plus en usage pour écrire & parler, divisés en trois Tomes, 12. à Leiden 1705.

Nicephori Gregoræ Byzantina Historia, Tomus primus. Libri XI. ab Hieron. Wolfio jampridem Latini facti & in lucem editi: iidem nunc auctiores & castigatiores quam antea. Tomus secundus. Libri XIII. nunc primum è Codd. MSS. eruti &, typis mandati. Ex his Libros fere XI. Latine vertit Joh. Boyvin, Biblioth. Regiæ Custos a teer. Idem Codices contulit, Notas addidit, & alias Appendices, fol. Parisi. 1702. è Typographia Regia.

Nouvelle Methode pour apprendre la Geographie Universelle, enrichie de Cartes, Armoiries, figures des Nations, & de plusieurs Tables Chronologiques. Seconde édition, augmentée de plusieurs choses remarquables & de dix huit Cartes, qui representent les Gouvernemens & Frontieres de France: par le S. de la Croix, 5 voll. 12. à Lyon 1705.

Nicolai Libri quatuor de Sepulchris Hebræorum: in quibus variorum populorum mores proponuntur, multa obscura loca eou leantur, usus approbantur & abusus rejiciuntur, genuina Hebræorum Sepulchrorum forma ostenditur, illorumque ritus in illis exhibentur, & figuris æneis illustrantur, 4. Lugd. Batav. 1706.

Nouvelle Grammaire Espagnolle & Françoise par le S. Franc. Sobrino, Maître de la Langue Espagnolle à la Cour de Bruxelles, seconde édition augmentée, 8. à Brux. 1703.

Nouveau Voyage autour du Monde, où l'on decrit en particulier l'Isthme de l'Amerique, plusieurs Côtes & Iles des Indes Occidentales, les Iles du Cap Verd, le passage par la terre del Fuego, les Côtes Meridionales du Chili, du Perou, & du Mexique; l'Ile de Guam, Mindanao & aes autres Philippines, les Iles Orientales qui sont près de Cambodie, de la Chine, Formosa, Luçon, Celebes, &c. la Nouvelle Hollande, les Iles de Sumatra, de Nicobar, & de Sainte Helene & le Cap de Bonne Esperance. Où l'on traite des differens Terroirs de tous ces pais, de leurs ports, des plantes, des fruits, & des animaux qu'on y trouve; de leurs habitans, de leurs coutumes, de leur Religion, de leur Gouvernement, de leur negoce, &c. Par Guill. Dampier, 12. Amst. 1701.

- - - Suite du Voyage autour du Monde, avec un Traité des Vents qui regnent dans toute la Zone Torride, par le même, 12. Amst. 1701.

- - - Supplement du Voyage autour du Monde, contenant une description d'Achim, ville de Sumatra, du Royaume de Tonquin & autres places des Indes, & de la Baye de Campeche. Où il est traité des differens Terroirs de tous ces pais, de leurs ports, des plantes, des fruits & des animaux qu'on y trouve; de leurs habitans, de leurs coutumes, de leur Religion, de leur Gouvernement, de leur negoce: enrichi de Cartes & figures en Taille Douce, par le même, 12. ibid. 1701.

- - - Voyage de G. Dampier aux Terres Australes, à la Nouvelle Hollande, &c. fait en 1699. Où l'on trouve la description des Iles Canaries, des Iles de Mayo & S. Jago, de la Baye de Tous les Saints, des Forts & de la Ville de Bahia dans le Bresil, &c. Avec le Voyage de Lionel Wafer, où l'on trouve la description de l'Isthme de Darien dans l'Amerique, &c. enrichi de Cartes & de figures, 12. ibid. 1705.

18 CATALOGUS

Nouvelle Relation contenant les Voyages de Thomas Gage dans la Nouvelle Espagne, ses diverses avantures; & son retour par la Province de Nicaragua, jusques à la Havane: avec la description de la ville de Mexique, telle qu'elle étoit autrefois, & comme elle est à present: ensemble une description exacte des Terres & Provinces que possedent les Espagnols en toute l'Amerique, ae la forme de leur Gouvernement Ecclesiastique & Politique, ae leur commerce, de leurs mœurs & de celles des Criolles, des Metifs, des Mulatres, des Indiens & des Negres, 2 voll. 12. Amsterdam 1699.

310 *Nouveau Theatre d'Italie, ou Description exacte de ses Villes, Palais, Eglises, &c. & les Cartes Geographiques de toutes ses Provinces, Tome I. contenant la Lombardie, sav. la Republique des Gennes, les Duchez de Milan, Parme, Modene & Mantoue; les Republiques de Venise, de Lucques & le Grand Duché de Toscane, sur les desseins de feu M. Jean Blaeu, le tout sur les plans tirez sur les lieux, & avec les planches qu'il en a fait graver de son vivant, & dont plusieurs ont été faites à Rome, pour être plus exactes. A quoi on a ajouté plusieurs Villes, Ports, Eglises, & autres Edifices, sur des Originaux de Rome, &c. Amst.* 1704.
- - - *Tome Second, contenant l'Etat Ecclesiastique, ou de l'Eglise,* fol. ibid. 1704.
- - - *Tome Troisième, contenant le Roiaume de Naples & de Sicile,* fol. ibid. 1704.
- - - *Ou description exacte de la ville de Rome, Tome Quatrième, contenant les Amphitheatres, Theatres, Cirques, Arcs de Triomphe, Temples, Pyramides, Sepulchres, Obelisques, Eglises, Palais & autres Edifices, &c.* fol. ibid. 1704.

Nouveau Testament, traduit sur l'original Grec, avec des Remarques, où l'on explique le Texte, & où l'on rend raison de la Version: par Jean le Clerc, 2 voll. 4. Amst. 1703.

315 Numismata aurea Imperatorum Romanorum à Julio Cæsare ad Heraclium usque, excell. dum viveret Caroli Ducis Croii Arichotani, &c. magno & sumptuoso studio collecta, nec minore fide atque industria Jac. de Bie ex archetypis in æs incisa, brevi & historico Commentario explicata, nunc in usum studiosæ Antiquitatum juventutis recusa, 4. Berol. 1705.

Nouveau Traité de la Civilité qui se pratique en France, parmi les honnêtes gens. Troisième édition, revûe, corrigée, & augmentée par l'Auteur, 12. Paris 1700.

Notitiæ Orbis Antiqui, sive Geographiæ plenioris Tomus Alter, Asiam & Africam antiquam exponens. Chr. Cellarius ex vetustis probatisque monimentis collegit, & novis Tabulis Geographicis, singulari cura & studio delineatis illustravit, 4. Amsterdam 1706.

New State of England, under our Sovereigne Queen Anne: in Three Parts, containing, I. an exact and particular Description both of England and Wales, through their several Countries; with all things remarkable therein, and the best Accounts hitherto of London and Westminster. II. Of the Original, Temper, Genius, Language, Trade, Laws, and Religion of the English, of our several ordres of men, the Nobility, Clergy, and Commonalty. III. Of the English Monarchy in general, its Greatness and Power, the souveraigns Prerogative, Dignity, Titles, and Arms; with a compendious History of the Kings and Queens of England to this time, of the present Queen in particular, her Court, Forces, and Revenues, with the Management thereof, of the present Princes and Princesses of the Royal Blood, and the succession to the Crown, as it stands settled in the Protestant Line of the High Court of Parliament, Privy Council, and all Courts of Judicature. With a Supplement, rectifying the lists as far as the Month of March 1705. and a particular Table, for the Lists and Supplement, 8. London 1705.

O.

Otero (Ant. Fern. de) Tractatus de Officialibus Reipublicæ, nec non Oppidorum utriusque Castellæ, tam de eorundem Electione, usu & exercitio, fol. Lugd. 1700.

320 Origenis contra Celsum Libri octo: ejusdem Philocalia: Gulj. Spencerus utriusque operis versionem recognovit, & annotationes adjecit. Accedunt item notæ Dav. Hoelchelii in octo Libros Origenis, una cum notis Jo. Tarini in Philocaliam, 4. Cantabr. 1677.

Œuvres Mêlées de Mr. de Saint Evremond, 4. à Londres 1705.
- - - *de Mr. de Saint Evremond. Nouvelle Edision, revûe, corrigée & augmentée de nouvelles Remarques. Avec un Mêlange curieux des meilleures pieces attribuées à Mr. de Saint Evremond, & de plusieurs Ouvrages rares ou nouveaux,* 12. 2 voll. Amst. 1706

Ortlob Historia partium & œconomiæ hominis secundum naturam, sive Dissertationes Anatomico-Physiologicæ, in Academia Lipsiensi publice ventilatæ & in usum Philiatrorum collectæ, 4. Lps. f. 1697.

Observations de l'Academie Françoise sur les Remarques de Mr. Vaugelas. Seconde édision revûe & corrigée avec soin, 2 voll. 12. à la Haye 1705.

Opuscu-

LIBRORUM. 19

Opuscules spirituels de Mad. J. M. B. de la Mothe Guion : Nouvelle Edition augmentée de son rare Traité des Torrents, qui n'avoit pas encore vu le jour, & d'une Preface generale touchant sa personne, sa doctrine, & les oppositions qu'on leur a suscitées, 12. à Cologne 1704. — 325

P.

Paciani de Probationibus Libri duo, in quibus fuse ac erudite exponitur materia cui incumbit Onus probandi: Opus tanta doctrina tantaque praxi refertum, ut Advocatis, Procuratoribus, Causidicis, & omnibus aliis in foro versantibus nihil utilius, aut magis necessarium contingere possit. Accesserunt ad singula Capita elegantissimæ Additiones Fr Colleti Nunc tertia vice in Germania magno studio ac diligentia revisi, à mendis purgati, ac caracterum varietate ornatius editi. In hac nova editione accedit Index rerum & materiarum locupletissimus hactenus desideratus, ut & Tractationes variæ ac Dissertationes sparsim editæ, ad illustrandam Probationum materiam summopere facientes, um Præfatione Sam. Strykii, fol. Francof. 1704.

Paullini Observationes Medico Physicæ, raræ, selectæ & curiosæ, quatuor centuriis comprehensæ, cum lauce satura, quinque alias Decades Observationum excellentium Virorum complectente, 8. Lipsiæ 705.

Pagenstecher i Aphorismi Juris ad Institutiones Justinianeas. Editio quinta prioribus auctior, ita ut Notarum ad Instituta, quin & Commentarii nonnunquam instar, exhibeat. Subjiciuntur & Accessiones Irnerianæ, 8 Am't. 705.

Plutarchi de Puerorum educatione Libellus, Analysi grammatica, interpretatione simplici ad textum Græcum & paraphrasi perspicua ad modum Johannis Minellii, illustratus, studio M. Christiani Ju keri. 8. Lipsiæ 1704.

— — Isocratis Attici Rethoris Orationes tres, I. ad Demonicum. II. Ad Nicoclem. III. — 330
Quæ inscribitur : Nicocles, Analysi grammatica, interpretatione simplici ad Textum Græcum & paraphrasi perspicua ad modum Johannis Minellii, illustratæ, studio M. Christiani Juakeri, 8. ibid. 1704.

Plumier Tractatus de Filicibus Americanis, ou Traité des Fougeres de l' Amerique, Lat. & Franc. fol. à Paris 1705. de l'Imprimerie Royale.

à Pronio Epistolarum B. Pauli Apostoli triplex Expositio: Analysi, qua textus Apostolici ordo & connexio declaratur : Paraphrasi, qua mens Apostoli breviter exponitur & claré: Commentario, ubi litterales notæ, variæ lectiones, sensusque textui conformiores asseruntur. Accedunt & observationes Dogmaticæ, piæ, morales & ascéticæ; nec non variæ præces Christianæ, per totem Commentarios dispersæ, & in corollario pietatis, post singula capita collectæ, fol. Paris. 1703.

Philosophia Peripatetica Tomis quinque comprehensa, Auth. Jo. Bapt. de Benedictis, è Societate Jesu, 12. Neap. 1685.

Ptolomæi Tabulæ Geographicæ Orbis Terrarum Veteribus cogniti, fol.

Procli Demonstratio de Certitudine Sensuum, Rationis, & fidei, qua status naturalis, imprimis — 335
autem Religionis veræ principia, per Testimonium Spiritus S. internum confirmata explicantur. Accessit Dissertatio, qua Naturalis Religio hominis & boni civis evidenter demonstratur, 8 Lipsiæ 1704.

Pocockii Notæ Miscellaneæ Philologico-Biblicæ, quibus Porta Mosis, sive præfationum R. Mosis Maimonidis in libros Mischaajoth Commentariis, præmissarum, & à Pocockio ex Arabico Latine versarum falcis olim stipata prodiit, nunc denuo revisa, & ob summam quam præbent in difficillimis quibusdam Scripturarum S. locis interpretandis utilitatem recusa, curâ M. Christiani Reineccii, 4. Lipsiæ 1705.

Pollucis Onomasticum Græcè & Latine, post egregiam illam Wolfgangi Seberi editionem denuo immane quantum emendatum, suppletum, & illustratum, ut docebunt Præfationes. Præter W. Seberi notas olim editas, accedit Commentarius doctissimus Gothofredi Jungermanni, nunc tandem à tenebris vindicatus. Itemque alius Joachimi Khunii, subsidio Codicis MS. Antwerpiensis, variantium Lectionum Isaaci Vossii; Annotatorum Cl. Salmasii & H. Valesii &c. concinnatus : omnia contulerunt ac in ordinem redegerunt, varias præterea lectiones easque insignes Codicis Falkenburgiani, tum & suas Notas adjecerunt, editionemque curaverunt septem quidem prioribus libris Joh. Henricus Lederlinus, fol. 2 voll. Amstel. 1706.

C 2   Rail

CATALOGUS

R.

Raii Historiæ Plantarum Tomus tertius; qui est supplementum duorum præcedentium: species omnes vel omissas, vel post volumina illa evulgata editas, præter innumeras fere novas & indictas ab amicis communicata complectens; cum synonymis necessariis, & rubris in cibo, medicina & mechanicis; addito ad Opus consummandum generum Indice copioso. Accessit historia stirpium Insul. Luzoniæ & reliquarum Philippinarum à R. P. Camello conscripta: item J. P. Tournefort Corollarium Institutionum Rei Herbariæ, fol. Lond. 1704.

Reyger Thesaurus Juris Civilis & Canonici locupletissimus, ex opulentis cùm Veterum, tum neotericorum Auctorum Aurifodinis laboriosè non minùs quàm ingeniosè erutus, & ordine alphabetico faciliori inveniendi methodo dispositus, omnigenas juris tam publici quam privati materias, in foro & praxi usitatissimas, maximamque in partem decisas impeditios. Accedunt variæ & elaboratissimæ additiones Dan. Venediger, qnas singulari studio suis ubique locis digessit, ac in duos Tomos divisit Ab. Fritschlus. fol. 2 voll. Colon. 1704.

340 Reinhardi Theatrum Prudentiæ elegantioris, ex Justi Lipsii Libris Politicorum erectum cum Præfatione, quæ operis utilitatem indicat, curâ S. Schurzfleischli, 4. Witembergæ 1701.

Relation des Cours de Prusse & de Hanovre, avec les caractères des principales personnes qui les composent: traduite de l'Anglois de J. T. 8. à la Haye 1705.

Relation en forme de Journal, d'un voyage fait en Danemarc, à la suite de Monsieur l'Envoyé d'Angleterre, avec plusieurs extraits des loix de Danemarc, accompagnez de quelques Remarques, 8. à Rotterdam 1705.

Relation de ce qui s'est passé dans l'affaire de la Paix de l'Eglise sous le Pape Clement IX. avec des lettres, Actes, Memoires, & autres pieces qui y ont rapport, 12. 2 voll. 1705.

Ringelii libra veritatis & de Paschate Tractatus; præmissa est Joh. vander Wayen Dissertatio de Λόγω adversus Joh. Clericum, 8. Franeq. 1698.

345 Remarks on Severals parts of Italy, &c. In the years 1701, 1702, 1703. 8. London 1705.

Reveuil de diverses Dernieres Heures edifiantes, choisies & mises en ordre pour la consolation des ames fidelles: par P. de la Royne, 12. Amst. 1705.

Remarques Critiques sur la nouvelle Edition du Dictionnaire Historique de Moreri donnée en 1704. 8. 1706.

S.

Schmidii Paraphrasis Evangeliorum Dominicalium & Festalium, 8. Argent. 1659.

Symbola & Emblemata jussu atque auspiciis sacerrimæ suæ Majestatis Aug. ac Sereo. Imperatoris Moschoviæ Magni Domini Czaris, & Magni Ducis Alexeidis, excusa, 4. Amst. 1705.

350 Scupii Grammatica Philosophica, non modò Tironibus Linguæ Latinæ ad artem illam uno trimestri perfectè addiscendam, sed & Latinè doctissimis ad reddendam eorum rationem, quæ legunt aut scribunt, in primis utilis vel necessaria. Accessit Præfatio de veteris ac novæ Grammaticæ Latinæ origine, dignitate & usu, 8. Amst. 1685.

Sanctii Minerva, sive de Causis Latinæ Linguæ Commentarius, cui accedunt animadversiones & notæ Gasp. Scioppii, & longe uberiores Jac. Perizonii, 8. Franeq. 1693.

Sperlette Opera Philosophica, in quatuor partes, Logicam, Metaphysicam, Moralem & Physicam. prius divisim, jam nunc conjunctim edita, distributa, Editio altera emendatior, 4. Berol. 1703.

Spicilegium SS. Patrum, ut & Hæreticorum, seculi post Christum natum I. II. & III. quorum vel integra monumenta, vel fragmenta, partim ex aliorum Patrum libris jam impressis collegit, & cum Codicibus Manuscriptis contulit, partim ex MSS. nunc primum edidit, ac singularim Præfatione quam Notis subjunctis illustravit Jo. Ern. Grabius, Tom. I. sive seculum I. 8. Oxon. 1700.

- - - Seculi secundi Tomus I. 8. ibid. 1700.

355 Spanhemii dubia Evangelica CCLXXXIV. in tres partes distributa, quarum prima XXXIV. secunda C. tertia verò CL. dubia, partim exegetica, partim elenctica dissutit & vindicata à cavillis & corruptelis Atheorum, Paganorum, Judæorum, Samosatenianorum, Anabaptistarum, Pontificiorum, & Sectariorum aliorum, continent. Editio nova, emendata & recognita, 4. 2 voll. Genev. 1700.

Spencerus

LIBRORUM.

Spenceri de Legibus Hebræorum Ritualibus & earum Rationibus, libri tres, Editio tertia, 4. Lipsiæ 1705.

Sylvii (Francisci) Opera omnia, sex Tomis comprehensa, quibus continentur, Tomus I. ejus commentaria in totam primam partem D. Thomæ Aquinatis.

- - - Tomus II. ejus commentaria in totam primam secundæ S. Thomæ Aquinatis.
- - - Tomus III. ejus commentaria in totam secundam secundæ S. Thomæ Aquinatis.
- - - Tomus IV. ejus commentaria in tertiam partem S. Thomæ Aquinatis, & in ejusdem supplementum centesim. quæstione auctum.
- - - Tomus V. varia ejus Opuscula, scilicet de primo Motore, de statu hominis post peccatum, orationes Theologicæ, Apologia pro Sancto Thoma Aquinate, oratio Theologica de Sanctissimæ Trinitatis festo celebrando, libri sex de præcipuis fidei nostræ orthodoxæ controversiis cum nostris Hæreticis: quibus subjungitur Appendix diversarum Hæreseon, & Resolutiones variæ, quæ Auctoris vita atque Notis generalibus illustrabat Norbertus d'Elbecque, &c.
- - - Tomus VI. varia ejus commentaria in Genesim & Exodum jam pridem edita, nunc verò emendatiora: item in Leviticum & Numeros hactenus inedita, fol. Antverpiæ 1698.

Struvii Acta Literaria ex Manuscriptis eruta atque collecta, 8. Jenæ 1703.

Strykii Tractatus de Cautelis Testamentorum, in quo pleraque quæ in Testamentis condendis, tam quoad solennia externa, quam quoad formam illorum internam, circa heredis institutionem & exheredationem, substitutionem vulgarem & pupillarem, circa fidei commissa familiæ constituenda, legitimam fine gravamine relinquendam, legata ordinanda. Falcidiam prohibendam, codicillorum & donationem & testamentorum mutationem ac conservationem, cautè observanda, perspicue exponuntur. Accesserunt in fine variorum illustriorum Testamentorum exempla, 4. Halæ 1703.

Sylvani scholia in duas Isocratis Orationes ad Demonicum & Nicoclem, quibus ea ita illustrantur, ut ex earum metaphrasi propriam ac simplicem vocum significationem è periphrasi earundem sensum varium ac elegantem discas: è phrasibus egregiam tum Græcè tum Latine loquendi facultatem acquiras: e Græcismis, quantum Oratio Græca peculiari quodam dicendi ornatu non solum à Lingua Latina, verum etiam à vulgari Græce loquendi modo differat, facile perspicias: e sententiis morum integritatem ac sapiente vitæ instituendæ rationem percipias; ac denique ex omnibus hisce quævis Græca eleganter Latine interpretandi modum ac non mediocre veram Latinitatem à falsa & barbara discernendi judicium compares, 12. Lond. 1684.

- - - Isocratis Epistolæ quæ extant, novem, cum scholiis: quibus ex per metaphrasin & periphrasin, seu quoad verbum & sensum, Latine redduntur: Græcismis ac in primis Atticismis frequenter hic occurrentibus locupletatur: sententiis, quarum adminiculo vitæ prudenter instituendæ rationem ac modum acquiras, augentur: phrasibus loquendique formulis, tum copiæ acquirendæ, tum textus intelligendi clarius causâ, ornantur: notis denique passim illustrantur, ac ab omni difficultate & obscuritate vindicantur, 12. ibid. 1685.

- - - Scholia in Librum Plutarchi de Liberorum educatione: quibus i+ nova methodo, quoad verbum & sensum Latine redditur, Sec. 12. ibid. 1684.

- - - Luciani Dialogi selecti: inter cæteros styli præstantia, rerumque in iis contentarum dignitate præcipui: nova per metaphrasin interpretatione Latina donati: notis varios ac elegantes particularum in Lingua Græca usus demonstrantibus illustrati: Græcismis, phrasibus, loquendique formulis ac sententiis locupletati; ab omni denique obscuritate ac difficultate vindicati, 12. ibid. 1684.

- - - Præcipuæ ac omnium elegantissimæ sexaginta Æsopi fabulæ, nova per metaphrasin & periphrasin interpretatione Latina donatæ; phrasibus, Græcismis & sententiis e textu excerptis locupletatæ; notis passim illustratæ, ac ab omni difficultate & obscuritate vindicatæ, 12. ibid. 1684.

Slusii Mesolabum, seu duæ Mediæ Proportionales inter extremas datas per Circulum & per infinitas Hyperbolas, vel ellipses & per quamlibet exhibitæ, ac Problematum omnium solidorum effectio per easdem curvas. Accessit Pars altera de Analysi, & Miscellanea, 4. Leodii 1668.

Schwark de Plagio Literario, 8. Lipsiæ 1705.

Sauberti de Sacrificiis Veterum Conlectanea historico-philologica, & miscella critica; quibus accedit ejusdem de Sacerdotibus & sacris Hebræorum personis Commentarius singularis. Th. Crenius recensuit, emendavit, & Præfatione, Notis, ac plenioribus Indicibus auxit, 8. Lugduni Batavorum 1699.

Suite ou Tome III. du Virgile travesty en vers burlesques, de M. Scarron: par Messire Jaques Moreau, 12. à Amst. 1705.

Suidæ Lexicon, Græcè & Latinè. Textum Græcum cum Manuscriptis Codicibus collatum à quam plurimis mendis purgavit, Notitique perpetuis illustravit, versionem Latinam Æmilii

C 3   Porti

22 CATALOGUS

Porti Innumeris in locis correxit, Indicesque Auctorum & Rerum adjecit Lud. Kusterus, fol. III. volumin. Cantabrigiæ 1705.

T.

370 **T**Illemont Memoires pour servir à l'Histoire Ecclesiastique des six premiers siecles, justifiez par les citations des Auteurs originaux : avec une Chronologie où l'on fait un abregé de l'Histoire Ecclesiastique ; & avec des Notes pour éclaircir les difficultez, aes faits & de la chronologie. Tome VIII. qui contient les Vies de S. Athanase & des Saints qui sont morts depuis l'an 3.8. jusques en 394. & les Histoires des Priscillianistes & des Messaliens, 4. a Paris 1702.

- - - Tome IX. qui contient les Vies de S. Basile, de S. Gregoire de Nazianze, de S. Gregoire de Nysse & de S. Amphiloque. 4. ibid. 1703.

- - - Tome X. qui contient les Vies de S. Ambroise, S. Martin, S. Epiphane, & divers autres Saints, morts a la fin du quatrième siècle, & au commencement du cinquième, 4. ibid. 1705.

- - - Tome XIII. qui contient la Vie de S. Augustin, dans laquelle on trouvera l'Histoire des Donatistes de son tems & celle des Pelagiens, 4. ibid. 1702.

Tuldeni In IV. Libros Institutionum Juris civilis Commentarius Academicus simul & Pragmaticus, sive Forensis. fol. Lovanii 1702.

375 - - - Commentarius in Digesta, sive Pandectas, Methodicus, Ætiologicus, Apologicus, Pragmaticus, fol. 2 voll. ibid. 1701.

- - - Commentarius ad Codicem Justinianeum, in quo sensa Legum cujusque Tituli breviter illustrantur, & perpetuâ serie disponuntur ; enodatis insuper quæstionibus in judiciis frequentius occurrentibus, vol. ibid. 1701.

- - - de Civili Regimine Libri octo, in quibus pleraque publici Juris capita explicantur, fol. ibid. 1703.

Tractatus Novi de potu Caphé, de Chinensium Thé & de Chocolata, à D. M. Notis illustrati, 12. Genev. 1699.

Thomasii Origines Historiæ Philosophicæ & Ecclesiasticæ. hoc est, Philosophiæ Gentilis & quatuor in eâ Sectarum apud Græcos præcipuarum, hæreseos, item Simonis Magi, Gnosticorum, Massalianorum & Pelagianorum ; denique Theologiæ mysticæ pariter ac scholasticæ, 8. Halæ 1699.

380 *Trophées de Port-Royal renversez, ou Defense de la Foi des dix premiers siecles de l'Eglise touchant la Sainte Eucharistie ; contre les Sophismes de Monsieur Arnaud, contenus dans le premier Tome de la Discussion, auquel on n'a point encore repondu : divisée en IV. Livres. Nouvelle édition, revuë & corrigée, 8. Amst. 1706.*

Traité des Benefices de Fra Paolo Sarpi, avec des Notes, qui servent de preuves authentiques contre ses calomniateurs. Quatrième édition, revuë & corrigée, 12. ibid. 1706.

Theatrum Sabaudiæ Du Is, Pedemontii Principis, Cypri Regis. Pars prima, exhibens Pedemontium, & in eo Augustam Taurinorum & loca viciniora, fol. Amsterd. 1682.

- - Pars altera illustrans Sabaudiam, & cæteras Ditiones Cis & Transalpinas, priore parte derelictas, fol ibid. 1682.

Turselini Historiarum ab origini mundi, usque ad annum à Christo nato 1598. Epitome, Libri decem : cum brevibus notis , duplici item accessione, usque ad annum 1641. 12. Fran. 1645.

385 Til Malachias illustratus, seu novo Commentario analytico & exegetico ad planiorem sensus evolutionem elucidatus, & justa historiæ cum vaticiniis collatione assertus. Cui accedit Dissertatio singularis Geograp hico-Theologica de situ paradisi terrestris, 4. Lugd. Bat. 1701.

- - - Pholphoru-Propheticus, seu Mosis & Habakuki Vaticinia, novo ad istius Canticum & hujus Librum propheticum Commentario illustrata, & cum justa rerum historiâ accuratius collata. Hisce accedit Dissertatio paradoxa Theologico-Chronologica de Anno, Mense & Die nati Christi, 4. ibid. 1700.

Tacquet Elementa Geometriæ planæ ac solidæ, quibus accedunt selecta ex Archimede Theoremata, 8. Amst. 1701.

Traité Dogmatique & Historique des Edits, & des autres moiens spirituels & temporels, dont on s'est servi dans tous les tems, pour établir & pour maintenir l'Unité de l'Eglise Catholique : divisé en deux parties : la premiere depuis le commencement de l'Eglise jusqu'au neuvième siecle ; la seconde depuis le neuvième siecle jusqu'au dernier, par le feu P. Louis Thomassin. Avec un Supplement par un Prêtre de la même Congregation, pour repondre à divers Ecrits Jesuitiques & particulierement à l'Histoire de l'Edit de Nantes, qui comprend les huit derniers regnes de nos Rois, 4. 3 voll. a Paris 1703. de l'Imprimerie Royale.

Tatiani

LIBRORUM. 23

Tatiani Oratio ad Græcos; Hermiæ Irrisio gentilium Philosophorum: ex vetustissimis exemplaribus recensuit, adnotationibusque integris Conr. Gesneri, Front. Ducæi, Chr. Kortholti, Th. Galei, selectisque Henr. Stephani, Meursi, Bocharti, Cotelerii, utriusque Vossii, aliorum, suas qualescunque adjecit Wilh. Worth, S. Gr. & Lat. Oxon. 1700.

V.

Vitringa Anacrisis Apocalypseos Joannis Apostoli, qua in veras interpretandæ ejus hypotheses diligenter inquiritur; & ex iisdem Interpretatio facta, certis Historiarum monumentis confirmatur atque illustratur: ea etiam qua Meldensis Præsul Bossuetus in hujus vaticinii Commentario supposuit, & ex-getico Protestantium systemati in Visis de Bestia ac Babylone Mystica objecit, examinantur, 4. Franeq. 1705. 390

Vaira de Prærogativa Oecumenicæ Nomenclationis & Potestatis Romani Pontificis à Constantinopolitanis Præsulibus usurpata historica Dissertatio, fol. Patavii 1704.

Vita Laur. Chadertoni; unà cum vita Jac. Usserii, tertia fere parte aucta, quam importuna nimis Typographi festinatio (Autori tunc valetudinario transcribendi copiam non permittens) à priore editione interclusserat, à W. Dillingham. Accesserunt etiam ejusdem Conciones, altera pro gradu Baccalaureatus in SS. Theologia, pro Doctoratu gradu altera, 8. Cantab. 1700.

- - - Theodorici Regis Ostrogothorum & Italiæ, auct Joh. Cochlæo, Germano, cum additamentis & annotationibus, quæ Sueco-Gothorum ex Scandia expeditiones & commercia illustrant, operâ Joh. Perior-kiold, 4. Stockholm. 1699.

Varenii Descriptio Regni Japoniæ & Siam; item de Japoniorum religione & Siamensium; de diversis omnium gentium religionibus; quibus præmissa Dissertatione de variis rerum publicarum generibus, adduntur quædam de priscorum Afrorum fide excerpta ex Leone Africano, 8. Cantab. 1673.

Vies des Saints Peres des Deserts & de quelques Saintes, écrites par des Peres de l'Eglise & autres anciens Auteurs Ecclesiastiques, traduites en François par M. Arnauld d'Andilly, 4. à Brux. 1694. 395

Vie de Pythagore, ses symboles, ses vers dorez, & la Vie d'Hierocles: par Mr. Dacier, 12. 2 voll. à Paris 1706.

Voyage du Monde de Descartes. Nouvelle édition revuë & augmentée d'une cinquième Partie, ajoutée aux quatre precedentes, 12. 2 voll. Amst. 1706.

Voet de Jure Militari Liber singularis, in quo plurima ad militiæ militumque jura pertinentes controversiæ juxta leges, gentium mores, & rerum judicatarum exempla sunt definita. Editio secunda, priore auctior & emendatior, 8. Hagæ 1705.

Vita & Philosophia Th. Campanellæ, Autore Ern. Sal. Cypriano, 8. Amstelodami 1705.

Voyages historiques de l'Europe, ou les Delices de la France, d'Espagne, d'Italie, d'Allemagne, d'Angleterre, des Provinces Unies, du Païs-Bas Espagnol, de la Pologne & Lithuanie, de la Suede, du Danemarck, de la Norwege, des Iles d'Islande, & de la Moscovie, 12. 8 voll. à Bruxelles 1704. 400

Voyage round the World; describing particularly, the Isthmus of America, several Coasts and Islands in the West-Indies, the Isles of Cape Verd, the Passage by Terra del Fuego, the South-sea Coasts of Chili, Peru, and Mexico; the Isle of Guam one of the Ladrones, Mindanao, and other Philippine and East India Islands near Cambodia, China, Formosa, Luconia, Celebes, &c. New Holland, Sumatra, Nicobar Isles; the Cape of Good Hope, and Santa Hellena. Their soil, Rivers, Harbours, Plants, Fruits, Animals, and Inhabitants. Their Customs, Religion, Government, Trade, &c. By William Dampier. Illustrated with particular Maps and Draughts, 8. London 1701.

- - II. In three Parts, viz. 1. A Supplement of the Voyage round the World, describing the Countries of Tonquin, Achin, Malacca, &c. Their Product, Inhabitants, Manners, Trade, Policy, &c. 2. Two Voyages to Campeachy; with a Description of the Coasts, Product, inhabitants, Logwood Cutting, Trade, &c. of Jucatae, Campeachy, New-Spain, &c. 3. A Discourse of trade, winds, Breezes, storms, seasons of the year, tides and Currents of the Torrid Zone troughout the world: with an Account of Natal in Africk, its Product, Negros, &c. By William Dampier: Illustrated with particular Maps and Draughts: to which is added a general Index to both Volumes, 8. ibid. 1705.

III. To New Holland, &c. In the year 1599. wherein are described, the Canary-Islands, the Isles of Mayo and St Jago, the Bay of All Saints, with the forts and town of Bahia in Brasil, Cape Salvadore. The Winds on the Brasilian Coast, Abroblo-shoals. A table of all the variations observ'd in this voyage, Occurrences near the Cape of Good Hope, the course to

CATALOGUS, &c.

to New Holland. Shark's Bay, the Isles and Coast, &c. of New Holland. Their Inhabitants, Manners, Customs, Trade, &c. their Harbours, soil, Beasts, Birds, fish, &c. trees, Plants, fruits, &c. Illustrated with several Maps and Draughts, also divers Birds, fishes, and Plants, not found in this part of the World, curiously ingraven on Copper Plates: by William Dampier, 8. ibid. 1703.

Voyage (a new) and Description of the Isthmus of America, giving an account of the Author's Abode there, the form and make of the Country, the Coasts, Hills, Rivers, &c. woods, foil, weather, &c. trees, fruits, beasts, birds, fish, &c. the Indian Inhabitants, their Manners, Customs, Employments, marriages, feasts, Hunting, Computation, Language, &c. With remarkable Occurences in the South-Sea and elsw'here, by Lionel Wafer: to which are added, the Natural History of those Parts, by a Fellow of the Royal Society, 8. London 1704.

W.

405 Witsii Exercitationes Sacræ in Symbolum, quod Apostolorum dicitur, & in Orationem Dominicam, 4. Amst. 1697.

— — — Miscellaneorum Sacrorum Tomus alter, continens 29. Exercitationes maxima ex parte historico & critico-theologicas; nonnullas in Ultrajectina, alias in Leidensi Academia studiose juventuti exhibitas: quibus accesserunt Animadversiones ad controverfias quasdam Anglicanas, ut & Orationes quinque, 4. Amst. & Ultraj. 1700.

— — — Meletemata Leidensia, quibus continentur Prælectiones de vita & rebus gestis Pauli, Nec non Dissertationum exegeticarum Duodecas: denique Commentarius in Epistolam Judæ Apostoli, 4. Lugd. Bat. 1703.

Weidenfeld de fecretis Adeptorum, five de Usu spiritus vini Lulliani Libri IV. Opus practicum per Concordantias Philosophorum inter fe discrepantium, tam ex antiquis, quam modernis Philosophis adeptis Patribus mutuo conciliaris summo studio collectum, & novissime concinne methodo ita digestum, ut vel tyrones possint discernere, vegetabilium, animalium, mineralium præparationes suppositicias sophisticasve à veris, tyropœa medica, five metallica, atque sic cavere fibi à vagabundis deceptoribus, Imaginariis processibus, & foarum pecuniarum dilapidatione, 4. Lodini 1684.

Waltheri Officina Biblica, noviter adaperta: in qua perspicuè videre licet, quæ fcitu, cognituque maxime sunt necessaria, de SS. Scriptura in genere, & in specie, de Libris ejus I. Canonicis, II. Apocryphis, III. Deperditis, IV. Spuriis, ad ufuale exemplar B. Auctoris editione hac tertia emendata, & in aliquot locis aucta, fol. Wittenb. 1703.

X.

410 Xenophontis Opera quæ extant omnia, una cum Chronologia Xenophontis Cl. Dodwelli, & quatuor Tabulis Geographicis. Accessere Veterum Testimonia de Xenophonte, & Fragmenta Oeconomicorum Ciceronis, 8. 7 voll. Oxonii 1703.

FINIS.

Nº. XI.
CATALOGUS LIBRORUM,
Quibus Officinam suam auxit
Annis præteritis 1707. & 1708.
REGNERUS LEERS,
Bibliopola Roterodamensis.

A.

Pologétique de Tertullien; ou Defense des Chrétiens contre les accusations des Gentils. De la Traduction de M. Givy. Nouvelle Edition, avec le Texte Latin à côté; augmentée d'une Dissertation Critique touchant Tertullien & ses Ouvrages, 8. *à Amsterd.* 1701. 1

Ayllon Illustrationes, sive Additiones eruditissimæ ad varias Resolutiones Ant. Gomezii: quibus non solùm ipsius Gomezii doctrina novam splendorem accipit, verùm etiam difficillimæ de Testamentis, Contractibus & Delictis Quæstiones doctissimis scholiis enodantur & elucidantur, fol. *Lugd.* 1691.

Actes & Memoires des Negotiations de la Paix de Ryswick; seconde Edition, revuë, corrigée & augmentée, 5 voll. 12. *à la Haye* 1708.

Archæologia Britannica, giving some accounts additional to what has been hitherto publish'd of the languages, Histories and customs of the Original Inhabitants of Great Britain, from Collections and observations in travels through Wales, Cornwal, Bas-Bretagne, Ireland and Scotland, by Edw. Lhoyd, fol. *Oxford* 1707.

Apulée de l'Esprit familier de Socrate; Traduction nouvelle, avec des Remarques, 12. *Paris* 1698. 5

l'Apocalypse expliquée par l'Histoire Ecclesiastique, 4. *Paris* 1701.

Avis sinceres aux Catholiques des Provinces-Unies sur le Decret de l'Inquisition de Rome contre Mr. l'Archevêque de Sebaste, Vicaire Apostolique, avec plusieurs Pieces qui ont rapport à son affaire, 12. 1704.

Anatomie de la sentence de Mr. l'Archevêque de Malines contre le P. Quesnel, où l'on découvre les injustices & les nullitez, fondées sur les calomnies & les artifices de son Fiscal, & sur les defauts essentiels de la Procedure, 12. 1705.

Arnauld Tradition de l'Eglise sur le sujet de la Penitence, & de la Communion; representée dans les plus excellens Ouvrages des Saints Peres Grecs & Latins; & des Auteurs celebres de ces derniers siecles, 8. *Paris* 1700.

Arithmetica Universalis; sive de Compositione & de Resolutione Arithmetica liber, 8. *Cantabrigiæ* 1707. 10

2 CATALOGUS

Atlas Hiſtorique, ou Nouvelle Introduction à l'Hiſtoire, à la Chronologie & à la Geographie ancienne & moderne; repreſentée dans de Nouvelles Cartes, où l'on remarque l'Etabliſſement des Etats & Empires du monde, leur durée, leur chûte & leurs differens Gouvernemens; la Chronologie des Conſuls Romains, des Papes, des Empereurs, des Rois & des Princes, &c. qui ont été depuis le commencement du monde juſqu'à preſent, & la Genealogie des Maiſons Souveraines de l'Europe. Par M. C * * *. avec des Diſſertations ſur l'Hiſtoire de chaque Etat. Par Mr. Gueudeville. Tome II. premiere Partie, qui comprend l'Allemagne, la Pruſſe, la Hongrie, & la Boheme, fol. Amſterd. 1708.

- - - Seconde Partie, qui comprend la Grande Bretagne, l'Irlande, la Suiſſe, la Savoye, la Lorraine & la Republique de Veniſe, fol. ibid. 1708.

Adefidemon, ſive Titus Livius à ſuperſtitione vindicatus; in qua Diſſertatione probatur, Livium Hiſtoricum in Sacris, Prodigiis, & Oſtentis Romanorum enarrandis, haudquaquam fuiſſe credulum aut ſuperſtitioſum; ipſamque ſuperſtitionem non minùs Reipublicæ, ſi non magis exitioſam eſſe, quàm purum putum Atheiſmum. Autore J. Tolando, 8. Hagæ 1709.

B.

15 Boholus de officio Medici duplici, clinici nimirum ac forenſis, hoc eſt, quâ ratione ille ſe gerere debeat, ut eruditi, prudentis a. Ingenui comen utrinque tueatur, 4. Lipſiæ 1704.
Bakii, copioſiſſima Evangeliorum Dominicalium Expoſitio, ex Orthodoxis, Pontificiis, Calvinianis &c. Theologis plurimis Ita conſcripta, ut ad Orthodoxias adſertionem, Heterodoxias deſertionem, fontanam Textus expoſitionem, nec non annui Miniſtrorum Eccleſiæ laboris jucundam allevationem plurimum faciat, 4. 2 voll. Lipſiæ 1697.
Beccheri Phyſica ſubterranea, profundam ſubterraneorum geneſin, è principiis hucuſque ignotis, oſtendens: opus ſine pari, primum hactenus & princeps, Editio noviſſima, 8. Lipſiæ 1703.
Eos Obſervationes Miſcellaneæ ad Loca quædam cùm Novi Foederis, tum exterorum Scriptorum Græcorum, 8. Franeq. 1707.
Boſſuet, Evêque de Meaux, Inſtruction ſur les états d'Oraiſon, où ſont expoſées les erreurs des faux Myſtiques de nos jours: avec les actes de leur condamnation, 8. Paris, 1697.
- - - Divers écrits ou Memoires ſur le livre intitulé: Explication des Maximes des Saints, 8. ibid. 1697.
20 - - - Reponſes de Monſeigneur l'Evêque de Meaux aux Lettres & Ecrits de Monſeigneur l'Archevêque de Cambray, au ſujet du livre qui a pour titre, Explication des Maximes des Saints, ſur la vie interieure: avec quelques autres Ouvrages, 8. ibid. 1699.
- - - Myſtici in tuto, ſive de S. Thereſa, de B. Joanne à Cruce, aliiſque piis Myſticis vindicandis, 8. ibid.
- - - Actes de la condamnation des Quietiſtes, 8. ibid.
- - - Divers écrits ou Memoires ſur le livre intitulé: Explication des Maximes des Saints, &c. Sommaire de la Doctrine de ce livre, en Latin & en François. Declaration des ſentimens de trois Evêques, auſſi en Latin & en François: avec une Preface ſur l'Inſtruction Paſtorale donnée à Cambray le 15. de Septembre 1697. 8. ibid. 1698.
- - - de Nova Quæſtione tractatus tres: I. Myſtici in tuto. II. Schola in tuto. III. Quietiſmus Redivivus, 8. ibid. 1698.
25 Bible Sainte, qui contient le Vieux, & le Nouveau Teſtament, expliquez par des Notes de Theologie & de Critique ſur la Verſion ordinaire des Egliſes Reformées, revuë ſur les Originaux, & retouchée dans le langage: avec des prefaces particulieres ſur chacun des livres de l'Ecriture Sainte, & deux prefaces generales ſur l'Ancien & ſur le Nouveau Teſtament, par D. Martin, fol. Amſt. 1707.
Bonanni Numiſmata Pontificum Romanorum, quæ à tempore Martini V. uſque ad annum M.DC.XCIX. vel authoritate publici, vel privato genio in lucem prodiere, explicata, ac multiplici eruditione ſacra, & prophana illuſtrata, Tomus primus, continens Numiſmata à Martino V. uſque ad Clementem VIII. fol. Romæ 1699.
- - - Tomus ſecundus, continens Numiſmata à Clemente VIII. uſque ad Innocentium XII. fol. ibid. 1699.
- - - Numiſmata ſummorum Pontificum, Templi Vaticani fabricam indicantia, Chronologica ejuſdem fabricæ narratione, ac multiplici eruditione explicata; atque uberiori Numiſmatum omnium Pontificiorum lucubrationi veluti Prodromus præmiſſa, Opus ſecundò impreſſum cum correctione, & additamento, fol. ibid. 1709.

Bayle.

LIBRORUM.

Bayle, Institutiones Physicæ ad usum scholarum accommodatæ, cum indice, elenchis, & figuris æneis accuratissimis, 4. 3 voll. Francofurti 1707.
Burnet Thesaurus Medicinæ practicæ; ex præstantissimorum Medicorum Observationibus, Consultationibus, Consiliis & Epistolis, summâ diligentiâ collectus, ordine alphabetico dispositus, & in octodecim Libros divisus, 4. Lugduni 1702.
Beveregii Institutiones Chronologicæ. Libri II. unà cum totidem Arithmetices Chronologicæ libellis. Editio altera, priori emendatior, 4. Londini 1705.
Bibliotheque Choisie, pour servir de suite à la Bibliotheque Universelle, par J. le Clerc, Année 1707. & 1708. Tom. XIII. XIV. XV. XVI. & XVII. 12. Amst. 1707. & 1708.
Bellarmin premier Opuscule, Degrez pour élever son esprit à Dieu, traduit du Latin par le Pere J. Brignon, 12.
- - - Second Opuscule, du Bonheur éternel des Saints, sous le nom de Royaume de Dieu, 12.
- - - Troisiéme Opuscule, du Gemissement de la Colombe ou de l'utilité des Larmes, 12.
- - - Quatriéme Opuscule, des Sept Paroles de Jesus-Christ sur la Croix, 12.
- - - Cinquiéme Opuscule, de la bonne Mort, 12. à Par. 1701.
Bibliotheque Universelle des Historiens; contenant leurs Vies, l'Abregé, la Chronologie, la Geographie, & la critique de leurs Histoires, un jugement sur leur stile, & leur caractère; & le denombrement des differentes éditions de leurs Oeuvres: avec des Tables Chronologiques & Geographiques, par Du Pin. 4. Amsterd. 1708.
Best Ratio emendandi Leges, sive Libellus, in quo, secundum regulas certas plurimæ emendantur Leges; nonnullæ explicantur: stabilita plerisque in locis Pandectarum Florentinarum authoritate. Addita sunt etiam aliorum Auctorum loca non pauca, & ex Codice Theodosiano quædam Leges, quibus iisdem ex regulis petita adfertur medicina, 8. Ultrajecti 1707.
Bibliotheque, contenant un amas curieux de Sentences de Morale, tirées des plus beaux passages de tous les Auteurs celebres, tant anciens que modernes: le tout rangé par ordre alphabetique, suivant la dignité des sujets, par Mr. Coursan, 12. à la Haye 1701.
Bidloo, Exercitationum Anatomico chirurgicarum decades decem, 4. Lugd. Bat. 1708.
Bossuet, Evêque de Meaux, Histoire des Variations des Eglises Protestantes, 2 voll. 12. Paris 1702.
Brousson, Remarques sur la traduction du Nouveau Testament, faite par l'ordre du Clergé de France & par le Ministere de Denys Amelot, adressées au Roi de France, 12. Delft 1697.
Brunneri Experimenta nova circa Pancreas. Accedit Diatribe de Lympha & genuino Pancreatis usu, 8. Lugd. Bat. 1709.

C.

Corpus Juris Canonici, Gregorii XIII. Pont. Max. jussu editum à Petro Pithoeo, & Francisco fratre, Jurisconsultis: ad veteres Codices manuscriptos restitutum, & notis illustratum, ex Bibliotheca Ill. D. D. Claudii le Peletier, fol. 2 voll. Lipsiæ 1705.
Corn. Nepotis excellentium Imperatorum Vitæ. Editio novissima: accessit Arietomenis Messenii vita, ex Pausania, 8. Oxoniæ 1697.
Conjectures Physiques, par Hertsoeker, 4. Amsterd. 1706.
Cocceii Opera Theologica & Philologica, fol. 2 voll. Amsterd. 1705.
Carlevalii Disputationes Juris variæ, ad interpretationem Regiarum Legum Regni Castellæ, & illis similium, tàm ex Jure Neapolitano, quàm ex utroque communi Civili, & Canonico; de Judiciis, Tomus prior, complectens titulum primum de Judicibus, & eorum legitima potestate, cum integro Tractatu de foro competenti, & aliis spectantibus ad Judicum potestatem, fol. Lugduni 1702.
- - Tomus posterior, continens titulos ultimos de judiciis in genere, judicio executivo, & concursu creditorum, fol. ibid. 1702.
Catalogus Bibliothecæ Publicæ Universitatis Francofurtanæ, edente Joh. Chr. Becmano, fol. Francofurti, 1705.
Constitutiones & Regulæ Cancellariæ Romanæ sub Alexandro P. P. VII. 12. Romæ.
Contes & tables de Mr. le Noble, avec le sens moral, 8. 2 voll. Bruxell. 1707.
Caractère du vrai Chretien, & le moyen de le devenir, en forme d'Entretiens, entre Elie & Christophile, ou il est parlé des biens que nous possedons en Jesus-Christ; des engagemens où ils nous mettens de vivre dans la vraye pieté: de l'épreuve que nous devons faire de nous-mêmes sur ce sujet: & qu'il n'y a que les vrais Chretiens qui jouissent d'un vrai repos, & qui goutent une joye solide, par Silbersma, 8. Delft 1707.

A 2 Contes

4 CATALOGUS

55 Contes des Contes des Fées par Mademoiselle de * * *. 12. Amsterd. 1708.

Chirurgien d'Hôpital, enseignant une manière douce & facile de guerir promptement toutes sortes de plaies avec un moien d'éviter l'exfoliation des os, & une plaque nouvellement inventée pour le pansement des trepans, 12. Amsterd. 1708.

Chimere du Jansenisme, ou Dissertation sur le sens, dans lequel les Cinq Propositions ont été condamnées, pour servir de réponse à un écrit, qui a pour titre: Deuxième Defense de la Constitution, 12. 1708.

Confessions de St. Augustin, Traduction nouvelle, sur l'édition des Peres Benedictins de la Congregation de St. Maur; avec des Notes, & de nouveaux sommaires aux Chapitres. Cinquième Edition. 12. Paris 1701.

Calderwood, Ecclesiae Anglicanae Politia, Ecclesiae Scoticanae obstrusa, à formalista quodam delineata, illustrata & examinata, sub nomine olim Edw. Didoclavii studio & opera, & adjecta Epistola Hieronymi Philadelphi de Regimine Ecclesiae Scoticanae, ejusque Vindiciae contra Calumnias Joh. Spotswodi, Paul Andreae Pseudo Archiepiscopi, per Anonymum, 4. Lugduni Bat. 1708.

60 Clef du Cabinet des Princes de l'Europe, ou Recueil Historique & Politique sur les matieres du tems depuis Juillet 1704. jusqu'à Juillet 1708. inclusivement, 8.

Commentaires de Cesar, de la Traduction de Perrot, Sieur d'Ablancourt, 12. Amsterd. 1708.

Comte de Gabalis, ou suite des nouveaux Entretiens sur les Sciences secretes touchant la nouvelle Philosophie: Ouvrage posthume, 8. ibid.

Cours d'Operations de Chirurgie, demonstrées au Jardin Royal par Mr. Dionis, 8. Bruxelles 1708.

D.

Divers Abus & Nullités du Décret de Rome du 4. Octobre 1707. au sujet des affaires de l'Eglise Catholique des Provinces Unies, 12. 1708.

65 Declaration Apologetique de Messire Pierre Codde, où il fait une deduction simple & facile des principaux points de son affaire, avec des preuves authentiques & des pieces justificatives, 12. Utrecht 1702.

Devoirs d'un Gentilhomme, par l'Auteur de la Pratique des Vertus Chretiennes. Traduit de l'Anglois, 12. Amsterd. 1709.

Deterse de la Justice, de la Souveraineté du Roi, de la sentence du Souverain Conseil de Brabant, & au droit des Escheval quez, dans la cause de Mr. Vander Nesse, contre Mr. l'Archevêque de Malines: où l'on trouve une ample Reponse à la Deduction Sommaire de ce Prelat, une nouvelle Refutation de son Monitoire, l'Examen du Decret de l'Inquisition du 19. Mars 1708, l'Apologie de la Protection Royale & du Recours des Ecclesiastiques au Roi & à ses Conseils contre les voyes de fait & contre les excommunications injustes & abusives, 4. 1708.

Dissolutio schematis Wyckaci bipartiti de Praedestinatione, per F. Norb. d'Elbecque, 12. Antverpiae 1708.

Dialogi Pacifici inter Theologum & Jurisconsultum, contra libellum de Quaestione facti Jansenii variae quaestiones juris & res, onsa, 8. Bruxellis 1708.

70 Descartes Opera omnia novem Tomis comprehensa; quorum continentur Tomo I. & II. Meditationes de Prima Philosophia, Epistola ad celeberrimum virum, D. Gisb. Voetium: Principia Philosophiae, Dissertatio de Methodo, Dioptrice, Meteora, Tractatus de Passionibus Animae, 4. Amstelodami 1692.

- - - III. Tractatus de Homine & de formatione foetus: quorum prior notis perpetuis Lud. de la Forge illustratur, 4. ibid. 1692.

- - - IV. V. VI. Epistolarum Partes tres, partim ab Auctore Latino Sermone conscriptae, partim ex Gallico translatae, in quibus omnis generis quaestiones Philosophicae tractantur, & explicantur plurimae difficultates, quae in reliquis ejus operibus occurrunt, 4. ibid. 1692.

- - - VII. VIII. Geometriae Partes duae, aliquot Tractatibus adjunctis, prout in Catalogo post titulum, 4. ibid. 1692.

- - - IX. Opuscula Posthuma, Physica & Mathematica. Musicae Compendium, 4. ibid. 1692.

75 Discours du Comte de Bussy Rabutin à ses enfans, sur le bon usage des adversitez, & les divers evenemens de la vie, troisième Edition, 12. Paris 1701.

Decisiones novissimae Sacri Reg. Cons. Neapol. Hect. Cap. Latri, in quibus abstrusiores Juris quaestio-

LIBRORUM.

quæstiones, contractuum, ultimarum voluntatum, Criminales, Feudales, Consuetudinariæ pertractantur. Opus Magistratibus, Advocatis, cæterisque in utroque foro versantibus, non solùm utile, sed & necessarium: cum duplice indice, altero Argumentorum, Materiarum altero: accesserunt hac novissima Editione observationes ad singulas Decisiones utriusque Tomi, Mich. Ang. Gizzii, fol, 2 voll. Genev. 1706.

Devoirs de l'Homme, & du Citoyen, tels qu'ils lui sont prescrits par la Loi Naturelle. Traduits du Latin de feu Mr. le Baron de Pufendorf, par J. Barbeyrac, avec quelques Notes du Traducteur, 8, Amsterd. 1707.

- - - de la Vie Domestique, par un pere de famille, 12. Bruxell. 1707.
- - - des Filles Chretiennes pour mener une vie chaste & vertueuse dans le monde, 12. ibid. 1707.

D'Outrein Oratio de Nazirælis, 4. Dordraci 1703.

Dissertations Historiques sur divers sujets, 12. Tom. 1. Rotterd. 1707.

Declaration de l'Electeur Palatin, en faveur de ses sujets Protestans, notifiée à sa Majesté la Reine de la Grande Bretagne, & à leurs Hautes Puissances les Etats Generaux; précédée d'un Discours Historique sur les causes des innovations, & des griefs de Religion que S. A. E. a depuis peu si heureusement redressez: par Mr. Toland, 4. à la Haye 1707.

Description Anatomique des parties de la femme, qui servent à la generation; avec un Traité des Monstres, de leur causes, de leur nature, & de leur difference: & une description anatomique, de la disposition surprenante de quelques parties externes & internes, de deux enfans nez dans la ville de Gand, capitale de Flandres le 28. Avril 1703. &c. par Mr. Palfin; lesquels Ouvrages on peut considerer comme une suite de l'Accouchement des femmes, par Mr. Mauriceau, avec figures, 4. Leide 1708.

Dissertation sur l'Arche de Noé, & sur l'Hemine & le Livre de St. Benoit, par Pelletier, 12. Rouen 1704.

Dictionaire François, contenant generalement tous les mots tant vieux que nouveaux, & plusieurs Remarques sur la Langue Françoise; ses expressions propres, figurées & burlesques, la prononciation des mots les plus difficiles; le genre des noms, la conjugaison des verbes, leur regime, celui des adjectifs & des prepositions, avec les termes les plus connus des Arts & des Sciences. Le tout tiré de l'usage des bons Auteurs, par Richelet: exactement revû, corrigé & augmenté d'un très grand nombre de mots & de phrases, & enrichi de plusieurs nouvelles observations, tant sur la Langue, que sur les Arts & sur les Sciences, fol. Amsterd. 1706.

Dictionary English, German and French, containing not only the English words in their alphabetical order, together with their several significations; but also their proper accens, phrases, figurative speeches, idioms & proverbs, 4. Lipsiæ 1706.

Dominio temporale della Sede Apostolica sopra la Città di Comacchio per lo spazio continuato di dieci secoli esposto a un Ministro d'un Principe, 4. 1708.

Delices de l'Espagne & du Portugal, où l'on voit une description exacte des Antiquitez, des Provinces, des Montagnes, des Villes, des Rivieres, des Ports de Mer, des Forteresses, Eglises, Academies, Palais, Bains, &c. de la Religion, des mœurs des habitans, de leurs fêtes, & generalement de tout ce qu'il y a de plus considerable à remarquer. Le tout enrichi de figures en taille douce, dessinées sur les lieux mêmes, par Don J. Alv. de Colmenar, Tome Premier, qui comprend, outre l'état de l'ancienne Espagne, les Provinces de Biscaye, d'Asturie, de Galice, de Leon, & de la Castille Vieille, 12. à Leide 1707.

- - - Tome Second, qui contient la Castille Nouvelle, 12. ibid.
- - - Tome Troisième, qui comprend les Provinces d'Andalousie, de Grenade, de Murcie, de Valence, de Catalogne, d'Arragon, & de Navarre, & les Iles de Cadix, de Majorque & de Minorque, &c. 12. ibid.
- - - Tome Quatrieme, qui comprend les six Provinces du Royaume de Portugal, 12. ibid.
- - - Tome Cinquième, qui contient une description generale & abregée de toute l'Espagne & du Portugal, des qualitez de l'air & du terroir, des mœurs des Espagnols, & des Portugais; de leur Religion, de leur gouvernement, &c. 12. ibid.

Delices de la Grande Bretagne, & de l'Irlande; où sont exactement decrites les Antiquitez, les Provinces, les Villes, les Bourgs, les Montagnes, les Rivieres, les Ports de Mer, les Bains, les Forteresses, Abbayes, Eglises, Academies, Colleges, Bibliotheques, Palais, les principales Maisons de Campagne & autres beaux Edifices des familles illustres, avec leurs Armoiries, &c. la Religion, les mœurs des habitans, leurs jeux, leurs divertissemens, & generalement tout ce qu'il y a de plus considerable à remarquer, par Beeverell. Le tout enrichi de trés belles figures, & Cartes Geographiques, dessinées sur les originaux. Tome Premier, qui comprend, outre l'etat de l'ancienne Angleterre, les Provinces d'Essex, de Suffolk, de Norfolck, de Cambridge,

A 3

6   CATALOGUS

bridge, de Huntington, de Lincoln, d'York, de Durham, & de Northumberland, & les Iles qui en dependent, 12. à Le de 1707.

- - - Tome Second, qui comprend les Provinces de Cumberland, de Weftmorland, de Lancaftre, de Chefter, de Darby, de Nottincham, de Leycefter, de Stafford, de Shrewsbury, la Principauté de Galles, qui contient les Provinces de Flint, de Denbigh, de Caernarvan, de Merioneth, de Montgommery, de Radnor, de Cardigan, de Pembrok, de Caermarden, de Breknok, de Glamorgan, de Monmuth, & de Hereford, de Worcefter, de Warwick, de Northamton, de Rutland, de Bedford, de Hartford, de Buckingham, & les Iles voifines, 12. ibid.

- - - Tome Troifiéme, qui comprend les Provinces d'Oxford, de Glocefter, de Wilt, de Sommerfet, de Devonshire, de Cornouaille, de Dorfet, de Southampton, de Suffex, & les Iles de leur reffort, 12. ibid.

- - - Tome Quatriéme, qui comprend les Provinces de Kent, de Surrey, de Barkshire, & de Middlefex, 12. ibid.

- - - Tome Cinquiéme, premiere Partie, qui comprend les principales Maifons de Campagne des familles illuftres, 12. ibid.

- - - Tome Cinquiéme, feconde Partie, qui contient le refte de plus confiderables Maifons de Campagne des Seigneurs & des Gentilshommes de la Grande Bretagne, & outre cela il eft traité de l'air & du teroir de l'Angleterre, des moeurs, de la Langue, des divertiffemens, du Commerce, des Sciences, de la Religion, du Gouvernement, de la Maifon Royale, de la Nobleffe, des forces & des revenus de l'Etat, 12. ibid.

- - - Tome Sixiéme, qui comprend, outre l'etat de l'Ecoffe ancienne, les Provinces de Merche, de Landerdale, de Tivedale, de Tweedale, de Liddesdale, d'Eskedale, d'Eufdale, de Drumfrees, d'Annandale, de Nithefdale, de Galloway, de Carrik, de Kyle, de Cuningham, de Cluydefdale, de Lothiane, de Sterlin, de Lenox, de Menteith, de Stratherne, de Fife, de Perth, d'Augus, & les Iles voifines, 12. ibid.

- - - Tome Septieme, qui comprend les Provinces de Mernis, de Marr, de Bunhan, de Murray, de Badenoch, d'Arbol, de Loch-Aber, de Braid-Aibain, d'Argile, de Lorne, de Rofs, de Sutherland, de Strath-Navern, de Catnefs, les Iles Orcades, celles de Schetland, & autres, 12.

- - - Tome Huitiéme, qui comprend les Provinces d'Irlande, favoir la Momonie, qui contient les Comtez de Clare, de Limmerick, de Kerry, de Corke, de Waterford, de Tipperary; celle de Leinfter, où l'on trouve les Comtez de Wexford, de Wicklo, de Dublin, d'Eft Meath, de Weft-Meath, de Longford, de Kingscounty, de Queens county, de Kilkenny, de Caterlangh, de Kildare, celle d'Ultonie, qui a les Comtez de Louth, de Down, d'Antrim, de Londonderry, de Tirconnel, de Tyrone, d'Armagh, de Monaghan, de Fermanagh, de Cavan; & celle de Connacie, ou l'on voit les Comtez de Slego, de Mayo, de Galloway, de Rofcoman, de Letrim, avec les Iles qui en dependent, 12. ibid.

Dictionnaire Univerfel, contenant generalement tous les mots François, tant vieux que modernes, & les termes des Sciences & des Arts, favoir la Philofophie, Logique & Phyfique; la Medecine, ou Anatomie, Pathologie, Therapeutique, Chirurgie, Pharmacopée, Chymie, Botanique, ou l'Hiftoire naturelle des Plantes, & celle des Animaux, Mineraux, Metaux & Pierreries, & les noms des Drogues artificielles: la Jurifprudence Civile & Canonique, & Municipale, & fur tout celle des O donnances: les Mathematiques, la Geometrie, l'Arithmetique & l'Algebre, la Trigonometrie, Geodefie ou l'Arpentage, & les Sections Coniques, l'Aftronomie, l'Aftrologie, la Gnomonique, la Geographie, la Mufique, tant en theorie qu'en pratique, les Inftrumens à vent & à cordes, l'Optique, Catoptrique, Dioptrique & Perfpective, l'Architecture civile & militaire, la Pyrotechnie, Tactique & Statique: les Arts, la Rhetorique, la Poëfie, la Grammaire, la Peinture, Sculpture, &c. la Marine, le Manege, l'Art de faire les armes, le Blafon, la Venerie, Fauconnerie, la Pêche, l'Agriculture, ou Maifon Ruftique, & la plupart des Arts mechaniques: plufieurs termes de Relations d'Orient & d'Occident, la qualité des Poids, Mefures & Monnoyes; les Etymologies des mots, l'invention des Langues, & l'Origine de plufieurs Proverbes, & leur relation à ceux des autres Langues; & enfin les noms des Auteurs qui ont traité des matieres qui regardent les mots, expliquez avec quelques Hiftoires, Curiofitez naturelles, & Sentences morales, qui feront rapportées pour donner des exemples de phrafes & de conftructions. Le tout extrait des plus excellens Auteurs anciens & modernes. Recueilli & compilé par feu Meffire Antoine Furetiere, Abbé de Chalivoi, de l'Academie Françoife. Troifieme Edition, revuë, corrigée & augmentée par Monfieur Bafnage de Beuval. Tome Premier, fol. Rotterdam 1708.

LIBRORUM.

E.

Elemens d'Euclide, expliquez d'une maniere nouvelle & très-facile, avec l'usage de chaque Proposition pour toutes les parties des Mathematiques, par Dechalles, 12. Amsterd. 1700.

Entretiens de Maxime & de Themiste, ou Reponse à l'Examen de la Theologie de Mr. Bayle, par Mr. Jaquelot, 12. Rotterd. 1707.

- - - de Maxime & de Themiste, ou Reponse à ce que Mr. le Clerc a écrit dans son X. Tome de la Bibliotheque choisie contre Mr. Bayle, 12. ibid. 1707.

Erasmi Roterodami Opera omnia, emendatiora & auctiora, ad optimas editiones praecipuè, quas ipse Erasmus postremò curavit summâ fide exacta, doctorumque Virorum notis illustrata in decem Tomos distincta, quorum primo in hac Editione praefixa sunt Elogia & Epitaphia Erasmi, à Viris doctis conscripta, nec conjunctim unquam antea sic edita: cum Indicibus totius operis copiosissimis, fol. Lugd. Batav. 1703.

- - - Tomus secundus, complectens Adagia, fol. ibid. 1703.
- - - Tomus tertius, qui complectitur Epistolas, pluribus, quàm CCCCXXV. ab Erasmo, aut ad Erasmum scriptis auctiores, ordine temporum nunc primùm dispositas, multò quàm unquam anteà emendatiores, & praestantium aliquot Virorum, ad quos scriptae sunt, imaginibus ornatae, fol. ibid. 1703.
- - - Tomus quartus, complectens quae ad Morum Institutionem pertinent, fol. ibid. 1703.
- - - Tomus quintus, qui continet quae ad pietatem instituunt, fol. ibid. 1704.
- - - Tomus sextus, complectens Novum Testamentum, fol. ibid. 1705.
- - - Tomus septimus, complectens Paraphrasin in Novum Testamentum, fol. ibid. 1706.
- - - Tomus octavus, qui complectitur versa è Patribus Graecis: ad quae accesserunt in hac Editione, Oratio de Pace & Discordia, Oratio funebris in obitum Bertae de Heyen, variaque carmina, omnia antehac inedita: item Fr. Robortelli adnotationes in quaedam Apophthegmata ab Erasmo versa, ut & J. Heroldi Declamatio pro Erasmo, fol. ibid. 1706.
- - - Tomus nonus, qui Apologiarum partem primam complectitur, fol. ibid. 1706.
- - - Tomus decimus, qui Apologiarum Erasmi partem secundam complectitur: ad quam accesserunt in hac Editione M. Lydii Apologia pro Erasmo, Index Expurgatorius in ejus Opera; G. Insulani Oratio funebris in obitum Erasmi; Epistola inedita, & Index universalis ad omnia ejus Opera, excepto III. volumine, cui Indices sui sunt adjecti, fol. ibid. 1706.

Entretiens sur les differentes Methodes d'expliquer l'Ecriture & de prêcher, de ceux qu'on appelle Cocceiens & Voetiens dans les Provinces-Unies, où l'on voit quel temperament on doit apporter dans l'explication des Types, des Allegories, des Periodes, des Propheties, & d'autres choses de ce genre, avec un portrait des Hebraizans & de leurs erreurs, 12. Amsterd. 1707.

Essai de l'Histoire du Regne de Louis le Grand jusques à la Paix generale, 1697. 12. Cologne 1700.

Education des Filles par Mr. Fenelon; nouvelle Edition, où l'on a joint un Ouvrage de M. de la Chetardye, intitulé, Instruction pour une jeune Princesse, 12. Amsterd. 1708.

Elemens de l'Histoire, ou ce qu'il faut savoir de Chronologie, de Geographie, de Blazon, de l'Histoire Universelle, de l'Eglise de l'Ancien Testament, des Monarchies anciennes, de l'Eglise du Nouveau Testament, & des Monarchies nouvelles; avant que de lire l'Histoire particuliere. Troisiéme Edition, augmentée d'une suite de Medailles Imperiales depuis Jule Cesar jusqu'à Heraclius, par Mr. de Vallemont, 3 vol. 12. Paris 1702.

Etat des Royaumes de Barbarie, Tripoly, Tunis & Alger; contenant l'Histoire naturelle & politique de ces païs; la maniere dont les Turcs y traitent les Esclaves, comme on les rachete, & diverses avantures curieuses: avec la Traduction de l'Eglise, pour le rachat ou le soulagement des Captifs, 12. à la Haye 1704.

Elemens de Geometrie, ou la mesure du corps, qui comprennent les Elemens d'Euclide & l'Analyse; les plus belles Propositions d'Archimede touchant le Cercle, la Sphere, le Cylindre & le Cone, par Lamy, 12. Paris 1704.

Examen des Septante Semaines de Daniel, du Voeu de Jephté & du Decret Apostolique, 12. Amsterd. 1707.

Entretiens sur la Correspondance fraternelle de l'Eglise Anglicane, avec les autres Eglises Reformées, 12. Amsterd. 1707.

Epitres & Elegies d'Ovide, traduites en François. Nouvelle Edition, augmentée & embellie de figures, 8. Cologne 1708.

Etat present de la Grande Bretagne après son heureuse Union en 1707. sous le Regne glorieux d'Anne, Reine de la Grande Bretagne, France & Irlande, &c. par Miege, 8. Amsterd. 1708.

Fabricii

§ CATALOGUS

F.

125 **F**abricii Bibliothecæ Græcæ Liber III. de Scriptoribus qui claruerunt à Platone usque ad tempora nati Christi, Sospitatoris nostri. Accedunt Albini Introductio in Platonem, & Anatolii quædam nunc primum edita, cum Poëta vetus de Viribus Herbarum Diis sacratum, cum Latina Versione ac Notis. Pars secunda, 4. Hamburgi 1707.

G.

GUerre d'Espagne, de Baviere, & de Flandre, ou Memoires du Marquis D***, contenant ce qui s'est passé de plus secret & de plus particulier depuis le commencement de cette Guerre, jusqu'à la fin de la Campagne de 1706. avec les plans des Batailles qui se sont donnés, 12. à Cologne 1706.

- - - d'Italie, ou Memoires du Comte D***. contenant quantité de choses particulieres & secretes, qui se sont passées dans les Cours d'Allemagne, de France, d'Espagne, de Savoye & d'Italie, nouvelle Edition augmentée des derniers Evenemens de cette Guerre, 12. ibid. 1707.

Gronovii Felicitas Ramelensis, & in hoc exemplo monstrata Dei præsentia in armis Batavis & Sociorum ubique illustrandis per æstiva Anni MDCCVI. ex decreto Ill. Academiæ Curatorum & hujus Urbis Consulum publicata die XIII. Decembris ejusdem Anni, fol. Lugd. 1707.

Gersonii Opera omnia, novo ordine digesta, & in V. Tomos distributa; ad Manuscriptos Codices quamplurimos collata, & innumeris in locis emendata; quædam etiam nunc primum edita. Quibus accessêre Henrici de Hassia, Petri de Alliaco, Joannis Brevicoxæ, Joannis de Varenis Scriptorum coætaneorum, ac insuper Jacobi Almaïni & Joannis Majoris Tractatus, partim editi, partim inediti; necnon Monumenta omnia ad Causam Joannis Parvi pertinentia. Opera & studio M. Lud. Ellies du Pin, Gersoniana, in quibus Historia Ecclesiastica temporis illius, quo Gersonius vixit, texitur, hujus & coævorum vita narratur. Scripta recensentur, Doctrina exponitur. Tomus Primus, continens Opera dogmatica de Religione & fide, fol. Antwerpiæ 1706.

130 - - - Tomus Secundus, ea complectens, quæ ad Ecclesiasticam ΠΟΛΙΤΕΙΑΝ, & Disciplinam pertinent, fol. ibid. 1706.
- - - Tomus Tertius, continens Opera Moralia, fol. ibid. 1706.
- - - Tomus Quartus, continens Exegetica & Miscellanea, fol. ibid. 1706.
- - - Tomus Quintus, continens Monumenta omnia, fol. ibid. 1706.

Gobii Tractatus Varii, in quibus de Universa Aquarum Materia L. bene à Zenone, Cod. de quadr. Præscriptione Explanatio; de permissa Feudi, ac Emphyteusis Alienatione; ac de Monetis; subtilissimæ Quæstionis ad Interpretationem statutorum, ac consuetudionum, quæ in præmissis ubique fere locorum, & præsertim in Ditione Mantuana, observantur: Accessêre huic novissimæ Editioni sacræ Rotæ Romanæ Decisiones recentissimæ & selectissimæ. Opus ubique novissimum, summo studio ac labore, fol. Coloniæ 1699.

135 Guetleri Origines Mundi, & in eo Regnorum, Rerum publicarum, Populorum, hominumque duces, migrationes, Dii, Religio, mores, Instituta, Res gestæ, civiles, sacræ, bellicæ. Referuntur omnia ad loca & tempora sua, & ex ipsis fontibus, fereque propriis Historicorum verbis ad modum Historiæ Universalis, cùm maxime Ecclesiasticæ repræsentantur, 4. Amsterd. 1708.

Galei Idea Theologiæ, tam contemplativæ quàm activæ, ad formam S. Scripturæ delineata, 12. Londini 1673.

- - - Philosophia Generalis, in duas partes distermiata, una de ortu & progressu Philosophiæ, ejusque traductione è Sacris Fontibus; in qua fusius tractatur de Philosophia Platonica, Altera,
  1. de Mosorum Gentium Philosophis.
  2. de Novem Habitibus Intellectualibus.
  3. de Philosophiæ Objecto, subjecto, finibus adjunctis, discrimine à Theologia, præstantia, est-etis, corruptione, recto usu, partibus, nec-non Philosophorum Characteribus & Officiis, 8. ibid. 1676.

Gonet Clypeus Theologiæ Thomisticæ. Tomus Primus, continens tractatus de Natura, Attributis

LIBRORUM.

butis Divinis, de Visione, de Scientia, de Voluntate, & Providentia Dei, & Apologiam Thomistarum, fol. Lugduni 1681.

- - - Tomus Secundus, continens tractatus de Praedestinatione, de Trinitate, de Angelis, & de Homine, fol. ibid. 1681.

- - - Tomus Tertius, continens tractatus de Beatitudine, de Actibus humanis, eorumque Moralitate, de Virtutibus ac Donis, de Vitiis ac Peccatis & de Legibus, nec non Dissertationem Theologicam de Probabilitate, fol. ibid. 1681.   140

- - - Tomus Quartus, continens tractatus de Haeresi Pelagiana, & Semipelagiana, de Gratia, de Justificatione & Merito, de Virtutibus Theologicis, & quatuor Cardinalibus, ac de ineffabili mysterio Incarnationis, fol. ibid. 1681.

- - - Tomus Quintus, continens tractatus de Sacramentis in genere, de Baptismo, de Confirmatione, de Eucharistia, de Poenitentia, de Extrema-Unctione, de Ordine, & de Matrimonio, fol. ibid. 1681.

- - - Tomus Sextus, continens Manuale Thomistarum, seu totius Theologiae Compendium, in gratiam Studentium ab ipsomet Authore editum, fol. ibid. 1681.

Goltzii Opera, quae extant, universa, quinque Voluminibus comprehensa. Tomus Primus, continens Fastos Magistratuum & triumphorum Romanorum ab Urbe condita, ad Augusti obitum antiquis Numismatibus restitutos: Fastos item Siculos, & Thesaurum Rei Antiquariae uberrimum, fol. Antverpiae 1708.

- - - Tomus Secundus, continens C. Julii Caesaris, Augusti & Tiberii Nomismata, Lud. Nonnii Commentario illustrata, fol. ibid. 1708.   145

- - - Tomus Tertius, continens Graeciae, ejusque Insularum & Asiae minoris Nomismata, Lud. Nonnii Commentario illustrata, fol. ibid. 1708.

- - - Tomus Quartus, continens Siciliae & Magnae Graeciae Historiam, ex antiquis Numismatibus illustratam, fol. ibid. 1708.

- - - Tomus Quintus, continens Icones, Vitas & Elogia Imperatorum Romanorum, ex priscis Numismatibus ad vivum delineatas, & brevi Narratione historica illustratas, &c. fol. ibid. 1708.

Gramaye Antiquitates illustrissimi Ducatus Brabantiae, In quibus singularum Urbium initia, incrementa, Respublicae, privilegia, opera, laudes: Coenobiorum fundationes, propogationes, sacri thesauri, encomia, viri clari; Ecclesiarum Patronatus, monumenta, reliquiae Sanctorum, Collatores: Pagorum dominia, Domini, familiae, quantum quidem nunc fieri potuit, speciatim descripta: ritus sacri profanique inserti, omnia ex ducentis & amplius MSS. Codicibus (quorum praecipui Historiae Ducum subjuncti nominatim) ex Oppidorum Coenobiorumque Archivis, ex privatorum plurium schediis collecta: cum Indicibus rerum & locorum copiosis, & Urbium singularum testimoniis de veritate Scriptorum & scribentis diligentia. Praefigitur ejusdem Authoris Compendium Historiae Brabanticae, fol. Brux. 1708.

Gonzalez de Leon Controversiae inter Defensores Libertatis & Praedicatores Gratiae, de Auxiliis Divinae Gratiae, tam excitantis quàm adjuvantis, tam operantis quàm cooperantis, tam sufficientis quàm efficacis, & de extremis Haereticorum erroribus circa eandem, anno 1635. & 1636. publicae Catholicorum utilitati expositae. In summa, ne unum exstat verbum, quod non vel Summorum Pontificum & Sacrorum Conciliorum definitionibus, vel Sanctorum Patrum, praecipuè Augustini, Prosperi, Fulgentii, Anselmi, Hilarii & Divi Thomae autoritatibus fulciatur, roboretur, approbetur, 4. Leod. 1708.   150

Grabii Epistola ad cl. Vir. Jo. Millium, quâ ostenditur Libri Judicum genuinam LXX. Interpretum Verhonem eam esse, quam MS. Codex Alexandrinus exhibet; Romanam autem Editionem quod ad dictum Librum, ab illa prorsus diversam, atque eandem cum Hesychiana esse. Subnexa sunt Tria nova τῶν ὁ. Editionis specimina cum variis Annotationibus, 4. Oxon. 1705.

H.

Histoire de l'Académie Royale des Sciences. Année MDCXCIX. MDCC. MDCCI. MDCCII. MDCCIII. MDCCIV. MDCCV. & MDCCVI. avec les Memoires de Mathematique & de Physique, pour les mêmes Années; tirez des Registres de cette Academie, 12. Amsterd. 1706. 1707. & 1708.

- - - de l'Académie Royale des Sciences. Année MDCCIV. avec les Memoires de Mathematique & de Physique, pour la même Année; tirez des Registres de cette Academie, 4. à Paris 1706.

B   - - - Année

CATALOGUS

155
- - - Année MDCCV. 4. ibid.
- - - Année MDCCVI. 4. ibid.
- - - Année MDCCVII. 4. ibid.
- - - de la Virginie, contenant I. l'Histoire du premier Etablissement dans la Virginie, & de son Gouvernement jusques à present. II. Les productions naturelles & les commoditez du Païs, avant que les Anglois y negociassent, & l'amelioraßent. III. La Religion, les Loix, & les Coutumes des Indiens naturels, tant dans la Guerre, que dans la Paix. IV. L'Etat present du Pais, tant à l'egard de la Police, que de l'Amelioration du Païs, par un Auteur natif & habitant du Païs. Traduite de l'Anglois, enrichie de figures, 12. Amsterd. 1707.
- - - de la Conquête des Iles Moluques par les Espagnols, par les Portugais, & par les Hollandois; traduite de l'Espagnol d'Argensola, & enrichie de figures & Cartes geographiques, pour l'intelligence de cet Ouvrage, 12. 3 vol. Amsterd. 1707.
- - - de l'Abbaye Royale de Saint Denys en France, contenant la Vie des Abbez qui l'ont gouvernée depuis onze cens ans : les Hommes illustres qu'elle a donnez à l'Eglise & à l'Etat : les Privileges accordez par les Souverains Pontifes & par les Evêques : les Dons des Rois, des Princes & des autres Bienfaiteurs. Avec la Description de l'Eglise & de tout ce qu'elle contient de remarquable. Le tout justifié par des titres authentiques & enrichi de Plans, de figures & d'une Carte topographique, par Mr. Felibien, fol. Paris 1706.

160
- - - de Soliman II. Empereur des Turcs, 8. Rotterd. 1706.
- - - de la Sultane de Perse & des Visirs; contes Turcs, composez en Langue Turque par Ehéc Zadé, & traduits en François, 12. Amsterd. 1707.
- - - du Cas de Conscience, signé par quarante Docteurs de Sorbonne; contenant les Brefs du Pape, les Ordonnances Episcopales, Censures, Lettres & autres Piéces pour & contre ce Cas, avec des Reflexions sur plusieurs des Ordonnances, 12. 3 vol. à Nancy 1705.
- - - des Flagellans, où l'on fait voir le bon & le mauvais usage des flagellations parmi les Chrétiens, par des preuves tirées de l'Ecriture Sainte, des Peres de l'Eglise, des Papes, des Conciles, & des Auteurs profanes, traduite du Latin de Mr. Boileau, 12. Amsterd. 1701.
- - - de Boucicaut, contenant les Evenemens les plus singuliers du Regne de Charles VI. l'Abregé de l'Histoire du grand schisme d'Occident, & ce qui s'est fait de plus remarquable dans l'Europe, & partie de l'Asie, depuis l'an 1378. jusqu'à 1415. 12. à la Haye 1699.

165
- - - Universelle, traduite du Latin du P. Tursellin; avec des Notes sur l'Histoire, la Table, & la Geographie, seconde Edition, 3 vol. 12. Amsterd. 1708.
- - - des Demêlez de la Cour de France avec la Cour de Rome, au sujet de l'affaire des Corses, par Mr. Desmarais, 4. 1707.
- - - & la Religion des Juifs, depuis Jesus-Christ jusqu'à present. Pour servir de Supplement & de Continuation à l'Histoire de Joseph. Par Mr. Basnage, 6 vol. Tom. I. 12. Rotterd. 1707.
- - - Tome II. contenant leurs Antiquitez, leur Religion, leurs Rites, la dispersion des dix Tribus en Orient, & les persecutions que cette Nation a souffertes en Occident, 12. ibid.
- - - Tome III. contenant les Dogmes des Juifs; leurs Confession de Foi; leurs Variations; & l'Histoire de leur Religion, depuis la ruine du Temple jusqu'à present, 12. ibid.

170
- - - Tome III. Seconde Partie, contenant leurs Rites & leurs Ceremonies, 12. ibid.
- - - Tome IV. contenant leurs Antiquitez, leur Religion, leurs Rites, la Dispersion des dix Tribus en Orient, & les persecutions que cette Nation a souffertes en Occident, 12. ibid.
- - - Tome V. item.
- - - du Gouvernement de Venise, par le Sieur Amelot de la Houßaye, derniere Edition, revûë, corrigée & augmentée, avec figures, 3 vol. 12. Amsterd. 1705.
- - - Generale de l'Empire du Mogol depuis sa fondation sur les Memoires Portugais de Mr. Manouchi par Catron, 12. à la Haye 1708.

175
- - - Universelle des Voyages faits par mer & par terre dans l'Ancien & dans le Nouveau Monde pour éclaircir la Geographie ancienne & moderne, 12. Paris 1707.
- - - des Arts qui ont rapors au dessein, divisées en trois Livres, où il est traité de son Origine, de son Progres, de sa Chûte, & de son Retablißement. Ouvrage utile au public pour savoir ce qui s'est fait de plus considerable en tous les âges, dans la Peinture, la Sculpture, l'Architecture & la Gravure; & pour distinguer les bonnes manieres des mauvaises, par Monier, 12. Paris 1598.
- - - des Guerres Civiles des Espagnols dans les Indes, entre les Piçarres & les Almagres qui les avoient conquises, traduite de l'Espagnol de l'Inca Garc. de la Vega, par J. Baudoin, 2 vol. 12. Amsterd. 1706.

Historia Concilii Tridentini Pauli Sarpi, libris octo exposita, quos Italicâ linguâ scriptos primùm protraxit, & Londini MDCXIX, edidit Marcus Antonius de Dominis, anno autem sequenti Latinè

LIBRORUM.

Latinè redditos ibidem evulgavit Adamus Newtonus. Novæ huic editioni accesserunt ipsa Concilii Decreta, seu Canones, & Auctoris vita; nec non elenchus eorum, qui Concilio huic interfuerunt, & nonnulla ad istud spectantia alia, 4. Lipsiæ 1699.

Homeri Opera, quæ exstant omnia, Græcè & Latinè; Græca ad principem Henrici Stephani, ut & ad primam omnium Demetrii Chalcondylæ editionem, atque insuper ad Codd. MSS. sunt exculsa: ex Latinis editis selecta sunt optima, verùm ita interpolata, ut plurimis longè locis, præsertim totius Odysseæ nova planè versio videri possit, curante Jo. H. Lederlino, 2 vol. 12. Amsterd. 1707.

Horne Opuscula Anatomico-Chirurgica, seorsim quæ antehàc temporibus diversis prodierunt; in præsens nunc congesta volumen, atque Annotationibus, Recentiorum in Anatomicis pariter ac Chirurgicis industriam patefacientibus, adaucta studio & operâ D. Joh. Guil. Pauli, 8. Lipsiæ 1707. — 180

Hickesii Linguarum Vett. Septentrionalium Thesauri Grammatico-Critici, & Archæologici, Conspectus brevis, per G. Wottonum, cui, ab antiquæ literaturæ Septentrionalis cultore, adjectæ aliquot notæ accedunt; cum Appendice ad Notas, 8. Londini 1708.

l'Homme detrompé, ou le Criticon de Baltazar Gracian, traduit de l'Espagnol. Tom. II. & III. 12. *à la Haye* 1708.

Hofmanni Dissertationes Physico-Medicæ curiosæ selectiores ad sanitatem tuendam maximè pertinentes, 8. Lugd. Batav. 1708.
— — — Pars altera, ibid.

I.

Jacqueline de Baviere, Comtesse de Hainaut, Nouvelle Historique, par Madlle. de la Roche Guilhen, 12. *Amsterd.* 1707. — 185

Jansenisme convaincu de vaine sophistiquerie, ou Examen des Reflexions de Mr. Arnauld sur le Preservatif contre le changement de Religion, 12. *Amsterd.* 1683.

Jamblichi de Vita Pythagorica liber, Græcè & Latinè: ex Codice MS. à quamplurimis mendis, quibus Editio Arceriana scatebat, purgatus, Notisque perpetuis illustratus à L. Kustero: versionem Latinam Græco Textui adjunctam, confecit vir illustris Ulricus Obrechtus. Accedit Malchus, sive Porphyrius, de Vita Pythagoræ; cum Notis Lucæ Holstenii & Conradi Rittershusii; itemque Anonymus apud Photium de Vita Pythagoræ, 4. Amsterd. 1707.

Jardinier solitaire, ou Dialogues entre un Curieux & un Jardinier solitaire : contenant la methode de faire & de cultiver un jardin fruitier & potager ; & plusieurs experiences nouvelles. Seconde Edition, revuë, corrigée par l'Auteur, & augmentée de plusieurs Reflexions nouvelles sur la culture des Arbres, 12. *Paris* 1705.

Idea Grammaticæ, Poëticæ, Rhetoricæ, 8. Amsterd. 1707.

l'Idée du Fidele Ministre de Jesus-Christ, ou la Vie de Guillaume Farel, Ministre, 12. *Amst.* 1691. — 190

Idée des Predicateurs, où ils pourront voir la dignité, les devoirs & les abus de leur Ministere ; avec l'usage que leurs auditeurs doivent faire de la Parole de Dieu, par Le Fée, 12. *Rouen* 1701.

Juste discernement de la Creance Catholique d'avec les sentimens des Protestans, & d'avec ceux des Pelagiens, touchant le mystere de la Predestination & de la Grace du Sauveur, où l'on voit distinctement ce qu'on doit croire de ce Mystere pour n'être ni Calviniste, ni Pelagien & que c'est injustement qu'on accuse l'Eglise Romaine d'être Pelagienne ; mis en François par C. E. P. 12. *Cologne* 1688.

Journée Sainte, ou Meditations & Prieres, pour exciter l'ame à la devotion, en la Communion de la Ste. Cene : où est montré le chemin de la vraye & sincere conversion du Chrétien, avec quelques soûpirs & Prieres pour dire en diverses occasions. Par Du Vernoy, 12. *Paris* 1673.

Jonstoni Psalmorum Davidis Paraphrasis Poëtica, nunc demum castigatius edita, 12. Amsterd. 1706.

Justification du Silence respectueux, ou Reponse aux Instructions Pastorales & autres Ecrits de Mr. l'Archevêque de Cambray, 2 vol. 12. 1707. — 195

Imposteurs insignes, ou Histoire de plusieurs hommes de neant, des toutes Nations qui ont usurpé la qualité d'Empereurs, Rois & Princes : avec leurs Portraits, 12. *Amsterd.* 1696.

Instruction sur l'Histoire de France & sur la Romaine, par Demandes, & par Reponses e

B 2

12 CATALOGUS

avec une Explication des 109. fables des Metamorphoses d'Ovide, par Mr. le Regois, 12. à la Haye 1694.

Instructions pour les Nicodemites, ou pour ceux qui feignent d'être d'une Religion, dont ils ne sont pas, & qui cachent leurs veritables sentimens, par J. G. P. 12. Amsterd. 1700.

- - - sur l'Histoire des Empereurs d'Occident, depuis Charlemagne jusqu'à Leopold I. au-jourd'hui regnant, 12. Amsterd. 1698.

200 - - - sur les Dispositions qu'on doit apporter aux Sacremens de Penitence & d'Eucharistie; tirée de l'Ecriture Sainte, des Saints Peres, & de quelques autres Saints Auteurs: où les Fideles aprendront la conduite qu'ils doivent observer à l'égard de ces deux Sacremens: avec un Examen de conscience fort utile pour les personnes qui ont dessein de faire une Confession generale, 12. Bruxell. 1698.

- - - Chrestiennes sur les Sacremens & sur les Ceremonies, avec lesquelles l'Eglise les administre, 12. Bruxell. 1636.

- - - Theologiques & morales, sur les Sacremens, par Mr. Nicole, 12. ibid. 1701.

l'Innocence Justifiée, Histoire de Grenade par Mlle * * * ; divisée en trois Parties, 12. ibid. 1694.

Interêts (Nouveaux) des Princes de l'Europe; revûs, corrigez & augmentez par l'Auteur, selon l'état que les affaires sont aujourd'hui, 12. à Cologne 1688.

205 Introduction generale à l'Histoire, contenant ses veritables caracteres, & son parfait usage: avec un ordre succinct des noms & familles de tous les Monarques, & Potentats du monde, vivans, par Jean Baptiste de Rocoles, 12. 2 vol. Paris 1664.

Journal de la Guerre de Hollande, depuis le depart du Roi jusqu'à son retour. Par H. Etienne, Escuyer, Sieur du Belle, 12. Paris 1673.

Junii Animadversa, ejusdemque de Coma Commentarium, ab Autore innumeris in locis emendata, & insignibus supplementis locupletata, 8. Rotterd. 1708.

Inscriptiones Antiquæ totius orbis Romani, in absolutissimum corpus redactæ olim auspiciis Josephi Scaligeri & Marci Velseri, industriâ autem & diligentiâ Jani Gruteri; nunc curis secundis ejusdem Gruteri & Notis Marquardi Gudii emendatæ, & tabulis æneis à Boissardo confectis illustratæ; denuò curâ Joan. Geor. Grævii, fol. 2 vol. Amsterd. 1707.

L.

LEslæi, Episcopi Rossensis, de Origine, moribus & rebus gestis Scotorum libri decem: è quibus septem veterum Scotorum res in primis memorabiles contractius, reliqui verò tres posteriorum Regum ad nostra tempora historiam, quæ huc usque desiderabatur, fusius explicant. Accessit nova & accurata regionum & insularum Scotiæ, cum vera ejusdem topographica Tabula, descriptio, 4. 1675.

210 Lettre sur l'Embonpasme; traduite de l'Anglois, 12. à la Haye 1707.

M.

MAimbourg. Histoire du Calvinisme, 12. Paris 1682.

Manget, Bibliotheca Chemica curiosa, Thesaurus instructissimus: quo non tantùm artis sensificæ, ac Scriptorum in ea nobiliorum Historia traditur, lapidis veritas Argumentis & Experimentis innumeris, immò & Jurisconsultorum judiciis evincitur; termini obscuriores explicantur; cautiones contra Impostores, & difficultates in Tinctura Universali conficienda occurrentes, declarantur: verùm etiam Tractatus omnes Virorum celebriorum, qui in Magno sudarunt Elixyre, quique ab ipso Hermete, ut dicitur, Trismegisto, ad nostra usque tempora de Chrysopœa scripserunt, cum præcipuis suis Commentariis, concinno ordine dispositi exhibentur, fol. 2 vol. Genevæ 1702.

§ - - Bibliotheca Pharmaceutico-Medica, Rerum ad Pharmaciam Galenico-Chymicam spectantium Thesaurus refertissimus, materia Medica Historicè, Physicè, Chymicè ac Anatomicè explicata; sed & celebriores quæque compositiones, tum ex omnibus Dispensatoriis pharmaceuticis, variis hactenus linguis in lucem editis, tum è melioris notæ Scriptoribus Practicis excerptæ: imò secretiores non paucæ præparationes Chymicæ, Mechanicæ, &c. in Curiosorum cujusvis

LIBRORUM.

cujusvis ordinis usum, undequaque conquisitæ, abundè cumulantur. Cum Indice Materiarum locupletissimo, & figuris æneis necessariis, fol. 2 vol. Coloniæ 1703.
- - - Bibliotheca Anatomica, sive recens in Anatomia inventorum Thesaurus locupletissimus, in quo integra atque absolutissima totius Corporis Humani descriptio, ejusdemque Oeconomia è præstantissimorum quorumque Anatomicorum Tractatibus singularibus, tum hactenus in lucem editis, tum etiam ineditis, concinnata exhibetur. Adjecta est partium omnium administratio Anatomica, cum variis earundem præparationibus curiosissimis. Digesserunt, tractatus suppleverunt, Argumenta, Notas, & Observationes Anatomico-practicas addiderunt D. Clericus & J. Mangetus, fol. 2 vol. Genevæ 1699.

Manni Bibliotheca moralis prædicabilis, hoc est, Discursus varii exquisiti, in quibus per tractatus ordine digestos ad Verbum Dei fructuosè & faciliter prædicandum, de Virtutibus & Vitiis copiosissimæ materiæ morales subministrantur, & ad plenum digeruntur: nec non in gratiam Concionatorum, quibus ad comparandam sibi variis ex libris Bibliothecam æris non suppetit facultas, vel ad perlustrandum ipsos SS. Patres & Sacræ Scripturæ Interpretes, tempus aut commoditas deficit, ex reconditis S. Scripturæ scriniis, & Sanctorum Patrum ac Divini Verbi Interpretum pulpitis; nec non copiosis selectissimorum Prædicatorum armadiis, per Discursus multiplices in suas classes ordinatè distributis, nova quædam & locupletissima Bibliotheca moralis concionno ordine erigitur, & in commodum omnium Divini Verbi Præconum Instauratur; Tomus primus, primo quidem separatim in Lingua Italica, demùm verò ut universaliori usui deservire possit, in Linguam Latinam ab alio sincerè, fideliterque traducta, diu hactenus à Divini Verbi Prædicatoribus desiderata; posteà verò in Germania conjunctim in hac præsenti forma primùm edita, fol. 4 vol. Antwerpiæ 1701. 215
- - - Tomus secundus, qui jam tertiò in lucem prodit, ab innumeris mendis, quibus editiones exteræ scatebant, hac editione expurgatus, S. Scripturæ citationibus correctis, ibid.

Marca Dissertationum de Concordia Sacerdotii & Imperii, seu de Libertatibus Ecclesiæ Gallicanæ libri octo, post tertiam Gallicanam prioribus auctiorem & emendatiorem, editio Germanica prima: quibus accesserunt ejusdem Auctoris Dissertationes Ecclesiasticæ varii argumenti, fol. Francofurti 1708.

Marquis de Chavigny, 12. Paris 1670.

Martene Tractatus de Antiqua Ecclesiæ Disciplina in divinis celebrandis officiis, varios diversarum Ecclesiarum ritus & usus exhibens, Italiæ, Germaniæ, Hispaniæ, Angliæ & maximè Galliæ, collectos ex variis insignorum Ecclesiarum libris Pontificalibus, Sacramentariis, Missalibus, Breviariis, Ritualibus, Ordinariis seu Consuetudinariis cùm Manuscriptis tùm editis; ex diversis Conciliorum Decretis, Episcoporum Statutis, Sanctorum Patrum dictis, aliisque probatis Auctoribus permultis, 4. Lugduni 1706.
- - - de Antiquis Ecclesiæ Ritibus Libri quatuor. Collecti ex variis insignorum Ecclesiarum 220
libris Pontificalibus, Sacramentariis, Missalibus, Breviariis, Ritualibus, seu Manualibus, Ordinariis seu Consuetudinariis, cùm Manuscriptis tùm editis; ex diversis Conciliorum Decretis, Episcoporum Statutis, aliisque probatis Auctoribus permultis. Pars prima, in qua de Baptismo, Confirmatione & Eucharistia agitur, 4. Rothomagi 1700.
- - - Pars secunda, in qua de Pœnitentia, Extrema-Unctione, sacris Ordinationibus & Matrimonio agitur, 4. ibid.
- - - Tomus tertius, complectens librum secundum & tertium, in quibus Ritus ad sacras Benedictiones atque ad Disciplinam Ecclesiasticam spectantes, Commentariis illustrati repræsentantur. Collecti ex variis insignorum Ecclesiarum libris Pontificalibus, Sacramentariis, Missalibus, Breviariis, Ritualibus, seu Manualibus, Ordinariis seu Consuetudinariis, cùm Manuscriptis tùm editis, ex diversis Conciliorum Decretis, Episcoporum Statutis, aliisque probatis Auctoribus permultis, 4. ibid. 1702.

Maximes & Remarques morales & politiques, avec des sentences mêlées composées & recueillies des meilleurs Auteurs de ce tems, par Mr. * *, 12. Amsterd. 1701.

Medecine aisée, contenant plusieurs remedes faciles & experimentez pour toute sorte de maladies internes & externes: avec une petite pharmacie commode & facile à faire à toute sorte de personnes, par Mr. le Clerc, 12. Paris 1696.

Meditations pour tous les jours de l'année sur les Evangiles de chaque semaine, divisées en cinq 225
Tomes; Ouvrage trés-utile non seulement aux personnes religieuses, & à celles qui cherchent Dieu dans le monde; mais aussi aux Predicateurs, & particulierement aux Curez, 12. 5 vol. à Lyon 1687.

Meilleure maniere de Prêcher, par le Sr. . . . 12. Bruxell. 1700.

Memoires du Duc de Rohan, 12. Amsterd. 1693.
- - - du Chevalier de Terlon, pour rendre compte au Roi, de ses Negociations, depuis l'année 1656. jusqu'en 1661, 12. Paris 1682.

84   CATALOGUS

- - - de Mr. L. C. D. R. contenant ce qui s'est passé de plus particulier sous le ministere du Cardinal de Richelieu, & du Cardinal Mazarin, avec plusieurs particularitez remarquables du Regne de Louïs le Grand, 12. à la Haye 1696.

230   Memoires (Nouveaux) d'Edmond Ludlow, contenant ce qui s'est passé de plus remarquable sous le Regne de Charles I. jusqu'à Charles II. 3 vol. 12. Amsterd. 1707.

- - - (Nouveaux) de Mr. Nodot; ou observations qu'il a faites pendant son voyage d'Italie, sur les Monumens de l'Ancienne & de la Nouvelle Rome, avec les descriptions exactes des uns & des autres, qui font connoître comment l'Eglise Chretienne a triomphé du Paganisme: avec des Cartes très utiles & des figures, 2 vol. 12. Amsterd. 1706.

- - - (Nouveaux) sur l'etat present de la Chine. Par le P. Louïs le Comte, 2 vol. 12. Amsterd. 1698.

- - - de la Cour d'Angleterre, par Madame D . . . . . 2 vol. 12. à la Haye 1695.

Memoires de la Vie de Madame de Ravezan, divisée en quatre Parties, 12. Paris 1679.

235   - - - d'Artillerie, recueillis par Mr. de Saint Remy, seconde Edition, augmentée de nouvelles matieres & de plusieurs planches, 2 vol. 4. Paris 1707.

- - - Historiques, contenant plusieurs Evenemens très-importans, & qui ne se trouvent point dans les autres Historiens; principalement par rapport à l'Angleterre & à l'Ecosse sous les Regnes d'Elizabeth, de Marie Stuart, & de Jacques I. par Jacq. Melvil, pour servir d'instruction à son fils dans le service des Princes, & dans l'administration des affaires, 2 vol. 12. Lyon 1694.

- - - de la Cour d'Espagne, par Madame D * * *. 12. 2 Partie, Lyon 1693.

- - - second volume, Relation du Voyage d'Espagne, par Madame D * * *. 12. 2 Partie, ibid.

- - - troisième volume, Nouvelles Espagnoles, par Madame D * * *. 12. 2 Partie, ibid.

240   Memoires nouveaux sur l'etat present de la Chine, par Mr. le Comte, 3 vol. 12. Paris 1701.

- - - de Henri de Lorraine, Duc de Guise, 2 vol. 12. Amsterd. 1703.

- - - du Chevalier de Beaujeu, contenant ses divers voyages, tant en Pologne, en Allemagne, qu'en Hongrie; avec des Relations particulieres des affaires de ces Païs-là, depuis l'année MDCLXXIX. 12. Amsterd. 1700.

- - - pour servir à l'Histoire Ecclesiastique des six premiers Siecles, justifiez par les citations des Auteurs originaux: avec une Chronologie, où l'on fait un abregé de l'Histoire Ecclesiastique & Profane; & des Notes pour éclaircir les difficultez des faits & de la Chronologie. Tome I. première Partie, qui contient l'Histoire de Nôtre Seigneur Jesus-Christ; la Sainte Vierge; Saint Joseph, Epoux de la Sainte Vierge; Saint Joseph d'Arimathie, & Saint Jean Baptiste, par Tillemont, 12. Bruxell. 1706.

245   - - - Seconde Partie, qui contient Saint Pierre & Saint Paul, 12. ibid.

- - - Troisième Partie, qui contient le reste des Apôtres, & Saint Barnabé, 12. ibid.

- - - Tome II. Première Partie, qui comprend les Disciples de Nôtre Seigneur & des Apôtres, & la suite de l'Histoire de l'Eglise jusqu'à la persecution de Trajan, 12. ibid. 1695.

- - - Seconde Partie, qui comprend les Disciples des Apôtres, & la suite de l'Histoire de l'Eglise depuis la persecution de Trajan jusqu'à Saint Justin, 12. ibid.

- - - Troisième Partie, qui comprend les Disciples des Apôtres, & la suite de l'Histoire de l'Eglise depuis St. Concorde jusqu'à l'an 177. avec une lettre du Rev. Pere Lami, sur la derniere Pâque de Nôtre Seigneur, 12. ibid.

- - - Tome III. Première Partie, qui comprend depuis l'an 177. jusqu'en 202. 12. ibid. 1699.

250   - - - Seconde Partie, qui comprend depuis l'an 202. jusqu'en 250. ibid.

- - - Troisième Partie, qui comprend depuis l'an 250. jusqu'en 253. ibid.

- - - Tome IV. Première Partie, qui comprend l'Histoire de St. Cyprien, & le reste du troisième Siecle depuis l'an 253. 12. ibid. 1705.

- - - Seconde Partie, qui contient les Saints, les Heresies, & la Persecution de l'Eglise, 12. ibid. 1705.

- - - Troisième Partie, contenant plusieurs Saints de ce siecle, 12. ibid. 1705.

255   - - - Tome V. Première Partie, qui comprend l'Histoire generale de la persecution de Diocletien, ibid. 1707.

- - - Seconde Partie, qui comprend plusieurs Saints qui ont souffert le martyre durant la persecution de Diocletien, ibid.

- - - Troisième Partie, qui comprend quelques Saints qui ont souffert le martyre durant la persecution de Diocletien, la Persecution de Licinius, & les Martyrs, dont on ignore l'epoque, ibid.

Memoires de Messire Roger de Rabutin, Seconde Edition, 3 vol. 12. Paris 1704.

                                                             Mercure

LIBRORUM.

Mercure de la Gaule Belgique, ou Nouvelle defcription de toutes les villes des dix-fept Provinces des Païs-Bas, leurs fituations, fortifications, Rivieres, Eclufes & autres chofes curieufes avec les Armes blafonnées des familles qui y reforrent, 12. à Cologne 1682.

Meffager celefte; contenant toutes les Nouvelles Decouvertes qui ont été faites dans les aftres depuis l'invention de la Lunette d'approche, avec des Reflexions fur les utilitez qu'on en peut tirer pour la confervation de la vie. Premier Extraordinaire du Journal de Medecine, publié le 1. Octobre 1681. 12. Paris 1681. — 260

Methode pour aprendre facilement l'Hiftoire Romaine avec la Chronologie du Regne des Empereurs, & un Abregé des Coutumes des Romains, par Mr. D * * *. 12. à Bruxell. 1694.

- - - pour bien prononcer un Difcours, & pour le bien animer; Ouvrage tres-utile à tous ceux qui parlent en public, & particulierement aux Predicateurs, & aux Avocats; par Bary, 12. Leide 1708.

Myleri T. actatus de jure Afylorum, tam Ecclefiafticorum quàm fæcularium, in quo omnia ferè Afyla, quæque in orbe omnium Gentium, & Populorum ufu adhucdum vigeant, eorumque ab omni ævo competentes qualitates & conditiones, ac quibus Profugis illa pateant aut præcludantur, recenfentur: præfertim verò de illis Afylis, quæ in Imperio Romano Germanico etiam nunc temporis efflorefcant, & quibus Afyla aperiendi jus fafque fit, annexis variis Provinciarum Conftitutionibus, latiùs differitur, 4. Stutgardiæ 1663.

- - - Nomologia Ordinum Imperialium, de Principum & Aliorum ftatuum Imperii Romani Germanici obligatione legali, feu legalirate, 4. Tubingæ 1663.

- - - Gamologia Perfonarum Imperii illuftrium, in quo de Matrimonio, tàm inter fe, quàm — 265
cum Exteris; æquali vel inæquali ex Ratione ftatu, & ad Morganaticam virorum illuftrium; Item de Uxore illuftri, de Difpenfatione, de Vidua; Dotalitio ac Dono matutinali; nec non de Liberis illuftribus, tam naturalibus quàm legitimis, eorumque jure & dignitate, agitur, 4. Stutgardiæ 1664.

Mille & une Nuits, contes Arabes, traduits en François. Tome III. IV. V. & VI. 12. à la Haye 1706.

- - - Tome VII. 12. ibid. 1707.

Miniftre d'Etat, avec le veritable ufage de la Politique moderne par le Sieur de Silhon, 12. Amfterd. 1664.

Mifchna, five totius Hebræorum juris, Rituum, Antiquitatum, ac Legum Oralium fyftema, cum clariffimorum Rabbinorum Maimonidis & Bartenoræ Commentariis integris: quibus accedunt variorum Auctorum notæ ac verfiones in eos, quos ediderunt, Codices. Latinitate donavit ac notis illuftravit Guil. Surenhufius, fol. 6 vol. Amfterd. 1698.

Mital, ou Avantures incroyables & toute fois, &c. Ces Avantures contiennent quinze Relations — 270
d'un voyage rempli d'un très-grand nombre de differentes fortes de Prodiges, de Merveilles, d'Ufages, de Coutumes, d'Opinions, & de Diverfifemens, 12. à la Haye 1708.

Moïfe fauvé, Idyle heroïque du Sieur de Saint Amant, à la Sereniffime Reine de Pologne, & de Suede, 12. Amfterd. 1664.

Moyen de Parvenir, Oeuvre contenant la raifon de tout ce qui a été, eft, & fera; avec demonftrations certaines & neceffaires, felon la rencontre des effets de vertu, 12.

Monumens authentiques de la Religion des Grecs, & de la fauffeté de plufieurs Confeffions de Foi des Chretiens Orientaux; produites contre les Theologiens Reformez, par les Prelats de France & les Docteurs de Port-Royal, dans leur fameux Ouvrage de la Perpetuité de la Foi de l'Eglife Catholique. Le tout demontré par des preuves juridiques, tirées des manufcrits Originaux d'un Concile de Jerufalem & de deux Synodes Grecs, accompagnez d'une traduction Françoife, & de plufieurs Lettres originales Anecdotes, écrites en diverfes Langues, & jointes à des Memoires fecrets des Ambaffadeurs Chretiens à la Porte Ottomane, à des Relations fort curieufes des Nonces Apoftoliques en Orient, & à diverfes autres pieces très-authentiques, qui fervent à detruire plus de cinq cens faux temoignages, employez dans les Controverfes de France, contre les Reformez, à etablir la Verité de tous les principaux Dogmes que les Proteftans foutiennent contre l'Eglife Romaine, & à faire voir ce qu'ils ont de conforme avec la creance des Grecs non Latinifez. Par le Sieur J. Aymon, 4. à la Haye 1708.

Morale d'Epicure, avec des Reflexions, 12. Paris 1686.

Morhofii Polyhiftor, in tres Tomos, Litterarium, (cujus foli tres libri priores hactenus prodiere, — 275
nunc autem quatuor reliqui, à viro in Academia Lipfienfi erudito revifi atque aucti, è MSS. accedunt) Philofophicum, & Practicum, (nunc demum editos, primoque adjunctos) divifus; opus pofthumum, ut multorum votis satisferet, accurate revifum, emendatum, ex Auctoris annotationibus & MSS. aliis, suppletum, paffim atque auctum, in Paragraphos diftinctum, librorum capitumque fummariis, Hypomnematis quibufdam Hiftorico-Criticis, duabufque Præfationibus, five Diatribis Ifagogicis prolixioribus, Tom. I, atque II, præfixis, quarum prior Morhofii

CATALOGUS

hostilium & scripta partim edita, partim inedita atque affecta, Polyhistoris item Historiam, & Eruditorum de illis judicia exhibet illustratur à Joh. Mollero, 4. Lubecæ 1708.
Mort des Justes, ou Recueil des dernieres actions & des dernieres paroles de quelques personnes illustres en saincteté, de l'ancienne & de la nouvelle Loi. Pour servir de modèle à ceux qui veulent aprendre à bien mourir, par le R. P. Lalemant, 12. Bruxell. 1673.
Morton Opera Medica, cum Indice duplici; altero librorum, Exercitationum & Capitum, altero Rerum generali. Editio recens; cui accedunt insigniores Tractatus Mart. Lister de Morbis chronicis, & de Variolis: Guliel. Cole, de Febribus, ac de secretione animali: Gualt. Harris de Morbis infantum: & Thomæ Sydenham Processus in Morbis, ac Phthisi, 4. Lugduni 1697.

N.

N *Audæana & Patiniana, ou sçaul ariæz remarquables, prises des conversations de Messr. Naudé & Patin*, 12. *Amsterd.* 1703.
Nicholai defensio Ecclesiæ Anglicanæ, in qua vindicantur omnia, quæ ab Adversariis in doctrina, cultu & disciplina ejus, improbantur. Præmittitur Apparatus; qui Historiam turbarum, è secessione ab Ecclesia Anglicana exortarum, continet, 12. Amsterd. 1708.
280 Nova Collectio Patrum & Scriptorum Græcorum, Eusebii Cæsariensis, Athanasii, & Cosmæ Ægyptii. Hæc nunc primum ex manuscriptis Codicibus Græcis, Italicis Gallicanisque eruit, Latiné vertit, Notis & Præfationibus illustravit D. Bern. de Montfaucon, fol. 2 vol. Parif. 1706.
Novarini Matthæus & Marcus expensus Notis Moniitisque sacris, quâ ex Linguarum fontibus, quâ ex variarum Versionum Collatione, quâ ex Sanctorum Patrum, aliorumque Auctorum observationibus, quæ ad mores informandos præcipuè spectant, illustrati; adeò, ut melior salubriorque succus, qui ex sacrosanctis horum Evangelistarum verbis vel levi Autoris contactu fluxit, vel multorum Doctorum labore velut quodam Torculari est expressus, hic omnibus ad omnium utilitatem & gustum exhibeatur; & quæcumque nove dicuntur, aut adducuntur nove, vitæ novitati suadendæ & exercendæ serviant: addita Lectionum varietate Vulgatæ editioni ad verbum respondente, ex Sanctorum Patrum Monumentis, variisque Interpretibus non exiguo labore collecta, & in ordinem redacta, fol. Lugduni 1642.
- - - Lucas expensus, Notis Moniitisque sacris, quâ ex variarum Versionum collatione, quâ ex sanctorum Patrum, aliorumque Auctorum observationibus, quæ ad mores informandos præcipuè spectant, illustratus; adeò, ut melior, salubriorque succus, qui ex sacrosanctis hujus Evangelistæ verbis, vel levi Auctoris contactu fluxit, vel multorum Doctorum labore velut quodam Torculari est expressus, hic omnibus ad omnium utilitatem & gustum exhibeatur; &, quæcumque nove dicuntur, aut adducuntur nove, vitæ novitati suadendæ & exercendæ serviant: addita Lectionum varietate Vulgatæ editioni ad verbum respondente, ex sanctorum Patrum monumentis, variisque Interpretatibus non exiguo labore collecta, & in ordinem redacta, fol. ibid. 1643.
- - - Joannes expensus, Notis Moniitisque sacris, quâ ex linguarum fontibus, quâ ex variarum Versionum collatione, quâ ex sanctorum Patrum, aliorumque Auctorum observationibus, quæ ad mores informandos præcipuè spectant, illustratus; adeò, ut melior, salubriorque succus, qui ex sacrosanctis hujus Evangelistæ verbis, vel levi Auctoris contactu fluxit, vel multorum Doctorum labore velut quodam Torculari est expressus, hic omnibus ad omnium utilitatem & gustum exhibeatur; &, quæcumque nove dicuntur, aut adducuntur nove, vitæ novitati suadendæ & exercendæ serviant: addita Lectionum varietate Vulgatæ editioni ad verbum respondente, ex sanctorum Patrum monumentis, variisque Interpretibus non exiguo labore collecta & in ordinem redacta, fol. ibid. 1613.
Nouveau Theatre de la Grande Bretagne; ou Description exacte des Palais de la Reine, & des Maisons les plus considerables des Seigneurs & des Gentilshommes de la Grande Bretagne. Le tout dessiné sur les lieux, & gravé sur 80 Planches, où l'on voit aussi les Armes des Seigneurs & des Gentilshommes, fol. à Londres 1708.
285 *Nouveau Voyage vers le Septentrion, où l'on represente le naturel, les coutumes, & la Religion des Norwegiens, des Lapons, des Kiloppes, des Russiens, des Borandiens, des Syberiens, des Zemblicus, des Samoïedes, &c.* 12. *Amsterd.* 1708.
*Nouveaux Contes des Fées par Madame D***. Auteur des Memoires & voyage d'Espagne*, 12. *Amsterd.* 1708.
Nouvelle Explication d'une Medaille d'or du Cabinet du Roi, sur laquelle on voit la tête de l'Empereur Gallien, & cette legende, Gallienæ Augustæ. Avec l'idée d'une nouvelle Histoire de l'Empereur Gallien par les Medailles, 8, *Leipzig*, 12, *Paris* 1699.

Nouvelles

LIBRORUM.

Nouvelles de Dona Maria Dezayas, traduites de l'Espagnol, contenant l'Heureux desespoir; Aminte trahie, ou l'Honneur vangé; l'Avare puni, 12. Tome I. Paris 1680.
Nouvelles de Michel de Cervantes, Auteur de l'Histoire de Don Quichotte; Traduction nouvelle; seconde Edition augmentée de plusieurs Histoires, 2 vol. 12. Amsterd. 1709.
Numismatum antiquorum Sylloge, populis Græcis, municipiis, & coloniis Romanis cusorum, 4. Londini 1708.

O.

Ob-dientiæ credulæ vana Religio, seu Silentium Religiosum in causa Jansenii explicatum, & salvâ fide ac auctoritate Ecclesiæ vindicatum adversus Theologum Leodiensem, aliosque obedientiæ credulæ defensores; Opus in duas partes divisum, 12. 1703.
Obras de Don Francisco de Quevedo Villegas, Cavallero de la Orden de Sant-Jago, Senor de la villa de la Torre de Juan Abad, divididas en tres Tomos, 4. Amberes 1699.
Odes de Mr. de la Motte, avec un discours sur la Poesie en general, & sur l'Ode en particulier, 12. Amsterd. 1707.
Oeuvres de Jean d'Espagne, Ministre du Saint Evangile, 2 vol. 12. à la Haye 1674.
- - - spirituelles de Dom Jean de Palafox, 12. Bruxell. 1693.
- - - de Mr. Capistron, nouvelle Edition, 12. Amsterd. 1698.
Oeuvres de Platon, traduites en François avec des Remarques, 2 vol. 12. Paris 1699.
- - - diverses du Sr. Boileau Despreaux; avec le Traité du Sublime, ou du merveilleux dans le discours, traduit du Grec de Longin, 2 vol. 12. Paris 1701.
Oeuvres de M. Ant. D'Epesses, ou toutes les plus importantes matieres du Droit Romain sont methodiquement expliquées, & accommodées au Droit François, confirmées par les Arrêts des Cours Souveraines, & enrichies des plus utiles Doctrines des Auteurs anciens & modernes, fol. 2 vol. à Lyon 1696.
Oeuvres diverses de Mr. de Fontenelles, Tome I. qui contient les Nouveaux Dialogues des Morts; le jugement de Pluton sur les deux Parties des Dialogues des Morts; les Entretiens sur la Pluralité des Mondes, & l'Histoire des Oracles, 12. Londres 1707.
Oeuvres du P. Rapin, qui contiennent les Comparaisons des grands hommes de l'Antiquité, qui ont le plus excellé dans les belles lettres, derniere édition, revuë, corrigée & augmentée du Poëme des Jardins, Tome premier, 12. Amsterd. 1709.
- - - Tome second, qui contient les Reflexions sur l'Eloquence, la Poëtique, l'Histoire & la Philosophie; avec le jugement qu'on doit faire des Auteurs qui se sont signalez dans ces quatre parties des belles Lettres, 12. ibid. 1709.
de Olea, Tractatus de Cessione Jurium & Actionum, in quo insertæ sunt, suo loco, Additiones, seu Resolutiones, cum S. R. Rom. Decisionibus ad hancce Materiam facientibus; opus Theoricis & Practicis perutile; Editio postrema; in qua præter hactenus editas Decisiones, aliæ novissimæ, & Responsiones ad D. Car. Ant. de Luca, & aliorum objectiones in fine adjectæ sunt, fol. Genevæ 1701.
Ordonnances & Instructions Synodales, par Godeau, cinquieme Edition, 12. à Bruxell. 1673.
Orophile en desordre, ou l'Art convaincu d'imposture dans l'usage de la seignée, 12. Cologne 1686.
Ohavdri Observationes, maximam partem Theologicæ, in libros tres de Jure Belli & Pacis Hugonis Grotii, 8. Tubingæ 1671.

P.

Pacificatores Orbis Christiani, sive Icones Principum, Ducum, & Legatorum, qui Monasterii atque Osnabrugæ pacem Europæ reconciliarunt, quosque singulos ad nativam imaginem expressit A. van Hulle, celsissimi Principis Auriaci, dum viveret, Pictor, optimorum Artificum dexteritate CXXXI. tabulis æneis incisæ, nunc demum post viri illustris mortem in lucem editæ, & descriptione recens auctæ, fol. Rotterd. 1697.
Pacioni, selectæ Allegationes civiles & canonicæ, quàm plurimis S. Rotæ Romanæ Decisionibus instructæ & ornatæ; & consequenter Juris utriusque Professoribus valde utiles & necessariæ, cum tribus

18   CATALOGUS

tribus Indicibus, Argumentorum primo, fecundo Decifionum, & tertio Rerum & Sententiarum locupletiſſimo, fol. Coloniæ Allobrogum 1700.

Pag: Critica Hiſtorico-Chronologica in univerſos Annales Eccleſiaſticos Cardinalis Cæſaris Baronii, in qua rerum narratio defenditur, illuſtratur, ſuppletur, ordo temporum corrigitur, & innovatur, & Periodo Græco Romana, nunc primùm concinnata munitur; Opus poſthumum, IV Tomis diſtinctum: ab adventu D mini Noſtri Jeſu Chriſti ad Annum MCXCVIII. perductum. non folùm Annales Eccleſiaſticos, horumque Epitomes legentibus; ſed etiam omnibus Antiquitatis Studioſis neceſſarium. Accedunt Catalogi decem veterum Summorum Pontificum hactenus inediti, fol. Antwerpiæ 1705.

310   *Palais de l'Amour, & a René de la Fortune, dans lequel les Curieux trouvéront la deciſion des Queſtions amoureuſes & fortunées, pour ſe rejouir agreablement dans les Compagnies: augmenté d'un Traité des Songes, avec leurs explications, & autres gallanteries*, 12. Paris 1676.

Penſées & Reflexions ſur les égaremens des Hommes dans la voye du ſalut, 2 vol. 12. Lyon 1701.

Peſte du Genre humain, ou la Vie de Julien l'Apoſtat, miſe en paralléle avec celle de Louis XIV. 12. à Cologne 1696.

Philippiques de Demoſthene, avec des Remarques, 12. Anvers 1707.

Philoſophie des Gens de Cour, où l'on enſeigne d'une maniere aiſée & naturelle, ce qu'il y a de plus curieux dans la Phyſique, & de plus ſolide dans la Morale, pour l'uſage des perſonnes de qualité, 12. Paris 1685.

315   *Piétés Theologie Chretienne & la ſcience du Salut, ou l'expoſition des Verite? que Dieu a revelées aux hommes dans la Sainte Ecriture, avec la refutation des erreurs contraires à ces veritez, l'Hiſtoire de la plûpart de ces Erreurs, les ſentimens des anciens Peres, & un abregé de ce qu'il y a de plus conſiderable dans l'Hiſtoire Eccleſiaſtique*, 2 vol. 4. Geneve 1708.

Pipping Titus Decadum, memoriam Theologorum noſtræ ætatis clariſſimorum renovatam exhibens, ſacro Decadum ſeptenario ante biennium vulgato, jungenda, ut ſuam ſortiatur Integritatem Theologorum recentiſſimorum centuria, 8. Lipſiæ 1707.

Placcii Theatrum Anonymorum & Pſeudonymorum, ſymbolis & collatione Virorum per Europam doctiſſimorum ac celeberrimorum; olim ſyntagma dudum editum, ſummo beati Auctoris curâ recluſum, & benignis auſpiciis Matth. D.eyſ, cujus & Commentatio de ſumma & ſcopo hujus Operis accedit, luci publicæ redditum. Præmiſſa eſt Præfatio & vita Auctoris, ſcriptore Jc. Alb. Fabricio. fol. Hamburgi 1708.

Plan de la glorieuſe Victoire de Bleinem, rapportée par ſon Alteſſe Myord Duc de Marlbourg ſur l'Electeur de Baviere & les Marechaux de Tallard & Marcin, le 13. Aouſt de l'Année 1704. 2 feuilles.

Poëmes de Mr. de la Motte; avec un Diſcours ſur la Poche en general, & ſur l'Ode en particulier, 8. Bruxell. 1707.

320   *Poëſies de Madame & de Mademoiſelle Des-Houlieres, nouvelle Edition, augmentée de pluſieurs Ouvrages qui n'ont pas encore paru*, 8. Amſterd. 1709.

Poiret de Eruditione triplici, ſolida, ſuperficiaria & falſa, Libri tres; hac nova editione infinities auctiores & correctiores: in quibus veritatum ſolidarum origo ac via oſtenditur, tum cognitionum ſcientiarumque humanarum, & in ſpecie Carteſianiſmi, fundamenta, valor, defectus, & errores deteguntur. Præmittitur vera methodus inveniendi verum. Accedit nunc eorumdem librorum Defenſio contra G. G. Titium, 2 vol. 4. Amſterd. 1707.

- - - Fides & Ratio collatæ, ac ſuo utraque loco redditæ, adverſus Principia J. Lockii Inſertis non paucis, quibus Revelationis divinæ a Religionis Chriſtianæ capita digniora profundius confirmantur & explicantur; cum acceſſione triplici,
1. de Fide implicita, five nuda.
2. de SS. Scripturarum certitudine ac ſenſu.
3. de perſecutione & felicitate in hac vita, 8. Amſterd. 1707.

Politique des Jeſuites, 12. à Londres 1688.

Ponce y Petit Dictionaire Royal François - Latin, augmenté d'un très-grand nombre de mots que l'Auteur avoit recueillis après la premiere édition, & qu'on a marquez d'une étoile. On y a encore ajouté le genre & le Genitif de tous les Noms, & le Supin de Verbes, & a la fin une liſte des Preterits, & des Supins des Verbes Latins plus ample, plus exacte & plus correcte que celle qui etoit en la premiere édition, 8. Bruxell. 1707.

325   *Pratique des Vertus Chretiennes, ou tous les devoirs de l'homme; avec quelques Devotions particulieres, qui peuvent ſervir en diverſes occaſions; comme au matin, au ſoir; lors que l'on communie, lors que l'on eſt malade; en tems de perſecution & de calamité publique: traduit de l'Anglois*, 12. à Geneve. 1691.

- - - *de la vraye Theologie Myſtique contenue dans quelques Traitez de Fr. Malaval, de Monſ...*

LIBRORUM.

Monsr. de Rernieres, & de Sainte Therese, retouchez ou abregez : avec une Preface servant d'Introduction au même sujet, 8. à Liege 1709.

— — Tome II. contenant l'Abregé du Chasteau de l'Ame : Traité de la Communion & de ses effets : Traitez des Croix ou des souffrances exterieures & interieures : Maximes & avis sur la vie spirituelle : Exclamations sur la vie de la Grace, 8. ibid. 1709.

Prejugez legitimes contre le Jansenisme ; avec une Histoire abregée de cette erreur depuis le commencement des troubles que Jansenius & Mr. Arnauld ont causé dans le monde, jusques à leur purification, & une Preface, dans laquelle on determine quel jugement on doit former aujourd'hui des disciples de Jansenius. L'on a mis à la fin les Constitutions d'Innocent X. & Alexandre VII. & la Censure de Sorbonne ; par un Docteur de Sorbonne, 12. Cologne 1688.

Preparation à la Mort, par Crasset, dixième edition, revuë & augmentée des Prieres de l'Eglise pour les Agonisans, 8. Bruxell. 1709.

Preservatif contre l'Irreligion, ou demonstrations des veritez fondamentales de la Religion chretienne ; avec une Preface, où l'on fait voir,
1. les principaux motifs de l'incredulité.
2. ses pernicieux effets.
3. les moyens d'en empêcher le progrès, par Mr. Poesniev, 12. à la Haye 1707.

Prince Chretien & politique ; traduit de l'Espagnol, par Mr. I. Rou, 2 vol. 12. Paris 1668.

Pritius Introductio in lectionem Novi Testamenti, in qua, quæ ad rem criticam, Historiam, Chronologiam & Geographiam pertinent, breviter & perspicuè exponuntur, 12. Lipsiæ 1704.

Projet d'une Dixme Royale qui supprimeroit la Taille, les Aydes, les Doüanes d'une Province à l'autre, les Decimes du Clergé, les affaires extraordinaires & tous autres Impôts onereux & non volontaires ; & diminuant le prix du sel de moitié & plus, produiroit au Roi un Revenu certain & suffisant, sans frais ; & sans être à charge à l'un de ses sujets plus qu'à l'autre, qui s'augmenteroit considerablement par la meilleure culture des Terres, par Monsr. de Vauban, 12. 1707.

Prospectus novæ editionis accuratissimæ Monumentorum Ecclesiasticorum. I. Henrici Canisii Lectiones antiquæ, quarum sex Tomi, cum Volumine singulari insignium Auctorum, tam Græcorum, quàm Latinorum, quod ex variis MSS. & Bibliothecis accersitum in lucem prodire jussit Petrus Stewartius, secundum seriem sæculorum digesti, & in unum corpus redacti, nitidissimis caracteribus editi, conficient Tria Volumina in folio. II. Domni Lucæ Dacherii Spicilegium veterum Scriptorum, quod in Galliæ Bibliothecis, maximè Benedictinorum, latuerat, & deinde Tredecim Voluminibus seorsim editum, eodem ordine temporum dispositum conficiet Quatuor Volumina in folio. III. Nova Collectio Patrum, quorum scripta tum ex Codicibus M.S. tum ex impressis, velut Mabillonii Analectis, Baluzii Miscellaneis, Zacagnii Monumentis Vaticanis, cæterisque Virorum eruditorum Collectionibus, quæ rarissimæ evaserunt, seligentur. Præfationes, Notas & Animadversiones criticas adjiciet Jacobus Basnage, fol. Roterd. 1709.

Proverbes de Salomon, traduits en François, avec les differences de l'Hebreu, 12. Paris 1672.

Pufendorf, Droit de la Nature & des Gens, ou systême general des principes les plus importans de la Morale, de la Jurisprudence & de la Politique ; traduit du Latin de feu Mr. de Pufendorf, par Barbeyrac ; avec des Notes du Traducteur, où il supplée, explique, defend & critique les pensées de l'Auteur ; & une Preface, qui sert d'introduction à tout l'Ouvrage, 2 vol. 4. Amsterd. 1706.

Pufendorf, sive anteà Severini de Monzambano de Statu Imperii Germanici liber unus, & ex autographo B. Autoris recognitus, cum prioribus editionibus collatus ac selectis Variorum Notis illustratus, curante Gottl. Gerh. Titio, 8. Lipsiæ 1708.

Q.

Queustedt, Dialogus de Patriis illustrium doctrinâ & scriptis Virorum, omnium ordinum & facultatum, qui ab initio mundi per universum terrarum orbem usque ad annum reparatæ Gratiæ MDC. claruerunt ; exhibens simul plerorumque Doctorum encomia, præcipua scripta & ætatem ; itemque Regionum ac Urbium per Europam, Asiam & Africam descriptiones, 4. Wittenbergæ 1691.

CATALOGUS

R.

R Echenbergii Praelectiones & Institutiones Historicae: Editio secunda, auctior & emendatior, 12. Lipsiae 1707.

340 Recherche modeste des Causes de la presente Guerre, en ce qui concerne les Provinces Unies, 12. à la Haye 1703.

Recueil des Harangues prononcées par Messieurs de l'Academie Françoise, dans leur Receptions, & en d'autres occasions differentes, depuis l'etablissement de l'Academie jusqu'a present, 2 vol. 12. Amsterd. 1709.

- - - de divers Traitez de Paix, de Confederation, d'Alliance, de Commerce, &c. faits depuis soixante ans, entre les Etats Souverains de l'Europe: & qui sont les plus importans, les mieux choisis & les plus convenables au tems present. 12. à la Haye 1707.

Redi de Animalculis vivis, quae in corporibus Animalium vivorum reperiuntur Observationes: ex Etruscis Latinas fecit Petrus Coste. 12. Amsterd. 1708.

Reflexions Morales de l'Empereur Marc Antonin, avec des Remarques de Mr. & de Mad. Dacier: troisième Edition, où l'on a mis les Remarques sous le Texte, 8. Amsterd. 1707.

345 - - - Chretiennes sur divers sujets, où il est traité de la securité du bien & du mal qu'il y a dans l'emploi, emens, avec lequel on recherche les Consolations, de l'usage que nous devons faire de nôtre tems, du bon & du mauvais usage des conversations, par la Placette, 12. ibid. 1707.

- - - sur la Misericorde de Dieu, par une Dame Penitente, à la Haye 1700.

Reginaldus de mente S. Concilii Tridentini circa gratiam se ipsa efficacem. Accesserunt Animadversiones in XXV. Propositiones P. L. Molinae, Autore Jacobo le Boffu, & Alternae Epistolae P. Soto, R. Tapperi & J. Ravesteim de Gratia & Libeii Arbitrii concordia, fol. Antw. 1706.

Reglemens donné par une Dame à Me. * * *. se peut-elle pour sa conduite, & pour celle de sa Maison: avec un autre Reglemens que cette Dame avoit dressé pour elle-même, 12. Bruxell. 1695.

Relation de la Societé établie pour la Propagation de l'Evangile dans les païs étrangers, par les Lettres Patentes du Roi Guillaume III. où l'on voit les methodes & les progrès de cette Societé, avec l'esperance qu'il y a de nouveaux progrès, sous l'heureux Regne de Sa Majesté la Reine Anne; traduite de l'Anglois, & suivie de trois Sermons faits sur la Conversion des Gentils, & prononcez dans l'Eglise de la Savoye, par de la Muthe, l'un de ses Ministres, 8. Rotterd. 1708.

350 Reponse aux Entretiens, composez par Mr. Bayle, contre la Conformité de la Foi avec la Raison, & l'Examen de sa Theologie, 12. Amsterd. 1707.

- - - aux Questions d'un Provincial. Tome IV. 12. Rotterd. 1707.

- - - Tome V. 12. ibid. 1707.

- - - à deux objections, qu'on oppose de la part de la Raison à ce que la foi nous aprend sur l'origine du Mal, & sur le Mystere de la Trinité. Avec une Addition, où l'on prouve que sont les Chretiens sont d'accord sur ce qu'il y a de plus incomprehensible dans le Mystere de la Predestination, par la Placette, 12. Amsterd. 1707.

- - - à l'Avis aux Refugiez, par M. D. L. R. 2 vol. 12. Rotterd. 1709.

355 Roa singularium locorum, ac rerum Sacrae Scripturae libri VI. pars prima. Adjunctus insuper ejusdem Autoris liber VII. de Die Natali sacro, & profano; in quibus cum ex Sacris, tum ex humanis Literis, multa ex gentium, Hebraeorum que moribus explicantur: editio novissima multis quae prioribus deerant, aucta & emendata. 2 vol. 8. Lugduni 1667.

Roccus de Navibus & Naulo, item de assecurationibus nobilis. Accedunt ejusdem selecta Responsa, editio novissime emendatior. 8. Amsterd. 1708.

Rohaulti Physica. Latine reddita, & annotationibus ex clarissimi I. Newtoni principiis illustravit. S. Clark. Editio tertia nodis, correcta & multum aucta. Accessere ex recensu & Phaenomenis, cum praecipuorum, item tres novae tabulae aeri incisae, 8. Londini 1710.

S.

Sagittarii Historia Gothana plenior, ex optimis quibusque editis Scriptoribus, ut & MSS. documentis cum fide & industria collecta atque ordine majorum velis expressa, ab ipso Adore magna

LIBRORUM.

migna ex parte confectum Typographoque traditum; reliqua ex ejusdem schedis congessit & supplemento indiceque mox edendis illustrabit W. Ern. Tentzelius, 4. Jenæ 1700.

Saint-Evremoniana, ou Recueil de diverses pieces curieuses avec des pensées judicieuses de beaux traits d'Histoire, & des Remarques tres-utiles de Mr. de Saint-Evremont, 8. Amsterd. 1701.

Schenchzeri Helveticus, 4. Londini 1708.

Schimidt Paraphrasis Evangeliorum Dominicalium & Festalium, 8. Argentorati 1697.

Schwelinsii Mens immortalis, evidenter certò contra Atheos Scepticosque demonstrata, 12. Francof. 1697.

Science des personnes de la Cour, de l'épée & de la robe, où l'on trouve une instruction sur la Religion, l'Astronomie, la Geographie, l'Histoire, la Chronologie, les Fables, le Blazon, l'interêt des Princes, la Guerre, les Fortifications; par le Sieur de Chevigny. Nouvelle Edition, augmentée de plusieurs Cartes de Mr. de Lisle, 2 vol. 12. Amsterd. 1707.

- - - Universelle de la Chaire, ou Dictionaire Moral, dans lequel on trouvera par ordre Alphabetique ce que les Peres Grecs & Latins, les Interpretes de l'Ecriture Sainte, & les Theologiens, les Predicateurs François, Italiens, Allemands, &c. ont dit de plus curieux & de plus solide sur differents sujets de Morale, 5 vol. 8. à Paris 1704.

Senecæ & Syri Mimi Sententiæ, centum aliquot versibus ex codd. Pall. & Frising. auctæ & correctæ, studio & operâ J. Gruteri cum Notis ejusdem recognitis & castigatis. Accedunt ejusdem Notæ posthumæ, ut & nova versio Græca Jos. Scaligeri, 8. Lugd. Bat. 1708.

Septuaginta Interpretum Tomus I. continens Octateuchum, quem ex antiquissimo MS. Codice Alexandrino accuratè descriptum, & ope aliorum exemplarium ac priscorum scriptorum, præsertim verò Hexaplaris Editionis Origenianæ emendatum atque suppletum, additis impè Asterifcorum & Obelorum signis, summâ curâ edidit J. Ern. G. abe, fol. Oxon. 1707.

- - - Idem in Octavo, ibid. 1707.

Sermons prêchez devant son Altesse Royale Madame la Duchesse d'York, par le R. P. la Colombiere, 4 vol. 8. suivi de Reflexions Chretiennes du R. P. la Colombiere, 8. Lyon 1702.

- - - sur diverses Matieres importantes, par Mr. Tillotson, Tome II. & III. 8. Amst. 1708.

- - - du Pere Bourdaloüe, 4 vol. 12. Lyon 1707.

- - - sur divers Textes de l'Ecriture Sainte, par Jaq. Saurin, 8. à la Haye 1708.

- - - sur divers Textes de l'Ecriture Sainte, par Mr. Martin, 8. Amsterd. 1708.

- - - sur divers Sujets de Morale, de Theologie, & de l'Histoire Sainte, par Monsr. Basnage, 2 vol. 8. Rotterd. 1709.

Souveraine Perfection de Dieu dans ses divins attributs, & la parfaite integrité de l'Ecriture prisca sens des anciens Reformez, defendu par la droite Raison contre toutes les objections Manicheïsme repanduës dans les livres de Mr. Bayle, 2 vol. 12. Amsterd. 1708.

Spanhemii Dissertationes de Præstantia & Usu Numismatum antiquorum. Editio nova: eædem anteà Dissertationes recensentur, multifque accessionibus locupletantur; aliæ nunc mùm prodeunt; singulæ autem selectis insigniuum Numismatum Iconibus illustrantur. Tom. primus, fol. Londini 1706.

Sprengeri Roma nova; à nævis, quibus prima scatebat editio, hacce editione repurgata, & aucta. Cui se associarunt I. Regulæ Cancellariæ Apostolicæ S. D. N. Alexandri VII. P. P. II. Privilegia Religiosorum & Clericorum, & adjecta his sunt quædam licet alletria, in oblectamentum Lectoris tamen, nempe aliquot Auctoris Poëmata, 12. Francof. 1667.

Stalpartii vander Wiel Observationum rariorum Medic. Anatomic. Chirurgicarum Centuria prior. Accedit de Unicornu Dissertatio: utraque tertia parte auctior, longeque emendatior, 8. Lugd. Bat. 1687.

- - - Observationum rariorum Medic. Anatomic. Chirurgicarum Centuriæ posterioris Pars prior, auctior longe atque emendatior. Accedit ejusdem filii de Nutritione foetus Exercitatio, 8. ibid. 1687.

Strabonis Rerum Geographicarum Libri XVII. Accedunt huic editioni, ad Casaubonianam III. expressæ, notæ integræ G. Xylandri. Is. Casauboni, F. Morellii. Jac. Palmerii; selectæ verò ex scriptis P. Merulæ, J. Meursi. Ph. Cluverii, L. Holstenii, Cl. Salmasii, S. Bocharti, Is. Vossii, F. Spanhemii, Ch. Cellarii, aliorumque. Subjiciuntur Chrestomathiæ Græcè & Lat. fol. Amsterd. 1707.

360

365

370

375

XI

CATALOGUS

T.

380 **T**Ableau de la Cour de Rome, dans lequel font reprefentez au naturel fa Politique, & fon Gouvernement tant fpirituel que temporel, les Ceremonies Religieufes & civiles, ce qui s'obferve dans le Conclave à l'Election des Papes, les Cavalcades, & plufieurs autres chofes tres-rares & très curieufes, & qui ne fe trouvent ni dans l'Hiftoire des Conclaves, ni dans aucune Relation de l'Italie; divifé en fix parties, par le Sr. J. A. 2. à la Haye 1707.

Tacquet Opera Mathematica, Opera fané aurea in lucem publicam & ufum eruditæ Pofteritatis gratulantibus litteratorum gentis edita, Editio fecunda priori nitidior & emendatior, fol. Antwerpiæ 1707.

Teinturier parfait, ou Inftruction nouvelle & generale pour la Teinture des Laines, & Manufactures de laine, comme auffi pour les chapeaux de toutes fortes de couleurs, & pour la culture des drogues ou ingredient qu'on y employe. Ouvrage très-curieux & tres-utile, 12. Leide 1708.

Teftament Politique du Cardinal Duc de Richelieu, prem er Miniftre de France fous le regne de Louis XIII. fixiéme édition, corrigée & augmentée d'obfervations hiftoriques, 2 vol. 8. Amfterd. 1709.

Teftamentum Novum Jefu Chrifti, Vulgatæ editionis Sixt. V. Pont. Max. juffu recognitum atque editum, 12. Bruxell. 1696.

385 Theatre de la Nobleffe de Flandre & d'Artois & autres Provinces de fa Majefté Catholique, reprefentant les noms & furnoms de ceux, defquels les lettres de Chevalerie, d'affirmation de Nobleffe & d'Annobliffement font regiftrées à la Chambre des Comptes à Lille, commençant de l'an 1414. & continué jufques à l'an 1707. accordez par les Princes Souverains des dites Provinces, par J. le Roux, 4. 1 Lille 1708.

Theoriæ Sphæricæ, 8. Oxoniæ 1707.

Theophrafte moderne, ou Nouveaux Caractéres fur les mœurs, 12. à la Haye 1709.

Thefaurus Locorum communium Jurifprudentiæ & axiomaticus Aug. Birbofæ, & analectis Joh. Otton. Taboris, a iomqu concinnatus. Editio poft fecundam Tob. Otton. Taboris, & per axiomata Sam. Stryku auctum tertiam quarta, novis axiomatibus ex recentioribus Autoribus ex parte auctor facta, Andr. Chr. Rofenero, fol. Lipfiæ 1707.

Thefaurus Vetus & nova Eccleftæ difciplina circa Beneficia & Beneficiarios, diftributa in tres partomes, quæ & ipfæ in tres libros fingulæ diftributæ funt. Pars prima, five Tomus primus, ubi agitur,

Lib. I. de primo Cleri ordine.

Lib. II. de fecundo Cleri ordine.

Lib. III de Clericorum & Monachorum Congregationibus quæftionibus fingulis ex ordine temporum ab exordio Eccleftæ ad Clodovæum, inde ad Carolum Magnum, ruinis inde ad Hugonem Capetium, denique ad hæc ufque tempora pertractatis, aufquam tamen interrupto earum contextu. Opus ex Sanctis Patribus, ex Conciliis, ex quorumque temporum Hiftoricis decerptum. Editio Latina fecunda poft duas Gallicanas auctior & emendatior, fol. 3 vol. Lugduni 1705.

390 - - Pars fecunda, five Tomus fecundus, ubi agitur,

Lib. I. de Vocatione & Ordinatione Clericorum, de Patronatu, de irregularitatibus & fcholis.

Lib. II. de Epifcoporum Electione, confirmatione, ordinatione, ceffione, refignatione, tranflatione.

Lib. III. de Pluralitate Beneficiorum, de commendis, de Difpenfationibus, de præcipuis officiis Epifcoporum, de Refidentia, de Conciliis, de Comitiis Cleri & Regni, de Synodis, de Vifitatio ibus, de Prædicatione, de Pauperum Tuitione, de Exercitio Jurisdictionis, fol. ibid. 1705.

- - Pars tertia, five Tomus tertius, ubi agitur,

Lib. I. de bonis Eccleftæ temporalibus.

Lib. II. de eorum Diftributione.

Lib. III. de Canonico, & pio eorundem ufu, fol. ibid. 1705.

Thrafton de Refpirationis ufu primario Diatriba. Accedunt Animadverfiones à cl. Viro in eandem confcriptæ, una cum Refponfionibus Autoris, ut & Joh. Mayow, Tractatus duo, quorum prior agit de Refpiratione, alter de Rachitide, 8. Lugd. Bat. 1708.

Tibulli, Equitis Romani, quæ extant, ad fidem veterum Membranarum fedulo caftigata, Accedunt

LIBRORUM.

dunt Notæ, cum variarum Lectionum libello, & terni Indices; quorum primus umbes vocat Tibullianas complectitur, 4. Amsterd. 1708.
Tournefort Corollarium Institutionum Rei Herbariæ, in quo plantæ 1356. munificentiâ Lud Magni in Orientalibus Regionibus observatæ recensentur, & ad genera sua revocantur, 4. Parif.
Traité de la Grammaire Françoise, par Des-Marais, 12. Amsterd. 707.
- - - du Pouvoir de l'Eglise & des Princes fur les empêchemens du Mariage; avec la pratique des empêchemens qui subsistent aujourd'hui; par Mr. Gerbais, 4. Paris 1691.
- - - des Eunuques, dans lequel on explique toutes les differentes sortes d'Eunuques, quel rang ils ont tenu, & quel cas on en a fait, &c. On examine principalement s'ils sont propres au mariage, & s'il leur doit être permis de se marier : & l'on fait plusieurs Remarques curieuses & divertissantes à l'occasion des Eunuques, &c. par M***. D***. 1707.
Traité contre l'impureté par J. F. Ostervald, 8. Amsterd. 707.
- - - d'Origene contre Celse, ou Defense de la Religion Chretienne contre les accusations des Payens : traduit du Grec par Bouhereau, 4. Amsterd. 1700.
- - - analytique des Sections Coniques, & de leur usage pour la resolution des équations dans les Problêmes, tant determinez qu'indeterminez. Ouvrage posthume de Mr. de l'Hospital, 4. Paris 1707.
- - - sur la Priere publique, & sur les difpositions/pour offrir les SS. Mysteres, & y participer avec fruit, 12. Bruxell. 1708.
- - - de la Peinture en mignature, pour aprendre ailément à peindre sans maître. Ouvrage corrigé & augmenté sur le plan de l'ancien de diverses Instructions Preliminaires sur la Peinture en general, & de Preceptes sur le dessein pour en faciliter l'Etude & la Pratique; auquel on a ajouté un petit Traité de la Peinture au Pastel, avec la methode de composer les Pastels; la maniere de laver proprement toutes sortes de Plans; le secret de faire les plus belles Couleurs, bruny, l'Or en coquille, & le Vernis de la Chine : avec une Explication par ordre alphabetique de tous les termes propres au Dessein & à la Peinture, 12. à la Haye 1708.

V.

Valsalva de Aure humana tractatus, in quo integra auris fabrica, multis novis inventis nifmis illustrata, describitur; omniumque ejus partium usus indagantur : quibus est musculorum avulsæ, atque pharyngis nova descriptio, & delineatio, 4. Ultrajecti.
Veritable Vauban, se montrant au lieu du faux Vauban, qui a couru jusqu'ici par le enseignant par le moien d'une Arithmetique, & d'une Geometrie courte, & aisée lement les Regles pour tracer proprement cette maniere celebre de fortifier, ma maximes fondamentales & plusieurs autres Regles usitées qu'on y a ajoutées, thode toute nouvelle pour fortifier irregulierement, & toutes les instructions ne la theorie & pour la pratique de l'Architecture militaire, tant offensive que sont demonstrées distinctement & d'une maniere propre pour enseigner, par Haye 1708.
Verité de la Religion Catholique, prouvée par l'Ecriture Sainte ; par Mr. Lille 1708.
Vindiciæ veterum Scriptorum, contra J Hardoianm S. J. P. Additæ sunt Viri e tiones Chronologicæ in Prolusionem & Historiam Veteris Testamenti, 12.
Vinnii Institutionum Imperialium Commentarius academicus & forensis. Edit prehendens non solùm omnia &, quæ & in aliis Editionibus reperiuntur, verûm
* Indicibus Decisionum & Constitutionum Imperatoris Justiniani, ut & Constitutio Imperatorum, nec non Legum & Senatusconsultorum veterum, &c. ut in Præfa 4. Lugd. Bat. 1709.
Vita Horatii ordine chronologico sic delineata, ut vice sit Commentarii Historico-Critici in pr rima & præcipua Poëtæ Carmina; quæ veris redduntur annis, novâ donantur luce, à pra vindicantur interpretatione celeberrimorum Commentatorum, imprimis Tanaq. Fabri dræ Dacieri, &c. studio Joan. Masson, 8. Lugd. Bat. 1708.
- - - Ovidii ordine chronologico sic delineata, ut Poëtæ fata & opera veris a Norisque Philologicis & Historicis illustrentur, atque Augustei Ævi ris cidentur, studio Joan. Masson, 8. Amsterd. 1708.
- - - C. Plinii Secundi junioris, ordine chronologico sic digesta, ut veris di rie Romanæ puncta, quæ Flavios Imperatores, usi Nervam Trajanum Masson, 8. Amsterd. 1709.

Ukriege,

CATALOGUS &c.

Tkringe, Hypotyposis Historiæ & Chronologiæ Sacræ, à M. C. usque ad finem sæc. V. Ab. V. Accedit Typus doctrinæ Propheticæ, 8. Franequer. 1708.
Voet Commentarius ad Pandectas, in quo præter Romani Juris principia ac controversias illustriores, Jus etiam hodiernum, & præcipuæ fori quæstiones excutiuntur, 2 vol. fol. Hagæ 1707.
Voyage dans l'Amerique, entre le Nouveau Mexique & la Mer Glaciale, par le R. P. Hennepin, avec toutes les particularitez de ce Païs, & de celui connu sous le nom de la Louïsiane; les avantages qu'on en peut tirer par l'établissement des Colonies, enrichie de Cartes Geographiques, augmentée de quelques figures en taille douce. Avec un Voyage qui contient une Relation exacte de l'Origine, Mœurs, Coutumes, Religion, Guerres & Voyages des Caraïbes, Sauvages des Iles Antilles de l'Amerique, faite par le Sr. de la Borde, tirée du Cabinet de Monsr. Blondel, 12. Amsterd. 1704.
— — — de Messieurs Bachaumont & la Chapelle; auquel on a joint les Poëses du Chevalier de Cailli, la Rélation des Campagnes de Rocroi & de Fribourg, & les Visionnaires, Comedie de Des Marets de l'Academie Françoise; toutes pieces excellentes qui étoient devenuës fort rares, 8. Amsterd. 1708.

415 Voyages & avantures de Lequat, & de ses Compagnons, en deux Iles desertes des Indes Orientales, avec la Relation des choses les plus remarquables.

W.

Wernersdi Dissertatio de Logomachiis Eruditorum. Accedit Diatribe de Meteoris oratioris, 8. Amsterd. 1702.
— Epigrammata sacra in Nativitatem, Vitam, Passionem, Resurrectionem, & Ascensionem D. N. J. Christi, 8. Amsterd. 1707.

Z.

Zacchias Quæstiones Medico-Legales; Editio nova, à variis mendis purgata, passimque interpolata, & novis recentiorum Authorum inventis ac observationibus aucta, curâ J. D. Horstii, opus omnibus Medicinæ & Juris utriusque peritis, nec non Tribunalium (Ecclesiastici & Assessoribus maxime necessarium, fol. 2 vol. Lugduni 1701.
— Historia Arcana, seu Annalium Poloniæ Libri VII. Redacta primum & post ora vere liberi voti Liberæ Electionis, concurrentis Regni Comitiis in Electorali campo, 4. Cosmopoli 1699.
420 — Espagnole, par Mr. de Segrais. Avec un Traité de l'Origine des Romans, 2 vol. 12. Amsterd. 1700.

FINIS.

LIST OF PRICES PAID BY THE BIBLIOTHEQUE DU ROI

This list gives the prices paid by the Bibliothèque du Roi at Paris for books delivered by Reinier Leers during the years 1694-1708. The price or prices (35 books were delivered twice and one title three times) are given in guilders and stuyvers (1 guilder = 20 stuyvers). The source for these data is the 'Troisième registre des livres acquis pour la bibliothèque du Roy' (Bibliothèque Nationale, Paris: Archives du Département des manuscrits Ancien Régime, 21). Roman numerals refer to the number of the catalogue, arabic to the title entries. The last column refers to the delivery (deliveries) of the book in question. The sixteen deliveries were sent from Rotterdam on the following dates:

1	sept. 1694	5	31.08.1697	9	09.04.1700	13	20.09.1705
2	17.02.1694	6	17.02.1698	10	14.08.1701	14	19.10.1706
3	09.11.1696	7	28.03.1699	11	08.04.1702	15	22.07.1707
4	09.12.1696	8	29.11.1699	12	06.05.1705	16	11.12.1708

Cat.	No.	Price(s)	Delivery	Cat.	No.	Price(s)	Del.
I	19	2.2	5	I	515	18.	1
I	66	2.10	3	I	516	.6	3
I	110	3.10	14	I	520	9.	1
I	135	1.12	2	I	556	1.	3
I	136	1.12	2	I	559	.10	14
I	178	1.4	3	I	601	.14	15
I	197	4.	1	I	608	8.	14
I	240	1./.18	3,4	I	618	1.10	4
I	261	10.	3	II	41	5.	4
I	262	10.	3	II	42	5.	4
I	263	10.	3	II	97	20.	2
I	264	10.	3	II	110	1.10	3
I	267	2.	3	II	112	6.	14
I	300	2.10	1	II	134	1.5	1
I	302	.6	3	II	161	4.	3
I	307	7.	14	II	166	13.	1
I	313	10.	4	II	169	14.10	2
I	321	1.10	3	II	170	1.10	5
I	331	.10	3	II	171	7.10	4
I	335	20.	2	II	179	.15	14
I	336	10.	2	II	198	.14	3
I	337	10.	2	II	210	.14	3
I	338	10.	2	II	216	15.	6
I	343	5.	2	II	217	15.	6
I	344	5.	2	II	234	3.10	3
I	350	12.	3	II	242	5.10	2
I	385	14.	2	II	243	5.10	2
I	395	5.10	4	II	247	2.10	5
I	404	1.16	6	II	252	3.	3
I	412	5.10	2	II	256	5.	2
I	477	8.	3	II	257	7.	2
I	484	1.15	14	II	262	8.10	14

II	267	10.10	6		III	245	.6	2
II	268	4.10	2,3		III	250	8.10	3
II	273	7.10	5		III	268	13.10	1
II	274	4.10	2		III	275	.18	3
II	314	3.10	3		III	276	1.6	5
II	315	3.10	3		III	280	2.10	2
II	316	3.10	2		III	281	7.	1
II	326	.12	2		III	282	3.	1
II	327	.16	2		III	292	8.10	2
II	336	10.	3		III	295	1.2	3
II	341	3.	14		III	308	1.	2
II	342	7.	2		III	312	.5	3
II	353	3.	2		III	313	.18	2
II	355	.15	2		III	315	.15	3
II	358	7.10	2		III	317	2.15	2
II	365	.18	2		III	325	2.10	1
II	370	10.	1		III	330	.8	2
II	375	3.	2		III	339	1.16	2
II	379	2.8	5		III	347	2.10	2
II	380	2.	14		III	350	3.	1
II	395	7.10	1		III	361	4.10	2
II	412	5.10	5		III	368	10.	2
II	418	2.	14		III	374	2.	3
II	437	2.	3		III	375	.3	1
III	10	1.	2		III	376	.5	2
III	23	1.	2		III	380	4.	2
III	33	6.10	2		III	384	1.15	14
III	52	3.8	2		III	390	2.10	14
III	55	.8	2		III	395	2.2	5
III	58	2.10	2		III	396	4.10	2
III	59	3.	6		III	397	7.	1
III	74	20./6.	5,16		III	398	3.10	3
III	104	25.	1		III	406	16.10	1
III	105	3.	14		III	407	2.	3
III	122	.6	3		III	427	1.4	5
III	125	5.	1		III	477	3.10	2
III	131	5.	1		III	478	1.4	3
III	135	1.6	3		III	500	3.10	1
III	136	2.10	3		III	501	2.	2
III	145	5.	2		III	502	2.	5
III	154	12./12.10	4,5		III	504	2.	3
III	155	.18	2		III	506	2.6	3
III	158	5.	1		III	507	4.15	3
III	165	1.10	1		IV	5	7.10	2
III	167	2.10	2		IV	29	1.5	3
III	175	.15	2		IV	34	2.	2
III	182	15.10	2		IV	36	4.	2
III	193	2.6	2		IV	55	4.10	1
III	196	1.	3		IV	66	.18	2
III	198	1.16	2		IV	87	.15	3
III	199	3.	2		IV	94	10.10	1
III	207	1.6	4		IV	112	6.	5
III	229	2.10	2		IV	116	2.10	2
III	231	2.10	3		IV	119	2.8	2
III	232	.16	2		IV	124	5.8	2
III	238	32.	2		IV	125	5.8	2
III	244	1.6	2		IV	126	7.10	1

IV	128	.10	2		V	129	1.	14
IV	163	5.10	2		V	130	1.4	14
IV	186	1.	2		V	144	1.10	5
IV	187	1.	2		V	146	2.10	2
IV	188	1.15	3		V	147	2.6	2
IV	189	1.15	3		V	149	2.10	2
IV	190	4.15	3		V	163	.4	3
IV	192	2.10	2		V	165	.15	2
IV	205	3.10	2		V	166	2.	2
IV	210	5.10	3		V	168	2.	2
IV	216	15.	5		V	181	7.	3
IV	220	3.	2		V	187	1.10	2,3
IV	221	2.10	4		V	188	4.	3
IV	222	4.10	4		V	222	2.	2
IV	227	4.10	2		V	230	2.10	14
IV	228	18.	2		V	236	.15	14
IV	244	13.	2		V	237	.15	14
IV	246	6.10	2		V	238	1.4	14
IV	247	.10	2		V	239	.15	14
IV	278	6.	2		V	240	1.	2
IV	280	1.4	3		V	263	1.10	14
IV	287	1.12	2		V	266	2.5	3
IV	288	.16	2		V	272	18.	4
IV	289	1.14	2		V	303	5.	2
IV	290	7.	2		V	349	4.10	2
IV	291	5.	2		V	356	1.4	3
IV	298	2.2	1		V	368	1.8	2
IV	299	1.4/.12	1,16		V	374	1.18	3
IV	303	1.12	14		V	375	20.	2
IV	304	1.	2		V	401	.12	2
IV	311	5.	1		V	411	6.	2,3
IV	325	2.	3		V	419	2.6	3
IV	328	2.	1		V	423	3.	4
IV	329	2.	1		V	424	.12	3
IV	336	26.	4		V	428	2.	13
IV	341	1.18	2		V	436	1.12	2
IV	342	1.5	2		VI	11	1.4	3
IV	345	3.5	2		VI	17	15.	2
IV	346	4.	2		VI	53	50.	3
IV	365	.6	2		VI	60	36.	5
IV	396	2.	2		VI	84	16.	3
IV	401	1.10	2		VI	104	3.10	3
IV	415	3.5	2		VI	110	8.	3
IV	423	8.10	2		VI	125	2.10	5
IV	431	1.	2		VI	176	1.10/1.8	4,5
IV	432	4.10	2		VI	177	2.	3
IV	436	2.	5		VI	178	1.16	4
V	21	.12	2		VI	194	15.	3
V	22	7.	3		VI	196	1.4	5
V	41	1./1.10	2,4		VI	216	.10	3
V	42	1.5	2		VII	2	1.16	6
V	78	14.	2		VII	6	1.6	5
V	82	1.	2		VII	11	1.	6
V	86	8.10	2		VII	13	4.	7
V	94	.6	2		VII	25	4.10	3
V	113	4.5/3.	2,5		VII	30	1.10	7
V	118	1.15	3		VII	31	4.	7

VII	38	2.10	8
VII	45	3.10	3
VII	46	4.10	6
VII	47	9.10	6
VII	50	18.	9
VII	52	3.10	9
VII	53	12.	9
VII	55	110.	12
VII	57	3.12	5
VII	64	1.10	2
VII	65	1.10	1
VII	66	1.10	1
VII	69	7.10	6
VII	71	1.5	6
VII	76	1.	7
VII	79	7.	5
VII	80	2.12	7
VII	95	6.	8
VII	96	3.10	9
VII	100	30.	6
VII	103	3.	6
VII	127	60.	10
VII	128	1.4	2
VII	130	2.4	3
VII	135	3.10	3
VII	153	1.10	6
VII	154	1.10	6
VII	155	1.10	6
VII	161	6.10	3
VII	162	3.10	6
VII	163	.5	4
VII	176	30.	7
VII	177	30.	7
VII	180	18.	13
VII	200	32.	7
VII	214	10.	9
VII	216	2.10	8
VII	217	2.10	8
VII	218	5.	8
VII	219	3.12/3.10	8,10
VII	223	5.12	5
VII	234	3.10	5
VII	236	1.6	5
VII	237	.16/1.6	3,5
VII	240	2.10	5
VII	245	1.2	6
VII	247	.12	6
VII	250	2.	7
VII	255	8.	9
VII	256	7.	10
VII	259	2.2	9
VII	264	4.	8
VII	265	5.12	12
VII	269	3.10	2
VII	272	8.10	5
VII	275	7.	5
VII	277	4.10	7
VII	278	1.10/1.12	7,8
VII	283	2.	10
VII	284	23.	8
VII	290	5.	9
VII	292	.15	3
VII	293	12.	7
VII	297	7.	5
VII	300	2.	8
VII	301	1.	8
VII	303	1.6	8
VII	304	.15	3
VII	305	1.2/.18	3,5
VII	306	22.10	5
VII	307	12.10	5
VII	309	.10	6
VII	312	6.10	9
VII	314	.15/.16	10,12
VII	317	2.10	6
VII	340	5.	6
VII	346	5.	5
VII	347	2.5	7
VII	348	2.	7
VII	358	9.10	9
VII	365	2.15	2
VII	366	7.	3
VII	380	4.10	10
VII	385	2.10	2
VII	388	1.	7
VII	389	16.	8
VII	390	4.10	7
VIII	3	8.6	11
VIII	6	.11/.7	12,15
VIII	7	.7	12
VIII	9	.12	13
VIII	21	15.	15
VIII	25	28.	9
VIII	26	14.10	12
VIII	29	7.	12
VIII	32	2.5	12
VIII	35	.18	12
VIII	37	12.	12
VIII	42	6.10	12
VIII	45	7.10	11
VIII	46	60.	11
VIII	47	4.10	10
VIII	48	.8	11
VIII	49	3.10	11
VIII	50	3.10	11
VIII	51	14.10	12
VIII	55	7.	11
VIII	56	5.10	12
VIII	59	.18	12
VIII	63	5.15	12
VIII	65	13.	12
VIII	67	.14	12
VIII	69	13.	12
VIII	71	14.	5

VIII	73	6.10	2		VIII	208	26.9	12
VIII	74	7.	12		VIII	215	13.4	7
VIII	77	46.	12		VIII	216	13.4	7
VIII	78	3.10	11		VIII	217	12.8	8
VIII	83	3.10	10		VIII	218	12.8	8
VIII	89	1.10	12		VIII	219	12.8	8
VIII	91	2./1.15	9,10		VIII	220	12.8	8
VIII	92	1.15	10		VIII	228	24.	14
VIII	93	1.15	10		VIII	231	6.10	12
VIII	95	2.	12		VIII	234	.18	12
VIII	96	2./4.	12,15		IX	30	12.	13
VIII	97	2./4.	12,15		IX	37	1.1	13
VIII	98	15./15.	5,12		IX	40	1.2	13
VIII	100	20.	12		IX	41	.15	13
VIII	107	3.7	12		IX	45	1.16	12
VIII	108	3.7	12		IX	46	15.	12
VIII	109	3.7	12		IX	50	4.10	12
VIII	110	3.7	12		IX	56	1.5	13
VIII	111	3.7	12		IX	69	.15	12
VIII	112	3.7	12		IX	70	30.	13
VIII	120	1.2	10		IX	71	30.	13
VIII	126	1.	12		IX	72	30.	13
VIII	133	1.10	12		IX	73	3.12/2.8	12,14,16
VIII	138	5.5	12		IX	74	.10	12
VIII	140	2.	12		IX	78	2.10	13
VIII	141	13./20.	12,13		IX	79	3.	12
VIII	142	.4	12		IX	80	.14	12
VIII	144	6.	14		IX	81	4.10	12
VIII	145	.14	12		IX	83	.8	12
VIII	151	20.	12		IX	84	3.10	13
VIII	156	5.	11		IX	85	7.	13
VIII	157	.18	10		IX	91	6.	12
VIII	159	6.16	11		IX	94	7.	13
VIII	160	.10	12		IX	96	2.8	12
VIII	161	1.10	12		IX	97	3.	12
VIII	167	.8/1.4	11,12		IX	99	14.	12
VIII	170	12.	11		IX	100	1.	12
VIII	172	1.4	12		IX	102	11.	12
VIII	174	5.	14		IX	106	2.10	13
VIII	175	5.	14		IX	107	1.5	13
VIII	176	2.	12		IX	108	.18	12
VIII	177	2.	12		IX	109	24./24.	12,13
VIII	179	1.16	12		IX	110	1.10	12
VIII	183	4.	12		IX	111	2.	13
VIII	184	1.16	2		IX	113	.16	12
VIII	187	3.15	11		IX	114	1.4	12
VIII	188	2.2/2.4	10,12		IX	115	13.	12
VIII	192	7.	11		IX	117	2.8	12
VIII	197	15.	5		IX	120	5.10	12
VIII	198	20.	7		IX	122	3.	13
VIII	199	20.	7		IX	124	6./5.	14,16
VIII	200	30.	8		IX	126	1.16	12
VIII	202	11.	12		IX	129	5.	12
VIII	204	9.8	10		IX	130	.15	12
VIII	205	9.8	10		IX	132	5.	12
VIII	206	9.8	10		IX	133	2.10	13
VIII	207	9.8	10		IX	136	4.16	12

IX	137	5.	12
IX	138	5.5	12
IX	139	2.12	12
IX	140	1.4	12
IX	141	1.4	12
IX	144	1.10	13
IX	145	.14	12
IX	146	.4	12
IX	147	7.4	12
IX	148	12.	13
IX	154	5.10	10
IX	158	8.	12
IX	159	12.	12
IX	160	7.10	12
IX	164	2.	13
IX	165	.12	13
IX	166	18.	13
IX	168	1.10	12
IX	170	.8	13
IX	173	3.12	12
IX	175	1.2	12
IX	176	.16	12
IX	180	3.	13
IX	182	.12	13
IX	184	1./1.4	12,13
IX	186	5.10	12
IX	187	2.	12
IX	189	.2	13
IX	190	1.5	12
IX	192	2.8	12
IX	193	2.8	12
IX	196	16.10	12
IX	203	.18	10
IX	204	3.10	7
IX	205	3.15	8
IX	206	12.	12
IX	208	3.	14
IX	213	4.4	12
IX	214	.15	12
IX	215	1.5	12
IX	217	.10	12
IX	219	7.10	13
IX	225	1.	12
IX	226	7.10	12
IX	228	1.	13
IX	229	9.3	12
IX	230	9.3	12
IX	231	9.3	12
IX	232	2.5	12
IX	239	4.10	10
IX	243	.5	12
IX	248	3.10	12
IX	249	44.	12
IX	250	63.	12
IX	251	4.	12
IX	253	.7	13
IX	254	24.	13
IX	255	1.16	12
IX	257	3.10	12
IX	260	3.10	2
IX	261	1.10/1.10	12,14
IX	264	10.	14
X	1	60.	12
X	4	3.	14
X	5	.12	14
X	19	1.10	13
X	28	.10	14
X	31	3.	14
X	39	.12	14
X	41	.12/.12	14,15
X	48	1.	2
X	57	3.	16
X	58	10.	2
X	61	4.15	10
X	64	9.	14
X	70	1.2/1.4	10,14
X	71	1./1.2	7,14
X	72	1.2	14
X	73	2.	3
X	75	1.4	12
X	76	1.	5
X	77	1.10	6
X	78	1.7	14
X	79	1.7	14
X	80	1.7	14
X	81	.14	14
X	82	1.4	14
X	86	.10	6
X	87	.12	5
X	88	.10	6
X	90	.15	14
X	91	.15	14
X	92	.15	14
X	93	.15	14
X	94	.15	14
X	95	.15	14
X	110	30.	14
X	141	1.4	14
X	142	1.4	14
X	143	7.	14
X	144	3.	14
X	148	.4	13
X	150	1.10	14
X	151	2.	14
X	152	3.10	14
X	170	1.14	7
X	171	3.15	13
X	174	18.	14
X	175	10.	4
X	177	1.4	12
X	178	1.8	14
X	189	.8	15
X	193	4.10	13
X	194	.10	13

X	205	2.10	14
X	212	10.	14
X	215	.14	14
X	216	1.4	14
X	223	10.10	14
X	224	10.10	14
X	228	1.2	7
X	241	.15	3
X	243	1.4	8
X	250	2.	14
X	254	1.	14
X	258	4.	14
X	260	1.16/1.5	14,15
X	262	7.10	14
X	263	2.4	14
X	264	.17	16
X	269	.12	14
X	270	.6	14
X	276	2.	14
X	278	10.	14
X	279	3.10	13
X	283	6.	4
X	285	4.10	4
X	286	8.	15
X	290	.10	14
X	292	5.	14
X	295	.6	14
X	296	1./1.	14,15
X	297	7.	14
X	300	1.5	13
X	303	1.16	14
X	307	2.	11
X	321	16.	14
X	325	1./1.	12,13
X	326	9.	14
X	328	1.6	13
X	329	.18	14
X	334	5.	7
X	337	26.	14
X	338	22.	14
X	341	.12	14
X	342	1.2	14
X	343	2.4	14
X	344	1.10	7
X	346	.14	14
X	347	.6	14
X	349	5.	13
X	351	1.12	3
X	352	4.	14
X	353	3.10	14
X	354	3.10	14
X	356	6.	14
X	358	.10	15
X	359	5.	14
X	366	.12	15
X	369	36.	14
X	385	3.10/2.12	11,13
X	386	3.6	13
X	389	4.10	14
X	390	4.10	13
X	393	5.	14
X	398	.15	15
X	399	.4	14
X	404	2.	14
X	405	3.12	10
X	406	5./5.	9,10
X	407	2.4	13
X	410	14.	12
XI	1	.18	12
XI	7	.16	14
XI	10	2.10	16
XI	11	17.5	16
XI	12	17.5	16
XI	13	.12	16
XI	17	.12	15
XI	25	20.	15
XI	31	2.	15
XI	38	3.10	16
XI	39	.12	16
XI	46	2.2	6
XI	48	15.	15
XI	53	.12	16
XI	54	.15	16
XI	57	.12	16
XI	64	9.	16
XI	65	.8	16
XI	66	.9	16
XI	67	2.12	16
XI	69	.18	16
XI	77	.16	15
XI	80	.8	15
XI	81	1.10	15
XI	82	.4	16
XI	83	4.12	16
XI	86	4.10	15
XI	101	13.7	16
XI	115	.15/.15	14,15
XI	116	.16	8
XI	121	.14	16
XI	122	2.5	16
XI	126	2.2	15
XI	127	1.5	15
XI	128	.15	15
XI	135	3.16	16
XI	150	2.10	16
XI	151	1.4	16
XI	157	1.2	14
XI	160	1.4	14
XI	163	.14	11
XI	167	-	16
XI	177	3.	14
XI	178	7.	15
XI	179	3.	15
XI	180	1.10	15

XI	182	1.	16		XI	345	.15	16
XI	183	1.14	16		XI	356	1.2	16
XI	187	2.5	16		XI	357	3.	14
XI	194	.8	15		XI	363	3.	15
XI	195	2.14	16		XI	365	2.	16
XI	207	2.4	16		XI	372	.18	16
XI	210	.7	16		XI	373	3.10	16
XI	212	16.	15		XI	379	17.10	16
XI	213	18.	15		XI	380	.1	15
XI	214	25.	15		XI	382	.9	16
XI	230	1.	15		XI	383	1.2	16
XI	231	2.	14		XI	385	.12	16
XI	242	1.	8		XI	386	2.	16
XI	267	.8	16		XI	397	.8	16
XI	269	36.	15		XI	398	.18	16
XI	279	.18	16		XI	399	3.3	9
XI	284	30.	16		XI	401	.10	16
XI	285	1.2	16		XI	403	1.	15
XI	290	1.	16		XI	404	2.10	16
XI	291	2.5	16		XI	406	-	16
XI	307	16.	5		XI	407	5.10	16
XI	316	1.4	15		XI	408	.18	16
XI	317	10.	16		XI	409	1.	16
XI	318	5.	15		XI	410	.11	16
XI	321	5.10	15		XI	411	1.6	16
XI	322	1.2	16		XI	413	2.	15
XI	330	.12	15		XI	414	1.	16
XI	339	.10	15		XI	415	.18	16
XI	340	.15	12		XI	416	.14	11
XI	342	1.8	15					

INDEX I

NAMES OF AUTHORS, PSEUDONYMS, NAMES OF EDITORS
AND TITLES OF ANONYMOUS WORKS

In this index, the family names of persons are standardised if required; all prefixes and articles have been placed after them: Bosc, P du; Dechales, C.F. Millet; where needed, cross-references are given. Anonyms and pseudonyms are given as mentioned in the catalogues. Names of second authors and of editors - as far as mentioned in the catalogues - are included referring to the first author in the index. Anonymous works or those treated as anonymous are presented under the first word of the title other than articles or ordinals. This index does not incorporate the lists of prints, maps and atlasses included at the end of catalogues II, VI, VIII and IX. Roman numerals refer to the number of the catalogue, arabic to the title entries.

ABBEN-JACHIA,R Bonsenior
 see HYDE,T
ABEN EZRA,A see HYDE,T
ABLANCOURT,N Perrot d'
 see PERROT D'ABLANCOURT,N
ABRAHAMSZ,G VIII,9
ABRAVANEL,J see BUXTORF,J jr
ABREGE de l'Histoire ... de
 Auxiliis I,8
ABREGE de la Morale
 de l'Evangile IV,33
ABUL-PHARAGIUS,G see POCOCK,E
ACADEMIE de la
 Peinture II,71
ACCIUS PLAUTUS see PLAUTUS
ACCOLTI ARETINI,B I,27
ACCOMPLISSEMENT des
 Prophéties X,7
ACHERY,L d' II,77
ACIDALIUS,V see TACITUS
ACONTIUS,J see CRENIUS,T
ACOSTA,N VII,29
ACRONIUS,J see CRENIUS,T
ACTA Ecclesiae
 Mediolanensis IV,8
ACTES ... de la Paix
 de Ryswick XI,3
ACTOLINUS,G.P see ATTOLINI,G.P
ADAM,M IX,52
ADAM,T see SALVIANUS
ADDITION aux Pensées
 Diverses III,11
ADRICHOMIUS,C I,3
ADVICE to an Only
 Child III,22
AELIANUS I,23; VIII,4

AELIUS LAMPRIDIUS
 see LAMPRIDIUS
AELIUS SPARTIANUS
 see SPARTIANUS
AEMILIUS,G see IMAGINES
 Mortis
AERODIUS,P see AYRAULT,P
AESOPUS II,171; VII,11;
 X,364
AGAPETUS VII,12
AGNEAU Pascal I,19
AGOSTINI,A IV,63
AGRICOLA,G I,35
AGUIRRE,J d' see ANSELMUS
AIGNAN,F IV,2
ALBERTI,S see SENNERT,D
ALBERTUS TIBULLUS
 see TIBULLUS
ALBINAEUS,N VII,14
ALBINOVANUS,Pedo
 see PEDO ALBINOVANUS
ALBINUS see FABRICIUS,J.A
ALBIZZI,A see VEIEL,E
ALBRICUS see
 MYTHOGRAPHI Latini
ALCIATI,A III,34; V,1,392
ALCORAN IV,5; V,238; X,20
ALDERETE,B
 see COVARRUBIAS,S de
ALDERISIO,A I,5
ALDOBRANDINI,T
 see DIOGENES LAERTIUS
ALEANDRUS,H IV,11
ALEGAMBE,P IV,234
ALEXANDRE,N I,10; II,394;
 IV,254; V,225-226; VII,

309

295
ALEXANDRO,A ab IX,9
ALEXIS,NN d' see MAY,L du
ALFORD,M I,15
ALLATIUS,L I,316-317; III
  30-31; VI,2-7 and see
  ANTIQUITATES Ecclesiae
ALLIACO,P de see GERSON,J
ALLIX,P II,55-56
ALMAIN,J see GERSON,J
ALMELOVEEN,T Janson
  ab III,23-24; IX,56 and
  see CELSUS; HORTUS Indicus
  Malabaricus; MARTINI,M;
  RUTILIUS
ALMERS,S II,62; VII,9
ALSTED,J.H see CRENIUS,T
ALTESERRA,A V,3-4
ALTING,H III,9,40-42
ALTING,J III,43
ALTING,M VIII,3 and
  see CRENIUS,T
ALTOGRADI,G VIII,5
ALVERNUS,G I,203
AMASAEO,R see PAUSANIAS
AMATO,A de I,34
AMAYA,F de VIII,1
AMBASSADES Mémorables de
  la Compagnie I,20
AMBASSADES de la Compagnie ...
  des Indes X,9
AMBROSIUS II,76 and see
  PALLADIUS
AMEDEUS LAUSANENSIS
  see LEO MAGNUS
AMELOT DE LA HOUSSAYE,A
  see GRACIAN,B; OSSAT,A d';
  SARPI,P; TACITUS
AMELOT DE LA HOUSSAYE,N XI,173
AMITIE VI,51
AMMANN,P I,24; II,46
AMMIANUS MARCELLINUS III,33
  and see CRENIUS,T
AMOURS d'Eumene & Flora VIII,7
AMOURS de Henri IV,X,18
AMOURS des Dames Illustres
  X,19
AMPELIUS,L see FLORUS
AMYLIUS,G see AEMILIUS,G
ANALECTA Graeca II,45
ANASTASIUS I,22
ANATOLIUS see FABRICIUS,J.A
ANATOMIE de la Sentence XI,8
ANCHELMIUS,J see ANTELMY,J
ANCIENS Historiens Latins X,14
ANCILLON,C X,216
ANDILLY,R Arnauld d'
  see ARNAULD D'ANDILLY,R
ANDLER,F ab III,36
ANDREAE,J.V X,5
ANDREOLUS,J I,25
ANDRE,V II,465; III,466 and
  see ZOESIUS,H
ANGEVIN,G.M see MOULIN,C du
ANGO,P II,344
ANHORN AB HARTWISS,B I,30
  -31; VII,15-23
ANNEE Chrétienne I,28; III
  14; VIII,2; IX,58-68
ANNIUS FLORUS see FLORUS
ANONYMUS cujusdam Scriptum
  circa Jus Naturae III,38
ANSALDI,A VII,13
ANSELMUS IV,7; VI,9
ANSELMUS,A II,41-43
ANTELMY,J I,26
ANTIQUAE Literaturae
  Septentrionalis Libri IX,48
ANTIQUARUM statuarum Urbis
  Romae IV,10
ANTIQUITATES Ecclesiae
  III,39
ANTIQUITE des Tems
  Rétablie II,49
ANTONELLI,G.C I,6
ANTONINUS LIBERALIS see
  HISTORIAE Poeticae
  Scriptores
ANTONIUS,A II,157
A.P. see BAJUS,M
APOCALYPSE Expliquée XI,6
APOLLODORUS see
  HISTORIAE Poeticae
  Scriptores; VETERUM
  Mathematicorum
APOLLONIUS PERGAEUS III,
  20-21 and see BARROW,I;
  HIRE,J de la
APOLOGIE des Lettres
  Provinciales VII,30
APULEIUS II,33; XI,5
AQUAPENDENTE,H Fabricius ab
  see FABRICIUS,H
AQUINAS,Thomas
  see THOMAS AQUINAS
ARCANA Politica seu
  Breviarium Politicorum
  III,47
ARCHIMEDES see
  APOLLONIUS PERGAEUS,
  BARROW,I
ARELATANUS,J.N see ALCIATI,A
ARETINI,B Accolti
  see ACCOLTI ARETINI,B

ARGELI,C I,29
ARINGHUS,P II,381
ARISTEAS VII,2; IX,47
ARISTOPHANES IV,308; X,106
ARISTOTELES III,348; VI,129;
  VII,6,8,10
ARITHMETICA Universalis XI,10
ARLINGTON,H Bennet of VIII,120
ARLIQUINIANA III,12
ARMINIUS,J see CRENIUS,T
ARNAULD,A I,16; II,51;
  III,1-8; XI,9
ARNAULD D'ANDILLY,R II,221;
  III,334-336; V,404; X,395
  and see AVILA,J d; FLAVIUS
  JOSEPHUS; THERESE
ARND,J II,65 and see CRENIUS,T
ARNOLD,C see LEIBNIZ,J.J
ARNOLD,G IX,51
ARNOLD,J.G see CICERO
ARNOLD,N I,32; VII,4
ARNOLD,S.J see SELDEN,J
ARRHENIUS,C see OERNHIALM,C
ARRIANUS IX,32-33,50
ART de Prêcher see V***,de
ART de Saigner IV,4
ART de Vivre Heureux II,40
  and see J.B.P.O.L.
ARUMAEUS,D II,60-61
ASCIANUS,D II,59
ASCONIUS PEDIANUS see CICERO
ASSERTATIO Juris Ecclesiae
  VIII,6
ASTERIUS AMASENUS see LEO
  MAGNUS
ATHANASIUS II,39 and see NOVA
  Collectio Patrum
ATHENAE Oxonienses III,17-18
ATHENAEUS see VETERUM
  Mathematicorum
ATHENAGORAS III,19 and see
  JUSTINUS MARTYR
ATHIAS,J see BIBLE
ATTOLINI,G.P I,4
AUBERY,A I,235; IV,148
AUDIFFRET,J.B d' IV,152-153
AUDRAN,G VI,134
AUGUSTANUS,H.T VI,186-189
AUGUSTIN,A see FESTUS
AUGUSTINUS II,66-69; X,1-2;
  XI,58 and see CYPRIANUS
AUGUSTINUS,L III,225
AULNOY,M.C d' IX,98
AULUS GELLIUS X,3
AUREA Bulla Caroli IV III,37
AURELIUS PROPERTIUS
  see PROPERTIUS
AURELIUS PRUDENTIUS
  see PRUDENTIUS
AURELIUS VICTOR II,25;
  VII,25 and see CRENIUS,T
AUSONIUS see ICONES
  Imperatorum
AVANTURES ... de Henriette
  Sylvie de Moliere X,11
AVANTURES de Télémaque X,12
AVELLANEDA,A.F de IX,179
AVILA,J d' IV,279
AVIS Salutaire aux
  Eglises X,10
AVIS Sincères aux
  Catholiques XI,7
AVRIL,P III,476
AYLLON,D XI,2
AYMO PUBLITIUS III,27
AYMON,J XI,273
AYRAULT,P I,33; X,6
B. I,467
BABELON,A see SUETONIUS
BACHAUMONT,F de XI,414
BACHET,C.G see DIOPHANTUS
BACHOVIUS,R III,112-116 and
  see HAHN,H; WESENBEKE,M van
BACON,F V,22
BACQUET,J V,244
BAGLIVI,G VIII,23-24; IX,76
BAILLET,A III,128-130
BAITELLI,L I,54
BAJUS,M VII,45
BAKIUS,R XI,15
BALANCE de la Religion VI,13
BALBIN,B III,73-74
BALESDENS,J see MASSON,P
BALLINO,G IV,64
BALUZE,E III,153,195;
  IV,255,416 and see
  PROSPECTUS Novae Editionis;
  SALVIANUS
BALZAC,J Guez de III,333;
  X,22-23
BARBARO,E see PLINIUS sr
BARBAY,P III,127
BARBERIIS A CASTRO,B de I,46
BARBERINO,F see ANTIQUITATES
  Ecclesiae
BARBETTE,P III,67,105;
  IV,284
BARBEYRAC,J see
  PUFENDORF,S von
BARBOSA,A I,39,575; XI,388
BARBOSA,P I,40-41; IV,28
BARCLAY,J IX,31,34
BARDI,M V,384
BARGAEUS,P.A see CRENIUS,T

BARIANO,N see ASCIANUS,D
BARLAEUS,L see LUCIANUS
BARLEE,G see WICQUEFORT,J de
BARNABAS see IGNATIUS
BARNER,J II,100
BARNES,J see EURIPIDES
BARON,G see DECISIONES
  Guidonis Papae
BARON,M IV,270
BARONIUS,C II,50
BARROW,I IV,29-31
BARTHIUS,C see RUTILIUS;
  STATIUS
BARTHOLIN,C II,111 and see
  BARTHOLIN,T
BARTHOLIN,T II,109-110,112
  and see RHODE,J
BARTOLOCCI,G V,28-32
BARY,R V,319; XI,262
BASNAGE,H IV,41
BASNAGE,J VI,197; VII,200;
  IX,132; XI,167-172,373 and
  see PROSPECTUS Novae
  Editionis
BASNAGE,S I,66; IX,70-72
BASNAGE DE BEAUVAL,H
  see FURETIERE,A
BASSOMPIERRE,F de II,280
BASSUS,C see CASSIANUS BASSUS
BASTIDE,P II,81
BATAILLES Mémorables des
  François X,265
BATES,W see I.S.
BAUDELOT DE DAIRVAL,C III,479
BAUDIUS,D see ALMELOVEEN,T
  Janson ab; CRENIUS,T
BAUDOIN,J XI,177
BAUDRAND,M.A II,98; X,115 and
  see FERRARI,F; MASSON,P
BAUDUIN,F see SCHMIDT,J
BAUHIN,G I,45 and see
  MATTIOLI,P.A
BAUMANN,M IV,25-26
BAUME de Galand X,21
BAXTER,W see HORATIUS
BAYLE,F X,46; XI,29
BAYLE,P VI,53; VIII,46
B****D.M. see RIOLAN,J sr
BEAUJEU,chevalier de XI,242
BEAUVAL,H Basnage de
  see BASNAGE DE BEAUVAL,H
BEAUVAU,H de II,278
BEBEL,B VII,40-43
BECANUS,G see HOSSCHE,S de
BECANUS,M V,23-24
BECHER,J.J III,107,123-124;
  XI,16

BECHTOLD,J I,58 and see
  ROSENER,A.C
BECK,M.F I,42-44
BECMAN,J.C VII,31; XI,51 and
  see GROTIUS,H
BEEVERELL,J XI,93-100
BEGER,L I,52-53; III,125;
  VI,194; VIII,12-20 and see
  FLORUS
BEKKER,B III,323
BEL Esprit V,13
BELLACOMBA,A see
  MAINO,A.J de
BELLAPERTICA,B de see
  ZUCHARDUS,H
BELLARMINO,R XI,33-37
BELLEGARDE,J Morvan
  de VIII,34 and see
  MILLERAN,R
BELLINI,L II,91
BELLORI,G.P VI,179; VII,342
BELON,P IV,129
BEMBUS,P see PEDO
  ALBINOVANUS
BENEDICTIS,J.B de X,333
BENEDICTUS,J see LUCIANUS
BENEKENDORF,M see
  SERAPHINIS,S de
BEN-GORION,J X,252
BENOIST,E VI,14
BENTLEY,R VII,338 and see
  CALLIMACHUS
BERAUD,P see STATIUS
BERENGER,N IV,43
BERGER,J.G von X,32
BERGER,J.H X,44-45
BERGIUS,J see CRENIUS,T
BERGIUS,M see CRENIUS,T
BERKELIUS,A see EPICTETUS;
  STEPHANUS BYZANTINUS
BERLICH,M III,48
BERNAERTS,J see STATIUS
BERNARD,E I,56-57 and see
  HUNTINGTON,R
BERNARDUS V,25-26
BERNEGGER,M see CRENIUS,T
BERNIER,F I,9; IV,398
BEROALDO,F see SUETONIUS
BERRY,G.J see CHARTIER,J
BERSANO,B X,25
BERTET,T IV,348-349
BERTOUT,J.M Hertogh de I,146
BERTRAM,J see CRENIUS,T
BESNIER,P see MENAGE,G
BESOLD,C III,171
BESSE,E see PALLADIUS
BEST,W XI,39

312

BETHUNE,M de II,298
BETS,N VIII,31
BEUGHEM,C a III,117-122; V,21;
  X,182
BEVERIDGE,W I,109; III,103;
  IV,360; XI,31
BEZANCON,G de IV,256
BEZE,T de see CALVIN,J;
  CRENIUS,T
BIBLE I,414-415,570-571; II
  82,92; III,111; IV,27;
  V,33,229; VII,47,293-294;
  VIII,25,141; IX,75,181;
  X,29-30,314; XI,25,366
  -367,384
BIBLE (Port Royal) III,75-94
BIBLIOTHECA Antiqua X,31
BIBLIOTHECA Sanctorum
  Patrum VII,39
BIBLIOTHEQUE Universelle
  & Historique II,88
BICCIUS,G II,80
BIDLOO,G II,85; IX,74; X,34;
  XI,41
BIE,J de X,315
BIIONIUS,G see BECANUS,M
BILLY,J de see JUSTINUS
  MARTYR; GREGORIUS NAZIANZENUS
BINET,N X,13
BINNINGER,J.N III,70
BION II,253 and see POETAE
  Minores
BISSEL,J I,72
BITO see VETERUM
  Mathematicorum
BIVAR,F de I,36
BIZOT,P I,277
BLAEU,J see NOUVEAU Théâtre
  d'Italie
BLAEU,W III,62; V,20
BLANC,abbé le VII,214,253
BLANC,F le II,446; III,418
BLANC,T V,8,114
BLANCARDUS,J see CRENIUS,T
BLANKAART,N see ARRIANUS;
  HARPOCRATION
BLANKAART,S III,57-58; X,26
BLASIUS,G X,27 and see
  VESLING,J
BLOME,R II,114
BLONDEAU,C VI,12
BLONDEL,D see GROTIUS,H
BLONDEL,F II,460,462;
  III,64-66,442,452;
  IV,19-24,57-59; X,16,107
BLOUNT,T Pope see POPE
  BLOUNT,T

B.M.J.F. I,115
BOCCACCIO X,60 and see
  DRYDEN,J
BOCCONE,P I,63
BOCER,H X,40
BOCHART,S III,104 and see
  ALMELOVEEN,T Janson ab;
  STRABO; TATIANUS
BOCHLERN,G.A VIII,11
BOCKELMANN,J.F III,53-56
BOCKENHOFFER,J.J I,71
BOCKLER,G.A II,83
BODIUS,R see BOYD,R
BOECLER,J.H see SILVIUS,A;
  SUETONIUS; TERENTIUS
BOERIUS,N see BOYER,N
BOETHIUS II,35
BOHEMUS,E see CRENIUS,T
BOHN,J III,60-61; VI,11;
  XI,14 and see BELLINI,L
BOHUN,E III,166-167
BOILEAU,J XI,163
BOILEAU DESPREAUX,N XI,298
BOISSARD,J.J see
  GRAEVIUS,J.G; PANVINO,O
BOIZARD,J VI,195
BOLDUANUS,P II,86-87
BONA,G X,188
BONACINA,M III,49
BONACOSSA,H V,396
BONANNI,F I,64; IV,16;
  XI,26-28
BONET,T II,94-97; III,
  68-69; VIII,21 and see
  FERNEL,J
BONETON,N see DECISIONES
  Guidonis Papae
BONFRERE,J I,38; IV,14
BONGARS,J V,144 and see
  CRENIUS,T
BONIFACIO,B I,65
BONNEFILLE,C V,17-18; X,237
BONTEKOE,C see GEULINCX,A
BOOT,A de IV,37
BORDE,NN de la see
  HENNEPIN,L
BORDELON,L X,24
BORELLI,G.A III,71-72 and
  see APOLLONIUS PERGAEUS
BORRO,G see CRENIUS,T
BOS,L XI,17
BOSC,J du V,83
BOSC,P du I,135-136; VII,95;
  VIII,47
BOSIUS,J.A VIII,30 and see
  CRENIUS,T; DRECHSLER,W
BOSIUS,S see CICERO

313

BOSMAN,G IX,255
BOSSE,A III,415
BOSSIUS,H see SOLERIUS
BOSSU,J le see REGNAULT,A
BOSSU,R le IV,413
BOSSUET,J.B I,2,144,232,324;
  II,393; IV,206-207; V,74,249;
  IX,90; X,100,118-119,167;
  XI,18-24,42
BOTALLI,L II,89
BOTSAC,J I,70; VII,49
BOUCHEL,L see BLONDEAU,C
BOUCICAUT,J de XI,164
BOUHEREAU,E see ORIGENES
BOUHOURS,D III,364,388-389
BOULENGER,J.C IV,17-18
BOULLIAU,I II,99
BOURCHEL,L see GUENOIS,P
BOURDALOUE,L II,432; XI,370
BOURDELOT,J see LUCIANUS
BOURSAULT,E IV,285
BOXHORNIUS,M.Z see ALCIATI,A;
  CRENIUS,T; SUETONIUS
BOYD,R I,62
BOYER,A VII,329-330
BOYER,N I,55
BOYLE,R II,93,113; III,59;
  IV,36
BOYVIN,J see NICEPHORUS
BOYVIN,J.G I,59-60
BRADY,R II,115-116
BRAHE,T see ALCIATI,A;
  CRENIUS,T
BRANCACCINI,D II,90
BRANT,J VIII,59
BRANTOME,P de VII,286-289
BRASSICANUS,J.A see
  SALVIANUS
BRAUN,J III,106; VII,46
BRAZI,P IX,214
BRECHE,J see ALCIATI,A
BREDERODE,P.C van see
  SCHNEIDEWEIN,J
BRENKMAN,H X,39
BRENZ,J see CRENIUS,T
BRETTEVILLE,C de I,182
BREVE Racconto della
  Trasportatione IV,38
BREVICOXA,J see GERSON,J
BRIET,P I,61
BRIGNON,J see BELLARMINO,R
BRISBAR,J de III,174
BRISSAC,B de X,43
BRISSON,B III,63
BRITANNICUS,J see STATIUS
BRODEAU,J I,474 and see
  EPIGRAMMATUM Graecorum

BROECKHUYSEN,B II,78-79
BROEN,J VIII,22
BRONCKHORST,E van III,126;
  IV,15,32
BROUE,S de la V,45
BROUSSON,C XI,43
BROUWER,C III,35
BROUWER,H X,36
BROWN,E III,216; IV,117
BROWNE,J IV,35
BRUCK,J a IV,39
BRUGUIER,J V,317
BRUN,C le VIII,228
BRUNET,J.L VI,52
BRUNNEMANN,J III,95-101;
  VIII,28-29
BRUNNER,J.C XI,44
BRUNO,J see AGAPETUS
BRUNO,J.P II,44
BRUNO,T see CLEMENS
BRUSCH,C I,73
BRUSSEL,P VIII,32
BRUYERE,J de la X,108
BUCELIN,G III,108
BUCHANAN,G II,218; VI,10
BUCHERIUS,G I,37
BUCHNER,A X,38 and see
  FABER,B; TACITUS
BUDDEUS,J.F VIII,27;
  X,37,41-42 and see
  VITRIARIUS,P.R
BUDE,G de see CRENIUS,T;
  HISTORIAE Rei Nummariae
BUGNOT,L.G IX,35
BULENGERUS,J.C see
  BOULENGER,J.C
BULL,G I,67-68; VIII,26
BULLART,I I,7
BULLET,P II,445; III,417
BULLIALDUS,I see BOULLIAU,I
BUNO,J see CLUVER,P
BURCHETT,J IX,174
BURMAN,F VII,32-34 and see
  PHAEDRUS
BURNET,G I,241; IV,34;
  VII,35-38,128; VIII,57
BURNET,T I,47; III,52;
  IV,134; VII,48; XI,30
BUSBECQ,O.G de see MEMORIA
  Cossoniana
BUSSY,R de Rabutin de
  VII,273; XI,75,258
BUTKENS,C IV,410
BUTNER,J.E see CRENIUS,T
BUXTORF,J jr II,84,101-104
BUXTORF,J sr II,105-108;
  III,50-51 and see

ANTIQUITATES Ecclesiae
BYNAEUS,A III,102
BYTHNER,V I,69
BYZANTINUS,Stephanus see
STEPHANUS BYZANTINUS
CABASSUT,J I,85; V,48
CAELIUS CALCAGNINUS see
CALCAGNINUS
CAESAR II,7; V,42; VI,16;
VII,57; VIII,43; XI,61
CAESARIUS,J see HORTUS Indicus
Malabaricus
CAFFA,C I,125
CAILLY,J de see
BACHAUMONT,F de
CAIUS PLINIUS SECUNDUS see
PLINIUS sr
CALA,M III,172
CALCAGNINUS see CICERO
CALDERWOOD,D XI,59
CALEPINUS,A I,105
CALIXT,F.U III,133
CALIXT,G VII,76 and see
SALVIANUS
CALLARD,J.B IV,45-46
CALLIMACHUS V,36; VII,79;
IX,11
CALLY,P VII,78 and see
BOETHIUS
CALOVIUS,A I,104 and see
CRENIUS,T
CALVIN,J VIII,41 and see
CRENIUS,T
CALVINUS,J I,86
CALVISIUS,S II,117
CAMBRAY,chevalier de see
VAUBAN,S de
CAMDEN,W III,158 and see
CRENIUS,T
CAMEL,G.J see RAY,J
CAMERARIUS,J see CRENIUS,T
CAMERARIUS,J.R I,114
CAMERARIUS,P I,113
CAMERON,J II,144; III,134
CAMILLI,C IV,198
CAMPANELLA,T see CRENIUS,T
CAMPISTRON,J.G de see
CAPISTRON,J.G de
CAMUS,E le I,434
CAMUS,J.P V,15-16
CANGE,C du Fresne du I,97;
II,135; IV,139; V,269 and see
CAESAR; JOINVILLE,J de;
ZONARAS
CANINI,A see CRENIUS,T
CANISIUS,H see PROSPECTUS
Novae Editionis

CANTEL,P.J III,170 and see
JUSTINUS; VALERIUS MAXIMUS
CAPISTRON,J.G de XI,296
CAPITOLINUS see HISTORIAE
Augustae Scriptores
CAPPEL,J see CAPPEL,L
CAPPEL,L III,154 and see
CRENIUS,T; HORN,G
CARALTA,A.B.J.J see FREY,J.L
CARAMUEL,J I,88; III,150
CARDANO,G I,116-119; V,49
CARDILUCIUS,J.H I,422
CARLEVAL,T III,149; XI,49
-50
CARPZOV,B III,159-163; V,46
-47; VII,70; IX,91
CARPZOV,J.B II,145; III,132;
IX,79 and see RAYMUNDUS
MARTINIUS; TARNOW,J
CARR,R X,48
CARRANZA,B III,136 and see
JANSSENS ELINGA,F
CARRION,L see CRENIUS,T;
SALLUSTIUS
CARRUS,NN VII,72
CARTARI,V I,90
CARTWRIGHT,T I,110
CASAL,G III,140
CASATI,P I,89; II,126
CASAUBON,I see CELSUS; see
CICERO; CRENIUS,T; DIOGENES
LAERTIUS; HISTORIAE
Augustae Scriptores;
POLYAENUS; STRABO;
SUETONIUS
CASAUBON,M see CRENIUS,T;
DIOGENES LAERTIUS;
EPICTETUS; TERENTIUS
CASELIUS,J I,419 and see
CRENIUS,T; EPICTETUS
CASENEUVE,P de see MENAGE,G
CASSIANUS BASSUS IX,118
CASTALION,S see BIBLE;
RUTILIUS
CASTELLI,B see BRUNO,J.P
CASTELLI,N di VII,304
CASTIGLIONE,V see THESAURO,E
CASTILLON,A VI,130
CASTOR,bishop of I,21
CASTRO,R a I,126
CASTRO PALAO,F de X,49-55
CATALOGI Librorum Manuscrip-
torum Angliae VII,50
CATROU,F XI,174
CATULLUS II,14; III,139;
IX,94
CAUSA Arnaldina VII,80

315

CAUSA Quesnelliana X,67
CAUSA Regaliae see M.C.S.
CAVALCANI,B see TRACTATUS de
  Tutore
CAVE,W III,142-143; VII,53;
  VIII,36
CAVILLANUS,B see CAVALCANI,B
C.B.P. see JUSTE
  Discernement
CEBES see EPICTETUS; VAENIUS,O
CELLARIUS,C VI,19-29;
  VIII,144; X,317 and see
  CORNELIUS NEPOS; FABER,B;
  LACTANTIUS; MINUTIUS
  FELIX; PICO DELLA
  MIRANDOLA,G; PLINIUS sr;
  QUINTUS CURTIUS; SILIUS
  ITALICUS; STRABO
CELSUS III,151;
CELSUS,Julius see JULIUS
  CELSUS
CENSALIO,F IV,53
CENT nouvelles Nouvelles
  X,61
CEPHALE & Procris VII,68
CERDA,J.L la see CALEPINUS,A;
  VIRGILIUS
CERVANTES,M de IX,178; XI,289
CHABOT,P see HORATIUS
CHACON,P II,133 and see
  SALLUSTIUS
CHAMBERLAYNE,E III,13,207;
  X,170
CHAMILLARD,S see PRUDENTIUS
CHAPELLE,J de la see
  BACHAUMONT,F de
CHARAS,M I,92; III,357;
  IV,259,373
CHARLETON,W II,124-125; IV,50
CHARONDAS,L see GUENOIS,P
CHARTARIUS,V see CARTARI,V
CHARTIER,J VI,72
CHARTIER,R see HIPPOCRATES
CHASSENEUX,B de I,124
CHASTELAIN,C see MENAGE,G
CHASTELAIN,M II,439; III,410
CHAUCER,G see DRYDEN,J
CHEMINAIS,T II,431
CHEMNITZ,C see CRENIUS,T
CHEMNITZ,M see GERHARD,J
CHESNE,A du II,212-215
CHESNEAU,A II,128
CHETARDIE,J de la see
  FENELON,F
CHEVALIER,N III,250
CHEVIGNY,S de XI,363
CHEVREAU,U I,276; X,105

CHIFLET,J II,131 and see
  MACARIUS
CHIFLET,L I,180 and see
  CALEPINUS,A
CHIFLET,P V,351
CHIMERE du Jansénisme XI,57
CHIRURGIEN d'Hôpital XI,56
CHOUL,G du VIII,168
CHRETIEN Philosophe X,267
CHRISTINE of Sweden see
  CRENIUS,T
CHRISTYN,J.B see WESENBEKE,M
  van
CHRISTYNEN,P van II,141-142
CHRONICON Balduini
  Avennensis III,165
CHRYSOSTOMUS IV,40
CIACCONIUS,P see CHACON,P
CIAMPINI,G.G III,137;
  V,54-61
CICERO II,5-6,27; III,147
  -148,175; IV,208; V,43,
  242,318; VI,121; VII,59;
  IX,21-24,45,89 and see
  XENOPHON
CLAIRECOMBE,J Monier de see
  MONIER DE CLAIRECOMBE,J
CLAPMARIUS,A see CRENIUS,T
CLARKE,F VII,308
CLARKE,S III,145 and see
  ROHAULT,J
CLARKE,W I,120
CLASEN,D V,51
CLAUDE,J I,93-95,429;
  IV,316; VII,74; X,168
CLAUDIANUS II,13
CLAVERING,R see MOZES
  MAIMONIDES
CLEF du Cabinet des Princes
  IX,93; XI,60
CLEMENS X,66
CLEMENS ALEXANDRINUS I,74
CLERC,D le I,49; IV,44;
  VII,270; VIII,78; XI,224
  and see MANGET,J.J
CLERC,E le see HESIODUS
CLERC,J le III,155,220;
  IX,73,81; X,33,113; XI,32
  and see BIBLE; HESIODUS;
  MARTINI,M; SANSON,J
CLERICUS,J see CLERC,J le
CLERICUS,S see CLERC,E le
CLOTZ,J.F see TOUSSAINT,P
CLUSIUS,C see CRENIUS,T
CLUTIUS,F see PERAULT,G
CLUVER,J I,112 and see
  CRENIUS,T

CLUVER,P IV,56; VII,69 and see STRABO
CNIPPING,B see OVIDIUS
COBERUS,T I,121
COCCEJI,J IX,87; XI,48
COCCIO SABELLICO,M.A VII,61
COCH,J.C III,173
COCHLAEUS,J see PERINGSKIOLD,J
COCQ,A III,135
COCQ,F de VII,60
COCQUELIN,N IV,232
CODDE,P IX,108; XI,65
COETSIUS,H see EUCLIDES
COHELLI,G VII,77
COINTE,C le I,98
COLE,G see CHARLETON,W
COLE,W see MORTON,R
COLER,C see ALEXANDRO,A ab; CRENIUS,T
COLER,J X,269
COLER,M I,91
COLLESSON,V see MARTIALIS
COLLETUS,F see PACIANO,F
COLLIBUS,H a III,138
COLMENAR,J.A de XI,88-92
COLOMBIERE,C de la XI,368
COLOMBIERE,M Vulson de la see VULSON DE LA COLOMBIERE,M
COLOMBIERE,W de la X,271
COLOMIES,P see CLEMENS; GIRALDI,L.G; VOSSIUS,G.J; VOSSIUS,I
COLUMNA,A II,63
COLUMNA,H see ENNIUS
COLUMNA,J see ENNIUS
COLVIUS,P see CRENIUS,T
COMBAT spirituel I,78
COMBEFIS,F V,27,111 and see ALLATIUS,L
COMBERUS,T see ANTIQUITATES Ecclesiae
COMENIUS,J.A see LASICKI,J
COMINES,P de III,316; VII,274; X,277
COMMANDIN,F see EUCLIDES
COMMELIN,C IX,96
COMMELIN,J VIII,98-99; X,57 and see HORTUS Indicus Malabaricus
COMMENTAIRE Philosophique I,79,81
COMPENDIUM Historiae Ecclesiasticae I,127
COMPLEAT Ambassador III,144
COMTE de Gabalis XI,62
COMTE,L le VI,111; XI,232,240
CONANT,J III,146
CONCILIORUM Omnium Generalium IX,88
CONCIONES & Orationes ex Historicis Latinis III,169
CONCLAVI de Pontifici Romani II,122
CONCORDANTIAE Sacrorum Bibliorum IV,49
CONDE,J Pinon de see OVIDIUS
CONFERENCES de l'Académie Royale de Peinture II,140
CONFERENCES Ecclésiastiques du Diocèse de Lyon VII,63
CONFORMITE des Cérémonies Chinoises X,102
CONFUCIUS Sinarum Philosophus I,96
CONFUTATIO per Belgas Theologos VII,58
CONGNARD,P V,38
CONINCK,P.D de see COLUMNA,A
CONJUGIUM Feudalitium I,123
CONNOR,B V,41; VII,131,216-217
CONON see HISTORIAE Poeticae Scriptores
CONRART,V see BIBLE
CONRING,H II,143; IV,48; VII,71 and see CASELIUS,J
CONSEILS d'Ariste X,98
CONSEILS de la Sagesse I,75
CONSIDERATIONS sur la Nature de l'Eglise VI,30
CONSOLATION Intérieure II,138-139
CONSOLATO del Mare IX,97
CONSTANTIN,R see CELSUS; THEOPHRASTUS ERESIUS
CONSTITUTIONES & Regulae Cancellariae XI,52
CONSTITUTIONS du Monastère de Port-Royal X,99
CONSTRUCTION des vaisseaux du Roy II,130
CONTES des Contes see ***,Mademoiselle de
CONTI,A prince de I,331; IV,233
CONTILE,L IV,323
CONTINUATION des Essais de Morale X,157-162
CONTINUATION des Pensées Diverses IX,193
CONVERSATIONS sur la Peinture II,137

317

COPPIN,J V,19
COPPOLI,C IV,264
COQUILLE,G V,243
CORAS,J de V,395
CORDEMOY,G de III,254
CORDIER,B see DIONYSIUS
  AREOPAGITA
CORDIER,N II,261,443; III,414
CORNEILLE,P II,255; VIII,194
CORNEILLE,T I,494 and see
  CORNEILLE,P
CORNELIUS NEPOS II,12;
  VIII,145; IX,5; XI,46
CORNELIUS SEVERUS see PEDO
  ALBINOVANUS
CORPUS & Syntagma Confessionum
  II,127
CORPUS Historiae Byzantinae
  I,87
CORPUS Institutorum Societatis
  Jesu IX,82
CORPUS Iuris Civilis I,106
CORRADO,S see CICERO
CORRASIUS,J see TRACTATUS
  Varii de Beneficio
CORRESPONDANCE Fraternelle
  IX,83
CORTIADA,M de VIII,39
CORTREIUS,A V,52
CORVINUS,M see EUTROPIUS
COSMAS see NOVA Collectio
  Patrum
COSMOGRAPHIE aisée II,136
COSMOPOLITE ou Nouvelle
  Lumière Chymique IV,42
COSTA,J a II,207
COSTA,J.A de X,4
COSTE,P see REDI,F
COSTER,A see CRENIUS,T
COTELIER,J.B VII,302 and see
  CLEMENS; TATIANUS
COUCHY,M de see CHARTIER,J
COUET DU VIVIER,A X,205
COULAN,A V,73
COUR Sainte ou Institutions
  des Grands II,123
COURCELLES,E de see BIBLE;
  CRENIUS,T
COURSAN,C XI,40
COURTIN,A de see GROTIUS,H
COURTIN,N see CORNELIUS
  NEPOS
COUSIN,L I,236; VI,76 and see
  EUSEBIUS; XIPHILINUS
COUTURES,J des IX,167 and
  see LUCRETIUS
COVARRUBIAS,D VII,73

COVARRUBIAS,S de V,373
COYSSARD,M II,456 and see
  VIRGILIUS
CRAANEN,T IX,95 and see
  BROEN,J
CRABTREE,W see HORROCKS,J
CRADOCK,S IX,85
CRAIG,J VII,65-66
CRAMER,J.D see HORN,G
CRAMER,J.F see PUFENDORF,S
  von
CRASSET,J I,100-101;
  III,152; VI,31; X,122;
  XI,329
CREANCE de l'Eglise Grecque
  IX,201-202
CREECH,T see LUCRETIUS
CRELL,J see CRENIUS,T
CRENIUS,T X,69-97 and see
  SAUBERT,J
CRESCENTIUS,D III,168
CRINESIUS,C see CRENIUS,T
CRISP,D see OVIDIUS;
  SALLUSTIUS
CRITICA Sacra see B.M.J.F.
CRITICI Sacri VII,55
CRITIQUE III,178; X,123
CRITIQUE Générale de ...
  Maimbourg III,156
CRITIQUE de l'Histoire des
  Chanoines VII,54
CRITIQUE des Lettres
  Pastorales X,104
CROCIUS,J I,84
CROESE,G VII,64; IX,141
CROIX,A.P de la III,217;
  V,314; X,302
CROIX,NN de la IV,89; V,98
CROMER,A see CRENIUS,T
CRUCE,J a see DECISIONES
  Guidonis Papae
CRUCEUS,E see STATIUS
CRUSIUS,C VIII,42
CUNAEUS,P IX,78 and see
  BRONCKHORST,E van;
  CRENIUS,T; VOSSIUS,G.J
CUPER,G VII,181
CURCELLAEUS,S see
  COURCELLES,E de
CURTIUS,Quintus see QUINTUS
  CURTIUS
CYPRIAN,E.S X,399
CYPRIANUS II,120; III,141;
  VIII,37 and see MINUTIUS
  FELIX
CYPRIANUS,J see FRANTZE,W
CYPRIEN X,28

CYRIACO,F Negri see NEGRI
CYRIACO,F
CYRILLUS X,56 and see
 JULIANUS; LABBE,C
CYTHEREE Madame la Duchesse
 de Lorraine V,44
D I,433
D... VII,251; XI,405
D*** I,218; XI,261
D.*** X,229
D.....,Madame XI,233
D***,Madame XI,237-239,286
D***,Marquis XI,126
D***,I,Comte XI,127
DACHERY,L see PROSPECTUS
 Novae Editionis
DACIER,A X,396 and see
 ARISTOTELES; FESTUS;
 HORATIUS; PLATO; PLUTARCHUS
DACIER,A and Anne see MARCUS
 AURELIUS
DACIER,Anne see ARISTOPHANES;
 AURELIUS VICTOR; CALLIMACHUS;
 DICTYS CRETENSIS; EUTROPIUS;
 FLORUS; PLAUTUS; PLUTARCHUS;
 TERENTIUS
DAILLE,J II,150-155; VII,108
 -126; VIII,49
DAIRVAL,C BAUDELOT de see
 BAUDELOT DE DAIRVAL,C
DALECHAMPS,J see PLINIUS sr
DALE,A van VII,96; IX,106
DALE,S IV,298
DALQUIE,NN see MONZAMBANO,S de
DAMHOUDER,J de I,131
DAMPIER,W X,305-308,401-403
DANAEUS,L see AUGUSTINUS;
 CRENIUS,T
DANET,P II,37-38; X,134 and
 see PHAEDRUS
DANIEL,G V,366; VI,74
DAPPER,O IX,102
DARES PHRYGIUS see DICTYS
 CRETENSIS
DATHENUS,P see CRENIUS,T
DAUDERSTADT,C II,159
DAUM,C see CRENIUS,T
DAUTH,J III,190
DAVID,J VI,83
DAVILA,E.C IV,178; VII,193
DAVILER,A.C II,129,348
DAVILER,S see VIGNOLA,G.B
DAWSON,G IV,278
D.B. V,370
DECHALES,C.F Millet
 I,12,159; II,54,441;
 III,412; XI,102

DECISIONES Guidonis Papae
 VII,92
DECISIONES Novissimae Marii
 Giurbae VII,93
DECKERS,F see BARBETTE,P
DECKHERR,J III,191; X,136
DEDEKEN,G II,160
DEFENSE de l'Eglise contre
 ... Claude I,161
DEFENSE de la Justice XI,67
DEFENSE des Droits des
 Communes VIII,48
DEFENSE des Versions de
 l'Ecriture I,160
DEFENSE du Droit de la
 Maison d'Autriche IX,100
DEFENSIO Relationis de
 Antonia Burignonia IV,66
DEI MATRE,A a I,138
DEMOSTHENES II,246; XI,313
DEMPSTER,T see ROSINUS,J
DENYS,G II,73-74
DERODON,D III,183-184
DESCARTES,R I,280; XI,70-74
DESCRIPTION Générale de
 l'Hôtel Royal VI,50
DESGODETS,A II,163
DESHOULIERES,A XI,320
DESMARAIS,F.S see
 REGNIER-DESMARAIS,F.S
DESMARETS,F see PITHOU,P
DESMARETS,J V,50 and see
 BACHAUMONT,F de
DESPREAUX,N Boileau see
 BOILEAU DESPREAUX,N
DESPREZ,L see HORATIUS
DESROCHES,NN I,143
DESSELIUS,Valerius Andrea
 see ANDRE,V
DEUX Lettres touchant le
 Neuvième Electorat VII,102
DEVOIRS d'un Gentilhomme
 XI,66
DEVOIRS de la Vie Domestique
 XI,78
DEVOIRS des Filles
 Chrétiennes XI,79
DEVOTION au Sacré Coeur
 VII,97
DEZAYAS,M XI,288
DIALOGI Pacifici XI,69
DIALOGUE sur le Baptème
 X,124
DIALOGUES Politiques X,126
DIALOGUES Rustiques X,125
DIALOGUES de la Santé see
 ***,Mr.de

319

DIALOGUES ... sur
l'Immortalité X,129
DIALOGUES sur les Matières
du Tems VII,91
DIBBEN,T VIII,38
DICTIONAIRE de l'Académie
Françoise IV,67
DICTIONAIRE de Marine
VIII,55
DICTIONAIRE François see
L.V.J.V.J.F.
DICTIONAIRE Géographique
contenant les Royaumes
III,176
DICTIONAIRE Géographique
Universel VIII,45
DICTIONARIUM novum
Latino-Gallicum II,29
DICTIONARY English,German
and French XI,86
DICTIONNAIRE Chrétien
III,180
DICTYS CRETENSIS VIII,56
DIDOCLAVIUS,E see
CALDERWOOD,D
DIDYMUS see HOMERUS
DIEMERBROECK,I van III,189;
V,11
DIETERICH,C III,179
DIETERICH,J.C IV,61-62
DIETHERR,C.L see SPEIDEL,J.J
DIEU,L de III,194 and see
CRENIUS,T
DIFFERENTES Veuës des Palais
& Jardins IV,68
DILHERR,J.M I,148-149
DILICH,W.S VII,100
DILLINGHAM,W X,392
DIOGENES LAERTIUS III,182
DIONIS,P V,65; VII,28; XI,63
DIONYSIUS ALEXANDRINUS
VII,103; IX,111
DIONYSIUS AREOPAGITA I,137
DIONYSIUS HALICARNASSENSIS
IV,82; IX,109
DIOPHANTUS V,63
DISCOURS sur la Crèche X,120
DISCOURS Moraux en Forme de
Prônes VI,32
DISCOURS Moraux sur les
Evangiles VI,33-39
DISCURSUS Theologicus ...
circa Bullam I,150
DISPONTINIUS,N see PHAEDRUS
DISQUISITIO Historica de Re
vestiaria IX,105
DISSERTATION sur les ...

plus fameux Peintres II,149
DISSERTATION sur ... Saint
Evremont IX,104
DISSERTATIONS Historiques
XI,81
DITHMAR,J.C X,141
DIVERS Abus ... du Décret de
Rome XI,64
DIVERS Ecrits touchant la
Signature X,142
DIVERS Ouvrages ... de
l'Académie Royale des
Sciences III,187
DIVERS Sentimens de Pieté
X,121
DIVERSITEZ Curieuses X,131
DIVINES opérations de Jésus
see G.D.M.
D.L.M. X,248 and see
JUSTINUS
D.M. III,481; X,378
DOCTRINAE Morales VII,101
DODSWORTH,R II,321-323
DODWELL,H II,161; IX,107;
X,143-146 and see
CYPRIANUS; XENOPHON
DOLAEUS,J IX,99
DOLCHIUS,P see CRENIUS,T
DOMAT,J VIII,118
DOMINIO Temporale della Sede
XI,87
DOMINIS,M.A de see SARPI,P
DOMITIUS see STATIUS
DONATI,A X,112
DONATUS see TERENTIUS;
VIRGILIUS
DONEAU,H V,68
DONIUS,J.B see RUBENS,A
DORSCH,J.G I,140
DOUCIN,L VII,179
DOUGHTEIUS,J III,193
DOUJAT,J V,66 and see LIVIUS
DOUZA,G see CRENIUS,T
DOUZA,J see CRENIUS,T;
SALLUSTIUS
DOUZA,S see CRENIUS,T
DRAKENSTEIN,H van Rheede van
see HORTUS Indicus
Malabaricus
DRANSFELD,I a see CASELIUS,J
D.R.B*** VIII,166
DRECHSLER,W II,121; III,177
DRELERL,NN I,151
DRELINCOURT,C I,141; VII,104
-106 and see GACHES,R
DRESEMIUS,S see DICTYS
CRETENSIS

DREXEL,H I,145
DREYER,M see PLACCIUS,V
DROIT Public, Suite des Loix VIII,117
DRUSIUS,J see CRENIUS,T; SYNTAGMA trium Scriptorum; SYNTAGMATIS de Sectis Judaeorum
DRYDEN,J VIII,53; X,110-111 and see JUVENALIS; VIRGILIUS D.T. II,237-239; III,234-237; V,194-197
DUBOIS,S see BOSIUS,S
DUBOURDIEU,J X,114
DUBRAVIUS,J I,139
DUCAEUS,F see HIERONYMUS; NICEPHORUS; TATIANUS
DUCK,A III,185
DUCOS,J.C IV,292
DUDITH,A see CRENIUS,T
DUEZ,N VII,145
DUGDALE,W IV,179 and see DODSWORTH,R
DUPLEIX,S I,268
DUPORT,J VII,99
DURAN,P see BRUSSEL,P
DURAND,C VIII,154
DURANTE,G III,181
DUREL,J I,147
DURY,J see CRENIUS,T
DUVIGNEAU,NN I,585; VI,56
EADMAR see ANSELMUS
E.B. VII,191
ECCHELLENSIS,A V,79 and see ANTIQUITATES Ecclesiae; APOLLONIUS PERGAEUS
ECHT,J see SENNERT,D
ECOLE du Chirurgien II,164
ECOLE du Pur Amour de Dieu IX,112
EDZARDI,G.E X,153
E.F. IV,177
EFFIGIES ... Alexandri Papae VII.& ... Cardinalium IV,95
EGLINUS,R see CRENIUS,T
EGNAZIO,G.B see SUETONIUS
ELBECQUE,N d' XI,68 and see SYLVIUS,F
ELEMENS de Géometrie X,149
ELEUSINIA Sacra Patefacta III,202
ELEUTHERIUS,T X,213
ELING,L.I I,299; III,196
ELINGA,F Janssens see JANSSENS ELINGA,F
ELITE des Bons Mots IX,113
ELY,bishop of III,15

EMBLEMATA Selectiora IX,117
EMENES,J van see VIRGILIUS
EMERY,N l' VIII,40
EMMIUS,U I,173
EMPEDOCLES see FABRICIUS,J.A
ENFANT Gâté X,164
ENNIUS X,152
ENS Thaumaturgus Mathematicus III,201
ENTRETIENS Curieux X,163
ENTRETIENS d'Ariste X,165
ENTRETIENS de Maxime XI,103-104
ENTRETIENS de Morale III,204
ENTRETIENS de Philalethe & de Philerene I,165
ENTRETIENS de Rabelais X,166
ENTRETIENS des Voyageurs IX,114
ENTRETIENS sur la Correspondance XI,122
ENTRETIENS sur les differentes Méthodes XI,115
EPEISSES,A d' XI,299
EPICTETUS IX,7
EPIGRAMMATA XI,417
EPIGRAMMATUM Graecorum IV,92
EPIPHANIUS I,166
EPISCOPIUS,S see CRENIUS,T
EPISTOLAE Praestantium ac Eruditorum Virorum I,171
ERASMIUS,J I,310
ERASMUS,D I,164; III,197-198; III,205; IX,14; XI,105-114 and see ALMELOVEEN,T Janson ab; AUGUSTINUS; CRENIUS,T; FLAVIUS JOSEPHUS; HIERONYMUS
ERESIUS, Theophrastus see THEOPHRASTUS ERESIUS
ERITREO,N see VIRGILIUS
ERTINGER,F see ROI,J le
ERYTHRAEUS,J.N IV,262-263
ESCHENBACH,A.C see ORPHEUS
ESCOBAR,F Munoz de see MUNOZ DE ESCOBAR,F
ESOPE en Belle Humeur I,176
ESPAGNE,J d' XI,294
ESPEN,Z.B van III,192,199; VII,227; VIII,60
ESPINE,NN Le Moine de l' see MOINE DE L'ESPINE,NN le
ESPION dans les Cours des Princes VI,57
ESPRIT de Mr. Arnaud I,177
ESSAI de l'Histoire XI,116

ESSAIS de Jurisprudence V,81
ESSAIS de Morale X,155-156
ESSAY d'un Nouveau Système du Monde I,179
ESSAYS de Théologie sur la Providence I,178
ESSENIUS,A III,200
ESTATS, Empires,Royaumes & Principautez I,175
ESTIUS,W V,76-77
ESTRANGE,R l' see AESOPUS
ETAT de la France IV,96
ETAT des Royaumes de Barbarie XI,119
ETAT du Royaume de Danemarck IV,87
ETAT Présent de la Faculté VIII,58
ETAT Présent de la Suède IV,88
ETIENNE DU BELLE,H XI,206
ETIENNE,C see LLOYD,N
ETIENNE,H see CALLIMACHUS; CRENIUS,T; EPIGRAMMATUM Graecorum; HARPOCRATION; HOMERUS; JUSTINUS MARTYR; ORPHEUS; TATIANUS
ETIENNE,R see JUSTINUS MARTYR
ETMULLER,M VI,60; VII,129
EUCLIDES I,174; IX,115; X,150,154
EUGRAPHIUS see TERENTIUS
EULOGIUS see CICERO
EUPHORMIO see BARCLAY,J
EURIPIDES V,78 and see CRENIUS,T
EUROPE Vivante I,181
EUSEBIUS I,172,238; VI,77 and see NOVA Collectio Patrum
EUSEBIUS HIERONYMUS see HIERONYMUS
EUSTATHIUS see DIONYSIUS ALEXANDRINUS
EUTROPIUS II,1; V,75; X,151
EUTYCHIUS III,203
EVAGRUS see EUSEBIUS; THEODORETUS
EXACT Abridgement of All the Trials III,16
EXAMEN des Septante Semaines XI,121
EXPLICATION d'un Ancien Monument IV,90
EXPLICATION de S.Augustin II,165
EXPLICATION ... de Versailles IV,84
EXPOSITIO doctrinae

Augustinianorum Theologorum IV,93
EYBEN,C.W von see MAGIRUS,T
FABER,A II,172-174; IV,60; X,65
FABER,B II,166; VI,61
FABER,N see SENECA
FABER,T see FEVRE,T le
FABRE,P.J III,215
FABRI,H IV,97-99
FABRICIUS,F see CICERO
FABRICIUS,G see CRENIUS,T; DRECHSLER,W; LIPSIUS,J
FABRICIUS,H I,183
FABRICIUS,J.A VII,141; VIII,64; X,173; XI,125 and see PLACCIUS,V
FABRICIUS,J.L VIII,68
FABRICIUS,L see CRENIUS,T
FABRICIUS HILDANUS,G I,275
FACHINEUS,A I,184
FACTUM pour Maître Nicolas Postel X,183
FAERNO,G see TERRENTIUS
FAES,J see GIRALDI,L.G
FALCKENBURG,G see CRENIUS,T
FALESIUS,F a Burgundia see CRENIUS,T
FARAMOND, ou l'Histoire de France I,189
FARIA,D de X,172
FARINACCI,P IV,100-111
FARNABY,T see TERENTIUS; VOSSIUS,G.J
FASTES de Louis le Grand IV,115
FASTI Ludovici Magni IV,114
FAUCHEUR,M le I,190-194
FAVONIUS EULOGIUS see EULOGIUS
FAYUS,M see LUCRETIUS; MANILIUS
FECHT,J I,290; IV,112
FEE,A le XI,191
FELIBIEN,A VII,136,138; X,117,171
FELIBIEN,J.F VII,137,139
FELIBIEN,M XI,159
FELL,J see CYPRIANUS
FENELON,F XI,117
FERMAT,P de see DIOPHANTUS
FERNANDEZ DE MEDRANO,S VII,220
FERNEL,J III,213
FERRARI,F II,176
FERRARI,F.B III,212
FERRET,G II,175

FERRIERE,C de II,371; V,116
-117; VIII,171 and see
BACQUET,J
FERRIERES,J de I,565 and see
DECISIONES Guidonis Papae
FERRO,G.M see IMPERATO,F
FESLEAU,P see MAUGER,C
FESTUS VIII,66
FEUERBORN,J II,167
FEVRE,Anne le see
DACIER,Anne
FEVRE,J le see LABOUREUR,J
le
FEVRE,L le I,186
FEVRE,T le see CRENIUS,T;
LUCIANUS; TERENTIUS
FIALETTI,O see MAGGI,G
FINE DE BRIANVILLE,C.O
II,254
FISCHER,J.A VIII,67
FISEN,B X,175
FLACCUS,Valerius see
VALERIUS FLACCUS
FLACIUS,M VIII,33
FLAMANT,NN III,25
FLAMSTEED,J see HORROCKS,J
FLAVIUS JOSEPHUS III,489;
V,115; VII,174; IX,138
FLAVIUS VOPISCUS see VOPISCUS
FLECHIER,E II,347; III,257;
IV,140-141; V,293; VI,132,203
and see GRATIANUS,A.M
FLEETWOOD,W I,300
FLEMING,R III,208-209
FLENDER,J V,82
FLEUREAU,B III,29
FLEURY,C II,222; VII,202-208;
X,101
FLEURY,J see FLORIDUS,J
FLORIDUS,J see APULEIUS
FLORINUS,J.H IV,116
FLORIO,J see TORRIANO,G
FLORUS II,15; VIII,63;
IX,6,12,36; X,174
FLOTENTE,Q.S see CRENIUS,T
FONCTIONS d'un Capitaine de
Cavalerie I,196
FONTAINE,J de la I,129
-130,188; X,62,176 and see
MAUCROIX,F de
FONTANA,A VII,134
FONTANELLA,J.P III,214
FONTENELLE,B de X,239; XI,300
FORBES,J VIII,65
FORESTI,A II,324
FORESTUS,P V,90
FORGE,L de la see

DESCARTES,R
FORMULARE Anglicanum, or a
Collection VIII,62
FORNIER,R see ALCIATI,A
FORTI,R.G III,210-211
FOUCHER,S X,132
FOUNTAINE,A see ANTIQUAE
Literaturae Septentrionalis
Libri
FOURNIER,G III,251
FRANCE Galante,ou Histoires
I,195
FRANCE Intriguante X,181
FRANCE Ruinée sous le Règne
de Louis XIV X,180
FRANCIUS,P X,177-178
FRANCKE,C VII,135
FRANCOISINI,L I,209
FRANTZE,W II,170
FREHER,P II,169
FREIGE,J.T see CICERO
FREINSHEIM,J see FLORUS;
LIVIUS; QUINTUS CURTIUS;
TACITUS
FREROT,N see GUENOIS,P
FRESNE,J du II,248
FRESNE DU CANGE,C du see
CANGE,C du Fresne du
FRESNOY,C.A du II,72
FREY,J.L X,148
FRIDER,P IV,238
FRISCHLIN,N see CALLIMACHUS
FRITSCH,A V,86-88; IX,92 and
see AYMO PUBLITIUS;
REYGER,A von; SPEIDEL,J.J
FROMMANN,J.C I,187
FROMOND,L see SENECA
FULGENTIUS see LEO MAGNUS;
MYTHOGRAPHI Latini
FUNCK,C.D VII,140
FUNGER,J see CRENIUS,T
FURETIERE,A I,155; V,85;
VII,127; IX,216; X,184;
XI,101
GACHES,R VII,143
GAGE,T IV,260; X,309
GAILLARD,J III,230-231
GAITO,G.D V,99
GAITTE,J II,193
GALANO,C I,201; V,106
GALANTERIES Amoureuses de la
Cour de Grece X,190
GALANTERIES des Rois de
France III,218
GALENUS see HIPPOCRATES
GALEOTA,F.C I,213
GALESI,D I,222

323

GALE,T II, 216-217; XI,136
-137 and see JAMBLICHUS;
TATIANUS
GALLE,S II,197,342
GALLERATI,P III,224
GALLIA Vindicata I,200
GALLICANUS see HISTORIAE
Augustae Scriptores
GALLOIS,P le I,561
GALLUS,F I,221
GALLUS,NN VII,144
GARCIA,F V,394
GARNIER,J see AUGUSTINUS;
BEN-GORION,J; MARIUS MERCATOR
GASSENDI,P I,199
GATAKER,T II,184; VII,148
GAULTIER,J I,217
GAURICO,P see INDAGINE,J ab
GAUTIER,R see RIBADENEYRA,P de
GAUTRUCHE,P X,246
G.D.M. II,148
G.D.S. see MELVILLE,J
GEBRUS II,179
GEE,E IV,192
GELENIUS,S see FLAVIUS
JOSEPHUS; PHILO; PLINIUS sr
GELLIUS,Aulus see AULUS
GELLIUS
GENEALOGIES des ... Ducs &
Pairs de France IV,121
GENIE de la Langue see D***
GEOGRAPHIE Ancienne, Moderne &
Historique II,189
GEORGE,P III,433
GERBAIS,J I,212; XI,396 and
see PANORMA
GERBERON,G see ANSELMUS
GERHARD,J I,227; IV,122;
VII,142
GERMAIN,M I,555-556; VII,98
and see MABILLON,J
GERMANUS see VIRGILIUS
GERMON,B X,185
GERSON,J XI,129-133
GERY,M II,53
GESNER,C see TATIANUS
GESTERANUS,J.E see CRENIUS,T
GEUDER,M.F II,198
GEULINCX,A III,219; V,93-94
GEVAERTS,C see GOLTZIUS,H
GEVAERTS,J.G see STATIUS
GHERARDI,E VIII,195
GIBEL,A see CRENIUS,T
GIBSON,E IV,55; V,53; VI,15
and see CAESAR; QUINTILLIANUS
GIPHANIUS,H VII,147 and see
ALCIATI,A; CRENIUS,T

GIRALDI,L.G VIII,71
GIRARD,A see RIBADENEYRA,P
de
GIRY,L see TERTULLIANUS
GISELINUS,V see CRENIUS,T
GIURBA,M V,100-102
GIZZI,M XI,76
GLAREANUS,H see SALLUSTIUS
GLASER,C I,560
GLASS,S III,228 and see
CRENIUS,T
GOBIUS,A XI,134
GOCKEL,E III,221-223
GOCLENIUS,R see CRENIUS,T
GODEAU,A I,444; XI,304;
VII,175
GODEFROY,D I,107;IV,123 and
see ALEXANDRO,A ab;
COMINES,P de;
SCHNEIDEWEIN,J
GODEFROY,T VI,73
GODOUIN,J see CAESAR
GOLDAST,M II,200-201
GOLIUS,J III,226
GOLTZIUS,H II,181; IV,120;
XI,144-148
GOMBERVILLE,M de see
VAENIUS,O
GOMEZ,A VIII,70
GONET,J.B XI,138-143
GONZALEZ DE LEON,J XI,150
GONZALEZ DE SANTALLA,T
IV,119
GONZALEZ TELLEZ,E II,199
GORALLUS,T see PEDO
ALBINOVANUS
GORGEU,M IV,327
GORLAEUS,A IV,124-125
GORLAEUS,H see KIRCHMANN,J
GORRAN,N de II,196
GOTTFRIED,J.L III,227
GOUDELIN,P II,180,186
GOULSTON,T see ARISTOTELES
GOUSSET,J IX,77
GOUTIERE,J see GUTHERIUS,J
GOUVERNEMENT Civil I,134;
X,189
GRAAF,R de X,193
GRABA,J.A II,178
GRABE,J.E X,353-354; XI,151
and see BIBLE; BULL,G;
IRENAEUS; JUSTINUS MARTYR
GRACIAN,B I,281; X,226,268;
XI,182
GRAEVIUS,J.G VII,373-376;
VIII,209-220; IX,249; XI,
208 and see CAESAR; CICERO;

FERRARI,F.B; FLORUS;
HESIODUS; LUCIANUS; MARTINI,
M; RUTILIUS; SUETONIUS;
SYNTAGMA variarum
Dissertationum
GRAEVIUS,T see CALLIMACHUS
GRAMAYE,J.B XI,149
GRANA-NIETO,A I,215
GRAND Dictionaire de
 l'Académie I,210
GRAND Théâtre Historique
 VIII,77
GRAND,A le V,104 and see
 ROHAULT,J
GRAND,J le II,224
GRAND,L le V,34
GRANDI,G IX,122
GRAPHEUS,A see CRENIUS,T
GRASS,M see TRACTATUS Varii de
 Beneficio
GRASSUS,M IV,118
GRATAROLI,G see INDAGINE,J ab
GRATIANUS,A.M I,214,282;
 III,487; V,103 and see
 CYPRIANUS
GRATIUS,O see BROWN,E
GRAVIUS,H see HIERONYMUS
GREGORIUS X,186
GREGORIUS NAZIANZENUS I,202
GREGORY,D VIII,69
GREGORY,J see BIBLE
GRENTEMESNIL,J Palmerius a see
 PAULMIER,J le
GREVEN,B V,105
GREW,N IV,245
GRIFFITH see ALFORD,M
GRIFOLI,J see CICERO
GRIMM,H.N II,177
GRIVEL,J VII,94
GROENEWEGEN,S van II,182; V,92
GRONOVIUS,J VIII,197-208;
 XI,128 and see AMMIANUS
 MARCELLINUS; ARRIANUS;
 AUGUSTINUS,L; AULUS GELLIUS;
 CICERO; EPICTETUS;
 GORLAEUS,A; HARPOCRATION;
 LUCIANUS; MACROBIUS;
 MANETHON; MEMORIA Cossoniana;
 PHAEDRUS;STEPHANUS
 BYZANTINUS; SUETONIUS;
 TACITUS
GRONOVIUS,J.F I,197 and see
 ALCIATI,A; AULUS GELLIUS;
 CICERO; CRENIUS,T;
 GROTIUS,H; PHAEDRUS;
 PLAUTUS; PLINIUS sr;
 SENECA; STATIUS; TACITUS;

VOSSIUS,G.J
GRONOVIUS,J.G see GROTIUS,H
GROTIUS,H I,142,198,204-205;
 II,185; IV,411; VII,149
 -150; VIII,73-76; IX,119
 and see CRENIUS,T; TACITUS
GROTIUS,W III,229
GRUMSEL,G II,194
GRUTER,J see AURELIUS
 VICTOR; CICERO; CRENIUS,T;
 GRAEVIUS,J.G; HISTORIAE
 Augustae Scriptores;
 SALLUSTIUS; SENECA;
 SUETONIUS; TACITUS
GRUTER,J.W see CICERO
GUARINI,B III,109-110
GUDIUS,M see GRAEVIUS,J.G;
 PHAEDRUS
GUENOIS,P I,103
GUERET,G see PRETRE,C le
GUERINUS,C V,91
GUERRE d'Espagne see
 D***,Marquis
GUERRE d'Italie see
 D***,Comte
GUERRE des Auteurs Anciens &
 Modernes V,97
GUESNAY,J.B II,192
GUEUDEVILLE,N IX,46 and see
 M.C***
GUICCIARDINI,F VII,194
GUIDON de la Langue
 Françoise VII,146
GUISCARD,A de IX,170
GUISE,H de II,279; XI,241
GULICH,A I,206-208
GULIELMINUS,D II,195; IX,125
GURTLER,N I,219; IX,123;
 XI,135
GUTBERLETH,T IX,126; X,187
GUTBIER,A see BIBLE
GUTHERIUS,J II,187-188
GUTIERREZ,J see TRACTATUS de
 Tutore
GUYET,F see HESIODUS;
 LUCIANUS; PHAEDRUS
GUYON,J.M de la Motte X,325
GUZMAN,A de I,216
HABERT,I II,229
HACKI,J.F III,233
HACKSPAN,T I,273; IV,181
 -182 and see CRENIUS,T
HAESER,J see HEESER,J
HAHN,H IV,183
HALICARNASSENSIS,Dionysius
 see DIONYSIUS
 HALICARNASSENSIS

325

HAMEL,J du I,224; VII,212 and see BIBLE
HAMMOND,H see BIBLE
HANBURY,N II,244
HANKE,M VIII,89; X,209-211
HANNIEL,I see CRENIUS,T
HARAEUS,F III,246
HARDOUIN,G de Ville VI,70
HARDOUIN,J II,227; IV,145-147; VIII,90; IX,143 and see CHRYSOSTOMUS; see PLINIUS sr
HARPOCRATION V,113; VIII,82
HARREWYN,J see ROI,J le
HARRIS,W IX,144 and see MORTON,R
HARTKNOCH,C I,163
HARTMANN,J I,266
HARTMANN,J.L IV,54; VII,195
HARTNACK,D I,223 and see HORN,G: MICRAELIUS,J
HARTSOEKER,N IV,91; V,295; XI,47
HARTWISS,B Anhorn ab see ANHORN AB HARTWISS,B
HASSIA,H de see GERSON,J
HAUBOESIUS,C see CRENIUS,T
HAYNE,T see CRENIUS,T
H.D.H.C.D.R.D.P. see MONTECUCCOLI,R
HECKEL,J.F see CLUVER,P
HEESER,J III,248 and see LEIGH,E
HEIDANUS,A IV,137-138
HEIDEGGER,J.H II,230-234,241-243; X,206-207 and see CRENIUS,T; FABRICIUS,J.L; HOSPINIANUS,R
HEINSIUS,D see ARISTOTELES; CRENIUS,T; HESIODUS
HEINSIUS,N see OVIDIUS; PEDO ALBINOVANUS; PHAEDRUS; VALERIUS FLACCUS
HEISS,J III,265; IV,169
HELENIUS see HORATIUS
HELMONDT,J.B van VII,164
HELMONT,F.M van III,245
HELVETIUS,D.C see OVIDIUS
HELVETIUS,J.A IX,247
HELVICUS,C see CRENIUS,T
HENEL,N IX,142
HENNEPIN,L XI,413
HENNIN,H.C see JUVENALIS
HERAULD,D III,249
HERBELOT,B d' VII,44
HERCULANUS,F I,285
HERINGIUS,A IV,131
HERMANN,P IV,135-136; IX,146-147
HERMES,H IV,171
HERMIAS see JUSTINUS MARTYR; TATIANUS
HERO see VETERUM Mathematicorum
HERODIANUS X,201
HERODOTUS III,242 and see HOMERUS
HEROINE Mousquetaire X,230
HEROLDT,J.C I,254, I,288; IV,132-133
HEROLT,J see ERASMUS,D
HERTOGH DE BERTOUT,J.M see BERTOUT,J.M Hertogh de
HESIODUS VIII,83 and see POETAE Minores
HESSELIUS,F see ENNIUS
HESSELS,J I,294
HEURES Canoniales X,231
HEUREUX Esclave I,295
HEURNIUS,J see FERNEL,J
HEURNIUS,O see FERNEL,J
HEUTER,P I,466
HICKES,G XI,181 and see ANTIQUAE Literaturae Septentrionalis Libri
HIERONYMUS I,252; IV,185; X,195
HIERONYMUS PHILADELPHUS see CALDERWOOD
HILARIUS IV,143
HILDANUS,G Fabricius see FABRICIUS HILDANUS,G
HILDEBRAND,F I,284
HINCKELMANN,A see ALCORAN
HIPPOCRATES IV,154; IX,140; X,208 and see BURNET,T
HIRE,P de la I,497; IV,252,257; V,109-110,220, V,376 and see PICARD,J
HISTOIRE Abregée de ... Mr.Arnauld X,241
HISTOIRE Anecdote de la Cour de Rome IX,130
HISTOIRE d'Alexandre Farneze III,260
HISTOIRE d'Auguste I,240
HISTOIRE d'Emanuel Philibert Duc de Savoye II,210
HISTOIRE d'Emeric III,258
HISTOIRE d'Olivier Cromwel I,242; IV,149
HISTOIRE de Hollande IX,135
HISTOIRE de Jean de Bourbon X,217
HISTOIRE ... de Kemiski see

D.***
HISTOIRE de l'Académie X,196
-200; XI,153-156
HISTOIRE de l'Académie Royale
Années 1699-1706 XI,152
HISTOIRE de l'Admirable Don
Guzman VI,63
HISTOIRE de l'Admirable Don
Quixotte I,230
HISTOIRE de l'Archiduc Albert
III,261
HISTOIRE de l'Edit de Nantes
III,238; IV,160-162
HISTOIRE de l'Eglise du Japon
see T...
HISTOIRE de l'Inquisition
III,264; X,249
HISTOIRE de l'Origine des
Dismes I,279
HISTOIRE de la conquête des
Iles Moluques X,222
HISTOIRE de la Guerre de
Hollande III,239
HISTOIRE de la République
des Provinces-Unies IX,137
HISTOIRE de la Réunion ... de
Portugal VI,67
HISTOIRE de la Sultane XI,161
HISTOIRE de la Vie de la Reyne
Christine X,233
HISTOIRE de la Virginie XI,157
HISTOIRE de Louis de Bourbon
... Prince de Condé III,259
HISTOIRE de Marguerite de
Valois X,236
HISTOIRE de Philippe de Valois
IV,168
HISTOIRE de Saint Louis I,229
HISTOIRE de S.Louis III,253
HISTOIRE ... de Sicile & de
Naples X,227
HISTOIRE de Soliman II XI,160
HISTOIRE des Amours de
Lysandre X,234
HISTOIRE des Amours du
Maréchal de Bouflers X,235
HISTOIRE des Anabaptistes
X,243
HISTOIRE des Comtes de Flandre
X,228
HISTOIRE des Conciles Généraux
III,240
HISTOIRE des Conclaves
II,209; IV,156; V,108;
IX,133
HISTOIRE des Congrégations
de Auxiliis VIII,81
HISTOIRE des Empereurs see
D.T.
HISTOIRE des Grands Vizirs
VI,68; X,225
HISTOIRE ... des Iles
Moluques XI,158
HISTOIRE des Princes
d'Orange I,239
HISTOIRE des Révolutions de
Suède VI,64
HISTOIRE des Sevarambes
VI,69
HISTOIRE des Troubles de
Hongrie X,238
HISTOIRE des Yncas IX,139
HISTOIRE ... du ... Cardinal
Louïs Portecarero IX,128
HISTOIRE du Cas de
Conscience XI,162
HISTOIRE du Connestable de
Bourbon VI,62
HISTOIRE ... du Royaume de
Siam II,223; IV,167
HISTOIRE du Tems I,233
HISTOIRE du Triumvirat
d'Auguste IV,174
HISTOIRE du Triumvirat de
César IV,175
HISTOIRE du Vieux & du
Nouveau Testament VIII,80
HISTOIRE & Concorde des
quatre Evangiles X,232
HISTOIRE Généalogique des
Comtes de Pontieu II,211
HISTOIRE Secrète de
Bourgogne IV,155
HISTOIRE Universelle des
Voyages XI,175
HISTORIA Argonautarum
VII,197
HISTORIA Brevis Bajanismi
see L.C.D.
HISTORIA Deorum Fatidicorum
I,225
HISTORIA Flagellantium
VII,213; VIII,87
HISTORIA Nuperae Rerum see
E.B.
HISTORIA Orbis Terrarum
I,292
HISTORIA Symboli Apostolici
X,215
HISTORIA ... Universitatis
Oxoniensis IV,172
HISTORIAE Augustae
Scriptores IX,8
HISTORIAE Poeticae

Scriptores III,256
HISTORIAE Rei Nummariae
  IV,130,164-165
HISTORY of ... Edward II see
  E.F.
HODY,H III,46; IX,148
HOEKE,P van III,243
HOESCHEL,D see CRENIUS,T;
  ORIGENES; PHILO
HOFFER,W I,228
HOFFMANN,F jr XI,183-184
HOFFMANN,F sr I,253,274
HOFMANN,J.J VIII,85
HOFMANNUS,NN I,289
HOGAEUS,G III,347
HOLLARD,W see ROI,J le
HOLM,P see CRENIUS,T
HOLSTEIN,L II,245 and see
  ANTIQUITATES Ecclesiae;
  JAMBLICHUS; SANCTO PAULO,J a;
  STRABO
HOLYOKE,T VI,49
HOMELIES Morales I,296
HOMERUS IV,126,166,173;
  VII,226; XI,179 and see
  DRYDEN,J
HONTAN,L.A de la IX,257-259
HOOGE,R de see BOCCACCIO
HOOGSTRATEN,D van see
  PHAEDRUS
HOOGT,E van der see BIBLE
HOOKE,R X,212
HOORNBEEK,J see ESSENIUS,A
HOORNBEEK,T VII,215
HOPPE,J IV,163
HORATIUS I,226,428; II,34;
  IV,387; VII,196; IX,3,39,150
  and see VAENIUS,O
HORCH,H IV,184
HORN, G X,214
HORNE,J van XI,180 and see
  BOTALLI,L
HORROCKS,J IV,176
HORST,G II,236
HORSTIUS,J.M VI,65,137
HORTENSIUS,M see BLAEU,W
HORTUS Indicus Malabaricus
  I,255-264
HOSPINIANUS,R I,243-250
HOSPITAL,G de l' VII,5; XI,
  400
HOSSCHE,S de I,286
HOST,M see HISTORIAE Rei
  Nummariae
HOSTE,P III,385; VII,26
HOTMAN,F V,112 and see
  CICERO; CRENIUS,T

HOTTINGER,J.H VII,182-190;
  IX,145 and see ALLATIUS,L;
  ANTIQUITATES Ecclesiae;
  CRENIUS,T
HOUSSAYE,A Amelot de la see
  AMELOT DE LA HOUSSAYE,A
HUBER,U VII,153-163-219
HUET,P.D I,287; II,228; 438;
  III,409; IV,127-128,158
  -159; VIII,79 88 and see
  MANILIUS; ORIGENES
HUGENUS,C see HUYGENS,C
HUGO,C see ORIANO,L da
HUGUENIN,D III,232
HULDRICUS,J.J X,194
HULLE,A van see
  PACIFICATORES Orbis
  Christiani
HULSEMANN,J see CRENIUS,T
HUMMEL,J.H III,247
HUNTINGTON,R IX,149
HUSAN,F see BONACOSSA,H
HUTCHIN,H see JUSTINUS
  MARTYR
HUYGENS,C II,235; III,416;
  VII,210; VIII,86
HUYGENS,G I,251; III,244;
  VII,165-173
HUYSEN,E de see
  MONTECUCCOLI,R
HYDE,T IV,51; VII,151,268
  -269
HYGINUS see MYTHOGRAPHI
  Latini
I.C. IV,236
ICONES Imperatorum IV,197
ICONES Antiquarum Statuarum
  IV,196
IDEA Grammaticae XI,189
IDEE du Fidèle Ministre
  XI,190
IGNATIUS I,305
ILLUSTRIORUM ... ICC ...
  Responsa IV,195
ILLUSTRIUM Philosophorum ...
  Effigies IV,199
IMAGINES VI,86
IMAGINES Mortis IV,191
IMAGO Primi Saeculi
  Societatis Iesu IV,194
IMBONATI,D.C.G see
  BARTOLOCCI,G
IMHOF,J.W II,256-258;
  VII,223; IX,153
IMPERATO,F IV,190
IMPOSTEURS Insignes XI,196
INCHOFER,M VI,1

328

INDAGINE,J ab V,124
INDEX Librorum Prohibitorum
  V,119-120
INDEX ... Dec.I.&
  II.Ephemeridum Germanicarum
  VII,224
INGENIEUR François VI,82
INNOCENCE Justifiée see
  ***,Mle
INNOCENCE Opprimée I,301
INSTRUCTION pour les
  Nicodemites see J.G.P.
INSTRUCTIONS Chrétiennes
  XI,201
INSTRUCTIONS sur l'Histoire
  XI,199
INSTRUCTIONS sur les
  Dispositions XI,200
INSULANUS,G see ERASMUS,D
INTRIGLIOLI,L V,397
INTRIGUES Galantes de la Cour
  de France IV,193
INTRODUCTION à la Vie Dévote
  V,123
IRENAEUS VIII,100
I.S. IV,299
ISING,J.C V,130
ISMAEL, Prince de Maroc IX,151
ISOCRATES VII, 221; X,330,360
  -361
ISSALI,J see MAITRE,A le
ITER in Moscoviam V,133
ITTIG,T II,252; X,253
IURISPRUDENTIA Heroica I,304
J.A. XI,380
JACOBAEUS,H IX,163
JAILLOT,H IV,1
JALIGNY,G de see GODEFROY,T
JAMBLICHUS II,250; XI,187
JANSENISTE Convaincu XI,186
JANSENIUS,C X,266
JANSON AB ALMELOVEEN,T see
  ALMELOVEEN, T Janson ab
JANSSENS ELINGA,F I,508 and
  see CARRANZA,B
JANUA Coelorum Reserata I,308
JARDIN des Racines Greques
  III,267
JARDINIER Solitaire XI,188
J.B.P.O.L. III,10
JENS,J see GIRALDI,L.G
J.G.P. XI,198
JOANNES see FELL,J
JOANNES CESTRIENSIS see
  CYPRIANUS
JOANNES EPISCOPUS OXONIENSIS
  see CYPRIANUS

JOHNSON,N V,129
JOHNSTON,A XI,194
JOINVILLE,J de VI,75
JOLY,C III,362; IV,286
JOMA II,247
JONES,J I,306
JONSTON,J II,249; III,269;
  V,131-132
JOPSER,J.J V,125
JORDAN,T see CRENIUS,T;
  DUBRAVIUS,J
JOSEPHUS ISCANUS see DICTYS
  CRETENSIS
JOSEPHUS,Flavius see FLAVIUS
  JOSEPHUS
JOURNAL des Savans IX,152
JOURNAL du Palais X,251
JOUVANCY,J de X,290 and see
  HORATIUS
J.T. X,341
JUDAEUS,H see RAYMUNDUS
  MARTINIUS
JUENIN,G V,121-122
JULIANUS VI,84
JULIUS CAPITOLINUS see
  CAPITOLINUS
JULIUS CELSUS see CAESAR
JUNCKER,C II,259 and see
  ISOCRATES; PLUTARCHUS
JUNGERMANN,G see CRENIUS,T;
  POLLUX
JUNGKEN,J.H II,251; IV,186
  -189; V,118; VIII,104
JUNIUS,F III,268 and see
  CICERO; CRENIUS,T
JUNIUS,H XI,207 and see
  CRENIUS,T
JUNIUS,P see CLEMENS
JURIEU,P IX,129
JUSTE Discernement de la
  Créance XI,192
JUSTEL, H see VOELLUS,G
JUSTIFICATION de M. Ant.
  Arnauld VIII,101-103
JUSTIFICATION du Silence
  XI,195
JUSTINIANUS I,309
JUSTINIANUS,H V,12
JUSTINUS II,21,266 and
  see D.L.M.
JUSTINUS MARTYR I,297; X,250
JUVENALIS I,298,307; II,22;
  VIII,52; IX,15 and see
  PERSIUS
JUVENTIUS,J see JOUVANCY,J
  de
KABBALA Denudata I,311-312

329

KEMPEN,M von V,134
KESLER,A see HACKSPAN,T
KETTEN,J.M van der IX,154-155
KEUCHENIUS,P III,275
KLEIN,J X,255
KIGGELAER,F see COMMELIN,J
KIMEDONCIUS,J see CRENIUS,T
KIMHI,D V,135
KING,W X,254
KINSCHOTIUS,C V,136
KIPPING,H IV,200 and see
  CRENIUS,T
KIRCHER,A V,139; VII,228-232
KIRCHMAIER,G.C see CRENIUS,T
KIRCHMANN,J I,314-315
KLOCKE,C II,262-264; VIII,106
KNATCHBULL,N see DOUGHTEIUS,J
KNIBBE,D III,276
KNICHEN,R.G von I,313
KNIPSCHILDT,P V,143
KNITTEL,C VII,239
KNOBBAERT,J.A V,127
KNOX,R VII,218
KOHL,A VIII,105
KONIG,E III,271-273; VII,235
  -238
KONIG,G.L III,277
KONIG,G.M IV,201-202
KONIG,J.F III,278-279
KORMANN,H see KIRCHMANN,J
KORMART,C III,274; V,142
KORTHOLT,C VII,234 and see
  JUSTINUS MARTYR; TATIANUS
KREMBERGK,C V,141
KROMAYER,H see CRENIUS,T
KRONLAND,J.M von V,137-138
KUHN,J see AELIANUS; DIOGENES
  LAERTIUS; PAUSANIAS; POLLUX
KUMMET,C VII,233
KURICKE,R III,270
KUSTER,L see JAMBLICHUS;
  SUIDAS
KYPER,A V,140
LABARDAEUS,J I,323
LABBE,C IV,52
LABBE,M VIII,115
LABBE,P I,319,321; X,260 and
  see HISTORIAE Rei Nummariae;
  TEISSIER,A
LABOUREUR,J le IV,395; V,107
LACTANTIUS I,351; VIII,123
LACTANTIUS PLACIDUS see
  PLACIDUS
LAERTIUS,Diogenes see
  DIOGENES LAERTIUS
LAET,J de see ALMELOVEEN,T
  Janson ab

LAGUNEZ,M X,257
LALEMANDET,J VI,87
LALEMANT,P XI,276
LAMBECK,P see AULUS
  GELLIUS
LAMBIN,D see CICERO
LAMPRIDIUS see HISTORIAE
  Augustae Scriptores
LAMY,B II,64,272; III,206;
  IV,203,265,370,375; VII,81
  -82; XI,120 and see
  TILLEMONT,S le Nain de
LAMY,F VII,88-90
LAMY,G IV,76,79-80,85; X,127
LAMZWEERDE,J.B a see
  SCULTET,J
LANA,F II,270-271; V,164
LANCKEN,A a see CRENIUS,T
LANDI,C IV,205
LANFRANCUS see ORIANO,L da
LANG,J I,347 and see
  JUSTINUS MARTYR;
  NICEPHORUS; SENNERT,D
LANGE,C IV,213 and see
  CICERO; KIRCHER,A
LANGE,C.J IX,159
LANGE,F VI,109
LANGENHERT,C see GEULINCX,A
LANGIUS,NN I,328
LANGLE,J.M de VII,248
LANGUET,H VIII,124
LANI,D IV,214
LANI,J VI,88
LANSIUS,T VI,89-90
LANVIER,A see KIMHI,D
LANZONI,G V,163
LAPIDE,C a III,286
LARREA,J.B VIII,113-114
LARREY,I de I,267; VII,176
  -177; X,223-224
LARROQUE,M de III,295
LASICKI,J IV,215
LATINI,L see HIERONYMUS
LAUD,W see VOSSIUS,G.J
LAUNOY,J de I,350
LAURENDIERE,C.M de see
  CARDANO,G
LAURO,G IV,13
LAVAL,F Pyrard de see PYRARD
  DE LAVAL,F
L.B.J. VIII,127
L.C.D. VII,211
L.C.D.R. XI,229
LEDERLIN,J.H see HOMERUS;
  POLLUX
LEEUWIUS,T see CRENIUS,T
LEGUAT,F XI,415

LEHMANN,J see CRENIUS,T
LEIBNIZ,G.W III,131; IV,65;
    VII,334; VIII,122
LEIBNIZ,J.J V,14
LEICKHER,F.J III,484
LEIGH,E I,122; V,150; X,58
LENFANT,P V,84
LENT,J von VII,247; X,256
LEO ALLATIUS see ALLATIUS,L
LEO MAGNUS V,156
LEON DE SAINT-JEAN,J.M VII,243
LEON,J Gonzalez de see
    GONZALEZ DE LEON,J
LEQUILLE,D de II,266
LERINS,V de see SALVIANUS
LERNOUT,J see CRENIUS,T
LESLIE,J VII,244; XI,209
LESSIUS,L I,318
LETI,G I,234,335-346; III,477;
    IV,220-222; VI,201; VII,380;
    VIII,231
LETTRE d'un Abbé à un Prélat
    I,334
LETTRE d'un Théologien VII,252
LETTRE de l'Abbé D... see
    D...
LETTRE sur l'Enthousiasme
    XI,210
LETTRES qui Découvrent
    l'Illusion V,145
LEUCHT,C.L IX,86
LEUSDEN,J V,159-161 and see
    BIBLE
LEXICON Heptaglotton IV,211
LEYDEKKER,M IV,210; V,146;
    IX,160 and see HORN,G
LEYDIS,J de II,134
LEYDIS,T a see LEYDIS,J de
LHUYD,E XI,4
LIBERALIS,Antoninus see
    ANTONINUS LIBERALIS
LICETI,F IV,223
LICHTSCHEID,F.H VII,241
LIFE of William III X,258
LIGHTFOOT,J I,348-349; VII,250
LIMBORCH,P van III,291-292;
    VII,152,256
LIMNAEUS,J VI,96-98; VIII,107
    -112
LINCKER,C.T VI,91
LINDEN,J.A van der IV,204
LINDENBROG,F see AMMIANUS
    MARCELLINUS; PEDO
    ALBINOVANUS
LINDNER,J I,320
LINGELSHEIM,G.M see
    CRENIUS,T

LIPEN,M III,293
LIPSIUS,J II,265; V,148 and
    see CRENIUS,T; SENECA;
    TACITUS; WHEARE,D
LISLE,G de see CHEVIGNY,S de
LISTER,M IV,216-219; V,147;
    VII,240,242,245 and see
    HIPPOCRATES; MORTON,R
LITURGIE III,287; V,151
LIUTPRAND V,162
LIVELLO Politico: sia la
    Giusta Bilancia VII,246
LIVIUS I,492; II,18
LLOYD,N I,158
LOCKE,J X,259
LOEBER,C.H II,274
LOESCHER,V.E X,263
LOIX Civiles dans Leur Ordre
    Naturel I,325; V,157-158;
    VIII,116
LOMAZZO,P IV,393
LOMBARDUS,E IV,209 and see
    CYPRIANUS
LONGINUS see BOILEAU
    DESPREAUX,N; D
LONGUEVAL,J V,383
LONGUS,G see KIRCHMANN,J
LONIGUS,M see VOSSIUS,G.J
LORINI,J de VII,254
LORRAIN DE VALLEMONT,P le
    see VALLEMONT,P Le Lorrain
    de
LOSSIUS,F VI,92-93
LOUBERE,S de la I,162; IV,75
LOWER,R VI,94-95
LUBBERT,S see CRENIUS,T
LUBIENSKI,S I,291
LUBIN,A II,287; VI,101
LUCA,C.A de I,322
LUCA,G.B de VII,257
LUCAS,P IX,256
LUCAS,R II,285
LUCIANUS IX,26: X,363
LUCIEN en Belle Humeur
    III,283-284
LUCRETIUS I,431; II,11;
    V,149
LUDEWIG,J.P von VIII,233 and
    see LANGUET,H
LUDLOW,E VII,264; XI,230
LUDOLF,H II,273
LUDWELL,W IV,212
LUDWIG,D III,294
LUNIG,J.C VII,346
LUPUS,C I,170; II,162,268
    -269; III,288-289 and see
    TERTULLIANUS

331

LUTHER,M see CRENIUS,T;
    SCHMIDT,S
LUYTS,J III,281-282
L.V.J.V.J.F. X,133
LYCOPHRON VII,255
LYDIUS,B see CRENIUS,T;
    ERASMUS,D
LYDYAT,T see PRIDEAUX,H
LYNCKER,N.C von I,329
LYSERUS,P see CRENIUS,T;
    GERHARD,J
M*** see ROCHEFOUCAULD,F de la
M***.D*** XI,397
MAASWYCK,P see POLYAENUS
MABILLON,J II,318-320; V,310;
    IX,53-54,162 and see ACHERY,L
    d'; BERNARDUS; PROSPECTUS
    Novae Editionis
MACARIUS,J I,377
MACEDO,A de II,291
MACHANAEUS,D see AURELIUS
    VICTOR
MACHHAUS,J.F I,358
MACHIAVELLI,N I,132; II,345;
    VI,128
MACKENZIE,G III,319
MACROBIUS V,182
MAGAILLANS,G de see
    MAGALHAES,G de
MAGALHAES,G de V,224
MAGGI,G IV,113
MAGIRUS,T IV,248-249
MAGLIABECCHI,A see ACCOLTI
    ARETINI,B
MAGNI Philosophorum Arcani
    Revelator III,314
MAIER,E.T IV,235
MAIER,M X,274
MAIMBOURG,L V,199-208; XI,211
MAIMONIDES,M see MOZES
    MAIMONIDES
MAINO,A.J de V,126
MAIOLI,S VII,271
MAISON Reglée, ou l'Art de
    Diriger la Maison VI,99
MAISTRE DE SACY,I see SACY,I
    le Maistre de
MAITRE,A le V,268
MAIUS,J.H I,404; V,405; X,291
MAJOR,J see GERSON,J
MAJOR,J.D VI,107
MAJORAGIO,M.A III,318 and
    see CICERO
MALEBRANCHE,N I,381; V,209
    -219; VIII,189
MALHERBE,F de IV,309
MALHESPINA,L see CICERO

MALLEMANS DE MESSANGES,C
    I,456
MALLET,A Manesson see
    MANESSON MALLET,A
MALPIGHI,M I,373; III,310;
    IV,77; VII,272
MALTE,H.F de V,227
MALVASIA,C I,378
MAMBRUN,P VI,103
MANDELSLO,A von X,287
MANESSON MALLET,A II,147;
    VIII,72,221
MANETHON VII,283
MANGET,J.J IV,228; V,181;
    XI,212-214 and see
    BARBETTE,P; BONET,T;
    CLERC,D le; PIENS,F
MANGILI,G.A V,190
MANIERE de Bien Penser
    IX,171
MANILIUS II,10
MAUNORY,G de see GRACIAN,B
MANSI,G XI,215-216
MANSVELT,R van VIII,129
MANTICA,F II,317; V,171
MANUCCI,N see CATROU,F
MANUCE,A see CICERO;
    HORATIUS; SALLUSTIUS
MANUCE,P see CICERO
MANZ,C V,191-192
MARBODAEUS see GORLAEUS,A
MARCA,P de II,292; XI,217
MARCEL,G IV,399
MARCELLUS SIDETA see
    FABRICIUS,J.A
MARCHANT,J IV,253
MARCILIUS,T see SUETONIUS
MARCK,J V,188; VII,265;
    IX,173; X,279
MARCUS AURELIUS I,472;
    IV,317; X,276; XI,344
MARCUS DIADOCHUS see
    ORIGENES
MARINUS see EUCLIDES
MARINUS NEAPOLITANUS see
    FABRICIUS,J.A
MARIOTTE,E V,365; VI,54
MARIUS,J VI,108
MARIUS MERCATOR I,376
MARLIANI,B see PANVINO,O
MARLIANI,G.B IV,237
MARMOL CAVAJAL,L del see
    PERROT D'ABLANCOURT,N
MAROLLES,M de see OVIDIUS;
    PLAUTUS; SENECA; STATIUS
MARQUIS de Chavigny XI,218
MARRACCI,J X,293

MARRACCI,L see ALCORAN
MARSHAM,J I,400
MARTA,G.A III,304; V,198
MARTENE,E II,283-284; XI,
  219-222
MARTIALIS II,24
MARTIANAY,J V,62,305 and see
  HIERONYMUS
MARTIGNAC,E.A de see VIRGILIUS
MARTIN,D XI,372 and see BIBLE
MARTINEZ DE RIPALDA,J X,286
MARTINI,L.G IV,229
MARTINI,M VII,284; VIII,131
  and see SENNERT,D
MARTINUS,J see CRENIUS,T
MARTYR,P II,325
MASEN,J I,370-371 and see
  BROUWER,K
MASSARIA,A VI,105
MASSEVILLE,L de I,389; IV,150
  -151; X,247
MASSIMI,P III,355
MASSON,J XI,408-410
MASSON,P III,341; IV,306-307
MASSUERO,G.A see MAINO,A.J de
MATHERUS,NN VI,102
MATHOUD,H I,406
MATTHAEUS,A II,281; III,374;
  VII,282 and see ALCIATI,A;
  LEYDIS,J de
MATTHIAS,C V,189
MATTHIEU PARIS I,372
MATTHIEU,P see DECISIONES
  Guidonis Papae
MATTIOLI,P.A I,380
MATURANZIO,F see STATIUS
MAUCROIX,F de I,11,439
MAUGER,C III,327
MAURICEAU,F IV,269 and see
  PALFIN,J
MAUSOLEUM ... Regum ...
  Hungariae III,309
MAUSSAC,P.J see HARPOCRATION
MAXIMES & Remarques XI,223
MAXIMES pour l'Education
  IV,225
MAXIMUS TAURINENSIS see LEO
  MAGNUS
MAXIMUS,Valerius see
  VALERIUS MAXIMUS
MAY,L du I,51; V,71-72
MAYERNE,T de I,386; III,358;
  VIII,134
MAYOW,J I,397 and see
  THRUSTON,M
MAZARIN,J I,330
MAZARIN,mme de VI,100

M.C.*** XI,11-12
M.C.S. I,111
M.D. I,557-558
M.D.L.R. XI,354
M.D.N. see CHAMBERLAYNE,E
MEAD,R VIII,133; IX,168
MEAN,C de X,280-285
MEAUX,bishop of see
  BOSSUET,J.B
MEDAILLES sur les Principaux
  Evénemens VIII,128
MEDECIN & Chirurgien des
  Pauvres III,320
MEDICI,S V,386-387,398-399
MEDICINA Mentis V,168
MEDICIS,S see ZUCHARDUS,H
MEDITATIONS pour Tous les
  Jours I,388; XI,225
MEDRANO,S Fernandez de see
  FERNANDEZ DE MEDRANO,S
MEIBOM,H I,385; IV,247 and
  see COBERUS,T
MEIBOM,M VII,1 and see
  DIOGENES LAERTIUS
MEIER,J see SCHILTER,J
MEILLEURE Manière de Prêcher
  XI,226
MEISNER,J see CRENIUS,T
MELAMPUS see CARDANO,G
MELCHIOR,J IV,246
MELIUS,J.P I,353
MELVILLE,J III,305; V,187;
  XI,236
MEMOIRES de la Cour see
  D***,Madame; D.....,Madame
MEMOIRES de la Cour
  d'Espagne II,276
MEMOIRES de la Cour de
  Vienne IX,165
MEMOIRES de la Dernière
  Révolution see L.B.J.
MEMOIRES de la Minorité de
  Louis XIV II,277
MEMOIRES de la Vie de
  François Dusson V,184
MEMOIRES de la Vie de Madame
  de Ravezan XI,234
MEMOIRES de la Vie de
  Mademoiselle De Fossés
  V,185
MEMOIRES de Mathématique &
  de Physique II,288-289;
  IV,293
MEMOIRES pour servir à
  l'Histoire see D.T.
MEMORIA Cossoniana V,165
MEMORIAL Espagnol VII,266

MEMORIALS of Th.Cranmer IV,244
MENAGE,G I,384,440; III,308;
   IV,70,144,230,274,417;
   V,169,403 and see DIOGENES
   LAERTIUS; LUCIANUS;
   MALHERBE,F de
MENAGIANA III,300
MENCKE,L VII,275
MENDEZ,A II,293
MENDO,A I,354-356
MENESTRIER,C.F I,231; II,158;
   IV,227,241-242
MENJOT,A VI,125
MENOCHIO,J II,294-297; VII,281
   and see MAINO,A.J de
MENTZEL,C I,382
MENUDIER,J V,352
MERCATOR,G see CRENIUS,T
MERCATOR,Marius see MARIUS
   MERCATOR
MERCIER,J see TACITUS
MERCIER,N see ALEXANDRO,A ab;
   ERASMUS,D
MERCKLIN,G.A VI,106 and see
   LINDEN,J.A van der
MERCURE XI,259
MERCURIALIS,H see CHACON,P
MERE,A de I,432
MERIAN,J see SYLVIUS,F
MERISSIUS see MEURSIUS,J
MERLINO,F I,393
MERLINUS,M I,391-392
MERMANN,T I,396
MEROUVILLE,P.C de see CICERO
MERSENNE,M see CRENIUS,T;
   NICERON,J.F
MERULA,P see CRENIUS,T; STRABO
MESSAGER Céleste XI,260
MESSANGES,C Mallemans de see
   MALLEMANS DE MESSANGES,C
MESSENIUS,J X,278
MESSIS I,352
METHODE de Lever les Plans &
   les Cartes V,167
METHODE Facile pour Apprendre
   l'Histoire IX,172
METHODE pour Apprendre see
   D***
METHODE pour Apprendre ...
   l'Histoire Romaine III,324
METHODUS Nova ... Apoplexiam
   ... Curandi see I.C.
MEULEN,G van der see GROTIUS,H
MEURSIUS,J III,296-299 and
   see CRENIUS,T; MACROBIUS;
   STRABO; TATIANUS;
   VOSSIUS,G.J

MEVIUS,D II,275
MEYER,J III,313; VII,56,285
MEYFART,J VIII,136
MEZERAY,F de II,225; X,15
MICALORIO,B III,306-307
MICHAELIS,J I,387
MICRAELIUS,J II,299;
   VII,258; VIII,138
MICYLLUS,J see ICONES
   Imperatorum
MIDDOCH,H a see LEIGH,E
M.I.D.P. V,408
MIEGE,G I,211; IV,243;
   XI,124
MILHET,A II,290
MILLE & une Nuits IX,169;
   XI,266-267
MILLERAN,R V,152; IX,156;
   X,298;
MILLES,T see CYRILLUS
MILLET DECHALES,C.F see
   DECHALES,C.F Millet
MILNES,J X,275
MILSERUS,A see PUTEANUS,E
MILTON,J III,312; VII,290
   -291
MINDANUS,P Frider see
   FRIDER,P
MINELLIUS,J see CICERO;
   FLORUS; HORATIUS; OVIDIUS;
   SALLUSTIUS; TERENTIUS;
   VALERIUS MAXIMUS; VIRGILIUS
MINUTIUS FELIX VIII,132
MIRUS,A.E X,272
MISCELLANEA Curiosa II,300
   -316; V,193; VII,260-263
MISCHNA XI,269
MISLENTA,C see CRENIUS,T
MISSALE Romanum I,375
MISSON,M III,480
MITAL,ou Avantures XI,270
M.L.D. see Rochefoucauld,F
   de la
MODIUS,F see CRENIUS,T
MOEBIUS,Ge X,273
MOEBIUS,Go I,403
MOGUARUS see CRENIUS,T
MOINE DE L'ESPINE,NN le
   III,330
MOLANUS,J see HESSELS,J
MOLIERE I,425
MOLINET,C du VI,18
MOLLER,H see CRENIUS,T
MOLLER,J VIII,137 and see
   MORHOF,D.G
MOMMA,W I,394-395 and see
   CRENIUS,T

MONCADE,NN de IV,86
MONCONYS,B de VIII,225
MONI,S de II,208; X,240
MONIER,P XI,176
MONIER DE CLAIRECOMBE,J III,328
MONT,J du VII,267,381
MONTAIGNE,M de VI,59
MONTALTE,L de I,453-455; VII,259
MONTANUS,B.A IV,240 and see CRENIUS,T
MONTANUS,P see TRACTATUS de Tutore
MONTBRUN,NN de VIII,126
MONTECUCCOLI,R IX,175
MONTFAUCON,B de VIII,44 and see NOVA Collectio Patrum
MONTICELLO,S see TRACTATUS Varii de Beneficio
MONUMENTA Pietatis VIII,135
MONZAMBANO,S de V,70; VII,276
MORALE d'Epicure XI,274
MORALE de Jésus-Christ I,359
MORALE des Jésuites VIII,130
MORALE Pratique des Jésuites I,360-369
MORE,H I,374
MOREAU,C see TERTULLIANUS
MOREAU,J X,368
MORELL,A V,349
MORELL,F see GREGORIUS NAZIANZENUS; STATIUS; STRABO
MORERI,L I,154
MORHOF,D.G I,383; VI,104; VII,278; IX, 177; XI,275
MORIN,E III,317 and see BOCHART,S
MORIN,J II,282; IV,251 and see ANTIQUITATES Ecclesiae
MORT,J le III,311
MORTON,R V,221; XI,277
MORUS,A II,430; IV,342 and see CAMERON,J
MOSCHUS see BION; POETAE Minores
MOTHE,C de la XI,349
MOTTE,A Houdar de la XI,293,319
MOUCHY,D de IX,157
MOULIN,C du I,102
MOULIN,P du VII,279
MOUSKES,P see HARDOUIN,G de Ville
MOYEN de Parvenir XI,272
MOYNE,E le I,402
MOYNE,P le III,26

MOZAMBANO,S de see PUFENDORF,S von
MOZES MAIMONIDES IV,239; IX,164 and see POCOCK,E
MOZETTI,B IX,69
M.S.R. IV,273
MUET,P le II,390
MUGNOS,F IV,391
MUIS,J see BARBETTE,P
MULLER,P see STRUVIUS,G.A
MUNCKER,P I,399
MUNCKER,T see MYTHOGRAPHI Latini
MUNNICKS,J see HORTUS Indicus Malabaricus
MUNOZ DE ESCOBAR,F I,398
MURET,M.A I,405 and see TACITUS
MURGA,P de I,357
MUSARUM Anglicanarum Analecta I,401
MUSITANO,C VII,277; VIII,125
MUYDEN,J van V,166
MUYS,J V,170
MYLER,N XI,263-265
MYLIUS,A see CARPZOV,B
MYTHOGRAPHI Latini IX,27
N... see INGENIEUR François
NACLANTUS,J V,235
NADAS,J see ALEGAMBE,P
NAIN,P le X,169
NAIRONUS,F V,230
NALSON,J IV,266-267
NANNIUS,P see VIRGILIUS
NANTON,R see WALSINGHAM,F
NATHEN,S V,232
NAU,M VI,112
NAUDE,G VI,113; XI,278 and see CARDANO,G; CRENIUS,T; WHEARE,D
NAUDE,P XI,374
NAURATHS,M see COLLIBUS,H a
NEEDHAM,P see CASSIANUS BASSUS
NEGRI CYRIACO,F I,407
NEGUSANTIUS,A V,233
NEMETHI,S V,223
NEPOS,Cornelius see CORNELIUS NEPOS
NEPOS,J V,128
NEPTUNE François III,326
NEUCRANTZ,P VI,115
NEUVILLE,M de la VII,178; IX,134; X,218-221
NEW State of England IX,180; X,318
NEWTON,A see SARPI,P

335

NEWTON,I I,410; X,297
NICEPHORUS I,413; X,301
NICERON,J.F III,349
NICHOLLS,W XI,279
NICOLAI,J VIII,140,142; X,303
  and see CUNAEUS,P
NICOLAI,J.G V,231
NICOLE,P XI,202
NICOLSON,W VII,132-133
NIEUWENTIJDT,B V,222
NIFANIUS,C I,409
NIFO,A VI,114
NIHUSIUS,B see ALLATIUS,L
NISSEL,J.G V,236-237,239 and
  see ALCORAN
NOBLE,C le see RIOLAN,J jr
NOBLE,E le VIII,8; IX,195;
  XI,53
NODOT,F X,288; XI,231
NOGUEIRA,L I,412
NOLDIUS,C II,336 and see
  CRENIUS,T
NOMIUS,F VIII,143
NONNIUS,L see GOLTZIUS,H
NOODT,G III,325; X,295-296
NORIS,E de III,331; VI,110 and
  see AUGUSTINUS
NORRMANN,L V,37
NOTITIA Rei Nummariae VII,292
NOURRY,N le III,32; IX,55
NOUVEAU et Parfait Maître
  Italien X,300
NOUVEAU Théâtre d'Italie
  X,310-313
NOUVEAU Théâtre de la Grande
  Bretagne XI,284
NOUVEAU Traité de la Civilité
  X,316
NOUVEAU Voyage d'Italie X,299
NOUVEAU Voyage vers le
  Septentrion XI,285
NOUVEAUX Contes see
  D***,Madame
NOUVEAUX Elémens de Geometrie
  II,329
NOUVEAUX Entretiens sur les
  sciences secrètes I,416
NOUVEAUX Essais de Morale
  II,330
NOUVEAUX Interests des
  Princes II,328; XI,204
NOUVELLE Explication d'une
  Médaille XI,287
NOUVELLE Manière de
  fortifier II,331
NOUVELLE Méthode, ou l'Art
  d'écrire I,417
NOUVELLE Méthode pour
  Apprendre ... la Langue
  Grecque II,332
NOUVELLE Méthode pour
  Apprendre ... la Langue
  Latine II,333
NOUVELLES Lettres de
  l'Auteur de la Critique
  II,334; III,157
NOUVELLES Observations see
  R.S.P.
NOUVELLES Observations ...
  sur la Langue I,418
NOVA Collectio Patrum XI,280
NOVARINI,L XI,281-283
NOVARIO,G.M I,408
NOVATIANUS see TERTULLIANUS
NOYDENS,B.R see
  COVARRUBIAS,S de
NUCK,A II,326-327
NUGO,NN V,234
NUMISMATUM Antiquorum
  Sylloge XI,290
NUMMO Pantheo Hadriani
  Imperatoris ... Dissertatio
  I,411
OBEDIENTIAE Credulae vana
  Religio XI,291
OBRECHT,U VIII,148 and see
  GROTIUS,H; JAMBLICHIUS;
  QUINTILLIANUS
OBSEQUENS,J see EUTROPIUS
OBSERVATIONS de l'Académie
  Françoise X,324
OBSOPAEUS,V see EPIGRAMMATUM
  Graecorum
ODDI,S degli VIII,147
OERNHIALM,C IV,431; VII,378
OEUVRES Diverses du Sieur D
  see D
OEUVRES Posthumes see M.S.R.
OFFICIUM B.Mariae Virginis
  I,436
OFFICIUM Hebdomadae Sanctae
  I,435
OISEL,J see AULUS GELLIUS
OLDENBURGER,P.A II,341;
  V,245-248 and see
  ALDERISIO,A; AYRAULT,P
OLDIUS,C see CRENIUS,T
OLEA,A de II,338; XI,303
OLEARIUS,J IV,275
OLIVA,F de V,250
OLIVEKRANS,J I,438
OPERARIUS,J see PLAUTUS
OPERATIONS de Chirurgie
  II,343

OPITZ,H VII,297
OPSTRAET,J VII,296
OPTATUS VIII,146
OPUSCULA Mythologica IX,16
ORDONNANCE ... pour les Armées
  Navales I,423
ORIANO,L da V,277
ORIGENES I,421; II,350;
  IV,277; V,240; X,320; XI,399
ORLEANS,C d' II,146; VI,200
ORLEANS,P.J d' I,278; III,252;
  V,400; VI,85,175
OROPHILE en Désordre XI,305
ORPHEUS III,337
ORTELIUS,A see CRENIUS,T
ORTELIUS,NN I,437
ORTLOB,J.F X,323
OSIANDER,J.A V,251-262; XI,306
OSSAT,A d' VII,249
OSTERMANN,J.E see CRENIUS,T
OSTERVALD,J.F IX,80; XI,398
OTERO,A.F de X,319
OTROKOCSI,F.F III,339
OTTE,J.B see CRENIUS,T
OTTE,J.H VI,126-127
OUDIN,C IV,271
OUGHTRED,W II,337-339
OUTRAM,W II,340
OUTREIN,J d' XI,80
OVIDIUS I,390; II,30; III,301;
  V,175-180,241; IX,28,42
  -44,166; X,294; XI,123 and
  see DRYDEN,J
OVIEDO,F de VI,124
OWEN,J I,420
OZANAM,J I,156-157; III,428;
  V,369; VI,116-120; VIII,139
PACE,G III,351-352
PACIANO,F X,326
PACIFICATORES Orbis Christiani
  XI,307
PACIONUS,P I,464; V,284;
  XI,308
PAEANIUS see EUTROPIUS
PAGAN,B de X,179
PAGENSTECHER,A.A X,328
PAGI,A I,450; II,354; XI,309
PALAFOX,J de XI,295
PALAIS de l'Amour XI,310
PALAO,F de Castro see CASTRO
  PALAO,F de
PALFIN,J XI,83
PALLADIUS V,275
PALLAVICINO,S II,240
PALMERIUS A GRENTEMESNIL,J
  see PAULMIER,J le
PALMERIUS,J.M see SALLUSTIUS

PAMELE,J de see CYPRIANUS
PANCIROLI,G see MAINO,A.J de
PANDOLFI,A V,296
PANORMA VII,367
PANVINO,O IV,276
PAPA,G see TRACTATUS Varii
  de Beneficio
PAPAFAVA,M see ASCIANUS
PAPE,A de see GROTIUS,W
PAPIN,I III,426
PAPINIUS STATIUS see STATIUS
PAPIUS,A see DIONYSIUS
  ALEXANDRINUS
PARALELE des Anciens & des
  Modernes III,370
PARALLELISMUS Veteris ac
  Novae Philosophiae III,367
PARDIES,I.G IX,116
PAREUS,D see CRENIUS,T
PAREUS,J.P IV,301
PARIGI,R.P.F.B de V,413
PARIS,Matthieu see MATTHIEU
  PARIS
PARISIUS,F VI,145
PARIVAL,J.N de V,6
PARKER,S I,461
PARLADORIO,J.Y V,280-281
PARR,R II,267
PARRHASE,T VII,301; IX,203
PARTENIO,N I,448; IV,295
  -296
PARTHENIUS see HISTORIAE
  Poeticae Scriptores
PASOR,G III,360 and see
  HESIODUS
PASQUALE,F V,274
PASQUIER,E V,309
PASSARELLI,G IV,294
PASSERINI,P.M IV,290-291
PASSERO,N I,445-446
PASTORIUS,J IV,303 and see
  CRENIUS,T
PATER,P VII,7
PATERCULUS,Velleius see
  VELLEIUS PATERCULUS
PATIN,C II,362; IV,157;
  VI,133 and see SUETONIUS
PATIN,G I,327 and see
  NAUDE,G
PATRICIUS VI,138
PATRITIUS,J.A.R see
  MAINO,A.J de
PATRITIUS,J.F see MAINO,A.J
  de
PATRU,O III,332
PAULINUS V,265
PAULLI,J.H V,300

337

PAULLI,S II,369; V,299
PAULLINI,C.F II,365; IV,304;
  X,327
PAULMIER,J le IX,194 and see
  LUCIANUS; STRABO
PAULUS,J.G see HORNE,J van
PAUSANIAS VII,307
PAVESI,C IV,392
PEARSON,J II,377; IV,302 and
  see CYPRIANUS
PECCHIO,F.M VII,310
PECHLIN,J.N II,364,375;
  III,359
PECK,P II,363; V,282-283;
  VI,146
PEDIANUS,Asconius see ASCONIUS
  PEDIANUS
PEDO ALBINOVANUS IX,190
PELAGIUS see AUGUSTINUS
PELETIER,L.A le see
  GRATIANUS,M.A
PELLETIER,C le II,132 and see
  PITHOU,F
PELLETIER,J le XI,84
PELLISSON,P see LEIBNIZ,G.W;
  SUZE,H de la
PENICHER,L V,35
PENSEES Diverses, Ecrites à un
  Docteur I,468; VII,300;
  IX,192
PENSEES & Reflexions XI,311
PENSEES & Reflexions sur les
  Egaremens III,371
PENSEES Ingénieuses des
  Anciens see B.
PERAULT,G VI,141
PEREGRINUS,M.A IV,300
PEREIRA,J de Solorzano see
  SOLORZANO PEREIRA,J de
PEREIRA DE CASTRO,G V,278
PERELLE,A see ROI,J le
PERINGSKIOLD,J X,203,393 and
  see MESSENIUS,J
PERION,J see JUSTINUS MARTYR
PERIZONIUS,J see AELIANUS;
  DICTYS CRETENSIS; SANCHEZ
  DE LAS BROZAS,F
PERPETUITE de la Foi IX,196
PERPETUITE de la Foi ...
  Défenduë IX,197-199
PERRAULT,C II,349; VII,62 and
  see VITRUVIUS
PERRON,J.D du III,366
PERROT D'ABLANCOURT,N I,13;
  X,17 and see CAESAR;
  TACITUS; THUCYDIDES;
  XENOPHON

PERSIUS IV,374 and see
  JUVENALIS
PERUSIO,B de see TRACTATUS
  Varii de Beneficio
PESTE du Genre Humain XI,312
PETAU,D III,354; VIII,149
  -151 and see EPIPHANIUS;
  JULIANUS; MAUCROIX,F de
PETERSEN,J.W VII,303
PETIOT,E see LABBE,P
PETIOT,S see LABBE,P
PETIT Apparat Royal, ou
  Nouveau Dictionaire III,343
PETIT,L I,133
PETIT,P III,345; V,287-292
PETITDIDIER,M VII,326-328
PETRAEUS,H V,285
PETRONIUS IV,338
PETRUS CHRYSOLOGUS see LEO
  MAGNUS
PEUCER,C see CRENIUS,T
PEXENFELDER,M V,297-298;
  VI,136
PEYRESC,N see ANTIQUITATES
  Ecclesiae
PEZRON,P V,69
PFEFFINGER,J.F II,356
PFEIFFER,A II,351-352;
  III,361
PFEIFFER,J.P II,353
PFENNIGK,J.W II,355
PHAEDRUS II,20; III,353;
  VIII,155-156; IX,17,185
PHANUCIIS,P de see TRACTATUS
  Varii de Beneficio
PHARMACOPOEA Bateana see
  I.S.
PHARMACOPOEA Bruxellensis
  VIII,160
PHEREPONIUS,J see AUGUSTINUS
PHILARETUS V,264
PHILARGYRIUS,J see VIRGILIUS
PHILO I,449 and see VETERUM
  Mathematicorum
PHILOMATHUS I,447
PHILOSOPHIA Vetus & Nova ad
  Usum Scholae II,373
PHILOSOPHIE des Gens de Cour
  XI,314
PHILOSOPHIE du Prince
  III,342
PHILOXENUS see LABBE,C
PICARD,J II,448
PICCOLOMINI,A see SILVIUS,A
PICHENA,C see TACITUS
PICHON,J see TACITUS
PICO DELLA MIRANDOLA,G V,301

PICONIO,B a X,332
PICTET,B V,263; VII,350;
  VIII,192; XI,315
PIDOU DE SAINT-OLON,NN IV,314
PIENS,F I,451
PIERIO,G I,462
PIERIUS,J see VIRGILIUS
PIGHIUS,S.V I,1
PIGNATELLI,J VIII,152
PIGNORIA,L V,286
PIMONT,NN see LANGE,F
PIN,L.E. du II,372; III,188;
  VI,40-48; VII,83-87; IX,101;
  XI,38 and see GERSON,J;
  OPTATUS
PINDARUS VII,309
PINELLIUS,B V,279
PINGGITZER,V IV,289
PINSSON,F VII,299
PINTIANUS see PLINIUS sr
PIPPING,H IX,187; XI,316
PISARD,F see DECISIONES
  Guidonis Papae
PISON,W II,357
PISTORIS,H VII,313
PITCAIRN,A VIII,157
PITHOU,F I,108; V,39-40 and
  see PELLETIER,C le
PITHOU,P V,270-271; XI,45 and
  see PELLETIER,C le; PITHOU,F;
  RUTILIUS
PITISCUS,S IX,158 and see
  AURELIUS VICTOR; SUETONIUS
PITTON DE TOURNEFORT,J
  IV,83; VII,201; VIII,193;
  XI,394 and see RAY,J
PIUS II see SILVIUS,A
PLACCIUS,V III,356; IV,288;
  XI,317
PLACETTE,J de la III,329;
  IV,226,388; XI,345,353
PLACIDUS see MYTHOGRAPHI
  Latini; STATIUS
PLAN de ... Bleinem XI,318
PLANCIADES FULGENTIUS see
  FULGENTIUS
PLANCY,G see FERNEL,J
PLANTAVIT,J VI,139-140
PLANTIN,J.B VII,24
PLATER,F I,465
PLATO VII,298; XI,297
PLATONISME Devoilé VII,314
PLAUTUS I,99; II,9; V,174;
  IX,2
PLINIUS jr III,346; VIII,163
PLINIUS sr II,23; IX,25
PLUKENETT,L III,368

PLUMIER,C III,186; IX,57;
  X,331
PLUTARCHUS II,464; VI,202;
  X,329,362 and see HOMERUS
POCOCK,E V,266; VII,312;
  X,202,336 and see
  VOSSIUS,G.J
POETAE Minores I,463
POIRET,P II,361; IX,186,253;
  XI,321-322
POLANCO,J V,186
POLISIUS,G.S see MISCELLANEA
  Curiosa
POLITIQUE des Jésuites
  XI,323
POLLENTER,J I,457
POLLIO see HISTORIAE
  Augustae Scriptores
POLLUX X,337
POLYAENUS III,350; VIII,158;
  IX,4
POMET,P III,255; V,183
POMEY,F.A VIII,162; XI,324
POMPONIUS see HORATIUS
PONTANUS,I see ALCIATI,A;
  MACROBIUS
PONTIS,L de III,321
POOLE,M VII,3
POOT,A a see HORTUS Indicus
  Malabaricus
POPE BLOUNT,T II,370
POPMA,A see CICERO
POPMA,C a see SALLUSTIUS
POPMA,J see CRENIUS,T
PORCELLINI,F de see
  TRACTATUS Varii de
  Beneficio
PORCHERON,D III,44
PORPHYRIUS see JAMBLICHUS
PORRO,G see CAMILLI,C
PORT,F du X,116
PORTENARI,A IV,69
PORTER,F IV,354
PORTES,P X,47
PORTIUS,L.A see RAMAZZINI,B
PORTUGAL,D.A IV,293
PORTUS,A see SUIDAS
POSEWITZ,J.H IV,287
POSNER,F IX,191
POSSEL,J VII,311
POST,J see CRENIUS,T
POSTIUS,L II,366-368
POTTER,J see JUSTINUS
  MARTYR; LYCOPHRON
POUGET,A see HIERONYMUS
PRADON,N IV,389
PRASCH,J.L see PHAEDRUS

339

PRATEUS,L see JUVENALIS
PRATIQUE de la Vraye Théologie XI,326-327
PRATIQUE des Vertus Chrétiennes XI,325
PRAXEOS Mayernianae I,452; V,273
PREJUGEZ Légitimes contre le Jansenisme XI,328
PREJUGEZ Légitimes contre le Papisme VIII,153
PRESERVATIF contre l'Irréligion XI,330
PRESSEANCE des Rois de France IV,81
PRESTET,J II,376
PRETENDUS Reformez Convaincus VI,131
PRETRE,C le V,302
PREZ,L des see HORATIUS
PRIDEAUX,H I,379 and see MOZES MAIMONIDES
PRIERE pour l'Eglise de la Chine IX,189
PRINCIPES de l'Architecture II,374
PRINCIPES de la Géographie ... expliquez I,442
PRIORIUS,P see TERTULLIANUS
PRISCIANUS see DIONYSIUS ALEXANDRINUS
PRITZ,J.G XI,332
PROBUS see VIRGILIUS
PROBUS,M.A see CRENIUS,T
PROELEUS,J X,335
PROJET & Fragmens d'un Dictionaire Critique II,359
PROPERTIUS VIII,159 and see CATULLUS
PROSPECTUS Novae Editionis XI,334
PROSPER see AUGUSTINUS; LEO MAGNUS
PROUST,J see CICERO
PROUSTEAU,G V,267
PROVERBES de Salomon XI,335
PRUCKMANN,F V,276
PRUDENT Voyageur I,443
PRUDENTIUS II,36
PRZYPKOWSKI,S II,358
PSALMANAAZAAR,G IX,110
PSELLUS,M see ALLATIUS,L
PTOLEMAEUS IV,297; X,334
PTOLEMAEUS HEPHAESTUS see HISTORIAE Poeticae Scriptores
PUERARI,D see BURNET,T

PUFENDORF,S von I,458-460; III,344; V,272; VII,180,305 -306; VIII,161; IX,127,188; X,262; XI,77,336-337
PULGAR,F de see MARTYR,P
PURPURATUS,J.F see MAINO,A.J de
PUTEANUS,E VI,142-144 and see VOSSIUS,G.J
PUTEO,P de III,369
PUTSCHIUS,H see SALLUSTIUS
PYMANDER,D VI,135
PYRARD DE LAVAL,F V,407
PYRRHO,G see CLAUDIANUS
QUARESMIUS,F VI,147
QUARTIER,P see CICERO
QUENS,NN le III,365
QUENSTEDT,J.A V,303-304; IX,206; XI,338
QUESNEL,J IV,47; X,63-64
QUESNEL,P IX,176
QUESTION Curieuse si Mr.Arnauld I,470
QUEVEDO Y VILLEGAS,F de II,346; XI,292
QUICK,J III,405-406
QUIEN,M le V,2
QUINTILIANUS IV,311; IX,204 -205
QUINTINIE,J de la II,260; VII,225
QUINTUS CURTIUS I,469; II,16; VII,75; VIII,35; IX,84,207
RABELAIS,F I,424
RABOT,L see DECISIONES Guidonis Papae
RABUS,P see ERASMUS,D; OVIDIUS
RABUTIN,R de Bussy see BUSSY,R de Rabutin de
RACHEL,S VI,173
RACLOT,NN X,261
RADECIUS,M see CRENIUS,T
RADINGUS,G see RODING,W
RAEI,J de I,488
RAGAZZONI,H see CICERO
RAGOIS,C le XI,197
RAINERIUS see BALUZE,E
RAISONS des Scripturaires X,270
RAMAZZINI,B IX,211
RAMBAUD,A see DECISIONES Guidonis Papae
RAMIREZ DE PRADO,L see LIUTPRAND
RAMSAY,C.A I,483

RANCHIN,E see DECISIONES
  Guidonis Papae
RANCHIN,F VI,122
RANGO,M II,379
RANTZAU,H see CRENIUS,T
RAPIN,R I,426; II,391-392;
  XI,301-302
RAVESTEIN,J see REGNAULT,A
RAY,J I,485,490-491; II,389;
  IV,328-329; VII,317; X,338
  and see WILLOUGHBY,F
RAYMUNDUS MARTINIUS I,486
RAYNALDUS,O V,328
RAYNAUD,T IV,331; V,321-325;
  and see LEO MAGNUS
RE,A del V,64
REBECQUE,J Constant de II,156
REBHAN,J VI,172
REBUFFI,P I,489
RECHENBERG,A I,482; II,378;
  XI,339 and see ELING,L.I;
  HISTORIAE Rei Nummariae
RECHENBERG,L.A see
  ATHENAGORAS
RECHERCHE Modeste des Causes
  XI,340
RECUEIL d'Observations ... de
  l'Académie Royale III,377
RECUEIL de Descriptions, de
  Peintures II,387
RECUEIL de Divers Traitez de
  Paix XI,342
RECUEIL de Divers Voyages
  II,386
RECUEIL de Diverses Pièces ...
  Henri III III,387
RECUEIL de Diverses Pièces
  pour ... Mons VII,318
RECUEIL de Plusieurs Pièces
  d'Eloquence V,326
RECUEIL des Harangues XI,341
RECUEIL des Plus Beaux
  Secrets de Medecine IV,315
RECUEIL des Plus Belles
  Pièces des Poëtes IV,318
RECUEIL des Stances see
  D.R.B***
RECUEIL des Titres ... de
  Languedoc IV,322
RECUEIL des Traitez de Paix
  III,378; VII,331; VIII,165
RECUEIL des Voyages IX,213
RECUEIL ... servant à
  l'Histoire de Henry III
  VII,325
RECUPITO,G.C VI,159; X,35
REDI,F XI,343 and see
  BELLINI,L
REES,NN V,339
REFLECTIONS sur les Jugemens
  des Savans III,393
REFLEXIONS Morales VI,152
REFLEXIONS ou Sentences &
  Maximes Morales I,479
REFLEXIONS sur l'Usage
  Présent VI,153
REFLEXIONS sur la
  Miséricorde de Dieu I,473;
  XI,346
REFLEXIONS sur les Cinq
  Livres de Moyse I,480
REFLEXIONS sur les Défauts
  IV,313
REFUTATION des ...
  Quietistes V,327
REGIA Parnassi V,338
REGIS,P.Sylvain I,82-83;
  II,388
REGLEMENS de l'Abbaye
  de ... la Trappe V,307
REGLEMENS & Ordonnances du
  Roi IV,312
REGLEMENT Donné par une Dame
  XI,348
REGLEMENT pour la
  Jurisdiction V,312
REGNAULT,A XI,347
REGNIER-DESMARAIS,F.S
  XI,166-395 and see HOMERUS
REICHELT,J V,340
REIES,G a I,495
REINECCIUS,C see POCOCK,E
REINESIUS,T see CRENIUS,T
REINHARD,J.F IX,209; X,340
REINHART,L.F see CYPRIANUS
REISENIUS,NN VI,154
REISER,A II,384
REISKE,J V,332 and see
  CLUVER,P; DRECHSLER,W
RELATION de ce qui s'est
  passé X,343
RELATION de l'Establissement
  I,302
RELATION de l'Inquisition de
  Goa III,372
RELATION de la Cour de
  Portugal VIII,167
RELATION des Cours de Prusse
  see J.T.
RELATION des Procedures
  IX,217
RELATION du Voyage d'Espagne
  I,476
RELATION du Voyage de l'Isle

de Ceylan III,386
RELATION du Voyage de Sa
  Majesté Britannique I,477
RELATION en Forme de Journal
  X,342
RELATION Nouvelle d'un Voyage
  de Constantinople II,385
RELATIONS de la Mort de
  Quelques Religieux V,306
RELEXIONS ... sur la Vie de
  Monsr.Descartes III,394
RELIGION d'un honnête homme
  III,392
REMARKS on Several parts of
  Italy X,345
REMARQUES Critiques
  sur ... Moreri X,347
REMARQUES Historiques &
  Critiques IX,208
RENVERSEMENT de la Morale
  I,478
REPETITIONUM in ... Iuris
  Canonici Partes IV,326
REPONSE à ce que l'on a écrit
  V,315
REPONSE à l'Avis see M.D.L.R.
REPONSE aux Deux Traitez V,316
REPONSE aux Entretiens XI,350
REPONSE aux Questions d'un
  Provincial IX,215; XI,351
  -352
REPONSE Générale au Nouveau
  Livre IX,200
REQUETE Presentée au Parlement
  VII,316
RESOLUTIO Syntagmatis
  Struviani Analytica VI,174
RETTENPACHER,S VI,160
REVELATIO Ordinis
  SS.Trinitatis IV,332
REYGER,A von X,339
REYHER,A II,383; VII,319
RHEEDE VAN DRAKENSTEIN,H van
  see DRAKENSTEIN,H van Rheede
  van
RHENANUS,B see PLINIUS sr;
  TACITUS
RHETIUS,J.F IV,319-321
RHETORFORTIS,S V,329-331
RHODE,J VI,164 and see
  CONRING,H
RIBADANEYRA,P de V,89
RIBETTA,E Soares a see
  GOMEZ,A
RICHARD,C see APOLLONIUS
  PERGAEUS
RICHARD,R V,378

RICHELET,P I,152-153,332;
  III,285; VII,107; XI,85
RICHER,E I,481
RICHTER,C.P V,334-337 and
  see STRUVIUS,G.A
RICHTER,G see CRENIUS,T
RIEDLIN,V VII,320
RIENCOURT,S de III,263
RIGAULT,N see CYPRIANUS;
  KIRCHMANN,J; PHAEDRUS;
  TERTULLIANUS
RIGUEZ,R see VELLEIUS
  PATERCULUS
RINGIER,J.H II,380
RIO,M.A del see ENNIUS
RIOLAN,J jr V,341-345
RIOLAN,J sr X,103
RIPA,G V,381
RIPALDA,J Martinez de see
  MARTINEZ de RIPALDA,J
RISHANGER,W de see MATTHIEU
  PARIS
RITTANGEL,J.S VI,157; X,344
RITTERSHAUSEN,G VII,324
RITTERSHAUSEN,K VII,321-323
  and see CRENIUS,T;
  JAMBLICHUS;LEUCHT,C.L;
  PHAEDRUS; SALVIANUS
RITTERSHAUSEN,N VI,155-156
RIVERIUS Reformatus VII,315
RIVET,A VI,148-151; VIII,169
  and see CRENIUS,T
RIVIERE,L I,475
RIVINUS,A see RAY,J
RIVINUS,A.Q see LANGE,C.J
RIVIUS,J see SALLUSTIUS
ROA,M de XI,355
ROBBE,J X,191
ROBERTI,G III,302-303
ROBERTSON,W IV,324-325
ROBERTUS,V.P VI,8
ROBORTELLO,F see ERASMUS,D
ROCCO,F XI,356
ROCHE GUILHEM,mlle de la
  XI,185
ROCHEFORT,C de VIII,54
ROCHEFOUCAULD,F de la IX,218
ROCOLES,J.B de XI,205
RODING,W III,383
RODOLPH,J.R VII,67
RODORICUS see SANCHEZ DE
  AREVALO,R
RODRIGUEZ,A V,80
ROEBER,P see CRENIUS,T
ROELL,H.A X,138,140
ROHAN,H de XI,227
ROHAULT,J III,382; XI,357

ROI,J le VI,17
ROLFINCK,W VI,165-171
ROLLENHAGEN,G IV,330
ROMAN Bourgeois V,313
ROME Galante V,320
RONCOVERI,A III,381
RONDEL,J du III,376
RONSSEUS,B see SENNERT,D
ROQUE,A de la II,449
ROQUE,G.A de la II,447
ROQUE,P de la X,346
ROSENER,A.C I,484; III,384 and see BARBOSA,A; HERCULANUS,F
ROSINUS,J I,487 and see CRENIUS,T; DRECHSLER,W
ROSS,A IX,212
ROSSE,A II,444
ROSSI,J.B VI,158
ROU,J XI,331
ROUX,J le XI,385
ROYAUMONT,sieur de II,219-220; X,245
R.S.P. V,228
RUAEUS,C III,391 and see VIRGILIUS
RUBEIS,J.B de see ROSSI,J.B
RUBEIS,J.J de VII,222
RUBENS,A I,471; III,375
RUBERT,N see MAGGI,G
RUDRAUF,K II,382; V,333
RUE,C la see RUAEUS,C
RUEL,J.L see HARTMANN,J.L
RUFFI,A de VII,199
RUFINUS see FLAVIUS JOSEPHUS
RUINART,T IV,142
RULAND,R III,379
RUPERTUS,C.A VI,161-163
RUSHWORTH,J IV,334-337
RUTILIUS III,373
RUYSCH,F III,380 and see COMMELIN,J
RYCAUT,P I,326 and see VEGA,G de la
RYCK,T see HOLSTEIN,L; TACITUS
RYER,P du see CICERO; HERODOTUS; OVIDIUS; QUINTUS CURTIUS; STRADA,F; THOU,J.A de
RYSSEN,L van IX,210
SABELLICUS see SUETONIUS
SABINUS,G see VIRGILIUS
SABLE,marquise de la see ROCHEFOUCAULD,F de la
SACY,I Le Maistre de V,294
SACY,L.S. de IX,245
SAGITTARIUS,C XI,358
SAINT-AMANT,M.A de XI,271

SAINT-EVREMOND,C de IV,282; IX,183; X,321-322; XI,359
SAINT-HILAIRE,NN VII,27
SAINT-JULIEN,NN de VII,363
SAINT-REAL,C.V de IV,281
SALES,F de I,543
SALGADO,F I,498
SALIER,J I,293
SALLUSTIUS II,17; IX,10,41
SALMASIUS,C see SAUMAISE,C
SALVIANUS I,504
SAMINIATI,G.B see ALTOGRADI,G
SAMINIATI,J.B I,496
SAMSON,P.A IX,136
SANCHEZ,G III,399-401
SANCHEZ,T IV,351
SANCHEZ DE AREVALO,R V,311
SANCHEZ DE LAS BROZAS,F IX,232; X,351
SANCTA V,361
SANCTACRUZ,E.F de I,499
SANCTO PAULO,J a IX,121
SAND,C I,50
SANDE,J a IV,355; VII,349
SANDERUS,A II,411
SANSON,N IX,120 and see PERROT D'ABLANCOURT,N
SANTE BARTOLI,P see BELLORI,G.P
SANZ,NN IV,368
SAPIA,S see ZUCHARDUS,H
SARPI,P III,280; VII,192,209; VIII,84; X,381; XI,178
SARRASIN,J.F III,340
SARTORIUS,J IV,365
SATYRE Menippée VII,332
SAUBERT,J X,367 and see CRENIUS,T
SAUMAISE,C I,515 and see CRENIUS,T; FLORUS; HERAULD,D; HISTORIAE Augustae Scriptores; PLINIUS sr; POLLUX; STEPHANUS BYZANTINUS; STRABO; SUETONIUS
SAURIN,E VI,176-78; IX,246
SAURIN,J XI,371
SAVIOLO,O I,529
SCACCHI,F VIII,170
SCACCIA,S VI,180
SCALIGER,J I,517 and see CRENIUS,T; FESTUS; GRAEVIUS,J.G; HESIODUS; ORPHEUS; PEDO ALBINOVANUS; PLINIUS sr; SENECA;

SYNTAGMA trium Scriptorum
SCALIGER,J.C I,518 and see
THEOPHRASTUS ERESIUS
SCHACHER,Q IV,345
SCHARD,S VI,184
SCHEFFER,J see AELIANUS;
  CRENIUS,T; PHAEDRUS
SCHELHAMMER,G.C see CONRING,H
SCHELSTRATE,E V,358-360
SCHENCK,J VI,181
SCHERZER,J.A I,532 and see
  BOTSAC,J
SCHEUCHZER,J.J XI,360
SCHILTER,J VIII,180;
  IX,223,237
SCHMIDT,H II,427
SCHMIDT,J I,507; II,428
SCHMIDT,J.A see BOSIUS,J.A
SCHMIDT,S II,414-426,435-436;
  VII,343-345; IX,238; X,348;
  XI,361
SCHNEIDEWEIN,J I,509
SCHOTANUS,B see PACE,G
SCHOTT,A see AURELIUS VICTOR;
  CRENIUS,T; GOLTZIUS,H;
  MEMORIA Cossoniana; SENECA
SCHOTT,C II,407-410; VII,341
SCHRADER,L IV,362
SCHREVELIUS,C I,544 and see
  ERASMUS,D; ROSINUS,J
SCHRODER,J II,360
SCHUBART,G see TACITUS
SCHULTING,J see SENECA
SCHURZFLEISCH,H VIII,179
SCHURZFLEISCH,S IX,324 and see
  REINHARD,J.F
SCHWANMANN,C V,347
SCHWARK,J.C see SCHWARTZ,J.C
SCHWARTZ,J.C X,366
SCHWEITZER,J.C I,514; II,434
SCHWELING,J.E I,506; XI,362
SCIENCE des Médailles III,402
SCIENCE Universelle de la
  Chaire IX,236; XI,364
SCIOPPIUS,G X,350 and see
  AULUS GELLIUS; SANCHEZ DE
  LAS BROZAS,F; VOSSIUS,G.J
SCOPPA,V I,505
SCORSO,F see THEOPHANES
SCOT,G see MELVILLE,J
SCRIVERIUS,P see ALCIATI,A;
  ALMELOVEEN,T Janson ab
SCUDERY,G de X,8
SCULTET,A see CRENIUS,T
SCULTET,J III,396
SEBER,W see POLLUX
SECKENDORF,V.L von I,510

SECRETAIRE des Amans IV,339
SECRETAIRE des Demoiselles
  IX,222
SEEBACH,H.E VII,347
SEGRAIS,J.R de XI,420
SELDEN,J IV,347,366-367;
  V,357; VIII,182 and see
  EUTYCHIUS; HISTORIAE Rei
  Nummariae; PRIDEAUX,H
SENECA I,541; V,173;
  VIII,183; IX,18-20; XI,365
SENGUERDIUS,W IX,239-240
SENNERT,D II,401-406
SENTENTIOSE Imprese &
  Dialogo del Symeone IV,357
SENTIMENS d'Erasme de
  Roterdam I,522
SENTIMENS Illustres de
  Quelques Grands Hommes
  V,353
SENTIMENS sur le Ministère
  Evangélique I,530
SERAPHINIS,S de IV,364
SERARIUS,N IX,233 and see
  SYNTAGMA trium Scriptorum;
  SYNTAGMATIS de Sectis
  Judaeorum Pars Secunda
SERARIUS,P see CRENIUS,T
SERIES Chronologica
  Olympiadum VIII,185
SERMONS sur les Plus
  Importantes Matières IX,235
SERVIUS see VIRGILIUS
SESE,J de VI,185
SETTALA,M IV,250
SEVERUS,Cornelius see
  CORNELIUS SEVERUS
SEVERUS,S see SULPICIUS
  SEVERUS
SEYSSEL,S de IX,131
SHERINGHAM,R see JOMA
SHERLOCK,W III,390
SIBBALD,R II,398
SIBERSMA,H XI,54
SICCAMA,S see ALCIATI,A
SIDETA,M see MARCELLUS
  SIDETA
SIDETA,P see DODWELL,H
SIDNEY,A VIII,50
SIGONIO,C see CRENIUS,T
SILHON,J de XI,268
SILIUS ITALICUS V,348;
  VIII,184
SILVIUS,A II,70; VIII,10 and
  see DUBRAVIUS,J
SILVIUS,P see CATULLUS
SIMLER,J see RUTILIUS

SIMON,H X,109
SIMON,J.G V,364
SIMON,R I,185; II,202-205;
  VIII,121
SIMONETTA,J V,391
SIMSON,E VI,183
SINAPIUS,M.A VII,339; VIII,186
SINCLAIR,G III,408
SINOLD,J.H IV,346
SIRICIUS,M VII,351
SIRMOND,J VII,336 and see
  AUGUSTINUS
SITZMANN,T see RUTILIUS;
  SALVIANUS
SKINNER,S VI,182
SLATIUS,H see CRENIUS,T
SLEVOGT,P see CRENIUS,T
SLOANE,H VII,335
SLUSE,R.F de X,365
S.M.D.C. see FLORUS
SMIDS,L IX,228 and see DICTYS
  CRETENSIS
SMITH,T II,437; VII,52 and see
  CAMDEN,W; HUNTINGTON,R
SOARES DA RIBEIRA,M V,393
SOAVE,P see SARPI,P
SOBRINO,F X,147,304 and see
  CRENIUS,T
SOCRATES VI,78 and see
  EUSEBIUS
SOLERIUS I,519
SOLINUS see SAUMAISE,C
SOLIS,A de II,206
SOLORZANO PEREIRA,J de IV,352
  -353
SOMNER,J.G see CAESAR
SONTAG,M.C I,503
SOPHOCLES IV,272
SORBAIT,P de II,399
SORBIERE,S III,403
SOTO,B.V de see DAVILA,E.C
SOTO,P see REGNAULT,A
SOULIER,P X,244
SOZOMENES VI,79 and see
  EUSEBIUS
SPANHEIM,E IX,227; XI,375
  and see BEGER,L;
  CALLIMACHUS; JULIANUS;
  STRABO
SPANHEIM,F jr I,533-539;
  II,433; III,398; IV,341;
  V,356; VIII,181; IX,229
  -231 and see MORELL,A
SPANHEIM,F sr I,540;
  III,164; X,355
SPARTIANUS see HISTORIAE
  Augustae Scriptores

SPECIMEN Artis Ratiocinandi
  III,395
SPEIDEL,J.J VI,190-191
SPELMAN,H I,531
SPENCER,J I,512; X,356
SPENCER,W see ORIGENES
SPENER,P.J II,412-413
SPERLETTE,J X,352
SPINO,D see TRACTATUS Varii
  de Beneficio
SPON,J III,45; X,242
SPONDE,H de I,17-18
SPONDE,J de see HOMERUS
SPRANGER,S I,516
SPRENGER,J.T XI,376
STAIR,J.D of I,523
STALPART VAN DER WIEL,C
  XI,377-378
STAMM,J.H VIII,173
STAPEL,J.B a see
  THEOPHRASTUS ERESIUS
STATIUS II,32; V,172; IX,1
STATUE Antiche ... di Roma
  IV,356
STEEWECH,G see CRENIUS,T
STEINBRUCCIUS,M see
  MEYFART,J
STELLA,D I,513
STEPHANUS,C see ETIENNE,C
STEPHANUS,H see ETIENNE,H
STEPHANUS BYZANTINUS I,520
  and see HOLSTEIN,L
STEWART,P see PROSPECTUS
  Novae Editionis
STEYAERT,M I,542
STIEFF,C IX,241
STILLINGFLEET,E IX,219
STOCKMANN,P II,429
STOCKMANS,P I,511; VII,333
STOSCH,P see CRENIUS,T
STRABO XI,379
STRADA,F I,521; VI,66; X,204
STRATAGEMES & les Ruses de
  la Guerre IV,358-359
STRATEMANN,W see CRENIUS,T
STRAUCH,A see CRENIUS,T
STRESO,C V,362-363
STRUVIUS,B.G X,358
STRUVIUS,G.A I,500-502,524
  -525; IV,344; V,355 and see
  GODEFROY,D
STRUYS,J I,583; V,409
STRYK,S I,526; IV,363;
  VII,348; X,359 and see
  BARBOSA,A; BRUNNEMANN,J;
  FRITSCH,A; PACIANO,F
STUBEL,J.J see BUCHNER,A

STUBNER,J I,527-528
STUCK,J.W VIII,174-175
STURLONIDES,S see
   PERINGSKIOLD,J
STURM,J see CRENIUS,T
STURM,J.C II,118,396; VII,340;
   VIII,176-177; XI,404 and see
   BOCHLERN,G.A
SUAREZ,F IV,361
SUDORIUS,N see PINDARUS
SUETONIUS II,8,395,397;
   III,397,407; VII,337;
   VIII,172; IX,226
SUEUR,J le I,270-272
SUICERUS,J.C see
   SCHWEITZER,J.C
SUICER,J.H see ALTING,H
SUICERUS,T see FLACIUS,M
SUIDAS X,369
SUITE de l'Innocence Opprimée
   I,303
SUITE des Conseils I,76
SUITE du Voyage du Monde de
   Descartes V,354
SULPICIUS SEVERUS IX,224
SUMMONTE,A IV,170
SUPERVILLE,D de IX,225
SUPPLEMENT du Commentaire
   Philosophique I,80
SURDUS,G IV,369
SURDUS,J.P see TRACTATUS Varii
   de Beneficio
SURENHUYS,W see MISCHNA
SURIREY DE SAINT-REMY,P
   VII,280; XI,235
SUZE,H de la VIII,164
SYDENHAM,T V,346 and see
   MORTON,R
SYEN,A see HORTUS Indicus
   Malabaricus
SYLBURG,F see ARISTOTELES;
   CRENIUS,T; DIONYSIUS
   HALICARNASSENSIS; JUSTINUS
   MARTYR; PAUSANIAS
SYLLOGES Publicorum
   Negotiorum VIII,178
SYLVANUS,G see AESOPUS;
   ISOCRATES; LUCIANUS;
   PLUTARCHUS
SYLVEIRA,J da IV,350
SYLVIUS,A see
   SILVIUS,A
SYLVIUS,F IV,343; X,357 and
   CARRANZA,B; JANSSENS
   ELINGA,F
SYMBOLA & Emblemata X,349
SYNTAGMA Trium Srciptorum
   IX,220
SYNTAGMA Variarum
   Dissertationum VIII,187
SYNTAGMATIS de Sectis
   Judaeorum Pars Secunda
   IX,221
SYRUS MIMUS see SENECA
   T... I,283
TABLEAU de la Cour see J.A.
TABLEAU de la Vie ... de ...
   Richelieu & Mazarin III,427
TABLEAUX Chrétiens I,564
TABLES pour Trouver la
   Supputation see D.B.
TABOR,J.O III,437-438 and
   see BARBOSA,A; BRISSON,B
TABOR,T.O see BARBOSA,A
TACHARD,G II,28; III,464 and
   see PITISCUS,S
TACITUS I,427,566;
   II,2-4,286,458; III,439;
   VII,377; IX,29
TACQUET,A I,550,552-553;
   IX,242; X,387; XI,381
TALLEMANT,F see PLUTARCHUS
TAPPER,R see REGNAULT,A
TARIN,J see ORIGENES
TARNOW,J I,573
TASSO,T I,14; II,183
TATIANUS X,389 and see
   JUSTINUS MARTYR
TAUBMANN,C see VIRGILIUS
TAVERNIER,J.B II,463
TAYLOR,N IV,390
TAYLOR,T IV,412
TEELMAN,H V,371
TEINTURIER Parfait XI,382
TEISSIER,A I,572; II,119;
   VII,130
TELLEZ,E Gonzalez see
   GONZALEZ TELLEZ,E
TELLIER,M le see QUINTUS
   CURTIUS
TEMPLE,W I,493; III,315;
   IV,280; IX,182
TENTZEL,W.E IV,415 and see
   SAGITTARIUS,C
TERENTIUS I,77; VIII,222;
   IX,13,40; X,68
TERLON XI,228
TERRAGUS,P.M see TERZAGO,P.M
TERTULLIANUS I,551,568;
   III,290,432; XI,1
TERZAGO,P.M see SETTALA,M
TESAURO,G.A see TRACTATUS
   Varii de Beneficio
TESMAR,J see GROTIUS,H

346

TESORO de las Tres Lenguas
VII,372
TESTAMENT Politique de Charles
Duc de Lorraine V,377
TESTAMENT Politique
de ... Colbert IV,414
TESTAMENT Politique ... de
Richelieu XI,383
TESTAMENT Politique du Marquis
de Louvois V,368
THEATRE Moral de la Vie
Humaine V,372
THEATRUM Chemicum VII,360
THEATRUM Omnium Scientiarum
IV,394
THEATRUM Pacis III,430-431
THEATRUM Sabaudiae X,382-383
THEATRUM Scotiae V,375
THEOCRITUS see POETAE Minores
THEODORETUS VI,80 and see
EUSEBIUS
THEODORUS STUDITA see
SIRMOND,J
THEODOSIUS XI,386 and see
BARROW,I
THEOLOGIE Morale des Jésuites
VII,364
THEOPHANES V,379
THEOPHILUS see JUSTINUS MARTYR
THEOPHRASTE Moderne XI,387
THEOPRASTUS ERESIUS VI,199
THERESE I,430
THESAURO,E V,67
THESAURUS Quaestionum
Forensium VII,371
THESAURUS Theologico -
Philologicus VIII,196
THESAURUS,E I,574
THEVENOT,J III,465
THEVET,A IV,180
THIERS,J.B IV,3,78,371-372;
IX,103
THOLOSANUS,NN VII,362
THOMAS AQUINAS III,425 and
see CYPRIANUS
THOMASIUS,J IV,401; X,379
and see MURET,M.A
THOMASON,L.A see CRENIUS,T
THOMASSIN,L II,451-455;
III,419-423; IV,377-386;
VII,368; X,388; XI,389-391
THOMASSIN,P IV,12
THOMSON,G I,549
THOU,J.A de I,269 and see
MASSON,P; PERRON,J.D du
THRUSTON,M XI,392
THUCYDIDES III,241,262

THULEMEYER,H von III,443
THYSIUS,A see AULUS GELLIUS;
CRENIUS,T; LIPSIUS,J
TIBULLUS XI,393 and see
CATULLUS
TIL,S van IX,262; X,385-386
TILENUS,D V,380
TILING,J see SCULTET,J
TILING,M IV,402-409
TILLEMONT,S le Nain de
VII,352-357; X,370-373;
XI,243-257;
TILLOTSON,J VII,365; XI,369
TIRAN III,429
TIRAQUEAU,A see ALEXANDRO,A
ab
TITIUS,G.G see PUFENDORF,S
von
TITUS LIVIUS see LIVIUS
TITUS LUCRETIUS CARUS see
LUCRETIUS
TOISE & le Tarif Général des
Bois VI,192
TOLAND,J XI,13,82
TOLLIUS,A see BOOT,A de
TOLLIUS,J V,374 and see
LUCIANUS
TOMASINI,G.F see ORIANO,L da
TORAR,NN du VI,55
TORRENTIUS,L see CRENIUS,T;
SUETONIUS
TORRE,G II,457; III,436
TORRE,R della VI,198
TORRES,D see PERROT
D'ABLANCOURT,N
TORRI,NN III,444
TORRIANO,G I,588
TOSSANUS see TOUSSAIN,P
TOUCHE,NN la V,10
TOURAINE,M II,52
TOURNEFORT,J Pitton de see
PITTON DE TOURNEFORT,J
TOUSSAIN,P VII,366
TRABER,P III,424
TRACTATUS de Libertatibus
Ecclesiae Gallicanae
VII,361
TRACTATUS de Tutore VII,370
TRACTATUS Novi de Potu Caphé
see D.M.
TRACTATUS Varii de Beneficio
VII,369
TRAITE d'un Auteur de la
Communion Romaine I,563
TRAITE de l'Aiman see M.D.
TRAITE de l'Eglise contre
les Heretiques II,442;

347

III,413
TRAITE de la Concorde ... des Protestans I,559
TRAITE de la Peinture XI,402
TRAITE de la Puissance du Pape I,562
TRAITE de la Satire V,367
TRAITE de la Verité VIII,190
TRAITE de Mignature IV,397
TRAITE des Baromètres see M.D.
TRAITE des Eunuques see M***.D***
TRAITE des Prejugez VIII,188
TRAITE des Statues VI,193
TRAITE Général du Commerce
TRAITE Historique, Contenant le Jugement VII,359
TRAITE Moral de la Divine Providence IV,376 IX,248
TRAITE sur la Prière Publique XI,401
TRAITE touchant l'Origine des Dismes II,440; III,441
TRAITE ... touchant l'Etat des Ames I,569
TRAPPE,A de la IV,71-74
TREBELLIUS POLLIO see POLLIO
TRENTACINQUE,A IV,400
TRESOR en Trois Langues I,548
TRIGLAND,J see SYNTAGMATIS de Sectis Judaeorum Pars Secunda
TRIGLAND,T I,567
TRIOMPHE de la Religion II,459; III,440
TROIS LETTRES touchant ... Italie I,554
TROPHEES de Port-Royal Renversez X,380
TROTTI,B see MAINO,A.J de
TRUTH Brought to Light IV,396
TULDEN,N van see DAMHOUDER,J de
TULDEN,T van X,374-377
TURNEBE,A see PHILO
TURQUET DE MAYERNE,T see MAYERNE,T de
TURRETTINI,F I,545-547
TURETTTINI,J.A IX,243
TURSELLIN,H III,435; X,384; XI,165
TYRRELL,J VII,358
TZETZES,J see LYCOPHRON
UBALDIS,A de see TRACTATUS Varii de Beneficio
UBALDI,P degli V,390
UBALDO,E a Sancto IV,310
UFFEL,J van see

COVARRUBIAS,D
URCEOLUS,G VIII,223
URSATUS,S see PRIDEAUX,H
URSIN,G.H I,220; III,460
URSIN,J.H II,467-469; III,456-458; IV,429-430
URSINS,J des VI,71
URSINUS,F see CHACON,P; CICERO; FESTUS; SALLUSTIUS; SUETONIUS; TACITUS
USHER,J III,486; IV,432 and see VOSSIUS,G.J
V***,de IV,6
VADI,B see ORIANO,L da
VAENIUS,O I,167-169,265; III,441
VAILLANT,J.F II,168; IV,424-425; VII,379; VIII,229-230; IX,254
VAIRA,A X,391
VAL,A du see RIBADENEYRA,P de
VAL,P du II,190-191
VALERE ANDRE see ANDRE,V
VALERIANUS CEMELIENSIS see LEO MAGNUS
VALERIUS ANDREA DESSELIUS see ANDRE,V
VALERIUS CATULLUS see CATULLUS
VALERIUS FLACCUS VIII,234
VALERIUS MAXIMUS II,26; IX,37
VALERIUS,J I,603
VALL,G du see ARISTOTELES
VALLE,P a see ANTIQUITATES Ecclesiae
VALLE,R a V,382,385
VALLE,R a see TRACTATUS Varii de Beneficio
VALLEMONT,P le Lorrain de III,363; VI,58; VIII,61; XI,118
VALLENSIS,A II,466; III,467
VALLES DE COVARRUBIAS,F IV,428
VALOIS,A de VI,207 and see AMMIANUS MARCELLINUS; VALOIS,H de
VALOIS,H de III,482 and see AMMIANUS MARCELLINUS; EUSEBIUS; HARPOCRATION; POLLUX
VALOIS,M de X,59
VALSALVA,A.M XI,403
VARENIS,J de see GERSON,J
VARENIUS,A see CRENIUS,T

VARENIUS,B X,394
VARENNE,F.P de la I,128
VARENNES,M.G de IV,333
VARIGNON,P I,441; II,335
VARILLAS,A I,589-600; II,226; V,414
VASSETZ,Abbé de IX,244
VASSOR,M le I,587; VI,196; VIII,91-97
VAUBAN,S de IV,261; X,128; XI,333
VAUGELAS,C.F de see CORNEILLE,T; QUINTUS CURTIUS
VAUMORIERE,P d'Ortigue de V,96; VII,198
VAVASSEUR,F IV,418
VAZQUEZ DE MENCHACA,F IV,421-422
VEENHUSEN,J see STATIUS
VEGA,G de la VIII,191 and see BAUDOIN,J
VEIEL,E III,485
VELASCO,G.A VIII,224
VELIUS,C.U see ICONES Imperatorum
VELLEIUS PATERCULUS II,19
VELSCH,G.H VI,208-213 and see ALMELOVEEN,T Janson ab; MAYERNE,T de
VELSCHIUS,G.H see VOSSIUS,G.J
VELSERUS,M see CRENIUS,T; GRAEVIUS,J.G
VELTHUYSEN,L van I,602
VENDELIN,G see CLEMENS
VENEDIGER,D see REYGER,A von
VENERONI,J III,322; X,289
VENETTE,N X,135,192
VENIUS,O see VAENIUS,O
VERDIER,G du I,584; V,7,9
VERDUC,J.B IV,258,268
VERDUC,L IV,224
VERHOEVEN,T see MATTHAEUS,A
VERITABLE Politique des Personnes de Qualité III,475
VERJUS,J IV,283
VERNEY,J.G du II,450
VERNOY,C du XI,193
VERRIUS FLACCUS see FESTUS
VERWEY,J IV,433
VESLING,J V,410
VETERANI,S.L see TACQUET,A
VETERUM Aliquot ... Scriptorum Opuscula Sacra III,447
VETERUM Mathematicorum III,453

VICEBIUS,G I,604-605
VICTOR,Aurelius see AURELIUS VICTOR
VICTOR,P see PANVINO,O
VICTORIUS,P see CICERO
VIE de Cassiodore VI,204
VIE de Charles V IV,427; X,264
VIE de Corneille Tromp III,478
VIE de ... Louse-Eugenie de Fontaine VI,206
VIE de Monsieur Descartes II,461; III,446
VIE de St.Norbert IX,251
VIE de S.Paulin V,402
VIE du Cardinal Duc de Richelieu VI,205
VIE du Véritable Père Joseph IX,252
VIEUSSENS,R I,581; VIII,235
VIGER,F III,459; IV,426
VIGIER,J V,95
VIGNE,A de la see GODEFROY,T
VIGNOLA,G.B III,28
VILLAMENA,F IV,9
VILLE HARDOUIN,G de see HARDOUIN,G de Ville
VILLEDIEU,M Desjardins de II,48
VILLEGAS,F de Quevedo see QUEVEDO VILLEGAS,F de
VINDICIAE Veterum Scriptorum XI,406
VINNIUS,A IV,420; XI,407 and see JUSTINIANUS; WESENBEKE,M van
VIRGILIUS II,31; III,434,451; V,412; VIII,51,232; IX,30,38
VIRIDET,J I,601
VITA Th.Bodleji VII,51
VITRIARIUS,P.R III,445; IX,261
VITRINGA,C III,448-450; V,411; VIII,226; VIII,227; X,137,139,390; XI,441
VITRUVIUS II,47,75
VITTORI,M see HIERONYMUS
VIVES,L see AUGUSTINUS
VIVIER,A Couet du see COUET DU VIVIER,A
VIVIER,F du see JANSENIUS,C
VOELLUS,G I,48
VOET,J III,454-455; IX,263-264; X,398; XI,412

VOET,P VI,123 and see
CALLIMACHUS
VOISIN,J de see RAYMUNDUS
MARTINIUS
VOITURE,V I,333; VIII,119
VOLDER,B de V,401
VOLKMAR,NN I,582
VOPISCUS see HISTORIAE
Augustae Scriptores
VORSTIUS,A see CRENIUS,T
VORSTIUS,C see CRENIUS,T
VORSTIUS,G.H see CRENIUS,T
VORSTIUS,J III,483 and see
CRENIUS,T; SULPICIUS SEVERUS
VOSSIUS,G.J I,586; III,468
-472; IV,94,423; VII,382
-384; IX,250 and see
ALCIATI,A; ENNIUS;
TATIANUS; VOSSIUS,I
VOSSIUS,I III,473-474 and
see CATULLUS; IGNATIUS;
PLINIUS sr; POLLUX; STRABO;
TATIANUS; VOSSIUS,G.J
VOSSIUS,J.G see CAESAR
VOSTERMAN,L see ROI,J le
VOYAGE de Siam des Peres
Jésuites III,463
VOYAGE de la Terre Sainte see
M.I.D.P.
VOYAGE du Monde de Descartes
III,462; X,397
VOYAGE Nouveau du Levant see
D.M.
VOYAGES Historiques de
l'Europe X,400
VREDIUS,O I,576-580
VRIES,G de V,406; IX,260
VULCANIUS,B see ALCIATI,A;
ARRIANUS; CALLIMACHUS;
CRENIUS,T
VULCANUS GALLICANUS see
GALLICANUS
VULPINUS IV,419
VULSON DE LA COLOMBIERE,M de
III,404; V,350
VULTEIUS,H see SERAPHINIS,S
de
VULTEIUS,J see AELIANUS;
POLYAENUS
WAEYEN,J van der see
RITTANGEL,J.S
WAFER,L X,404 and see
DAMPIER,W
WAGENSEIL,J.C I,606-607
WAKE,W II,400
WALDENFELS,C.P von IV,437
WALDSCHMIDT,J.J I,615;
III,497 and see DOLAEUS,J
WALENBURCH,A van VI,214
WALLE,J van de see HOSSCHE,S
de
WALLER,R see HOOKE,R
WALLIS,J VII,389 and see
HORROCKS,J; PTOLEMAEUS
WALSINGHAM,F IV,340; IX,161
WALTHER,J.G I,608
WALTHER,M X,409
WALTON,B I,609 and see BIBLE
WANLEY,H see ANTIQUAE
Literaturae Septentrionalis
Libri
WARE,J see PATRICIUS
WASE,C III,500
WASSENAER,G a see PACE,G
WASTEL,P see NEPOS,J
WATSON,T III,499
WATTS,W see MATTHIEU PARIS
WEDEL,G.W III,490-496;
V,415-422; VII,388
WEGEN,H IV,305
WEIDENFELD,J.S VII,387;
X,408
WEISE,C see LABBE,P
WEITZ,J see SALVIANUS
WELLS,E see DIONYSIUS
WENDELIN,M.F I,617
WENDOVER,R de see MATTHIEU
PARIS
WENDROCHIUS,W see MONTALTE,L
de
WEPFER,J.J I,616; III,498
and see PAULLI,J.H
WERDENHAGEN,J.A von VI,215
WERENFELS,S XI,416
WESEL,A van V,423
WESENBEKE,M van I,612 and
see SCHNEIDEWEIN,J
WESSELING,H V,389
WESTPHAL,J.C see ETMULLER,M
WETSTEIN,J.R see ORIGENES
WHARTON,H II,57-58; VII,385
and see USHER,J
WHARTON,T III,513
WHEARE,D IV,434
WHELER,G III,461
WHITBY,D I,618
WICQUEFORT,A van IX,49
WICQUEFORT,J van V,153-155
WIEL,C Stalpart van der see
STALPART VAN DER WIEL,C
WIER,J see SENNERT,D
WIERTS,J I,613
WIJCKERSLOOT,A de see PACE,G
WILDE,J de IX,124

WILLIAM III IX,184
WILLIS,T I,611; IV,435
WILLOUGHBY,F III,488; VII,386
WING,V V,5
WISSENBACH,J.J I,614
WITS,H I,610; III,509-510;
 V,424-425; X,405-407
WITTE,H II,472-473
WITTICH,C III,501-507
WOLF,H see CRENIUS,T;
 EPICTETUS; ISOCRATES;
 NICEPHORUS
WOLF,J II,471; III,511
WOLFF,J II,470; III,508
WORM,C IV,436
WORM,O see BARTHOLIN,T
WORTH,W see TATIANUS
WOTTON,W see HICKES,G
WOUWER,J a see CRENIUS,T
WURFBAIN,J.P III,512
XENOPHON V,308; X,410
XIPHILINUS I,237; VI,81
XYLANDER,G see PAUSANIAS;
 STRABO
Z.... XI,419

ZACCAGNI,L.A see PROSPECTUS
 Novae Editionis
ZACCHIA,P XI,418
ZAHN,J II,476-477
ZANGER,J V,437
ZAUNSCHLIFFER,O.P V,430;
 VII,390
ZEIDLERN,S.C von V,436
ZELTNER,G.G VI,216
ZIEGLER,K V,431-435
ZILLESIUS V,429
ZITTMANN,J.F X,292
ZOESIUS,H II,474 and see
 GOUDELIN,P
ZONARAS V,426 and see
 XIPHILINUS
ZOSIMUS V,428 and see
 XIPHILINUS
ZUCHARDUS,H V,388
ZURCK,E a see CICERO
ZWINGER,J V,438-439
ZYPE,F van den II,475; V,427
***,Mademoiselle de XI,55
***,Mle XI,203
***,Mr.de X,130

INDEX II

PLACES OF PUBLICATION

The places of publication are listed here as mentioned in the catalogues. They have been standardised according to English orthography, but not been corrected or added to. Only when absolutely necessary, supplementary sources have been consulted, especially for some dubious abbreviations like 'Lugd.', for 'Lugduni' or 'Lugduni Batavorum' and 'Herb.' for Herbornae' or 'Herbipoli'. Places in which more than twenty titles were published are subdivided according to the year of publication.

ABBEVILLE	IV 327
ALTDORF	I 273,606,607;II 68;III 141;IV 181,182,202,212
AMSTERDAM	1642 VI 157
	1644 VI 199
	1652 III 41,VII 1
	1656 III 472
	1657 I 617;II 185,249
	1658 I 521;II 357
	1660 III 469;IV 215
	1661 II 236;IX 32
	1662 III 42,245
	1663 I 110;VI 123;X 23
	1664 III 40;X 22;XI 268,271
	1665 I 612;III 483;X 36
	1667 VIII 41
	1668 I 489
	1669 II 182;V 70,92,286,319;VII 146
	1670 X 43
	1671 I 519,567;VII 228,229
	1672 I 118;IX 18,19,20
	1674 VIII 129;IX 12
	1676 II 110
	1677 I 488;V 184
	1678 I 255;II 109;IV 138;VII 231,232
	1679 I 256,310;II 111;III 367;VII 230;X 234
	1680 I 20;III 119
	1681 I 106;III 120;V 409;IX 27;X 27
	1682 I 257,514,611;IX 212;X 382,383
	1683 I 208,258,395;IX 33;X 10,182;XI 186
	1684 I 171,207,345,469;III 330;IX 2,15,22
	1685 I 259,415,487,544;II 85,361;IV 398;VIII 153,168;IX 29;X 350
	1686 I 260;VII 311;IX 13;X 136,163
	1687 I 198,241,341,342,557;II 49;III 151,345,373;VI 102;IX 5,26;X 238
	1688 I 122,152,261,262,343,344,429,459,558;II 197,230,253,340;III 121,122,294;V 280,281;VII 285;IX 16,23;X 206
	1689 I 205,263,339,340;II 56,133,198,342;III 117,154,233,275,507
	1690 I 206,264,309,332,335;III 62,501;V 20;IX 10

353

```
              1691  I 77,82,157,336,337,338;II 430;III
                    102,380,382,502;X 189;XI 70,190
              1692  I 308,432;II 210,260,280;III 155,182,206,207,
                    250,260,292;IV 130,220;X 106;XI 71,72,73,74
              1693  III 67,193,194,220,257,258,261,300,301,313,
                    328,329,363,364,376,386,388,390,402,477;IV
                    413;IX 14,21;XI 227
              1694  III 23,52,118,228,262,283,284,285,321,322,323,
                    392,398,403;IV 221,222,341;VI 201;X 112,130
              1695  IV 87,226,251,260,269,388,423;V 169,170,222,
                    222,371,401;VI 63;VII 64,382;IX 3
              1696  V 10,21,73,82,93,94,150,153,154,155,188,
                    264,354,425;VI 17,62,128,197;VIII 221;X 15,58,
                    113,236,239;XI 196
              1697  VI 99,125,196;VII 57,69,225,383;VIII 43,98,
                    119;X 405
              1698  VII 46,55,290,291,293;VIII 79,155;IX 17;X
                    13,170;XI 199,232,269,296
              1699  VII 56,131,209,301,384;VIII 66,84,186;IX
                    24,154,155,207,228;X 60,62,82,131,309
              1700  VII 91,96,174,256,331,380;VIII 37,80,83,91,
                    121,165,230;IX 161;X 59,85,105,243;XI 102,
                    198,242,399,420
              1701  VII 152;VIII 3,45,92,93,99,126,131,139,
                    156,170,181,194,196,229;IX 6,203;X 61,93,
                    94,95,108,134,246,265,305,306,307,387;XI
                    1,163,223,359
              1702  VIII 55,56,59,63,78,94,115,159,167,192,231;IX
                    28,77,87,166;X 33,230,264,294;XI 416
              1703  VIII 65,95,118;IX 80,95,102,123,124,138,
                    151,173,185,190,213,250,254;X 314;XI 241,278;
              1704  VIII 8,9,96;IX 73,81,90,98,104,105,113,
                    117,120,121,129,135,139,152,158,160,174,
                    183,216,217,232,242,246,259;X 118,119,310,
                    311,312,313;XI 413
              1705  VIII 97;IX 46,56,106,110,132,171,
                    178,195,218,248,253;X 4,114,148,154,176,
                    177,193,279,298,308,328,349,399;XI 173
              1706  IX 172;X 68,178,222,262,288,289,317,
                    322,337,346,368, 380,381,397;XI 47,48,85,
                    177,194,231,336
              1707  X 152;XI 25,77,115,121,122,157,158,161,
                    179,185,187,189,208,230,293,321,322,344,345,
                    350,353,363,379,395,398,417
              1708  XI 11,12,32,38,55,56,61,117,124,135,152,165,
                    279,285,286,343,356,369,372,374,393,409,414
              1709  XI 66,289,301,302,320,341,383,410
              s.d.  I 128;II 88;XI 62
AMSTERDAM
& DANZIG      IV 227
AMSTERDAM
& UTRECHT     X 30,406
ANTWERP       1606 X 28
              1623 III 246
              1625 I 38
              1631 V 351
              1634 I 37,137
```

```
              1637 II 265
              1639 VI 147
              1640 IV 194;V 162
              1641 IV 410
              1644 IV 120
              1645 II 181
              1646 I 131
              1650 II 131
              1652 I 541;V 321
              1655 III 20
              1657 I 377
              1660 I 145,169
              1661 II 41
              1664 VI 184
              1665 I 471;II 43
              1669 I 550
              1670 II 50,240
              1671 II 42,141,142
              1675 II 475
              1677 V 127
              1679 II 363;VI 146
              1680 II 66,281
              1682 V 76
              1685 II 180
              1686 IV 178
              1688 I 430
              1691 III 286
              1692 I 435,436
              1693 III 165
              1694 IV 119
              1698 VII 302;X 357
              1699 XI 292
              1700 VIII 150;X 1
              1701 XI 215
              1702 IX 82
              1703 VIII 151;X 2
              1705 X 204,213;XI 309
              1706 XI 129,130,131,132,133,347
              1707 XI 313,381
              1708 XI 68,144,145,146,147,148
              s.d. I 1,168;II 194;IV 240;XI 216
ARNHEM        VI 151;VIII 169
AUGSBURG      I 42,43,44,386,586;II 177;III 221,222;IV 304;V
              192;VI 108,208,209,211,212;VII 320
AUXERRE       II 81
AVENCHES      III 444;IV 354
BASEL         1596 IV 173
              1629 V 344
              1639 III 50
              1648 II 103
              1652 II 101;V 439
              1657 I 35
              1659 II 102
              1660 II 104
              1662 II 84
              1663 II 107
              1664 I 119
```

```
                     1669 II 105
                     1670 I 30;VII 15,61
                     1672 I 45;VI 126;VII 16
                     1674 I 380;II 350;IV 277
                     1675 VII 17
                     1676 II 108
                     1677 VII 18
                     1679 I 548,616
                     1680 I 465;II 106;III 271
                     1682 III 272
                     1683 I 219;VII 19
                     1685 V 438
                     1686 I 31;III 273;VII 20
                     1687 VII 237
                     1688 VII 235
                     1689 VII 21
                     1691 VII 22,23
                     1694 V 240
                     1696 VII 236
                     1698 VII 238
                     s.d. I 226
BAUTZEN              I 608
BERLIN               I 53,382;III 125;V 272;VI 194;VII 338;VIII 12,13,
                     14,15,16,17,19,20,166;IX 157;X 174,315,352
BERLIN
& LEIPZIG            VIII 18
BERN                 II 380;VII 67;IX 210
BOLOGNA              I 378;II 195;III 303;V 296
BRATISLAVA           I 112,139:II 305;V 274
BREMEN               I 420,504,506;II 120
BRESCIA              II 270,271;V 164
BRUGES               I 576,577,578,579,580
BRUSSELS             1643 V 128
                     1646 VI 142
                     1656 I 65
                     1659 II 411
                     1662 I 474
                     1663 I 552
                     1666 V 6
                     1670 II 346
                     1673 XI 276,304
                     1674 X 99,179
                     1675 III 290
                     1677 I 390,551
                     1678 III 441;V 372
                     1682 II 162;III 288;VI 69
                     1683 I 167,265,553
                     1684 VI 131
                     1685 II 282
                     1686 I 511;XI 201
                     1687 I 333
                     1688 I 304
                     1690 I 146;II 268;V 152;VI 152
                     1691 X 165
                     1692 III 234;V 423
                     1693 III 235,236,327,362,365,475,476;X 188;XI 295
                     1694 III 176,218,237,324;V 196,404;X 395;XI 203,261
```

```
              1695 V 195,197;XI 246
              1696 V 85,229;VII 97,220;X 184,232;XI 384
              1697 VII 175;X 229
              1698 XI 200,348
              1699 XI 249
              1700 VII 333;X 261;XI 226
              1702 VIII 2,160;IX 68;XI 202
              1703 IX 58,59,60,61,62,63,64,65,66,67;X 304
              1704 X 400
              1705 X 67,147
              1706 X 277;XI 243,252,253,254
              1707 X 133;XI 53,78,79,255,319,324
              1708 XI 63,69,149,401
              1709 XI 329
              s.d. XI 244,245,247,248,250,251,256,257
CAEN          V 315;VII 78
CAMBRIDGE     1673 X 394
              1677 X 320
              1683 IV 325
              1684 I 463;IV 434
              1685 I 351
              1686 VII 221
              1689 I 350;IV 126
              1691 II 244;III 312
              1694 V 78
              1696 VII 6
              1700 X 392
              1701 VIII 222,232
              1702 IX 219
              1703 VIII 144;IX 94
              1704 IX 118
              1705 X 369
              1707 XI 10
CHAMPAGNE     I 88
CHARENTON     V 316
COLOGNE       1520 V 396
              1532 V 385
              1573 IV 191
              1580 V 392
              1581 V 384
              1583 V 391
              1585 V 394
              1586 V 390
              1587 V 386,387,388
              1588 V 399
              1589 V 382
              1590 V 381
              1591 V 383
              1593 V 393
              1596 V 395,397
              1597 V 398
              1618 IV 326
              1630 V 234;VI 135
              1646 V 232
              1648 I 316;III 31
              1651 III 201;V 23
              1661 II 83
```

```
                1662  V 389
                1665  V 282,283
                1669  V 198
                1670  VI 137,214
                1675  IV 183
                1676  X 181
                1678  I 184;V 250
                1682  I 166;XI 259
                1683  I 481;V 233;VI 145
                1684  I 165,416;IV 49;X 293
                1685  I 421
                1686  I 19,91,201,297,375;II 39;XI 305
                1687  I 352
                1688  I 74;III 113;XI 192,204,328
                1689  I 126,222;VII 60
                1690  I 29,124,202;X 166
                1691  I 327,412;V 115
                1692  II 293;III 47;V 277
                1693  III 259,264;X 249
                1694  III 427;IV 156,193,290,291,338;VI 205
                1695  IV 190,340;V 368;X 18,241
                1696  VI 57;VII 45;X 180;XI 312
                1698  VII 349
                1699  X 120;XI 134
                1700  VII 259,314;X 19,102;XI 116
                1702  X 135,192,266;XI 123
                1703  IX 100,133;XI 213
                1704  VIII 7,147;IX 112,130,175;X 325,339
                1707  XI 127
                1708  XI 126
                s.d.  IV 330;VI 100
COPENHAGEN      II 336;IV 436;VI 164;IX 163
COSMOPOLIS      XI 419
DANZIG          II 179,472;III 168;IV 303
DELFT           III 238;IV 160,161,162;VII 30;VIII 6,188;IX 7,
                170,220,221;X 164;XI 43,54
DETTINGEN       IV 250
DEVENTER        VII 181
DIEPPE          II 73,74
DILLINGEN       I 72
DORDRECHT       IX 141;XI 80
DRESDEN         II 170;III 274;V 142,231
DUBLIN          II 113
EDINBURGH       II 398;IV 134;V 330
EISENACH        II 176
ELEUTHERO-
POLIS           II 358
EMMERICH        I 21
ERFURT          III 443
FLORENCE        III 21;IV 264;IX 122
FRANEKER        1660  V 329
                1680  I 32
                1684  IV 200;VII 157,163
                1685  III 448
                1687  III 449;VII 160
                1688  III 435;VII 159
                1689  VII 161;VIII 226;X 137,138,139
```

```
           1690 VII 162;X 140
           1692 IV 412
           1693 III 339;X 351
           1694 III 225,353
           1695 V 223;X 384
           1696 V 411
           1698 VII 153,154,155,156,158,282;X 344
           1699 VII 32,33,250
           1700 VII 219;VIII 149,227
           1704 IX 126;X 187
           1705 X 390
           1707 XI 17
           1708 XI 411
FRANKFURT  1600 IV 92
           1607 IV 368
           1610 IV 421
           1616 IV 101
           1618 IV 195
           1620 IV 362
           1622 IV 100,102;V 68
           1624 III 115
           1625 IV 369
           1627 IV 276
           1630 III 116
           1634 VIII 173
           1641 VII 100
           1645 VI 198
           1647 IV 131
           1649 III 227
           1650 IV 28
           1656 III 215
           1657 III 114
           1658 I 113
           1660 IV 238;V 90,299;VI 115
           1661 II 469;III 112,458;IV 249;VI 185
           1663 I 534;IV 400;VI 144
           1664 III 379
           1665 I 518;III 51;V 112;VI 181
           1667 III 108;V 131;XI 376
           1668 IV 422
           1669 IV 53;VI 180
           1670 I 353,495;III 138,190,197
           1671 II 471;III 511;V 276
           1673 II 200
           1674 I 140;II 201
           1675 I 120;III 468
           1676 II 263,294;IV 409;V 137;VIII 106
           1677 III 96
           1678 I 70,462,603;II 384;III 101,248
           1679 I 163;IV 364,402;V 429
           1680 I 84,225;II 62,275;III 124,304
           1681 I 483;II 135;III 99,123,140,279
           1682 I 275,313;VII 164
           1683 III 63;IV 403;V 130,311
           1684 I 252,290,312,409;II 251,300;III 202;IV 112;X
                240
           1685 I 292,445,446,502;II 91,117;III 293;IV 363;VII
```

                            142
                    1686 I 115;II 159;IV 319;V 364,435;VI 165
                    1687 I 419;IV 248,320,321;V 341,405;VII 7,366;X 274
                    1688 I 573,574;II 126,419;III 95,179,219,383;IV 213
                    1689 I 127,526;II 413;III 61,107;IV 188;V 118,189
                    1690 I 24,289,404,437;II 199,252,412;IV 344;VII 150
                    1691 I 449;II 273,274
                    1692 III 97;V 355;VIII 137;X 273
                    1693 III 172;IV 48,189
                    1694 III 354;IV 163,187,289,346;VII 346
                    1695 IV 123
                    1696 V 357;VI 60;VII 31,140;VIII 182;IX 119
                    1697 VII 9,47,129;VIII 42;XI 362
                    1698 VII 4,59,215,303,390
                    1699 VII 49,149
                    1700 VIII 28
                    1701 VIII 104,136
                    1702 VIII 135,178;IX 51
                    1703 IX 99;X 326;XI 29
                    1704 VIII 29,67;X 214
                    1705 IX 52,186,188
                    1706 X 290,291,292;XI 51
                    1708 XI 217
                    s.d. IV 103;VI 215
FRANKFURT
& LEIPZIG   X 38,263
GENEVA   1619 VII 144
                    1629 I 517;II 296
                    1639 IV 118;VII 362
                    1643 III 164
                    1645 V 101;VII 194
                    1651 VII 109
                    1654 II 127
                    1655 I 227
                    1658 VII 116
                    1659 II 151;III 34;VII 108,122
                    1660 I 194;VII 94,143
                    1661 I 62,391;II 152;VII 121
                    1662 VII 117,118,119,123,124,125
                    1663 I 190;VII 248
                    1664 I 392;III 306;VII 105
                    1665 I 192;II 154;III 338;VII 110
                    1666 I 141,191;II 150,368;III 287;V 151;VII 24,
                         112,120,279
                    1667 I 93,181,547;VII 92
                    1668 I 25,248,393;III 69;V 190;VII 115
                    1669 I 164,193,249;III 183;VII 114,126
                    1670 I 94,250;VII 29,106
                    1671 II 155;VII 111,113
                    1672 I 95,244;II 341;VII 369,371
                    1673 VII 14
                    1674 II 174;VII 104
                    1675 I 245;II 366;III 68;V 245,246,247,248;VII
                         93,370
                    1677 I 33;II 153;III 210
                    1678 I 5,47;II 92
                    1679 I 270,546;VII 73

```
              1680 II 93;III 211,213
              1681 I 243,246,247,570;II 317;III 184
              1682 II 95;X 125
              1683 I 86,572
              1684 III 214
              1685 I 49,381,440,571;II 297
              1686 I 4,92,209,213,322,408,604,605;II 94,119
              1687 I 54,271,496,545;II 96,367
              1688 III 105,224,314;VII 145
              1689 I 451,464;V 284
              1690 I 55,153;II 295
              1691 I 221,505,601;II 97,156;XI 325
              1692 II 144
              1693 IV 316;VII 74
              1694 IV 342;VII 107
              1695 IV 228
              1696 V 65,99,163,171,181,263;VII 315
              1697 VII 257,339
              1698 VII 13,48,277,310,350
              1699 X 378;XI 214
              1700 X 355;XI 308
              1701 VIII 5,49,125,152,223;XI 303
              1702 XI 212
              1704 IX 243
              1706 XI 76
              1708 XI 315
              s.d. I 272;III 307;VII 372
GIESSEN       II 167,382;IV 61,62;V 333;VI 186,187,188,189;VII
              351
GOSLAR        IV 229
GOUDA         I 398;III 24,291;IV 433
GREIFSWALD    II 65;III 278
GRENOBLE      II 64
GRONINGEN     I 173;IV 355
HAGUE,the     1658 III 471
              1674 XI 294
              1678 I 394
              1681 I 397;II 125
              1682 III 316
              1683 II 228
              1684 I 306
              1685 V 136;X 8,16
              1686 I 512
              1687 II 79
              1689 X 128,167
              1691 II 395;III 393
              1692 I 477;III 315,394
              1693 IV 414;X 168
              1694 III 166,265,428,478,480,481;IV 155,285;V
                   187;XI 197
              1695 V 144;XI 233
              1696 XI 229
              1698 IX 263;X 228
              1699 VII 210,267,381;XI 164
              1700 XI 346,387
              1701 X 226
              1702 VIII 50,127;X 299;XI 40
```

	1703 VIII 76;IX 245,257,258;XI 340
	1704 IX 136,137,222,264;X 191,217;XI 119
	1705 IX 83,116,156,167,252,256;X 47,268,324,398
	1706 X 12,205,269,341;XI 266
	1707 XI 82,267,330,342,380,412
	1708 XI 3,174,182,270,273,371,402,404
	1709 XI 13,210
HALLE	I 274;IV 401;VII 348;VIII 132;X 37,359,379
HAMBURG	1661 III 223
	1664 I 414
	1667 III 270
	1684 III 395
	1686 I 223
	1690 I 569
	1691 II 375,435;III 359
	1692 II 377;III 356;IV 122
	1694 IV 5
	1695 IX 238
	1697 VII 141
	1698 VII 278
	1699 IX 177
	1705 X 153,173,287
	1706 X 270
	1707 XI 125
	1708 XI 317
HANOVER	III 131,162;VII 334;VIII 122
HARDERWIJK	V 380
HAVRE,le	II 130,261,443,460,462;III 414,442,452
HEIDELBERG	I 52,536;VII 186,187,190
HELMSTEDT	I 121;II 67;III 133;IV 247;VII 71,76;VIII 10,30
HERBORN	IV 116,184,246;VII 247;X 256
HILDESHEIM	IV 236
INGOLSTADT	I 396
INNSBRUCK	II 266
IRENOPOLIS	III 38
JENA	1616 II 86
	1649 V 336
	1660 V 334
	1663 II 61
	1664 VI 168
	1665 II 60;VI 169
	1667 III 161;V 132,337
	1668 II 178;V 335
	1670 I 6
	1671 II 160;VI 170
	1672 V 87
	1674 III 269
	1675 III 27,496
	1678 I 501;VI 19,167
	1679 VI 28,166
	1680 I 524;III 492,494
	1682 I 500;III 490,495
	1683 V 52
	1684 V 422;VI 174
	1685 V 332
	1686 III 491;V 418,419
	1687 VII 101

```
                      1688 I 525;II 301;III 493
                      1689 I 329
                      1690 I 123,125,403;V 88
                      1691 I 507
                      1693 V 415,416
                      1695 V 417
                      1696 V 420,421
                      1697 VII 388
                      1700 XI 358
                      1703 X 358
                      1705 X 31,41
                      1706 X 42
KASSEL                I 51
KIEL                  I 438;II 364,436;VI 107,173;VII 135
KOLBERG               II 379
KONIGSBERG            I 151
LAUENBURG             X 63,64
LEEUWARDEN            I 610,III 43,450
LEIDEN                1614 III 299
                      1635 I 117
                      1642 VI 150
                      1646 I 540
                      1647 IV 37
                      1650 V 140
                      1653 III 226
                      1654 V 236,237,239
                      1655 V 238
                      1660 II 89
                      1661 X 237
                      1662 V 17,18
                      1664 IX 34
                      1669 IX 25,35
                      1671 IX 1,8
                      1672 I 314,315,537
                      1674 IX 31
                      1675 III 111
                      1678 III 505
                      1679 I 538,539
                      1680 I 399;III 106,459;IV 426;IX 30
                      1682 III 504
                      1683 II 78;III 506;VIII 82
                      1684 II 245;III 231
                      1685 I 402,535;III 71,503;V 160;IX 239
                      1686 I 523,533;II 112;III 72,230;X 9
                      1687 I 566;II 231;III 57,310;IV 136,137;XI 377,378
                      1688 I 520;III 295
                      1689 II 433
                      1690 II 326;III 58,232,350,416;IV 135;IX 240
                      1691 I 174;III 135,139,276,497;V 356;VIII 158;IX 4
                      1692 II 134;III 104,147,148,445,447
                      1693 II 327;III 33,243,311,325,374,396,455
                      1694 III 174,229
                      1695 IV 124,125,164,165,205;V 1,165;VIII
                           22,174,175;X 26,69
                      1696 V 113;VIII 71;X 73,87
                      1697 VIII 197;X 76,86
                      1698 VII 283;VIII 85,172,198,199;X 77,88
```

	1699 VIII 200,201,202,203,204;X 71,74,78,79, 80,84,89,90,91,92,367
	1700 VIII 23;X 72,386
	1701 VIII 4,205,206,207;IX 229;X 70,75,385
	1702 VIII 208;X 96
	1703 VIII 77,86,140,142,143;IX 78,96,230,231;X 407;XI 105,106,107,108
	1704 IX 50,69,74,97,145,146,194,249,261,262;X 34,97;XI 109
	1705 IX 147;X 81,83,194,300;XI 110
	1706 X 3,39,57,141,295,296,303;XI 111,112,113,114
	1707 XI 88,93
	1708 XI 41,59,83,183,262,365,382,392,408
	1709 XI 44,407
	s.d. XI 89,90,91,92,94,95,96,97,98,99,100,184
LEIPZIG	1620 II 87
	1659 IV 214
	1668 I 253
	1669 VII 12
	1670 II 59
	1671 II 187;V 139;VIII 105
	1672 II 188;IV 275
	1673 I 614;II 302
	1676 I 400;III 185
	1677 I 532
	1679 II 299;VII 313
	1682 VI 88,154
	1683 VII 377
	1684 III 160
	1685 III 19,159,173;VI 92
	1686 I 183,320;II 383;III 60,360,484;IV 132;V 288
	1687 I 321,486;II 352,428;IV 66,133
	1688 I 385;II 303,304;III 98,437,438
	1689 I 58;II 121,353;III 177,384
	1690 I 254,288,405,484,575;II 356,470;III 163,508; IV 431;VII 378
	1691 I 285,299,482;II 378;III 196;IV 82
	1692 I 510,516;II 145,166,259,351,355,429;III 126, 132,361;IV 32,263,415;VII 297
	1693 III 48,346;IV 127
	1694 IV 128,345;V 22,47;VII 260;X 272
	1695 IV 287,347;V 37,46,168,266,346,348,349;VII 70,261,292;VIII 33,184
	1696 V 377;VI 11,61,84,110;VII 262,304,307,319; VIII 35,145
	1697 VII 234,241,263,275;X 323;XI 15
	1698 VIII 123
	1699 VII 258;IX 234;XI 178
	1700 VIII 32,163
	1701 VIII 89
	1702 VIII 138,183;IX 92,206;X 209,210
	1703 VIII 88;IX 79,224;XI 16
	1704 VIII 235;IX 91,142,159,191,241;X 329,330, 335;XI 14,332
	1705 IX 187;X 5,44,45,211,336,356;XI 45
	1706 X 65,215,253,260,327,366;XI 86
	1707 XI 180,316,339,388

LIEGE	1708 XI 337
	1663 I 15
	1668 X 365
	1669 X 284
	1670 III 35;X 280,281,282,283
	1678 X 285
	1680 V 227
	1685 I 111
	1689 VII 361
	1693 III 199
	1694 III 244;VII 165,167,168,173
	1695 VII 166,169
	1696 VII 98,170,171;X 175
	1697 VII 172
	1699 VII 80
	1701 VIII 25
	1702 VIII 101,102,103
	1703 IX 235
	1704 X 286
	1705 IX 247
	1708 XI 150
	1709 XI 326,327
	s.d. VII 296
LILLE	VI 8;XI 385,405
LINDAU	IV 36
LISBON	II 291
LODEVE	VI 139,140
LONDON	1631 IV 366
	1642 III 203
	1648 II 247
	1649 V 345
	1651 II 184
	1655 III 144
	1656 I 447;VI 138
	1657 II 337;IX 75
	1658 IV 179
	1661 II 322
	1665 V 275;VI 95
	1668 II 124
	1669 I 147;V 5
	1670 I 68
	1671 VI 182
	1672 IV 435;VI 93
	1673 II 114,323;IV 279;XI 136
	1674 IV 31
	1675 IV 30
	1676 III 488;XI 137
	1677 VI 49;VII 72
	1678 I 109,211,461;III 103;IV 176,218,243
	1679 I 374;IV 361
	1680 I 305;IV 177,324,335,337,390;VI 94
	1681 IV 245;V 43;VII 35,218
	1682 I 22,485;II 321;III 39;IV 267,334;VII 38
	1683 III 143,305;IV 367;VII 36,37
	1684 I 372;II 115;IV 29,35,266;VII 308,387;X 360,362,363,364,408
	1685 I 204;II 116;III 473;IV 216;VII 65,242;X 361

	1686 I 158,373,490,492,563;II 267;III 474;IV 211
	1687 I 410,480,531;II 55,373;III 142;IV 302;VIII 36;X 66
	1688 I 326,588;IV 217;VIII 191;XI 323
	1690 I 452;II 218,370,437;III 16,216,347;IV 192,432
	1691 I 300;II 57,58,400;III 17,158,368;IV 299;X 48
	1692 I 491;II 171,389;III 13,15,18,59,405,499;IV 336,396;V 148
	1693 III 22,145,146,167,208,209,280,489;IV 94,298,328;V 375;VI 16;VII 66;VIII 52
	1694 IV 34,117,219,244,278,329;V 182
	1695 V 53,147,273;VII 128,365,385
	1696 V 412;VII 10,99,240,317,335
	1697 VII 133,191,245,272
	1698 VII 53,216,217,358;VIII 51
	1699 VII 329
	1700 VII 330;VIII 53,57
	1701 VIII 38;IX 150;X 110,111,259
	1702 VIII 62,133;IX 85,149;X 254;XI 357
	1703 VIII 26,64;IX 140,227;X 208,401,403
	1704 IX 107,168,184;X 338,404
	1705 IX 84,144,180;X 171,212,258,318,321,345,402;XI 31
	1706 X 297;XI 375
	1707 XI 300
	1708 XI 181,284,290,360
	s.d. VII 132
LOUVAIN	1643 II 465;III 466
	1646 II 63
	1662 VI 143
	1663 II 186
	1668 I 543
	1674 I 16
	1678 I 251
	1681 I 508;III 136
	1682 I 170;II 466;III 289,467
	1688 II 474
	1689 I 457
	1690 I 542
	1691 I 294
	1696 VI 65
	1699 VII 211
	1700 VII 214,227;VIII 60
	1702 VIII 81;X 374,375,376,377
	s.d. I 466
LUBECK	I 383;VI 104;VII 305;XI 275
LUXEMBOURG	VII 54;VIII 116,117;IX 131,251
LYON	1560 IV 357
	1572 III 181
	1618 IV 17
	1619 III 399;IV 18
	1621 III 400
	1623 III 401
	1640 VI 122
	1642 XI 281
	1643 XI 282
	1647 V 322

```
1650 V 324
1653 I 318;IV 331;V 325;XI 283
1654 V 323
1656 VI 87
1657 I 39;II 192;V 95
1658 II 172,173
1659 I 175
1661 IV 99
1662 I 36,41,107;VIII 224
1663 VI 124
1665 I 498
1667 V 235;VIII 1;XI 355
1668 I 34,40,354,355,356;III 149;V 8
1669 IV 98,351;VI 105
1670 I 217
1672 I 407;IV 352,353
1673 V 102,278
1674 I 280
1675 I 199
1676 I 216
1678 I 17,215
1679 I 475;V 100;VIII 113
1680 V 279;VII 39
1681 I 46,105,347;IV 60,350;XI 138,139,140,
     141,142,143
1682 I 450,499,583;II 441;III 412;IV 8
1683 I 581;II 157
1684 I 9,89,357;II 464;III 45,49;IV 294;VIII 54
1685 I 85,138,212,296
1686 I 18;III 425;V 7,9
1687 I 388,XI 225
1688 I 97,286;II 457;III 436;IV 293,419;V 314
1689 I 279;II 30;IV 253;X 104
1690 I 159,324,384,411;II 165,283;III 451
1691 I 83;II 123,209,439;III 178,381,410;V 48;X
     123;XI 2
1692 II 196;III 127,429;IV 284;V 427
1693 III 192,357,358;IV 348;XI 237
1694 IV 349;XI 236
1695 V 11;VII 281
1696 V 121,122,221;XI 299
1697 VII 26;XI 277
1699 VII 77;VIII 39,114
1700 VIII 21;X 49,50,51,52,53,54,55,319
1701 VIII 70,171;IX 57;X 172,267;XI 311,418
1702 X 257;XI 30,49,50,368
1703 X 109
1704 IX 76,233
1705 X 25,302;XI 390,391
1706 XI 219,389
1707 XI 128,370
s.d. XI 238,239
```

MADRID	V 119,373
MAINZ	I 90,370,371,513;II 269;VII 254
MARBURG	III 470;V 285,430;VI 91
MARSEILLE	VII 199
MILAN	IV 310,393

MINDEN	IV 405,407
MONS	IX 101
MONTBE-LIARD	V 71
MUNICH	V 298;VI 136
NANCY	XI 162
NAPLES	I 448;IV 170,295,296,394;X 333;
NUREMBERG	1645 IV 301
	1651 III 277
	1652 I 148,149
	1656 VI 171
	1659 VI 161,162
	1663 VI 163
	1664 III 309
	1666 IV 429
	1667 IV 430
	1668 IV 201;IV 300
	1670 V 297
	1671 II 264;V 191
	1672 II 399
	1674 V 14
	1675 I 187,228;IV 54;V 105
	1676 II 118;IV 105
	1677 I 422;III 369;IV 97,437
	1679 II 306;VI 106
	1680 II 262,307;V 125
	1681 I 224
	1682 IV 104
	1683 II 308;III 512;IV 106;VI 190
	1684 I 266;II 309;III 430
	1685 II 310,467,468;III 431,456,457
	1686 II 311;IV 108,204;V 434;VI 191
	1687 II 257,312
	1688 I 387;II 44,169,313
	1689 II 100,314,396
	1690 I 527,528;II 256,315;V 86
	1691 I 220,328;II 316;III 460;VII 239
	1692 V 193
	1693 IV 111
	1694 IV 186
	1695 V 104;VII 224
	1696 VI 192,216;VII 306
	1697 VII 180,195,340;IX 127
	1701 VIII 11
	1702 VIII 176;IX 86
	1704 VIII 177;IX 153
	s.d. I 582;IV 109,110
OFFENBACH	VII 271
ORLEANS	I 203;V 267
OSNABRUCK	V 64
OSTERODE	I 284
OXFORD	1652 VI 183
	1660 III 486
	1663 X 202
	1667 II 339
	1672 IV 360
	1674 I 63;IV 51,172

```
           1676 I 379
           1677 II 338;IV 50
           1678 II 250
           1679 IV 239;V 428
           1682 IV 297
           1686 VII 386
           1687 II 217;III 500
           1688 I 56,67
           1689 II 161
           1690 III 407
           1691 I 618;II 216;III 46
           1692 I 401;IV 55;VI 15;VII 2,312
           1693 IV 311
           1694 V 42;VII 268,269
           1695 V 41,149
           1696 V 75,241;VII 52
           1697 VII 50,103,255;XI 46
           1698 VII 11,309;IX 47;X 145
           1699 VII 389
           1700 VII 151;VIII 185;X 353,354,389
           1701 VIII 69;X 143,150
           1702 VIII 100;X 144,146,275
           1703 VIII 141;IX 115;X 56,151,250,410
           1704 IX 109,111;X 201,276
           1705 IX 48,148,164;XI 151
           1706 X 252
           1707 XI 4,366,367,386
PADUA      II 362;III 318;IV 69,223;X 20,391
PALERMO    IV 391
PARIS      1551 IV 129
           1617 IV 11
           1621 II 215
           1622 IV 166
           1630 I 413
           1631 II 212;IV 14
           1633 IV 332
           1634 II 214;V 91
           1638 IV 306,307
           1639 II 213
           1640 IV 333
           1641 V 44
           1642 IV 395
           1643 I 116
           1644 I 298;II 183;V 379;VII 193,337;IX 88
           1645 II 444;III 415;IV 27;VI 114
           1646 III 433;V 45
           1648 V 27
           1649 VII 274
           1650 III 249
           1653 V 343;VI 71
           1654 VII 8
           1655 V 342
           1657 II 128,211;V 50,408;VI 59,70;VII 243
           1658 III 242,432;V 24,49,172,174;VI 103
           1659 I 269;II 381
           1660 I 235,268,444;V 72,180,339
           1661 I 186;V 96,175,176,177,178,179;VI 101
```

1662 I 61;III 241
1663 III 349;IV 428;V 107,287;VII 299
1664 I 102,317;II 298;III 30;IV 283;V 173;VI 159;XI 205
1665 I 98;III 333;V 289,309
1666 V 4,135,243,313
1667 I 13;IV 233,386
1668 II 77;VI 75,141;XI 331
1669 II 140;III 404;V 312,350
1670 II 325;VI 121;XI 218
1671 I 323;II 146;IV 180;V 156;VI 83
1672 I 478;VI 76;X 35;XI 193,335
1673 I 376;II 148,235;IV 24;V 318;X 107;XI 206
1674 II 15,17,26,386;IV 81;X 231
1675 II 12,19,20;III 256,334,335;IV 230,274,417;V 36;VI 9,66,77,78,207;X 124
1676 I 568;II 229;III 336;VI 68,79,80,130;X 225;XI 310
1677 I 12;II 13,21,137;III 153;VI 200
1678 I 103,172;II 7,16,248,287,447;VI 81
1679 II 9,10,18,71,158,394;III 251;IV 3,52,154,257, 372;V 77,302,407;XI 234
1680 I 214;II 11,24,35,385;IV 139;V 80,103,114, 226;VI 67,112;XI 288
1681 II 25,136,149,279,318,333,371,449,454;III 422;IV 371,377;V 34;VI 54;X 126,244;XI 260
1682 I 48,100;II 2,31,98,99,163,190,191,332,344, 455;III 195,267,423;IV 23,79,378,379,382; V 225;VI 31,52;XI 211,228
1683 I 11;II 1,147,349,450,456;III 29,152,434;IV 19,20,21,22,57,58,59,71,144,255,384,418;V 290,338;VI 50,134
1684 I 101;II 6,8,22,54,72,75,164,227,391,392,448; IV 72,169,308,385;V 83,116,365;VI 73;X 122,129
1685 I 218,282,497,561,564;II 5,14,23,38,225,348; III 254,341;IV 73,76,373,383;V 109,111,265, 369;VI 36,116;XI 314
1686 I 10,185,276,319,359,456,584;II 32,76,372,442; III 413;IV 74,271;V 19,199,200,201,202,203, 204,205,206,207,208,353,402,426;VI 37;XI 274
1687 I 96,108,142,143,277,281,406,441,585;II 3,27, 29,36,132,319,440,459;III 411,440;IV 77,85, 147,370;V 39,40,66,89,110;VI 56,118;X 127
1688 I 418,565,587;II 45,168,193,224,292;III 26,44, 128,253,372;IV 78,167,168,232;V 117,244,268, 269,400;VI 32,34,40,117,120,193
1689 I 26,156,182,283,293,325,423,530;II 28,33,69, 223,226,272,320,354,376,387,445;III 129,342, 417;IV 4,40,47,90,145,203,224,309,374;V 62, 108,270,271;VI 12,41
1690 I 59,60,287,442,467;II 52,138,237,284,335,374, 388,446,458;III 130,418,439,487;IV 159,225, 380,381;V 25,26,224,307;VI 42,43,44;VII 62,139
1691 I 99,144,179,417;II 34,37,82,129,189,206,238, 239,246,343,347,393,431,438,451,452,453,461; III 28,205,409,419,420,421,446;IV 75,149,206, 208,256,312,317;V 74,306;VI 33,45,109;VII

```
                        202,326
             1692 I 431;II 40,139,288,289,432;III 25,180,204,
                        240,332,343,348,370,385,426;IV 65,261,265,
                        272,318;V 242,310,403;VI 18,38,39,51,55,129,
                        195;VII 203,327;X 98
             1693 III 186,187,217,252,263,320,326,371,377,389,
                        453,479;IV 2,45,46,140,143,146,185,258,273,
                        282,375,416;V 2,69,145,167,186,194;VI 35,119;
                        VII 178,198,204;X 24,132,190
             1694 III 32,255,340,482;IV 67,70,83,91,96,114,115,
                        141,142,158,174,175,231,252,254,259,268,339,
                        376;V 81,220;VI 46;VII 68;X 14,17,116,248
             1695 IV 1,89,157,286,313,314,315,389;V 13,35,157,
                        183,185,228,249,294,305,327,366,367,376,378,
                        414;VI 64,82,202,203;VII 63,205,353
             1696 V 123,158,293,295,320,326;VI 47,48,58,74,
                        85,111,132,175,206;VII 5,28,136,137,138,
                        196,270,273,336,354;X 117,121,169,235,271;XI
                        224,396
             1697 VI 133;VII 44,206,280,352,367,368;VIII 40;XI
                        18,19
             1698 VII 27,83,84,85,197,201,212,249,355,379;X 100;
                        XI 5,23,24,176
             1699 VII 81,82,86,87,88,89,90,207,295,298,356;X
                        101,103;XI 20,287,297
             1700 VII 213,226,357;VIII 87,146,193;X 316;XI 9
             1701 VII 208;VIII 61,128;X 227,245,251;XI 6,37,
                        75,240,298
             1702 VIII 44,72,154;IX 181;X 196,218,219,220,
                        221,301,370,373;XI 118
             1703 IX 53,55,103,134;X 185,197,332,371,388
             1704 IX 162,236;X 195,198,199;XI 120,258,364
             1705 IX 54;X 115,149,186,200,331,372;XI 58,188
             1706 X 29,396;XI 153,159,280
             1707 XI 175,235,400
             1708 XI 42
             s.d. II 4,390;III 391;IV 68,305;VI 72;XI 21,22,154,
                        155,156,394
PARMA        I 27;II 324;III 302,355;VII 134
PAVIA        IV 323
PHILA-
DELPHIE      VI 13
PRAGUE       III 73,74
QUEVILLY     V 84,317
REGENSBURG   I 358;V 138
RIGA         II 473
RINTELN      IV 404,406,408
ROME         1560 IV 237
             1612 IV 13
             1620 IV 9
             1621 IV 10,196
             1623 IV 38
             1638 VI 5
             1644 VI 1
             1651 VI 2
             1655 VI 7
             1657 IV 234
```

	1658 IV 95
	1659 VI 3
	1661 V 79;VI 4
	1662 VI 6
	1665 V 413
	1667 V 120
	1671 V 33
	1675 V 28
	1676 V 328
	1678 V 29
	1680 VII 342
	1683 V 30
	1684 I 64;VII 222
	1685 V 359
	1686 V 360
	1688 IV 7;V 60,61
	1689 II 90
	1690 III 137;V 55,106
	1691 IV 16;V 58,59
	1692 V 358
	1693 V 31,54,57
	1694 V 32,56,230
	1699 XI 26,27
	1700 XI 28
	s.d. IV 12,63;V 12,361;VI 86,179;XI 52
ROSTOV & LEIPZIG	X 6,255
ROTTERDAM	1664 IV 420
	1669 III 408
	1680 I 602
	1681 IX 37
	1684 V 217,218
	1685 II 202;V 209,211,213,215
	1686 I 348,349;V 212
	1687 V 214,216
	1688 V 210;VII 34
	1689 II 203;X 7
	1690 I 155,240;II 204
	1692 I 135,136;II 205,359;III 198,308,378
	1694 III 175,268
	1695 IV 148;IX 41
	1697 VI 14,53;VII 176;IX 44;XI 307
	1698 VII 102,177,179;IX 36,42,43
	1699 VII 95,200,300;IX 39
	1701 VII 127;VIII 47,48,157,189,190
	1702 VIII 46;IX 40
	1704 IX 38,45,89,215,225
	1705 IX 192,193
	1706 IX 70,71,72;X 216,342;XI 160
	1707 X 223,224;XI 81,103,104,167,351,352
	1708 XI 101,207,349
	1709 XI 334,354,373,406
	s.d. XI 168,169,170,171,172
ROUEN	I 389;IV 41,42,43,80,86,150,151;V 15,16;VI 30;X 247;XI 84,191,220,221,222
SALZBURG	IV 171;VI 160
SAUMUR	III 134;V 38

SCHAFF-HAUSEN	III 498
SCHLEU-SINGEN	I 503
SPEYER	II 143,III 191
STADE	II 46
STOCKHOLM	IV 288;X 203,233,278,393
STRASBOURG	1612 VII 147
	1615 IV 39
	1624 VII 324
	1630 V 124
	1649 VII 322
	1655 VI 96
	1658 VI 98
	1659 II 417;VII 321,323,360
	1661 II 418
	1662 II 416;VI 97
	1664 II 80,415
	1665 V 300
	1669 VII 40,43
	1670 II 422;VII 75;VIII 111
	1675 VI 172;VIII 148
	1676 V 340
	1677 I 71,509
	1678 II 369
	1679 II 421;VII 41
	1680 II 420,425;VII 42;VIII 112
	1682 II 426
	1684 II 424
	1685 I 23;II 70,414
	1688 II 397
	1689 II 423
	1696 VII 344
	1697 VII 343,345;X 348;XI 361
	1698 IX 204,205
	1699 VIII 31,107,108,109,110
	1701 IX 237
	1704 VIII 180;IX 223
STUTTGART	XI 263,265
SULZBACH	I 73,311;III 36
THORN	IV 365
TOULOUSE	II 290;IV 292;V 3,63;X 46
TOURS & PARIS	I 278
TUBINGEN	1649 V 347
	1652 II 427
	1656 VI 90
	1661 III 171
	1663 XI 264
	1664 V 256,258;VI 155
	1665 V 253,257
	1669 V 254
	1671 XI 306
	1674 VI 156
	1676 V 251
	1678 V 255
	1680 V 252

	1683 I 114;V 261
	1685 V 259
	1686 IV 235
	1687 II 258;V 262
	1688 VI 89
	1693 VII 223
	s.d. X 40
TURIN	V 67
ULM	I 104;II 360;III 485;IV 25,26;V 143;VI 210,213
UTRECHT	1652 VI 149
	1668 V 331
	1670 III 454
	1682 V 161
	1684 III 298
	1685 I 307;III 189,200,296;X 242
	1686 I 458;III 351,352;V 159
	1687 III 297
	1688 IV 210;V 292
	1689 I 515;III 337;V 291
	1690 III 319,397
	1691 III 170
	1692 I 66,154;III 212,281,282,344,509;IV 411
	1693 IV 281
	1694 III 53,54,55,56,317,375,510;IV 280;VII 373, 374;VIII 209,210
	1695 IV 15;V 146,166,406;IX 260
	1696 V 374,410,424;VII 25,130,294,375;VIII 73,211, 213
	1697 VI 10,176,177,178;VII 79,284,376;VIII 212,214; IX 11
	1698 VII 148;VIII 215,216
	1699 VII 265;VIII 217,218,219
	1700 VIII 74,220
	1701 VIII 75,120,162,187
	1702 VIII 161,234
	1703 VIII 24;IX 211,226
	1704 IX 125,182
	1705 IX 214,255
	1707 XI 39,65
	17** XI 403
UTRECHT & AMSTERDAM	IV 343
VENICE	I 529;IV 64,198,199,356,392;V 126;VI 158
VERONA	II 175
VERSAILLES	IV 84
VIENNA	III 424;V 436
WESEL	III 513
WITTENBERG	1642 II 404
	1651 V 141
	1653 II 403
	1654 II 401,406
	1655 II 405
	1667 II 402
	1676 V 432
	1678 V 433
	1679 III 100
	1681 V 431

	1685 V 304
	1691 XI 338
	1694 V 437
	1697 VII 347
	1702 IX 209;X 32,340,409
	1704 VIII 179
	s.d. V 303
WOLFEN-BUTTEL	IV 56
WURZBURG	II 407,408,409,410,476,477;VII 233,341
ZEITZ	V 301;VI 20,21,22,23,24,25,26,27,29
ZERBST	V 51
ZURICH	1640 VII 182
	1652 VII 184
	1655 VII 185
	1659 V 362,363
	1663 VII 189
	1664 VII 183
	1666 VII 188
	1670 III 247
	1672 II 241
	1673 I 609;II 232
	1676 VI 127
	1680 II 233
	1683 II 434
	1685 I 69
	1690 II 234,242,243
	1691 III 9
	1698 VIII 68